高等院校工商管理专业精品教材系列

财政与金融

张国兴　张振江◎主编

张丽华　王希胜　陈卓　孙伟若◎副主编

经济管理出版社

ECONOMY & MANAGEMENT PUBLISHING HOUSE

图书在版编目（CIP）数据

财政与金融/张国兴，张振江主编．—北京：经济管理出版社，2020.1

ISBN 978 - 7 - 5096 - 6999 - 0

Ⅰ．①财…　Ⅱ．①张…②张…　Ⅲ．①财政金融—基本知识—中国　Ⅳ．①F812

中国版本图书馆 CIP 数据核字（2020）第 021661 号

组稿编辑：申桂萍
责任编辑：魏晨红
责任印制：黄章平
责任校对：赵天宇

出版发行：经济管理出版社
　　　　　（北京市海淀区北蜂窝 8 号中雅大厦 A 座 11 层　100038）
网　　　址：www. E - mp. com. cn
电　　　话：（010）51915602
印　　　刷：北京晨旭印刷厂
经　　　销：新华书店
开　　　本：787mm×1092mm/16
印　　　张：27.25
字　　　数：663 千字
版　　　次：2020 年 5 月第 1 版　2020 年 5 月第 1 次印刷
书　　　号：ISBN 978 - 7 - 5096 - 6999 - 0
定　　　价：68.00 元

前　言

随着我国经济发展进入新常态，财政、金融理论和实践发展非常迅速，财政、金融工作也发生了较大的变化，为了满足广大财税金融干部及专科、高职院校学生学习的需要，我们结合当前的经济形势，借鉴国内外最新的财政金融科研成果，编著了《财政与金融》一书。本书系统地介绍了我国当前财政金融改革与实践的最新成果，吸收和借鉴了西方财政金融的理论，注重基本理论、基本知识、基本技能的阐述与训练，对当前的一些财政金融热点、难点问题进行了有益的探讨，兼顾了各层次读者的学习需要。

本书具有体系新、可操作性强的特点，既可作为经济类专业和工商管理类专业以及公共管理类专业的核心课教材，也可作为广大财政、税务、金融工作人员学习参考使用，还可以供想学习财政金融基本知识的广大读者阅读。希望大家结合我国财政与金融领域的改革实践来学习这门课，只有及时关注和了解财政金融改革发展的动向，分析所看到的财政、金融现象，才能提高分析和解决问题的能力。本书共21章，由华北水利水电大学张国兴教授、平顶山学院张振江教授担任主编，负责拟纲、修改和总纂；由华北水利水电大学张丽华、王希胜、陈卓、孙伟若担任副主编，由张国兴、张振江、张丽华、王希胜、陈卓、孙伟若、郭丰垒担任编委。具体分工如下：张国兴（第1章、第2章、第8章、第9章、第10章、第11章、第13章、第14章、第15章、第16章、第20章）、陈卓（第3章、第4章、第7章）、张丽华（第12章、第19章、第21章）、王希胜（第5章）、郭丰垒（第6章）、孙伟若（第17章、第18章）。为充实写作内容，本书在编写过程中借鉴了国内外许多专家学者的理论、方法、学术观点和研究成果等，在此不一一注明出处，谨向他们表示诚挚的谢意。

在编写过程中，力求做到理论联系实际，反映我国财政、金融实践的最新进展。但鉴于编著者水平所限，难免存在一些疏漏和不妥之处，敬请同行和广大读者予以指正，以便我们进一步地完善。

本书的写作得到了经济管理出版社的大力支持，在此表示感谢。同时，还要感谢在本书出版过程中给予帮助的所有人。

编者
2019 年 9 月

目　录

财政篇

金融篇

财　政　篇

第1章 财政导论

1.1 财政概述

1.1.1 财政现象和财政问题

在社会经济生活中，人们随时会遇到一些财政问题和财政现象。

创办新的国有企业国家要投资；工商企业、个体工商户、农民以及城镇居民要按税法规定向政府纳税；各种性质的银行与非银行金融企业要纳税；要对学校、医院、研究机构、行政机关、司法部门、团体、部队、文化部门等行政事业单位拨付财政资金，各级政府要对失去劳动能力的人支付救济金，对贫困地区、遭受自然灾害的地区、革命老区等要拨付专项扶持资金和救灾补助金等，对低收入家庭提供基本生活保障基金、下岗人员有政府实施的再就业工程，以及各种价格补贴等，都形成了国民经济各部门、各系统、各单位同国家的交、领、拨款关系，都反映出了大量的财政现象。

从报刊、电视、广播以及政府领导人的工作报告和讲话中，经常可以看到或听到财政收入占国内生产总值的比重以及中央财政收入占全国财政收入的比重问题；企业的税收负担确定在什么水平上，才能保证政府的各项支出需要；社会主义国家为什么会出现财政赤字；一定时期内实行什么财政政策等问题，都反映到国家预（决）算上面。从以上列举的大量财政现象可以看出，经济生活中存在财政问题，而财政问题则是国家政治经济活动的综合反映，涉及政府的各个部门以及作为政治经济运行主体的广大工商企业、国家机关、部队团体等，他们都与国家的财政收支活动密切相关，即使社会主义市场经济体制初步形成，财政现象仍随处可见，财政收支问题仍牵涉各个领域、行业，联系着千家万户，古代、现代、将来永远如此。

1.1.2 财政的含义

关于财政概念的表述，我国财政理论界仍未统一定论，各有各的表述。代表性观点可以归纳为以下几种。

1.1.2.1 国家需要论

该观点强调财政与国家本质的联系，认为"财政是国家为满足其行使职能的需要，根据对生产资料的所有和对生产资料的主权所有，参与社会产品和国民收入分配与再分配的运动。"简言之，财政是以国家为主体所进行的分配。

1.1.2.2　价值分配论

该观点认为，财政的本质就是价值的分配，即"各个社会形态的各种财政（和信用）现象之间有这样一种共通性——价值的分配。""财政是这样一种社会现象，即专门从抽象的量上在人们之间分配劳动生产物也就是人们对价值的分配。""财政是国家对价值的分配。"①

1.1.2.3　社会共同需要论

该观点认为，财政的本质是为了满足社会共同需要而进行的分配。如何振一同志认为："财政并不是由国家产生的，财政分配现象产生的时间要比国家的出现早得多，早在人类社会出现了剩余产品，发生了社会共同需要时就发生了。"②

1.1.2.4　货币资金运动论

该观点认为，"财政是货币资金运动的一种形式。"第一，财政是社会总资金运动的一个环节；财政资金是社会总资金的一个组成部分。第二，社会主义财政是国民经济财政，直接参与社会再生产，这是区别于其他社会形态下的财政的本质特征。第三，财政支出用于消费的部分，在分配使用之前仍然属于财政资金，只是在这部分支出用于购买消费品使用之后，才失去资金的性质。③

1.1.2.5　剩余产品价值运动论

该观点认为"财政是由剩余产品形成各种社会基金的一个经济过程，始终体现国家、集体与个人之间的剩余产品的分配关系。""财政是财政关系与可分配的剩余产品量的统一，是现实的分配剩余产品的经济过程，通过这种分配使剩余产品形成归国家、集体与个人支配的各种基金。"④

以上只是介绍了几种代表性观点，尽管由于研究的角度不同而在财政概念的具体表述上存有差异，但它们之间不是绝对排斥的；它们之间也有许多共同的地方，尤其是对某些具体问题的看法上也存在交叉。

本书对财政含义的理解立足于三点：一是财政的形式特征；二是大多数人能够接受；三是与社会主义市场经济体制的发展规律基本适应。因此，我们认为：财政是政府为了满足其行使职能的需要，对社会产品和国民收入进行集中性分配的一种收支活动。理解财政的含义，应把握以下几点：

（1）财政分配的主体是国家。财政包含了国家的含义，无国家的产生和存在，就没有国家财政。没有国家的社会产品分配活动只能被视为经济属性的一般分配行为，根本称不上财政，财政是随着国家的产生而产生的分配范畴。马克思曾说过："国家既作为土地所有者，同时又作为主权者而同直接生产者相对应，那么，地租和赋税就合为一体。"财政就是国家凭借双重身份对社会产品和国民收入进行的分配。国家的出现是财政产生的政治条件。

---

① 王亘坚：《财政科学中各门学科的对象》，《教学与研究》1957年第5期。
② 何振一：《财政起源刍议》，《财贸经济》1982年第3期。
③ 安体富：《试论社会主义条件下的资金范畴及财政的实质》，《财政研究》1982年第2期。
④ 王绍飞：《财政学新论》，中国财政经济出版社1984年版，第10～11页。

（2）财政分配的客体是社会产品，主要是剩余产品。尽管剩余产品的出现是财政产生的经济条件，财政主要以 m 为分配对象，但国家还要通过个人所得税、消费税等形式对 v 的部分征纳财政收入，并通过国有资产的变卖、转化、租赁等途径把 c 的一部分转化为财政收入。

（3）财政分配的目的是满足社会公共需要。财政分配的目的是保证政府履行其职能的需要，这种需要就属于社会公共需要。社会公共需要包括的范围很广，也是历史发展到一定阶段的产物，是由生产力发展水平和社会生产关系的状况来决定的（详细内容参见本章第 2 节）。

（4）财政分配的形式既有实物力役形式，也有价值形式。财政分配是整个国民收入分配的一个组成部分，它的分配形式要以当时占支配地位的国民收入分配形式为转移。在自然经济条件下，如奴隶社会与封建社会时期，财政分配主要采取实物和力役的形式；而在商品经济或市场经济条件下，如资本主义社会和社会主义社会时期，财政分配则以价值形式为主，表现为货币的收付。

1.1.3 财政的起源与发展

财政产生有两个条件，即社会经济条件和政治条件。前者是指社会生产的一定程度的发展，剩余产品的出现；后者是指国家的产生。也就是说，财政是人类社会发展到一定阶段的产物。

在原始社会，生产力十分低下，劳动产品除用于个人共同消费，没有什么剩余，也就不可能提供剩余产品由社会组织集中分配。随着社会生产力的发展，到原始社会末期，金属工具取代了石器等生产工具，极大地促进了生产力的发展，劳动产品除了公社成员消费外，开始出现剩余和物物交换。之后，社会分工和交换逐渐发展。当手工业从农业中分离出来时，以交换为目的的商品生产开始出现和发展起来。于是，日益增多的剩余产品成为逐渐代替原始社会制度的社会经济基础。只有在这时，生产者才能为社会公共需要提供集中使用的物质财富，社会公共需要才能实现。因此，财政的萌芽和产生最终是由生产力发展水平所决定的。在私有制取代原始公社制的过程中，出现了剥削与被剥削者，即阶级开始产生，人类社会也就随之分裂为两个根本利益相对立的阶级：奴隶主阶级和奴隶阶级。为了维护既得的阶级利益，镇压随时可能出现的奴隶阶级的反抗和实现自己的阶级统治，奴隶主阶级就需要建立由军队、警察、监狱、法庭、官吏等组成的暴力机器或统治机构，也就产生了奴隶制国家。"国家的产出是社会在一定发展阶段上的产物；国家的产生是表示这个社会陷入了不可解决的自我矛盾之中，分裂为不可调和的对立面但又无力摆脱这些对立面。而为了使这些对立面和这些经济利益互相冲突的阶级，不至于在无谓的斗争中把自己和社会消灭，就需要有一种表面上驾驭社会之上的力量。这种力量应为缓和冲突，把冲突保持在'秩序'的范围之内；这种从社会中产生但又自居于社会之上并且日益同社会脱离的力量，就是国家。"[①] 国家为了满足其行使职能的需要，就要凭借拥有的政治权力，强制地无偿地征收一部分社会产品。这种凭借政治权力对社会产品进行分配就是财

---

① 《马克思恩格斯选集》第 4 卷，人民出版社 1972 年版，第 166 页。

政。恩格斯对此指出："为了维持这种公共权力，就需要公民缴纳费用——捐税。捐税是以前的氏族社会完全没有的。"① 捐税是国家参与社会产品分配的最早形式，也是最典型的财政范畴之一。"由此可见，当时公共权力机关参与社会产品分配形成的财政分配关系，与当时在生产资料私有制基础上分配形成的经济分配关系，是有区别的。"因此，可以这样说，财政或财政分配关系在国家出现以前是不存在的，国家的产生、强化和发展，还进一步促进财政分配的发展。财政随着国家的产生而产生，并随着国家的消亡而消失。

财政产生之后，随着以生产资料所有制为基础的社会形态的变迁和国家的更迭，而不断发展变化。在人类历史上已先后经历过奴隶制国家财政、封建制国家财政、资本主义国家财政和社会主义国家财政。

奴隶社会是人类历史上第一个以私有制为基础的社会，其生产关系的基本特征是奴隶主占有生产资料和奴隶本身。国王是最大的奴隶主，占有大量土地和奴隶，即所谓"溥天之下，莫非王土；率土之滨，莫非王臣。"② 因此，国王的个人收支与国家财政的收支混在一起。其收入来源主要有：强制奴隶劳动而取得的皇室土地收入；诸侯与王公大臣交纳的贡赋，以及掠夺弱小氏族部落或国家的财物和贡物收入；向农民和手工业者、小商人征收的税收。财政支出主要用于军事开支，维持政权的机构经费，以及王室、宗教和祭祀等方面的需要。奴隶制国家财政收支的形式基本上采取力役和实物两大形式，即所谓"力役之征"和"粟米之征"。马克思说："在罗马帝国最发达的时期，实物税和实物租仍然是基础。那里，货币制度原来只是在军中得到充分发展，它从来没有掌握劳动的整个领域。"奴隶制国家的财政管理，尽管设置有专门财政机构，但仍然只对国王一人负责，受国王个人支配，皇室开支不能与国家开支分开管理。总之奴隶制国家的财政是建立在奴隶制经济基础之上的财政，是奴隶主同奴隶及其他劳动者之间对抗性的分配关系。

封建社会的生产关系基础是封建地主阶级占有基本生产资料和不完全占有直接生产者，同时也存在着农民和手工业者、小商人等小私有经济。封建制国家财政的收入来源主要有官产收入、捐税收入、各种专卖收入、封建诸侯上缴的贡赋收入和特权收入等。财政支出主要用于维护其统治的军事、豢养官吏、王室费用，以及封建的文化、宗教支出。封建制国家财政收入的形式随着社会生产力的发展、商品货币经济的日益发达，不仅采取实物形式，同时也采取价值形式。如我国秦汉时期的盐、铁、酒税和算缗钱（向商人和高利贷者征税）都是以货币形式征税，当农业领域中渗入商品经济后，向农民征收的税也采取了货币形式。当国家的财政收入难以满足财政支出需要时，国家就向富有者或平民借债，也就产生了新的财政范畴——公债。到封建社会末期，新兴的资产阶级凭借其强大的经济实力，要求把国家财政收支与皇室个人收支区分开来，并编制年度财政收支计划，于是又产生了国家预算这一新的财政范畴，英国在 17 世纪末就规定向议会提交财政收支报告，这是最早的国家预算。由此可见，到封建社会末期，国家财政的管理已逐步走向制度化，皇室个人的收支与国家的财政收支才真正区分开来。

资本主义制度的基本生产关系是资产阶级占有生产资料，资本统治一切。其财政收入来源有各种税收、国债（包括内债和外债）和通货膨胀等；其财政支出主要用于侵略战

---

① 《马克思恩格斯选集》第 4 卷，人民出版社 1972 年版，第 167 页。
② 《诗经——小雅·北山》。

争或军事费用，行政开支和社会福利开支以及其他各项开支。资本主义国家财政分配的形式是价值形式，财政收支完全货币化，这是与资本主义经济的高度商品化、货币化相适应的。"财政分配的全面货币化，使财政成为国家对价值的分配，这绝不仅仅是分配形式的变化，它还引起了财政的某些质的变化。"①如出现了一些新的财政范畴——财政赤字、财政发行、通货膨胀等，这些都与财政分配的货币化相联系。

社会主义经济制实现了生产资料的社会主义公有国家是全民经济利益的代表者，具有组织经济建设和巩固人民政权的双重职能。因此，社会主义国家财政与奴隶制、封建制和资本主义制度财政的剥削性有着根本的不同。社会主义财政是履行社会主义国家职能，发展社会主义经济，调节国民经济运行，满足人民日益增长的物质文化生活需要的重要手段，反映的是社会主义国家与广大劳动人民之间根本利益相一致的分配关系。

1.1.4　财政的属性

财政的属性是指财政这一事物所具有的性质、特点。一般认为，财政具有公共性和利益集团性（或阶级性）这两种基本属性。

1.1.4.1　公共性

所谓财政的公共性，是指财政活动所具有的满足社会成员的公共需要的属性，它是财政活动的共性，是不同社会形态下的国家财政所共同具有的性质。事实上，自从人类社会建立伊始，人们的生产、生活活动除了满足自身生存的需要外，就逐渐有了一些单靠私人活动难以胜任的公共事务，如社区秩序管理、引水灌溉工程等。在阶级出现、国家建立之后，一国政府就具有了独家行使政治权力，保护该国公民免受其他国家的暴力侵犯和维护社会稳定的社会管理职能；另外，像道路、桥梁和大型水利设施建设等公共工程项目，是社会成员出于个人利益所不愿提供或无力提供的。而由于这些活动是用来满足社会公众的公共需要的，因此，服务于这类活动需要的财政活动就天然具有了区别于私人财务的公共性。

理解财政的公共性，要注意区分公共性的具体内容，即政府职能范围在不同社会、不同时期所存在的差异。由于生产力发展水平及各国社会历史、风俗习惯的不同，因此财政活动为满足社会公共需要而提供的公共产品是有历史阶段性的。如在生产力水平极其低下时，修建一条水渠往往需要由社会集中人力、物力才能完成，这就只能作为社会公共需要而实施，从而这样的工程就有公共性，一般就属于财政分配的范围。然而，随着生产力发展，这类工程可能只要一个社会基本单位甚至一个人就可以独立完成，从而它就不再具有公共性，也就从财政分配范围退出来了。当然，随着经济的发展和社会的变迁，还会有一些新的公共需要生产而加入财政分配范围之内，如现代社会中的环境保护问题就显得比以往任何时期都要突出一些。公共产品的这种历史性，还提醒我们注意另外一个问题，即处于不同经济发展阶段的国家，其公共产品的内部构成也是不一样的。在多数发达国家现在已经基本上不属于公共产品之列的东西，在发展中国家却可能仍然是公共产品，如电力、铁路、长途电话等。此外，公共产品还具有地域性，在具有不同历史文化传统、社会风俗

---

① 安体富等：《财政金融教程》，辽宁科学技术出版社 1991 年版，第 8 页。

习惯的国家和地区，公共产品的结构也会出现差异。

1.1.4.2 利益集团性（或阶级性）

在一定的社会经济体系中，人们由于所处的地位不同和对生产资料关系的不同而区分成各种带有自身利益的集团。财政活动是以国家为主体的分配活动，它反映着参与财政分配活动的各种集团之间的利益互动关系，这就是财政的又一属性：利益集团性，也称阶级性。由于国家一般反映着在经济上和政治上占统治地位的集团的利益，即统治阶级的利益，因此，财政从根本上反映的就是统治阶级的利益。

奴隶社会和封建社会实行的是专制统治制度，奴隶主阶级和封建地主阶级作为统治阶级，分别对奴隶阶级和农奴阶级实行极为苛刻的剥削和压迫，此时，尽管在奴隶阶级和封建阶级内部也存在不同的利益集团的矛盾，但是和奴隶主阶级与奴隶阶级之间、封建地主阶级与农奴阶级之间的对抗性矛盾相比较而言，毕竟显得微不足道。同时，在这两种社会形态下的国家财政，虽然也在一定程度上服务于全社会公众的利益，但这一公共性极不突出。因此，在这两种社会形态下，财政是以阶级性作为其主要属性的。

当今世界是资本主义社会与社会主义社会共存的世界。资本主义社会从其诞生的那一天起，就一直打着自由、平等和博爱的旗号，而其政治上实行的代议民主制，经济上倡导的自由经济的确为财政的公共性赋予了更广阔的活动空间。然而，经济决定政治，各种垄断集团、金融寡头时刻左右着国家机器的运作，财政成为形形色色的统治集团利益纷争的场所。而在依然实行生产资料私有制的社会里，居社会人口大多数的广大劳动人民的利益往往难以得到有效的满足。资产阶级与无产阶级构成了资本主义社会中两个具有对抗性矛盾的利益集团，它们之间的矛盾仍然是资本主义社会的基本矛盾。因此，我们说，阶级性依然是资本主义财政的主要属性。

与上述各种社会形态不同的是，社会主义社会是建立在生产资料公有制为主体、多种经济并存的基础上的。生产资料公有制的实行使统治阶级与被统治阶级之间的矛盾在社会主义社会中居于次要、从属的地位上，广大劳动人民的根本利益能够在社会、经济、政治生活中得到广泛的反映，财政的公共性也因此在社会主义社会中获得了前所未有的体现。不过，尽管统治阶级与被统治阶级之间的对抗性矛盾已经退居次要位置，但毕竟利益冲突依然在社会经济生活中无所不在，社会上的各种利益集团为了自身的经济利益及其他相关利益而时刻发生较量，财政的阶级性是淡化了，但其利益集团性却是处处得到体现的。

1.2　公共财政理论

1.2.1　社会公共需要

人类的需要尽管有多种多样，但从最终需要来看主要包括私人个别需要和社会公共需要两大类。在市场经济条件下，由市场满足私人个别需要，由政府通过财政满足社会公共需要。不过这种公共需要，总是由以社会公共机构面貌出现的国家的需要所代表，而在阶级社会，公共需要总是倾向于统治阶级自身，把自身的需要说成是公共需要。奴隶社会和封建社会是这样，资本主义社会也没能完全反映社会公共需要的真谛，只有到了社会主义社会，经济制度的本质决定了社会公共需要能够显示它的本来面貌，并通过各种渠道给予保证。

一般地说，社会公共需要在任何社会形态下都是存在的，不会因社会形态的更迭而消失或灭亡，但它又是特殊的，即存在于特定的社会形态之中。它在不同的经济发展阶段，除保证执行国家职能那部分需要外，社会公共需要的内容是在不断发展变化的。在传统社会中，农业是国民经济的主导部门，提供农业正常发展的条件是这一阶段的社会公共需要。在工业经济社会中，工业成为国民经济的主导部门，扩大投资成为推动经济发展的主要动力，提供工业发展所必需的社会基础设施就成为这一阶段的公共需要。而在经济发达阶段，物质财富的增长动力主要来自科学技术，发展科学教育，提供高质量的生活福利条件，保护生态环境就构成了社会公共需要的主要内容。因此，社会公共需要涵盖的范围颇广，包括政府执行其职能以及执行某些社会职能的需要。如行政、国防、文化教育、卫生保健、生态环境保护的需要，基础设施、基础产业、支柱产业和风险产业的投资，甚至还包括为调节市场经济运行而采取的各项措施和政策等。因此，社会公共需要是指向社会提供安全、秩序、公民基本权利和经济发展的社会条件等方面的需要，它是相对于私人个别需要而言的，具有以下特征：

（1）社会需要是社会公众在生产、生活和工作中的共同需要，不是普通意义上的人人有份的个人需要或个别需要的数学加总。而是就整个社会来说，为了维持一定的社会经济生活和维持社会再生产的正常运行，必须由政府集中执行和组织的社会职能的需要。

（2）满足社会公共需要提供的公共物品，可以无差别地由应当享受的每一个社会成员共同享用；而满足个人需要或个别需要提供的产品和服务，只能为某个人或某个集体所享用，排除其他社会成员享用的可能。

（3）社会成员享用满足社会公共需要的公共物品，无须付出任何代价或支付与提供这些公共物品的所费不对称的少量费用；而满足个人需要或个别需要的产品和服务，必须等价交换才能享用。

（4）外部效应特征。外部效应是指一个消费者或生产者对其他消费者或生产者带来利益或损失，分为正的外部效应和负的外部效应。当市场机制不能解决外部效应所产生的利益关系时，需要由政府通过财政渠道来解决。

（5）满足社会需要的物质手段是剩余劳动，剩余产品或剩余价值。因此，在社会产品仅能满足个人的基本生活需要时，不可能出现社会公共需要。从另一个角度来看，并不是所有的剩余产品都用于满足社会公共需要，如奴隶主、封建主、资本家等的个人需要以及个别企业的生产积累需要等，也来自剩余产品价值。

1.2.2 公共物品

公共物品是指满足社会公共需要的物品，即每个人消费这种物品不会导致他人对该物品消费的减少。它有非排他性和非竞争性两大特征。

1.2.2.1 公共物品的非排他性
非排他性是指无法排除他人从公共物品获得利益，如国防、预报天气等。有些公共物品经过技术处理可以实现排他性，但真要实现排他的目的，成本太高，代价太昂贵，经济上不可行。排他不可行导致市场体系无法有效地提供公共物品，为此，我们假设某企业向社会提供公共物品，为了弥补其投入的成本，该企业将会向受益者收取一定的费用，但由于不具有排他性，每个消费者都不会自愿交费，而是期望由他人出钱提供，自己免费享有公共物品的利益，这就是"免费搭车者"。需要特别指出的是，随着技术的不断进步，原先不可排他的公共物品现也具有了排他性，如电视频道。

1.2.2.2 公共物品的非竞争性

非竞争性是指新增加的消费者不会引起生产成本的增加，即边际成本为零。非竞争性是从产品的不可分割性中产生的，它使新增加的消费者在该产品的容量内，不增加该产品的可变成本，不会引起任何其他个人减少对该产品的消费量。

如何判断一种物品是公共物品，要看该物品在消费中是否具有非竞争性，如有非竞争性，则进一步从技术上分析它是否具有非排他性，如果它具有非排他性，则该物品一定是公共物品。

公共物品不可能由市场来提供，而只能由政府来提供，由于受市场运行机制和政府运行机制的制约，市场只适合提供私人产品，政府才是提供公共物品的最合适的角色，当然，这也是政府的首要职责。

1.2.3 市场失灵

在完全竞争条件下，市场经济能够在自发运行过程中，仅仅依靠自身力量的调解，使社会上现有的各种资源得到充分、合理的利用，从而达到社会资源的有效配置状态，市场是一种有效率的运行机制，但市场经济并非是万能的，其本身又有缺陷，即存在不同程度的"市场失灵"。具体来讲，市场失灵表现在以下几个方面。

1.2.3.1 公共物品

公共物品是指具有共同消费性质的物品，如国防、环境保护等。它具有非排他性和非竞争性，只能由社会提供，由公共和集体进行消费，而不能仅由个人消费。公共物品的这些特征，导致了市场价格机制的失效，使产品提供者在成本与收益上不对称，无法得到相应的补偿。

1.2.3.2 自然垄断

市场效率是以完全自由竞争为前提的，但现实的市场并不具备这种充分条件。当某一行业在产量达到一定规模时，就会形成自然垄断，会通过限制产量，抬高价格，获取额外利润，丧失市场效率。

1.2.3.3 外部效应

外部效应是指某个人或企业的行为活动影响了他人或其他企业，却没有为此承担应有的成本费用，或没有获取应得的报酬。如一家化工厂在生产产品时，向外排放废水、废气，给周围居民的生活带来了不利影响，而厂家并不由此而承担责任，这是负外部效应的情形。因此，市场竞争就不可能形成较理想的效率。

1.2.3.4 信息不充分

竞争性市场的生产者和消费者都要求有充分的信息，生产者要了解消费者需要什么，需要多少，消费者要知道产品的品种、性能、规格和质量。同时，生产者之间也要互相了解才能正确把握自己在市场中的位置，才能有机结合，达到较好的效果。在市场经济条件下，生产、销售、购买都属于个人行为，因此，都不可能获取全面的信息，就需要政府出面，向社会提供商品供求、价格趋势等资料，弥补市场缺陷，使企业做出正确的决策。

1.2.3.5　收入分配不公平

在市场经济条件下，社会成员的收入除了按劳分配之外，还存在按生产要素分配的问题，因而有可能造成收入差距的拉大。同时，市场交换过程只能在既定的收入分配格局下实现资源的有效配置，却无法改变原有的收入分配格局。由于社会、政治、经济体制的限制与影响，由于人们出生时就在社会地位和自然禀赋方面存在差异，由于人们后天的环境条件、教育程度、劳动技能、劳动能力的不同，决定了社会成员在进入市场时就是不平等的。而在优胜劣汰的市场机制下，竞争性的市场可能会带来很不公平的收入分配结果，造成社会贫富差距过大。

1.2.3.6　经济波动

市场的自发运行仍然会出现失业、通货膨胀、经济失衡等弊端。由于劳动力是经济资源的重要组成部分，存在失业就意味着部分经济资源的闲置，通货膨胀则会扭曲价格信号，从而影响消费者、生产者做出较理性的选择。这些事实的存在充分验证了自由放任的市场经济在解决宏观经济失衡问题上的无能为力。

1.2.4　财政的必要性

对于上述市场失灵问题，一般来说，私人经济是无力解决的，只有政府介入，以一种非市场价格机制的方式去解决市场失灵问题。因此，政府就通过财政手段来弥补市场失灵。

1.2.4.1　提供行政管理和健全法律制度

政府的重要工作就是制定市场法规，制订发展战略和中长期规划，以维护竞争秩序。政府在这些方面的支出主要是购买办公用品及劳务，即向公务员支付工资。

1.2.4.2　组织公共生产，调节经济运行

政府通过对公共产品的投入，使失灵的生产领域，重新通过规章制度、税收、补贴等经济行为，对经济运行总量和结构进行调节，以解决失业、通货膨胀等问题。

1.2.4.3　财政金融手段

即以税收、收费、国债增加储蓄等形式筹集收入，通过投资、公共支出、补贴、提供信用保证、社会保险等形式形成支出，以此来调节经济的平衡运行。综上所述，财政作为政府的综合部门，它本身并不直接提供公共物品，也不直接从事生产，但它为政府提供公共物品及组织公共生产提供了财力保证，满足了社会公共需要，也由此可以看出财政在市场经济运行中的重要地位，以及弥补市场失灵的必要性。

1.2.5　公共财政

公共财政是指国家（或政府）为市场提供公共服务的分配活动或经济行为，它是与

市场经济相适应的一种财政模式或类型。公共财政主要有以下基本特征和内涵：

1.2.5.1 公共财政是弥补市场失灵的财政

我们已经知道，市场经济是市场机制在资源配置中发挥基础性作用的经济形式。在完全竞争的市场环境中，追求自身利益最大化的理性的经济主体，依据市场价格信号，自发从事经济活动，社会资源在此过程中能够得到有效的配置。而市场能够有效运行或正常发挥作用的领域，是无须政府及其财政进行干预的。但是，市场经济还存在诸多市场无法有效配置资源或正常发挥作用的场合和领域，即市场失灵问题。这些市场失灵问题需要由政府及其财政插手加以解决或纠正，否则社会经济体系将难以有效运转。人们常说，在市场经济下，市场能干的，政府就不应去干；市场不能干的，政府应当去干。这句话正是对公共财政的弥补市场失灵原则的形象表述，对于市场经济下的财政来说，也是必须遵循的。

应当指出的是，公共财政的这一弥补市场失灵原则，事实上也对政府及其财政与企业、个人之间的活动范围进行了原则性的划分，即企业和个人活动于市场有效的范围内，而政府及其财政则活动于市场失灵的范围内。由于政府和财政通过弥补市场失灵，为社会公众提供公共服务，满足着社会公众的共同消费需要，因而具有了鲜明的公共性。

1.2.5.2 公共财政应为市场活动提供一视同仁的服务

市场经济的效率性，是通过经济主体之间的自愿对等的交换行为实现的。而要达到自愿对等的交换，必须具有公平竞争的外部环境。政府及其财政活动直接作用于市场活动主体，直接影响着它们的市场行为。因此，政府及其财政就必须一视同仁地对待所有的市场活动主体。否则，如果对不同的市场活动主体采取不同的措施和待遇，就意味着政府支持了某些经济主体的市场活动，而抑制了另一些经济主体的市场活动。这样，政府就以非市场的手段，直接介入和干预了市场的正常活动。这显然是违背市场经济的根本要求。

而从"一视同仁"来看，在财政支出方面，就意味着其提供的服务，是适用于所有的市场活动主体的，或者是服务于所有的市场活动主体的根本利益的。如政府修建的高速公路，就不应当是只有国有经济才能使用；政府提供的环境卫生服务，就不应只为国有企业提供，而不清除非国有企业部门的垃圾；等等。在税收方面，对于某些经济成分征收较高的税率，而对另一些征收较低的税率，就造成了纳税人不同的税收负担，政府就人为地破坏了公平竞争原则，就造成了不公平的市场竞争条件。可见，财政必须采取一视同仁的政策，才能避免政府活动对市场公平竞争条件的破坏。而一视同仁的服务，也就是公共服务。

1.2.5.3 公共财政具有非市场营利的性质

营利性是人们从事市场活动的直接动力，之所以会产生市场失灵问题，其根本原因之一就是无法确保应有的或正常的市场盈利。这样，只能处于市场失灵领域内的政府及其公共财政，就不能直接进入市场去追逐盈利，而只能以社会利益为活动目的，只能从事非营利性活动，从而具有非营利性。

尽管企业活动于市场有效领域内，而政府活动于市场失灵领域内，这是划分两者活动范围的基本准则。然而，现实的经济活动是错综复杂的，大量的活动是需要企业和政府共同介入和承担的。为此，非营利性就提供了一个具体标准，可以用来界定两者在共同活动中各自的参与程度。

当某些行业的活动为社会公众所需要，并且可以有一定市场收入，但又达不到市场平均盈利水平时，政府和企业是可以共同承担这类活动的。政府通过财政投资或补贴等方式，使投入该行业的企业具有获得平均利润率的能力，这样，政府就通过自身的无偿投入，支持了该行业的发展，从而为整个社会的利益服务；与此同时，企业由于可以获得平均利润率，因而承担起部分及至主要的投资任务，从而大大减轻了财政的支出负担。这样，财政的非营利性活动就直接与为市场提供公共服务相联系了。

1.2.5.4　公共财政是法治化的财政

市场经济是一个法治经济，对于政府来说，其活动和行为也应当置于法律的根本约束规范之下。财政作为政府直接进行活动的工具，在市场经济下显然也是必须受到法律的约束和规范的，从而具有了法治性。财政的法治化，就意味着社会公众通过议会和相应的法律程序，具体表现为通过政府预算的法律权威，决定、约束、规范和监督着政府的财政行为，从而鲜明地体现出此时的财政是社会公众的财政。

总之，市场经济下的财政具有"弥补市场失灵""提供一视同仁服务""非营利性"和"法治化"四个基本特征，分别从不同的侧面，共同表现了财政所具有的公共性。

1.2.6　公共财政论的基本观点

1.2.6.1　关于财政的起因——市场失灵论

西方财政理论认为，在市场经济中，社会上的各种资源主要是经由市场渠道，通过市场方式自发进行配置的，市场机制在资源配置方面发挥了基础性的作用。但是，市场经济也存在自身无法弥补与克服的缺陷，种种市场失灵问题的存在使政府对社会经济活动进行直接干预成为必要，而财政作为政府干预的重要手段之一，也相应必须介入其中。可见，在财政起因这一问题上，西方财政理论遵循了如下分析思路：市场有效运行→市场失灵→政府干预→财政介入。

1.2.6.2　关于财政的对象——公共产品论

西方财政理论认为，财政活动的对象是为市场经济中的家庭和企业提供公共服务，即广义上的公共产品。广义上的公共产品指可供全社会范围内的全体成员或地区性范围内的全体成员共同消费的各种服务。从政府干预经济的角度看，政府利用各种方式、手段，克服和纠正各种市场失灵问题，实际上都是出于为市场中的企业和个人提供一视同仁服务这一目的的。如外部效应是企业和个人无力通过市场途径予以有效解决的一个问题，但是，解决外部效应问题又恰恰是市场有效运行所必需，能够使社会公众共同受益，因此政府参与解决外部效应问题实际上是为市场活动的主体提供具有共同消费性质的公共服务。再如，由于社会分配的严重不公可能会引起社会动荡，因此克服社会分配不公问题是维护社会经济正常运转的一个重要保证，为全体社会成员所必需，从而也是在提供具有共同消费性质的服务。政府及其财政干预其他市场失灵问题都可以做类似分析。这样，在市场经济中，以纠正市场失灵问题为出发点的各种政府干预活动都可以视为政府及其财政提供广义上的公共产品，即公共服务的行为。

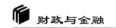

1.2.6.3 关于财政目的——公共需要论

在西方财政理论中，公共需要指的是社会公众对于公共服务的需要。在市场经济中，社会经济活动的参与者可以分成两极：一极是由无数在法律地位上平等的私人企业和个人所组成的社会公众，另一极则是掌握着国家权力的政府。这里的公共需要专指社会公众的需要，而不包括国家的需要。对于具备共同消费性质的公共服务来说，它是难以通过市场机制得到有效供给的，但又为社会公众所必需，这就需要由非市场的力量，通过非私人经济的活动来提供。由此，满足公共需要的职责就必须由政府及其财政来承担。因此，满足公共需要构成了财政活动的直接目的。

1.2.6.4 关于财政模式——公共财政论

西方财政理论认为，在市场能够有效运行的场合，由于存在利益的导向作用，因而能够自发引导私人经济活动参与其间，并不需要政府的干预。为了避免由于政府及其财政的介入所可能造成的对市场效率不必要的损害，政府及其财政的活动范围应当局限于市场失灵的领域之内。因此，置身于市场经济环境之中的西方财政理论，始终否定国有资本和国家有资本财政存在的必要性，而主张实行单一的公共财政模式，把政府及其财政的活动范围界定于市场失灵领域之内。这一观点构成了西方财政理论的核心——公共财政论。出于习惯，在本书中，我们将公共财政论作为西方各种财政基本理论的统称。

1.2.6.5 关于财政决策——公共选择论

财政既然是政府提供公共产品，为市场经济服务的行为，那么它应该提供哪些公共产品？怎样提供公共产品？为谁提供公共产品？上述问题涉及政府如何进行财政决策的问题。西方财政理论认为，公共产品的有效供应是建立在个人效用和偏好的基础之上的，千千万万的社会公众通过代议制民主制度，经过选民公决或议会投票程序，将他们各自对公共产品的欲望和偏好反映出来，经过汇总后达成某种社会公众意愿，从而为政府提供公共产品的预算决策分析提供依据。由于个人对公共产品的偏好或多或少存在偏差，因此在集体达成的公众意愿与个意愿之间也普遍存在矛盾和偏差，西方财政理论往往以很大的篇幅，把财政决策过程视为政治决定过程，探讨了选举原则、选举制度对公共选择和公共决策的影响，指出了法定多数、简单多数和一致决策等投票优胜原则对公共选择结果所产生的不同影响。同时，还分析了利益集团、政党以及官僚机构及其人员的行为和活动对政治决定的影响，探讨它们之间进行选票交易等所可能产生的结果等。

1.3 财政的职能

1.3.1 财政职能的一般表述

财政职能是指财政所具有的内在功能，即财政分配作用于其他事物所具有的特殊功能。它是财政这一经济范畴的本质反映，具有客观必然性，它随着社会经济政治的发展而变化。

我国传统的财政学说对财政职能的研究基本上是构筑在计划经济条件下国家观的基础

上。一般认为，社会主义财政具有分配职能、调节职能和监督职能三种职能。那么，在社会主义市场经济条件下，我国的财政职能是否依然如此呢？回答显然是否定的。这是因为随着社会主义市场经济的发展，国家职能的转换以及财政在市场经济中的地位和作用的变化，财政职能与计划经济条件下的财政职能显然会有实质性的差异。众所周知，财政职能是由国家职能决定的，财政职能是国家职能的一个组成部分。它所要实现的目标是以国家职能为转移的，它是从财力角度来实现国家职能。具体地说，财政既是实现国家职能的财力保证，又是实现国家计划和政策目标的一种主要的分配手段和经济杠杆。因此，在以市场为资源配置主体的社会主义市场经济条件下，只有在"市场失灵"的领域，政府部门的介入才是必要的，财政所要解决的是通过市场不能解决或解决得不满意的问题。所以，随着政府职能的变化，我们把财政职能概括为资源配置职能、公平分配职能和经济稳定增长职能三个方面。

1.3.2　资源配置职能

1.3.2.1　资源配置的含义

资源配置从广义上讲是指社会总产品的配置，狭义上讲是指生产要素的配置。即经济中的各种有限资源（人力、物力、财力）在各种不同的使用方向之间的分配，实现资源结构的合理化，使其得到最有效的使用，获得最大的社会和经济效益。

高效地配置资源或者说资源的合理配置，实质上是对社会劳动的合理分配和有效使用问题。研究它的目的在于两个方面：一是从数量角度分析，如何合理地把经济中的各种资源分配于不同的用途，以使用等量的投入取得尽可能大的产出，或者以尽可能少的投入取得等量的产出；二是从结构角度分析，如何有效地把经济中的各种资源分配于各处不同的用途，以使用有限的资源生产出更多的为社会所需要的产品和劳务，而避免生产出为社会所不需要的产品和劳务。由此可见，任何社会，只有做到人尽其才，物尽其用，地尽其利，才能被认为做到了资源的合理配置。社会上的人力、物力、财力被闲置或浪费而未能发挥作用的部分，都属于资源配置方面存在的问题。因此，财政的资源配置职能，是通过财政对财力的分配，引导人力和物力的流向，运用各种有效的财政手段，形成合理的经济结构，实现优化资源配置的目标。

1.3.2.2　财政资源配置的方式

我国《国民经济和社会发展纲要》明确规定了对资源配置的要求：各级政府要加强农业投入，要加大科技投入，基础性项目主要由政府集中必要资金进行建设，公益性项目主要运用财政资金安排建设，逐步增加对中西部地区的财政支援。从这些要求来看，我国财政收支占 GDP 的比重、中央财政收入占全部财政收入的比重，以及财政投资占全社会投资的比重都偏低，使许多理应由财政承担的投入而不能到位，造成财政资源配置职能的弱化。因此，具体的配置方式有以下几种：

（1）根据市场经济条件下政府的职能来确定社会公共需要的范围，以及财政收支占国民收入的合理比例，符合高效的资源配置要求。

（2）优化财政支出结构，合理配置财政资源，区分生产性支出和非生产性支出、消费性支出的转移性支出的比例，形成对社会资源的合理配置。

（3）利用政府投资、政府信用、财政补贴和税收等方式来引导社会投资方向，提高社会投资的效率。

（4）妥善安排政府投资的规模与结构，确保国家重点建设资金的到位。政府投资规模表明了政府对社会的总投资力度，其大小与当年的财力是成正比例的。而优化政府投资结构和保证重点建设，又在产业结构调整中起着重要的作用，对财政资源的合理配置起着重要的作用。

（5）引入成本—效益分析和非均衡效率分析，提高财政配置本身的效率。如税收入与税收成本的对比问题。

（6）国有资源的有偿使用以及国有资产的保值增值，都是财政配置的重要方式。通过对国有资源的有序有偿使用，实现对社会资源的合理开发、高效利用和优化配置。通过对财政投资、国有资产的有偿占有，形成保值、增值为中心的滚动式良性循环机制。

1.3.3 公平分配职能

1.3.3.1 公平分配的含义

公平分配是指政府通过税收、投资等财政经济手段调节国家、企业和个人之间的分配关系，实现收入的公平、合理分配的目标。财政作为分配领域的重要构成环节，必须尽最大的努力解决公平分配问题。一个社会的分配是否公平，影响到生产的进行，影响到企业和劳动者个人的生产积极性，而更重要的是公平分配不仅是经济问题，还是关系到社会是否安定、是否能保障社会再生产有一个良好环境的重要条件。因此，财政公平分配职能是指通过调节各分配主体之间的物质利益关系来实现分配的公平合理。也就是说，在分配过程的参与者之间，通过国家财政调节，既要满足社会公共需要的要求，又要调动企业和劳动者个人的生产积极性。

公平分配包括经济公平和社会公平两个层次。经济公平是市场经济的内在要求，强调要素投入和要素收入相对称，在平等竞争的条件下，实行等价交换。在个人消费品分配上，实行按劳分配，个人通过诚实劳动和合法经营取得收入，其劳动投入与劳动报酬相对称，符合效率与公平原则。但是，由于各经济主体或个人所提供的生产要素不同、资源的稀缺程度不同以及各种非竞争因素的干扰，各经济主体或个人获得的收入会出现较大的差距，这必然要涉及社会公平问题。社会公平是指将收入差距维持在现阶段社会各阶层居民所能接受的合理范围内。

1.3.3.2 公平分配职能的手段

财政实现公平分配职能的手段主要有以下几个方面。

（1）合理界定市场分配和财政分配的界限与范围。

市场分配和财政分配各有其作用范围，市场分配主要在要素收入分配的范围内起作用，而财政分配主要在收入、再分配的范围内起作用。市场形成的工资、利息、利润、地租、股息等收入方式不能被财政分配所扭曲，财政的职能是通过再分配来进行调节。而财政应在税收、医疗保健、社会福利、社会保障等方面进行集中性分配，发挥财政的主导作用。

（2）强化税收的经济杠杆作用。

税收可以改变商品市场和要素市场的价格，调节各经济主体的要素分配，体现财政的分配政策。商品税可以调节商品的价格，从而间接调节生产者和消费者的利益；个人所得税可以调节不同种类来源的、不同性质的收入之间的差距，使之维持在合理的差距范围内；资源税可以调节由于资源条件和地理条件不同而形成的级差收入；公司（企业）所得税可调节公司的利润水平；遗产税和赠与税可以调节个人财产的分布；等等。

（3）利用转移性支出来调节居民的生活水平。

财政补贴、社会保障支出、救济支出、转移支付等都是财政调节收入的具体形式，帮助每个社会成员维持最低的生活标准。

（4）建立规范的工资分配机制。

对国家预算拨款的公务员工资、纳入预算的企事业单位的人员工资以及国有企业的职工工资，要加强管理与控制，把应纳入工资范围的收入都纳入工资总额，取消各种明补和暗补，提高工资分配的透明度，并实现个人消费品的商品化，建立以工资收入为主、工资外收入为辅的收入制度。

1.3.4　经济稳定和增长职能

1.3.4.1　经济稳定和增长的含义

财政在保持资源的有效配置和公平分配的同时，财政调节还必须保持或努力达到高就业率、相对稳定的物价水平、国际收支的平衡以及合理的经济增长率等目标。这些内容概括起来就是经济稳定和增长的基本要求。

（1）充分就业。

"就业"并非仅指人们有工作机会、找到职业，同时包括劳动力在内的各种生产要素，即物力资源的利用。充分就业并非指100%的就业率，而是指全部可直接就业人口的就业率超过了某一社会公认的比率，如95%、96%等。在传统观念中，只有纳入国家招工计划的才算就业，这种看法是片面的，只要劳动者能够通过自己的劳动取得一定的报酬，无论是个体经营还是在乡镇企业或外企工作等均属就业范畴。

（2）物价稳定。

物价稳定并非指所有商品的价格保持静止不变，而是指物价的上涨和下跌幅度保持在3%~5%是可以接受的。

（3）国际收支平衡。

国际收支平衡是指一国在进行经济交往时，其经常项目和资本项目的收支合计大体保持平衡。因为在开放经济条件下，国际收支的平衡就意味着国内收支的平衡。因此，它是经济稳定的一个重要内容和标志。

（4）经济增长。

经济增长是指经济体系在一定时期内生产的货物和提供的劳务数量不断增加。而且还包括产出与收入的结构变化以及经济条件、政治条件和文化条件的变化，表现为人的基本需要的满足和素质的提高。

1.3.4.2　经济稳定与增长职能的手段

财政的经济稳定与增长职能是以保持高水平的资源利用和价格稳定为主要目标的。社会主义市场经济条件下，财政通过筹集和供应资金，改变各经济主体在国民收入中所占的份额，改变国民收入的使用方向与比例关系，从而调节生产、流通与消费，积累与消费的关系，调整国民经济结构和产业结构，实现财政收支平衡，促进国民经济的稳定与增长。具体来讲，其手段有：

（1）社会总供给与总需求的大体平衡。

社会总供求的平衡可以用公式表示为：

$$C + I + G + X - Z = C + S + I \tag{1-1}$$

其中，C 表示消费，I 表示新增投资，S 表示储蓄，G 表示政府支出，T 表示税收，X 表示出口，Z 表示进口。

从式（1-1）中可以看出，如果社会总供给与社会总需求保持平衡，则物价水平就是基本稳定的，经济增长就可以保持，而充分就业和国际收支平衡也就不难实现。从式（1-1）中还可以发现，G 和 T 是平衡公式中的重要因素，当其他因素不平衡时，可以调节 G 和 T，使总供求达到平衡。财政就是通过这种有目的、有计划的集中性收支活动来矫正微观经济主体的分散的收支活动形成的不良后果，使整个社会的供求趋于平衡。

（2）"相机抉择"的财政政策的运用。

财政政策是维系总供求大体平衡的重要手段，当总需求大于总供给时，财政就实行紧缩的财政政策，减少支出和增加税收，以求两者之间的平衡；当总需求小于总供给时，财政就实行适度放松的财政政策，增加支出和减少税收，扩大总需求，达到两者的平衡。

（3）稳定的制度性安排促进供求之间的平衡。

如累进税率和失业救济金制度，都会随着经济景气的周期变化而作出相应的反向调节作用，使其能够起到减缓经济波动幅度的作用。

（4）保证非生产性的社会公共需要，为经济发展和社会稳定创造良好的环境。

提高治理污染、保护生态环境以及文教、卫生支出的增长速度，完善社会福利、社会保障和社会救济制度，确实提高人民的生活质量和自身素质，避免没有发展的经济增长。

（5）利用投资、补贴和税收政策等手段，解决经济增长中的"瓶颈"问题。

通过资金的投入和政策的宽松，加快对农业、能源、交通运输、邮电通信等公共物品的投入促其加速发展，并支持第三产业的兴起，加快产业结构的调整，促进国民经济高速发展与稳定增长的最优结合。

第2章　财政支出

2.1　财政支出的分类

2.1.1　财政支出的含义

财政支出通常也被称作政府支出或公共支出，是指在市场经济条件下，政府为提供公共产品和服务，满足社会共同需要而进行的财政资金的支付。财政支出可以从两个角度理解：首先，财政支出是一个过程；其次，从财政支出以货币度量的意义看，财政支出又是政府为履行其职能而花费的资金的总和。与财政收入相对应，是整个财政分配的第二阶段，它是国家根据实现其职能的需要，通过财政分配渠道，对通过各种形式所筹集起来的财政资金进行有计划的再分配。它是财政分配活动的重要组成部分，是国家调控经济运行的重要手段，对经济发展和社会进步具有非常重要的作用。就其本质而言，财政支出反映了市场经济条件下政府活动的范围、规模、结构和方向；就其过程而言，财政支出是政府把集中起来的社会资源分配、运用于满足公共需要各种用途的过程，体现在政府所掌控财政资金的安排、供应、使用和管理的全过程；就其价值而言，财政支出是政府提供公共产品和服务的成本和费用，反映了财政资金的规模、结构、流向和用途。国家集中的财政收入只有按照行政及社会事业计划、国民经济发展需要进行统筹安排运用，才能为国家完成各项职能提供财力上的保证。

2.1.2　财政支出的分类及其内容

政府支出分类是将政府支出的内容进行合理的归纳，以便准确反映和科学分析支出活动的性质、结构、规模以及支出的效益和产生的时间。分类方法有下列五种：

2.1.2.1　按经济性质分类

按经济性质将财政支出分为生产性支出和非生产性支出。

生产性支出指与社会物质生产直接相关的支出，如支持农村生产支出、农业部门基金支出、企业挖潜改造支出等，非生产性支出指与社会物质生产无直接关系的支出，如国防支出、武装警察部队支出、文教卫生事业支出、抚恤和社会福利救济支出等。

按财政支出的经济性质，即按照财政支出是否能直接得到等价的补偿进行分类，可以把财政支出分为购买性支出和转移性支出。购买性支出又称消耗性支出，是指政府购买商品和劳务，包括购买进行日常政务活动所需要的或者进行政府投资所需要的各种物品和劳务的支出，即由社会消费性支出和财政投资支出组成。它是政府的市场性再分配活动，对社会生产和就业的直接影响较大，执行资源配置的能力较强。在市场上遵循定价交换的原则，因此购买性支出体现的财政活动对政府能形成较强的效益约束，对与购买性支出发生关系的微观经济主体的预算约束是硬的。转移性支出是指政府按照一定方式，将一部分财政资金无偿地、单方面转移给居民和其他受益者，主要由社会保障支出和财政补贴组成。它是政府的非市场性再分配活动，对收入分配的直接影响较大，执行收入分配的职能较强。

2.1.2.2 按最终用途分类

按最终用途从静态的价值构成上将财政支出分为补偿性支出、积累性支出与消费性支出。

补偿性支出主要是对在生产过程中固定资产的耗费部分进行弥补的支出，如挖潜改造资金。积累性支出指最终用于社会扩大再生产和增加社会储备的支出，如基本建设支出、工业交通部门基金支出、企业挖潜发行支出等，这部分支出是社会扩大再生产的保证；消费支出指用于社会福利救济费等，这部分支出对提高整个社会的物质文化生活水平起着重大的作用。从动态的再生产角度考察，则可分为投资性支出和消费性支出。这种分类方法有利于正确地处理财政分配中积累和消费的比例关系，促进国民收入分配合理比例关系的形成，协调社会供求结构。在我国政府财政支出中，补偿性支出所占的比重很小，积累性支出所占的比重较大，但近年来有所下降，消费性支出的比重正逐渐上升。这与我国经济体制的转轨有内在联系。

2.1.2.3 按财政支出与国家职能关系分类

按财政支出与国家职能关系将财政支出分为经济建设费支出、社会文教费支出、行政管理费支出和其他支出。

（1）经济建设费支出，包括基本建设支出、流动资金支出、地质勘探支出、国家物资储备支出、工业交通部门基金支出、商贸部门基金支出等。

（2）社会文教费支出，包括科学事业费和卫生事业费支出等。

（3）行政管理费支出，包括公检法支出、武警部队支出等。

（4）其他支出，包括国防支出、债务支出、政策性补贴支出等。

2.1.2.4 按国家预算收支科目分类

按国家预算收支科目将财政支出分为一般预算支出、基金预算支出、专用基金支出、资金调拨支出和财政周转金支出。财政总预算会计对财政支出的核算按国家预算支出科目分类。我国财政支出按照具体用途分类，如表2-1所示。

表2-1　财政支出按具体用途分类

支出项目	具体内容
基本建设支出	用于基本建设投资范围内的基本建设拨款和贷款支出
企业挖潜改造资金支出	用于企业挖潜、革新和改造方面的资金支出
简易建筑费支出	修建简易仓棚、货场、土围墙、围栏、排水沟等开支，以及购置国家分配的运输车辆等的开支

支出项目	具体内容
地质勘探费支出	地质勘探机构的勘探工作费用
科技三项费用	新产品试制费、中间试验费、重要科学研究补助费
流动资金支出	增拨企业流动资金的支出
国家物资储备支出	建立物资储备的拨款
支援农业支出	支援农村集体经济以及个体农业户的各项生产支出和对农林水利气象部门的事业费支出
工业、交通、商业等部门事业费支出	工业、交通、商业等部门事业机构的人员经费和业务费的拨款
城市维护费支出	用于城市公用事业、公共设施维护费的支出
价格补贴支出	粮、棉、油加价款和价差补贴，市镇居民肉食价格补贴，民用煤销售价差补贴等
文教科学卫生事业费支出	用于文化、教育、科学、卫生等事业的经费支出
抚恤和社会福利救济费支出	抚恤事业费；军队及国家机关工作人员离休、退休所领取的离休费、退休费，以及退职人员的退职费；社会福利救济费；自然灾害救济费
国防支出	用于国防建设和进行战争的费用支出
行政管理费支出	国家机关的经费支出
债务支出	偿还国内外债务的支出

2.1.2.5 按财政支出产生效益的时间分类

按财政支出产生效益的时间分类可以分为经常性支出和资本性支出。

经常性支出是维持公共部门正常运转或保障人们基本生活所必需的支出，主要包括人员经费、公用经费和社会保障支出。特点是它的消耗会使社会直接受益或当期受益，直接构成当期公共物品的成本，按照公平原则中当期公共物品受益与当期公共物品成本相对应的原则，经常性支出的弥补方式是税收。资本性支出是用于购买或生产使用年限在一年以上的耐久品所需的支出，它们的耗费的结果将形成供一年以上的长期使用的固定资产。它的补偿方式有两种：一是税收，二是国债。

此外，还有对外援助支出、支援不发达地区支出、专款支出、总预备费支出等项目。优点：具有较强的实践意义，一是便于国家财政部门预算的编制；二是便于社会了解和监督国家财政支出的去向以及支出的意义和作用。

2.2 财政支出的原则

财政支出的原则是指政府在安排和组织财政支出过程中应遵循的基本准则。由于财政支出是政府实现其职能及政治经济目标的财力保证，其内容相当广泛，要正确分配、使用和管理财政资金，保证国民经济持续稳定地发展，在财政支出的安排上，必须研究影响财政支出实现的客观基础，确定财政支出安排中应遵循的基本原则，才能既满足政府公共财政支出的需要，又能达到公共支出的最大社会效益。结合我国社会主义市场经济的实际情况，我国的财政支出应遵循以下三条基本原则：量入为出、收支结合原则；统筹兼顾、全面安排原则；厉行节约、讲求效益原则。

2.2.1 量入为出、收支结合原则

所谓量入为出、收支结合原则，是指在考虑支出需要和合理组织财政收入的基础上，根据收入安排支出，支出总量不能超过收入总量。这是我国长期以来所实行的"收支平衡、略有节余"的财政工作方针的具体体现。因为我国目前正处于社会主义市场经济发展的初级阶段，经济发展水平相对落后，财政收入规模相对较小，而经济和社会发展以及社会主义国家的政治职能要求财政能够给予更多的支持。在这种前提下，如果不坚持支出总量适度的原则，就很容易出现财政支出总量的失控，形成较大数额的财政赤字，以至于影响经济和社会的稳定和发展。具体来讲，坚持量入为出、收支结合原则，必须注意以下几个问题：

2.2.1.1 坚持量入为出的理财思想

根据财政收入安排财政支出，一是不留缺口，实现总量平衡。在做财政预算时，做到财政收支平衡，略有节余，不搞赤字预算。要根据财力的可能，对要办的事情，区分轻重缓急，有计划地进行，应使财政支出总量不超过财政收入总量。二是以收定支，做到同步增长。社会主义市场经济的发展和财政收入的增长，为财政支出的增长提供了可能。但是，支出的增长必须受收入增长的制约，把支出增长的总量控制在收入增长的总量范围之内。三是留有余地，适当建立后备。财政收入的各项指标稳妥可靠，财政预算不但不能留有缺口，而且还应留有余地适当建立后备。如果在财政预算中不留有足够的余地，形成一定的后备，就很容易造成支出超过收入的过头分配。四是提高效率，合理使用资金。财政资金是有限的，要用有限的资金办更多的事情。量入为出，不仅要根据收入的多少安排支出的多少，而且要把有限的资金用好用活，提高资金的使用效率，做到少花钱多办事，办好事。

2.2.1.2 正确处理财政收入与财政支出之间的矛盾

财政收入是国家政府聚集财力的规模，其大小受一定阶段的国家经济发展水平的制约，因此，财政收入规模是有客观限量的。财政支出反映的是国家职能、经济建设和改善人民生活的需要，这种需要是随着经济、社会的发展和人民生活水平的提高而日益增长的，其增长速度往往高于财政收入的增长速度，甚至超过财政收入的可能限量。从实质上讲，财政收入与财政支出之间存在一种可能与需要的矛盾。要正确处理好两者之间的矛盾，坚持量入为出的原则，把财政支出的总量控制在财政收入的可能限量内是很有必要的。

2.2.1.3 确保物资供求总量平衡

正常的财政收入代表着流通中可供财政支配的商品物资量，财政支出则形成对商品物资的购买力，它是社会购买力的一个组成部分。在收入既定的情况下，支出若是超过了收入，这部分超出的财政支出形成的购买力就超过了可供财政支配的商品物资数量，在其他购买力不变的情况下，就会造成物资供求总量失衡，流通中的货币量投放过多，引发通货膨胀，对经济稳定发展带来不利的影响。所以，应该坚持量入为出的原则，促使财政支出

形成的购买力与可供财政支配的商品物资保持平衡。

2.2.1.4 满足社会公共需要

政府从事财政活动的最终目的就是要满足社会公共需要，其实质是实现国家基本职能的需要，财政支出必须以满足社会公共需要为目标，保证国家基本职能的实现，这是财政支出满足的最低需要，是财政支出必须保证的项目。财政在安排这一类支出项目时，必须认真界定政府的职能范围，保证国家实现其职能的最低要求。

2.2.1.5 实现经济稳定运行

财政支出除了满足社会公共需要这一最低需要外，还要满足经济建设支出的需要，它属于第二层次的需要，其目的是促进社会经济的稳定增长，以更好地满足提高人民生活消费水平的目的。财政在安排这类支出项目时，必须对财政收入来源进行认真的分析，实事求是地估计国家财力，量力而行。在现阶段我国一些地方政府的工作中，仍存在乱花钱的现象。一方面浪费了财政资金，另一方面给党风和廉政建设带来了不良影响，不利于我国经济建设的持续稳定发展。

2.2.2 优化支出结构的原则

在财政支出总量既定的前提下，各项支出之间、各部门之间，客观上存在着此增彼减的矛盾。这就要求政府在安排财政支出结构时，必须从全局出发，通盘规划，区分轻重缓急与主次先后，适当照顾各个方面的需要，妥善地分配财力，发挥财政支出的最大效用，以保证政府各项职能的实现以及国民经济的协调发展，否则会影响财政资金的使用效益。要贯彻这一原则，各项支出的安排必须处理好以下关系：

2.2.2.1 购买性支出和转移性支出之间的关系

购买性支出与转移性支出是财政支出按其经济性质划分的结果，购买性支出主要体现的是政府财政的资源配置职能，而转移性支出主要体现财政支出的收入分配调节职能。因此，在正确处理购买性支出和转移性支出的关系时，应该遵循"效率优先，兼顾公平"的原则，既要解决好政府财政实现资源配置职能这一经济运行的效率问题，又要处理好政府实现公平收入再分配这一市场经济条件下必然存在的公平问题，解决好经济发展和社会进步的关系。

2.2.2.2 正确处理好投资性支出与公共消费性支出的关系

投资性支出和公共消费性支出的关系实质上是财政支出中的发展性支出和维持性支出的关系，处理好这一关系，对社会经济的稳定发展具有十分重要的意义。因为，一方面，社会经济的发展需要扩大再生产，而扩大再生产需要通过投资来实现；另一方面，生产的目的是满足消费，消费反过来又促进了生产，社会的发展和经济的增长必须有稳定的消费需求。如果投资性支出与公共消费性支出之间的比例出现了问题，经济稳定增长就会出现困难。在支出总量既定时，投资性支出和公共消费性支出之间客观上存在一定的矛盾，应当根据社会发展和国家财力状况，合理确定投资和消费水平，既保证人民生活水平随着经济的增长而有所提高，又保证扩大再生产和非生产性建设资金的需要，兼顾国家利益与人民利益、长远利益与眼前利益。在处理两者关系时，必须坚持"先维持，后发展"的顺序，坚持先保证基本的"吃饭"问题，再根据量力而行的原则来安排发展性支出。

2.2.2.3　公共预算支出和投资性建设支出的比例关系

各级政府在安排公共预算支出时，坚持按"先维持，后发展"的顺序安排各项支出，即财政支出首先安排并保证政府公共预算支出需要，然后视财力情况安排投资性扩大再生产规模，这是科学合理的分配顺序，符合社会发展客观规律的要求。政府公共预算支出，是指国家以社会和经济管理者的身份取得的收入用来安排公共预算支出，主要包括社会公益性基本建设支出、各项事业维持和发展支出、社会保障支出、行政管理和国防经费等支出以及各项补贴支出等。保证这些支出之后的多余财力，才能安排投资性建设支出。

2.2.2.4　经济建设支出和经常性支出的比例关系

经济建设支出是国家发展经济所必需的支出，财政安排的经济建设支出，要根据履行宏观经济调控职能的需要，重点用于农业、能源、交通等基础行业投资和科研、教育支出，以改善经济发展的环境。经常性支出是保证各级政府正常履行政府职能的行政经费和社会事业经费开支等，是公共财政应负担的主要支出，应视为重点需要。财政的基本要求是为政府实现职能提供财力保证，在财政支出总量既定的前提下，合理有效地分配资金，对优化资源配置、促进经济快速稳定发展等方面，都具有十分重要的作用。此外，还必须正确处理好国民经济各部门之间的比例关系，如农轻重之间的关系；其他方面的关系，如内地与沿海的关系、基本建设与更新改造的关系等。

2.2.3　厉行节约、讲求财政支出效益的原则

厉行节约、讲求财政支出效益的原则就是要求将财政收入安排在最合适的财政支出项目中，应用尽可能少的劳动耗费和劳动占用取得尽可能多的有用劳动成果，使有限的财政资金产生最大的效益，这种效益不同于其他经济主体的支出效益，是经济效益和社会效益的结合。提高财政资金支出效益，是财政支出的核心问题。财政支出的效益必须处理好两个关系：一是财政支出的社会效益和经济效益的关系。财政支出的经济效益是指以尽可能少的财政资金耗费、为国家提供更多的财政收入，这主要是针对建设性支出而言。而一些经常性支出项目不能直接取得经济效益，如国防、文化、教育、科学、卫生等方面的支出。但它有利于社会安定团结，人民生活的改善，即能取得很好的社会效益。在安排财政支出时在侧重社会效益的前提下，必须把这两种效益有机地结合起来考虑。二是财政支出的宏观效益与微观效益的关系。在国民经济的总体效益的实现上，有时可能出现对企业等微观经济组织的效益不利。因此在财政支出安排上，要将宏观利益和微观利益很好地结合起来，要从国家全局的需要出发，兼顾微观经济主体的利益。一般在财政支出既定的情况下，提高财政支出效益的途径有两个：一是尽可能地节约使用财政资金，减少所费，即少花钱多办事；二是使用同等数量的财政资金获得更大的有用成果，即增加所得，即财政资金分配的合理性。

目前，根据财政支出项目的不同，世界上评价财政支出效益的方法主要有以下三种：即"成本—效益"分析法、最低费用选择法和公共劳务收费法对其效益进行评价。

2.2.3.1　成本—效益分析法

所谓成本—效益分析方法就是根据政府确定的某项支出目标，设计若干实现目标的方案，对各项支出方案的全部预期社会成本和预期社会效益进行鉴定和比较，选择社会净效

益最优的支出方案，并据此核拨财政资金的一种决策分析方法。这种分析方法主要用于效益是经济的、有形的、可以用货币衡量的支出项目，该方法多用于政府的经济建设支出。

2.2.3.2　最低费用选择法

所谓最低费用选择法是根据政府确定的某项财政支出的目标，制定若干不同的方案，通过比较不同方案的成本费用开支大小，来选择其中费用成本最低的一套方案，并据此核拨财政资金的一种决策分析方法。该方法与成本—效益分析法的区别是，它不以货币计量备选的财政支出方案的社会效益，只计算备选方案的有形费用，并以有形费用最低为选择标准。该方法相对简单，用于只能核算项目的成本，难以核算项目的效益，适用于文化教育、行政和国防等支出项目。

2.2.3.3　公共劳务收费法

公共劳务是指国家机构为了履行其职能而展开的各项工作，包括军事、行政、城市给排水、道路维修、邮电等工作。公共劳务收费法也称为公共产品定价法，是指政府通过财政支出为社会提供的某些公共产品项目采取适当收费的办法，是改进"公共劳务"的使用状况，借以提高财政支出使用效率的一种分析方法。该方法是将市场等价交换原则部分地引入公共产品的提供和使用中去，适当约束和限制社会对公共产品的消费量，达到节约财政开支，提高财政资金使用效益的目的。公共劳务的定价包括免费、低价、平价和高价四种。一般情况下，普遍使用或鼓励普遍使用的公共劳务，如义务教育、卫生保健、计划生育用品等，可采用低价或免费政策收费；对于那些无须特别鼓励也无须限制的公共劳务，如公园、邮电、医疗、公路等，可采用平价政策收费；对于那些必须限制使用的公共劳务，如市民卡、居民身份证的补办等，可采用高价收费政策。

除此之外，还要加强对财政资金使用的监督和管理，使财政资金使用效益得到提高，促进社会经济的发展。首先，要引进市场竞争机制，借鉴发达国家政府采购的做法，改革大额财政支出的管理办法。其次，要在预算编制中逐步推行"零基预算法"，有利于切实控制财政支出和提高资金使用效果。可以这样说，"零基预算法"是我国政府公开支出管理逐步走向规范的良好开端。因此，要在预算编制中逐步推广"零基预算法"。再次，要硬化预算约束，建立效益评估系统。任何单位和个人不得以任何理由随意开增支口子，并接受同级人大的检查和监督。同时要树立新的社会成本—效益观念。最后，还要建立一套完整的效益评估系统。按照效益财政理论，对各级预算支出定期进行客观公正的监督和综合考核，并与下年度预算挂钩，提高财政支出的营运效益。

2.3　财政支出的规模

财政支出作为社会总资源配置的有机组成部分，其支出总量占社会总资源配置的比重是否适当，不仅直接影响政府职能的实现情况，更直接制约着社会资源配置的优化程度，关系到社会再生产能否持续高效发展的问题。因此，财政支出的规模研究，是财政支出研究的重要任务。

2.3.1 财政支出规模及其衡量指标

2.3.1.1 财政支出规模的含义

财政支出规模是指在一定时期（预算年度）内，政府通过财政渠道安排和使用的财政资金的绝对量和相对量，是根据一定时期国民经济发展状况和政府职能实现的要求等因素测算和完成的政府集中性支出的数量反映。财政支出规模反映了政府对国民（内）生产总值的实际占有规模和程度，在一定程度上可以反映政府的职能状况和政府的活动范围，是研究和确定财政分配规模的重要指标。

从概念上讲，财政支出规模有预算支出规模和决算支出规模两种形式。预算支出规模是指在编制年度预算时根据支出的预算要素测算出的年度支出数；后者则是指预算年度内政府财政实际完成的支出总量。预算支出与决算支出往往也是不完全相等的。

2.3.1.2 财政支出规模的衡量指标

（1）衡量财政支出规模的指标。

财政支出规模是指财政支出总量的货币表现。它是衡量一个国家或地区政府财政活动规模的重要指标。由于财政支出是政府从市场经济中聚集财力加以支配和使用，财政支出的规模大小体现了政府在市场经济中进行国民收入分配与再分配的规模，也反映了政府活动的范围和内容，以及政府介入经济运行的规模和程度。

为了说明政府对国民收入进行分配和再分配的规模及政府在市场经济中所起的作用，需要对财政支出进行数量分析，即采用一定的指标对财政支出的规模和增长趋势加以衡量。常见的衡量指标主要有以下两个。

1）绝对量指标。绝对量指标是指用货币数额来衡量财政支出增长的指标。它要说明的是一个国家财政支出的绝对规模，即一个国家在一定时期内（通常为一个财政年度）财政支出的货币价值总额。度量绝对量的指标主要有按当期价格计算的财政支出和按不变价格计算的财政支出。绝对量指标在对一国财政支出变化进行纵向比较时有实际意义，可以直观、具体地反映一个国家一定时期内财政支出的规模，是政府编制财政预算和控制财政支出的重要指标之一。但在运用绝对量指标来衡量财政支出增长数额时，应当注意币值的变动问题以及体制和政府级别的状况问题。从财政支出规模的发展趋势来看，财政支出的绝对规模是不断增长的，但经济中的另一些因素也是不断增长的，如价格、居民收入、人口和总产量等。因此，只度量财政支出的绝对规模还不足以说明问题，更重要的是要测量财政支出的相对规模。

2）相对量指标。相对量指标有两层含义：一是相对于不同因素，如国民生产总值、国内生产总值、国民收入、个人可支配收入等来考察财政支出的增长；二是将财政支出加以分类，考察财政支出增长的结构性特点。相对量指标反映了财政支出的总量与相关指标的比率，是国际上对政府财政支出规模进行分析时常用的指标类型。通常一国政府采用的相对量指标用财政支出/GDP（国内生产总值）或财政支出/GNP（国民生产总值）来表示财政支出规模的大小。它要说明的是一个国家财政支出的相对规模，也就是一个国家在一定时期内（通常为一个财政年度）财政支出占国内生产总值（GDP）或占国民生产总值（GNP）的比例。

运用相对量指标测量财政支出规模，最大的优点是便于进行纵向比较和横向比较，即可以对一个国家不同时期的财政支出规模进行比较分析或对不同国家的财政支出规模进行比较分析。通过比较分析，能够较好地反映一个国家财政支出对经济影响的重要程度。

（2）衡量财政支出规模变化的指标。

在实践中，经常用财政支出增长率、财政支出的弹性系数、财政支出边际倾向来反映财政支出的变化。

1）财政支出增长率。财政支出增长率表示当年财政支出比上年同期财政支出增长的比例。用公式表示为：

财政支出增长率 =（本年财政支出额 - 上年财政支出额）÷ 上年度财政支出额 × 100%

2）财政支出增长的弹性系数。财政支出增长的弹性系数是指财政支出增长率与国内生产总值增长率的比值。当弹性（系数）大于 1 时，表示财政支出的增长快于 GDP 的增长。当弹性（系数）小于 1 时，表示财政支出的增长慢于 GDP 的增长。用公式表示为：

财政支出增长弹性系数 = 财政支出增长率 ÷ 国内生产总值增长率

3）财政支出增长边际倾向。财政支出增长边际倾向是指财政支出增长额与 GDP 增长额之间的比值。表明 GDP 每增加 1 个单位的同时财政支出增加多少。当边际倾向大于 1 时，表明每增加 1 个单位的 GDP 需要财政支出更多的资金。用公式表示为：

财政支出增长边际倾向 = 财政支出增加额 ÷ 国内生产总值增加额

2.3.2　财政支出规模的变化趋势

从全球范围来看，无论是发达国家还是发展中国家，财政支出都经历了一个不断增长的过程。这种增长既包含了绝对量的增长，也包含了相对量的增长。通常采用财政支出占GDP 的比重来衡量财政支出的相对量的增长。在早期资本主义时期，资本主义国家奉行经济自由主张，采取放任政策，对私人生活和私营企业的经营活动不加干涉，各国财政支出占国民生产总值的比重一般在 10% 以下，国家的职能基本上限于维护社会秩序和保卫国家安全，在经济、文化、社会等方面很少有所作为。但是，到 20 世纪初以后，特别是1929 ~ 1933 年世界经济危机以后，资本主义国家为了维持经济增长和克服日益频繁的经济危机，政府加强了对经济的干预。同时，为了防止社会动荡，不得不为公众提供基本的社会保障，由此导致财政支出日益膨胀。另外，各国国民收入的不断增长，筹集财政收入的措施的不断加强，以及增发公债作为弥补手段成为可能，各国财政支出明显表现出日益增长的趋势。尤其从 20 世纪 50 ~ 80 年代，主要发达国家财政支出的绝对额巨幅上升，财政支出比率上升比例都超过了 20%。

据统计，在 20 世纪，无论是财政支出的绝对规模还是相对规模，各国的财政支出规模都是不断上升的。美国 1890 年的财政支出为 8 亿美元，1995 年为 15907 亿美元；英国1900 年的财政支出为 2.8 亿英镑，1995 年为 2927 亿英镑；特别是 20 世纪 50 ~ 80 年代，主要发达国家财政支出的绝对规模和相对规模都大幅度上升。统计资料表明，1950 ~ 1980 年，英国财政支出由 32.79 亿英镑增至 863.95 亿英镑，增长了 25 倍；美国财政支出由 426 亿美元增至 6018 亿美元，增长了 13 倍；法国财政支出由 274 亿法国法郎增至 11129 亿法国法郎，增长了 44 倍；日本财政支出由 1950 年的 6000 亿日元增至 1979 年的 30920 亿日元，30 年增长了 50 倍；德国（原联邦德国）财政支出由 1955 年的 242 亿马克增至 1980 年的 4475 亿马克，26 年增长了 17 倍；瑞典财政支出由 53.4 亿克朗增至 2087.9 亿克朗，增长了 38 倍；苏联财政支出由 413 亿卢布增至 2946 亿卢布，增长了 6 倍[①]。

在发展中国家也同样出现了财政支出规模不断增长的趋势。特别是 20 世纪 80 年代以来，发展中国家的财政支出规模迅速扩张。发展中国家自第二次世界大战结束后，纷纷走上了经济独立的道路。为了能够早日赶上发达国家，解决本国的贫困问题，促进经济快速增长，政府大量参与经济方面的建设，在安排财政支出时，遵循"效率优先，兼顾公平"的原则，发展中国家的支出增长主要集中在购买性支出，特别是公共投资上，从而使政府的财政支出规模迅速扩张。尽管发展中国家的财政支出无论从绝对量还是从相对量来说都在增长，但与发达国家相比，发达国家的支出增长主要集中在转移性支出上。其原因主要在于：发达国家的经济发展水平已经较高，政府更加关注的是社会公平问题，而不是效率问题。

财政支出的规模，或者说财政支出占 GDP 的比重，各个国家有所不同；在同一个国家的不同时期，这一比重也是不同的。我国改革开放以来，为适应市场经济体制的要求和发挥市场机制的配置作用，我国财政支出在经济发展的基础上出现了较快的增长，但由于受到财政收入总体规模的制约，财政支出占 GDP 的比重呈现出先逐年下降后有回升的趋势，主要体现在以下几个方面：

（1）财政支出绝对数快速增长。改革开放以来，随着经济发展和财政收入水平的提高，财政支出的绝对数增长较快，1978 年仅为 1122 亿元，2004 年达到 28486.89 亿元，2018 年则达到 220906.07 亿元。

（2）财政支出占 GDP 的比重先下降后有所回升。在经济体制改革前及改革初期，我国财政支出占 GDP 的比重是比较高的，随着经济体制改革的不断深入，这一比重呈下降趋势，从 1978 年的 30.96% 下降到 1996 年的 11.69%，2018 年回升到 24.53%。

2.3.3　财政支出规模不断增长的理论

各国出现的财政支出不断增长的趋势引起了经济学家的普遍关注，他们试图从不同的角度对公共支出的增长做出解释。其中，具有代表性的观点有以下四个：

2.3.3.1　瓦格纳法则——"政府活动扩张法则"

19 世纪 80 年代德国经济学家阿道夫·瓦格纳是最先提出财政支出扩张论的，他经过对西方资本主义国家 18~19 世纪近百年公共财政支出的分析研究（考察了英国产业革命和当时美、法、德、日等国的工业化状况），提出了公共支出不断增长的理论，被后人称为"瓦格纳法则"的"政府活动扩张法则"或"公共支出不断上升规律"。

瓦格纳根据其所处政治经济及社会背景，通过吸收、整理、总结前人的思想及观点，

---

① 杨艳琳：《现代财政与金融教程》，首都经济贸易大学出版社 2003 年版，第 112 页。

提出了新的国家职能观。认为国家的职能应有发展文化教育和增进社会福利的职能，国家应为"社会国家"。现代工业的发展会引起社会进步的要求，社会进步会导致国家活动的扩张，这其中有政治因素也有经济因素。所谓政治因素是指在社会经济日益工业化的过程中，不断扩张的市场与这些市场中的行为主体之间的关系会更加复杂化，市场关系的复杂引起了对商业法律和契约的需要，并要求建立司法组织执行这些法律。这样，就需要把更多的资源用于提供治安的和法律的设施。所谓经济因素是指工业的发展推动了都市化的进程，人口的居住将密集化，由此将产生拥挤等外部性问题，这样也就需要政府进行管理与调节工作，需要政府不断介入物质生产领域，因而形成了很多公共企业。此外，教育、娱乐、文化、保健以及福利服务的需求收入弹性较大。因此，国家的职能在内涵和外延方面都不断扩大，不仅原有职能不断扩大，而且新的职能陆续出现。随着国家职能的扩展，政府从事的各项活动不断增加，所需的经费开支也就相应上升。瓦格纳认为，经济发展、城市化及公共需求上升从不同方面促进着财政支出的增长。

瓦格纳认为，一国工业化经济的发展与本国财政支出之间存在一种函数关系，即随着现代工业社会的发展，"对社会进步的政治压力"增大以及在工业经营方面因"社会考虑"而要求增加政府支出。按照美国财政学家马斯格雷夫的解释，瓦格纳法则指的是财政支出的相对增长，即随着人均收入的提高，财政支出占 GDP 的比例也相应提高。

经济发展的实际表明，瓦格纳法则符合财政支出发展变化的一般趋势，财政支出占 GDP 的比重是不可能无止境上升的，当经济发展到一定高度和层次时，财政支出占 GDP 的比重呈现相对稳定的状态，即稳定在一定的水平上并上下有所波动，对后来的财政理论和财政政策的研究做出了一定的贡献。在瓦格纳提出"公共支出不断上升规律"之后，西方学者对此又做了大量的继续研究工作。但是，该理论存在明显的不足：一是关于公共支出增长的含义究竟是指财政支出在 GDP 中的份额上升，还是指它的绝对增长，这一点在当时并不清楚；二是没能从根本上回答财政支出的增长速度为何会快于 GDP 的增长速度；三是主要站在需求角度来解释财政支出的增长，只解释了公共产品需求的扩张压力，没有从供给面考察财政支出的增长。

2.3.3.2　皮考克和魏斯曼理论——梯度渐进增长理论

20 世纪 60 年代，英国经济学家皮考克（Peacock）和魏斯曼（Wiseman）在瓦格纳分析的基础上，根据对 1890～1955 年英国的公共部门财政支出增长情况的研究，提出了"梯度渐进增长理论"。他们认为英国公共支出的增长是"阶梯的""非连续的"，公共支出水平在正常年份表现出随税收收入增长而逐渐上升的趋势。但当社会经历激变如战争、经济大萧条或其他严重灾害时，公共支出会急剧上升，当但突变期结束后，财政支出水平虽有所下降，但不会低于原有水平。可见，皮考克和魏斯曼分析了导致公共支出增长的内在原因和外在原因，被称为皮考克和魏斯曼理论。

对这一理论的分析，是建立在政府喜欢多支出，而公民不愿多纳税这个假设基础之上的。因此，政府在决定预算支出规模时，应注意公民能容忍的税收水平，而公民能容忍的税收水平正是政府公共支出的约束条件。在这样假设的基础上，皮魏克和考斯曼作出了如下推论：在经济和社会的正常发展时期，随着经济的发展，收入水平上升，以不变税率征收的税收会随之上升，政府虽然希望集中收入，多增加支出，但公民一般不愿意多缴纳税收，政府无理由多征税，这时财政支出随经济增长呈线性状态增长，这是公共支出增长的内在原因，即公民可以忍受的税收水平的提高；但在经济和社会发展的非常时期（如战争、经济危机和社会转型），政府支出就会被迫急剧增加，政府不得不通过提高税率来解决，而公民在危机时期也迫于形势愿意多承担税负，政府为应付形势以公共支出替代私人支出，财政支出就会急剧上升。而在非常时期过后，公众所能容忍的税收水平并不回到原来的状态，政府仍能继续维持高额的公共支出，这是公共支出增长的外在原因，即社会动荡对财政支出造成的压力。外在原因说明了政府支出增长超过 GNP 增长速度的主要原因。他们认为，正是由于上述两方面原因相互交替的作用，才导致财政支出规模呈梯度渐进增长，理论界以此把它称为"梯度渐进增长理论"或"公共收入增长推动说"。

2.3.3.3 马斯格雷夫和罗斯托理论——经济发展阶段理论

美国财政学家马斯格雷夫和经济史学家罗斯托赞成公共支出不断增长趋势的一般规律，并用经济发展阶段论来解释公共支出不断增长的具体原因和增长结构表现为三个阶段和三种不同的特点。他们认为，在经济发展过程中，财政支出增长是最重要的先决条件，否则经济难以持续发展。

在经济发展的早期阶段，为了启动经济、促进经济尽快地成长，政府投资在社会总投资中占有较高的比重，公共部门为经济发展提供社会基础设施，如公路、铁路、桥梁、法律和秩序、电力、环境卫生、供水系统、通信、教育等，以便为经济发展、为私人投资者提供良好的外部环境。此时，政府财政支出不仅总量大大增加，而且在结构上表现为对私人资本投资所需条件的改善，即以基础设施投资为重点，这些投资对处于经济与社会发展早期阶段的国家进入起飞阶段是必不可少的前提条件。

在经济发展的中期阶段，社会基础设施供求趋于均衡，政府仍然会继续增加投资，以期达到既保持经济持续稳定地增长，又弥补市场失灵的缺陷。经济起飞后，政府若减少公共投资，就有可能降低经济增长率，不利于经济持续稳定地增长。这就要求政府加强对经济的干预，以矫正、补充、完善市场机制的不足。但是政府对经济干预范围的扩大和干预力度的加强必然引致财政支出增长。虽然此时财政支出的范围和权重有所加大，但这时的政府投资已开始成为日益增长的私人部门投资的补充（马斯格雷夫认为，在经济发展过程中，总投资在 GNP 中的比重是上升的，但政府公共支出占 GNP 的比重却呈现逐步下降的趋势），并开始将注意力转移到收入分配问题上。

在经济发展的后期阶段，市场体系比较完善，公共投资的比重可能会有所下降，但政府财政支出的总额不会减少，但财政支出的投向会有所调整和变化，逐渐由对社会基础设施的"硬件"投资，转向更多地用于改善教育、卫生保健、基本生活保障和取得经济、环境与人之间的可持续发展方面，以及其他直接用于国民福利的"软件"项目。此时，用于社会保障和收入再分配方面的支出与其他公共支出相比，以及两者占 GNP 的比重，都会有较大幅度的增加。财政转移性支出明显上升并超过购买性支出。且这方面的支出增长将大大超过其他方面支出的增长，也会快于 GDP 的增长速度，导致财政支出规模膨胀。从长期看，财政支出结构的这种变化趋势，引致了财政支出规模的不断扩大。美国财政支出结构的发展变化证实了马斯格雷夫和罗斯托的推断。

马斯格雷夫和罗斯托的"发展型"公共支出理论，是对整个经济发展过程中财政支出增长态势的大致概括，是在对大量经济发展史料进行分析研究后得出的结论，对认识不同经济发展阶段上公共支出的增长变化趋势，提供了有益的参考和借鉴。

2.3.3.4 鲍莫尔理论——非均衡增长模型

美国经济学家鲍莫尔（W. J. Baumo）通过分析公共部门平均劳动生产率状况，对财政支出不断增长的原因进行了解释。他在 1976 年发表的《不均衡增长的宏观经济学》论文中指出，随着实践的发展和时间的推移，既定数量的公共品价格相对于既定数量的私人产品之间的价格会上升，如果对于公共部门活动的需要是无弹性的，就必然造成财政支出不断增长的趋势。

在《不均衡增长的宏观经济学》一文中，鲍莫尔按技术进步的程度将经济部门划分为进步部门和非进步部门。由于技术进步的规模经济造成人均劳动生产率大幅度提高的部门称为进步部门；劳动生产率提高缓慢的部门称为非进步部门。两个部门的差异源于技术和劳动发挥的作用不同。在进步部门中，劳动只是一种基本手段，它被用来生产最终产品，因而劳动可以由资本替代，如以机器代替劳动力，而不影响产品的性能。而在非进步部门中，劳动本身就是最终产品，因而劳动投入的减少就可能引起产品性能的改变，如政府的服务、手工业等劳动密集型产业，这些部门的劳动生产率并不是没有可能提高，只是提高的速度相对缓慢而已。

进步部门劳动生产率的提高，将引起部门工资水平的上升。而非进步部门为了得到应有的劳动投入量以向社会提供足够的服务，其工资水平的提高必须与进步部门保持同步。这将使非进步部门提供服务的单位成本相对上升，这就意味着相对于进步部门而言，非进步部门下一时期的生产成本是要增加的。因此，鲍莫尔认为，如果公共部门的生产率增长比其他经济部门的生产率低，而公共部门的工资水平又要和其他经济部门的工资水平保持同步增长，在其他条件不变的情况下，就必然会形成财政支出不断增长的趋势。这初步阐释了财政支出增长的一般规律，揭示了随经济发展支出机制转换的内在趋势。

2.3.4 影响财政支出规模的因素

一定时期财政支出规模的变动，涉及多种复杂因素，同当时的政治经济条件和国家的方针政策甚至国情都有密切的联系。概括起来，财政支出主要受以下几方面因素的影响：

2.3.4.1 经济因素

经济因素主要指经济发展的水平、经济体制的选择和政府的经济干预政策等。

（1）经济发展水平是影响财政支出规模的根本性因素，一般情况下，越是经济发展水平高的国家，财政支出的绝对规模和相对规模越大。从总体上来说，随着经济的发展，社会财富不断增加，人们维持最低生活需要的部分在社会总财富中所占比重下降，由政府集中更多的社会财富用于满足社会公共需要的可能性不断提高。从这个因素上讲，经济发达国家的财政支出规模普遍要比经济发展落后的国家高。

（2）经济体制的选择也会对财政支出规模产生影响，经济体制及与之相适应的分配体制的选择对财政支出规模的影响非常重要。一般说来，实行计划经济体制的国家，由于国民收入集中分配的比例高，所以往往财政支出的规模就大。而实行市场经济体制的国家，由于社会投资占总投资的比例较高，所以政府的财政支出的规模占总投资的比例可以稍低一些。

（3）政府对经济的干预政策不同，会对财政支出规模产生不同的影响，主要体现在政府通过调整财政支出规模来影响总需求方面。当总需求不足，政府推行扩张性的财政政策刺激需求，往往会借助于减少财政收入、扩大财政支出来实现，此时财政支出的规模比正常年份就会大；相反，政府推行紧缩性的财政政策抑制需求，往往通过增加财政收入、缩减财政支出来实现，此时财政支出规模通常会收缩。一旦政府减少干预或干预主要是通过管制而非通过财政的资源配置活动或收入的转移活动来进行时，政府政策对财政支出的规模的影响就并不明显。此外，物价水平越高，政府为了保质保量地提供公共服务，名义财政支出规模就越大；政府的征税能力越强，取得的税收收入越多，财政支出规模就越大。

2.3.4.2 政治因素

政治因素对财政支出规模的影响主要体现在以下几个方面。

（1）政府的职能范围。

财政分配主要是围绕政府职能的实现来进行的，财政支出的直接目的是实现政府职能服务，政府的职能范围决定了政府活动的范围和方向，也就相应决定了财政支出的范围和规模。从社会经济发展的历史来看，政府职能的大小始终是制约财政支出规模的最为重要的因素。实行计划经济体制的国家，政府的职能范围就比较宽，财政支出占 GDP 的比重会比较高；反之，在市场经济体制下，比重就会低一些。随着生产社会化程度越来越高、经济规模不断增大，政府的管理职能和对经济运行的宏观调控职能不断增强，对市场进行调节的成本越来越高，财政支出的绝对规模也被相应拉大。

（2）国内外环境是否稳定。

当国家出现政局不稳、内乱、战争、外部冲突等政治事件时，军费、医疗经费、公用设施建设费、事业费等财政支出项目的规模必然会超过常规年份。例如，美国联邦政府的财政支出，在南北战争时期，第一次突破了 10 亿美元，在第一次世界大战期间的 1919 年则高达 185 亿美元，在第二次世界大战期间的 1944 年、1945 年超过了 1000 亿美元。第二次世界大战后，联邦政府的财政支出在 1947～1948 年下降到 360 亿美元。

（3）政体结构的行政效率。

政府工作的效率对财政支出规模也有很大的影响，政府工作效率高，则设置较少的政府职能机构就能完成政府职能，较少的支出就能办较多的事，因而财政支出的规模也就相对会小一些；若一国的行政机构臃肿，人浮于事，效率低下，人员经费开支必然会增多，使财政支出的经费支出加大。我国的行政管理支出长期居高不下，行政效率偏低一直得不到有效解决是问题的关键所在。

2.3.4.3 社会因素

由于财政是要满足社会公共需要的，因此财政支出规模必然要受社会性因素的影响。人口因素是社会原因中最主要的因素。在消费水平既定的情况下，人口总量直接决定社会公共消费及财政所负担的基础设施的数量，从而决定财政支出总量。人口的增长，除了需要维持原有人口的生活费用以外，必然引起新增人口对教育、就业、医疗卫生、交通、住房、文化娱乐、社会救济、社会治安等方面的支出增长，从而引起国家的行政、经济和社会管理费用全面上升。

2.4 财政支出效益

2.4.1 财政支出效益的概念

财政支出效益是指政府为实现一定的目标而通过财政支出手段获取最大的社会经济效益，是财政支出数量与财政支出活动结果之间的效益关系。财政支出过程就是政府将通过财政收入集中到手的资源进行合理分配和有效运用的过程。资源的有限性要求研究财政支出效益问题，目的在于通过对财政资金合理配置和使用，更好地履行政府职能，最大限度地满足各种社会公共需要。所以，财政支出效益不仅是财政支出的核心问题，还是衡量财政支出规模和结构是否合理的一个标准。所谓提高财政支出效益，对生产性支出来说，就是要求尽可能地降低成本，取得盈利，即少投入，多产出；对非生产性支出来说，就是要"少花钱、多办事、办好事"。一般而言，财政支出的效益可划分为宏观效益和微观效益。

财政支出的宏观效益是指政府通过适度安排财政支出的规模、合理规划财政支出的结构，达到政府资源的最佳配置，并以此带动整个社会经济的协调发展。财政支出宏观效益也可称为财政支出配置效益。

财政支出的微观效益是指使用财政资金的各单位，在安排财政资金具体用途时所考虑的项目效益。此效益的表达基本与私人投资的效益概念相一致，所不同的仅是效益的范围、影响有所差异。财政支出的微观效益也可称为财政支出的经济效益。对于微观经济主体来说，提高经济效益，有着十分明确且易于把握的标准，花了一笔钱，赚回了更多的钱，这项活动便是有效益的。从原则上说，财政支出的效益与微观经济主体的支出效益是一样的，但是，由于政府处于宏观调控主体的地位上，财政支出项目在性质上也千差万别，同微观经济主体的支出效益相比较，存在重大差别。因此，财政支出效益具有其独特性，主要表现在以下三个方面：

2.4.1.1 两者所代表的利益主体不同

微观经济主体所代表的利益是个体的和局部的，其支出效益的表现形式单一即只需采用货币计算的价值形式，因此其所发生的支付必须追求货币效益或经济价值，基于这个观念的经济效益一定是具备内在性。而政府的财政收支活动可能要付出征收成本、行政成本和更多的决策成本等，其利益不仅体现于政府收入的增减，也体现于全体社会成员福利的得失。所以，政府效益表现形式具有多样化特征，除价值形式之外，还可以通过政治的、社会的、文化的等多种形式表现出来，这些都应同货币的效益和损失一样作为效益和成本来衡量。

2.4.1.2 两者计算的所费与所得的范围不同

微观经济主体只需分析、计算发生在自身范围内的直接的、有形的所费与所得，很少甚至根本不考虑间接的、无形的所费与所得以及效益与成本的外溢情况；而政府则不仅要分析直接的、有形的所费与所得，还需分析长期的、短期的、间接的以及无形的所费与所得。

2.4.1.3　两者的择优标准不同

对于微观经济主体来说，提高经济效益有着非常具体、明确且易于把握的标准即收益大于成本，其目标一般是追求自身经济效益（利润）最大化，绝不可能选择亏损、不盈利的方案；而政府追求的则是整个社会的效益最大化，不回避可能的、必要的局部亏损。

2.4.2　财政支出效益的内涵

由于财政支出是政府履行其政治经济行为的开支，其目的大多具有宏观的特征，这个特征的内涵不仅包括经济目标，而且还有财政和社会目标，所以，在提高财政支出使用效益的过程中，政府需要处理极为复杂的问题。财政支出效益的内涵包括以下三个层次的内容：

2.4.2.1　内源性效益

内源性效益是指财政支出本身所产生的效益，包括直接效益和间接效益。直接效益是指某些财政项目直接产生的可计量的经济效益，如经济建设支出项目、农业支出项目等。间接效益是指某些项目不直接产生经济效益但却存在社会效益，有些可以量化，有些难以量化，如事业性支出项目、行政性支出项目等。

2.4.2.2　部门绩效

部门绩效是指使用财政支出的公共部门财政年度内的工作绩效。它包含两层含义：一是部门在财政资源的配置上是否合理并得以优化，财政资源使用是否得到相应的产出或成果，也是对部门资源配置的总体状况进行评价；二是部门本身的工作绩效评价，如是否完成了既定的社会经济发展指标，完成预算目标的财力保证程度，部门内资金使用的效益情况等。

2.4.2.3　单位绩效

财政支出最终能否发挥相应的效益，还要取决于使用单位。对单位绩效评价应该从具体单位的实际情况来考察，着重于以下几个方面：一是对预算及相关决策的执行情况；二是单位的资金管理机制是否完备；三是资金使用的最终效益；四是要对同类型项目进行历史的、区域性的比较。

2.4.3　财政支出效益分析

财政支出效益分析是根据投入—产出原理，借助一定的分析工具，对财政支出效果进行分析评价。

2.4.3.1　成本—效益分析法

（1）成本—效益分析法的起源。

20世纪30年代世界性的经济危机过后，凯恩斯的国家干预经济的政策在各国得到广泛推行。各国大力兴办各种公共工程，使经济支出在财政支出中的比重越来越大。如何提高财政支出的效益，以使社会资源得到更加合理的配置，社会福利得到最大限度的改进，对财政支出效益进行评价的问题越来越引起人们的重视。1936年，美国政府通过了《洪水控制法案》，首次将成本—效益分析法运用于公共项目的评价中。进入60年代，成本—效益分析法被各国广泛采用。

（2）成本—效益分析法的含义及其应用范围。

成本—效益分析法是指针对政府确定的建设目标，提出若干实现建设目标的方案，计算出每个方案的全部预期成本和预期效益的现值，通过分析比较，从中选择出最优的项目作为政府投资项目的一种方法。

这种方法是经济决策中的一种常用方法，它是通过比较各种备选项目的全部预期收益和全部预期成本的现值来评价这些项目，以作为决策参考依据的一种方法。由于许多财政支出项目的成本和效益无法用货币量来衡量，因此，该方法的适用对象主要是财政支出中经济建设支出项目，因为该类项目的成本和效益可用货币指标来衡量，如电站投资。在运用该方法时，项目的成本和效益的衡量、折现问题及择优决策是需要解决的三个关键而重要的问题。

（3）成本和效益的衡量。

由于公共项目的成本和效益并非都是可以直接量化的，而这种方法要求无论是直接的还是间接的成本和效益、无论是有形的还是无形的成本和效益，最终都要以货币的形式表现出来。因此，可以用市场价格量化的成本和效益直接使用市场价格，而难以直接使用货币形式来度量的成本和效益则可以用影子价格等方法来度量。

1）影子价格。市场经济条件下，在对成本和效益度量时，有时会遇到有的商品和劳务没有市场，需要估价，或由于不完全竞争市场等原因造成有的商品和劳务的市场价格不恰当，需要纠正。影子价格就是针对无价可循或有价不当的商品或劳务所规定的较合理的替代价格。一般而言，影子价格应为不存在市场失灵时的帕累托最优均衡价格，它并非真正存在于市场上的社会价格，而是反映社会边际成本的价格。由于许多政府项目的成本和效益没有市场价格，是无形的，而且存在市场失灵和不完备，虽然政府提供的一些商品如自来水、电、煤气等有着明确的价格，但这些价格却不能完全反映出它们的边际社会成本或效益，而进行成本—效益分析应以真实的社会成本与效益为基础。所以，影子价格此时比市场价格更具有代表性。

2）无形成本与效益的量化。有形成本和效益在引入影子价格后可以得到较好的衡量，但对于无形成本和效益的衡量就比较困难。西方学者为此提出了时间价值和生命价值等估计方法来估计无形成本和效益。下面就简要介绍这几种估计方法。

其一，时间价值估计。假定公共项目的建设，给人们带来了节约时间的好处，那么，这种收益的价值是多少？可以用节约的时间乘以工资率得到。例如，新建铁路干线的开通节约时间的价值，可以用每位乘客节约的时间乘以人数，再乘以其平均工资率来得到。

其二，生命价值估计。在成本—效益分析中，有时需要对生命进行估价。例如，政府提出一项旨在降低交通事故的方案，对此方案的评价，就涉及了对生命价值的估计。通常来说，可以有两种方法：一是计算一个正常寿命人一生净收入的现值，即用一个人一生所能够获得的收入减去日常生活耗费后的余额并折算成现值。二是用人们要求的风险补偿来估计生命的价值，即用一个人为改变死亡概率愿意付出的数额间接地进行估算（从事危险职业的人一般都会要求一定的风险补偿，即一个更高的工资。因而可以通过考虑人们为补偿较多的死亡机会而增加的收入来衡量生命的价值）。

其三，社会成本节约价值估计。即通过成本节约对公共项目的效益做出估计。当公共项目带来社会某种成本的节约或消除时，则估计社会成本节约价值就是对公共项目效益的量化。例如，建水利发电站的无形效益是美化了环境，增进了人民健康，那么，当地人的发病率就会降低，因此可以用当地居民公费医疗支出的下降额来估计建水利发电站的无形效益。

3）社会贴现率。利用银行的储蓄原理说明现值概念，在复利计算中（单利情况下计算较为简单，此处不予考虑），假设 P 为本金，r 为市场年利率，S 为本利和，t 为储蓄限。

第一年：本金 P 的利息为 $P \times r$，本利和为：

$S = P + P \times r = P(1 + r)$

第二年：本金变为 $P(1 + r)$，利息为 $P(1 + r) \times r$，本利和为：

$S = P \times (1 + r) + P \times (1 + r) \times r = P \times (1 + r)^2$

第三年同样如此，依此类推至第 t 年完，本利和 $S = P(1 + r)^2$，从公式中把现值 P 求解出来即可得到现值计算公式：

$$P = S/(1 + r)^t \qquad (2 - 1)$$

运用式（2 - 1），可以很方便地将未来各时期的货币价值转换成现值，这个过程就称为贴现。

（4）项目支出效益评价标准。

1）净现值。根据贴现原理，将项目各时期产生的成本和效益量化后，选择恰当的社会贴现率，分别折算成现值，并将收益现值总和减去成本现值综合求得净现值。用公式表示为：

$$NPV = \sum Bt/(1 + r)^t \sum Ct/(1 + r)^t = \sum (Bt - Ct)/(1 + r)^t \qquad (2 - 2)$$

2）收益—成本比率。收益—成本比率指的是项目支出的收益现值与成本现值的比率，通过该比率的大小来确定项目投资可行与否。用公式表示为：

$$BCR = \sum [Bt/(1 + r)^t]/\sum [Ct/(1 + r)^t] \qquad (2 - 3)$$

3）内部收益率。内部收益率是指能使项目未来各年的"效益贴现值总和"等于"成本贴现值综合"，即 $NPV = 0$ 的贴现率，用公式表示为：

$$NPV = \sum Bt/(1 + IRR)^t - \sum Ct/(1 + IRR)^t = \sum (Bt - Ct)/(1 + IRR)^t = 0$$

$$(2 - 4)$$

（5）成本效益分析的特殊性。

成本效益分析的基本目标就是衡量项目的效益是否超过了其成本，无论是公共部门或是私人部门，这一过程都具有相似性。但在相似性之外，政府成本效益分析又有其特殊性。主要表现在以下三点：

1）政府并不是独立于纳税人而存在的。实际上，它是纳税人意志的集中表达，因此，政府项目的效益及成本不仅体现于政府收入的增减，也体现于全体社会成员福利的得失。也就是说，政府在肩负着监督项目的货币收益及损失的职责的同时，也要考虑项目是否会导致非货币的变化，如空气污染、健康及安全的损失，或者时间的浪费，这些都应同货币的收益和损失一样，作为效益和成本来衡量。因此，政府不仅要考虑经济效益，而且要考虑社会效益。

2）政府项目的评估中，定价问题极为复杂。私人部门进行决策时，依据效益最大化的原则，评估的依据就是市场价格。但政府在进行决策时，却必须考虑所用的价格是否真正地反映了社会的效益或成本，在很多时候，必须对所使用的价格进行调整。

3）政府的行为目标比私人部门更为多样化。一般说来，私人部门的目标就是追求经济效益的最大化，但政府却不然，其行为目标有：减少失业、平抑物价、促进经济增长、实现收入分配公平等。如果一个项目的本意是减少失业，但同时又可促进经济增长，那么，这种间接的效益是否应包括到成本效益分析中来呢？可以认为，由于政府采用了同减少失业相关的措施，那么，很可能这一政策目标就是政府的最佳选择，所以对其他政策目标的影响可以忽略不计。也可以认为，假设其他项目难以实现经济增长的政策目标，这种间接效益应包括到成本效益分析中来。

（6）成本效益分析的误区。

关于成本效益分析方法，有三种错误观念极为普遍，应加以澄清。首先，认为成本效益分析可以代替所有的理性判断，这是不正确的。其次，认为项目具有效益就意味着这一项目可以彻底地实现预期的政策目标。最后，误区同实证经济学和规范经济学的区别有关。

2.4.3.2 最低费用选择法

最低费用选择法是对成本—效益分析法的必要补充，它是国家对那些不易计量效益，却能够以货币来度量其有形物质成本的公共支出项目，通过计算每个备选方案的有形成本，不计算支出效益与无形成本，以成本最低为择优的标准，选出最佳方案的一种方法。基本步骤是：首先，根据政府确定的建设目标，提出实现目标的多种备选方案。其次，以货币为统一尺度，分别计算出各个备选方案的各种有形费用并于加总。在计算费用的过程中，如果遇到需要多年安排支出的项目，要用贴现法折算出费用的现值，以保证备选方案的可比性。最后，还要按照费用的高低排顺序，以供决策者选择。

最低费用选择法与成本—效益分析法相比较有其不同的特点：一是成本—效益分析法的分析对象是成本与效益，以效益为主导，而最低费用选择法的对象是成本和支出目标，以费用为主导。二是成本—效益分析法的方案可以有多个目标。三是两种方法适用的范围不同，成本—效益分析法适用于以经济效益为主的投资性项目，而最低费用选择法适用于以社会效益为主的消费性项目。

（1）最低费用选择法适用范围。

最低费用选择法适用于军事、政治、文化、卫生等财政支出项目上，该法与成本—效益分析法的主要区别是，不用货币单位计算各个备选的财政支出项目的社会效益，只计算每项备选项目的有形成本，并以费用最低为择优的标准。运用最低费用分析法来确定公共支出最佳方案，在技术上并不困难，难点不在费用开支的比较上，而在于如何使不同的支出方案能够无差别地实现公共支出的目的，即它们提供的社会效益和经济效益要相同，否则是无法进行成本费用比较的。实际上，由于政府的许多公共支出项目受到社会因素和政治因素的影响，在比较费用开支的同时，也要考虑社会、政治等非经济因素的连锁反应，在综合分析、全面衡量的基础上，再择优而用。

最低费用选择法适用于社会消费性支出项目，这些项目一般不是以经济效益为追求目标，而是把社会效益放在首要位置，其效益不能用市场价格—货币价值形式来表现。通过公共支出项目的社会效益外溢，有利于经济发展。

（2）最低费用选择法的运用。

按支出方案选择最低费用。当政府确定了支出要实现的目标之后，就可指定能够实现支出目标的各种方案。

按支出用途选择最低费用。政府的每一项费用都有明确的用途。一般来讲，可以划分为两大类：一是公用经费；二是人员经费。对这两种费用分析应用最低费用选择法，能够有效地解决实现政府目标和节约费用的矛盾。

2.4.3.3 公共定价法

公共定价法是指对由政府提供的满足社会公共需要的"市场性物品"（准公共物品）运用商品买卖的原理，通过一定秩序和规则制定的、提供公共物品的价格和收费标准，即公共物品价格和收费标准的确定，以使公共物品得到最节约、最有效的使用，提高财政支出效益的一种方法。公共定价的对象既包括政府公共部门提供的公共物品，也包括私人部门提供的公共物品。

从定价政策看，公共定价有纯公共定价和管制定价或价格管制之分。纯公共定价是指政府直接制定自然垄断行业（如能源、通信和交通等公用事业和煤、石油、原子能、钢铁等基本品行业）的价格；管制定价或价格管制是指对政府规定涉及国计民生而又带有竞争性的行业规定的价格，如金融、农业、高等教育、医药行业等。但无论是纯公共定价还是管制定价，都涉及定价水平和定价体系问题。定价水平是指政府提供每一单位"公共产品"的定价（收费）是多少。在管制行业里，定价水平依据正常成本加合理报酬得到的总成本计算，研究定价水平实质上是研究如何确定总成本。定价体系是指把费用结构（固定费用和可变费用的比例）和需求结构（家庭用、企业用和产业用，以及少量需求和大量需求等不同种类的需求，高峰负荷和非高峰负荷等不同负荷的需求）考虑进来的各种定价组合。

（1）定价水平。

定价水平主要包括免费或低价、平价和高价三种。

1）免费或低价。免费或低价提供公共服务，可以促进公众对该项公共服务的最大限度地使用，使其社会效益极大化。这种价格政策，一般适用于那些从国家和民族利益出发，必须在全国范围内普遍使用，但公众可能尚无此觉悟，不能自觉使用的公共服务，如强制义务教育、强制计划免疫、国防、气象服务、地震监测与预报等。但是，免费和低价的价格政策，可能会导致公众对公共服务的浪费。例如，政府通过公共支出建设道路和桥梁免费提供给社会使用，可能会使越来越多的人使用私人汽车，而不去利用公共交通设施，从而使道路上的车辆拥挤不堪，公共交通设施又得不到充分的利用，迫使国家为改善交通运输状况不得不增加更多的公共支出以建筑新的道路和桥梁；允许免费进入国家公园，可能会使公园的环境遭到破坏和长期得不到维修；低价提供住宅，可能会助长抢房和多占住房的恶劣风气；低价提供旅行和运输便利，可能会使车辆拥挤不堪等。

2）平价。平价提供公共服务，可以使提供公共服务所耗费的人力和物力得到相应的补偿。这种价格政策，一方面能促使公众节约使用公共服务，另一方面能使公共服务得到进步和发展。从国家和民族的利益来看，这种价格政策无须特别鼓励使用，也不必特别加以限制使用的公共服务，如公园、公路、铁路、医疗、邮电等。

3）高价。高价政策可以有效地限制公共服务过度使用，还可以为国家提供额外的收入。这种价格政策适用于从国家和民族利益考虑，必须限制使用的公共服务。

（2）定价体系。

政府采用公共定价方法，其目的不仅在于提高整个社会资源的配置效率，更重要的是使这些产品和劳务得到最有效的使用，提高公共支出效益。既要充分提供公共产品，又要提高有关公共支出的效益，就必须适当选择定价方法。公共定价方法主要有平均成本定价法、二部定价法和负荷定价法三种。

1）平均成本定价法。平均成本定价法是指政府在保持企业收支平衡的情况下，以平均成本为产品定价，采取尽可能使经济福利最大化的一种定价方式。例如，邮电部门邮寄信件就采取平均成本定价法。从理论角度来看，边际成本定价是最理想的一种定价方式，但它会使企业出现大量亏损，长此下去，它们很难提供足够的满足社会公共需要的物品，因为财政补贴也是有限度的。因此，在成本递减行业，为了使企业保持收支平衡，公共定价或价格管制要高于边际成本定价。

2）二部定价法。二部定价法是由两种要素构成的定价体系：一是与使用量无关的按月或按年支付的"基本费"；二是按使用量支付的"从量费"。因此，二部定价法是定额定价和从量定价二者合一的定价体系，也是反映成本结构的定价体系。由于二部定价法中的"基本费"是不管使用量多少而收取的固定费，所以有助于企业财务的稳定；二部定价法又具有"以收支平衡为条件实现经济福利最大化"的性质，所以现在几乎所有受管制的行业，特别是电力、城市煤气、自来水、电话等自然垄断行业，都普遍采用这种定价方法。

3）负荷定价法。负荷定价法是指根据不同时间段的需要制定不同的价格。在电力、煤气、自来水、电话等行业，按需求的季节、月份、时区的高峰和非高峰的不同，有系统地分别制定不同的价格，以平衡需求状况。在需求处于高峰时，收费最高；而在需求低谷时，收费最低。

（3）公共定价法适用范围。

公共定价法适用于：混合公共产品和劳务的支出项目；私人不愿意提供和无能力提供，只有政府提供才最能体现公平和效率的公共产品和劳务的支出项目；收入需求弹性较高的公共产品和劳务的项目；能够明确区分享受人群的支付能力和收益程度的支出项目，并且区分这种能力和享受人群在技术上是可行的。

第3章　购买性支出

3.1　购买性支出概述

3.1.1　购买性支出的性质

购买性支出是政府直接在市场上购买物品或劳务所形成的支出，反映了政府在市场的交易活动中对社会资源直接配置和消耗的份额，主要包括财政投资性支出和社会消费性支出。财政投资性支出是指政府作为投资主体，投资兴办各种事业所需商品和劳务的支出，主要目的是促进社会资源的优化配置，克服市场失效，投资的领域主要包括基础性投资和公益性投资。社会消费性支出是指为维持政府机构正常运转、提供公共服务所需商业和劳务的支出，包括政府用于国防、治安、行政管理、教育、科研、公共保健、环境等方面的支出。购买性支出特点主要表现在以下四个方面：

第一，有偿性。政府是公共事务管理部门，自身不能创造物质产品，政府将手中货币付出，从市场上获取实现自身职能所需的物品或劳务。

第二，等价性。政府购买是一种市场行为，因此政府在市场上购买商品或劳务时，与其他经济主体一样，必须遵循市场的等价交换原则，一定数量的资金必须获得价值量相等的商品或劳务。

第三，资产性。政府通过购买性支出直接获得等价的商品或劳务，形成满足政府活动需要的物质基础，政府购买的商品和劳务在很大程度上首先要转化为资产，然后再用于满足政府活动的消耗。其中，消费性支出形成政府履行其政治职能、社会职能的行政事业性资产，即非经营性国有资产；而购买生产资料的财政投资性支出则形成经营性国有资产。

第四，消耗性。政府购买性支出付出资金购得的商品和劳务将在政府履行职能的过程中被逐渐消耗掉。这与生产部门的生产要素的消耗使生产要素的价值转移到新产品中去完全不同，与转移性支出也不同，后者是政府将资金支付给企业或个人，尽管其后企业和个人也能形成市场需求，但不体现政府直接对社会资源和要素的需求和消耗。

3.1.2　购买性支出在国民经济中作用

3.1.2.1　介入资源配置，影响资源配置效率

政府通过购买性支出提供公共产品和劳务，满足社会需要，体现政府在市场的交易活

动，反映了政府在社会资源和要素中的直接配置和消耗的份额。其结构和规模，必然引起资源流向的不同和资源配置的不同，导致社会资源的不同生产和消费组合。即政府通过购买性支出，对整个社会资源配置效率产生重要影响。

要注意的是购买性支出的"挤出效应"，即购买性支出在资源的使用方面具有排他性。政府通过购买性支出占有、消耗资源的同时，也排除了其他部门使用这部分资源的可能性。因此，尽管购买性支出在资源配置中具有不可替代的作用，但挤出效应的存在决定其规模不宜过大。否则，会影响市场在资源配置中的基础作用。

3.1.2.2　引起市场供需对比变化，影响生产和就业规模

政府购买性支出是构成社会有效总需求的一部分，政府通过购买性支出进行大量订货和采购对市场是一种刺激，这种刺激会导致私人投资的增加、企业生产规模的扩大和就业人数的增加，进而影响社会总需求与总供给之间的平衡。购买性支出具有乘数效应，即在边际消费倾向既定的前提下，一定数量财政支出的增加会引起国民收入的倍增。因为企业会因政府对社会产品需求的增长而扩大生产，所需生产资料和劳动力会增加，同时又可推动生产资料的企业扩大生产规模；劳动力需求的增加和个人收入水平的提高会引起消费资料需求的增加和生产消费资料企业生产规模的扩大。在各部门、各企业的相互刺激和推动下，购买性支出的增加能够在全社会范围内导致一系列企业的生产和劳动力就业较为普遍地增长。相反，购买性支出规模缩小，企业生产规模最终也将被迫缩小，就业率也会降低。另外，购买性支出可以进行产业结构的调整。如通过增加鼓励生产的产品和行业的购买，减少限制生产的产品和行业的购买来实现。

3.1.2.3　影响收入分配

购买性支出使商品流通和生产规模扩大，必然给相应企业带来丰厚的利润；相反，购买支出减少，企业利润则随生产规模的萎缩而下降。即使在支出规模不变的情况下，购买性支出结构的任何变动都会改变不同企业的利润水平，从而间接影响收入分配。当然购买性支出对收入分配的影响是比较复杂的，它影响到在生产者之间、消费者之间、部门之间以及不同地区之间的收入分配。

在一国财政支出中，购买性支出比重越高，则该国政府对资源配置和经济稳定的影响力度越大。因为购买性支出对社会总需求会产生直接影响，在经济萧条时期增加购买性支出或在经济过热时减少购买性支出，都能促进经济的稳定。因此，购买性支出成为各国政府实施宏观调控，特别是成为反经济周期的调控手段。

3.2　财政投资性支出

3.2.1　财政投资性支出概述

3.2.1.1　财政投资性支出的特点

财政投资性支出也称政府投资，是以政府为主体，将其从社会产品或国民收入中筹集起来的财政资金用于国民经济各部门的一种集中性和政策性投资。作为克服市场失效重要

手段的财政投资性支出，在追求社会资源合理配置的过程中发挥着重要作用。与社会消费性支出不同，财政投资性支出最终会形成收益；与私人投资相比，具有如下特点：

（1）投资目的的非营利性。

私人投资的主体是具有独立商品生产经营者身份的企业，其投资目的是追求盈利，而且它们的盈利是根据自身的微观成本和微观效益来计算的。而政府作为宏观调控主体，是从社会成本和社会效益角度来评价和安排自己的投资活动，政府投资可以微利甚至不盈利。但政府投资项目的建成，往往会极大地提高国民经济整体效益。

（2）资金来源的公共性。

私人投资的资金来源主要来自企业内部留存收益的积累以及社会筹资，往往筹资规模有限。政府投资的资金来源于纳税人税收所形成的公共资金，以及以政府信誉为后盾筹集的资金，一般可根据投资项目所需资金规模安排投资，多为大型项目和长期项目。

（3）投资领域的社会性。

私人投资以营利为目的，选择项目时倾向于投资市场化程度高、周期短、见效快、收益高的项目。政府投资更多涉及存在市场失灵的领域，一般为社会效益较好、经济效益一般甚至很差的项目，如大规模、集中性的投资项目和周期长、见效慢的长期建设项目。

财政投资性支出规模的大小受社会经济制度和经济发展所处阶段等多种因素的影响。通常，市场经济发达的国家的投资主要由私人部门来完成，与实行计划经济的国家相比，政府投资所占比重会相对较低。而一国所处的发展阶段也影响政府投资的规模。与发达国家相比，发展中国家政府财政投资性支出相对较高。

3.2.1.2 财政投资性支出的范围

财政投资性支出集中于私人投资市场失效的领域，就其范围来讲主要包括自然垄断行业、基础产业、农业以及保障性住房等方面。

（1）打破市场自然垄断而安排的投资。

在铁路、邮政、供水、供电、供气等规模经济显著的行业容易出现自然垄断。垄断企业通过限制产量，提高价格来获取垄断利润的结果必然导致社会福利受损。对此类行业可以采取管制的方式进行干预，而由政府投资举办国有企业是一种常见的选择。

（2）基础产业投资。

基础产业包括基础设施和基础工业。基础设施主要包括交通运输、机场、港口、桥梁、通信、水利、城市设施等。基础工业主要包括建材、钢材、能源、石化材料等基础原材料工业。基础设施和基础工业大都属于资本密集型行业，需要大规模的资本投入，另外这些行业通常建设周期长，投资回收慢，私人投资不愿意或没有能力介入，因此只能依赖国家财政提供资金。否则，一国经济会因加工业发展后产生的瓶颈效应使发展进程受到延缓。

（3）农业的投资。

作为基础产业，农业的发展状况对经济和社会的稳定具有重要意义。由于农业受气候等因素的影响而不稳定，因此，许多国家对农业的投资支出都在财政支出中占有重要的位置。

（4）保障性住房投资。

住房保障政策是政府为解决市场失灵和保障居民基本居住需求而推行的一项公共政

策。保障性住房是一项民生事业，是一项薄利或无利的公益事业。其低回报率决定了社会资金介入动力的不足。在商品住房市场过于膨胀的背景下，政府在保障性住房融资中的主导作用就显得尤为重要。

政府投资是一种非市场的投资行为，虽然在一定程度上可以弥补市场失灵，促进资源的优化配置，但如果过分扩大政府投资的作用，将造成政府对市场的过分干预，甚至窒息市场竞争的活力。因此，在市场经济体制下，不仅不能用政府投资取代市场在资源配置中的基础性作用，而且还必须将政府投资限制在特定的范围之内。

3.2.2　基础产业的财政投资

3.2.2.1　基础产业的内涵和特点
（1）基础产业的内涵。

基础产业通常是指一国的基础设施建设和基础工业部门，是对能为国民经济实现正常运行和持续发展提供基础性保障的特定经济部门的总称。这些产业部门在国民经济的产业链中或居于"上游"环节，或为整个国民经济各部门提供"共同服务"，它们的存在和发展直接制约着其他国民经济部门的发展规模和发展速度。

（2）基础产业的特点。

1）基础产业的先行性。基础产业提供的产品和服务是其他部门（也包括本部门）生产和再生产时必需的投入品。如人们把交通能源看作经济发展的"先行官"，提出"交通要先行，能源要先行"是有道理的。任何国家和地方如果没有交通运输服务、没有能源供相应服务，那么这个国家和地方就无法发展经济。从价值构成上分析，基础产业所提供的产品和服务的价格，构成其他部门产品成本的组成部分，它们的价格变动具有很强的连锁效应，如果上涨过快，上涨幅度过大，极易触发总体经济的通货膨胀。

2）基础产业的公共性。从整个生产过程来看，基础设施为整个生产过程提供"共同生产条件"。作为共同生产条件的固定资产，它不能被某单个生产者独家使用，也不能被当作商品一次性地将其出售给使用者，在一定程度上具有公用性、非独占性和不可分性，从而具有"公共产品"的一般特征。

3）显著的规模经济和垄断性。基础产业如供水、供电、供气、煤炭、石油开采、通讯等都是规模经济显著的行业，产品平均成本递减的情况可以持续到产量很高的阶段，而且在一定地域范围内通常只能由一家企业有效率地经营，这就是自然垄断。世界各国政府对这些自然垄断行业都或多或少进行干预，在电力、邮政、供排水、通信、铁路等行业，国有企业的介入相当普遍。

4）基础产业大都属于资本密集型行业。基础设施和基础工业大都属于资本密集型行业，需要大规模的资本投入，另外这些行业通常建设周期长，投资回收慢，私人投资不愿意或没有能力介入，因此只能依赖国家财政提供资金。特别在发展中国家，经济发展处于初级阶段，而基础产业是经济起飞的前提条件，私人投资实力往往不够强大，故发展中国家政府更应担负起基础产业投资的责任，否则会因基础产业的瓶颈制约延缓经济发展的进程。

3.2.2.2 基础产业投资的资金来源

基础产业往往需要大规模的资本投入，除涉及国家经济安全的某些项目外，大部分项目都可以采取多样化的筹资渠道，政府财政资金要充分发挥政策引导和杠杆作用，以少量的财政资金带动庞大的社会资金。

（1）政府财政投资。

1）政府财政投资的必要性。无论是基础设施部门还是基础工业部门都具有初始投资大、假设周期长、投资回收慢的共同特征，这些特征决定了基础产业仅靠自身的积累来发展，远远适应不了国民经济发展的需要。经济均衡发展的必要前提条件是投资＝储蓄，但就国民经济各部分而言往往投资与储蓄不等，有的部门储蓄超过投资，有的部门投资超过储蓄。而在由储蓄向投资转换过程中发生部门间的资金转移，实现整体经济的均衡发展则是可能的。在我国，基础部门属于资金短缺部门，它的投资需求大于本部门的储蓄，而在居民部门及工业内部加工部门一般属于资金过剩部门。但由于我国市场经济正处于市场主体的形成过程，市场机制的调节功能尚不健全，因此，部门间的资本转移就缺乏一种自动的利益均衡机制。因此，在向市场经济体制转换的过程中，保持政府对基础产业部门的适度投资水平，对于调整产业结构，提高社会效益的作用不可低估。就我国目前而言，增加对基础产业部门的投入，其"乘数效应"十分明显。

2）政府财政投资的优缺点。政府财政投资的优点是能够借助国家强制手段为基础设施和基础产业筹集资金，在一定程度上保证事关国民经济全局和长远意义的重点项目的建设。财政投资的局限性在于：①受国家财力制约。特别是发展中国家，经济发展落后，税收基础薄弱，而经济发展对基础设施的需求巨大，单纯以这种方式筹集建设资金很难保证需要。②以财政资金，主要是税收收入投资基础产业与基础设施难以保证公平原则，因为某些基础设施的受益范围有限、受益程度不等，以税收形式筹集资金，使那些没有享受此项目或受益较小的人要支付同样的成本，不符合公平原则。③以财政资金投资基础设施和基础产业易导致资金使用的低效率，特别是当政府监管不力时。

3）政府财政投资的原则。在确定基础设施与基础产业支出的财政资金筹集时，首先要明确中央政府与地方政府应分别承担的责任。划分中央政府与地方政府在公共投资中的责任可依照两个原则：①受益原则。该原则要求按基础设施与基础产业支出的受益范围来划分中央与地方政府的投入责任。对于受益范围遍及全国或跨区域的基础设施与基础产业支出，宜由中央政府承担投入责任。对于受益范围局限于某个地区的基础实施与基础产业支出，则宜由地方政府承担投入责任。②比较效率原则。一项基础设施与基础产业支出，如果由中央政府负责，效率要高于地方政府，则宜由中央政府负责；反之，则宜由地方政府负责。根据以上两项原则，对不同类型的基础产业与基础设施支出中，中央财政应承担的项目包括：①全国性的能源、交通运输、邮电通信等全国性公益设施。②关系国计民生的重大建设项目投资，如基础工业、高新技术产业等重点产业投资。③具有外部效益的跨区域受益的基础设施与基础产业支出。④为稳定国民经济平稳协调发展而进行的投资。

（2）国内资本市场筹资。

1）股市融资。股票融资因为不需偿还本金，没有偿债压力，筹资迅速、筹资规模大，因而成了许多国家基础设施建设的重要融资手段。另外，我国当前发展基础设施股市融资还有三点好处：第一，股份制改造是我国国有企业改革的方向，国有基础设施建设企业改制上市顺应了国家建立现代企业制度的改革要求。第二，可以使政府和基础设施建设企业之间真正做到政企分开，从而缩小政府的投资领域，使之能集中更多资金用于其他项目。第三，由于多种因素的影响，从现有的经营基础设施的上市企业来看股票融资的高成本特征并不明显。

2）债券融资。长期债券融资最适应基础设施项目收益稳定，回收缓慢的特点，又不涉及股份控制权问题，在发达国家无论是市政债券还是企业债券在基础设施建设中都应用得很广泛。在我国目前不允许发行市政债券的情况下，创造条件让国有基础设施投资公司发行用于基础设施建设的企业债券是一种较好的变通办法。但是，这些企业的信用等级很大程度上取决于上级政府的支持力度，离开政府支持它们在短期内是不可能获得发债资格的。一方面要加大力气改善国有基础设施投资公司的资本结构，提高盈利水平，增强其自身融资能力；另一方面要着力建设好会计、法律、监管、资产评估、信用评级等中介机构，增进中介机构独立性和权威性，为本地企业发债创造方便。

（3）合理利用外资。

基础产业与基础设施利用外资大体上可以分为国外贷款、外商直接投资和境外资本市场融资三种形式。20 世纪 60～90 年代国外资金一度占据了发展中国家基础设施建设资金的 70% 左右。由于财政资金匮乏，资本市场发育不良，外资在我国基础设施建设中也一直扮演着重要角色，但总的来说我国利用外资的水平还很低。亚洲开发银行、世界银行等国际金融机构和部分国家的政府贷款是目前我国基础设施项目利用外资的主要形式。随着我国人均 GDP 的增长这种贷款申请将越来越难，利用国外贷款的目光应该逐步转向广泛的国际商业银行贷款。国际商业银行贷款提供资金比较灵活，附加条件也相对较少，在建设工期变更，投资预算调整等特殊情况下用款比较方便，不足之处在于由于基础设施项目资金需求太大，国际商业银行一般以银团贷款的形式对外提供资金，操作起来比较困难，贷款期限也比国际金融机构贷款短得多。外商直接投资不仅能够弥补国内资金的不足，而且可以引进先进的技术和管理方法，提高基础设施与基础产业的建设与运用效率。利用外资首先要创造有利于外资进入与经营的环境，不仅包括政权的稳定、宏观经济的平稳，而且包括货币兑换的难易程度、法律规章制度的可预见性和一致性。当然，也要注意防范外资带来的风险，加强对外资的监管。

（4）项目融资。

项目融资是为某个特定项目所安排的融资。其贷款人在最初安排贷款时，仅以项目自身预期收入和资产对外承担债务偿还责任，债权人对项目以外的资产和收入没有追索权，不以项目以外的资产、权益和收入进行抵押、质押或者偿债，也不需要项目方提供任何形式的担保。项目融资在一定程度上实现了所有权的多元化和经营运作的市场化，常见的运作方式包括 BOT、TOT、ABS 和 PPP。

1）BOT。"建设—经营—移交"（Build - Operate - Transfer，BOT）的定义是：政府就某个基础设施项目与私人部门的项目公司签订特许权协议，授予签约方的项目公司来承担该项目的投资、融资、建设、经营和维护，在协议规定的特许期限内，这个项目公司向设施使用者收取适当的费用，由此来收回投入融资、建造、经营和维护成本，并获取合理回报；政府部门则对这一基础设施项目拥有监督权、调控权；特许期满，签约方项目公司将该项目无偿交还给政府部门。BOT 融资方式的实质是将国家的基础设施建设和经营管理民营化,对我国基础设施建设有明显的促进作用。首先,政府可以利用 BOT 融资方式吸引大量的社会闲散资金和国外资金,减轻财政负担。其次,通过 BOT 融资方式,政府可将公营机构建设项目的风险转移到民营机构方面,避免基础设施建设中普遍存在的投资失控现象。最后,BOT 融资方式可在基础设施项目管理中引进先进的方法和手段,提高项目建设质量并加快建设进度,从而以更低的服务价格使社会公众受益。

2)TOT。"移交—经营—移交"(Transfer – Operate – Transfer, TOT)是指政府将已经投产运行的项目经营权在一定期限内移交给投资者,以项目在该期限内的现金流量为标的,一次性地从投资者处筹得一笔资金,用于建设新的项目。待特许经营期满后,再将原来的项目移交给政府。与 BOT 相比,TOT 项目融资方式省去了建设环节,使项目经营者免去了建设阶段风险,使项目接手后即可迅速回收投资,有利于扩大基础设施融资规模,提高基础设施开发效率。此外,由于项目已进行过一段时间的运营,TOT 方式对于投资者来说,既能消除前期费用负担,避免了项目开发建设阶段复杂的审批程序,如征地拆迁、城市规划等,又减少了运营期风险,因而对民间资本具有较大的吸引力。

3)ABS。(Asset – Backed Securitization, ABS)是以项目所属的资产为支撑的证券化融资方式,即以项目所拥有的资产为基础,以项目资产可以带来的预期收益为保证,通过在资本市场发行债券来募集资金的一种项目融资方式。作为一种独具特色的筹资方式,ABS 融资的作用主要体现在:①项目筹资者仅以项目资产承担有限责任,可以避免筹资者的其他资产受到追索。②通过在国际证券市场上发行债券筹资,不但可以降低筹资成本,而且可以大规模地筹集资金。③由于国际证券市场发行的债券由众多的投资者购买,因此可分散、转移筹资者和投资者的风险。④国际证券市场发行的债券,到期以项目资产收益偿还,本国政府和项目融资公司不承担任何债务。⑤由于有项目资产的未来收益作为固定回报,投资者可以不直接参与工程的建设与经营。目前,ABS 资产证券化是国际资本市场上流行的一种项目融资方式,已在许多国家的大型项目中采用。1998 年 4 月 13日,我国第一个以获得国际融资为目的的 ABS 证券化融资方案率先在重庆市推行。这是中国第一个以城市为基础的 ABS 证券化融资方案。

4)PPP。公共民营合作制模式(Private – Public – Partnership, PPP)是指政府部门通过政府采购形式,与中标单位组成项目公司筹建、建设和经营。PPP 模式具有几种不同的具体合作形式,主要存在两种:一种是考虑以融资为基础,目的是通过利用私人投资满足基础设施建设的需要,同时通过对设施使用者收费来满足投资者的回报。另一种方式是不对设施使用者收费,而是通过政府或其他方面对私人投资进行补偿,这种运作方式强调私人参与部门在提供服务的过程中,利用其先进的技术、创新及管理经验,来提高基础设施的管理效率。

3.2.2.3　1949 年以来我国的基础设施与基础产业建设

我国的基础产业和基础设施经过大规模的投资和建设,得到了明显加强,农业、能源、原材料供给能力迈上了新台阶,交通运输、邮电通信形成了纵横交错覆盖全国的网络体系,水利环境、教育、文化、卫生、体育设施显著加强,三峡工程、西气东输、南水北调、青藏铁路、京沪"高铁"等一大批重大项目建设顺利完成或向前推进。基础产业和基础设施的快速发展为国民经济的发展和人民生活水平的提高提供了坚实的基础。

1954 ~ 2008 年,全国基础产业和基础设施方面的投资累计达到 365304 亿元,年均增长 13.7%，比同期国民经济年均增幅高 2.4 个百分点。我国的基础产业和基础设施的建设可以分为以下四个发展阶段：

（1）改革开放前：缓慢发展阶段，工业投资增长相对较快。

新中国成立初期，我国经济贫穷落后，经过三年恢复期后，开始实施第一个"五年计划"。直到改革开放的近 30 年，我国进行了大规模的经济建设，其中重要内容就是开展了大规模的基础产业和基础设施建设。1954～1977 年，全国共完成基础产业和基础设施基本建设投资 2996 亿元，年均增长 8.7%。

改革开放前基础产业和基础设施建设的一个鲜明特点是，基础产业和基础设施中工业投资增长速度大大高于其他行业。1954～1977 年，工业基本建设投资 1183 亿元，年均增长 12.1%，比同期农业投资增幅高 3.6 个百分点，比同期交通、教育、文化等第三产业投资增幅高 5.6 个百分点。工业投资的快速增长，与当时经济建设领域注重工业尤其是重工业的政策是分不开的，国家把经济建设的重心向重工业倾斜，使煤炭、石油、电力等行业投资迅速增长。

这一时期建成的重大项目包括：第一个"五年计划"时期引进苏联援助的"156 项"重点工程中的阜新、抚顺、鹤岗、平顶山等煤矿的 25 个煤炭项目，辽宁抚顺第二制油厂和甘肃兰州炼油厂 2 个石油项目，河南三门峡水利枢纽、吉林丰满水电站、甘肃兰州热电站等 25 个电力项目。第二个"五年计划"时期北京市"十大"建筑工程；1972 年成套引进的 26 个项目中，天津北大港、河北唐山陡河和内蒙古元宝山三个电厂；新建、扩建了甘肃玉门、新疆克拉玛依、山东胜利、黑龙江大庆等油田；建成并交付运营了兰新线、成昆线、包兰线、焦枝线等铁路；天津、连云港、大连、上海等一批港口建成使用。

由于"大跃进""文化大革命"的影响，改革开放前的 30 年是新中国成立以来基础产业和基础设施投资年均增长幅度最低的阶段。

（2）1978～1989 年：迅速发展前的起步阶段，集中力量加大重点行业投入。

改革开放初期，我国全社会投资规模很小，基础产业和基础设施仍十分薄弱。为改变这一状况，1979～1989 年，国家利用有限资金加大了对重点行业的投入，基础产业和基础设施基本建设累计完成投资 5479 亿元，年均增长 10.7%。

为填补基础产业和基础设施缺口，重点缓解能源、原材料、交通运输等瓶颈制约，国家集中力量建设了一批能源、交通等国家重点项目。1982～1989 年，国家共安排重点建设项目 319 个，累计完成投资 2486 亿元，占同期全国基本建设投资的 29%。其中，能源、基础原材料工业和交通运输等基础设施项目 261 个，计划总投资 2927 亿元，占全部重点建设项目的 94.2%。

这一时期基础产业和基础设施投资中第一产业的比重较高。1978～1989 年，农林牧渔业累计完成投资 509 亿元，占全部基础产业和基础设施投资的 8.9%。

这一时期也是教育、文化、卫生、体育投资快速发展阶段。1979～1989 年，教育、文化、卫生、体育基本建设累计完成投资 839 亿元，年均增长 25.8%，比同期基础产业和基础设施投资增幅高 15.1 个百分点。

这一时期建成了"三北"防护林一期工程、一大批商品粮生产基地和大型水利工程；建成了葛洲坝水电站、平朔露天煤矿等 153 个重点能源项目；建成了冀东水泥厂等 88 个重点原材料项目；建成了大秦电气化铁路一期工程、秦皇岛煤码头三期工程、北京一武汉—广州同轴电缆载波工程等 125 个重点交通运输和邮电通信项目。1988 年，我国第一条高速公路——长度为 18.5 公里的上海至嘉定高速公路建成通车；1985 年，上海宝山钢铁总厂一期工程投产；1984 年吉林白山水电站一期工程建成投产，新增发电机组 90 万千瓦；1984 年，河北冀东水泥厂建成投产，新增水泥生产能力 155 万吨/年；1981 年，襄樊至重庆的襄渝线建成投入使用，新增营业里程 895 千米。这些项目的建成投产，缓解了能源、原材料、交通、通信等行业供应紧张状况，改善了改革开放初期我国投资结构中存在的轻重工业比例失调和社会基础产业薄弱等问题，为下一步国民经济发展打下了良好的基础。

（3）1990～2002 年：迅猛发展阶段，国债投资极大地促进了基础产业和基础设施建设。

20 世纪 90 年代以后，为了实现现代化建设的第二步战略目标，《中华人民共和国国民经济和社会发展十年规划和第八个五年计划纲要》对农业、水利、能源、交通、邮电通信、原材料等行业的发展做出了明确的部署，基础产业和基础设施投资迅速增长。1990～2002 年，基础产业和基础设施基本建设累计完成投资 80249 亿元，年均增长 26%，比 1979～1989 年年均增幅高 15.3 个百分点，比同期全社会投资年均增幅高 4.5 个百分点。

这一时期，国债资金对基础产业和基础设施投资的拉动作用非常突出。1998 年起，在不利的国际国内环境下，国家为启动内需，实施积极的财政政策，1998～2002 年共发行 6600 亿元特别国债，用于基础产业和基础设施投资。这些资金主要用于农业、水利、交通、通信、城市基础设施、城乡电网改造、中央储备粮库等基础设施项目，另外有部分技改贴息资金用于一些基础产业的技术改造项目。这些资金的投入，带动了大量社会资本的进入，使基础产业和基础设施投资快速增长，从而进一步带动全社会投资和整个经济的稳定增长。1998～2002 年基础产业和基础设施投资 73380 亿元，年均增长 13.1%，比同期全社会投资年均增幅高 2.2 个百分点，有力地带动了全社会投资的增长，也使国民经济平稳度过困难时期。

1990～2002 年，是我国基础产业和基础设施建设取得重大成就的时期，一大批重大基础产业和基础设施建设项目建成投产，并开始发挥效益。全国退耕还林还草工程、野生动植物保护及自然保护区建设工程、黑龙江和内蒙古 100 亿斤商品粮基地等项目使我国农林牧渔业基础设施水平得到改善；神府东胜矿区、新疆塔里木油田、大亚湾核电站、岭澳核电站一期工程、黄河小浪底水利枢纽工程、二滩水电站等工程缓解了能源紧张状况；京九铁路、北京西客站、上海浦东和广州白云新机场、上海地铁 2 号线等项目投产，沈大高速建成通车，高速公路建设进入如火如荼阶段，现代化交通网络开始形成；水利方面进行了长江、黄河等主要干流、湖泊的防洪堤建设，三峡水利枢纽工程建设开始启动。

（4）2003～2008 年：全面快速发展阶段，能源和基础原材料工业投资增长加快，国家资金继续向中西部地区倾斜，资金来源渠道呈现多样化。

党的十六大以来，国家一方面采取积极措施加大政府对基础产业和基础设施建设的投入，另一方面，鼓励外资和民营资本对基础产业和基础设施项目投资，使我国基础产业和基础设施水平又有了大幅提高，人民生活环境和城乡面貌得到明显改善。2003～2008 年，基础产业和基础设施建设投资总额 246770 亿元，年均增长 24.5%，比同期国民经济年均增长速度高 8 个百分点。2008 年，基础产业和基础设施施工投资项目 158350 个，比 2002 年增加 60352 个；施工项目计划总投资 204796 亿元，比 2002 年增长 2.1 倍。这一时期的投资呈现以下特点：

一是能源和基础原材料投资快速增长。2003～2008 年，能源工业投资年均增长 27.3%，其中煤炭采选业和石油加工及炼焦业年均增长分别高达 44.6% 和 43.1%；基础原材料工业年均增速达 40.6%。如表 3－1 所示。

表 3－1　2003～2008 年基础产业和基础设施完成投资　　　　　　单位：亿元

年份	2003	2004	2005	2006	2007	2008	2003～2008 年合计	年均增长（%）
合计	22680	28991	36412	43291	51329	64067	246770	24.5
农林牧渔业	535	645	843	1118	1460	2250	6851	15.7
能源工业	5161	7505	10206	11826	13699	16346	64742	27.3
其中：煤炭采选业	436	690	1163	1459	1805	2399	7953	44.6
石油和天然气开采	946	1112	1464	1822	2225	2675	10245	21.6
石油加工及炼焦	322	638	801	939	1415	1828	5943	43.1
电力、热力生产和供应	3305	4854	6503	7274	7907	9024	38867	24.3
煤气生产和供应	152	210	275	331	347	420	1734	35.6
基础原材料工业	3465	4860	6173	6962	9057	12195	42713	40.6
交通运输业	5526	6876	8585	10833	12372	14807	58998	20.7
邮政业	27	29	17	21	14	19	128	−35.3
电信和其他信息传输服务业	1602	1590	1490	1661	1702	1931	9976	0.9
水利管理业	722	750	838	916	1106	1420	5751	7.4
环境管理业	264	259	319	420	591	729	2581	26.0
公共设施管理业	3235	3882	4942	6171	7579	10130	35939	31.3
教育	1474	1803	1967	2129	2221	2355	11949	18.4
文化	333	419	550	652	733	936	3624	22.9
卫生	230	248	325	373	547	677	2399	20.4
体育	107	125	159	210	248	271	1120	20.4

二是国家在政策、资金上注重加强对中西部的扶持，中西部地区基础产业和基础设施投资快速增长。2003～2008 年，中西部地区基础产业和基础设施施工项目 509758 个，占全国的 66.2%，比 2002 年提高了 5.9 个百分点；基础产业和基础设施投资 129805 亿元，年均增长达 27.8%，比全国基础产业和基础设施投资年均增长水平快 3.3 个百分点。

从投资资金来源看，中西部地区 6 年的基础产业和基础设施投资资金来源中国家预算内资金为12443亿元，占全国的61.6%，比1995年和2002年分别提高了0.5个和5.5个百分点。国家资金的注入，缓解了中西部地区基础设施建设资金紧张的矛盾，带动了其他资金对中西部地区基础产业和基础设施的投入，使中西部地区建成了一大批基础产业和基础设施项目，如三峡工程、青藏铁路、渝怀线铁路、甘肃宝天高速公路、陕西黄延高速公路、贵州黔西电厂、内蒙古锡林郭勒盟农牧业基础设施建设工程等。这些项目的建成投产，极大地改善了中西部地区基础设施建设落后的面貌，为提高中西部地区人民的生活水平，缩小与东部地区的差距起到了积极的促进作用。

三是基础产业和基础设施的投资主体和资金来源渠道开始多样化。改革开放初期，用于基础产业和基础设施投资的资金基本上都是国家资金。随着改革开放的不断深入，外资和民间资本在基础产业和基础设施建设上起的作用越来越大，较好地解决了国家资金不足的问题。2008年基础产业和基础设施投资的资金来源中，国家预算内资金占9.1%、国内贷款占21.9%，利用外资占1.4%，自筹资金占60.9%。投资主体分经济类型看，国有投资占61.6%，外资占4.6%，私营个体占7%。虽然国有投资对基础产业和基础设施仍占绝对控股地位，但投资主体和资金来源已逐步多样化。

四是先后建成了一批关系国计民生的项目。其中，百亿元以上项目包括石油、钢铁、电力、铁路、地铁、港口、机场等多个行业建设工程，如西气东输管道基建项目，西电东送工程，大庆油田开发产能建设工程，中海油海上油气田勘探开发投资项目，浙江镇海800万吨/年炼油扩建工程，上海赛科90万吨/年乙烯工程，广东江门、浙江乌沙山和北仑、江苏太仓、福建后石、山西阳城等电力项目，青藏线、宁西线、渝怀线、株六复线、浙赣线、朔黄线、内昆线等铁路项目，福建三福高速公路项目，广州地铁2号线工程，天津港扩建工程，洋山深水港集装箱项目一期工程，广州白云机场迁建工程等。2008年10月，三峡工程全部机组提前一年投产交付使用。

（5）2009年以来：基础设施投资总量持续增长，交通运输、能源供给、信息通信基础设施状况已有大幅改善。

在下行压力持续较大的背景下，基础设施投资再次扮演起中国经济"稳定器"的关键角色。国家发展和改革委员会、交通运输部日前联合印发《交通基础设施重大工程建设三年行动计划》行动计划指出，2016～2018年，拟重点推进铁路、公路、水路、机场、城市轨道交通项目303项，涉及项目总投资约4.7万亿元，其中2016年、2017年、2018年分别为2.1万亿元、1.3万亿元和1.3万亿元。基础设施投资是其中的重点，涵盖了信息电网油气等重大网络工程、粮食水利重大工程、交通运输重大工程、现代物流重大工程、城市轨道交通重大工程等多个工程包。数据显示，2015年，全国基础设施投资增长17.2%，对整体投资增长的贡献率为29.4%，同比提高6个百分点。

交通基础设施投资连年增长，尤其是2011年之后进入快速增长轨道，2012年、2013年、2014年的增速分别为20%、33%、25%。2016年召开的国务院常务会议，原则通过了《中长期铁路网规划》，中国高铁网正式由"四纵四横"升级为"八纵八横"。具体而言，就是打造以沿海、京沪等"八纵"通道和陆桥、沿江等"八横"通道为主干，城际铁路为补充的高速铁路网，实现相邻大中城市间1～4小时交通圈、城市群内0.5～2小时交通圈。目标完成之后，中国铁路网将达到20.4万千米，其中高速铁路网7.2万千米。作为对比，截至2018年底，我国铁路营业里程为13.1万千米，其中高铁运营里程超过

2.9 万千米，占全世界总里程超过 2/3，成为世界上高铁里程最长、运输密度最高、成网运营场景最复杂的国家。

在能源方面，第一，随着我们国家能源领域"四个革命、一个合作"以及能源安全新战略的深入推进，清洁能源产业逐步壮大。在保障能力提升的同时，我国的能源结构持续优化。清洁能源电力的发展与终端用能的清洁化，应该说是相辅相成、相互促进的。第二，交通领域绿色革命方兴未艾，电动化成为大势所趋。我国新能源汽车产业 2018 年发展情况也还是不错的。2018 年完成销量约 120 万辆，同比增长超过了 50%。这样推算下来，"十三五"末 500 万辆的发展目标有望实现突破。在这个基础上，我们可以共同总结成绩，总结经验，展望未来。第三，这几年充电桩、动力电池等电动汽车配套的基础和产业，包括在技术方面应该说已经全面铺开。充换电服务和储能网络初现雏形，新能源汽车和储能快速发展，逐步成为能源行业一个重要的组成部分。未来，还将高度融合，实现绿色交通和绿色能源转型，共同推进经济社会绿色发展。

在信息通信基础方面，"十二五"至"十三五"中期，我国通信产业发展呈现"升—稳—升"的整体趋势，尤其在"十三五"期间，通信产业整体发展态势良好。通信基础设施建设情况与发展趋势是通信产业发展的重要风向标。"十二五"期间（2011～2015年），信息通信业总体保持良好发展势头。行业收入规模稳定增长，转型升级不断推进。截至 2015 年，信息通信服务收入达到 1.7 万亿元，超额完成"十二五"规划目标，其中基础电信企业收入达到 1.17 万亿元，年均增长 5.4%；增值电信企业收入达到 5444 亿元，年均增长 34.8%。转型升级稳步推进，2015 年，互联网服务业务收入超过 1 万亿元，占整体业务收入 57.7%。为加快实施网络强国战略，推动信息通信行业持续健康发展，支撑全面建成小康社会目标如期实现，工信部依据《中华人民共和国国民经济和社会发展第十三个五年规划纲要》，编制《信息通信行业发展规划（2016～2020 年）》及《信息通信行业发展规划物联网分册（2016～2020 年）》，指导信息通信业五年的发展、加快建设网络强国、推动"四化"同步发展、引导市场主体行为、配置政府公共资源的重要依据，我国的固定资产投资力度逐渐增强，固定资产投资总量及基础设施建设固定投资自 2009 年起逐年增长，如表 3-2 所示。

当下加强基础设施投资，不仅投资成本低，而且也不会像产业投资那样出现产能过剩。相反还能扩大市场有效需求，消耗钢铁、水泥、建材、设备等投资品。对于我国来说，在一定程度上能够缓解当前产能过剩带来的难题。

（6）我国基础设施建设未来发展趋势。

一是城镇化发展。中国的城镇化发展到现在为止并没有停止，而且还在加速推进。很多农村的年轻人，现在不但在城市打工，还要在城市里居住。可能北京是他们打工的地方，他们没有在北京这类一线城市居住，但是很多农民正在从乡村往县城集中，这是非常重要的趋势，值得我们高度关注。这表明，中国的城镇化进程是不以我们的意志为转移的，这个趋势现在正在加速推进。城镇化的加快必然带来大量的基础设施投资建设需求，这是毫无疑问的。

二是城市更新投资。我国很多城市的基础设施已经出现老化，需要不断更新，对现有基础设施进行更新改造，这方面的投资需求非常巨大。北京每到夏天，下大雨经常出现车辆拥堵、雨水淤积，说明原有的基础设施已经难以满足当前人口大量聚集的需求。

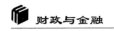

表 3-2　固定资产投资总量及基础设施建设固定投资

单位：亿元

年份	2018	2017	2016	2015	2014	2013	2012	2011	2010	2009
全社会固定资产投资	645675.00	641238.39	606465.66	561999.83	512020.65	446294.09	374694.74	311485.13	251683.77	224598.77
能源工业	—	32259.06	32837.36	32562.13	31514.89	29008.91	25499.80	23045.59	21627.10	19477.95
交通运输、仓储和邮政业	—	61449.85	53890.37	49200.04	43215.67	36790.12	31444.90	28291.66	30074.48	24974.67
信息传输计算机服务和软件业	—	6997.44	6325.48	5521.92	4110.05	3084.88	2691.96	2174.45	2454.49	2588.95
水利、环境和公共设施管理业	—	82106.12	68647.57	55679.56	46225.04	37663.86	29621.56	24523.15	24827.59	19874.36

三是实施国家重大战略。京津冀协同发展、长江经济带、粤港澳大湾区建设等一系列重大战略的推动实施，对基础设施不断提出新的要求。

四是区域协调发展。我国区域广阔，各地之间发展水平差异很大。东部沿海城市，一、二线城市及经济发展较好的地区，基础设施建设水平较高，但是我国还有广大的相对欠发达的地区，不仅是中西部地区，也包括发达省份的欠发达地区，基础设施建设的需求依然非常大。

五是城乡一体化。党中央最近提出要推进乡村振兴，我国很多基础设施质量较好，是好在城市基础设施、好在城市之间的连接，但是在广大的农村地区，很多方面还差得非常多。现在出现了一些新趋势，如农民进城居住，城市里的很多人也开始到农村生活，利用农民闲置出来的房子，改造成民居、民宿等，越来越多的城市人开始前往农村居住。随着城乡一体化推进，乡村振兴战略的实施，这方面的投资需求也是非常大的。

六是科技进步。新技术的发展也会对基础设施建设提出新的要求，如电动汽车、无人驾驶技术等方面的发展肯定会影响到交通方式的选择，影响到其他很多方面的配套建设，必然会对基础设施投融资建设提出新的要求。

3.2.3 财政支农投资

农业是国民经济的基础。农业经济的发展关系到整个国民经济的发展，其发展需要社会力量的支援、政府的扶持以及农民自身的努力。而国家财政农业支出是我国农业经济发展投入的重要组成部分，是有效解决我国"三农"问题、破解农业经济发展"瓶颈"的物质基础。

3.2.3.1 财政对农业支出的必要性

从发达国家的发展经验来看，尽管农业产值占国民生产总值的比重不大，但都从未放松对农业的支持。究其原因，主要是由农业支出的特点所决定的。

（1）农业支出风险大。

农业是国民经济的基础，但其生产的特殊性决定了它又是承受高风险的产业。农业生产是自然再生产和经济再生产交织的过程，受自然条件和动植物生产发育规律影响大，一旦发生自然灾害或大面积病虫害对动植物的侵袭，农业生产就会受到损害，严重者造成饥荒、疾病、战乱等诸多社会问题。中国是一个农业大国，也是自然灾害发生较为频繁的国家。由于我国农业基础薄弱，抗御自然灾害能力较差，各种自然灾害经常给农业生产造成很大的损失。为抗御自然灾害，我们需要投入大量人、财、物来建设防御自然灾害的工程，这些都需要财政给予支持。况且我国农业目前还属于"靠天吃饭"的产业，每年都有大量的农作物受到各种自然灾害的影响，更加需要财政的帮助。

（2）农业支出比较效益低、回收期长。农业生产周期长，农产品需求弹性小，资金周转缓慢，比较效益低。

农业生产者一般是根据上一期的供求状况来决定本期的生产，在每一期，生产者只能按照本期的价格来出售由预期的价格决定的产量，一旦预期偏离现实，就会造成价格和产量的波动，从而给农业生产者带来损失。由于"谷贱伤农"现象的存在，极大地挫伤了农民的积极性，这时需要政府制定支持价格，按支持价格收购农产品，调动种粮农民的积

极性。

（3）农业支出具有正外部性。

农业作为一个特殊的产业，农业的发展不仅使农业部门受益，还关系到工业部门甚至整个国家的利益。农业安全特别是粮食安全关系到一个国家的生死存亡。农业是国家的经济基础，在相当大的程度上，农业安全尤其是粮食安全像水和空气一样不可或缺。一国对农业的支持不仅仅是经济方面，更有政治方面的考虑。正是由于农业具有如此正外部性，所以需根据市场经济条件下公共财政是弥补市场失效的要求，财政就应该挑起大梁，担负起对农业支持的责任。

3.2.3.2 财政支农方式

按实施方式和操作方法，财政支农方式可分为市场政策、直接补贴政策、政府公益服务、基础设施建设等。

（1）市场政策。

市场政策主要是指政府通过保护性收购价格政策，来抬高农产品收购价格，使农产品价格保持在市场均衡价格的水平上。这种政策有双重效果：一是保护了农民的收入，防止了由于市场价格下降而造成农民收入下降；二是促进了生产，因为较高的价格刺激了农民的生产积极性，国家财政用于这类政策的支出主要表现在：收购资金及利息，储藏费用，储藏损失与品质下降损失，购销价格倒挂损失等。但实行这类政策使农产品价格偏离市场均衡价格，对市场具有直接的扭曲作用，因此属于世贸组织谈判中要限制和削减的对象。

（2）直接补贴政策。

按补贴目标可将直接补贴分为三类：促进农民收入、促进农业生产和促进生态环境保护。促进农民增收的直接补贴政策的目的是直接增加农民收入。促进农业生产的直接补贴政策属于"一事一议"性质，即按照事先确定的补贴规则和标准，符合标准的农民都可以申请，然后根据具体情况，按个案批准并发放补贴；目的是促进农业基本生产条件的改善，促进农业的现代化。促进生态环境保护方面的直接补贴政策是按照保护生态环境的需要，对农民提出一些农业生产或者工程建筑方面的要求，然后给予直接补贴。这类补贴也与促进生产方面的直接补贴一样，需要个案申报、审查批准。如果农民不参加有关的生态环境保护计划，就没有资格获得补贴。我国现行的对种粮农民的直接补贴和综合补贴，均属于第一种形式的直接补贴；我国的农机具购买补贴，属于第二种形式的直接补贴；退耕还林补贴，则属于第三种形式的直接补贴。

（3）政府公益服务。

政府在农业方面的公益服务包括农业科研、农业推广咨询服务、培训服务、动植物疫病防治、农产品检验与质量控制、市场促销与认证服务等。政府用于这些领域中的财政支出，主要有两方面：一是支付从事这些活动的人员工资；二是进行这些活动的业务费用。通过提供这些政府公益服务，主要是提高农业的生产效率，降低农民的生产成本，确保农产品的质量安全等。

（4）基础设施建设。

基础设施建设主要是指利用国家财政资金直接投资进行项目建设，服务于农村区域生产和农村居民生活。农村电力、农村道路、农村饮水系统、农村燃气系统、农村电信电视系统、水库、大中型灌渠等，都属于这类措施。但一些农田和农场建设措施，如农田平整治理、田间道路、农场建筑等，则不属于这类措施。因为政府并不会对这些建设进行直接投资，而只是给予一定的扶持，包括投资补助或者优惠贷款。

3.2.3.3　改革开放以来我国财政支农政策的实践

我国改革开放以来的财政支农政策实践可以分为以下三个阶段：

（1）1979～1992年：改革开放初期的财政支农实践。

1978年12月的中共十一届三中全会，实现了党的工作重心从以阶级斗争为纲向以经济建设为中心的转移，人民的思想得到了极大的解放。该阶段的主要标志是连续五个中央一号文件：1982年1月，中共中央发出了我国历史上第一个关于"三农"的一号文件——《全国农村工作会议纪要》，肯定了包干到户、包产到户家庭联产承包经营责任制，确立了农户在农业经济领域的微观主体地位。1983年的中共中央一号文件《当前农村经济政策的若干问题》指出了我国农村工作的主要任务是完善和稳定农业生产责任制，消除耕地减少、森林过伐和人口膨胀这三大隐患。1984年的中共中央一号文件《关于一九八四年农村工作的通知》强调：一要继续完善和稳定家庭联产承包责任制，土地承包期延长到15年以上；二要充分认识农业商品生产的重要性；三要继续坚持计划经济为主、市场调节为辅的原则。1985年的中共中央一号文件《关于进一步活跃农村经济的十项政策》，一是取消执行了三十多年的农副产品统购、派购制度，规定仅对粮棉等少数产品采取计划合同收购的新政策；二是提出要从产业结构调整、人才流动、放活金融政策等十个方面活跃农村经济。1986年，中共中央、国务院同样以一号文件形式下发了《关于一九八六年农村工作的部署》，确立了农业的国民经济基础性地位，明确个体经济是社会主义经济的必要补充。

（2）1993～2003年：我国财政支农支出的强化阶段。

该阶段的标志性事件是，1993年中央政府审议通过了《中华人民共和国农业法》（以下简称《农业法》），为财政支农投入的保障提供了法律依据。1994年，我国开始分税制改革，此后财政收入开始持续大幅度增长，财政支农投入也随之逐年上升。

分税制产生的影响主要有两个方面：一是国家财政收入迅速增长，分税制实施后连续6年税收年增1000亿元，2000年开始，年增收入跃上了2000亿元的新台阶，税收规模也不断增长，1989年我国税收2500多亿元，1999年突破万亿元，2003年突破了2万亿元，2006年达到3.5万亿元，2008年达到了5.4万亿元；二是通过将60%的税收收入和主要税权集中到中央的方式，使中央财政收入占全国财政总收入的比重逐年上升，加强了中央对国民经济宏观调控的保障和力度。

1998～2000年，国家财政用于农林水事务和气象、粮库基本建设的支出达到1236亿元，其中60%以上的资金是国债资金。2000年开始，为支持我国在20个省（自治区、直辖市）开展农村税费改革试点工作，国家财政每年增加400多亿元用于弥补农村基层组织运转经费缺口，极大地减轻了农民负担。

（3）2004年至今：我国财政支农实践的崭新阶段。

2004年1月，中央在时隔20年以后再次以一号文件形式出台了《关于促进农民增加收入若干政策的意见》，提出了促进粮食增产和增加农民收入的要求，提出"城乡统筹发展""让公共财政的阳光逐步照耀农村"和"多予少取放活"的方针，确立了新时期财政支农的重要指导思想。2005年，我国发布了《关于进一步加强农村工作，提高农业综合生产能力若干政策的意见》，提出要坚持"多予、少取、放活"的方针，逐步加大财政支农的投入力度，加快农业科技进步，加强农业生产基础设施建设，提高农业综合生产能力。2006年2月，中共中央、国务院发布了《关于推进社会主义新农村建设的若干意见》，提出了"三个高于"的具体要求：一是用于农村建设的预算内建设资金和国债比重要高于上年；二是财政支农资金增量要高于上年；三是改善农村生产、生活条件的资金投入规模要高于上年。2007年，我国政府发布了《关于积极发展现代农业，扎实推进社会主义新农村建设的若干意见》，提出大力发展现代农业是建设社会主义新农村的首要任务，要在农业生产中引入现代科学技术、现代物质条件和现代产业体系。财政支农投入中重点安排了促进现代农业建设、农村金融体制改革以及财政扶贫开发投入等专项资金，此外还专门安排了农村低保支出30亿元，用来支持建立农村低保制度，标志着农民低保问题正式纳入中央决策的议事议程。2008年，中共中央发布了《关于推进农村改革发展若干重大问题的决定》，建立健全土地承包经营权流转市场的要求，提出了要以多种形式促进土地规模化经营的发展。围绕促进农村土地承包经营权的流转工作，中央及地方各级政府财政都相应加大了对农村养老保险、医疗保险等农村社保体系的建设投入力度，使土地对农民的失业保险和社会保障功能进一步弱化。2009年，中共中央、国务院发布的一号文件为《关于2009年促进农业稳定发展农民持续增收的若干意见》，强调要采取措施，抓住机遇，坚决防止粮食生产滑坡和农民收入徘徊，要确保农业稳步发展和农村安定。2010年，中共中央国务院一号文件《关于加大统筹城乡发展力度进一步夯实农业农村发展基础的若干意见》，强调要从健全强农惠农政策体系、改善农村民生、提高现代农业装备水平、加强农村基层组织建设、协调城乡改革五个方面促进农业发展方式转变，推动公共资源向农村配置，缩小城乡社会事业发展差距，增强农业、农村活力和巩固党的执政基础。2011年，中共中央、国务院发布了我国改革开放以来的第13个以"三农"为主题的中央一号文件《关于加快水利改革发展的决定》，也是新中国成立以来，首次就水利改革发展工作做了系统部署。强调要将农田水利建设作为农村基础设施建设的重点任务，严格水资源管理，加快农业经济发展战略转型，走一条中国特色的水利现代化道路。

"十二五"时期，全国一般公共预算农林水事务支出累计达到6.67万亿元，年均增长达14.8%，围绕促进农民增加收入、增强农业综合生产能力、深化农村综合改革等中心任务，实施了一系列强农惠农富农政策。在继续加大财政投入的同时，创新投入方式，探索采取政府购买服务、贷款贴息、税费减免、建立基金、民办公助、一事一议、以奖代补等多种有效形式，更好地发挥财政资金的杠杆撬动作用，引导金融、社会资本投向农业农村，组建国家农业信贷担保联盟体系，解决"融资难、融资贵"问题；建立完善农业保险政策，重点发展符合适度规模经营需求的多层次、高保障农业保险产品与服务。2016年，中央财政安排农机购置补贴资金236.45亿元，中央财政农机购置补贴政策更加注重以绿色生态为导向，充分发挥农机化对农业可持续发展的支撑作用；中央财政专项安排12亿元，用以支持安徽、重庆等12个省（直辖市）开展农村第一、第二、第三产业融合发展试点工作。按照生态文明建设总体要求，中央财政不断加大投入力度，支持实施森林生态效益补偿。2016年，中央财政扶贫资金比2015年增加201亿元，增长43.4%，各扶贫专项转移支付对农村贫困地区给予倾斜，较大幅度增加财政专项扶贫资金投入，支持贫困县统筹整合使用财政涉农资金，优化财政涉农资金供给机制。重视农村义务教育投入，促进义务教育均衡发展。一是"保基本"。落实农村义务教育经费保障机制和城市学生免除学杂费政策。全国约 1.1 亿名农村学生享受免学杂费和免费教科书政策，中西部约 1240 万名贫困寄宿生获得生活费补助，约 2944 万名城市学生享受免学杂费政策。二是"补短板"。全面改善贫困地区农村薄弱学校基本办学条件。实施营养改善计划，惠及学生约 3320 万名。三是"提质量"。加强教师队伍建设，继续实施"特岗计划""国培计划"和落实乡村教师生活补助政策。四是"促公平"。支持农民工随迁子女就学，惠及学生约 1295 万名。

3.2.4　保障性住房财政支出

3.2.4.1　保障性住房财政支出分类

我国现行的住房保障制度以廉租住房制度、经济适用住房制度、住房公积金制度为主要内容，这三种不同的住房保障制度基本构成了我国的住房保障体系。

（1）廉租住房制度。

廉租房是指政府以租金补贴或实物配租的方式，向符合城镇居民最低生活保障标准且住房困难的家庭提供社会保障性质的住房。在城镇最低收入居民，有的甚至难以应付正常的租金水平，基本的租房需求都难以保障的情况下，政府推出了房租补贴制度，对这类居民给予一定的租金补贴，增强其租房能力，以鼓励低收入居民租住政府提供的廉租房。

（2）经济适用住房制度。

经济适用住房是指已经列入国家计划，由城市政府组织房地产开发企业或者集资建房单位建造，以微利价向城镇中低收入家庭出售的住房。经济适用住房因为其具有的一般商品房的不同之处，具有一定的社会性和保障性，所以也获得了财政给予的资金和政策支持：一是建设用地通过行政划拨，免收土地出让金，大部分税费减免，享受较低息优惠贷款等。二是经济适用住房的成本包括征地和拆迁补偿费、勘察设计和前期工程费、建安工程费、住宅小区基础设施建设费（含小医非营业性配套公建费）、管理费、贷款利息、税金和开发商利润 8 项因素。按此 8 项因素综合确定的售价比同类同区位的商品房低的部分，主要是免交土地出让金所致。三是实行微利开发建设原则，开发商利润控制在 3% 以下。这部分资金中，一部分是来自财政预算的专项基金——住房公积金，另一部分是来自地方政府的财政资金。

（3）住房公积金制度。

我国的住房公积金制度是借鉴新加坡公积金制度的一些成功经验而制定的，是我国政府为解决职工家庭住房问题的政策性融资渠道。住房公积金由国家机关、事业单位、各种类型企业、社会团体和民办非企业单位及其在职职工按职工工资的一定比例逐月缴存，归职工个人所有。住房公积金专户存储，专项用于职工购买、建造、大修自住住房，并可以向职工提供个人住房贷款，具有义务性、互助性和保障性等特点。住房公积金的保障性，首先体现在增强了职工住房的自我保障能力，住房公积金通过若干年的积累，职工的住房有效需求能力将在较大程度上得到加强；其次则体现在资金的使用上，公积金管理机构用归集的资金向公积金缴交者提供利率优惠的购房融资，在减轻居民还贷压力的同时增强了中低收入居民的购房能力，有利于保障中低收入居民的基本住房需要。目前，已基本建立起住房公积金管理委员会决策、住房公积金管理中心运作、银行专户存储、财政监督的管理体制。住房公积金按规定可以享受列入企业成本、免交个人所得税等税收政策，存贷款利率实行低进低出原则，体现政策优惠。财政支出主要包括由国家机关、事业单位按职工工资的一定比例逐月缴存的公积金存款。

3.2.4.2 我国住房保障体系现状

（1）多层次、多渠道的财政投入体系已经建立。

近年来，保障性安居工程的财政投入渠道不断拓宽，目前已经有中央财政安排的专项资金、省市县财政一般预算安排的资金、住房公积金增值净收益安排的资金、从土地出让净收益中安排的资金、地方债券安排的资金等。同时，财政投入规模也迅速扩大。其中，仅 2007 年以来，中央财政就累计下拨保障性安居工程补助资金 1547 亿元。在中央财政"风向标"的指引下，地方的财政投入积极性也很高。

（2）财税扶持政策不断完善。

近年来，财政部门先后出台了保障性安居工程非税收入的优惠政策，对廉租住房和经济适用住房以及公共租赁住房建设、棚户区改造、旧住宅区整治项目，一律免收各项行政事业性收费和政府性基金。此外，财政部门还明确了保障性安居工程的税收优惠政策，对廉租住房等保障性安居工程项目给予营业税等多种税收优惠，并且规定廉租住房和政府投资建设的公共租赁住房的资金收入，专项用于廉租住房和公共租赁住房的管理和维护等支出。

（3）信贷资金成为重要支撑。

截至 2010 年底，国家开发银行已经累计发放保障性住房建设贷款 1455 亿元，覆盖了全国 30 个省份，惠及了 204 万户住房困难居民。2011 年，国家开发银行将再安排保障性住房新增贷款规模 1000 亿元，支持各地建设保障性住房。目前，我国以各级财政补贴和配套资金、银行信贷资金、项目实施企业资金、社会资金、个人自筹资金为组成部分，逐步搭建起了我国保障性住房建设的资金投入机制。

（4）土地供应机制日益完善。

一方面，为了严格落实保障性安居工程免交土地出让金政策，保障性安居工程的用地实行行政划拨，除依法支付土地补偿费、拆迁补偿费外，一律免交土地出让金；另一方面，供地规模也迅速扩大，而且要求地方保障性住房、棚户区改造住房和中小套型普通商品住房的用地，不低于当年住房建设用地供应总量的 70%。

3.3 社会消费性支出

3.3.1 社会消费性支出概述

社会消费性支出是政府直接在市场上购买并消耗商品和服务所形成的支出。主要包括行政、国防支出和科教文卫支出。社会消费性支出与投资性支出同属财政购买性支出。两者的最大区别体现在支出的结果上。投资性支出的结果是形成各种有形的公共资产，如道路、港口、机场等；而社会消费性支出是一种纯粹的消耗性支出，其支出的结果并不形成任何有形资产，但并不说明社会消费性支出是可有可无的，社会消费性支出是国家执行政治职能和社会职能的保证，而且提供行政管理和社会服务是政府合法性的基础，也是政府取得公民支持和承认的前提。一国政府不仅要为公民提供国家防务和公共安全，保证国土和主权不受外来侵犯以及公民的人身安全不受威胁，还要通过法律、行政和社会管理处理和协调公民之间的相互关系，维系正常的社会关系以及商务关系。此外，随着经济的不断增长，政府还必须保证各项社会事业的相应发展，实现经济社会的可持续发展。

3.3.2 行政管理支出

3.3.2.1 我国行政管理支出的基本内容

行政管理支出的内容决定于国家行政管理机关的结构及其职能。我国行政管理支出包括行政支出、公安支出、国家安全支出、司法检察支出和外交支出。其中，行政支出包括党政机关经费、行政业务费、干部培训费及其他行政费；公安支出包括各级公安机关经费、公安业务费、警察学校和公安干部训练学校经费及其他公安经费等；国家安全支出包括安全机关经费、安全业务费等；司法检察支出包括司法检察机关经费、司法检察业务费、司法学校与司法检察干部训练经费及其他司法检察费等；外交支出包括驻外机构经费、出国费、外宾招待费和国际组织会费等。行政管理支出按其最终用途划分，可分为人员经费和公用经费两部分。人员经费是指用于保证行政人员正常行使其职责的费用支出，包括上述政府权力机构、行政机关和外事机构的工作人员的工资、津贴与离退休人员费用等；公用经费是指用于保证政府机构正常开展公务而花费的支出，包括公务费、修缮费、业务费和购置费等。

3.3.2.2 我国行政管理支出的规模分析

行政管理支出的规模有两个指标：绝对规模和相对规模。前者可直接通过行政管理支出的货币金额反映，可通过表 3 - 3 第二列数据进行直观性的考察。而后者使用行政管理支出占财政支出比重和行政管理支出占国内生产总值这两个相对指标来进行衡量。

从表 3 - 3 中数据可以看出，我国行政管理支出绝对规模的变化情况。我国行政管理支出的绝对额由 1978 年的 52.90 亿元增加到 2017 年的 16510.36 亿元，增长趋势较为明显。从这些数字能够得出一个明确的结论：改革开放以来，我国行政管理支出规模不断加大，总量不断上升。这一增速明显快于同期财政支出的增速，不断扩大的行政管理支出规模给我国经济增长带来了巨大压力。行政管理支出占财政支出的比重是反映一国财政支出结构的重要指标，其数值越大，国家行政管理占用社会资源就越多。由表 3 - 3 可看出，我国行政管理支出占财政支出总额的比重整体呈现下降的趋势，但近几年出现一定波动。2009 年，这一比重达到了 12.01%，之后九年呈现逐年下降的趋势，但仍然在 10% 左右波动。行政管理支出占国内生产总值的比重这一指标，体现出国家社会经济总量中政府部门所耗费的资源情况。其值越大，表明社会经济总量中用于政府行政管理的社会资源就越多。通过表 3 - 3 观察出，在 2009 年之前，这一比重维持在一定范围内波动，基本维持在 2% 左右，究其原因，这应该是得益于近年来我国部门预算管理改革以及政府收支分类改革的推进。然而，我国的行政管理支出依然存在规模偏大的问题。

表 3 – 3　2009 ~ 2017 年我国行政管理支出的变化情况

年份	行政管理支出（亿元）	行政管理支出的增长（%）	财政支出总额（亿元）	行政管理支出占财政支出总额比重（%）	国内生产总值（GDP）（亿元）	行政管理支出占国内生产总值比重（%）
2009	9164. 21	– 6. 4	76299. 93	12. 01	348517. 7	2. 63
2010	9337. 16	1. 89	89874. 16	10. 39	412119. 3	2. 27
2011	10987. 78	15. 02	109247. 79	10. 06	487940. 2	2. 25
2012	12700. 46	15. 59	125952. 97	10. 08	538580. 0	2. 36
2013	13755. 13	8. 31	140212. 10	9. 81	592963. 2	2. 32
2014	13267. 50	– 3. 55	151785. 56	8. 74	641280. 6	2. 07
2015	13547. 79	2. 11	175877. 77	7. 70	685992. 9	1. 97
2016	14790. 50	9. 18	187755. 21	7. 88	740060. 8	2. 00
2017	16510. 36	11. 62	203085. 49	8. 13	820754. 3	2. 01
2018	—	—	—	—	900309. 0	—

资料来源：国家统计局。

总的来说，在保证政府正常运转的前提下，行政管理支出越少对社会越有利。如何提高行政管理支出的效率是一个世界性的课题。

3.3.3　国防支出

3.3.3.1　国防支出的内涵

国际学术界普遍地将国防支出广义地定义为一个国家为维护国家主权，获取外部安全环境，达成国家目标而进行的所有防务行为的支出，包括国家防务中的所有物资支出和人力资源支出的总和，如支付士兵及相关常规武装力量人员费用、采购军品和支付从民用部门购买的劳务费用等。中国国家统计局对国防支出的定义是"国家预算用于国防建设和保卫国家安全的支出，包括国防费、国防科研事业费、民兵建设以及专项工程支出等。"国务院新闻办公室发表的"中国国防白皮书"中列出了中国国防支出涵盖的范围："中国国防费包括：人员生活费、活动维持费、装备费。人员生活费主要用于军官、文职干部、士兵和职工的工资、伙食、服装等；活动维持费主要用于部队训练、工程设施建设及维护和日常消耗性支出；装备费主要用于武器装备的科研、试验、采购、维修、运输和储存等。"中国国防费的保障范围，既包括现役部队，又包括民兵、预备役部队，并负担了部分退役军官供养和军人子女教育等方面的社会性支出。从国防支出所提供的产品属性来考察，具有典型的非排他性和非竞争性，属于纯公共物品，必须由政府来提供。

3.3.3.2　国防支出的主要影响因素

一国的国防支出规模是与一个时期的国际形势和该国的国防政策直接相关。国防支出根据国际和国内形势的变化而变化，一般而言，和平时期国防支出趋减，战争时期国防支出骤增。从世界各国国防支出的实际情况看，影响国防支出的主要因素有以下几个方面：

（1）政治因素。

政治因素包括国内政治因素和国际政治因素。首先，国内政局是否稳定，各地区之间是否协调，各民族之间是否团结，老百姓对政府的服务是否认可等，会影响到国防支出的规模。而国际局势对国防支出的影响，则是不言而喻的。影响公众国防需求的因素是外生的，国防实际上是两国间或多国间的一种博弈行为，在这种双方或多方博弈均衡中，一方的行为取决于他方。如 20 世纪 50 年代，第二次世界大战虽早已结束，战争的危险却依然存在，因为"热战"虽已停止，"冷战"却紧锣密鼓地进行。处在这样紧张的国际环境中，各国无疑都要做好准备，或准备侵略，或准备反侵略，使国防开支居高不下。20 世纪 60 年代末期以后，虽然局部战争仍然存在，但战争的危险毕竟日趋减少，尤其是进入 20 世纪 80 年代以后，国际社会曾掀起了几次规模较大的裁军活动，国际形势趋于缓和。在这样的背景下，世界各国的国防支出大多相对减少。这说明国防支出规模与国际政治形势密切相关。

（2）国家经济实力。

国防支出是财政通过对国民收入的再分配形成的。因此，国防支出规模首先受国家财政状况的制约。通常情况下，国家财政状况越好，国防支出的规模也就可能越大。而国家财政的状况，最终又受经济发展水平的制约。经济发展速度越快，效益越高，用于国防支出的资源就可以更多一些。这里有两个重要的指标：一是国防支出占财政支出的比重；二是国防支出占国民生产总值的比重。在比重一定的情况下，国民生产总值或财政支出的规模越大，国防支出的规模也就越大。在资源有限的条件下，兼顾经济发展与国防建设时安排国防支出的一个重要原则。

（3）军事技术进步的压力。

军事技术进步在大力提升军事效率的同时，也大幅度提高了武器装备的研制成本、采购成本和维修成本。从武器装备的研制成本来看，军事技术的创新与发展，使新军事装备的研制与开发所花费的人力、物力和财力大幅度上升。从武器装备的采购成本来看，现代高新技术的发展，涌现出许多新材料、新工艺和新器件，这些新材料、新器件和新工艺在武器装备中的运用，导致装备采购成本迅速增长。

3.3.3.3　我国的国防支出政策

（1）中国近年的国防支出。

为了维护国家主权安全和发展利益，适应中国特色军事变革的需要，中国政府在社会经济快速发展财政收入稳定增长的基础上，保持国防费的合理适度增长。2009～2011 年国际金融危机的三年，中国的国内生产总值按当年价格计算，年均增长 14.5%，全国财政支出年均增长 20.3%，而国防支出年均增长 13%。近年来，我国军费呈现增长的趋势，但中国的国防费无论是绝对额还是占国内生产总值的比重，与世界主要国家相比都是偏低的。在 21 世纪，中国国防政策的基本内容是，维护国家安全统一，保障国家发展利益，实现国防和军队建设全面协调可持续发展，加强以信息化为主要标志的军队质量建设，贯彻积极防御的军事战略方针：坚持自卫防御的核战略，营造有利于国家和平发展的安全环境。我国国防支出规模及其占财政支出和 GDP 比重的变化情况见表 3-4。

表 3 - 4　我国国防支出规模及其占财政支出和 GDP 比重的变化情况

项目 年份	国防支出 （亿元）	财政支出总额 （亿元）	国防支出占财政 支出总额比重（％）	国内生产总值 （亿元）	国防支出占 GDP 的比重（％）
2009	4951.10	76299.93	1.42	348517.7	6.49
2010	5333.37	89874.16	1.29	412119.3	5.93
2011	6027.91	109247.79	1.24	487940.2	5.52
2012	6691.92	125952.97	1.24	538580.0	5.31
2013	7410.62	140212.10	1.25	592963.2	5.29
2014	8289.50	151785.56	1.29	641280.6	5.46
2015	9087.84	175877.77	1.32	685992.9	5.17
2016	9765.80	187755.21	1.32	740060.8	5.20
2017	10432.37	203085.49	1.27	820754.3	5.14
2018	—	—	—	900309.0	—

资料来源：国家统计局。

（2）中国国防支出与社会主义建设。

20 世纪 90 年代以来，中国在经济发展的基础上，为维护国家主权和安全统一，适应世界新军事变革的发展，保持了国防费的逐步增长。但这种增长仍属于弥补国防基础薄弱的补偿性增长，是与国家经济发展相协调的适度增长。中国奉行防御性的国防政策。中国把捍卫国家主权、安全、领土完整，保障国家发展利益和保护人民利益放在高于一切的位置，努力建设与国家安全和发展利益相适应的巩固的国防及强大的军队，在全面建成小康社会进程中实现富国和强军的统一。中国增加的国防费，主要用于改善军人工资待遇和部队生活条件，加大武器装备和基础设施建设投入，支持军事人才建设，平抑物价上涨因素以及增加非传统安全领域国际合作的费用。无论从安全威胁、地缘环境，还是从国土面积、人均国防费支出等方面来分析，中国的国防开支都是处于低水平的。

3. 中国的和平发展道路和防御性国防政策

中国的和平发展道路是一条与以往大国崛起不同的、新的发展道路，其精髓就是坚持走和平发展道路，既通过争取和平的国际环境发展自己，又通过自己的发展促进世界和平，努力实现和平的发展、开放的发展、合作的发展、和谐的发展。再者当今世界并不太平，为了维护国家安全稳定和领土完整，必须适度加大对军队现代化建设的投入，适度增强装备和战场配套建设经费，逐步增加人民解放军信息化条件下防卫作战的能力。

3.3.4　教育支出

3.3.4.1　财政对教育进行投入的原因

（1）强大的外部经济特征是财政参与教育的主要原因。

从产品的属性看，教育产品（服务）既具有公共产品的部分特征，又具有私人产品的部分特征，应当属于准公共产品的范围。其原因：第一，教育产品（服务）具有一定的非竞争性和非排他性。在一定条件下，受教育者数量的增加并不会影响和排除其他人接受同样的教育产品（服务），而教育产品（服务）所产生的社会利益也可以由全体社会成员共同分享，增加消费者的边际成本为零，同时也无法排斥其他收益。第二，教育产品（服务）也具有一定的竞争性和排他性。由于非竞争性往往只在消费者数目一定的有限范围内存在，当消费者数目超过一定限度后，竞争性就会取代非竞争性。从消费的角度看，随着受教育者的增加会带来"拥挤成本"，导致个人享受的教育产品（服务）数量下降、质量下降，个人所获得的满足程度也会发生变化；从生产者的角度看，受教育者增加引起的教育产品（服务）提供的边际成本也远大于零。同时，排他性则体现在：在教育机会有限的条件下，一部分人接受教育就会减少另一部分人受教育的机会，通过选拔性的入学考试和收费等方式，可以很容易地达到排他性的目的。除此之外，受教育者接受教育后，日后也能够获得更多的个人利益，取得更高的工资收入和社会地位，这完全是受教育者的个人收益，也具有明显的排他性。因此，教育属于准公共产品的范畴，从中外各国的历史和现实都不难找出私人办教育的范例。但由于教育具有较强的外部效益：一方面，教育有助于劳动力素质的提高。科学技术是第一生产力，而教育则是科学技术进步的基础，因此教育对于一个国家的经济发展是十分重要的；另一方面，教育有助于提高公民的文明程度。教育使公民形成良好的道德和世界观，并获得更强的生存能力，这有助于减少犯罪和社会的行政管理成本。财政有介入教育的充分理由。

（2）教育有助于实现社会公平。

机会公平是公平的含义之一。通过给每个公民提供平等的受教育机会，消除由于家庭背景而带来的差别，从而使出身贫困家庭的孩子获得某种技能或进一步深造的机会，是使其家庭摆脱贫困的主要途径。如果教育服务完全由私人部门提供，实行严格的排他性制度，那么穷人的子女往往会因为高昂的学费而无法获得教育服务。所以，政府的介入，以公共产品的形式提供必要的义务教育是十分必要的。

（3）教育资本市场的不完全性，导致在高等教育中也需要政府部门的介入。

虽然高等教育的收益更多地由学生本人获得，原则上应该由学生本人承担其成本，但由于高等教育市场的不完全性，人力资本投资的回报和回报率事先难以确定，这使私人金融部门因担心无法得到偿还而不愿为教育投资，使那些愿意接受高等教育的学生会因资金不足而被剥夺了受教育的机会。为避免此类情况发生，许多国家的政府都对高等教育提供一定的财政支持。

3.3.4.2　公共教育支出的内容

教育产品从历史上看基本上都是由私人提供的。从性质上讲，它具备私人产品的全部特征，即由于教育资源的有限性，一个人接受教育服务就会影响其他人接受教育服务的数量与质量，付费受教育的现实可以将那些未付费的人排除在接受教育服务的行列之外。此外，接受教育所带来的利益基本上完全由受教育者自己获得。按照这样的分析，教育是一种私人产品，它应由市场体系来提供。然而，随着社会经济的发展，教育在具有私人产品特征的同时，也显现出某些公共产品的特征。例如，人们接受教育不仅对其本人有利，如可能找到好工作、取得高收入等，而且也有利于提高劳动者的生产技术水平，从而提高整个社会的劳动生产率，促进经济的稳定发展。再如，所有社会成员接受教育的范围广了、程度高了，不仅有利于缩小收入和财富在社会成员之间分配不公平的状况，而且有利于促进整个社会文明程度的提高和民主进程的加快。这样看来，教育事业就不仅是私人市场的事情了，政府也应在发展教育事业上发挥应有的作用。综观当今世界各国，无论是初等教育还是高等教育，政府都承担了相当比重的责任。与此相适应，政府财政支出中有相当一部分是用于教育事业的。

从满足社会公共需要这一公共财政本质出发，可以把教育分为两类：一类是社会公共需要性教育；另一类是非社会公共需要性教育。在市场经济条件下，非社会公共性教育的供给应主要通过市场来解决，因为这类教育的结果往往是直接为受教育者及投资者增加收入，诸如岗前培训、职业再教育、普通高等教育、更高层次的教育等均属此类。这类教育应当通过市场来提供，受教育者本人或其他非政府部如家庭、企业等对此付费，财政一般不全部承担此类教育费用。社会公共性教育则是为提高全民族文化素质而从事的教育，这类教育不一定直接为受教育者增加收入，但会提高全民族的文化素质，也有助于实现社会公平，因此应当由政府以社会集中的方式提供，属于公共财政职能范围以内的事务。

按《2008 年政府收支分类科目》，教育支出包括教育管理事务、普通教育、职业教育、成人教育、广播电视教育、留学教育、特殊教育、教师进修及干部继续教育、教育附加及基金支出和其他教育支出。

3.3.4.3 我国公共教育支出现状

一般而言，政府教育支出水平是以该国的经济发展水平为基础的，国际上一般用公共教育支出（或政府教育支出）占 GDP 的比重度量和评价政府教育支出水平。

表 3 - 5　2009～2018 年我国财政性教育经费支出情况

年份	国家财政性教育经费支出（亿元）	财政支出总额（亿元）	国家财政性教育经费支出占财政支出的比重（％）	国内生产总值（亿元）	国家财政性教育经费支出占国内生产总值的比重（％）
2009	10437.54	76299.93	13.68	348517.7	2.99
2010	12550.02	89874.16	13.96	412119.3	3.05
2011	16497.33	109247.79	15.10	487940.2	3.38
2012	21242.10	125952.97	16.87	538580.0	3.94
2013	22001.76	140212.10	15.69	592963.2	3.71
2014	23041.70	151785.56	15.18	641280.6	3.59
2015	26271.88	175877.77	14.94	685992.9	3.83
2016	28072.80	187755.21	14.95	740060.8	3.79
2017	30153.18	203085.49	14.85	820754.3	3.67
2018	—			900309.0	

资料来源：国家统计局。

从表 3 - 5 的数据可以看出，我国公共教育支出虽然不断增长，但占 GDP 的比重明显偏小。近年来，随着我国经济实力不断加强，国家加大对教育的支出力度，推动了教育事业的全面发展。随着政府和各级领导对教育巨大的社会与经济作用的不断认识，对教育的重视程度也越来越大。自改革开放以来，我国教育支出在投入的绝对数上有了较快的增长，从而促进了教育事业的迅速发展。2009～2018 年全国财政教育支出年均增长 20.99%，但是，按照公共教育支出（财政性教育经费）占 GDP 的百分比计算，我国公共教育支出的比重明显较低，与 GDP 的增长水平不相适应。与世界相比，财政性教育经费相对于国内生产总值的比重，我国的水平与发达国家的水平相去甚远。

3.3.4.4 提高公共教育支出势在必行

在我国，党和政府历来高度重视教育发展，坚持"教育先行"的方针政策，党的十六届六中全会进一步提出"逐步使财政性教育经费占国内生产总值的比例达到 4%"，党的十七大再次明确提出"坚持教育公益性质，加大财政对教育投入"。《国家中长期教育改革和发展规划纲要》也提出在 2012 年使财政性教育经费占国内生产总值的比例达到 4%。从现在到 2020 年，是我国夺取全面建成小康社会新胜利的关键时期。经济社会变革将进一步深化，全球化程度将进一步推进，国际竞争将进一步加剧。坚持教育优先发展，加快人才培养，提高教育质量，促进教育公平，对提升综合国力、促进人的全面发展，具有重要战略意义。

20 世纪 80 年代中期，国内研究教育经济学的厉以宁、王善迈等组成课题组，探讨了同等经济发展水平条件下公共教育支出的国际平均水平，得出结论：当人均 GDP 达 1000 美元时，公共教育支出的国际平均水平为 4.24%。2017 年，我国国内生产总值为 820754.3 亿元，而国家财政性教育经费为 30153.18 亿元，只占国内生产总值的 3.67%，较 2016 年减少了 0.12 百分点，离 4% 的目标还有一段距离。因此，包括教育界的各界人士普遍认为，国家目前对于教育领域的投入很难满足中国教育发展的基本需求，不能保障教育先行基本目标的实现，加大公共教育支出十分重要和迫切。

3.3.5 科学技术支出

3.3.5.1 财政科技支出的必要性

科学技术是推动生产力发展的第一要素，是当今世界影响一国经济、社会发展的最重要力量。在发达国家，科学技术对 GDP 增长速度的贡献率在 20 世纪初为 5%～20%，目前基本达到 60%～80%。目前，我国科技对经济增长的贡献率超过 60%，跻身国家创新型城市行列。科技活动的核心是科学研究与试验发展（R&D）活动。R&D 经费的投入强度和投入规模是衡量一国自主创新能力的重要因素。R&D 具有明显的公共产品特性。在知识产权制度欠缺的市场环境下，当企业研发成功后，新技术成果不可能永远被研发企业独占，而是会随着技术的扩散而被其他企业广泛地运用，并迅速转变为公共产品，这种效应被称为"溢出效应"。正因为存在新技术的溢出，研发企业无法控制并获得其 R&D 投资所产生的全部收益，从而导致 R&D 的私人投资低于社会收益，对社会产生了正外部效应。R&D 所需的高投入是限制企业投资的一个重要因素，因此降低企业的投资成本则成为激励企业 R&D 的重要方面。由于 R&D 活动成本包括研究设备成本、资金和人工成本等，而政府为企业提供税收优惠或是直接给予企业财政补贴正是节约投资成本的两个重要途径。除高额的投资成本之外，R&D 活动另一个重要特征是高风险。R&D 投资的风险性，不仅表现在研究成果的不确定性，即研究可能失败，还表现在因技术方面的激烈竞争而存在的技术价值的无形损失。由于企业 R&D 活动具有正外部性、高成本性、高风险性以及高流动性，仅靠市场力量无法对企业 R&D 产生有效激励，因此政府投入有利于消除 R&D 的外部效应，降低投资成本，分担投资风险。

3.3.5.2 财政科技支出的内容

我国政府对企业 R&D 活动的补贴主要包含在以下几项支出项目中：

（1）科技三项费用。即中间试验费、新产品试制费和重大科学项目补助费，是实施中央和地方各级重点科技计划项目的重要资金来源；该项费用由中央和地方财政预算按年度统筹安排，主要用于国家各类科研院所、高等院校及国有企业承担的国家和地方重点科技计划项目。

（2）科学事业费。包括自然科学事业费、科协事业费、社会科学事业费和高科技研究专项经费等，主要用于科学事业单位的正常运行支出和国家科技计划、科学基金等的支出。

（3）科研基建费。指政府预算安排的基本建设支出中用于科研基本建设的资金，主要是用于科研单位（包括企业事业单位）建造、购置、安装、改建、扩建固定资产，以及进行设备改造和大修理等实际支出的费用。

（4）部门事业费、国防费、企业挖潜改造资金和其他财政预算内资金（如国家财政负责偿还的世界银行贷款和大型工程项目前期科研费）中实际用于各部门、各行业公司的科研费用。

3.3.5.3 我国财政科技支出规模分析

近年来我国财政科技支出规模具有不断上升的趋势。国家财政科技支出占国家财政支出的比重基本维持在 4.0% 以上，从 2009 年的 4.29% 到 2017 年的 4.13%，虽然在比重上没有明显增加，但在绝对投入上每年基本保持两位数以上增长速度。按照国际惯例，用政府科技投入占 GDP 的比重来判断一国的科技创新力。政府科技投入占 GDP 的比重不足 1% 的国家，可判断为缺乏创新能力的国家；在 1% ~2% 的国家，是在科技创新上小有作为的国家；大于 2% 的国家，其科技创新能力可能会比较强。尽管单一的数据不能说明全部问题，但是从数据上判断，我国在 2009 ~2013 年还属于"科技创新能力可能会比较强"的国家，在 2014 年 R&D 经费投入强度（R&D 经费投入占国内生产总值比重）首次突破 2%，绝对数量的增长速度十分惊人，这与我国建设创新型国家的目标是一致的。2017 年 10 月 18 日，习近平同志在党的十九大报告中指出，加快建设创新型国家。从我国财政科技支出规模可见，国家还需要进一步加大财政科技投入力度，加快财政科技支出的增长速度，使国家财政科技支出占国家财政总支出和 GDP 的比重逐步提升。

表 3-6　近十年我国 R&D 经费情况

年份	R&D 经费内部支出（亿元）	比上年增长（%）	R&D 经费投入强度（%）	财政科技支出占公共财政支出的比重（%）
2009	5802.1	25.7	1.70	4.29
2010	7062.6	21.7	1.71	4.67
2011	8687.01	23.0	1.78	4.39
2012	10298.41	18.6	1.91	4.45

年份	R&D 经费内部 支出（亿元）	比上年增长（%）	R&D 经费投入 强度（%）	财政科技支出占公共 财政支出的比重（%）
2013	11864.60	15.0	1.99	4.41
2014	13015.63	9.9	2.02	4.25
2015	14169.88	8.9	2.06	3.89
2016	15676.75	10.6	2.11	4.13
2017	17606.1	12.3%	2.13	4.13
2018	—	—	—	—

资料来源：《中国科技统计》，http：//www. sts. org. cn/Page/Main/Index？pid = 62&tid = 62。

科技活动的核心是科学研究与试验发展（R&D）活动。通过表 3 - 6 可以看出，我国 R&D 投入的总体规模不断上升。2017 年，我国 R&D 经费支出是 2009 年的 3.03 倍，2009 ~ 2011 年都是以 20% 以上的速度在增长，是世界上 R&D 经费增速最高的国家之一，在 2014 年和 2015 年增速相对缓慢，从 2016 年开始，经费内部支出增速逐渐开始提升。近年来，我国 R&D 经费支出逐年增加，与英国、法国等发达国家的水平接近。同时，R&D 投入强度也在稳步增长。20 世纪 90 年代，我国 R&D/GDP 增长缓慢，1999 年以后这一比值开始稳步提高，2017 年达到 2.13%，相对于国民经济发展水平和建设创新型国家的战略目标而言，我国的 R&D 经费投入强度有待进一步提高。

3.3.6 其他支出

除行政管理支出、国防支出、教育支出和科学技术支出，社会消费性支出还包括以下事项：一是文化体育与传媒支出，包括文化、文物、体育、广播影视、新闻出版、其他文化体育与传媒支出；二是医疗卫生支出，包括医疗卫生管理事务、医疗服务、社区卫生服务、医疗保障、疾病预防控制、卫生监督、妇幼保健、农村卫生、中医药、其他医疗卫生支出；三是农林水事务支出，包括农业、林业、水利、南水北调、扶贫、农业综合开发、其他农林水事务之出等。

第4章 转移性支出

4.1 财政补贴

4.1.1 财政补贴的含义及特征

4.1.1.1 财政补贴的含义

财政补贴是财政部门根据国家政策需要，在一定时期内，对特定产业、部门或地区、企事业单位、居民个人或事项给予补助或津贴，旨在改变现有产品或生产要素相对价格，进而改变资源配置结构和供求结构。财政补贴是公共财政的一种再分配活动，其实质是国家为了实现特定的经济、社会目标，对于鼓励发展的地区、部门或事项所给予的经济。这种经济补偿不仅是一种特殊的财政分配形式，而且还是调节经济的手段。

4.1.1.2 财政补贴的特征

一般认为财政补贴具有以下三个特征。

（1）政策性。财政补贴是国家实现一定政策目标的手段，因此财政补贴的对象、补贴的数额、补贴的期限等都是按照一定时期的国家政策需要制定的，具有很强的政策性。

（2）灵活性。财政补贴不是固定不变的，而是会根据经济和社会发展情况和政策需要及时调整、修正财政补贴的方向和力度，因而在世界各国财政补贴往往是国家实现短期经济的重要财政手段。

（3）时效性。财政补贴旨在实现国家特定时期的政策目标，国家的政治、经济和社会政策是随着政治经济形势的变化而修正、调整和更新的，当国家的某些政策发生变化时，财政补贴措施也应及时调整。

4.1.2 财政补贴的经济效应

4.1.2.1 弥补市场失灵

由于外部性、公共产品的提供、竞争失灵或垄断、信息不充分等因素影响下，往往导致市场失效。即成本不能完全体现和反映在价格中或者价格的确定偏离成本。政府通常根据其产业政策，在不同的产业领域，就外部性、垄断性、经济波动性等情况采取财政补贴政策，从而使边际成本达到边际收益水平。如关系到我们国计民生的农业、科技、教育、社会保障等诸多领域具有典型外部性，即存在收益的外溢。具有外部经济产品的产量将低于社会最优水平，对于此类产品通过财政补贴手段，可以提高产量以满足社会需求。如在自然垄断行业，主要存在供水、供电、供气、供暖等公共事业领域，政府为了不损害绝大部分社会成员的利益，往往对这些公共事业实行限价政策。对于企业执行限价政策造成的利润损失，政府可以按照一定标准进行适当补贴。另外在改革过程中，新旧体制之间必然存在摩擦，尤其是各经济主体之间更容易发生利益冲突。为了减少改革面临的社会阻力，运用财政补贴来协调这些矛盾是非常有效的。在经济发生周期性的波动情况下，政府需要运用产业政策推动产业结构调整以实现物价稳定、经济增长、充分就业。政府可以通过运用包括财政补贴等财政支出政策，对经济波动进行有效干预，保持宏观经济的稳定性。

4.1.2.2　增进社会福利

作为"福利经济学之父"的庇古，在论述福利经济学理论中提出了国民收入极大化和收入均等化两个福利概念。认为影响一国居民经济福利的因素主要是国民收入的大小和国民收入在居民中分配的状况。因此，国民收入最大化是社会福利最大化的前提，并且在社会分配环节，分配越均等，整个社会福利就越大。一方面，在经济发展的起飞阶段，政府财政支出应占主导地位，主要用于投资社会基础设施，如交通、医疗、教育以及其他人力资本投资等，从而为社会经济发展提供良好的条件。另一方面，随着经济发展，在市场竞争机制以及政策因素作用下产生贫富差距扩大问题，可能会影响到一部分微观主体的经济利益。如果政府不给予这些企业或者个人适当补贴，单凭自身是难以生存和发展的，同时也不能开展有效的经济活动。近年来，我国居民收入差距呈现扩大化的趋势，并已在一定程度上影响了经济社会的稳定发展，成为社会关注的热点问题。在社会收入分配机制还不够完善的情况下，财政补贴支出是政府参与社会再分配的重要手段，可以起到保障人民基本生活、缩小社会贫富差距、维护社会稳定、刺激有效需求和保持经济稳定发展的作用。

4.1.3　财政补贴的主要内容

在国家预算中，一般是按财政补贴的政策目的进行分类，分为价格补贴、企业亏损补贴、出口补贴、财政贴息、税式支出等。

4.1.3.1　价格补贴

是指国家为了稳定市场物价、安定人民生活、发展生产和实现其他政策目标，对某些产品实行购销价格倒挂或持平的价格政策，同时由财政对从事商品生产、供销的企业由此产生的价差损失和亏损给予的补贴。价格补贴是稳定市场物价和实现某些计划价格合理化的一项辅助性和过渡性措施。在采用某种价格补贴的同时，也在努力创造条件减少补贴，以使价格的职能得到正常的发挥。具体包括农副产品价格补贴、农业生产资料价格补贴、日用工业品价格补贴和工矿产品价格补贴，其中农副产品价格补贴是主要的。

4.1.3.2　企业亏损补贴

企业亏损补贴又称国有企业计划亏损补贴，主要是指国家为了使国有企业能够按照国家计划生产、经营一些社会需要，但由于客观原因使生产经营出现亏损的产品，而向这些企业拨付的财政补贴。在市场经济下，企业处于平等竞争的地位，通过市场机制，实现优胜劣汰，政府原则上不干预企业经营。但在我国实行市场经济的初期，国家对一些有关国计民生的特殊领域或行业，要控制其价格或经营范围，导致企业销售收入不足以弥补按规定摊入的生产成本费用、原始进价及有关税金，从而形成亏损，因而国家财政还需要给予一定的政策性补贴。这方面的补贴有粮食企业亏损补贴、煤炭企业亏损补贴、有色金属企业亏损补贴、农垦企业亏损补贴。

4.1.3.3 出口补贴

出口补贴是指国家财政直接或间接给予出口商品生产者或出口商补贴，从而降低出口价格，增强出口产品的竞争力。其主要形式有直接的现金补贴、出口退税、减免出口关税和出口信贷等。由于 WTO 反对政府对外贸出口给予直接的财政补贴（主要是对外贸单位的直接现金补贴），我国在外贸制度改革过程中，逐渐地取消了对出口的直接财政补贴。但 WTO 不反对对出口给予一定的间接支持，所以对外贸出口的补贴主要是间接财政补贴。

4.1.3.4 财政贴息

财政贴息是政府为支持特定领域或区域发展，根据国家宏观经济形势和政策目标，对承贷企业的银行贷款利息给予的补贴。其实质等于财政代替企业向银行支付利息。财政贴息主要有两种方式：①财政将贴息资金直接拨付给受益企业；②财政将贴息资金拨付给贷款银行，由贷款银行以政策性优惠利率向企业提供贷款，受益企业按照实际发生的利率计算和确认利息费用。

目前，我国财政贴息用于以下用途的贷款：第一，促进企业联合，发展优秀名牌产品；第二，支持沿海城市和重点城市引进先进技术和设备；第三，发展节能机电产品等。

4.1.3.5 税式支出

税式支出是指国家财政对于某些纳税人或课税对象给予的减免税。税式支出只减少财政收入，并不列为支出，是一种隐蔽的财政补贴支出。税式支出的实质是政府为实现自己的既定政策目标，增强对某些经济行为的宏观调控，以减少收入为代价的间接支出，属于财政补贴性支出。其形式主要有起征点、税收扣除、税额减免、优惠退税、优惠税率、盈亏互抵、税收抵免、税收饶让、税收递延和加速折旧等。改革开放以来，随着我国税制的建立和完善，国家对税收优惠的运用越来越普遍，国家以税收优惠的形式提供的补贴数额急剧增加。税收优惠政策对扶持、鼓励纳税人的经济活动、减轻纳税人的负担以及调节经济等方面都起到了重要作用。

4.1.4 我国的财政补贴概况

中国从 1953 年起实行财政补贴政策。20 世纪 50~60 年代，财政补贴的范围小、数量少，国家财政能及时调整补贴政策，使补贴与当时的财政承受能力基本相适应。1978年后财政补贴增长速度加快，呈飞跃式发展。

从表 4-1 可以看出，中国从 1953 年起实行财政补贴政策。20 世纪 50~60 年代，财政补贴的范围小、数量少，国家财政能够及时调整补贴政策，使补贴与当时的财政承受能力基本相适应。从 1979 年起，为了改革不合理的价格和支持农业生产发展，国家多次较大幅度地提高了农产品收购价格，但考虑到稳定人民群众生活，对主要农产品的销售实行了"价格基本稳定,购销价差由财政补贴"的政策,同时,对一些与人民日常生活相关的工业消费品以及煤炭、石油等基础工业产品也实行了亏损补贴政策,致使财政补贴总额猛增。1978~1989年,国家财政负担的价格补贴和企业政策性亏损补贴由11.14亿元增加到972.43亿元,增长了86.3倍,平均每年递增7.2%,明显快于同期财政收入只增长1.5倍、年均增长8.6%的速度。其中,价格补贴支出平均每年递增37.6%,占国家财政支出的比重,由1978年的1%上升到1989年的12.9%,升高了11.9个百分点。企业政策性亏损补贴平均每年递增15.3%,占国家财政收入的比重,由1978年的11%上升到1989年的21.4%,升高了10.4个百分点。另外,实行低房租政策,国家每年对房租的补贴也在百亿元以上。

表 4 – 1　我国财政补贴规模情况

年份	财政补贴 (亿元)	财政补贴增长 速度(%)	年份	财政补贴 (亿元)	财政补贴增长 速度(%)
1978	11.14	—	1993	710.59	-7.31
1979	79.20	611.00	1994	680.69	-4.21
1980	117.71	48.62	1995	692.66	1.76
1981	159.41	35.43	1996	791.31	1.42
1982	172.22	8.04	1997	920.45	16.32
1983	197.37	14.60	1998	1045.61	13.60
1984	218.34	10.63	1999	987.67	-5.54
1985	768.81	252.16	2000	1321.06	33.76
1986	582.26	-24.27	2001	1041.55	-21.16
1987	671.03	15.25	2002	904.67	-13.14
1988	763.28	13.75	2003	843.66	6.74
1989	972.43	27.40	2004	885.32	7.85
1990	959.68	-1.31	2005	914.32	8.96
1991	884.01	-7.89	2006	995.64	10.25
1992	766.60	-13.28	2007	1015.36	11.62

自1990年以后,我国经济体制改革在取得显著成果的同时,财政补贴亦呈下降趋势,一定程度上缓解了财政困境。但从1994年以后,由于通货膨胀及新税制等原因,财政补贴总额有所回升。

通过财政补贴,政府将从社会获得的一部分无偿收入,又无偿地转给某些企业或居民使用,对不同企业及居民的物质利益进行有效调节,运用得好,能发挥积极作用,促进经济发展;运用不当,则使国家背上沉重财政负担。

4.1.4.1　我国财政补贴存在的问题

(1)财政补贴规模大、项目杂。总的来看,财政补贴支出在我国经济快速发展以及政府公共服务范围扩大的情况下有其必要性和合理性。但是,不可忽视的是改革开放以来为了适应经济改革，财政补贴大多数具有明显的制度性特征。目前，从生产环节到消费环节，都有补贴，不仅名目繁多，而且范围广，形式多样。财政补贴有"三多"：种类多、数量多、环节多。截至目前，国家补贴多达160多种，涉及生产、流通和消费的几乎所有环节，包括直接补贴或间接补贴、明补或暗补、实物或货币补贴，形成补贴无所不在的格局。财政补贴项目过宽、数额过大，势必影响国家财政收支平衡，给财政造成不必要的负担。补贴范围过宽，弱化了市场在资源配置中的作用，干扰了市场经济的有效运行。另外，补贴具有较强刚性，一旦实施，往往由于既得利益者的影响和政府有关部门的顾虑而不易取消，并且其数额还会水涨船高。

（2）财政补贴综合效应下降。近年来，随着我国社会经济的加速发展。原来一些行之有效的补贴政策，越来越不适应新的经济环境的要求。从财政补贴的效应角度来看，部分补贴政策积极的效应正逐步减弱，消极的效应逐渐增强。我国财政补贴支出很多是通过物价补贴形式。这种补贴形式在计划经济体制下，对于稳定物价，保障居民生活水平发挥了重要作用。在个人分配以计划体制为基础、城镇居民工资水平普遍很低的情况下，国家为了补偿城镇居民的收入损失，通过价格补贴的形式提高居民的实际购买力，保障了绝大多数城镇居民的生活水平。然而。随着我国居民收入分配差距不断扩大，这种价格补贴，具备非"排他性"，因为很多无须补贴的消费者也因为这项政策而获益，而且富裕的消费者因为购买力强是价格补贴最大的获益者。因此，这种普遍价格补贴，对于高收入者更有利，低收入者往往处于不利地位。这样就造成了社会资源极大浪费，补贴支出社会效益不高，违背了财政补贴增进整体社会福利的目的。例如，国内土地资源价格在很多地方政府招商引资和土地批租中，被压在很低的水平上，造成地方土地大量闲置浪费或低效使用。这种对资本拥有者的暗中补贴，代价是对被征地者或被拆迁户补偿水平的严重不足，以及不同群体收入差距的进一步扩大。再如，对农用生产资料生产企业给予补贴，同时又不控制其产品的市场价格，导致大量补贴流入中间渠道商囊中，农民被迫购买高价生产资料。然后政府又得给农民以补贴，这又诱发了农用生产资料价格的攀升，财政补贴反而促成了一种恶性涨价循环。

4.1.4.2　我国民生领域主要财政补贴介绍

近年来，公共财政逐渐向民生财政发展，最突出的是政府在政策、方向、资金投入方面向民生领域的大力倾斜，财政补贴也不例外，越发体现其民生理念。对于价格补贴、住房补贴、家电下乡补贴、"三农"领域补贴力度不断增强，规模不断扩大。

（1）价格补贴。20世纪末以来，我国大部分省市逐步建立了重要商品的价格调节基金制度，用于平抑市场价格波动，运用价格调节基金向城乡低收入群体发放临时价格补贴。如2009年以来，我国玉米、大蒜、蔬菜、绿豆等农副产品以及三七等中药材价格上涨较多，既与不利天气影响导致产量下降有关，也与少数经营者散布不实谣言、恶意囤积、哄抬价格密切相关。各地积极运用财政补贴、价格调节基金等多种方式，支持建设大型生产基地，补贴生产流通环节，降低成本。另外，为帮助低收入群体应对农副产品价格上涨带来的压力，一些地方积极推动建立低保、最低工资、基本养老金等与物价水平相适应的动态调整机制，保障低收入人群的基本生活需要。另外，山东、上海、北京、深圳、广东、江苏、宁夏等省区市相继上调了最低工资标准。

（2）保障性住房补贴。保障性住房是政府为解决低收入家庭的住房困难问题，建立相关制度，采取相关措施，提供老百姓买得起、住得起的普通住房，使其"住有所居"。目前，我国的保障性住房体系主要包括经济适用房、双限房和廉租房、公租房几种形式。

保证低收入群体住房政策有两类：一是对供给方补贴；二是对需求方补贴。我国在廉租住房的提供中，各地区普遍采用的是实物配租与货币补贴相结合的方式，其中实物配租是一种供方补贴的方式，对于廉租住户的货币补贴是一种需方补贴。在廉租住房的供给中，各地均以货币补贴为主、实物配租为辅。需方补贴是目前廉租住房补贴的主要方式。在经济适用房的实践中，经济适用住房的开发主体一般分为两种情况：一是由经济适用住房主管部门所属的开发单位实施经济适用住房的开发建设和销售，如深圳、厦门、常熟等。二是在政府统一组织下，由开发企业开发并向社会出售，如重庆、武汉、大连和北京等。对开发商补贴的形式是土地划拨和税费减免。也有部分城市将对经济适用房购买进行货币补贴，如湖南株洲市。这种补贴属于需方补贴。经济适用房购房者的税收减免、贷款优惠政策也是属于需方补贴的部分。除此之外，我国目前住房社会保障体制中还有两种需方补贴方式：一是针对全体职工实行的住房公积金制度，由职工所在单位和职工本人按工资收入一定比例缴纳。二是按职称、职务，对中低收入家庭发放补贴。如北京按公务员和个体工商业者分类进行住房补贴。

2008 年，国务院决定在新增的中央预算内投资中，安排 75 亿元用于新建廉租房补助，2 亿元用于农村危房改造试点。在 2009 年预算案安排的中央重大公共投资中，有 493 亿元用于廉租房建设、棚户区改造、农村危房改造试点和少数民族地区游牧民定居工程建设。从 2011 年起，我国进入了保障性住房建设"加速跑"阶段。"十二五"期间全国计划新建保障性住房 3600 万套。2017 年住房保障支出高达 6552.49 亿元，其中对保障性住房租金补贴为 59.94 亿元。

（3）家电下乡补贴。家电下乡工作是我国根据当前经济形势，为扩大国内需求，改善民生，拉动消费带动生产，促进经济平稳快速增长，而在全国推广的又一项惠农政策。根据国家财政部和商务部的有关规定，每户农村居民在 2008 年 12 月至 2012 年 11 月底四年期内，凡购买家电下乡产品，包括彩电、冰箱（含冰柜）、手机、洗衣机四类，每类产品限购一件，在最高限价以内均可按照产品的销售价格享受国家财政 13% 的补贴。以激活农民购买能力，扩大农村消费，促进内需和外需协调发展。截至 2012 年 2 月底，全国累计销售家电下乡产品 2.3 亿台，实现销售额 5378.5 亿元，发放补贴 626.2 亿元。

（4）"三农"补贴。"三农"支出是指财政对农业、农村、农民投入的总和。近年来，中央把"三农"工作作为各项工作的重中之重，出台了一系列重大强农惠农政策。我国目前属于补贴性质的"三农"资金，主要包括农村"五保"资金、农村低保资金、减灾备灾资金、粮食补贴资金、农资补贴资金、良种补贴资金等。基本上分困难性救助和发展性导向两种资金。前者如农村低保救助资金，目的是保证困难村民的基本生活。后者如良种补贴资金，目的是引导农民采用优质良种而放弃劣质或者一般性质的种子，从而提高农作物产量，保证国家粮食安全，同时扶植国家农业科技产业的发展。2011 年，中央财政对"三农"的实际投入突破 1 万亿元大关，达到 10408.6 亿元，同比增长 21.3%。其中，粮食直补、农资综合补贴、良种补贴、农机具购置补贴"四补贴"，资金达 1406 亿元，比 2004 年的 145 亿元增长了近 9 倍。2017 年中央财政对农业方面的支出为 6194.67 亿元，其中稳定农民收入补贴为 274.02 亿元，农业结构调整补贴 54.93 亿元，农

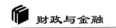

业生产支持补贴为 1427.44 亿元。

4.2 社会保障支出

社会保障支出是指国家向丧失劳动能力、失去就业机会以及遇到其他事故而面临经济困难的公民提供的基本生活保障的支出。这类支出又分为社会保险、社会救助、社会优抚和社会福利四大类别。社会保障支出是与社会保障制度联系在一起的，财政用于社会保障的支出方式因各种不同的社会保障制度而异。随着社会主义市场经济的发展以及公共财政的形成，我国社会保障支出在转移性支出中的地位将日趋重要，成为政府财政的一项重要支出。

4.2.1 社会保障的功能与政府责任

4.2.1.1 社会保障的经济功能
（1）具有影响资源配置的功能。

由于社会保障基金数额庞大，因而其流向会产生资源配置格局的相应变化。根据世界各国社会保障基金的运行状况，大都规定社会保障基金的一定比例用来购买国债，一定比例存入银行，一定比例在资本市场上运营等，因此，社会保障基金的流向就影响到其所代表的社会资源的配置能力在政府、银行和企业之间的配置结构。

（2）具有稳定宏观经济的功能。

社会保障支出具有自动调节经济波动，发挥"自动稳定器"的作用。当经济过热时，相应的社会保障收入增加，失业保险金、救助类支出等社会保障支出减少，从而起到抑制经济膨胀的作用。当经济萧条时，社会保障收入减少，社会保障支出自动增加，起到了增加总需求，促进经济回升的作用。

（3）具有调节收入分配的功能。

社会保障是政府调节收入分配的手段之一。在存在市场失灵的情况下，市场无法实现资源的最佳配置。然而，自发运行的市场即使处于充分竞争和最佳资源配置状态下，也会产生市场自身无法克服的若干弊病。例如，市场在资源配置中可能是处于帕累托最优状态，但如果此时的收入和福利分配是不公平的，则不符合公平准则的要求，从而市场自身难以改正和克服，这时就需要政府通过社会保障制度来发挥收入分配的调节作用。

4.2.1.2 社会保障的政府责任
一般认为，政府提供社会保障的必要性主要有以下几个方面的原因：

（1）市场经济条件下的市场失灵是政府提供社会保障的直接依据。

社会保障是存在或建立于市场经济基础上的，其目标是弥补市场的缺陷。社会保障制度作为一种财政再分配的制度安排，能够作为市场经济条件下的一种有效的稳定机制。

（2）社会保障的公共物品性质是政府提供社会保障的主要原因。

社会保障作为一种物品或服务，很明显具有公共物品的性质，而公共物品一般被认为政府具有提供责任。因此，政府可依据公共物品性质的强弱而承担相应的支出责任。

（3）市场的不完全性是政府提供社会保障的必然要求。

市场无法提供的产品不仅是公共物品和具有正外部性的物品，还有许多物品市场无法提供或无法充分提供，此时就产生市场不完全的问题。例如，在保险市场中，保险业存在着"逆向选择"的风险。在商业保险中，某一固定的保险费率总是相当于该保险项目的平均风险，风险高的投保人投保，保费支出体现的风险水平低于可能出现的风险，风险低的投保人投保，保费支出体现的风险水平高于可能出现的风险，即以平均风险水平定价的保费在风险高的人与风险低的人之间产生了不公平。于是，低风险的投保人退出保险市场，从而使得该保险项目的平均风险增大，保险费用提高。如此周而复始，该商业保险的保费不断提高，投保人不断减少，最后的结果必然是该保险项目无法支付或少数高风险者以高费投保。另外，私人市场仍然不能为很多重要的风险提供保险。因此，政府部门直接介入保险市场，为社会提供养老保险、失业保险、医疗保险等社会保险项目是非常必要的。

4.2.2　社会保障制度的产生

工业革命的到来、自然经济的解体、市场经济的产生，迫切需要建立完善的社会保障制度，而现代化大生产大大提高了整个社会的经济发展水平，使社会保障制度的建立成为可能。工业革命给人类社会带来了深刻的变化，不仅生产技术日新月异，社会的体制和结构也发生了巨大的变化，市场经济取代了传统的自然经济。在市场经济体制下，依靠市场的力量，资源得到更加有效的配置，生产效率大大提高，但同时，社会生产与生活中的不确定性因素大大增加，风险增大，经济周期波动和经济结构调整，导致工人失业、工伤、疾病和贫困问题不可避免。减轻或消除这些问题带给人们的影响和困扰，不能单单依靠市场的力量，必须以政府为主体，建立起现代社会保障制度。

现代社会保障制度是工业革命和社会化大生产的产物，是人类在 20 世纪才得到完善的重要的文明制度之一。目前，全世界有 160 多个国家和地区相继建立了作为现代国家安全体系的社会保障制度。社会保障作为工业社会和经济发展的产物，成为一种正式的制度安排，最早萌芽于 17 ~ 18 世纪的英国。1889 年德国建立的公共养老金计划，标志着社会保障制度已经开始走向国家化和社会化。

社会保障制度作为现代市场经济体制的重要组成部分，具有特定的经济功能，它是经济持续增长和稳定发展的重要保障。社会保障制度能够保障人们的基本生存，是市场经济社会的"安全阀"和"减震器"；它通过为劳动者提供经济保障、劳动保护和技能培训等，维护劳动者的基本权益；它作为一种收入再分配的手段，有助于调节收入差距，弥补或消除市场竞争的某些负面影响，促进社会公平；广泛的社会保障制度可以推进城市化进程，有利于劳动力就业结构的调整和产业结构的升级；社会保障基金的保值增值，必然要求社保基金与资本市场相结合，从而有利于促进资本市场的繁荣和稳定。

从社会保障制度本身来说，其价值取向与建制理念是公平为先，社会保障制度设计的宗旨，一方面具有保障的功能，即为满足人们基本生活需要提供物质保障的功能；另一方面，社会保障是国家对经济进行调节的"内在稳定器"，从而为经济的可持续发展提供基本的保证。

总的来说，社会保障是政府的支出计划，因此，社会保障制度贯彻与执行的结果，最终受制于社会保障的资金来源是否持续、可靠。这就要求我们在实施社会保障制度时，首先要考虑提供社会保障资金的人的数量与接受社会保障资金的人的数量的关系，如果提供社会保障资金的人的数量大于接受社会保障资金的人的数量，则社会保障制度既完善又有较高的保障水平，而如果接受社会保障资金的人的数量大于提供社会保障资金的人的数量，则社会保障的水平就会较低。从年龄构成上来分析社会保障制度，有助于我们分析是哪些人向哪些人支付了社会保障资金，并对社会产生了哪些值得注意的影响。

4.2.3 现代社会保障制度的建立及主要模式

现代社会保障制度萌芽于最早实现工业化的英国，开始于社会救助形式。1601 年，英国颁布了世界上第一部《济贫法》（The Poor Law Act），慈善救济开始以立法的形式过渡到社会救济。1834 年，英国通过《济贫法》修正案，规定社会救助既是公民应得的合法权利，也是政府应尽的义务，从而第一次将社会救助以立法形式确定下来。

德国是世界上第一个实行社会保障制度的国家，社会保障最早以立法的形式出现在德国。1883 ~ 1889 年，德国相继颁布了《疾病保险法》《工伤事故保险法》《老年、残疾、遗嘱保险法》等一系列社会保险的法规，开创了资本主义国家社会保障体系的先例。并且，权利与义务统一的原则、以交费为享受保险条件的原则、保险费用多方面分担的原则等德国社会保险立法中的三个重要原则，也成为以后各国社会保险体系的基础。

1935 年，美国制定并颁布了《社会保障法》（The Social Security Act），这是一部以联邦政府为主体、全国性的社会保障立法，也是美国第一次提出社会保障概念。根据此法案，美国联邦政府的老年社会保险、失业保险、各州主管的劳动者工伤补偿保险以及社会救助和社会福利事业构成了美国的社会保险体系。

根据不同国家社会保障的实施项目、覆盖范围、资金来源和筹集方式、待遇支付水平等，可以将世界上社会保障的主要制度模式划分为三种类型：国家福利型、社会共济型和强制储蓄型。国家福利型的社会保障模式，强调政府的责任，其基本特征是：全民保障，覆盖范围广泛；资金主要来源于一般性税收；社会保障支出占财政支出的比重较大；实行广泛而优厚的公共津贴制度。社会共济型的社会保障模式，强调政府、企业、个人三者的共同责任，其基本特征是：权利与义务相对应；社会保障费用由政府、企业和劳动者三方共同负担，以保障基本生活水平为原则；待遇支付标准与劳动者的个人收入和缴费相联系；强调公平与效率兼顾。强制储蓄型的社会保障模式，强调个人的责任，其基本特征是：建立个人账户，雇主和雇员都必须按照职工工资的一定比例向雇员的个人账户缴费；个人账户资金由政府集中统一管理，合理有效运营，以实现保值增值；雇员退休后的养老金待遇完全取决于其个人账户基金积累额。

4.2.4 社会保障的内容

国际劳工组织 1952 年制定的《社会保障（最低标准）公约》，规定了社会保障范围应当覆盖疾病、生育、老年、残疾、死亡、失业、工伤、职业病、家庭九个方面。归纳起来，社会保障主要包括社会保险、社会救助、社会福利和社会优抚等内容。

4.2.4.1 社会保险支出

社会保险是指以国家为主体，对有工资收入的劳动者在暂时或永久丧失劳动能力，或虽有劳动能力而无工作亦即丧失生活来源的情况下，通过立法手段，运用社会力量，给予这些劳动者一定程度的收入损失补偿，使之能继续维持基本的生活水平，从而保证劳动力再生产和扩大再生产的正常运行，保证社会安定的一种制度。社会保险是社会保障体系的核心部分。社会保险以劳动者为保障对象，以劳动者的年老、失业、疾病、伤残、死亡等风险或特殊事件为保障内容，因此，它所承担的风险是各项社会保障制度中最多的。社会保险支出由社会保险的各个险种支出组成，其中包括养老保险支出、医疗保险支出、失业保险支出、工伤保险支出和生育保险支出。

4.2.4.2 养老保险支出

养老保险是指国家和社会通过相应的制度安排为劳动者解除养老后顾之忧的一种社会保险，目的是增强劳动者抵御老年风险的能力，同时弥补家庭养老的不足。

我国的社会化养老保障制度起步较晚，至今仍没形成完善的体系。我国目前的养老保险主要有基本养老保险、企业补充养老保险和个人储蓄性养老保险。但传统上的基本养老保险只是针对在城镇有正式工作的员工而言的，1995 年劳动部颁布的《基本养老保险覆盖计划》中，才将基本社会养老保险制度逐步扩大到各类企业、个体工商户及其雇员、城镇私营企业主，以及有条件的地区可以扩大到自由职业者。企业补充养老保险是由用人单位根据自身能力为本单位职工所进行的投保。个人储蓄性养老保险则是完全商业行为，而由于我国的商业保险起步较晚，民众认可度并不高，而且储蓄性养老保险的前提是经济较为发达，民众经济条件比较宽裕的情况下，而作为我国广大偏远地区的民众来说，他们是不具备这种条件的。由此可见，我国目前的社会养老保障制度主要是针对有单位或经济条件较好的城镇职工和居民，而广大农村地区无论是基本养老保险、企业补充养老保险还是个人储蓄养老保险都不具备。目前，我国正在逐步扩大向农村的社会养老保险，2009 年国务院颁布的《国务院关于开展新型农村社会养老保险试点的指导意见》中规定，2009 年在全国 10% 的县（市、区、旗）试行，以后逐步扩大试点区域，到 2020 年之前基本实现对农村适龄居民的全部覆盖。新农保基金由个人缴费、集体补助、政府补贴构成。参加新农保的农村居民应按规定个人缴纳养老保险费。对农村重度残疾人等缴费困难群体，地方政府为其代缴部分或全部最低标准的养老保险费。这相对于以前农村传统"养儿防老"来说，无疑是一大进步。但由于目前我国城乡居民生活水平差异仍然较明显，所以今后较长时期内，应逐步提高农村居民养老金数额，使广大农村人口同样享受经济发展的成果，真正做到老有所养。

截至 2018 年底，全国城镇基本养老保险参保人数已经达到 4.18 亿人，比 2017 年末增加 0.16 亿人。2018 年，全国城镇职工基本养老保险基金收入达到 5 万亿元，而 2017 年这一数据为 4.28 万亿元，超过 2017 年养老保险收入 7871.5 亿元；在支出方面，2018 年全国城镇职工基本养老保险基金支出共计 4.42 万亿元，城乡居民养老保险基金支出 2919.5 亿元。经过多年的改革发展，我国的养老保险覆盖范围不断扩大，养老保险制度从城镇扩大到乡村，建立起统一的城乡居民养老保险制度，成为世界上覆盖人群最多的养老保障计划。截至 2018 年，城乡居民基本养老保险参保人数达 5.24 亿人，基金收入

2102.4 亿元，支出 1261.8 亿元。对保障人民基本生活，调节社会收入分配，促进城乡经济社会协调发展发挥了重要作用。

4.2.4.3　医疗保险支出

医疗保险是指通过国家立法，按照强制性社会保险原则和方法筹集运用资金，保证人们公平地获得适当的医疗服务的一种制度。20 世纪 90 年代末至今，为适应经济发展和就业结构的变化，我国城镇职工基本医疗保险覆盖范围不断拓展，由单位就业人员扩大到全体从业人员。我国医疗保险制度改革进行了一系列尝试：其一，将灵活就业人员纳入医疗保险范围，包括非公有制经济组织从业人员、农民工等。2003 年积极推进非公有制经济组织从业人员参加医疗保险，2004 年开展农民工参加医疗保险专项扩面行动，2006 年国务院把农民工医疗保障问题作为农民工社会保障的重点问题，2017 年末全国参加基本医疗保险人数为 117681 万人，比 2016 年末增加 43290 万人，其中，参加职工基本医疗保险人数 30323 万人，比 2016 年末增加 791 万人；参加城乡居民基本医疗保险人数为 87359 万人，比 2016 年末增加 42499 万人。在参加职工基本医疗保险人数中，参保职工 22288 万人，参保退休人员 8034 万人，分别比 2016 年末增加 568 万人和 223 万人。年末参加基本医疗保险的农民工人数为 6225 万人，比 2016 年末增加 1399 万人。2017 年基本医疗保险基金总收入 17932 亿元，支出 14422 亿元，分别比 2016 年增长 37% 和 33.9%；年末基本医疗保险统筹基金累计结存 13234 亿元（含城乡居民基本医疗保险基金累计结存 3535 亿元），个人账户积累 6152 亿元。其二，将城镇学生、儿童等非从业城镇居民纳入医疗保险范围。2008 年扩大试点，明确将大学生也纳入城镇居民基本医疗保险试点范围。这样城镇基本医疗保险制度就覆盖了城镇居民全体非从业人员，城乡全体居民都有了基本医疗保险制度安排。其三，实施城乡贫困人口的医疗救助。2002 年最先提出了在中国农村建立医疗救助制度，并明确了对农村贫困家庭实行医疗救助、实施以大病补偿为主以及对贫困家庭参加合作医疗给予资金补助的救助形式。农村医疗救助的对象主要包括农村"五保户"、贫困户家庭和地方政府规定的其他符合条件的农村贫困农民。1998 年，我国开始探索建立城市医疗救助制度。2005 年确定救助对象主要是城市居民最低生活保障对象中未参加城镇职工基本医疗保险人员、已参加城镇职工基本医疗保险但个人负担仍然较重的人员和其他特殊困难群众。2007 年起我国城市医疗救助开始进入全面推开阶段。医疗救助范围逐步由"三无"对象、"五保户"、低保对象扩大到低收入老年人、儿童、重度残疾人以及其他特殊困难群体，救助范围全面推开。其四，补充医疗保障。主要有公务员医疗补助（指公务员在参加城镇职工基本医疗保险的基础上实行医疗补助）、大额医疗费用补助和企业补充医疗保险制度（企业在参加基本医疗保险的基础上，国家给予政策鼓励，由企业自主主办或参加一种补充性医疗保险形式）。

4.2.4.4　失业保险支出

失业保险是国家通过立法强制实行的，由社会集中建立失业保险基金，对因中断就业而暂时失去生活来源的劳动者提供一定时期的基本生活保障和与再就业有关服务的一项社会保险制度。失业保险具有不同于其他社会保险制度的特点：①对象的特殊性。失业保险的保障对象是有劳动能力和劳动意愿但无工作岗位的劳动者，而其他社会保险的保障对象多是丧失或暂时丧失劳动能力的劳动者。②待遇的短期性。享受失业保险待遇有一定的期限，相对于其他社会保险，失业保险属于短期给付的险种。③运行的周期性。失业保险的运行往往随着经济运行的变化呈周期性变动，经济运行良好时失业率会下降，缴费的人数会增加，领取失业保险金的人减少，失业保险基金收大于支；反之亦然。失业保险是社会保险体系的重要组成部分，也是建立统一的劳动力市场，实现人力资源优化配置的重要制度安排。

中国在 20 世纪 50 年代曾实行过短暂的失业救济制度。此后，在计划经济体制下，失业救济制度逐步被取消。自 1986 年开始，中国逐步建立失业保险制度，为职工失业后的基本生活提供保障。1999 年，国务院颁布了《失业保险条例》，把失业保险制度建设推进到一个新的发展阶段。失业保险覆盖城镇所有企业、事业单位及其职工。近年来，失业保险的覆盖面不断扩大，保障对象不断增加。但失业保险覆盖面与发达国家相比仍然偏低。从 1998 年到 2009 年，失业保险参保人数由 7928 万人增加到 12715 万人，仅约为城镇就业人员 3.13 亿人的 40%；参保的农民工人数为 1643 万人，仅约占 2.3 亿农民工的 7%。这意味着我国城镇仍有很大比例的从业人员在遇到失业风险时得不到失业保险制度的保护和帮助。2011 年 7 月 1 日起实施的《社会保险法》是我国社会保障法制建设中的一个里程碑。《社会保险法》将我国多年来被实践证明行之有效的失业保险制度通过立法程序以法律的形式固定下来，上升为国家意志，增强了失业保险的强制性、规范性和稳定性。《社会保险法》进一步完善了失业保险制度，对于实现失业保险制度的法制化，预防失业风险，保障失业人员的权利以及促进就业将发挥积极的作用。2017 年末全国参加失业保险人数为 18784 万人，比 2016 年末增加 695 万人。其中，参加失业保险的农民工人数为 4897 万人，比 2016 年末增加 238 万人。2017 年末全国领取失业保险金人数为 220 万人，比 2016 年末减少 10 万人；全年共为 458 万名失业人员发放了不同期限的失业保险金，比上年减少 26 万人。失业保险金月均水平 1111 元，比上年增长 5.7%；全年共为领取失业保险金人员代缴基本医疗保险费 85 亿元，同比增长 6.8%。2017 年全年共向 45 万户参保企业发放稳岗补贴 198 亿元，惠及职工 5192 万人。共向 11 万参保职工发放技能提升补贴 3 亿元，共有 16 个省份和新疆兵团发放价格临时补贴 7282 万元。

4.2.4.5　工伤保险支出

工伤保险是指由用人单位缴纳工伤保险费。对劳动者因工作原因或在规定的某些特殊情况下遭受意外伤害或者患职业病，暂时或永久地丧失劳动能力以及死亡时，劳动者或其遗属依法获得工伤保险待遇的一项社会保险制度。改革开放以来，我国工业化程度不断提高，企业工伤事故越来越多，给企业发展、工伤职工及其家属造成了严重影响。在工伤发生后，如何有效填补工伤损害，给予工伤受害者充分救济，是理论界和实践部门研究的重要课题。工伤保险作为国家立法，始于 19 世纪后期的德国，而后澳大利亚、挪威、日本、美国等国家相继颁布了关于工伤保险的法律。1951 年，我国颁布了《劳动保险条例》。开始在企业内实施对职工因工负伤的治疗及补偿办法；1996 年，我国颁布了《企业职工工伤保险试行办法》，首次把工伤保险作为独立的制度进行规定，初步确立了新型工伤保险制度的基本框架，提出我国职工工伤保险制度的内容和任务是工伤预防、工伤康复和工伤补偿相结合，掀开了工伤保险制度在我国的新篇章。我国作为发展中国家，一直以来高度重视工伤保险体系建设。近两年通过颁布《社会保险法》、社会保险基金先行支付暂行办法》、新《工伤保险条例》，已将工伤预防、工伤经济补偿、工伤康复三大工伤保险功能逐步纳入工伤保险制度体系之中，三者对工伤保险制度进行了修订，对于工伤保险适用范围、工伤认定的范围进行了扩大规定，简化了工伤保险申请处理程序，提高了工伤保险待遇标准，增加了工伤保险基金的支出项目。

我国的工伤保险制度，借鉴了先进国家的立法经验，结合我国的基本国情，经历了从无到有，从发展到完善的过程，目前已在原有工伤保险制度框架的基础上逐渐健全和完善成为具有中国特色的工伤保险制度体系。在这套体系的庇护下，劳动者的权益能够基本得到保障，劳动者工伤事故的风险也明确规定由用人单位、社会保险行政部门来承担。即使是在用人单位逃避工伤事故责任以及用人单位注销等情形下，劳动者也能够在工伤保险制度的庇佑下保障自己的基本生活需求，从而肯定了劳动者为企业付出的健康或生命，维护社会和谐稳定，平衡了企业与劳动者之间紧张的用工关系，使工伤保险制度成为真正意义上的保障劳动者的社会保险。2017 年全国参加工伤保险人数为 22724 万人，比 2016 年末增加 834 万人，其中，参加工伤保险的农民工人数为 7807 万人，比 2016 年末增加 297 万人。2017 年工伤保险基金收入 854 亿元，比 2016 年增长 15.9%；支出 662 亿元，比 2016 年增长 8.5%。

4.2.4.6　生育保险支出

生育保险制度是在生育事件发生期间对生育行为承担者给予收入补偿、医疗服务和生育休假的社会保障制度。生育保险是社会保险的重要组成部分，一般包括四项内容：生育津贴、生育医疗保健、子女补助和生育休假。我国生育保险制度包括三项内容：《社会保险法》第五十四条规定"生育保险待遇包括生育医疗费用和生育津贴"。第五十六条规定"女职工生育享受产假""享受计划生育手术休假"。各国生育保险制度具体内容会因国情不同而有所不同，生育保险是现代福利国家实践和社会化大生产的产物，国家通过强制立法的形式建立和发展生育保险制度，是对生育行为承担者价值的认可，彰显社会性别公正，并有利于提高妇女在劳动力市场的竞争力。生育保险待遇有一定的福利色彩。生育期间的经济补偿高于养老、医疗等保险。生育保险提供的生育津贴，一般为生育女职工的原工资水平。国家规定的生育津贴支付期限为 90 天。各地的计划生育条例对晚婚晚育的职工给予延长产假期限的优惠政策。因此，全国大部分地区生育津贴支付期限为 90 ~ 180 天。生育津贴的计发办法有两种：一是在开展生育保险社会统筹地区，以职工所在企业上年度职工月平均工资为基数计发；二是在没有开展生育保险社会统筹地区，以女职工生育前的基本工资为基数计发，一般不低于女职工生育前的基本工资。截至 2017 年底，年末全国参加生育保险人数为 19300 万人，比 20 年末增加 849 万人。全年共有 1113 万人次享受了生育保险待遇，比 2016 年增加 199 万人次。全年生育保险基金收入 642 亿元，支出 744 亿元，分别比 2016 年增长 23.1% 和 40.1%。

4.2.4.7　社会救助支出

所谓社会救助，是指国家通过国民收入的再分配，对因自然灾害或其他经济原因、社会原因而无法维持最低生活水平的社会成员给予帮助，以保障其最低生活水平的制度。其主要特点为：第一，全部费用由政府从财政资金中解决，接受者不需要缴纳任何费用。第二，受保人享受社会救助待遇需要接受一定形式的经济状况调查，国家向符合救助条件的个人或家庭提供救助。我国的社会救助主要包括：对无依无靠的绝对贫困者提供的基本保障；对生活水平低于国家最低标准的家庭和个人的最低生活提供的保障；对因天灾而陷入绝境的家庭和个人提供的最低生活保障。目前，已初步形成以城乡最低生活保障制度为核心，以临时应急救助为补充，与医疗、住房、教育、司法等分类专项救助制度配套的社会救助体系框架。

20 世纪 50 年代，中国建立了针对城乡贫困居民的社会救济制度。1993 年开始对城市社会救济制度进行改革，尝试建立最低生活保障制度。到 1999 年，全国所有城市和有建制镇的县城均建立了最低生活保障制度。2007 年最低生活保障制度扩展到全国农村。根据民政部 2017 年社会服务发展统计公报显示：截至 2017 年底，全国有城市低保对象741.5 万户、1261.0 万人。全年各级财政共支出城市低保资金 640.5 亿元。2017 年全国城市低保平均标准 540.6 元/人·月，比 2016 年增长 9.3%。全国有农村低保对象 2249.3万户、4045.2 万人。全年各级财政共支出农村低保资金 1051.8 亿元。2017 年全国农村低保平均标准 4300.7 元/人·年，比 2016 年增长 14.9%。

4.2.4.8　社会优抚支出

社会优抚是针对军人及其家属所建立的社会保障制度，是指国家和社会对军人及其家属所提供的各种优待、抚恤、养老、就业安置等待遇和服务的保障制度。优抚对象主要包括以下人员：中国人民解放军现投军人和武警官兵、革命伤残军人、复员退伍军人、革命烈士家属、因公牺牲军人家属、病故军人家属、现役军人家属等。目前，我国有优抚对象4000 多万人，其中享有国家抚恤补助的各类优抚对象为 450 万人。社会优抚的主要特点有：第一，优抚对象具有特定性。优抚的对象是为革命事业和保卫国家安全做出牺牲和贡献的特殊社会群体，由国家对他们的牺牲和贡献给予补偿和褒扬。第二，优抚保障的标准较高。由于优抚具有补偿和褒扬性质，因此，优抚待遇高于一般的社会保障标准，优抚对象能够优先优惠地享受国家和社会提供的各种优待、抚恤、服务和政策扶持。第三，优抚优待的资金主要由国家财政支出。优抚工作是政府的一项重要行为，优抚优待的资金主要由国家财政投入，还有一部分由社会承担，只有在医疗保险和合作医疗等方面由个人缴纳一部分费用。第四，优抚内容具有综合性的特点。社会优抚与社会保险、社会救助和社会福利不同，它是特别针对某一特殊身份的人所设立的，内容涉及社会保险、社会救助和社会福利等，包括抚恤、优待、养老、就业安置等多方面的内容，是一种综合性的项目。为保障优抚安置对象的权益，国家陆续颁布了《革命烈士褒扬条例》《军人抚恤优待条例》《城镇退役士兵安置条例》等法规。这些法规规定了对于牺牲军人家属、伤残军人、老复员军人等重点优抚对象实行定期定量补助；对义务兵家属普遍发放优待金；对伤残军人等重点优抚对象实行医疗费用减免；城镇退役士兵可享受政府一次性就业安置，对自谋职业的安置对象发给一次性经济救助。

4.2.4.9　社会福利

社会福利是指政府出资为那些生活困难的老人、孤儿和残疾人等特殊困难群体提供生活保障而建立的制度。为保障特殊困难群体的生活权益，国家先后颁布了《中华人民共和国老年人权益保障法》《中华人民共和国残疾人保障法》《农村五保供养工作条例》等法律法规。规定：对城市孤寡老人、符合供养条件的残疾人和孤儿实行集中供养，对农村孤寡老人，符合供养条件的残疾人和孤儿实行集中供养与分散供养相结合；集中供养一般通过举办社会福利院、敬老院、疗养院、儿童福利院等福利机构进行；对于残疾人，通过政府的优惠政策来兴办多种形式的社会福利企业，帮助适合参加劳动的残疾人获得就业机会。根据民政部 2017 年社会服务发展统计公报数据显示，截至 2017 年底，全国注册登记的提供住宿的各类社会服务机构 3.2 万个，其中注册登记为事业单位的机构 1.8 万个，注册登记为民办非企业单位的机构 1.3 万个。机构内床位 419.6 万张，年末收留抚养人员 228.8 万人。

4.2.5 我国财政社会保障支出分析

大部分国家的财政所负担的社会保障支出包括社会保险支出、社会福利支出、社会救济支出、社会优抚安置支出四大部分。而在我国，社会救济支出、社会福利支出和社会优抚支出主要由国家财政拨款，而社会保险支出的资金是由个人缴费、企业缴费和国家补助构成，其中工伤、失业、生育保险全额由企业缴费，而养老和医疗则是由三方共同承担。个人缴费部分划入个人账户，企业缴费部分则上缴财政统筹安排，国家补贴部分包含在社会保障补助支出的部分里。我国财政社会保障支出的统计口径一般包括原政府收支分类科目中的抚恤和社会福利救济费、社会保障补助支出和行政事业单位离退休费三大类。

4.2.5.1 我国财政社保支出现状

（1）财政社保支出总量不足，占财政支出的比例不高。

总体来讲，虽然每年我国中央和地方都在努力加大社保的投入，但与世界上其他国家相比，我国的财政社会保障支出水平仍严重不足。表 4－2 为 2008～2018 年财政社会保险基金支出变动情况。

表 4－2　2008～2018 年公共财政支出和财政社会保险基金支出情况

年份	财政支出总额（亿元）	增速（%）	财政社会保险基金支出总额（亿元）	增速（%）	财政社保支出占财政支出比重（%）
2008	62592.66	25.7	9925.1	25.8	15.86
2009	76299.93	21.9	12302.6	24.0	16.12
2010	89874.16	17.8	15018.9	22.1	16.71
2011	109247.79	21.6	18652.9	24.2	17.07
2012	125952.97	15.3	23331.3	25.1	18.52
2013	140212.10	11.3	27916.3	19.7	19.91
2014	151785.56	8.3	33002.7	18.2	21.74
2015	175877.77	13.2	38988.1	18.1	22.17
2016	187755.21	6.3	46888.4	20.3	24.97
2017	203085.49	7.6	48652.99	11.6	23.96
2018	221924.61	9.3	69406.55	42.66	31.27

资料来源：根据国家统计局和历年《中国劳动统计年鉴》数据整理获得。

由表 4－2 可见，近年来我国综合经济实力和国家财力都在不断增强，财政社保支出也在快速增长。从支出总量上来说，财政社保支出数额在逐年提高。但从财政社保支出占财政支出比重来看，总体上表现上升趋势，即财政社保支出与财政支出保持同比增长速度。但就财政社保支出比重和人均财政社保支出水平上来说，我国目前依然处于较低保障水平。

（2）财政社会保障支出结构不平衡。

受城乡二元体制的影响，我国社会保障制度具有明显的城乡二元结构特征。据统计资料显示，占总人口 80% 左右的农村居民的社会保障支出仅占全国社会保障经费的 11%，而占人口 20% 左右的城镇居民却占有 89% 的社会保障经费。党的十七大提出要"建立覆盖城乡居民的社会保障体系"，而实现这一目标的关键在农村地区。近年来，随着财政收入的增加，新农保和新农合为代表的农村社会保障制度日趋完善，但加快建立统筹城乡居民的社会保障制度仍然任重道远，其主要原因是资金短缺，最典型的例子莫过于农村卫生事业的财政投入。因此，在增加财政社会保障投入总量的同时，要进一步调整支出结构，把农村社会保障投入放在首要位置。

4.2.5.2　我国财政社会保障支出的改革方向

从 20 世纪 80 年代中期开始，我国着手进行社会保障制度的改革，经过不断完善，我国已建立起了与社会主义市场经济体制基本适应的具有中国特色的社会保障制度。然而，我国是一个社会经济发展不平衡、仍然处于转轨过程中的发展中国家，与世界上社会保障制度比较完善的发达国家相比，我国社会保障制度存在许多不足，还有许多需要进一步改革与完善的地方。例如，社会保障的社会化程度过低，存在社会保障名不副实的情况，改革中，在不同人群社会保险制度的设计上存在缺陷，容易导致新的不公平，引发新的社会矛盾，养老保险筹资模式需要进一步改革与完善，以满足未来养老保险支付对资金的需要等。进一步改革与完善我国社会保障制度，需要解决以下几个关键问题：

（1）提高社会保障的社会化程度。

目前，我国享受社会保险的人群主要是机关公务员、事业单位职员、规模较大且经营管理比较规范的企业职工，而其他单位的职工、城镇个体劳动者、国有企业的合同工特别是临时工基本上享受不到社会保险，农村劳动者的社会保险才开始提上议事日程。这种制度安排将一部分社会成员或劳动者排除在社会保障"安全网"之外，由此产生了工农之间，国有制单位职工与非国有制单位职工，全民所有制企业正式工与临时工、合同工之间一系列的矛盾。这些矛盾的存在不利于其他所有制、其他形式经济的发展，更不利于社会的稳定与长治久安。随着我国国力的不断增强，应该着手解决那些处于社会保障安全网之外人群的社会保障问题，只有把这些人纳入国家的社会保障体系，并且建立比较公平合理的社会保障制度，我国的社会保障才算是名副其实。

（2）确定合理财政社会保障支出规模，加大社会保障支出力度。

许多学者都得出一致的结论，即应加大财政对社会保障支出的力度。但财政保障支出合理性水平的测定却一直是关键的瓶颈问题。如何测定、结果如何定位都需要后来者前仆后继地探索与求解。只有这样，才能保证财政资金的科学使用，才能适应社会主义市场经济的发展。

（3）加快有关制度改革，提高社会保障支出效益。

首先，明晰中央与地方政府责任。中央与地方政府同时担负着完善社保资金管理和使用的责任。具体来讲，中央政府应提供具有全国性公共产品特征的保障项目与物品；而地方政府则应提供具有较强的地方性特征的社会保障产品，如城市居民最低生活保障、社会救济和社会福利保障项目或部分。

其次，建立社会保障管理体系。关键要在各级政府内部建立协作分工的行政管理体系。实行责任到部门，责任到人的具体实施规则。如社会保障主管部门还要负责制定政策，税务机关负责征收，财政部门负责监管，银行负责发放等。这样可以提高各个部门单位的工作积极性，实现效率与公平的"双刃剑"功能。

最后，适时开征社会保障税，完善社会保障筹资体系。开征社会保障税是中国社会保险基金征缴的发展方向，应该积极探索开征社会保障税的方案，在合适的时机推出适合中国国情的社会保障税制。目前，社会保险基金征缴适宜采取税与费相结合的方式，个人账户为缴费，统筹基金为征税。

4.3 税式支出

4.3.1 税式支出的概念

税式支出（Tax Expenditure）的概念，最初由美国前财政部负责税收政策的部长助理、哈佛大学教授斯坦利·S.萨里（Stanley S. Surrey）在其所著的《税收改革的途径：税式支出概念》（1973）一书中提出的。他结合美国的税收优惠实践，第一次对税式支出作了较全面的理论阐述，并正式使用了"税式支出"一词。所以，税式支出概念起源于美国，现已发展成为一个国际性的经济学概念。美国将税式支出定义为"与现行税法的基本结构相背离的而通过税收制度实现的支出计划，它适用的范围有限，仅仅适用于交易和纳税人，因此它对特定市场的不同影响可以鉴定与衡量"；德国将税式支出定义为"由于允许从毛利所得中作不予计列、豁免、扣除或者规定特别抵免、优惠税率或延期缴纳等税法条款的存在所造成的收入损失"；法国将税式支出定义为"税收的法规或行政措施所规定的优惠项目，只要减少了国家的税收收入，并减轻了纳税人的税收负担，就可以认定为税式支出"。从以上不同解释中，我们可以认为，税式支出是税法体系的重要组成部分，是国家为了实现特定的政策目标，通过制定与执行特殊的税收法律条款，给予特定纳税人或纳税项目以各种税收优惠待遇，以减轻纳税人税收负担而形成的一种特殊的财政支出，在内容上，主要表现为各种税收优惠待遇，在数量上，主要是政府主动放弃的税收收入额。从税收优惠到税式支出概念的转换，是理论认识上的一次飞跃。它意味着税收不仅被作为政府取得财政收入的工具而存在，还可作为政府的一项支出计划，作为政府直接支出、信贷或其他政策工具的替代方案而存在。

4.3.2 税式支出的主要形式

税式支出的主要形式有税收豁免、纳税扣除、税收抵免、优惠税率、延期纳税、盈亏相抵、优惠退税、加速折旧和特定准备金等。

（1）税收豁免。是指在一定期间内，对纳税人的某些所得项目或所得来源不予课税，或对其某些活动不列入课税范围等，以豁免其税收负担。至于豁免期和豁免税收项目，应视当时的经济环境和政策而定。最常见的税收豁免项目有两类：一类是免除关税与货物税；另一类是免除所得税。免除机器或建筑材料的进口关税，可使企业降低固定成本；免除原材料以及半成品的进口关税，可增强企业在国内外市场的竞争能力；免除货物税同样也可降低生产成本，增强市场的价格竞争力。免除所得税，一方面可以增加新投资的利润，使企业更快地收回所投资本，减少投资风险，以刺激投资，例如，对企业从治理污染中取得的所得不计入应税所得中，激发企业治理污染的积极性；另一方面可以促进社会政策的顺利实施，以稳定社会正常生活秩序。

（2）纳税扣除。是指准许企业把一些合乎规定的特殊支出，以一定的比率或全部从应税所得中扣除，以减轻其税负。在累进税制下，纳税人的所得额越高，这种扣除的实际价值越大。因为，一方面，有些国家的纳税扣除，是按照纳税人的总所得，以一定的百分比扣除，这样，在扣除比率一定的情况下，纳税人的所得额越大，其扣除额就越多；另一方面，就某些纳税人而言，由于在其总所得中扣除了一部分数额，使原较高税率档次降低到低一级或几级的税率档次，这等于降低了这部分纳税人的课征税率。

（3）税收抵免。是指允许纳税人从其某种合乎奖励规定的支出中，以一定比率从其应纳税额中扣除，以减轻其税收负担。税收抵免可以分为限额抵免和全额抵免，限额抵免是指税务机关不允许其抵免额超过其应纳税额；全额抵免是指纳税机关允许其抵免额超过应纳税额。在西方国家，税收抵免的形式多种多样，其中最主要的两种形式是投资抵免和国外税收抵免。投资抵免因其性质类似于政府对私人投资的一种补助，故亦称为投资津贴。是指政府规定凡对可折旧性资产投资者，其可由当年应付公司所得税税额中，扣除相当于新投资设备某一比率的税额，以减轻其税负，借以促进资本形成并增强经济增长的潜力。通常，投资抵免是鼓励投资以刺激经济复苏的短期税收措施。国外税收抵免，常见于国际税收业务中，即纳税人在居住国汇总计算国外的收入所得税时，准予扣除其在国外的已纳税款。

（4）优惠税率。是指对于特定的纳税人或纳税项目所给予低税率的待遇。其适用的范围可视实际需要而予以调整。优惠税率既可以是有期限的优惠，也可以是长期优惠。一般来说，长期优惠税率的鼓励程度大于有期限的优惠税率，尤其是那些需要巨额投资且获利较迟的企业，常可从长期优惠税率中得到较大的利益。

（5）延期纳税。是指延缓一定时期后再缴纳税收。狭义的延期纳税专门指纳税人按照国家有关延期纳税规定进行的延期纳税；广义的延期纳税还包括纳税人按照国家其他规定可以达到延期纳税目的的财务安排和纳税计划，如按照折旧政策、存货计价政策等规定来达到延期纳税的财务安排。延期纳税可适用于各种税的缴纳，通常应用于税额较大的税收上。延期纳税相当于纳税人得到了一笔金额相当于已纳税款的无息贷款，可以在一定程度上帮助纳税人解除财务上的暂时困难，同时，延期纳税对国家而言，负担也比较轻微，只是损失了已纳税款的利息而已。

（6）盈亏相抵。指允许企业以某一年度的亏损，抵销以后年度的盈余，以减少其以后年度的应纳税款。抵消或冲抵前后年度的盈余，都有一定的时间限制，例如，美国税法曾规定，前后可以抵冲的时间是前 3 年后 7 年内。这种方式对具有高度冒险性的投资有相当大的刺激效果。因为，在这种方式下，如果企业发生亏损，按照规定就可从以前或以后年度的盈余中得到补偿。从其应用的范围来看，盈亏相抵办法通常只能适用于所得税方面。

（7）优惠退税。是指国家为鼓励纳税人从事或扩大某种经济活动而给予的税款退还。主要有出口退税和再投资退税两种。出口退税是指对出口产品退还其在国内生产和流通环节实际缴纳的产品税、增值税、营业税和特别消费税；再投资退税是为了鼓励投资者将取得的利润进行再投资，而退还纳税人再投资部分已纳的部分或全部税款。

（8）加速折旧。是指按照税法规定准予采取缩短折旧年限、提高折旧率的办法，加快折旧速度，减少应纳税所得额的一种税收优惠措施。其目的一是可以减少企业所得税，二是可以增强公司未来竞争和融资能力。加速折旧，可以使企业在固定资产的使用年限内早些得到补偿，是一种特殊的税收支出形式。折旧是企业的一项费用，折旧额越大，企业的应课税所得越小，税负就越轻。加速折旧对企业而言虽总税负不变，但税负前轻后重相当于企业得到了一笔无息贷款，对政府而言仅损失了一部分收入的"时间价值"。因此，这种方式同延期纳税方式一样，都是税收支出的特殊形式。

（9）特定准备金。是指政府为了使企业将来发生的某些费用或投资有资金来源，在计算企业应纳税所得时，允许企业按照一定的标准将一定量的应税所得作为准备金处理，从应税所得总额中扣除，不必纳税。

4.3.3 税式支出的经济效应

4.3.3.1 税式支出的正面经济效应

（1）有利于鼓励微利有益产品的生产。在市场经济条件下，产品的生产者自主经营、自负盈亏。因此，在利润最大化目标的驱动下，产品的生产者一般不愿意生产那些微利有益产品（产品的社会效益大于产品的企业效益）。如果政府实行适当的税式支出政策，使产品的外部效益转化为企业内在的经济利益，增加微利产品的税后盈利，就能很好地促进产品的生产者增加微利有益产品的供给。

（2）有利于加低收入者的收入，提高整个社会的福利水平。政府可以通过免税、减税、应税所得扣除等特殊规定，减轻低收入者的纳税负担，提高低收入者的实际收入，从而使整个社会的福利水平提高。

（3）有利于吸引外资，引进先进技术，增加就业机会。尽管税式支出可能减少了政府当前的税收收入，但这种"损失"可以换来国外的资金、先进技术和管理经验。既能利用国外资源，开拓国际市场，增加出口换汇，又可以带动国内其他行业的发展，增加就业机会。

（4）有利于消除市场经济发展的盲目性。税式支出可从一定程度上规范纳税人的经济行为，对消除市场经济发展中的盲目性具有重要作用。

4.3.3.2 税式支出的负面经济效应

（1）背离了市场经济所要求的税收公平原则。在市场经济体制下，微观主体主要通过价格、税收等信号做出资源配置的判断，而税式支出的运用会改变税收信号，诱导资源为寻求税收优惠而向低效率的部门流动，结果是扰乱市场秩序，成为保护落后的一种手段。

（2）税式支出的"逆向"效果和对非纳税人的"排除"增加了新的分配不公。税式支出的"逆向"效果即随着所得额的增大，受益程度提高，大部分税式支出流向拥有高收入的纳税人，这种"逆向"特征在累进税制中表现得尤为明显。

（3）导致税法复杂化，增加了税收征管的难度。税式支出作为一种特别措施，由于种类繁多、形式各异、效应不同，而且各种税式支出措施都有其特定的政策目标、实施范围和执行标准，因而大大增加了税法的复杂性和税收征管的难度。

（4）减少了国家的财政收入，造成了税收收入的流失。税式支出是以政府放弃一部分本应收取的税收收入为代价的。大量的税式支出使法定税率与实际税率严重背离，侵蚀了国家的财政收入，造成政策型税收收入的流失。另外，税式支出为大多数纳税人的寻租行为提供了机会。

4.3.4　我国税式支出制度的演进和发展

我国税式支出制度是随着经济体制改革和税收体制的发展变化逐步形成的。新中国成立以来，我国先后经历了传统计划经济、有计划的商品经济和社会主义市场经济三种不同的经济体制，并建立了与之相适应的税收制度和税式支出办法。

1950～1978 年是传统计划经济时期，这一时期税式支出所涉及的税种和管理权限变动较大，政治因素较强。主要表现为在税收优惠政策上公私区别对待，鼓励国营、集体经济发展，限制个体和私营经济。中央与地方对税收优惠的管理权限反复经历集中、下放变化。

1979～1993 年，是经济体制逐步由计划经济模式向市场经济模式转型时期。这一时期的税式支出制度主要表现为对不同经济性质的企业实行不同的税收优惠方式，同时区域税收优惠格局初步形成。这一时期的税收优惠规模迅速扩大，但管理权限极为分散，减免税成为地方促进经济发展的重要手段，出现了税式支出管理严重失控的局面。

1994 年至今，是逐步建立和完善社会主义市场经济体制时期，这一时期对税制进行了全面改革，对税收优惠政策进行了较大范围的调整和清理，初步建立了符合社会主义市场经济要求的税式支出管理办法。主要表现为税式支出范围有所减缩，扶持重点逐步明确，方式呈多样化，管理权限日益集中于中央，税式支出规模失控局面得到扭转，税收收入增长较快。

2006 年中国全面取消农业税，至此，延续了 2600 多年的农业税终于画上了句号。取消农业税，维护了农民的根本利益，规范了国家和农民的利益关系。2006 年 4 月 1 日，我国消费税政策进行了重大调整。这次改革除了新增应税品目以外，也对原税制中的税目、税率进行了调整，将一些普通消费品从税目中剔除。政府通过税收手段实现调节市场、保护环境和缓解社会收入不公的政策目标。

从 2008 年 1 月 1 日起，我国内资企业和外资企业原来面临的 33%和 15%的企业所得税率统一为 25%。此次"两税合并"改革对优惠政策的调整，不再泛泛地按身份和地区区别给予各类企业，而是集中在国家战略发展和产业政策、技术经济政策明确倾斜支持的产业、企业和食业投资活动上，对内外资企业一视同仁地施行。

从 2009 年 1 月 1 日起，我国原生产型增值税改革成为消费型增值税。这一转型对固定资产投资比重大而利润渐薄的老工业企业，是一项重大的税收优惠措施。除减轻企业税负以外，还可以减少重复征税，激发社会和企业本身增加对固定资产投资的热情，刺激原材料需求，带动整个产业链的振兴。截至 2009 年底，共形成了 770 多项税式支出政策。其中，仍在实施的政策有 585 项，涵盖了增值税等 15 个主要税种。

纵观上述税式支出演进历程不难发现，我国税式支出制度的变化与我国社会经济发展特别是税制改革的进程密切相关。这些年的实践表明，现行税式支出政策在促进重点产业发展、吸引外商投资，引进先进技术、促进落后地区经济发展和调节社会生活等方面都发挥了重要作用。

4.3.5 税式支出的原则

税式支出作为政府执行其社会经济政策的一种手段，其作用的发挥应兼顾经济效率提高和收入公平分配这两个目标。为此，税收支出应坚持如下原则：

4.3.5.1 适度原则

税式支出的适度原则是指税收支出的形式要合理、数量要恰当。税式支出既要实现国家特定的社会经济政策，又要考虑政府财政的负担能力和纳税人的税负状况。首先，税收支出是政府为了特定的目标而给予特定的纳税人或纳税项目的税收优惠，这意味着并非税收优惠越多越好。税收优惠形式的选择、数量的确定应以能达到政府所要实现的政策目标为限。税收优惠形式和优惠数量过多或过少，都不可能实现既定的政策目标，都是不适度的。其次，税收收入是政府财政收入的最主要来源，税收收入的变化直接决定财政收入的状况。税收支出作为政府主动放弃的一部分税收收入，在财政年度内，它与政府征收入库的税收收入以及财政收入存在此增彼减的关系。税收支出的量多了，财政收入的量就会相应减少，反之亦然。由于财政收入是政府实现其职能的物质基础，因而若税收支出的量过多，就会影响政府职能的正常发挥。也就是说，税收支出的量必须限定在政府财力所能允许的限度内，并以政府财政的承受力为前提。最后，税收支出的形式和数量必须考虑从税收优惠中得益的企业和个人的实际状况。适度的税收支出可起到刺激生产经营、提高经济效益的目的，或达到对某些纳税人进行照顾、使其摆脱困难的效果。若税收支出过度，会使纳税人产生依赖想法而不思进取，若税收支出不足，则起不到应起的作用，达不到要达到的目的。

4.3.5.2 贯彻国家政策原则

一国为了促进本国社会经济的发展，出于公平与效率的考虑，在每一个时期都有一定的社会经济发展目标，并制定出一系列相应的社会经济政策。税收支出作为实现国家特定的社会经济目标而对某些纳税人和纳税项目给予的税收优惠，必须贯彻国家一定时期内的社会经济政策，否则，税收支出就不可能实现国家的社会经济发展目标，反而可能成为实现社会经济发展目标的障碍。这是因为，如果税收支出没有贯彻国家的社会经济政策，就会出现应该鼓励和照顾的纳税人及纳税项目未得到鼓励和照顾，不应该鼓励和照顾的纳税人及纳税项目却受到了鼓励和照顾。这样既不会提高经济效益，也不会促进收入公平分配。目前，我国面临的社会经济任务主要有：优化经济结构和产业结构，促进产业结构升级换代，对国有企业进行战略改组，深化国有企业改革，解决社会的失业问题，加快农业的产业化和现代化，进行西部大开发，等等。为此，我国的税收支出应贯彻国家有关的社会经济政策，为实现这些目标服务。

4.3.5.3 效益原则

与直接财政支出一样，税式支出作为一种特殊形式的财政支出也要注重效益。税收支出注重效益就是以尽量少的税收支出量达到对特定纳税人和纳税项目的鼓励、扶持和照顾，实现政府特定的社会经济发展目标。如果说通过税收支出实现的社会经济目标为税收支出的效益，那么税收支出所减少的税收收入则是税收支出的成本。由于在一定时期政府的既定目标体系中，既有经济方面的目标，又有社会方面的目标，既有可用货币衡量的目标，也有不可用货币衡量的目标，因此，税收支出的效益就是由经济效益与社会效益、微观效益与宏观效益组成的一个效益集。当不同的效益之间发生矛盾冲突时，一般应是经济效益服从社会效益、微观效益服从宏观效益。注重社会效益的实质就是在考虑了总成本与总效益的对比后，要求总净效益最大。

4.3.5.4 遵从国际惯例原则

经过 30 多年的实践，税式支出在世界范围内形成了一些共同的经验，这些经验成为各国实行税式支出时的国际惯例。例如，各国实施税收支出的形式一般有税收减免、税收扣除、优惠税率、延迟纳税、加速折旧等。实行税收支出的税种一般以所得税为主，同时辅以其他间接税。对税收支出的具体内容，在个人所得税方面，各国普遍实行个人扣除额，政府公债利息免税，慈善捐款免税，保险金、退休金免税，对军人、学生、残疾人收入的减免税优惠等，在公司所得税方面，各国普遍对科研开发费用进行扣除，对某些固定资产进行加速折旧，对小型企业、涉外投资所得实行税收优惠，对鼓励发展的产业、新产品、高新技术产业实行税收优惠，为扶持企业发展而准许设立特别准备金，对农业所得、向落后地区投资所得实行减免、亏损扣除等方面的税收优惠等，在增值税方面，对小企业、农业以及某些生活必需品实行优惠等。在税收支出的执行上，发达国家一般在税法中明确规定具体项目及优惠办法，税务机关依法实行减免，征纳双方的争议通过法律程序解决，国与国之间因税收支出导致争端时，一般都通过签订税收协定的方式解决。我国在实施税收支出时，要借鉴和吸收这些国际经验，遵从税收支出的国际惯例。当然，在遵从税收支出的国际惯例时，必须以维护国家的主权和经济利益为前提。

第5章　财政收入

5.1　财政收入的形式及原则

5.1.1　财政收入的意义

财政收入是指政府为履行其职能、实施公共政策和提供公共物品与服务需要而获取的一切资金的总和。财政收入表现为政府部门在一定时期内（一般为一个财政年度）所取得的货币收入。财政收入是衡量一国政府财力的重要指标，政府在社会经济活动中提供公共物品和服务的范围和数量，在很大程度上取决于财政收入的充裕状况。财政就是为了满足社会公共需要，弥补市场失灵，以国家为主体参与的社会产品分配活动。它既是政府的集中性分配活动，又是国家进行宏观调控的重要工具。具体来说，财政收入的意义表现在以下几方面：

第一，财政收入是财政支出的前提。财政分配是收入与支出的统一过程，财政支出是财政收入的目的，财政收入则是财政支出的前提和保证，在一般情况下，收入的数量决定着财政支出的规模，收入多才能支出多。因此，只有在发展生产的基础上，积极筹集资金，才能为更多的财政支出创造前提。

第二，财政收入是实现国家职能的财力保证。国家为了实现其职能，必须掌握一定数量的社会产品，财政收入正是国家调控资金的重要手段。对实现国家职能有重要意义。

第三，财政收入是正确处理各方面物质利益关系的重要方式。财政收入的取得不仅仅是个聚集资金的问题，在具体操作过程中，取得多少、采取何种方式，关系到党的方针政策的贯彻落实，涉及各方面的物质利益关系的处理。只有在组织财政收入的过程中正确处理各种物质利益关系，才能达到充分调动各方面的积极性，达到优化资源配置，协调分配关系的目的。

5.1.2　财政收入的形式

财政收入是指国家取得财政收入的具体方式，即来自各个方面、各个部门、单位和个人的财政收入通过什么方式上缴给国家。世界各国取得财政收入的主要形式都是税收。我国目前财政收入的形式有如下几种：

（1）税收。我国税收收入占财政收入的比重在90%以上，是最主要的财政收入形式。

（2）国有资产收益。国有资产收益是国家凭借国有资产所有权获得的利润、租金、股息、红利、资金使用费等收入的总称。

（3）债务收入。债务收入是中央政府以国家信用的方式取得的一种收入。其具有有偿性、自愿性、灵活性和广泛性等特点，在弥补财政赤字、调节经济运行等方面发挥着十分重要的作用。

（4）政府收费。政府收费包括规费和使用费两种。前者指政府部门为公民个人或单位提供某种特定服务或实施特定行政管理所收取的工本费和手续费，如工商执照费、商标注册费、户口证书费、结婚证书费、商品检验费等。后者指政府部门对其所提供的公共设施的使用者按一定标准收取的费用，如高速公路使用费、桥梁通过费等。

（5）其他收入。其他收入是指前面各项收入以外的其他财政收入，主要包括罚没收入、利息收入、捐赠收入、外事服务收入等。

5.1.3　财政收入的分类

财政收入的分类，是指按照不同标准对财政收入的内容进行科学的归类划分和比较分析。财政收入分类的目的是要了解财政收入的来源结构，即财政收入来自社会经济的哪些方面，又是通过什么形式集中起来的，也就是要了解财政收入的来源渠道。同时为了加强收入管理、科学编制和执行收入预算，实现政府财政收入管理的法制化、规范化，发挥政府财政的职能作用，必须从不同角度，按照财政收入的内在关系进行分类。财政收入的分类方法较多，主要有以下几种。

5.1.3.1　按财政收入的形式分类

财政收入的形式是指政府取得财政收入的具体方式或方法。各国由于政治经济制度、经济结构、财政制度等诸方面的差异，财政收入形式也不尽相同，但各国主要财政收入形式都是税收，而非税收收入则因国而异。财政收入的形式主要有以下四种。

（1）税收收入。这是现代社会绝大多数国家最主要的财政收入形式。2017 年，我国各项税收总额 144360 亿元，占财政收入 172567 亿元的 83.65%。财政收入以税收为主，一般与政府提供公共产品的职能有关，此外，税收收入还具有征收面广、稳定可靠的特点。它反映的是作为社会管理者的政府与纳税人之间的征纳关系，政府凭借政治权力取得这种财政收入，改变了与这种财政收入对应的那部分社会产品的所有权。

（2）国有资产权益收入。国有资产权益收入是国家凭借国有资产所有权参与企业的利润分配，所获取的经营利润、承包费、租赁费、股金分红、资金占用费等收入的总称，是政府作为国有生产资料所有者代表取得的收入。改革开放前，国有企业收入在我国财政收入中占有近一半的比重；改革开放后，随着“利改税”和国有企业逐步退出竞争性领域而下降。

（3）债务收入。债务收入是政府以信用方式从国内外取得的有偿性收入。债务收入既包括在国内外发行的各种债券，也包括向国内经济组织、外国政府和国际组织的借款收入。国债资金的所有权并不属于国家所有，只是在一定时期拥有使用权，是弥补财政赤字的手段。债务收入的规模与重要性在我国改革前后出现了重要变化，目前的问题是中央财政的债务依存度偏大。

（4）其他收入。指除上述各项收入之外的其他各项财政收入。在项目繁多、政策性强的其他收入中，主要包括以下六种。

1）事业收入。指中央与地方政府各部门所属事业单位在开展业务活动中取得并上缴的财政收入。在实行"收支两条线"管理之前，往往用事业单位取得的业务收入来顶抵应由政府财政对事业单位安排的预算经费支出。

2）规费（fees）。指国家机关为居民或单位提供某些特殊服务时所取得的手续费和工本费。规费具体项目很多，但大致可以分为行政规费与司法规费两类。规费收入可以弥补服务成本，但其主要目的是对某些行为进行统计和管理。

3）使用费（user charges）。指政府向特定公共设施或公共服务的使用者收取的费用。广义的使用费还包括特许金和特别课征。具体有水费、电费、煤气费、停车费、公园门票费、公立医院收费、公立大学收费、道路通行费等。收取使用费的主要目的是对特定公共设施或服务的供应成本进行全部或部分补偿，同时防止出现"公共悲剧"。

4）罚没收入。指国家机关和经济管理部门依据有关法规处理的罚款和没收品收入及各部门、各单位依法处理追回的赃款和赃物变价收入。

5）国有资源管理收入。指经有关部门批准依法开采和开发利用国有矿产等资源的单位或个人按规定向政府缴纳的收入。例如，矿山管理费、山林管理费、土地使用权出让金等。

6）公产收入。指山林、芦苇等公产的产品收入，公房与其他公产的租赁收入、公产变价收入。

此外，还有捐赠收入、贷款收回收入等。

5.1.3.2 按国民经济部门分类

国民经济的部门结构可以从两个角度来划分：一是指传统意义上的国民经济结构，例如，工业农业建筑业、交通运输业、商业等；二是指现代意义上的产业结构，即第一产业、第二产业和第三产业。

财政收入来自国民经济各部门。按照传统意义上的国民经济结构，财政收入可分为以下5种。

（1）来自农业部门的收入。一是直接来自农业的税收（2000年我国农业税、牧业税、农业特产税三项收入总额为298.9亿元，占当年全国税收收入总额的2.4%）；二是间接来自农业的税收（通过工农产品不等价交换）。从2006年1月1日起，我国全面取消农业税，农业税已成为历史。不仅如此，我国开始反哺农业，每年财政拿出大量资金支持农业。

（2）来自工业部门的收入。一是工业部门提供的税收收入；二是国有工业企业上缴的税后利润。工业分轻、重工业。目前，该部门对我国提供的财政收入比重最大。

（3）来自交通运输部门的收入。交通运输业具体运输方式有多种，大致可分为客运、货运。该部门不仅以税、利形式直接提供财政收入，而且作为国民经济的"大动脉"对财政收入增长意义重大。电子商务的发展催生了对快递服务的需求，从而也使运输部门快速发展，这也使其对财政的贡献率不断提高。

（4）来自建筑部门的收入。该部门以税、利形式提供财政收入。但在我国传统计划经济时期，因建筑产品价格偏低，该部门提供的财政收入较少。目前这种情况已经改变。

（5）来自商业、服务部门（第三产业）的收入。我国目前来自这一产业的财政收入虽然不多，但增长潜力大；实际上，一些经济发达国家的第三产业增加值占 GDP 的 60% 以上，所提供的财政收入则占财政总收入的 50% 以上。

按国民经济部门分类，便于了解部门、产业结构对财政收入的影响，便于及时掌握财政收入变化的趋势，开辟、培养新的财源。

5.1.3.3 按社会总产品的价值构成分类

财政是政府对社会总产品价值（C + V + M）的分配。为了叙述上的方便，根据社会总产品价值的来源及其可能的用途，将社会总产品价值分成三个组成部分：一是补偿产品价值 C（也就是补偿基金）；二是必要产品价值 V（劳动者个人收入）；三是剩余产品价值 M。

（1）补偿产品价值与财政收入。为了保证简单再生产正常进行，补偿产品价值一般不应成为财政的来源。然而，由于所消耗的生产资料的价值补偿与实物补偿存在差异，就使得补偿产品价值的一部分在特定条件下可以成为财政收入的来源：劳动对象（如原料、辅助材料、燃料等）在使用中其价值一次性全部转移到社会产品中，故其价值补偿与实物补偿须同时进行，从而不能成为财政收入的来源。劳动手段（机器、设备、厂房等固定资产）在使用中，其价值逐步分次转移到社会产品中，其价值补偿（提取折旧）与实物补偿（机器设备更新）不同步。价值补偿的渐次性与实物补偿的一次性，使得折旧基金在固定资产需要更新之前具有积累基金的性质，从而可能成为财政分配的对象。

我国计划经济时期，国有企业的固定资产折旧全部或部分上缴国家财政，当然，同时也由政府对国有企业的固定资产更新进行拨款。市场经济条件下，为了维护国有企业的独立经济主体地位，贯彻企业资本保全原则，国有企业的固定资产折旧基金全部留归企业，已不再是财政收入的来源了。

（2）必要产品价值与财政收入。从理论上讲，这部分社会产品价值也不宜成为财政收入的来源，否则对劳动力再生产不利。然而，在现实生活中却发现，各国财政收入中越来越多的直接、间接来自劳动者个人收入，如个人所得税、消费税、财产税等。这一现象的主要原因如下所述：

一是随着生产力的发展，由政府财政集中劳动者个人收入的一部分，并不会必然破坏劳动力再生产的正常进行，况且劳动者个人收入中还可能包含非劳动要素收入。

二是现代社会的劳动力再生产已不再只是个人的私事，政府通过社会保险、发展教育及公共卫生等方式，对劳动力再生产的介入越来越多，因此政府有理由集中劳动者个人收入的一部分。

三是实行收入再分配在现代社会日益重要，其基本方式就是对个人收入和财产征税。

不难理解，由于经济发展水平、收入分配制度与政策等有别于西方国家，我国财政收入中来自个人收入的部分远较经济发达国家的少，但是近年来仍呈现增长趋势。

（3）剩余产品价值与财政收入。政府将剩余产品价值 M 作为财政收入的来源，既不会妨碍劳动力的再生产，也不会损及生产资料消耗的补偿及企业简单再生产的进行。当然，这并非意味着政府可以将其全部作为财政收入集中起来。剩余产品价值 M 的数量取决于经济规模以及物耗、折旧、工资等因素。

5.1.3.4 按所有制结构分类

按所有制结构分类，财政收入可以分为来自国有经济的收入、集体经济的收入、中外合资经济的收入、私营经济或外商独资经济的收入、个体经济的收入等。其中，国有经济提供的收入在我国一直占据重要地位。

这种分类反映了所有制结构对财政收入的影响，便于国家调整收入政策，完善经济关系。

5.1.3.5 按财政收入的管理权限分类

按财政收入的管理权限分类，可将财政收入分为中央财政收入和地方财政收入。中央财政收入是指按照国家预算法规和财政管理体制的规定，由中央政府集中筹集和支配使用的财政资金。地方财政收入是指按照国家预算法规和财政管理体制的规定，由地方政府集中筹集和支配使用的财政资金。

5.1.4 财政收入的原则

为了正确体现国家的分配政策，处理好分配关系，应该遵守一定的组织财政收入的原则。组织财政收入的原则，是指组织财政收入所依据的基本法则。主要应当包括以下原则：

5.1.4.1 发展经济，广开财源原则

这是组织财政收入的首要原则。指的是在组织财政收入时必须从发展经济的角度出发，扩大财政收入的来源。

5.1.4.2 利益兼顾的原则

主要是兼顾三者和两级利益原则。所谓"兼顾三者利益"是指财政在处理国民收入分配，并相应取得自身收入的过程中，不能只顾财政收入的取得，还应将必要的财力留给单位和个人，以调动和发挥它们的积极性。"兼顾中央与地方两级利益"是指国家财政在处理国民收入分配，并相应取得自身收入的过程中，应该同时兼顾中央级财政和地方级财政的利益关系。按目前的财政管理体制，我国的国家财政是分别由中央预算和地方总预算构成的两级财政。两级财政有各自具体职能，也形成各自的利益关系，因此在组织财政收入时应兼顾两级利益关系。

5.1.4.3 合理负担的原则

主要体现在组织税收收入的原则中，是指在组织财政收入时，纳税人的税收负担要与其负担能力相适应，要坚持横向和纵向公平。横向公平是指具有相同纳税能力的人应当缴纳相同的税收，纵向公平是指具有不同纳税能力的人应当缴纳不同的税收。税收收入占我国财政收入的95%以上，是我国财政收入中最重要的组成部分，组织税收收入过程中必须要坚持的合理负担原则，理应成为组织财政收入的基本原则。

5.2 财政收入的结构分析

财政收入的结构（构成）是指国家财政收入来源的多种构成、比例及其相互关系。它反映通过国家预算集中财政资金的不同来源、规模和所采取的不同形式，以及各类财政收入占财政总收入的比重和增加财政收入的途径。将财政收入作为整体结构来分析，目的

在于从整体上把握各种财政收入来源之间的有机联系，使它们保持恰当的比例关系；便于有的放矢地加强财政收入的宏观调控，实现利益的兼顾分配；推进财政收入结构优化，以提高结构的整体功能。

财政收入的构成，主要包括财政收入的社会产品价值构成、财政收入的产业构成（或生产部门构成）、所有制构成及财政收入的地区构成等。其意义在于从价值构成、所有制构成、财政收入的所有制构成以及产业构成和地区构成等方面研究财政收入结构的层次性，以便把握其变化规律，从而采取相应的增加财政收入的有效措施。

5.2.1　财政收入的社会产品价值构成

财政收入归根结底来源于社会产品价值的实现。社会产品价值由 C、V、M 三部分构成。C 是补偿生产资料所消耗的价值部分；V 是新创造的价值中归劳动者个人支配的部分；M 是新创造的归社会支配的剩余产品价值部分。从我国实际情况看，M 是财政收入的主要来源。但是，也有一部分财政收入来自 V。研究财政收入的价值构成的主要意义在于：从根本上说明影响财政收入的基本因素，从而采取有效措施增加财政收入。

5.2.1.1　C 是物化的劳动消耗

C 属于补偿基金范畴，但并非财政收入的主要来源。其中，原材料、燃料、辅助材料等劳动对象的价值不构成财政收入，而机器设备、厂房等劳动工具的价值可以构成财政收入，但是数量是有限的。

5.2.1.2　M 是财政收入的主要来源

剩余产品价值包括税金、企业利润和用剩余产品价值支付的费用（如利息）。其中主要是税金和企业利润。在统收统支的计划型财政条件下，国有企业所创造的 M 绝大部分均由国家集中分配用于扩大再生产和社会共同需要形成财政收入。另外，国家以税金形式取走非国有企业的一部分纯收入形成财政收入。在社会主义市场经济体制下，国家赋予国有企业经营自主权，具有相对独立的经济利益。根据事权与财权一致的原则，国家不能取走国有企业的全部 M，只能参与一部分企业纯收入的分配，即国家以行政管理者身份参与分配，向企业收取税金，同时以资产所有者身份参与企业利润分配。

5.2.1.3　V 是财政收入的补充

V 是指以劳动报酬的形式付给劳动者个人的部分。从我国目前来看，V 虽构成财政收入的一部分，但它在全部财政收入中所占的比重很小。这是因为我国长期以来实行低工资制度，劳动者个人的收入普遍较低，国家不可能从 V 中筹集更多的资金。就现实的经济运行来看，目前我国来自 V 的财政收入主要有以下几个方面：

（1）直接向个人征收的税。如个人所得税、企业所得税等。

（2）向个人收取的规费收入（如结婚登记费、护照费、户口证书费等）和罚没收入等。

（3）居民购买的国库券。

（4）国家出售高税率消费品（如烟、酒、化妆品等）所获得的一部分收入，实质上是由 V 转移来的。

（5）服务行业和文化娱乐业等企事业单位上交的税收，其中一部分是通过对 V 的再分配转化来的。

随着社会主义市场经济体制的逐步建立和发展，人民生活水平的不断提高，以及个人所得税制的改革和完善，财政收入来自 V 的比重将逐渐提高。西方资本主义国家，普遍实行高工资政策和以个人所得税、工薪税为主体税的财税制度，其财政收入有相当一部分直接来自 V。

5.2.2　财政收入的产业构成

国民经济按产业可分为第一产业、第二产业和第三产业。三大产业在国民经济整体中的地位不同，在财政收入中的地位也不相同。探究财政收入的产业结构以及与之相关的价值结构变化对财政收入的影响，便于根据各部门的发展趋势和特点，合理地组织财政收入，开辟新的财源。

（1）第一产业是国民经济的基础，第一产业的发展会影响整个国民经济的发展，目前，农业由过去直接提供财政收入为主转变为间接提供财政收入。长期以来，我国工农业产品交换中存在着"剪刀差"，使农业部门创造的一部分价值转移到以农产品为原料的轻工业部门实现。

（2）第二产业是国民经济的主导。我国财政收入绝大部分来自第二产业，因此第二产业对财政收入的状况起决定作用。由于我国工业资金有机构成相对其他行业高，劳动生产率、积累水平也较其他部门高，而且工业部门主要是国有经济，其盈利相当一部分上缴国家，因此工业是财政收入最主要的来源。财政收入能否随着第二产业生产的发展而相应增长，一是取决于企业的经济效益；二是取决于产业内部各行业的比例结构：轻重工业之间，基础工业与加工工业之间等比例关系。只有企业经济效益提高了，各行业之间比例关系合理协调，财政收入才能随着该产业生产的发展相应地增长。

（3）第三产业部门创造的价值构成国内生产总值的一部分，同时也构成财政收入的来源因素。第三产业产值在国内生产总值中的比重，随着经济发达程度不同而发生变化。随着社会生产力发展和科学技术的进步，第三产业产值占国内生产总值的比重越来越高，这是各国产业发展的一般趋势。与此同时，财政收入来源于第三产业的比重会越来越高。随着知识经济时代的到来，第三产业将成为财政收入重要的新增长点。

5.2.3　财政收入的所有制构成

财政收入的所有制结构指的是财政收入作为一个整体，是由不同所有制的经营单位上缴的利润、税金和费用等部分构成的。研究财政收入的所有制结构是国家制定财政政策、制度，正确处理国家同各种所有制经济之间财政关系的依据。

财政收入按经济成分分类，有来自全民所有制经济的收入、集体所有制经济的收入、私营经济的收入、个体经济的收入、外资企业的收入、中外合资经营企业的收入和股份制企业的收入。

我国财政收入始终是以国有经济为支柱的。国有经济上交的财政收入占整个财政收入的 1/2 左右。今后，随着城乡集体经济、个体经济、私营经济的发展及三资企业的增加和财税管理体制的进一步完善，来自这些经济成分的财政收入也会相应增加。

5.2.4　财政收入的地区构成

生产力的合理布局，不仅关系到国民经济的平衡发展，而且是影响财政收入的重要因素。我国各地区的发展很不平衡。按经济发展水平、交通运输条件、经济地理位置等方面的差别，2017 年国家统计局公布的全国总人口为 13.9008 亿人，据最新的区域分布：东部沿海地区包括北京、天津、河北、辽宁、上海、江苏、浙江、福建、山东、广东 10 省（市），土地面积占全国的 14.2%，人口占全国总人口的比重为 40.87%，但 2017 年的财政收入却占全国财政收入的比重高达 59.32%；中部地区包括河南省、山西省、湖北省、安徽省、湖南省、江西省六省，人口占 26.55%，面积约占全国的 10%，2011 年财政收入占比 17.83%；东北地区包括黑龙江、吉林、辽宁三省，人口占 7.82%，土地面积占全国的 8.2%，2011 年财政收入占比 5.29%。西部地区包括重庆、四川、贵州、云南、西藏、陕西、甘肃、青海、宁夏、新疆、内蒙古、广西 12 个省（自治区、直辖市），人口占比 27.12%，土地面积占全国的 71.4%，但 2011 年的财政收入却只占 19.43%；可见，经济发达程度不一，导致积累水平相差悬殊。东部地带技术水平较高，产品质量较好，成本较低，资金积累率高，是我国财政收入的主要来源地带。因此，只有将东部的资金、技术、人才优势与西部的资源优势有机结合起来实现优势互补，帮助西部地区发展经济、培植财源，才能实现东西部地区财政收入同方向的较快增长。如果放弃挖潜西部经济潜力，只重东部经济的发展，势必将东部地区财政收入增收的一部分以转移支付方式用于西部地区非生产性支出，其结果是不能保证财政收入较快增长；如果牺牲东部经济的发展去孤立地发展内地工业，势必拖累经济增长水平和财源建设。

财政收入按来源地的不同可以分为不同地域或行政区划提供的财政收入。从这一角度分析财政收入结构，有助于了解财政收入的地域分布状态。如一定量的中央财政收入来自各地区的比例，不同行政区划财政收入规模或水平的对比状态等。这种分析是认识区域经济差异和财政差异的重要途径，也是制定区域经济发展战略和财政分配政策的重要依据。

地区间的经济发展和财政收入水平差距过大，既不利于资源的有效利用和收入的公平分配，也不利于社会政治局面的稳定。因此，各国大都采用税收、政府投资、转移支付等手段来促进经济落后地区的开发，协调区域经济发展。如在中国实施的西部大开发战略，对于逐步缩小东西部地区之间的经济和财政收入差距都具有重大意义。

5.3　财政收入规模分析

5.3.1　财政收入规模的衡量

5.3.1.1　财政收入规模的含义
财政收入的规模是指一定时期内（通常为一年）一个国家财政收入的总量。通常用绝对数额，如财政收入总额，或用相对数如财政收入占国内生产总值的比重来表示。

财政收入规模是衡量一个国家财力和政府职能范围的重要指标，表明了该国政府在社会经济生活中职能范围的大小。合理的财政收入规模，无论是对经济的发展、人民生活水平的提高以及对政府职能的实现，都具有非常重要的意义。因此，各国政府都致力于对财政收入规模的研究，以确定合理的财政收入规模，并且无论哪个国家都把保证财政收入持续、稳定、健康的增长作为政府的主要财政目标。

5.3.1.2 财政收入规模的衡量指标

财政收入规模的衡量可以采用绝对量和相对量两类指标加以反映。前者适用于财政收入计划指标的确定、完成情况的考核以及财政收入规模变化的纵向比较，后者适用于衡量财政收入水平、分析财政收入的动态变化以及对财政收入规模进行纵向和横向的比较分析；前者适用于静态和个量分析，后者适用于动态和总体分析。

（1）衡量财政收入规模的绝对量指标是财政总收入，主要包括中央和地方财政总收入、中央本级财政收入和地方本级财政收入、中央对地方的税收返还收入、地方上解中央收入、税收收入等。财政收入的绝对量指标系列，具体反映了财政收入的数量、构成、形式和来源。据财政部公告：2017 年全国财政收入 172592.77 亿元，比 2016 年增加 12987.8 亿元，增长 8.14%。其中，中央本级收入 81123.36 亿元，比 2016 年增加 8757.74 亿元，增长 12.1%；地方本级收入 91469.41 亿元，比 2016 年增加 4230.06 亿元，增长 4.85%。

（2）衡量财政收入规模的相对指标反映政府对一定时期内新创造的社会产品价值总量（即国民收入 GDP）的集中程度，又称为财政集中率（K）。这一指标一般表示为：

$$K = \frac{FR}{GDP} \times 100\% \tag{5-1}$$

其中，FR 表示一定时期内（一年）的财政收入总额，它可以根据反映对象和分析目的的不同，运用不同的指标口径，如中央政府财政收入、各级政府财政总收入、预算内财政收入、预算内和预算外财政总收入等，常用的是各级政府预算内财政总收入。同样地，式（5-1）中的国民收入也可运用不同的指标口径，如国内生产总值、国内生产总值等，还经常使用中央财政收入占全国财政收入的比重来反映，即经常提到的"两个比重"。

5.3.1.3 财政收入规模的上下限指标分析

（1）影响财政收入规模下限的指标。这种指标可以分为两类：一类是政府存在、实现其固有职能必不可少的开支。这一类开支称刚性支出。例如，与国家的社会管理职能有关的支出，主要项目有国防、行政、科教文卫、城市维护、援外等。这部分开支通常需要占到国民收入的 20% 左右。另一类因素可以带有一定弹性，但也要有一定保证。例如，与国家经济建设职能有关的支出，主要有基建、技术、物储等方面的投资（主要用于基础性建设），大体上占国民收入的 10% 左右。

（2）影响财政收入规模的上限指标。这种指标主要受以下三个因素的制约。一是国民收入总量。财政收入总量与国民收入总量呈同方向变动，其他条件不变的情况下，国民收入越多，财政收入总量越多；反之则越少。二是剩余产品 M 总量。财政收入总量与剩余产品 M 总量呈同方向变动，其他条件不变的情况下，剩余产品 M 总量越大，财政收入总量越多；反之则越少。三是 M 中留给企业自行支配的总量。财政收入总量与 M 中留给企业自行支配的总量是此消彼长的关系。其他条件不少的情况下，M 中留给企业自行支配的总量越多，财政收入则越少；反之则越多。

一定时期企业和个人的承受能力是财政收入规模的上限。财政收入无论如何都不能突破这一上限，否则由于民众负担过重就会出现社会问题。

一般来说，财政收入应在财政收入规模上下限之间变动。其具体规模的大小，还要受一些因素的制约。

5.3.2 财政收入规模的确定标准

合理界定财政收入占国民收入的比例具有重要意义。这一比例过高或过低都不利于经济发展和处理好各方面关系。然而，合理界定这一比例又很困难。但这并不是说适度合理的财政收入规模就无法确定。实际上，在特定的时间、地点，衡量财政收入规模是否适度，合理，一般有以下两个客观标准。

5.3.2.1 效率标准

效率标准是指财政收入规模的确定应以财政收入的增减是否有助于促进整个社会资源的充分有效利用和经济运行的协调均衡为标准。主要包括以下两个方面：

（1）资源利用效率。征集财政收入的过程，实际上是将一部分资源从企业和个人手中转移到政府手中的过程，转移多少应考虑是否有助于提高整个社会的资源配置效率，全体社会成员福利水平的提高。若财政集中过多，虽然政府能为企业和国民提供良好的公共服务，但却会加重微观主体的财税负担，使微观经济主体因缺乏资源基础而不能扩大再生产或使国民的总体福利水平下降。从而不利于经济发展和效率提高；若财政集中过少，微观经济主体因减轻了财税负担而有足够的活力从事投资和消费，但也会因为缺少公共物品和服务而提高私人交易成本，降低效率和社会福利水平。总之，政府运用财政资金所产生的预期效率应与企业和个人利用这部分资源所产生的预期效率进行比较，若国家使用的效率高，则可以通过提高财政收入占 GDP 的比重来增进整个社会的福利；否则就应降低这一比例。

（2）经济运行的协调均衡。一般来讲，当经济处于稳定增长的良好态势时，财政收入规模的确定应以不影响市场均衡为限，这时财政收入规模，应该既能满足公共财政支出需要，又不对社会总供求关系产生干扰作用。当经济运行处于失衡状态时，财政收入规模就应以能有效矫正市场缺陷，恢复社会总供求的均衡为目标。

5.3.2.2 公平标准

公平标准首先是指政府在确定财政规模时应当公平地分配财税负担。具体就是财政收入占 GDP 的比例要以社会平均支付能力为限。具有相同经济条件的企业和个人应当承担相同的财税负担，具有不同的经济条件的企业和个人应当承担不同的财税负担。依据这一公平标准，政府部门应合理界定社会平均支付能力，并据以确定财政收入规模尤其是财政收入占 GDP 的比例。其次是指确定财政收入规模时应有助于公平地提供公共服务。一方面，政府确定的财政收入规模要能够为全体国民提供大致均等化的公共服务；另一方面，政府确定的财政收入规模要保证政府有足够的能力为低收入者提供相对更多的公共服务。

5.3.3 影响财政收入规模的因素

虽然各国政府始终都以财政收入的持续稳定增长作为主要财政目标，但财政收入规模到底能够达到多大，增长速度能有多快，并不以政府的意愿为转移，它要受到经济发展水平、生产技术水平、价格及收入分配体制等因素的影响和制约，其中最主要的制约因素是经济发展水平和生产技术水平。

5.3.3.1 经济发展水平和生产技术水平

（1）经济发展水平对财政收入规模表现为基础性的制约。经济发展水平即一国社会产品的丰富程度和经济效益的高低，经济发展水平对财政收入规模的影响表现为基础性的制约，二者存在源与流、根与叶的关系。经济规模及结构性问题制约着财政收入的增长。经济决定财政，经济的总量规模决定着财政收入的规模。财政收入的增长是由经济发展水平和发展阶段决定的，经济发展是财政收入增长的基础。一般来说，在假定税收制度不变、管理力度不变的条件下，经济发展水平越高，财源越丰富，财政收入占 GDP 的比重越高；同一国家的经济发展阶段越高，财源越丰富，财政收入占 GDP 的比重越高；当市场经济相对成熟、管理体制和税制结构相对稳定的时期，财政收入占 GDP 的比重便会相对稳定。从横向来看，财政收入占 GDP 的比重在经济发达国家要高于发展中国家，在中等收入国家要高于低收入国家。从纵向来看，英国、法国、美国三国 1980 年全部财政收入仅相当于国内生产总值的 10% 左右，2010 年已上升到 30% ~ 50% ，并保持相对稳定，如美国在长达 40 年的时间里，其财政收入占 GDP 的比重基本保持在 30% 左右。2005 年 23 个发达国家平均财政收入占 GDP 的比重为 39% ，29 个中等收入国家为 26% ，12 个低收入国家为 20.7% 。

（2）生产技术水平是影响财政收入规模的重要因素。生产技术水平也是影响财政收入规模的重要因素，它对财政收入规模的制约可从两个方面来分析：一是技术进步往往以生产速度加快、生产质量提高为结果，技术进步速度较快，GDP 的增长也较快，财政收入的增长就有了充分的财源；二是技术进步必然带来物耗比例降低，经济效益提高，产品附加值所占的比例扩大。由于财政收入主要来自产品的附加值，所以技术进步对财政收入的影响更为直接和明显。

5.3.3.2 分配政策和分配制度

（1）分配政策。分配政策对财政收入的影响也很大。在经济总量一定的前提下，如果分配政策使国家财政集中的财富过多，会直接减少企业的收入，不利于企业生产的扩大，最终将对经济发展和财政收入的增加产生不利影响。相反，如果分配政策使国家财政集中的收入太少，将会直接减少财政的经济建设支出，降低国家对经济的宏观调控能力，最终也将不利于企业的发展和个人收入的增加。因此，国家应当制定合理的分配政策，既保证国家财政收入稳步增长，又促进企业的持续发展。分配政策作为经济管理体制模式的直接体现，也关系到财政集中率的高低，例如，我国在 1980 年中后期对国有企业实行多种形式的承包经营政策。随着扩大企业财权，财政集中率相对降低。从收入分配政策的表现形式上看，其对财政收入规模的作用有两个：一是收入分配政策能够影响剩余产品在国内生产总值或国民收入总量中所占的份额。二是收入分配政策直接决定财政收入占剩余产品的份额。例如，荷兰、瑞典等北欧国家，由于政府承担着较大比例的社会福利职能，其收入分配制度向政府倾斜较多，因此其财政收入的规模较大，一般都占 GDP 的 50% 以上。

（2）分配制度。分配制度改革影响到国家与企业、中央与地方之间的利益分配，财政收入在这三者间是一个联系又制约的关系，当过分强调企业、个人的利益，则会减少财政收入的规模。反之，又会降低企业、个人的积极性，影响财政的长期发展。

5.3.3.3　相对制约因素：对财政收入/国民收入（或 GDP）的影响

财政收入占国民收入的比重又可称为国民经济的财政负担率。在国民收入既定的前提下，这一比重取决于以下两个因素：一是剩余产品价值占国民收入的比重，即剩余产品率；二是剩余产品价值中由政府财政集中的比重，即财政集中率。

假设：N 为国民收入，F 为财政收入，则：

$$财政负担率 = 剩余产品价值率(M/N) \times 财政集中率(F/M) \qquad (5-2)$$

下面分别考察影响剩余产品价值率（M/N）和财政集中率（F/M）的因素。式（5-2）还可以写成：

$$\frac{F}{N} = \frac{F}{C+V+M-C} = \frac{F}{V+M} = \frac{F}{V+M} \times \frac{F}{M} \qquad (5-3)$$

（1）影响剩余产品价值率（M/N）的因素。

1）劳动生产率的高低。根据马克思的劳动价值论学说，劳动者的劳动日可分为必要劳动时间和剩余劳动时间。在劳动日长度不变的情况下，提高劳动生产率，就可以缩短必要劳动时间，相对扩大剩余劳动时间，从而扩大剩余产品价值所占比重。决定一个社会的劳动生产率的因素有：技术装备程度、劳动者对技术的熟练程度、劳动组织和管理水平等。

2）劳动者再生产费用。它是一种客观需要，受生产过程的技术要求、社会的平均文化水平、生活习惯、道德因素等的制约。通常情况下，V 的最低限量是劳动者的平均消费水平不能低于过去，且随着劳动生产率的提高而不断提高。从现实来看，V 的提高程度，决定于国家的分配政策和企业的劳动生产率。

综合以上两个方面的因素：剩余产品价值率最终取决于 V 的增长率与劳动生产率的增长幅度之间的对比关系：

当 V 的增幅 < 劳动生产率增幅时，M/N 的值上升；

当 V 的增幅 > 劳动生产率增幅时，M/N 的值下降；

当 V 的增幅 = 劳动生产率增幅时，M/N 的值不变。

为提高剩余产品价值率 M/N，就必须做到劳动者工资的增长率低于劳动生产率的增长率。

（2）影响财政集中率 F/M 的因素。

1）所有制结构。国有企业，国家集中的程度较高；集体企业和其他企业，国家集中的程度较低。因此，国有经济在国民经济中所占比重的变化，必然会影响到财政集中率。

2）经济管理体制的模式。经济管理体制模式关系到国有企业实现的利润由财政集中的程度，例如，我国计划经济时期对国有企业实行统收统支，而市场经济下对国有企业实行放权让利。

3）价格总水平、结构变动及财政收入制度。价格具有收入分配功能。不考虑物价变动，以当年物价水平来表示的财政收入，叫作名义财政收入。剔除物价变动的影响以某一年度物价水平为基期来表示的财政收入，叫作实际财政收入。价格总水平的变化原因有多种，大致可以分为需求拉动、成本推动、结构失调三类。

这里值得特别注意的是，由财政赤字引起的物价总水平上涨，此时相当于政府向企业、个人征收了一笔"通货膨胀税"，从而使财政收入占国民收入比重提高。物价上升若是由信用膨胀引起的，财政收入会贬值，对财政不利。财政和社会公众一样也是受害者。"通货膨胀税"被金融部门得到了。

价格结构变化会改变国民收入、利润在不同的产业、企业间的分布，而不同产业、企业与政府的财政收入分配关系不同，因此，财政集中率和财政收入占国民收入比重也会发生变化。

财政收入制度在总体上属于比例税制、累退税制还是累进税制，也会对财政集中率及财政收入占国民收入比重产生影响。累进税制对财政有利，随着名义收入的提高，适用税率会提高，即出现档次爬升效应，财政收入增长率会高于物价上升率，财政收入实际是增长的，这种增长就是物价水平上升引起的。比例税制对财政收入没有影响，财政收入增长率等于物价上升率。定额税制对财政不利，财政收入增长率必然低于物价上升率。

4）政府职能范围的大小。这一因素的影响非常明显。例如，第二次世界大战后西方资本主义国家政府加强了对经济的干预，从而使财政收入占国民收入比重明显提高。

财政收入的规模是衡量国家财力和政府在社会经济生活中行使职能范围的重要指标。从历史上看，保证财政收入持续稳定增长始终是世界各国的主要财政目标，尤其在财政赤字笼罩世界的现代社会里，谋求财政收入增长更为各国政府所重视。

第6章 税收原理与税收制度

6.1 税收原理

6.1.1 税收的概念及术语

6.1.1.1 税收的概念

税收是国家以社会管理者身份、凭借政治权力，按照法律预先规定的标准和程序，强制地无偿地参与社会产品分配，取得财政收入的一种手段。税收是历史上最早出现的财政范畴。历史上分别称作捐税、赋税、租税等。国家是阶级的产物，是阶级统治的工具。国家为了行使它的职能，维持它的正常活动，必须耗用一定的物质资财，因而必须根据具体的经济条件，采取适当的方式，取得财政收入。历史上，不同的社会制度国家分别采取了不完全相同的财政收入形式。但税收是各个制度国家共性的选择，且在财政收入中，均占重要地位。因而马克思说："赋税是政府机器的经济基础，而不是其他任何东西"。又有"国家的存在，官吏、僧侣、士兵、王室费用等这一切存在物于胚胎时期就已安睡在一个共同的种子——捐税之中了"。

国家征税依据国家的政治权力。国家的权力，归根结底有两种，即财产权力和政治权力。国家取得的各种财政收入，所凭借的不是财产权力，就是政治权力。比如，企业收入就是以生产资料占有为前提，凭借财产权力取得的收入；而税收则是以国家为主体，凭借国家政治权力，参与社会产品分配的一种形式。税收属于社会再生产过程中的分配范畴。社会再生产分为生产、分配、交换和消费等几个环节。分配是把社会产品或国民收入在社会成员中进行分配，确定分配份额并归谁占有的一个环节。税收就是这个环节上的一种形式，它同工资、利润、利息等分配范畴一样，是对国民收入分配和再分配的一种方式。征税的过程，就是利用社会公共权力把一部分社会产品或国家收入从其他社会成员手中转变为国家所有的分配过程。这也将必然引起各社会成员之间占有社会产品或国民收入比例的变化，因而税收体现和调整着社会分配关系。

6.1.1.2 税收的"三性"

税收的"三性"，即指税收的强制性、无偿性和固定性。"三性"是税收区别于其他财政收入的性质特征，必须同时具备这"三性"的财政收入才能称其为税收。

税收的强制性是指征税凭借的是国家的政治权力，依据法律法令组织实施的，任何单位和个人发生了纳税行为必须依法纳税，不得违抗，任何形式的抗税、偷税、漏税、骗税行为都是违法行为。税收的强制性是税收作为一种财政范畴的前提条件，也是国家满足社会公共需要的必要保证。但税收的强制性也不是绝对的，在企业和其他社会成员明白了征税的目的并增强了纳税观念之后，强制性则可能转化为自愿性。我国人民自古以来就有"皇粮国税"的观念，而社会主义公有制又为实现这种观念转化的可能性提供了制度前提。但由于利益机制的驱动，各社会成员在其生产、生活过程中还存在着并将长期存在偷税、漏税的动向，因而国家对所有纳税人仍需以社会公共权力为依托，税收的强制性不仅不能削弱而且还要加强。

税收的无偿性指的是国家征税以后，税款即为国家所有，不需要偿还，也不需要对纳税人付出任何代价。税收无偿性与国家债务具有的偿还性，体现了税收和国债是两种性质不同的财政收入形式。但与税收的强制性一样，无偿性也是相对的，因为从具体的纳税人来讲，纳税后并未获得政府的丝毫回报，从这个意义上说，税收是不具有偿还性或返还性的。但若从财政活动的整体来考察，税收的无偿性与财政支出的无偿性是并存的，特别是社会主义条件下，税收无偿地来自社会成员的生产经营成果，又通过财政手段为改善社会成员的生产条件、生活环境无偿地支出出去，正所谓："取之于民，用之于民。"也正如马克思所讲："税收是从一个处于私人地位的生产者身上扣除的一切，又会直接或间接地用来为处于社会成员地位的这个生产者谋福利。"

税收的固定性指的是征税前就以法律的形式规定了征税对象以及统一的比例或数额，并只能按预定的标准征税。一般说，纳税人只要取得了税法规定的收入，发生了应该纳税的行为，拥有了应税财产，就必须按规定标准纳税，不得违反。同样，政府也只能按预定标准征税，不得随意更改。当然，对税收的固定性也不能绝对化，它会随着经济条件的变化而向更科学、更合理的标准去改进。所以说，税收的固定性实质上是指征税标准在一定时期内具有相对稳定性。

税收的"三性"可集中概括为税收的权威，维护和强化税收的权威性，是世界各国当前税收征管工作的一个重要内容。

6.1.1.3 税收术语

（1）纳税人。纳税人又称纳税主体，是纳税义务人的简称。它是指税法规定的负有纳税义务的单位和个人。纳税人既可以是自然人，也可以是法人。负税人是指最终负担税款的单位和个人。

（2）课税对象。课税对象又叫征税的客体，指税法规定对什么征税，是征纳税双方权利义务共同指向的客体或标的物，它是税法规定的课税基本依据，是一种税区别于另一种税的主要标志。征税对象按其性质的不同，通常可划分为流转额、所得额、财产、资源、特定行为五大类，通常也因此将税收分为相应的五大类即流转税或称商品和劳务税、所得税、财产税、资源税和特定行为税。

（3）计税依据。计税依据指国家征税时的课税标准。如纯所得额、商品流转额、常年产量等。就商品而言，同一税种不同商品的计税依据是相统一的。同时，国家出于政治和经济政策的考虑，并不是都以课税对象的全部作为计税依据。往往允许纳税人在税前扣除一部分或某些项目，因而需要对课税对象予以计量，核算出实际的计税依据进行课税。

（4）税率。税率是指国家征税的比率。它是税额与课税对象的比值，是国家税收制度的核心，它反映征税的深度，体现国家的税收政策。一般来说，税率可分为比例税率、定额税率和累进税率三大类。

比例税率是一种应用最广、最常见的税率制度。它不因课税数额的多少而变化，即以同一课税对象，不分数额大小，只规定一个税率。比例税率又可进一步区分为几种类型：统一比例税率或称单一比例税率，即对一种税只规定一种税率；差别比例税率，即根据对一种税的不同行业、不同地区，规定不同税率；幅度比例税率，即国家规定最低税率和最高税率，各地可以因地制宜地在此幅度内自行确定一个恰当的税率。比例税率具有计算简单、税负透明度高、有利于保证财政收入、有利于纳税人公平竞争、不妨碍商品流转额或非商品营业额扩大等优点，符合税收效率原则。但比例税率不能针对不同的收入水平实施不同的税收负担，在调节纳税人的收入水平方面难以体现税收的公平原则。

定额税率是按单位课税对象直接规定一定数量的税额，又称固定税额。这是税率的一种特殊形式，它一般适用于从量征收的征税范围。如土地使用税一般以每平方米征收一定金额为税率。定额税率具体又分为地区差别定额税率、幅度定额税率和分类分级定额税率。

累进税率是按课税对象数额的大小，划分若干等级，随着课税对象数额的增大而逐级提高的税率。即课税对象的数额越大，税率越高；课税对象的数额越小，税率越低。这种税率制度对调节纳税人的收入有明显的作用，而且适应性强，灵活性大。累进税率因计算方法的不同，又分为全额累进税率和超额累进税率两种：①全额累进税率是把课税对象的全部按照与之相对应的税率征税，即按课税对象适应的最高级次的税率征税。②超额累进税率是把课税对象按数额大小划分为不同的等级，每个等级由低到高分别规定税率，各等级分别计算税额，然后汇总。其计税公式如下：

全额累进：全部所得额 × 相应一级税率　　　　　　　　　　　　　　　　　　(6 - 1)

超额累进：$\sum$(各级所得额 × 相应各级税率)　　　　　　　　　　　　　　　(6 - 2)

两种累进税率都是按照量能纳税的原则设计的，但两者又有不同的特点。首先，全额累进税率累进程度高，超额累进税率的累进程度低，在税率级次和比例相同时，前者的负担重，后者的负担轻。其次，在所得额级距的临界点处，全额累进会出现税额增长超过所得额增长的不合理情况，超额累进则不存在这种问题。再次，全额累进税率在计算上简便，超额累进税率计算复杂。下面以计税金额 600 元为例进行说明：

全额累进计算：税额 = 600 × 30% = 180（元）

超额累进计算：税额 = 100 × 10% + 200 × 20% + 300 × 30% = 140（元）

（5）起征点与免征额。起征点指税法规定的对课税对象开始征税的最低界限。免征额指税法规定的课税对象全部数额中免予征税的数额。两者的共同之处是当课税对象小于起征点和免征额时，都不予征税。两者的不同之处是当课税对象大于起征点和免征额时，采用起征点制度的要对课税对象的全部数额征税，采用免征额制度的仅对课税对象超过免征额部分征税。在税法中规定起征点和免征额是对纳税人的一种照顾，但两者照顾的侧重点不同，前者照顾的是低收入者，后者则是对所有纳税人的照顾。

（6）税收附加、加成征收和减免税。附加即地方附加的简称，指地方政府在正税的基础上，再附加征收一部分税款。公式为：

地方附加 = 应纳某种正税税额 × 地方附加比率　　　　　　　　　　　　　　　(6 - 3)

加成征收是按应纳税额加征一定成数或倍数的税款。加征一成等于加应纳税额的

10%，加成征收是为了调节纳税人的过高收入。

减免税是依据税法规定对某些特殊情况给予减轻或免除税收负担的一种特殊调节手段。减税是对应征税款给予减少征收一部分款项的税收优惠措施，免税是对应征税款给予全部免予征收的税收优惠措施。

（7）纳税环节。纳税环节是指税法规定课税对象在流转过程中应当缴纳税款的环节。不同的税种纳税环节不同，有的税种纳税环节多（如增值税，生产、批发、零售、进口、加工、修理修配等环节均属于纳税环节），而有的税种纳税环节就少（如消费税仅在生产和进口应税商品时征收）。选择确定纳税环节时应把握一定的原则，一要有利于及时稳妥地集中税款；二是便于征纳，提高效率；三要有利于经济发展和控制税源。

（8）纳税期限。纳税期限是指税法规定的纳税人向国家缴纳税款的期限。它是税收的固定性、强制性在时间上的体现。在具体做法上，可以分为按期纳税和按次纳税两种。按期纳税，即以纳税人发生纳税义务的一定时期如1天、3天、5天、10天、15天、1个月、1个季度或1年作为纳税期限；如工资薪金按月缴纳个人所得税。按次纳税，即以纳税人发生纳税义务的次数作为纳税期限。如印花税。

（9）违章处理。违章处理是对纳税人违反税法行为所采取的处罚措施。它体现了税收的强制性，是保证税法正确贯彻执行、严肃纳税纪律的重要手段。通过违章处理，可以加强纳税人的法制观念，提高依法纳税的自觉性，从而有利于确保国家财政收入，并充分发挥税收的职能作用。

纳税人违反税法的行为主要有：违反税收管理程序的行为；妨害发票管理的行为（代开发票、虚开增值税发票）以及妨害税款征收的行为，包括欠税、偷税、逃税、抗税、骗税等。违章处罚则是国家对上述行为，视情节轻重、态度好坏，分别给予批评教育、经济处罚（加收滞纳金、强行扣款、罚款等）和法律处罚。情节严重影响恶劣的对直接责任人还要移交司法机关追究刑事责任，可以判处有期徒刑或拘役等，最高可以判处死刑。

6.1.2 税收的分类

我国税制的主要税种，按其征税对象的性质分为五大类：商品（货物）和劳务税、所得税、财产和行为税、资源税和环境保护税、特定目的税。每个国家的税制都是由多个税种组成，各个税种既相互区别又密切相关，本着求同存异的原则，依一定的标准将各税种分别归类，是设计国家税制的前提。根据课税对象的性质所进行的分类是各国常用的税收分类方法，也是最能反映现代税制结构的分类方法。

对税收的分类，除按征税对象的性质分类外，还可以做以下几种分类：

6.1.2.1 以税款征收的不同形式为标准，可分为货币税与实物税两类

货币税是国家以货币形式征收的税；实物税是国家以实物形式征收的税。实物税主要指农、牧业税，由于征管、储运不便，国务院于1985年规定"折征代金"；所以在我国将逐年逐步取消实物税，实现税收的完全货币化。

6.1.2.2 以计税依据的计量方法不同，可分为从价税和从量税两种

从价税是以征税对象的价格或金额为标准，按一定税率计征税款，如增值税、营业税

等；从量税是以征税对象的重量、件数、容积、产量、面积等数量标准计征的各种税，如农业税、车船税、资源税等。

6.1.2.3 以各税种的隶属关系来划分，可分为中央税、地方税和共享税

属于中央固定收入的税种，称为中央税，如关税、中央企业所得税、车辆购置税、消费税等；地方税是属于地方政府固定收入的各种税，如环境保护税、耕地占用税、房产税等。地方企业所得税、个人所得税、印花税、农牧业税等；共享税是属于中央政府和地方政府共同享有、按照一定的比例分成的各种税。

6.1.2.4 以税收与价格的关系为标准，税收可分为价内税和价外税

凡税金构成价格组成部分的，称为价内税，其计税依据为含税价格，如消费税；凡税金作为价格之外附加的，称为价外税，其计税依据为不含税价格，如增值税。

6.1.2.5 以税负是否转嫁为标准，可将税收分为直接税和间接税

直接税是由纳税人直接负担的税，其税负不能转嫁，一般对个人收入、企业利润、财产等课征的税，如所得税、土地使用税、房产税等为直接税；间接税是纳税人能将税负转嫁他人负担的税，一般以商品流转额、营业收入或销售劳务等课征的税，如消费税、增值税、关税等都为间接税，其税负最终都转嫁给消费者负担。

6.1.3 税负的转嫁与归宿

6.1.3.1 税负转嫁与归宿的含义

如果有人要问，社会上谁对国家财政收入的贡献最大，大家都会说是吸烟喝酒的人，因为烟、酒利大税高，吸烟喝酒就等于向国家纳税。这个说法事实上就在说明税负转嫁问题，烟酒是对生产者和销售者课税，但生产者和销售者通过一定方式可以将它们负担的税收转移给消费者，即吸烟喝酒的人，这就是税负转嫁现象。概括地说，税负转嫁是指在商品交换过程中，纳税人通过提高销售价格或压低购进价格的方法，将税负转移给购买者或供应者的一种经济现象。只因课税是对纳税人的经济利益的侵犯，在利益机制驱动下，纳税人千方百计地将税负转移给他人，以维护和增加本身的利益，所以税负转嫁是纳税人的一般的主动行为倾向。

税收归宿是一个与税负转嫁密切相关的概念，它是处于转嫁中的税负的最终落脚点。税负转嫁往往不是一次的，如同一笔税款，厂家转嫁给批发商，批发商转嫁给零售商，零售商转嫁给消费者。因此，税负转嫁是一个经济过程，并且这个过程总存在一个不可能有转嫁而要自己负担的阶层，如消费者，这一阶层即为税收归宿。

与税负转嫁相联系的另一个概念是逃税。逃税是指个人或企业以不合法的方式逃避纳税义务，包括偷税、漏税和抗税等。逃税与税负转嫁不同，税负转嫁只会导致税收归宿的变化，引起纳税人和负税人的不一致，税收并未减少和损失。但逃税的结果是无人承担纳税义务，即无负税人，必然造成税收的减少和损失。逃税是一种不正常的违法行为。

6.1.3.2 税负转嫁的条件

任何纳税人都存在税负转嫁的愿望，但税负转嫁是有条件的。主要有课税对象的不同、供求弹性的大小、课税范围的宽容以及生产者谋求利润的目标等。

（1）课税对象的不同。商品课税较易转嫁，所得课税一般不能转嫁。商品流转额课

税之所以易于转嫁，其原因是当国家征税后，纳税人将顺理成章地通过价格提高，实现税负转嫁。所以流转税转嫁比较隐蔽，购买者承受税负往往在不知不觉中。一般消费者只关心价格的高低，并不关心具体价格构成。只要价格合适，不管其中含有多少税金，人们也会购买。这样国家不用直接向消费者征税，只需通过规定提高价格，使消费者付出较多的货币支出，政府再以较高的税率把这部分超额收入取走即可。而所得课税（包括财产税在内）则不易转嫁。因为，不论是企业所得税，还是个人所得税，都是以纳税人占有的国民收入份额作为课税对象的。这些税不构成价格的组成部分，纳税人不可能通过提高销价进行转嫁。而所得税也不是产品成本的构成因素，自然难以通过压低生产资料价格、降低物化成本，实现税负转嫁。从税种的立法原则上讲，所得税率的升降是为了调节企业利润水平和个人收入的，直接以企业和个人为负税人，也不允许转嫁。

（2）供求弹性的大小。供给弹性较大、需求弹性较小的商品课税较易转嫁，供给弹性较小、需求弹性较大的商品课税不易转嫁。社会中大量的商品生产和销售都处于竞争状态中，商品价格的确定最终取决于供求关系，而税负转嫁自然与供求弹性有关。一般来说，供给弹性较大的商品，生产者可灵活调整生产数量，最终使其在所期望的价格水平上销售出去，因而所纳税款完全可以作为价格的一个构成部分转嫁出去。而供给弹性较小的商品，生产者可以调整生产数量的空间较小，从而难以控制价格水平，税负转嫁困难。同理，需求弹性较小的商品，其价格最终决定于卖方，也可以顺利地实现税负转嫁；但需求弹性较大的商品，买方可以通过调整购买数量影响价格，税负转嫁比较困难。如果把供给和需求结合起来考虑，则供给弹性大于需求弹性时，税负容易转嫁；供给弹性小于需求弹性时，税负不易转嫁。在极特殊情况下，供给弹性等于需求弹性，则往往由供给和需求两方共同负担税款，税负转嫁只能部分实现。

（3）课税范围的宽窄。课税范围宽广的商品税收较易转嫁，课税范围狭窄的难以转嫁。因为税负转嫁会引起商品价格的升高，若另外的商品可以替代加价的商品，消费者往往会转而代之，从而使税负转嫁失效。但若一税种课税范围很广，甚至涉及同类商品的全部，消费者无法找到价格不变的代用品时，只好承受税负转嫁的损失。

（4）生产者谋求利润的目标。企业生产经营都是以谋求尽可能多的利润为活动目标。税负转嫁显然是为这一目标服务的。但是，在一定环境下，二者也会发生矛盾。如为了全部转嫁税负必须把商品售价提高到一定水平，而售价提高就会影响销量，进而影响经营利润。这种情况下，经营者必须比较税负转嫁所得与商品由于售量减少引起的损失，若后者大于前者，则经营者宁愿负担一部分税款以保证商品销售量，进而维护既得利益。

6.1.3.3 **税负转嫁的途径**

税负转嫁的途径指纳税人通过何种方式把税负转移出去。一般认为，税负转嫁的途径主要有以下两种：

（1）前转。又称顺转，指纳税人通过抬高销售价格将税负转嫁给购买者。在商品经济条件下，很多税种都与商品或商品价格密切相关，大量的税收以价内税或价外税的方式课征。作为从事特定经营活动的纳税人，可以抬高应税商品的价格，并把这类商品销售出去，从而把该商品所负担的税款转移给下一个环节的经营者或消费者。如果加价的幅度等于税款，则商品售出后即实现了充分的转嫁；如果加价幅度大于税款，则不仅实现了税负转嫁，纳税人还可以得到额外利润，称为超额转嫁；如果加价幅度小于税款，则纳税人自身仍要负担部分税款，称为不完全转嫁。

（2）后转。又称逆转，指在纳税人无法实现前转时，通过压低进货的价格以转嫁税负的方式。如对电器销售商的课税，如果无法提高销售价格只有压低电器进货价格，将税款全部或部分地转嫁给电器制造商。后转往往是通过生产方和销售方以谈判的方式来解决的。

在现实生活中，往往是前转和后转并行，即一种商品的税负通过提高销售价转移一部分，又通过压低进货价转移一部分，这种转嫁方式称为混转或散转。

此外，还有"隐蔽性转嫁""辗转转嫁""消转"等方式。当纳税人通过一些不规范，甚至不合法的方法，暗中将税负转嫁给他人负担时，被称为隐蔽性转嫁，如销售者缺斤短两，硬性搭配，以次充好等，购买者强行提高进货质量标准，压级压价等；当纳税人将税负经过几次前转或后转，最终才到达负税人时，被称为辗转转嫁，比如对工业企业征税，引起出厂价格上涨（一次转嫁），批发部门提高批发价格（二次转嫁），零售部门再提高零售价格（三次转嫁），最终才使税负落在消费者身上；消转是指纳税人通过改进生产工艺，提高劳动生产率，自我消化税款。从税负转嫁的意义上讲，消转实际上不是一种税负转嫁方式。

6.1.4　税收的公平与效率

6.1.4.1　税收的公平原则

公平合理是税收的基本原则和税制建设的目标，无论是资产阶级经济学还是社会主义经济学，尽管立场和目的是根本不同的，但几乎不约而同地坚持税收必须公平的观点。从另一个方面看，从古到今，横贯东西方国家税收的实践表明，税收公平与否往往是检验税制和税收政策好坏的标准，所以各国政府普遍地把公平原则作为设计税制所追求的目标之一。

税收公平包括普遍征税和平等征税两个方面。所谓普遍征税，通常指征税遍及税收管辖权之内的所有法人和自然人。换言之，所有有纳税能力的人都应毫无例外地纳税。这一税收公平准则最初是针对特权阶级如皇室、贵族在税收上享有的不合理豁免权确立的，后来深化为对所有人一视同仁。当然，征税的普遍性也不是绝对的，国家出于政治、经济、国际交往等方面的考虑，给予某些特殊的纳税人以免税照顾，并不违背这一原则；相反，只能被认为是对这一原则的灵活运用。所谓平等征税，通常指国家征税的比例或数额与纳税人的负担能力相称。具体的有两个方面的含义：一是纳税能力相同的人同等纳税，即所谓"横向公平"；二是纳税能力不同的人不同等纳税，即所谓"纵向公平"。上面的纳税能力，一般是以所得为代表，所以"横向公平"的含义就是对所得相同的人同等课税，"纵向公平"的含义就是对所得不同的人不同等课税。简言之，就是所得多者多征，所得少者少征，无所得者不征。

税收公平不仅是一个财政问题，而且是一个社会问题和经济问题。因为税收作为国家参与和干预国民收入分配和再分配的手段，与社会经济生活各个领域密切相关，对社会生活和经济运行发挥着巨大的影响。因而税收公平是以社会公平观和经济公平观为基础和前提的。在一个社会内部，税收政策必须及时协调税收公平与社会经济公平之间可能出现的

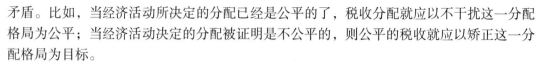

矛盾。比如，当经济活动所决定的分配已经是公平的了，税收分配就应以不干扰这一分配格局为公平；当经济活动决定的分配被证明是不公平的，则公平的税收就应以矫正这一分配格局为目标。

6.1.4.2 税收的效率原则

征税不仅应是公平的，而且应是有效率的，这里的效率包括两层意义：一是指征税过程本身的效率，即在保证及时、足额征得法定税收收入的前提下，税务开支应尽量节约，也就是降低税收成本。二是税务机关的设置、征纳税方法的选择必须便利于纳税人，使纳税人的纳税登记、申报及最后缴纳都有较高的效率。给纳税人以便利必然有助于征收费用的节约，进而使税务成本降低，二者是互相促进的。

通过征税促进经济效率的提高是更高层次的税收效率。税收作为一个重要的再分配工具，可以在促进资源配置合理化，刺激经济增长等方面发挥作用，但也可能扭曲资源配置格局，阻碍经济发展，税收是否有效率必须结合经济运行本身的效率考察，假如经济运转本身已是高效率的，税收活动就应以不干扰经济运转为有效率，假如经济运转是低效率乃至无效率的，税收效率则体现在它对经济运转的影响和干预上。在市场经济国家，总是存在所谓市场失灵的问题，在计划经济国家，也会有计划失误和生产者积极性不高的情况，因而税收干预总是大有可为的。

6.1.4.3 税收公平与效率的关系

税收公平与效率是密切相关的，从总体上讲，税收的公平与效率是互相促进、互为条件的统一体。首先，效率是公平的前提。如果税收活动阻碍了经济发展，影响了国民收入的增长，尽管是公平的，也是没有意义的。因为税收作为一种分配手段是以丰裕的社会产品为基础的，而没有效率的公平便成了无本之木。所以，真正的公平必须融合了效率的要求，必须是有效率的公平。其次，公平是效率的必要条件。尽管公平必须以效率为前提，但失去公平的税收也不会是高效率的。因为税收不公平必然会挫伤企业和个人的积极性，甚至引致社会矛盾，从而使社会生产缺少动力和活力，自然也就无效率可言。因此，真正的税收效率必须体现公平的要求，必须是大体公平的。当然，税收的公平与效率的统一并不是绝对的，从某一具体的课征活动来说，两者会有矛盾和冲突。如商品课税可以通过各类奖限政策促进合理配置资源和发展生产，一般认为是有效率的，但由于它背离了量能纳税的原则，有时会造成纳税人的苦乐不均，通常又被认为是不公平的。再如，所得课税具有负担合理、课征公平的优点，但它距离经济运转过程较远，很难直接调节生产和流通，又有效率不高的缺点。因此，在税制建设和征收管理上有公平与效率难以兼顾的说法。

6.1.5 税收的效应

6.1.5.1 税收效应的含义

税收效应是指政府课税所引起的各种经济反应。政府课税除为满足财政所需外，总是要对经济施加某种影响。但其影响的程度和效果如何，不一定会完全符合政府的最初意愿，纳税人对政府课税所做出的反应可能和政府的意愿保持一致，但更多的情况可能是与政府的意愿背道而驰。如课税太重或课税方式的不健全，都可能使纳税人不敢去尽心尽力地运用他的生产能力。又如政府课征某一种税，是想促使社会资源配置优化，但执行的结果可能是社会资源配置更加不合理。凡此种种，都可归于税收的效应。

6.1.5.2 税收效应的分类

税收效应在理论上常分为正效应与负效应、收入效应与替代效应、中性效应与非中性效应、激励效应与阻碍效应等。在实际分析中，根据需要，税收的效应还可进一步分为储蓄效应、投资效应、产出效应、社会效应、心理效应等。

（1）正效应与负效应。一种税的开征必定使纳税人或经济活动做出某些反应。如果这些反应与政府课征该税时所希望达到的目的一致，税收的这种效应就称为正效应；如果课税实际产生的经济效果与政府课税目的相违背，税收的这种效应则称为负效应。例如，我国曾开征的烧油特别税，课征的主要目的是通过对工业锅炉和窑炉烧用的原油和重油征税，以达到限制和压缩烧油，实现以煤代油。如果有充分的数据说明，通过一年或若干年的课税之后，政府课征该税所取得的收入越来越少，则说明工业锅炉和窑炉烧用应税油品的现象在逐渐减少，该税发挥的效应是正效应。税收负效应一个最明显的例子是1747年英国课征的窗户税，征税的目的是想取得财政收入，但其结果是纳税人为了逃避该税纷纷将窗户堵塞。显然政府通过该税的课征不仅未能使财政收入逐渐增大，反而使纳税人将窗户封塞而减少了舒适感。

政府课征某税究竟是在产生正效应还是在产生负效应，可用课征该税取得收入的环比增长率来测定。用公式表示如下：

$$收入环比增长率 = （本期收入 - 上期收入）/ 上期收入 \times 100\% \tag{6-4}$$

如果政府课征该税的主要目的是筹集财政收入，上式中收入环比增长率为正时，则该税产生的效应是正效应；如果比率为零或为负，则说明该税没有产生正效应甚或产生了负效应；如果政府课征该税的主要目的不是筹集财政收入，而是为了限制经济活动向原有方向发展或促进其向新的方向发展，那么上式中收入环比增长率为负时，则该税产生的效应为正效应，如果比率为零或为负，则说明该税无效应或产生了负效应。在这里，政府的职责在于应经常对税收的正负效应进行分析，要根据产生负效应的原因，及时修正税则，使课税产生的效果和政府的初衷保持一致。

（2）收入效应与替代效应。从税收对纳税人的影响来看，一般可产生收入效应或替代效应，或两者兼有。所谓税收的收入效应，是指课税减少了纳税人可自由支配的所得和改变了纳税人的相对所得状况。税收的收入效应本身并不会造成经济的无效率，它只表明资源从纳税人手中转移到政府手中。但因收入效应而引起纳税人对劳动、储蓄和投资等所做出的进一步反应则会改变经济的效率与状况。

税收的替代效应是指当某种税影响相对价格或相对效益时，人们就选择某种消费或活动来代替另一种消费或活动。例如，累进税率的提高，使工作的边际效益减少，人们就会选择休息来代替部分工作时间；又如对某种商品课税可增加其价格，从而引起个人消费选择无税或轻税的商品。税收的替代效应一般会妨碍人们对消费或活动的自由选择，进而导致经济的低效或无效。

（3）中性效应与非中性效应。中性效应是指政府课税不扰乱市场经济运行，即不改变人们对商品的选择，不改变人们在支出与储蓄之间的抉择，不改变人们在努力工作还是休闲自在之间的抉择。能起中性效应的税我们称为中性税。中性税只能是对每个人一次征收的总额税——人头税，因为人头税不随经济活动的形式变化而变化，所以它对经济活动不会产生什么影响。但人头税由于课及所有的人，它可能会影响到纳税人家庭对人口多少的规划。所以，即使是人头税，在一般情况下，也不可能是完全中性的。可以肯定地说，在现代社会，完全意义上的中性税是根本不存在的。

与中性效应相反，非中性效应是指政府课税影响了经济运行机制，改变了个人对消费品、劳动、储蓄和投资等的抉择，进而影响到资源配置、收入分配和公共抉择等。几乎所有的税收都会产生非中性效应，因而现代社会的税收均属非中性税收。

（4）激励效应与阻碍效应。税收激励效应是指政府课税（包括增税或减税）使人们更热衷于某项活动，而阻碍效应则是指政府课税使人们更不愿从事某项活动。但政府的课税究竟是产生激励效应还是产生阻碍效应，取决于纳税人对某项活动的需求弹性。弹性很少，则政府课税会激励人们更加努力地工作，赚取更多的收入，以保证其所得不因课税而有所减少；如果纳税人对税后所得的需求弹性大，则政府课税会妨碍人们去努力工作，因为与其努力工作，赚取收入付税还不如少赚收入不付税。

6.2　税收制度

6.2.1　税收制度的组成和发展

6.2.1.1　税收制度的组成

税收制度有两种不同角度的理解。一种理解认为，税收制度是国家各种税收法令和征收管理办法的总称，在认识上侧重于税收的工作规范和管理章程。具体指一个国家为了取得财政收入或调节社会经济活动，必须以法律形式规定向谁征税、对什么征税、征多少税以及何时何地纳税等，包括纳税人、征税对象、税率、纳税环节、纳税期限、附加、加成和减免、违章处理等。其中，纳税环节是指税法规定的从生产到消费商品流转过程中选定的缴纳税款的环节；纳税期限是纳税单位和个人对不同税种应当缴纳税款的期限，它是税收稳定性和及时性特点的具体反映；违章处理是指国家对纳税人偷税、漏税、抗税、骗税等违反税法行为的处理。这种理解是世界各国对税收制度组成的一般观点。另一种理解认为，税收制度是国家按一定政策原则组成的税收体系，其核心是主体税种的选择和各种税的搭配问题。在认识上侧重于税收活动的经济意义。历史上一个国家税种的选择和组成方式有两种演变形式：一是单一税制论，即认为一个国家的税收制度应由一个税类或少数几个税种构成；二是复合税制论，即认为一个国家的税收制度必须由多种税类的多个税种组成，通过多种税的互相配合和相辅相成组成一个完整的税收体系。由于单一税制缺乏弹性，难以充分发挥筹集财政收入和调节社会经济的功能，因此，从世界各国的税收实践来看，普遍实行的是复合税制。中国的复合税制由四大税类20种税组成。

6.2.1.2　我国税制的发展史

任何一个国家的税收制度都是为适应特定的政治经济条件建立的。新中国成立以来，随着我国政治经济形势的变化和需要，税收制度历经多次变革，有些老的税种被淘汰，有些被分化或合并，还有的税种名存实亡。通过改制，有力地保证了国家财政的需要，有效地促进了国民经济的稳定和发展。我国历经的规模较大的税制改革主要有以下几个时期。

（1）1953 年的工商税制改革。其核心内容有三个方面：①开征商品流通税。②修订货物税和营业税。③取消特种消费行为税，取消或停征除牲畜交易税以外的其他交易税。

（2）1958 年的工商税制改革。其核心内容有三个方面：①实行工商统一税，取代原有的货物税、商品流通税、营业税和印花税。②建立工商所得税，即把原有的工商业税中的所得税改为一个独立的税种。③在全国范围内统一税制。

（3）1973 年的工商税制改革。其核心内容有两个方面：①合并税种。把工商统一税及其附加、对企业征收的城市房地产税、车船使用牌照税和屠宰税及盐税合并为工商税。合并后，对国营企业只征收工商税，对集体企业只征工商税和工商所得税。②简化税目和税率，税目由原来的 108 个减为 44 个，税率由原来的 141 个减为 82 个。

（4）1979～1993 年的工商税制改革。其核心内容有四个方面：①陆续开征产品税、增值税、营业税和消费税。健全了流转税体系。②相继开征国营企业所得税、集体企业所得税、城乡个体工商业户所得税、私营企业所得税、个人收入调节税。健全了所得税体系。③开征和恢复了城市房地产税、车船使用税、土地使用税、资源税和盐税。④开征了中外合资经营企业所得税、外国企业所得税和个人所得税。逐步形成了包含 30 多个税种的较为完善的税收体系。

（5）1994 年的工商税制改革。其核心内容涉及四个方面：①以推行规范化的增值税为核心，相应设置消费税、营业税，建立新的流转课税体系。②对内资企业实行统一的企业所得税。取消原来分设的国营企业所得税、国营企业调节税、集体企业所得税、私营企业所得税。③统一了个人所得税法。取消了原设的个人收入调节税、城乡个体工商业户所得税、个人所得税。④调整了资源税、城市维护建设税和城镇土地使用税；取消集市交易税、牲畜交易税、烧油特别税、奖金和工资调节税；开征了土地增值税、证券交易税、房产税。

改革后，税种设置由原来的 32 个减至 23 个（包括农牧业税和关税在内），目前初步实现了税制的简化和高效的统一。正是上述税制改革，奠定了 20 年来中国财政管理体制的基础，是中国税制发展史上的一个重要里程碑。

（6）2004 年后的税制调整。2004 年，按照党的十六届三中全会关于"分步实施税收制度改革"的部署，新一轮的税制改革开始启动，并在今后的过程中逐步完善。新的税改内容有：①2004 年 7 月 1 日起，积极稳妥地推进增值税转型改革。②2004 年 1 月 1 日起，我国对出口退税机制进行了重大改革，降低出口退税率。③2006 年，深入进行农村税费改革，全面取消了农业税，这标志着在我国延续了 2600 年的农业税从此退出历史的舞台。④2005 年 8 月 23 日，实施个人所得税制度的改革，2006 年，个税起征点提高到 1600 元/月；2008 年，提高到 2000 元/月；2011 年，提高到目前的 3500 元；2019 年，提高到 5000 元。⑤2006 年 7 月 1 日起，进行了内外资企业所得税"两法合并"改革，内资企业所得税税前扣除的计税工资定额标准统一调整为每人每月 1600 元，缩小了内资企业与外资企业的税负差距，推进了公平竞争。⑥2006 年初，调整了消费税。⑦2007 年，地方税制度开始进行调整和改革。⑧2009 年 1 月 1 日，国家完成了对增值税、消费税和营业税暂行条例的修订，并正式对外发布。⑨2010 年，全面实施增值税转型改革，顺利推行成品油税费改革，健全和完善统一规范透明的财政转移支付制度。⑩2012 年 1 月 1 日，上海市率先对交通运输业和部分现代服务业启动"营改增"试点。⑪2016 年 5 月 1 日，"营改增"全面推行，至此营业税退出历史舞台。5 年多来，我国逐步实现了增值税对货物和服务的全覆盖，2013～2017 年，我国实施"营改增"改革已累计减税 2.1 万亿元。⑫2016 年 12 月 25 日，旨在保护和改善环境的环境保护税成功通过全国人民代表大会立法，并于 2018 年 1 月 1 日起施行。这一时期的税收制度的改革有利于加强我国的宏观调控的力量，增强了税收的调节经济的作用，对我国加入 WTO 以后的经济全球化发展起到了积极的作用。

从以上论述中可以发现，改革开放以前，我国税收制度的改革，基本上是合并、简化的趋势。这一时期，国民经济发展发展曲折缓慢，税收制度的发展也不尽如人意，税收作为调节经济的手段的作用被削弱，这在一定程度上更抑制了经济的发展。改革开放以后，我国的国民经济突飞猛进，税收制度也发展迅速，税收制度的改革是课税对象多元化，税收制度健全化，税收作为调节经济的杠杆作用也日益突出。

6.2.2　商品类课税

商品课税是指对生产、消费的商品或提供的劳务所课的税。这里所说的商品，既包括有形商品，如食品、服装、住宅等，也包括无形商品，如专利、技术等；既包括资本性商品——生产资料，也包括消费品——生活资料；既包括本国商品，也包括从外国进口的商品。劳务通常只包括经营者提供的劳务，如宾馆向客人提供的食宿服务等；不包括被雇佣者提供的劳务，如公司职员受雇之后为本公司提供的劳务等；也不包括自我提供的劳务，如家务劳动等。

6.2.2.1　商品课税的特性

商品课税在历史上是各国取得财政收入的主要手段。它和财产税、所得税共同构成当代税收的三大体系。与财产税、所得税相比，商品课税具有以下几方面特性。

（1）课税对象广泛。商品和劳务是社会最基本的活动，也是最广泛的课税对象。和财产税、所得税相比，商品税的课税对象最为广泛，因而易于政府取得财政收入。

（2）以流转额为课税基础。与所得税相比，商品课税征于产品交易的卖方，即企业单位的毛收入或增值额；而所得税则课征于生产要素交易的卖方，即个人家庭部门的纯所得。所以商品课税是以商品价值的流转额为课税基础，而不是以净所得为基础。最重要的区别是：所得课税是对人税，而商品课税是对物税。所得税要给予纳税人以个人情况的宽免和扣除，并可适用累进税率；商品税则不考虑个人情况，并适用比例税率。

（3）课税环节较多。商品课税的课征环节，从商品流通过程来看，商品从原材料到产成品，要经过产制、批发和零售等环节，才能进入消费者手中。其中，经过的阶段和交易的次数有多有少，还经常分合多变。正因为商品流通存在阶段性，因而课税的环节（阶段）不同，税收收入和对商品生产及流通的作用就不同。

（4）重复课税的存在。正因为商品课税存在课征环节问题，故要在两个环节以上课征，或每一商品未进入最终消费品市场而继续流通，经过课税环节就要纳税，因而形成重复课税。重复课税是商品课税的一大特性。

（5）税负可以转嫁。由于商品课税是在商品流通中进行的，故纳税人很可能通过提高商品价格，转嫁给消费者；或压低收购价格而转嫁给生产者等，而使税款转嫁给他人。

（6）商品税属于对物税。所得税和财产税属于对人税，商品税则属于对物税。因而商品税可以发挥对物税的一切功能来为国家政治和社会经济服务。

6.2.2.2　增值税

（1）增值税概述。增值税是以生产经营中所新增加的价值额为依据而计算征收的一种流转税。简单地讲，增值额就是购销差价，即因提供应税商品和劳务而取得的收入价格与该商品与劳务外购成本价格之间的差额。也就是说，增值税以应税商品和劳务的购销差价为课税依据。

增值税已经成为中国最主要的税种之一，增值税的收入占中国全部税收的60%以上，是最大的税种。增值税由国家税务局负责征收，税收收入中50%为中央财政收入，50%为地方收入。进口环节的增值税由海关负责征收，税收收入全部为中央财政收入。2018年4月4日，财政部发布税率调整文件《财政部税务总局关于调整增值税税率的通知》，5月1日起，制造业等行业增值税税率从17%降至16%，交通运输、建筑、基础电信服务等行业及农产品等货物的增值税税率从11%降至10%。2019年4月1起又将制造业等行业现行16%的税率降至13%，将交通运输业、建筑业等行业现行10%的税率降至9%，保持6%一档的税率不变。

（2）增值税的特点。增值税是商品税的一种形式，除具有商品税的一般共性之外，又具有其自身的特殊性。从大多数已实行增值税国家的制度分析，现实中的增值税一般具有普遍征收、税不重征、多环节征、税负转嫁四个特点。

1）普遍征收。从征税范围看，增值税依据普遍征税原则对从事商品生产经营和提供劳务的所有单位和个人征税。虽然各国的征收范围有宽有窄，但增值税不局限于对少数商品或劳务征税，而是对商品生产、流通、劳务交换过程中发生的增值额普遍征收，可涉及商品生产、批发、零售和各种服务业，甚至农业，有利于税制简化，税负公平和适度，有利于保证财政收入。

2）税不重征。增值税以增值额为课税对象，对生产和销售过程中的各个环节分阶段征收，每阶段只征收其流转额中的增值部分，单位产品的含税量始终相同，消除了重复征税，有利于促进专业化协作生产。无论各国的法定增值额有多大的差别，增值税都是以增值额而不是以销售全额为课税对象。以增值额为课税对象是增值税的最基本的特点。

3）多环节征。从纳税环节看，增值税实行多环节征税，即在生产、批发、零售、劳务提供和进口等各个经营环节分别课税，而不是只在某一环节征税。由于税不重征，就有可能对生产经营活动的多环节实行多次课税，因为，多次或多环节课税也不会改变税收负担。同时，对创造和实现的价值增值采取单一税率或少数税率平等征收，对经济活动，包括生产行为和消费行为一般不发生影响。能促进不同经济成分公平竞争，符合市场经济发展对税收制度的要求。

4）税负转嫁。对货物和劳务的最终消费征收，纳税人已付的税款在每次的销售中从消费者那里得到补偿，即下一阶段的纳税人是上一阶段纳税人已缴税款的真实负担者。

（3）增值税的纳税人。增值税的纳税人是在我国境内所有从事销售或进口货物、提供应税劳务的单位和个人，包括国有企业、集体企业、私有企业、股份制企业、其他企业和行政单位、事业单位、军事单位、社会团体及其他单位、个体经营者和其他个人。企业租赁或承包给他人经营的，以承租人或承包人为纳税人。参照国际惯例，《增值税条例》将纳税人按其经营规模及会计核算水平划分为一般纳税人和小规模纳税人。

1) 小规模纳税人。小规模纳税人是指从事货物生产或者提供劳务的纳税人，以及以从事货物生产或者提供劳务为主，并兼营货物批发或者零售的纳税人，年应税销售额在50万元以下（含本数，下同）的；"以从事货物生产或者提供劳务为主"是指纳税人的年货物生产或者提供劳务的销售额占年应税销售额的比重在50%以上。对上述规定以外的纳税人（不含发生销售服务、无形资产、不动产的纳税人），年应税销售额在80万元以下的为小规模纳税人。销售服务、无形资产、不动产的年销售额标准为500万元，销售服务、无形资产、不动产的年销售额未超过500万元的纳税人为小规模纳税人。

小规模纳税人会计核算健全，能够提供准确税务资料的，可以向主管税务机关办理登记，不作为小规模纳税人，依照《增值税暂行条例》有关规定计算应纳税额。

2) 一般纳税人。一般纳税人是指年应税销售额超过增值税条例认定的小规模纳税人标准的企业和企业性单位。增值税一般纳税人须向税务机关办理认定手续，以取得法定资格。一般纳税人的认定：销售货物的，为月销售额5000~20000元；销售应税劳务的，为月销售额5000~20000元；按次纳税的，为每次（日）销售额300~500元。从事生产货物或提供应税劳务，或以其为主兼营货物批发或零售的纳税人（适用50%的标准），年应税销售额大于50万元为一般纳税人；从事货物批发或零售的纳税人，年应税销售额大于80万元为一般纳税人；应税服务年销售额标准为500万元（不含税销售额），大于500万元为一般纳税人。

中国增值税纳税人中，尽管小规模纳税人缴纳税额所占比重不高，但小规模纳税人的户数占增值税纳税人户数的比重高达80%~90%。

(4) 征税范围。2016年5月1日全面"营改增"之后，增值税征税范围包括：销售或者进口的货物（货物是指有形动产，包括电力、热力和气体）；销售劳务（指纳税人有偿提供的加工、修理修配劳务）；销售服务；销售无形资产（指转让无形资产使用权或者所有权的业务活动）；销售不动产。

增值税的征税范围包括在国境内销售货物或者提供加工、修理修配劳务，以及进口货物；销售或进口的货物（货物是指有形动产，包括电力、热力和气体）；加工是指受托加工货物，即委托方提供原材料，受托方按照委托方的要求制造货物并收取加工费；修理修配是指受托对损伤和丧失功能的货物进行修复，使其恢复原状和功能的业务。

(5) 税率与征收率。现行增值税税率分为四种：对于一般纳税人在国内销售货物和应税劳务适用的基本税率为13%，特定货物适用于的照顾税率为9%；对于小规模纳税人在国内销售货物和应税劳务适用的征收率为3%。对于向境外出口的货物实行免税、退税或零税率的优惠政策（国务院另有规定的除外）。增值税的税率分别适用于下列情况：

1) 纳税人销售货物、劳务、有形动产租赁服务或者进口货物，税率为13%，这是通常所说的基本税率。

2) 纳税人销售交通运输、邮政、基础电信、建筑、不动产租赁服务，销售不动产，转让土地使用权，销售或者进口下列货物，税率为9%：

①粮食等农产品、食用植物油、食用盐；

②自来水、暖气、冷气、热水、煤气、石油液化气、天然气、二甲醚、沼气、居民用

煤炭制品；

③图书、报纸、杂志、音像制品、电子出版物；

④饲料、化肥、农药、农机、农膜；

⑤国务院规定的其他货物。

纳税人销售或者进口下列货物，按低税率计征增值税，税率为 9%：粮食、食用植物油、自来水、暖气、冷气、热水、煤气、石油液化气、天然气、沼气、居民用煤炭制品、图书、报纸、杂志、饲料、化肥、农药、农机、农膜等国务院规定的其他货物。

3）纳税人出口货物，税率为零。国务院另有规定的除外。

4）从 2009 年 1 月 1 日起，小规模纳税人无论工业还是商业，税率均调整为 3%。

（6）增值税计算和缴纳。企业销售或提供应税商品和劳务，应纳税额为当期销项税额抵扣当期进项税额后的余额。应纳税额的计算公式：

当期应纳增值税额 = 当期销项税额 − 当期进项税额 　　　　　　　　　　（6−5）

1）销项税额。销项税额是指按照销售额和规定的税率计算并向购买方收取的增值税额。

其计算公式为：

销项税额 = 销售额 × 增值税税率 　　　　　　　　　　　　　　　　　（6−6）

增值税计征中的销售额是指不包括增值税本身的净销售额，即纳税人销售货物或劳务收取的全部价款和价外费用，如手续费、包装费、违约金、滞纳金、运输装卸费等。

2）进项税额。进项税额是指纳税人因购进货物（材料、半成品和成品部件）向货物销售方支付的税款。显然，增值税作为对生产和劳务净值的课税，一般要对该项税款。税法规定，进项税款可分为可抵扣和不可抵扣两种情况。

①可抵扣的进项税款。可抵扣进项税款的增值税扣税凭证有增值税专用发票、海关进口增值税专用缴款书、农产品收购发票和农产品销售发票、从税务机关或者境内代理人取得的解缴税款的税收缴款凭证及增值税法律法规允许抵扣的其他扣税凭证。

可抵扣进项税款的两种抵扣时间：工业企业在购进的货物验收入库或购买的劳务费用已经支付后才能申报抵扣；商业企业购进货物在付款后才能申报抵扣，采用分期付款在尚未全部付清货款前不能申报。

②不可抵扣的进项税款。主要包括：用于简易计税方法计税项目、免征增值税项目、集体福利或者个人消费的购进货物、加工修理修配劳务、服务、无形资产和不动产；非正常损失所对应的进项税（如非正常损失的购进货物以及相关加工修理修配劳务和交通运输服务等）；特殊政策规定不得抵扣的进项税（如购进的旅客运输服务、贷款服务、餐饮服务等）。

主要包括未用于增值税应税项目的购进货物和劳务所支付的进项税额。虽用于增值税应税项目但不符合税法规定准予抵扣条件的进项税额。购进的固定资产，无论是从国内购入的还是进口的，或是接受的捐赠，也无论是否用于增值税应税项目，无论是否取得了合法的扣税凭证，均不得抵扣进项税额。

3）小规模纳税人应纳增值税的计算。

应纳增值税税额 = 不含税销售额 × 3% 　　　　　　　　　　　　　　　（6−7）

4）进口货物应纳增值税的计算。

进口货物应缴纳的增值税，应按规定的组成计税价格和适用税率计算，不得抵扣任何进项税款。

应纳增值税税额＝组成计税价格×增值税税率　　　　　　　　　　　　（6－8）

6.2.2.3　消费税

（1）消费税概述。消费税是对特定的消费品和消费行为所征收的一种税。消费税的征收具有较强的选择性，是国家贯彻消费政策、引导消费结构从而引导产业结构的重要手段，因而在保证国家财政收入，体现国家经济政策等方面具有十分重要的意义。其目的在于引导消费方向，调节消费规模和结构。它在各国开征亦较为普遍，具有特定的财政意义、经济意义和社会意义。

（2）我国消费税的特点

1）征收范围具有选择性。我国消费税在征收范围上根据政策与消费政策仅选择部分消费品征税，而不是对所有消费品都征收消费税。

2）一般情况下，征税环节具有单一性。主要在生产销售和进口环节上征收。

3）平均税率水平比较高且税负差异大。消费税的平均税率水平比较高，并且不同征税项目的税负差异较大；对诸如香烟等对需要限制或控制消费的消费品，通常税负较重。

4）计税方法具有灵活性。既采用对消费品采用单位税额，以消费品的数量实行从量定额的计税方法，也采用对消费品制定比例税率，以消费品的价格实行从价定率的计税方法。

（3）消费税的纳税人。消费税的纳税人是在我国境内从事生产、委托加工和进口应税消费品的单位和个人。此处"单位和个人"的具体范围与增值税的相关规定相同。

（4）消费税的征税范围。消费税的征税范围指在中华人民共和国境内生产、委托加工和进口的应税消费品。具体包括五大类、14种商品：

消费税征收的五大类型的产品：

第一类，一些过度消费会对人类健康、社会秩序、生态环境等方面造成危害的特殊消费品，如烟、酒、鞭炮、焰火等。

第二类，奢侈品、非生活必需品，如贵重首饰、珠宝玉石、化妆品、高尔夫球及球具、高档手表等。

第三类，高能耗及高档消费品，如小轿车、摩托车、游艇等。

第四类，不可再生和替代的石油类消费品，如成品油、汽油、柴油、木制一次性筷子、实木地板等。

第五类，具有一定财政意义的消费品，如护肤护发品。

具体的15种消费品为：烟，酒，高档化妆品，贵重首饰及珠宝玉石，鞭炮、焰火，成品油，摩托车，小汽车，高尔夫球及球具，高档手表，游艇，木制一次性筷子，实木地板，电池，涂料。

以上税目纳税环节相对单一：除卷烟和超豪华小汽车这两类消费品存在消费税的双环节课征外，其他应税消费品的纳税环节具有单一性。在零售环节缴纳消费税的金银首饰、铂金首饰、钻石及钻石饰品在生产销售、批发、进口环节不缴纳消费税；其他在进口环节、生产销售环节（出厂环节，特殊为移送环节）、委托加工环节缴纳消费税的消费品在之后批发、零售环节不再缴纳消费税。

以上税目，除金银、铂金、钻石饰品在零售环节征收，卷烟在批发环节加征外，其他均在生产环节征收。

（5）税率。消费税的税率包括比例税率和定额税率两类。比例税率，从最低的 1% 到最高的 56%，分别适用于不同税目的消费品；定额税率适用于一些市场供求基本平衡，同类产品之间价格差别不大的消费品，如汽油、柴油、成品油等税目以及啤酒、黄酒等子目。消费税税目税率如表 6-1 所示。

表 6-1　消费税税目税率

税　目	税率（额）
一、烟	
1. 卷烟	
（1）甲类卷烟（生产或进口环节）	56% 加 0.003 元/支
（2）乙类卷烟（生产或进口环节）	36% 加 0.003 元/支
（3）批发环节	11% 加 0.005 元/支
2. 雪茄烟	36%
3. 烟丝	30%
二、酒	
1. 白酒	20% 加 0.5 元/500 克（或者 500 毫升）
2. 黄酒	240 元/吨
3. 啤酒	
（1）甲类啤酒	250 元/吨
（2）乙类啤酒	220 元/吨
4. 其他酒	10%
三、高档化妆品	15%
四、贵重首饰及珠宝玉石	
1. 金银首饰、铂金首饰和钻石及钻石饰品	5%
2. 其他贵重首饰和珠宝玉石	10%
五、鞭炮、焰火	15%
六、成品油	
1. 汽油	1.52 元/升
2. 柴油	1.2 元/升
3. 航空煤油	1.2 元/升
4. 石脑油	1.52 元/升
5. 溶剂油	1.52 元/升
6. 润滑油	1.52 元/升
7. 燃料油	1.2 元/升
七、小汽车	
1. 乘用车	

续表

税　目	税率（额）
（1）气缸容量（排气量，下同）在 1.0 升（含 1.0 升）以下的	1%
（2）气缸容量在 1.0 升以上至 1.5 升（含 1.5 升）的	3%
（3）气缸容量在 1.5 升以上至 2.0 升（含 2.0 升）的	5%
（4）气缸容量在 2.0 升以上至 2.5 升（含 2.5 升）的	9%
（5）气缸容量在 2.5 升以上至 3.0 升（含 3.0 升）的	12%
（6）气缸容量在 3.0 升以上至 4.0 升（含 4.0 升）的	25%
（7）气缸容量在 4.0 升以上的	40%
2. 中轻型商用客车	5%
3. 超豪华小汽车（零售环节）	10%
八、摩托车	
1. 气缸容量为 250 毫升的	3%
2. 气缸容量为 250 毫升以上的	10%
九、高尔夫球及球具	10%
十、高档手表	20%
十一、游艇	10%
十二、木制一次性筷子	5%
十三、实木地板	5%
十四、电池	4%
十五、涂料	4%

纳税人兼营不同税率的应税消费品，应当分别核算不同税率应税消费品的销售额、销售数量。未分别核算销售额、销售数量，或者将不同税率的应税消费品组成成套消费品销售的，从高适用税率。

例如，某酒厂既生产税率为 20% 的粮食白酒，又生产税率为 10% 的其他酒，如汽酒、药酒等，该厂应分别核算白酒与其他酒的销售额，然后按各自适用的税率计税；如不分别核算各自的销售额，其他酒也按白酒的税率计算纳税。如果该酒厂还生产白酒与其他酒小瓶装礼品套酒，就是税法所指的成套消费品，应按全部销售额按白酒的税率 20% 计算应纳消费税额，而不能以其他酒 10% 的税率计算其中任何一部分的应纳税额了。对未分别核算的销售额按高税率计税，意在督促企业对不同税率应税消费品的销售额分别核算，准确计算纳税。

（6）应纳税额的计算。

1）适用比例税率的消费品的计算公式为：

应纳税额 = 消费品的销售额 × 税率　　　　　　　　　　　　　　　　（6-9）

同增值税类似，上述消费品的销售额也是不含增值税的，转换公式同增值税的转换公式相同。

2）适用定额税率的消费品的计算公式为：

应纳税额 = 消费品销售数量 × 单位税额   (6 - 10)

6.2.2.4 关税

（1）关税的含义。关税是指设置在国家指定的边境、沿海口岸，或者设置在境内的其他水、陆、空国际交往通道的海关机构，依法对进出关境（国境）的货物和物品，就其流转额所征收的一种税。作为一种较为古老的税种，它在各国开征十分普遍，且具有较强的政策性。根据商品在国境上的不同流向，关税可分为进口关税、出口关税和过境关税或转口关税。由于进口税对于国际经济和一国的民族经济的发展影响更大，因而各国一般主要是征收进口税，并且以对进口货物征税为主。

（2）征税范围。关税的征税范围包括准许进出我国关境的各类货物和物品。其中，货物是指贸易性的进出口商品，物品是指非贸易性的与特定的个人相关的物品，包括旅客的行李物品、个人邮递物品、馈赠物品及其他个人日用物品。

（3）税法主体。关税的征税主体是海关，纳税主体包括进口货物的收货人，出口物的发货人，接受委托办理有关货物进出口手续的代理人，物品的所有人或持有人、收货人或其代理人。

（4）税率。我国关税实行差别比例税率，并且，同一税目的货物适用的税率可分为进口税率和出口税率两类。而进口税率又按优惠程度分为最惠国税率、协定税率、特惠税率和普通税率四种。对于出口货物，按照"奖出限入"的原则，除某些市场容量有限或资源有限又大量需求的货物外，一般免征出口关税。

（5）应纳税额的计算。进出口关税实行从价计征，其计税依据是进出货物和物品的完税价格。具体来说：进口货物以海关审定的到岸价格为完税价格，到岸价格不能确定的，由海关估定；出口货物应当以海关审定的货物售与境外的离岸价格，扣除出口关税后，作为完税价格。离岸价格不能确定时，亦由海关估定；进口物品由海关参照该项物品的境外正常零售平均价格确定其完税价格。

在完税价格确定或估定以后，即可计算关税的应纳税额，其计算公式为：

应纳税额 = 关税的完税价格 × 税率   (6 - 11)

（6）税收减免。关税的税收减免项目较多，可分为法定减免、特定减免、暂时免税、临时减免四大类。其中，法定减免是指应依据税法的明确规定来实施的税收减免；特定减免是国务院及其授权机关在法定减免之外，为实现特定的目的而特准给予的税收减免；暂时免税是对纳税义务人进出口货物并在 6 个月内复运出境或进境临时给予的减免，它不具有普遍的减免效力；临时减免税是指以上法定和特定减免税以外的其他减免税，即由国务院根据《海关法》对某个单位、某类商品、某个项目或某批进出口货物的特殊情况，给予特别照顾，一案一批，专文下达的减免税。

6.2.3 所得类课税

6.2.3.1 所得课税概述

（1）所得课税的含义。

所得课税又称收益课税，是指以所得额为课税对象的税类。所得课税可以根据纳税人的不同分为对企业课税和对个人课税两大类。所得税是大多数西方国家的主体税种。

（2）所得课税的特点。

1）税负不易转嫁。由于所得税的课税对象是纳税人的最终所得，一般不易进行税负转嫁，这有利于直接调节纳税人的收入，缩小收入差距，实现税收的公平原则。在采用累进税率的条件下，这一作用尤其明显。

2）税负相对公平。所得税以所得额为课征对象，课税环节单一，只要不存在两个以上的课税主体，就不会存在重复征税。另外，所得税是以纯收入或净所得为计征依据，一般实行多得多征、少得少征的累进征税办法，合乎量能课税的原则。同时，所得税往往规定起征点、免征额及扣除项目，可以在征税上照顾低收入者，不会影响纳税人的基本生活。

3）税源普遍，课征有弹性。在通常情况下，凡从事生产经营活动的经济主体一般都有所得，都要缴所得税，因此，所得税的税源很普遍。此外，由于所得税的税负不易转嫁，税收效应较为清晰，政府可以根据需要比较灵活地调整税负，有利于实现税收政策的目标。

4）计税较复杂，征收管理难度大。由于所得税以应纳税所得额为计税依据，而所得额的多少又直接取决于成本、费用的高低，但费用扣除核实的难度往往较大，容易造成偷漏税现象；而且个人所得税纳税户多、税额小、税源分散，加上累进税率计算烦琐，计税复杂，征收成本较高。因此，所得税征收管理的难度相对较大。

（3）所得课税的税率。一般分为比例税率与累进税率。在累进税率中，又分为全额累进与超额累进。各国一般根据本国具体的政治经济情况来确定自己的税率制度。税率的高低，累进的级距，对于社会经济发展和人的积极性发挥有一定影响。我国所得课税主要有两个税种：企业所得税和个人所得税。

6.2.3.2 企业所得税

（1）企业所得税的含义。企业所得税是对企业生产经营所得和其他所得征收的一种税。生产经营所得是指纳税人的主营业务所得；其他所得是指纳税人股息、利息、租金、转让资产等以及营业外收益等项所得。企业所得税是国家参与企业纯收入分配的一种重要手段。

（2）企业所得税的纳税人。企业所得税的纳税人分为居民企业和非居民企业，这是根据企业纳税义务范围的宽窄进行的分类方法，不同的企业在向中国政府缴纳所得税时，纳税义务不同。把企业分为居民企业和非居民企业，是为了更好地保障我国税收管辖权的有效行使。税收管辖权是一国政府在征税方面的主权，是国家主权的重要组成部分。根据国际上的通行做法，我国选择了地域管辖权和居民管辖权的双重管辖权标准，最大限度地维护我国的税收利益。

1）居民企业是指依法在中国境内成立，或者依照外国（地区）法律成立但实际管理机构在中国境内的企业。这里的企业包括国有企业、集体企业、私营企业、联营企业、股份制企业、外商投资企业、外国企业以及有生产、经营所得和其他所得的其他组织。其中，有生产、经营所得和其他所得的其他组织，是指经国家有关部门批准，依法注册、登记的事业单位、社会团体等组织。由于我国的一些社会团体组织、事业单位在完成国家事业计划的过程中，开展多种经营和有偿服务活动，取得除财政部门各项拨款、财政部和国家物价部门批准的各项规费收入以外的经营收入，具有了经营的特点，应当视同企业纳入征税范围。其中，实际管理机构，是指对企业的生产经营、人员、账务、财产等实施实质性全面管理和控制的机构。

2）非居民企业是指依照外国（地区）法律成立且实际管理机构不在中国境内，但在中国境内设立机构、场所的，或者在中国境内未设立机构、场所，但有来源于中国境内所得的企业。非居民企业委托营业代理人在中国境内从事生产经营活动的，包括委托单位或者个人经常代其签订合同，或者储存、交付货物等，该营业代理人视为非居民企业在中国境内设立的机构、场所。

（3）企业所得税的征收范围。企业所得税的征收范围一般为纳税人来源于我国境内、境外的生产经营所得和其他所得。生产经营所得，是指纳税人从事物质生产、交通运输、商品流通、劳务服务和其他规定的营利事业取得的所得。其他所得，是指纳税人取得的股息、利息（不包括国库券利息）、租金、转让各类资产收益、特许权使用费和营业外收益等所得。

（4）企业所得税税率。从 2008 年 1 月 1 日起至今，现行税制中的企业所得税基本税率为 25%；非居民企业适用税率 20%（实际征收时按 10% 的优惠税率计征）；符合条件的小型微利企业适用税率 20%；国家需要重点扶持的高新技术企业和经认定的技术先进型服务企业适用税率 15%。

（5）应纳税所得额的计算。企业所得税以应纳税所得额为计税依据。应纳税所得额，是指纳税人每一纳税年度的收入总额减去准予扣除项目以后的余额。其计算公式是：

企业所得税应纳税所得额 = 收入总额 - 不征税收入 - 免税收入 - 各项扣除金额 - 允许弥补的以前年度的亏损 (6-12)

（6）应纳税额的计算

应纳税额 = 应纳税所得额 × 适用税率 - 减免税额 - 抵免税额 (6-13)

6.2.3.3 个人所得税

个人所得税是对我国境内的公民个人从我国境内外取得的所得和境外个人来源于我国境内的所得征收的一种税。它是各国开征十分普遍的一个税种，在组织财政收入、提高公民纳税意识，尤其在调节个人收入分配差距方面具有重要作用。

（1）个人所得税的特点。

1）征收范围由各国行使的税收管辖权决定。税收管辖权就是国家在处理税收事务方面的管理权，是国家主权在经济方面的体现。按照属地原则所确立的税收管辖权，叫作"收入来源地税收管辖权"。按照属人原则所确立的税收管辖权，叫作"居民（公民）税收管辖权。"

2）多数国家采用超额累进税率。

3）课征方法主要自行申报纳税和代扣代缴纳税两种。自行申报纳税是由纳税人自行在税法规定的纳税期限内，向税务机关申报取得的应税所得项目和数额，如实填写个人所得税纳税申报表，并按照税法规定计算应纳税额，据此缴纳个人所得税的一种方法。代扣代缴是指按照税法规定负有扣缴税款义务的单位或者个人，在向个人支付应纳税所得时，应计算应纳税额，从其所得中扣除并缴入国库，同时向税务机关报送扣缴个人所得税报告表。这种方法有利于控制税源、防止漏税和逃税。

（2）个人所得税的纳税人。征税主体是税务机关，纳税主体可分为两类，即居民纳税人和非居民纳税人。其中，凡在我国境内有住所，或者无住所而在境内居住满1年的个人，即为居民纳税人；凡在我国境内无住所又不居住，或者无住所而在我国境内居住不满1年的个人，为非居民纳税人。

（3）征税范围。我国实行分项所得税制，具体包括11个税目，即工资、薪金所得；个体工商户的生产、经营所得；对企事业单位的承包经营、承租经营所得；劳务报酬所得；稿酬所得；特许权使用费所得；利息、股息、红利所得；财产租赁所得；财产转让所得；偶然所得以及经国务院财政部门确定征税的其他所得。

（4）税率（见表6-2和表6-3）。

表6-2　个人所得税税率表一

（工资、薪金所得，劳务报酬所得，稿酬所得，特许权使用费所得适用）

级数	应纳税所得额	税率（%）	速算扣除数
1	不超过3000元的	3	0
2	超过3000元至12000元的部分	10	210
3	超过12000元至25000元的部分	20	1410
4	超过25000元至35000元的部分	25	2660
5	超过35000元至55000元的部分	30	4410
6	超过55000元至80000元的部分	35	7160
7	超过80000元的部分	45	15160

表6-3　个人所得税税率表二

（个体工商户的生产经营所得和对企事业单位的承包经营、承租经营所得适用）

级数	全年应纳税所得额	税率（%）	速算扣除数（元）
1	不超过30000元的	5	0
2	超过30000至90000元的部分	10	1500
3	超过90000至300000元的部分	20	10500
4	超过300000至500000元的部分	30	40500
5	超过500000元的部分	35	65500

例如：某人某月工资减去五险一金个人缴纳部分和专项附加扣除的金额后为8500元，个税计算：（8500-5000）×10%-210=140（元）。

（5）应纳税额的计算。个人所得税应纳税额的计算，应首先按税法规定确定应税所得额，然后即可计算应纳税额，其计税公式是：

应纳税额＝应税所得额×税率　　　　　　　　　　　　　　　　　　（6-14）

费用扣除的一般方法：我国现行个人所得税的扣除项目，采取分项确定、分类扣除，根据其所得的不同情况分别实行定额、定率和会计核算三种扣除办法。具体扣除规定如下：

1) 工资、薪金所得。以每月收入扣除五险一金（个人缴纳部分）、专项附加扣除额及 5000 元后的余额，为应纳税所得额，适用 3%～45% 的七级超额累进税率。对外籍人员和在境外工作的中国公民的工资、薪金所得，同样适用于 5000 元/月的扣除标准。

2) 个体工商户的生产、经营所得。以每一纳税年度的收入总额减除成本、费用和损失后的余额为应纳税所得额，适用 5%～35% 的五级超额累进税率。

3) 企事业单位的承包经营、承租经营所得。以每一纳税年度的收入总额减除必要的费用后的余额为应纳税所得额，适用 5%～35% 的五级超额累进税率。

4) 稿酬所得。纳税人每次稿酬收入不超过 4000 元的，减除 800 元的费用；4000 元以上的，减除 20% 的费用，其余额为应纳税所得额，适用 20% 的税率，并按其应纳税额减征 30%，故其实际税率为 14%。

5) 劳务报酬所得、特许权使用费所得、财产租赁所得。每次收入不超过 4000 元的，减除 800 元的费用；4000 元以上的，减除 20% 的费用，其余额为应纳税所得额，适用 20% 的税率。其中，劳务报酬一次收入在 2 万～5 万元，加成征收 50%；一次报酬在 5 万元以上，加成征收 100%。

6) 财产转让所得。以转让财产的收入总额减除财产原值和合理费用的余额为应纳税所得额，适用 20% 的税率。

7) 利息、股息、红利所得，偶然所得和其他应纳税所得。不减除任何费用，以每次收入额为应纳税所得额，适用 20% 的税率。

(6) 个人所得税申报及缴纳。个人所得税实行代扣代缴和纳税义务人自行申报两种计征办法。

1) 代扣代缴。应扣缴税款的所得项目：工资、薪金所得；对企事业单位的承包经营、承租经营所得；劳务报酬所得；稿酬所得；特许权使用费所得；利息、股息、红利所得；财产租赁所得；财产转让所得；偶然所得，以及经国务院财政部门确定征税的其他所得。

2) 自行纳税申报。纳税义务人有以下情形之一的，应当按照规定到主管税务机关办理纳税申报：年所得 12 万元以上的；从中国境内两处或者两处以上取得工资、薪金所得的；从中国境外取得所得的；取得应纳税所得，没有扣缴义务人的；国务院规定的其他情形。

个人所得税纳税期限：一般情况下，纳税人应在取得应纳税所得的次月 15 日内向主管税务机关申报所得并缴纳税款。

(7) 个人所得税的减免项目。

1) 免税项目

①省级人民政府，国务院部委和中国人民解放军军以上单位，以及外国组织颁发的科学、教育、技术、文化、卫生、体育、环境保护等方面的奖金给予免税。

②国债和国家发行的金融债券利息给予免税。

③按照国家统一规定发给的津贴、补贴给予免税。这个津贴、补贴是指按照国务院规定发给的政府特殊津贴和国务院规定免纳个人所得税的补贴津贴。

④福利费、抚恤金、救济金给予免税。福利费是指根据国家有关规定，从企业、事业单位、国家机关、社会团体提留的福利费或者工会经费中支付给个人的生活补助费；救济

金是指国家民政部门支付给个人的生活困难补助费。

⑤保险赔款给予免税。

⑥军人的转业费、复员费给予免税。

⑦按照国家统一规定发给干部、职工的安家费、退职费、退休工资、离休工资、离休生活补助费给予免税。

⑧依照我国有关法律规定应予免税的各国驻华使馆、领事馆的外交代表、领事官员和其他人员的所得给予免税。

⑨中国政府参加的国际公约、以及签订的协议中规定免税的所得给予免税。

⑩对乡、镇以上人民政府或经县以上人民政府主管部门批准成立的有机构、有章程的见义勇为基金会或类似性质的组织，奖励见义勇为者的奖金或奖品，经主管税务机关核准，免征个人所得税。

⑪企业和个人按照省级以上人民政府规定的比例提取并缴付的住房公积金、医疗保险金、基本养老保险金、失业保险金，不计入个人当期的工资、薪金收入，免予征收个人所得税，但是超过规定的比例缴付的部分计征个人所得税。

⑫对个人取得的储蓄存款利息，免征个人所得税。

⑬生育妇女按照县级以上人民政府根据国家有关规定制定的生育保险办法，取得的生育津贴、生育医疗费或其他属于生育保险性质的津贴补贴，免征个人所得税。

⑭对工伤职工及其近亲属按照《工伤保险条例》规定取得的工伤保险待遇，免征个人所得税。工伤保险待遇包括一次性伤残补助金、伤残津贴、一次性工伤医疗补助金、一次性伤残就业补助金、工伤医疗待遇、住院伙食补助费、外地就医交通食宿费用、工伤康复费用、辅助器具费用、生活护理费等，以及职工因工死亡，其近亲属按照该条例取得的丧葬补助金，供养亲属抚恤金和一次性工亡补助金等。

⑮外籍个人以非现金形式或实报实销形式取得的住房补贴、伙食补贴、搬迁费、洗衣费。外籍个人按合理标准取得的境内、外出差补贴。外籍个人取得的探亲费、语言训练费、子女教育费等，经当地税务机关审核批准为合理的部分给予免税。

⑯个人举报、协查各种违法犯罪行为而获得的奖金给予免税。

⑰个人办理代扣代缴税款手续，按规定取得的扣缴手续费给予免税。

⑱个人转让自用达五年以上并且是唯一的家庭居住用房取得的所得给予免税。

⑲达到离休、退休年龄，但确因工作需要，适当延长离休退、休年龄的高级专家，其在延长离休、退休期间的工资、薪金所得，视同退休工资、离休工资免征个人所得税给予免税。

⑳外籍个人从外商投资企业取得的股息、红利所得给予免税。

㉑对被拆迁人按照国家有关城镇房屋拆迁管理办法规定的标准取得的拆迁补偿款，免征个人所得税。

㉒对保险营销员佣金中的展业成本，免征个人所得税。佣金中的展业成本的比例暂定为40%。

㉓对证券经纪人从证券公司取得的佣金收入中的展业成本，免征个人所得税。佣金中的展业成本的比例暂定为40%。

㉔个人从公开发行和转让市场取得的上市公司股票，持股期限超过一年的股票红利所

得，暂免征收个人所得税。个人从公开发行和转让市场取得的上市公司股票持股期限在一个月（含一个月）以内的，其股息红利所得全额征税；持股期限在一个月以上至一年（含一年）的，暂减按 50% 征税。

㉕经国务院财政部门批准免税的所得。

2）减税项目。残疾、孤老人员和烈属的所得；因严重自然灾害造成重大损失的；其他经国务院财政部门批准减税的。

6.2.4　资源和环境保护类课税

资源类税只是对自然资源征税的税种的总称。我国对资源征税的税种主要有资源税、土地增值税和城镇土地使用税。这些税种主要是对矿产资源和土地资源的征税。既有对资源级差收入的调节，也有对资源受益的征收。环境保护税是中国首个以环境保护为目标的税种，2018 年 1 月 1 日起，《中华人民共和国环境保护税法》施行，其在全国范围对大气污染物、水污染物、固体废弃物和噪声四大类污染物、共计 117 种主要污染因子进行征税。

6.2.4.1　资源税

从税收理论研究的角度来分析资源的概念，有广义和狭义两种解释。广义的资源概念实际上包括了构成社会生产力的三大要素，即劳动力、劳动资料、劳动对象。也就是说，在物质资料生产过程中，或者社会总产值的创造过程中的自然力和自然资料，都是资源。有的学者提出，如果改变当前这种对商品生产和流通环节课征的消费税，直接对创造物质财富和社会在生产资源的人力、财力、物力课税，就可以从根本上解决国家财政收入的来源，就可以大大地简化目前这种烦琐而复杂的税制体制。具体来说，就是对人力资源可以课征人才税，以有利于人尽其才，减少人才的浪费，促进人才的合理流动；对财力资源可以开征资金税，以有利于发挥投资效益，避免资金的积压浪费，克服投资饥饿症；对物力资源的开发利用征税，既体现国有资源有偿使用原则，又适当调节不同自然资源的级差收入，这就是资源税的广义概念。但是，当前要在我国实行广义的资源税，无论是税制设计，还是实际执行都非常困难。狭义的资源，就是指土地、矿藏、水利、森林等现代人类正在进行开发利用的各种自然财富，即自然存在的劳动对象。我国现在对资源课证的税种，就属于这种狭义的资源税。

（1）资源税概念。资源税是对自然资源征税的税种的总称，是对在我国境内开采应税矿产品和生产盐的单位和个人，就其应税数量征收的一种税。在中华人民共和国境内开采《中华人民共和国资源税暂行条例》规定的矿产品或者生产盐的单位和个人，为资源税的纳税义务人，应缴纳资源税。

（2）资源税的特点。

1）征收范围的局限性。由于征管水平、征收成本、税收调节等多方面的原因，我国现行的资源税只选择了几种比较大宗的、在国民经济生活中具有重要作用的自然资源进行征税，而对其他自然资源则暂不征税；因此，现行资源税的征收范围是较小的。《资源税暂行条例》规定征税的范围只包括矿产资源和盐。

2）具有受益税性质。现行资源税的征收兼有税收和资源占用费的性质，一方面体现了税收的强制性、无偿性和固定性；另一方面体现了对国有资源的有偿占用，属于对绝对地租的征收，具有受益税性质。

3）既是一般资源税，又是级差资源税。现行资源税对使用矿产和盐资源的单位和个人普遍征收，属于一般资源税；在对应税产品普遍征收的同时，根据各种产品及同一产品各矿山的资源状况，确定相应的税额，属于级差资源税。

4）从价定率，从量定额。为了调节因地区间的资源差异所导致的级差收入，体现公平，现行资源税的税率因地区的不同而有所差异。例如，四川的天然气每立方米资源税税额为15元，而大庆则为12元。

资源税的单位税额不但不同类别、不同产区各有差别，即使同一品种、同一产区的产品其适用税额也因等级不同而不同。资源税应税产品的具体适用税额，按《资源税税目税额明细表》执行。未列举名称的其他非金属矿原矿和有色金属矿原矿，由省、自治区、直辖市人民政府决定征收或暂缓征收资源税，并报财政部或国家税务总局备案。

（3）资源税的纳税人、征税范围和税率。

1）资源税纳税人。在我国境内开采应税矿产品或者生产盐的单位和个人。

2）资源税扣缴义务人。在某些情况下，可由收购未税矿产品的单位代为扣缴税款。

3）资源税征税范围。原油、天然气、煤炭、其他非金属矿原矿、黑色金属矿原矿、有色金属矿原矿、盐这7类。

4）税率。资源税税目税率幅度如表6-4所示。

表6-4　资源税税目税率幅度

序号	税目		征税对象	税率幅度
1	金属矿	铁矿	精矿	1%～6%
2		金矿	金锭	1%～4%
3		铜矿	精矿	2%～8%
4		铝土矿	原矿	3%～9%
5		铅锌矿	精矿	2%～6%
6		镍矿	精矿	2%～6%
7		锡矿	精矿	2%～6%
8		未列举名称的其他金属矿产品	原矿或精矿	税率不超过20%
9	非金属矿	石墨	精矿	3%～10%
10		硅藻土	精矿	1%～6%
11		高岭土	原矿	1%～6%
12		萤石	精矿	1%～6%
13		石灰石	原矿	1%～6%
14		硫铁矿	精矿	1%～6%
15		磷矿	原矿	3%～8%
16		氯化钾	精矿	3%～8%
17		硫酸钾	精矿	6%～12%
18		井矿盐	氯化钠初级产品	1%～6%

续表

序号	税目		征税对象	税率幅度
19	非金属矿	湖盐	氯化钠初级产品	1%~6%
20		提取地下卤水晒制的盐	氯化钠初级产品	3%~15%
21		煤层（成）气	原矿	1%~2%
22		黏土、砂石	原矿	每吨或立方米0.1~5元
23		未列举名称的其他非金属矿产品	原矿或精矿	从量税率每吨或立方米不超过30元；从价税率不超过20%
24		海盐	氯化钠初级产品	1%~5%
25	原油			6%~10%
26	天然气			6%~10%
27	煤炭			2%~10%

注：1. 铝土矿包括耐火级矾土、研磨级矾土等高铝黏土。

2. 氯化钠初级产品是指井矿盐、湖盐原盐、提取地下卤水晒制的盐和海盐原盐，包括固体和液体形态的初级产品。

3. 海盐是指海水晒制的盐，不包括提取地下卤水晒制的盐。

4. 轻稀土按地区执行不同的适用税率，其中，内蒙古为11.5%，四川为9.5%，山东为7.5%。

5. 中重稀土资源税适用税率为27%，钨资源税适用税率为6.5%，钼资源适用税率为11%。

对于表6-4中列举的资源品目，由省级人民政府在规定的税率幅度内提出具体适用税率建议，报财政国家税务总局确定核准。对未列举名称的其他金属和非金属矿产品，由省级人民政府根据实际情况确定具体税目和适用税率，报财政部、国家税务总局备案。

（4）资源税应纳税额的计算。现行资源税计税依据是指纳税人应税产品的销售数量和自用数量。具体是这样规定的：纳税人开采或者生产应税产品销售的，以销售数量为课税数量；纳税人开采或者生产应税产品自用的，以自用数量为课税数量。

应纳税额计算公式：

应纳税额＝应税产品课税数量×适用税额标准　　　　　　　　　　　　（6-15）

（5）我国资源税的改革。我国资源税的开征始于1984年，当时只是对原油、天然气、煤炭、铁矿石征收，而其他矿产品暂缓征收资源税。1994年税制改革时，首次对矿产资源全面征收资源税。此后相当长一段时间里，这个税种的相关税率几乎没有较大的变化。2004年以来，政府相继对石油、天然气等多种资源产品的单位课税额进行了调整，并在2006年开征了石油特别收益金（俗称"暴利税"），但是与实际资源价格相比，还是过低，转变经济增长方式的需要使资源税改革势在必行。现行资源税制的主要问题：一是征税范围过小。现行的资源税只限于对部分矿产资源和盐征税，对一些必须采取措施保护的资源，尚未征税，征税范围过窄。二是计税依据不合理。现行资源税以应税产品的销售数量或自产自用的移送数量为计税依据，企业对已开采而未销售的资源不需付出任何税收代价，造成了资源的大量积压和浪费。三是定额税率不科学。一方面，税率明显偏低，使应税资源的市场价格不能反映其内在价值，造成资源的盲目开采和过度开发；另一方面，不变的单位税额无法随应税资源情况的改变而立即做出调整。

资源税改革的目标是对资源税进行整体改革，而不是个别调整。整体改革思路是：

首先，进一步扩大资源税的范围。对开发、利用应税自然资源的中外纳税人统一征税。未来将地热、矿泉水等水资源全面纳入资源税征收范围，逐步对各类水资源的利用征收资源税；将耕地占用税并入资源税；在条件成熟时，逐步将土地、森林、草原、滩涂等自然资源纳入资源税征税范围，进一步体现自然资源有偿使用的原则。

其次，逐步提高资源税税负水平。结合资源产品价格调整和收费制度改革，适时取消不适当的减免税，并适当提高税率（税额标准），调节资源开采企业的资源级差收入，促使其规范资源开发行为，以利于节约资源和保护环境，并增加财政收入。

最后，完善资源税计征方式。目前资源税实行"从量定额"征收，改革可对部分价格变化比较频繁、幅度比较大的应税产品，改"从量定额"征税为"从价定率"征税。目前，可先将原油、天然气、煤炭的征收方式改为"从价定率"征收，下一步再研究调整其他品目矿产品征收方式。同时，研究资源税实施价外征税，通过税负传导，使资源税对资源消费行为产生影响，促进资源的节约使用。

6.2.4.2 土地增值税

（1）土地增值税的概念。土地增值税是对有偿转让国有土地使用权及地上建筑物和其他附着物产权，取得增值收入的单位利个人征收的一种税。征收土地增值税增强了政府对房地产开发和交易市场的调控，有利于抑制炒买炒卖土地获取暴利的行为，也增加了国家财政收入。

（2）土地增值税的纳税人、征税范围和税率。

1）土地增值税的纳税义务人为转让国有土地使用权，地上的建筑及其附着物并取得收入的单位和个人。单位包括各类企业、事业单位、国家机关和社会团体及其他组织。个人包括个体经营者。

2）土地增值税是对转让国有土地使用权及其地上建筑物和附着物征收。基本范围包括：转让国有土地使用权；地上的建筑物及其附着物连同国有土地使用权一并转让；存量房地产的买卖。特殊征税范围包括：房地产的继承、赠与、出租、抵押和交换；合作建房；房地产的代建房行为；房地产的重新评估。

3）土地增值税实行四级超率累进税率：

①增值额未超过扣除项目金额50%的部分，税率为30%。

②增值额超过扣除项目金额50%，未超过扣除项目金额100%的部分，税率为40%。

③增值额超过扣除项目金额100%，未超过扣除项目金额200%的部分，税率为50%。

④增值额超过扣除项目金额200%的部分，税率为60%。

上述所列四级超率累进税率，每级"增值额未超过扣除项目金额"的比例，均包括本比例数。超率累进税率如表6-5所示。

表6-5　土地增值税四级超率累进税率

级数	全增值额与扣除项目金额的比率	税率（%）	速算扣除系数
1	不超过50%的部分	30	0
2	超过50%至100%的部分	40	5

级数	全增值额与扣除项目金额的比率	税率（%）	速算扣除系数
3	超过100%至200%的部分	50	15
4	超过200%的部分	60	35

应纳税额计算公式：

$$应纳税额 = 增值额 \times 适用税率 - 扣除项目金额 \times 速算扣除系数 \tag{6-16}$$

6.2.4.3 城镇土地使用税

（1）城镇土地使用税的概念。城镇土地使用税是以国有土地为征税对象，对拥有土地使用权的单位和个人征收的一种税。征收城镇土地使用税有利于促进土地的合理使用，调节土地级差收入，也有利于筹集地方财政资金。

（2）城镇土地使用税的纳税人、征税范围和税率

1）城镇土地使用税是以国有土地或集体土地为征税对象，对拥有土地使用权的单位和个人征收的一种税。在城市、县城、建制镇、工矿区范围内使用土地的单位和个人，为城镇土地使用税的纳税人。上述所称单位，包括国有企业、集体企业、私营企业、股份制企业、外商投资企业，外国企业以及其他企业和事业单位、社会团体、国家机关、军队以及其他单位；所称个人，包括个体工商户以及其他个人。

2）城镇土地使用税的征税范围，包括在城市、县城、建制镇和工矿区内的国家所有和集体所有的土地。

3）城镇土地使用税采用定额税率，即采用有幅度的差别税率，按大、中、小城市和县城，建制镇、工矿区分别规定每平方米土地使用税年应纳税额。具体标准如表6-6所示。

表 6-6 城镇土地使用税税率

级别	人口（人）	每平方米税额（元）
大城市	50万以上	1.5~30
中等城市	20万~50万	1.2~24
小城市	20万以下	0.9~18
县城、建制镇、工矿区		0.6~12

应纳税额计算公式：

$$全年应纳税额 = 实际占用应税土地面积（平方米）\times 适用税额 \tag{6-17}$$

6.2.4.4 环境保护税

（1）环境保护税的概念。环境保护税是对在我国领域以及管辖的其他海域直接向环境排放应税污染物的企事业单位和其他生产经营者征收的一种税，其立法目的是保护和改善环境，减少污染物排放，推进生态文明建设。环境保护税是我国首个明确以环境保护为目标的独立型环境税税种，既有利于解决排污费制度存在的执法刚性不足等问题，也有利于提高纳税人环保意识和强化企业治污减排责任。

（2）环境保护税的纳税人、税目和税率。①环境保护税的纳税义务人是在中华人民共和国领域和中华人民共和国管辖的其他海域直接向环境排放应税污染物的企事业单位和其他生产经营者。应税污染物是指《环境保护税法》所附《环境保护税税目税额表》《应税污染物和当量值表》所规定的大气污染物、水污染物、固体废物和噪声。②环境保护税税目包括大气污染物、水污染物、固体废物和噪声四大类，采用定额税率，其中，对应税大气污染物和水污染物规定了幅度定额税率，具体适用税额的确定和调整由省、自治区直辖市人民政府统筹考虑本地区环境承载能力、污染物排放现状和经济社会生态发展目标要求，在规定的税额幅度内提出，报同级人民代表大会常务委员会决定，并报全国人民代表大会常务委员会和国务院备案。

（3）环境保护税税目税额如表6-7所示。

表6-7　环境保护税税目税额

税目		计税单位	税额	备注
大气污染物		每污染当量	1.2~12元	
水污染物		每污染当量	1.4~14元	
固体废物	煤矸石	每吨	5元	
	尾矿	每吨	15元	
	危险废物	每吨	1000元	
	冶炼渣、粉煤灰、炉渣、其他固体废物（含半固态、液态废物）	每吨	25元	
噪声	工业噪声	超标1~3分贝	每月350元	1. 一个单位边界上有多处噪声超标，根据最高一处超标声级计算应纳税额；当沿边界长度超过100米有两处以上噪声超标，按照两个单位计算应纳税额 2. 一个单位有不同地点作业场所的，应当分别计算应纳税额，合并计征 3. 昼、夜均超标的环境噪声，昼、夜分别计算应纳税额，累计计征 4. 声源一个月内超标不足15天的，减半计算应纳税额 5. 夜间频繁突发和夜间偶然突发厂界超标噪声，按等效声级和峰值噪声两种指标中超标分贝值高的一项计算应纳税额
		超标4~6分贝	每月700元	
		超标7~9分贝	每月1400元	
		超标10~12分贝	每月2800元	
		超标13~15分贝	每月5600元	
		超标16分贝以上	每月11200元	

应纳税额计算公式：

应税大气污染物的应纳税额 = 污染当量数 × 适用税额　　　　　　（6-18）

应税水污染物的应纳税额 = 污染当量数 × 适用税额 　　　　　　　　　　(6 – 19)

应税固体废物的应纳税额 =（当期固体废物的产生量 – 当期固体废物的综合利用量 – 当期固体废物的贮存量 – 当期固体废物的处置量）× 适用税额 　　　(6 – 20)

应税噪声的应纳税额为超过国家规定标准的分贝数对应的具体适用税额。

（4）税收减免。

1）暂免征税项目

①农业生产（不包括规模化养殖）排放应税污染物的。

②机动车、铁路机车、非道路移动机械、船舶和航空器等流动污染源排放应税污染的。

③依法设立的城乡污水集中处理、生活垃圾集中处理场所排放相应应税污染物，不超过国家和地方规定的排放标准的。

④纳税人综合利用的固体废物，符合国家和地方环境保护标准的。

⑤国务院批准免税的其他情形。

2）减征税额项目

1）纳税人排放应税大气污染物或者水污染物的浓度值低于国家和地方规定的污染物排放标准 30% 的，减按 75% 征收环境保护税。

2）纳税人排放应税大气污染物或者水污染物的浓度值低于国家和地方规定的污染物排放标准 50% 的，减按 50% 征收环境保护税。

6.2.5 　财产和行为类课税

财产税的课税对象是纳税人拥有或支配的财产，这里的财产是指某一时点的财产的存量，包括不动产和动产。不动产是指不能移动，或移动后性质、形态会发生改变的财产。动产是指除不动产以外的所有财产。动产又有有形动产和无形动产之分。有形动产是指具有实物形态的动产。无形动产是指股票、债券、存款、权利（如专利权、著作权、商标权）等没有实物形态的动产。行为税是国家为了对某些特定行为进行限制或开辟某些财源而课征的一类税收。行为税的课税对象，是国家税法规定的，除商品流转、劳务收入、收益、所得、财产占有、特定目的、资源开采和占用等行为之外的其他各种应税行为。

（1）财产税的特点和分类

1）财产税的特点：①财产税的课税对象是财产的存量。财产税与所得税在形式上都是对收入的征税，但财产税的课税对象是收入的累积，即财产的存量；而所得税的课税对象是收入的流量。②财产税是直接税。财产税是以纳税人所拥有或支配的财产为课税对象，税负无法转移，只能由纳税人自己承担。③财产税是定期税。在财产的存续期间，财产税通常是多次和反复课征的。

2）财产税的分类。

①按照课征范围分类，可分为一般财产税和个别财产税。一般财产税是指对纳税人在某一时点所有的一切财产进行综合课征。个别财产税是指对纳税人所有的一类或几类财产单独或分别进行的课征。

②按照征税对象分类，可分为静态财产税和动态财产税。静态财产税是指对一定时点

的财产占有额，按其数量或价值进行的课征。动态财产税是指对财产的转移、变动（如继承、赠与和增值）进行的课征。

③按照课征标准为依据的分类，可分为财产价值税和财产增值税。财产价值税是指按财产价值课征的税收。财产增值税是指对财产的增值额课征的税收。

④按照计税依据分类，可分为估定财产税和市价财产税。估定财产税是指对应税财产的估定价值进行的课征。市价财产税是指对所有权发生转移的财产，按照应税财产的市场价值或售价征税。

（2）行为税的特点。

1）具有较强的灵活性。当某种行为的调节已达到预定的目的时即可取消。

2）收入的不稳定性。往往具有临时性和偶然性，收入不稳定。

3）征收管理难度大。由于征收面比较分散，征收标准也较难掌握，征收管理较复杂。

4）调节及时。能有效地配合国家的政治经济政策，"寓禁于征"，有利于引导人们的行为方向，针对性强，可弥补其他税种调节的不足。

（3）我国财产和行为税的主要税种。我国财产和行为税的税种有房产税、车船税、印花税、契税。

1）房产税。房产税是以房产为征税对象，按照房产的计税余值或租金收入，向产权所有人或承典人征收的一种税。

房产税的计税依据分为两类：一类是以房产的原值一次减除10%～30%后的余值为计税依据。没有房产原值作为依据的，由房产所在地税务机关参考同类房产核定。另一类是在房产出租的情况下，以房产的租金收入为计税依据。税率相应分为两种：以房产余值为计税依据的，税率为1.2%；以房产租金为计税依据的，税率为12%。个人出租用房，不区分用途，按4%的税率征收。

2）车船税。车船税是对行驶于我国公共道路，航行于国内河流、湖泊或领海口岸的车船，按其种类、吨位、长度，实行定额征收的一种税。

3）印花税。印花税是对经济活动和经济交往中书立、领受的凭证课征的一种税。印花税是世界各国普遍征收、历史悠久的一种税。印花税由纳税人按规定应税的比例和定额自行购买并粘贴印花税票，即完成纳税义务。它税负轻微、税源畅旺、手续简便、取微用宏被称为"良税"，成为世界上普遍采用的一个税种，在国际上盛行。证券交易印花税，是印花税的一部分。

4）契税。契税是在房屋所有权转移登记时向不动产取得人征收的一种税。其征税对象是在我国境内发生产权转移的土地、房屋，具体征税范围包括房屋买卖、房屋典当、房屋赠与和房屋交换四种形式。纳税人是买卖、典当、赠与、交换房屋的当事双方订立契约后的承受人，包括买主、承典人、赠与承受人。

其计税依据是：国有土地使用权出让、土地使用权出售、房屋买卖，计税依据为成交价格；土地使用权赠与、房屋赠与，计税依据由征收机关参照土地使用权出售、房屋买卖的市场价格核定；土地使用权交换、房屋交换，计税依据为所交换的土地使用权、房屋的价格差额。上述成交价格明显低于市场价格并且无正当理由的，或者所交易的土地使用权、房屋的价格差额明显不合理并且无正当理由的，由征收机关参照市场价格核定。税率实行 3% ~5% 的幅度税率。

6.2.6　特定目的税类

除上述的商品类税、所得类税、资源和环境保护类税、财产和行为类税以外，还有一些特定目的税，主要有：

6.2.6.1　城市维护建设税

城市维护建设税（简称城建税）是对缴纳增值税、消费税的单位和个人，以其实际缴纳的"两税"税额为计税依据征收的、税款用于城市维护建设方面的一种税，其实质是一种附加税。我国于 1985 年 1 月 1 日开征此税。1994 年税制改革时，保留了该税种，作了一些调整，并准备适时进一步扩大征收范围和改变计征办法。税率按纳税人所在地，分别规定为市区 7%、县城和镇 5%、其他地区 1%。

6.2.6.2　车辆购置税

车辆购置税是对在中华人民共和国境内购置特定的车辆的单位和个人依法征收的，在消费领域中的特定环节向车辆购置者一次性征收的一种特种财产税。它由车辆购置附加费演变而来。现行车辆购置税法的基本规范，是从 2001 年 1 月 1 日起实施的《中华人民共和国车辆购置税暂行条例》。车辆购置税的纳税人为购置（包括购买、进口、自产、受赠、获奖或以其他方式取得并自用）应税车辆的单位和个人，征税范围为汽车、摩托车、电车、挂车、农用运输车，税率为 10%。

为了振兴汽车工业，国家出台了小排量汽车的减税措施，从 2009 年 1 月 20 日至 12 月 31 日，对 1.6 升及以下排量乘用车减按 5% 征收车辆购置税。从 2009 年 3 月 1 日至 12 月 31 日，国家安排 50 亿元，对农民报废三轮汽车和低速货车换购轻型载货车以及购买 1.3 升以下排量的微型客车，给予一次性财政补贴。增加老旧汽车报废更新补贴资金，并清理取消限购汽车的不合理规定。从 2010 年 1 月 1 日至 12 月 31 日购置 1.6 升及以下排量乘用车，暂减按 7.5% 的税率征收车辆购置税。从 2016 年 1 月 1 日至 2020 年 12 月 31 日，对城市公交企业购置的公共汽电车辆免征车辆购置税。

6.2.6.3　耕地占用税

耕地占用税是对占用耕地建房或从事其他非农业建设的单位和个人，就其实际占用的耕地面积征收的一种税，它属于对特定土地资源占用课税，采用定额税率，以县为单位，按照人均耕地的多少，规定幅度差别税率。纳税人是具有以上行为的单位和个人。耕地是土地资源中最重要的组成部分，是农业生产最基本的生产资料。但我国人口众多，耕地资源相对较少，要用占世界总量 7% 的耕地，养活占世界总量 22% 的人口，人多地少的矛盾十分突出。为了遏制并逐步改变这种状况，政府决定开征耕地占用税，运用税收经济杠杆与法律、行政等手段相配合，以便有效地保护耕地。通过开征耕地占用税，使那些占用耕地建房及从事其他非农业建设的单位和个人承担必要的经济责任，有利于政府运用税收经济杠杆调节他们的经济利益，引导他们节约、合理地使用耕地资源。这对于保护国土资源，促进农业可持续发展，以及强化耕地管理，保护农民的切身利益等，都具有十分重要的意义。

6.2.6.4　船舶吨税

船舶吨税是海关代表国家交通管理部门在设关口岸对进出中国国境的船舶征收的用于航道设施建设的一种使用税，专项用于海上航标的维护、建设和管理。船舶吨税的征收范围为在中华人民共和国港口行驶的外国船舶和外商租用的中国籍船舶以及中外合营企业使用的中国籍船舶。船舶吨税税率分为优惠税率和普通税率两种。

6.2.6.5　烟叶税

烟叶税是以纳税人收购烟叶的收购金额为计税依据征收的一种税。在中华人民共和国境内收购烟叶（指晾晒烟叶、烤烟叶）的单位为烟叶税的纳税人，应当依法缴纳烟叶税。烟叶税的应纳税额按照纳税人收购烟叶的收购金额和规定的税率计算。烟叶税实行比例税率，税率为20%。

第7章 国际税收

7.1 国际税收概述

7.1.1 国际税收的含义

国际税收是指在开放的经济条件下因纳税人的经济活动扩大到境外以及国与国之间税收法规存在差异或相互冲突而带来的一些税收问题和税收现象。例如，国际避税问题、国际重复征税问题。在封闭的经济条件下，各国征税只能课及本国境内生产和流通的商品以及本国纳税人在本国境内取得的收入和拥有的财产。而在开放的经济条件下，一国生产的商品会通过国际贸易流入他国，一国的纳税人从事跨国投资等国际经济活动会从境外取得收入或拥有境外财产。此时，各国在本国税收管辖权范围之内课税就很可能课及外国进口商品和本国出口商品，课及本国纳税人的境外所得或财产以及外国纳税人在本国境内取得的所得或拥有的财产。在这种情况下，国际贸易商品和跨国经营的纳税人将会面临两个或两个以上国家的税收课征。商品、所得和财产的国际重复征税显然不利于国际经济活动的发展，因此国际社会有必要对各国的征税权加以协调，以防止或者缓解国际重复征税问题。在开放的经济条件下，如果有关国家课征高额的进口关税，就会对国际贸易活动构成最明显、最直接的障碍。为了促进国际贸易的发展，协调各国的关税政策，降低国与国之间的关税壁垒也是十分必要的。除了上述税收对国际经济活动的阻碍作用之外，纳税人从事跨国经营活动还可能带来国际避税问题。国际避税与国际重复征税的效果正好相反，它不会加重纳税人的税收负担，但会损害有关国家的税收利益。所以，在当今跨国经营活动十分普遍的情况下，各国都把防范国际避税作为税收管理的一项重要任务。避免国际重复征税以及防范国际避税虽然可以由一国通过国内立法单方面采取措施来进行，但国与国之间签订税收协定，以双边或多边的方式采取措施则可以更有效地解决问题。以上我们提到的诸多税收问题都是随着国际经济活动而出现的，它们都属于国际税收的范畴。

从某一国家的角度看，国际税收是一国对纳税人的跨境所得和交易活动课税的法律、法规的总称。例如，中国政府如何对本国居民纳税人，包括企业和个人，从境外取得的所得征税以及如何对外国居民纳税人在中国境内取得的所得征税，这方面的法律、法规就属于中国的国际税收。过去，由于我国这方面的税收法规较少，所以国际税收的教科书很少涉及这类法规，因而在国际税收的概念上，人们也很少提及这一含义。而英国、美国等发达国家的税法中有大量涉及跨国所得和交易的法律条文，所以在发达国家"国际税收"

一词往往是指一国对跨境所得或交易活动征税的相关税法。例如，美国阿诺德教授和麦克英泰尔教授在他们编著的《国际税收基础》一书中就指出"'国际税收'一词可谓是用词不当。我们这里为方便起见所称的国际税收法规其实称为特定国家的所得税法规的国际方面更为恰当"，"一个国家的国际税法有两方面的内容：①对居民个人和居民公司来源于国外的所得征税。②对非居民来源于国内的所得征税"。又如，美国的拉金斯教授在《美国所得税法的国际应用》一书中也指出"美国的国际税收涉及两类跨境交易，即入境交易和出境交易。入境交易是指外国人在美国从事的交易或进行的投资，而出境交易是指美国人在国外从事的交易或进行的海外投资。"近年来，我国在跨境交易方面的税收法规日益增多，因此从这一角度来研究中国的国际税收问题也显得越来越重要。从这个意义上说，我们所研究的国际税收就是中国税法尤其是所得税法的国际方面，即中国对出境交易或入境交易及其带来的所得征税的一系列法律、法规。

7.1.2　国际税收的本质

国际税收是在开放经济条件下的税收现象，其背后隐藏的是国与国之间的税收关系。所以，国际税收的本质也就是国与国之间的税收关系。这种税收关系主要表现在以下两个方面：

7.1.2.1　国与国之间的税收分配关系

国与国之间的税收分配关系，涉及对同一课税对象由哪国征税或各征多少的税收权益划分问题。当一国征税而导致另一国不能征税，或者当一国多征税而造成另一国少征税时，两国之间就会发生税收分配关系。例如，为了避免所得的国际重复征税，纳税人的居住国可以放弃对本国居民国外所得的征税权，而由所得的来源国单独行使所得的征税权；或者居住国让来源国优先行使征税权，然后再在来源国征税的基础上对这笔国外所得按来源国税率低于居住国税率的差额部分进行补征。在这两种情况下，居住国和来源国之间都会发生一定的税收分配关系。又如，为了防止出口国和进口国对同一批国际贸易商品都课征国内商品税，目前国际社会规定，对国际贸易商品统一由进口国课征国内商品税，出口国不征税。这样一来，出口国由于放弃了自己对出口商品的征税权，其税收利益就会受到一定影响，进口国与出口国之间因而也要发生一定的税收分配关系。再如，在跨国公司从事国际避税的情况下，由于跨国公司通常要把公司集团的一部分利润由高税国子公司转移到低税国子公司去实现，所以高税国的所得税税基必然要受到影响，高税国与低税国之间也必然会发生一定的税收分配关系。现实生活中的大量国际税收问题最终都将引发国家之间的税收分配关系，因此后者构成了现代国际税收关系的主要内容。

7.1.2.2　国与国之间的税收协调关系

征税是一国的主权，在征税问题上，一国完全可以自行其是不必顾及他国好恶；但税收又是国际经济交往和发展的一种障碍，因此在开放经济条件下，各国并不能随意制定自己的税收制度并随意行使自己的征税权，相应地必须考虑本国与他国之间的经济关系。因而，在开放经济条件下，国与国之间进行税收协调是必不可少的。

国与国之间的税收协调，从内容上看主要包括两部分，即合作性协调和非合作性协调。合作性协调是指有关国家通过谈判就各自的税基、税率和征税规则等达成协议，并根据协议的内容确定对方国家的商品或纳税人进行征收的制度和办法。如国与国之间签订的避免双重征税的协定。而非合作性协调是指一个国家在其他国家竞争压力的驱使下，在其他国家税收制度既定不变的情况下单方面调整自己的税收制度，使本国的税收制度尽可能与他国保持一致而形成的一种税收国家协调。它实质上属于税收的国际竞争。由于这种非合作性国际税收协调是在市场竞争的基础上形成的，所以它实质上属于税收的国际竞争。或者说，国际税收竞争就是国与国之间的非合作性的税收协调。比如在 20 世纪 80 年代中期，西方国家为了防止资本外流和税收外流[①]，纷纷降低本国的公司所得税税率，公司所得税税率平均由 50% 降低到目前的 25% 左右。这场大规模的降税浪潮就是国与国之间开展的一种非合作性的税收协调。另外，发展中国家为了吸引外资也竞相给予外国投资者优惠的税收待遇，这实际上也是一种非合作性的税收协调。

7.1.3　国际税收与相关税收范畴的关系

这里着重阐述，与之紧密相关的两种税收与其之间的关系，即国家税收与国际税收的关系、涉外税收与国际税收的关系。

7.1.3.1　国际税收与国家税收

国际税收与国家税收是两个既有密切联系，又有明显区别的概念。两者的联系主要表现为：一方面，国家税收是国际税收的基础，国际税收不能脱离国家税收而独立存在；另一方面，国家税收又受到国际税收方面一些因素的影响，国家在制定本国的税收制度时要考虑国际税收关系。两者之间的区别主要表现在：一是存在的基础不同，即国家税收是以国家政治权力为依托的强制课征形式，而国际税收是在国家税收基础上产生的种种税收问题和税收现象，它不是凭借政治权力进行的强制课征；二是体现的关系不同，这也是两者本质的不同，即国家税收反映的是国家与纳税人之间的利益分配关系，而国际税收反映的是国家与国家之间的税收分配关系和税收协调关系；三是是否存在独立的税种，国家税收按课税对象不同可分为不同的税种，而国际税收没有自己单独的税种。

7.1.3.2　国际税收与涉外税收

涉外税收一般是指对外国纳税人（指外国居民或公民）处于本国境内课税对象、本国纳税人（指本国居民或公民）处于本国境外的课税对象的课税。涉外税收与国际税收的关系，主要表现在：一方面，涉外税收是国际税收的基础。涉外税收是国家税收与国际税收密切联系的重要环节，倘若没有各国政府对其管辖下的跨国纳税人的跨国税收对象征税，也就不会产生国与国之间的税收分配关系。另一方面，两者之间也存在明显的区别。涉外税收作为国家税收的一个组成部分，主要立足于国内，着重处理本国政府的涉外税收问题，体现的是该国的对外经济关系，对别国的税收制度不起法律约束作用；国际税收则主要立足于国家，因其建立在各国涉外税收基础之上，从国际经济关系总体考察各国涉外税收制度，所以，其深入到了更深层次的经济关系，调整并规范各国涉外税收所形成的国际惯例和税收协定等法律规范，成为各国制定和完善其涉外税收制度的一般准则。

---

①　税收外流是指跨国公司通过转让定价手段将应在一国实现的利润转移到税率较低的他国去实现，从而给前者造成所得税收入的流失。

7.1.4 国际税收问题的产生

国际税收是国家税收发展到一定历史阶段的产物，它是伴随国际经济的发展，国与国之间贸易往来越来越频繁，特别是经济全球化的趋势而逐渐发展起来的。下面分别从商品课税、所得课税和财产课税三个方面阐述国际税收的产生问题。

7.1.4.1 商品课税国际税收问题的产生

在商品课税中，关税是国际贸易的主要障碍，因此是商品课税国际协调的主要对象。关税国际协调的发展历程："三起三落"。在重商主义时代以前，关税只是政府取得财政收入的一种手段，一国关税征收多少主要取决于国库进款的需要，根本没有必要与他国进行协调。1703 年，英国与葡萄牙签订了梅屈恩协定，从而成为关税国际协调活动的开端。进入重商主义时代，各国实行关税保护制度以谋求经济利益，在重商主义时代后期，一些国家开始谋求以协调关税的方式取得经济利益。出于这一目的，1703 年英国与葡萄牙签订了梅屈恩协定，从而成为关税国际协调活动的开端，在历史上具有重要意义。但这时关税国际协调的基础很不稳固，也不普遍。资本主义国家进入工业化阶段以后，国与国之间的关税对峙局面更为严峻。经过长期的关税对抗，欧洲资本主义国家终于在 19 世纪 60 年代展开了广泛的关税协调活动。1860 年，英国与法国签订了《科布登—谢瓦利埃条约》，从而成为这一时期一系列关税国际协调活动的开端。无论从关税协调活动的内容看，还是从参与国的数量来看，都比重商主义时代有了很大发展。但关税国际协调活动的高潮很快消失，很多国家恢复了关税保护制度，资本主义国家又回到了关税对峙状态。第二次世界大战结束后，由于关贸总协定的签订，关税的国际协调活动又开始向新的广度和深度发展。

关于国内商品税的协调，产生于第二次世界大战以后。第二次世界大战后，经过关贸总协定主持的八轮关税减让谈判，各国关税税率大幅下降，为了弥补关税下降给财政带来的收入损失，越来越多的国家开征了国内商品税，如增值税和消费税，这时国内商品税的国际协调活动也开始出现。

7.1.4.2 所得课税国际税收问题的产生

所得课税国际税收问题的产生与所得课税的性质以及跨国所得的出现是分不开的。所得课税的性质决定了所得课税国际税收问题产生的可能性，而跨国投资带来的所得的国际化是所得课税国际税收问题出现的现实经济条件。

19 世纪末 20 世纪初，在资本主义国家税制结构转轨的同时，其跨国直接投资活动开始迅速发展。随着跨国投资所得的日益增多，跨国公司的国际重复征税问题也开始出现，尤其是这一时期所得税地位的上升使跨国投资所得的国际重复征税问题变得更为突出。跨国公司利用转让定价手段把利润长期积累在海外，以躲避高税国的税收，这使高税国通过立法形式来限制跨国公司利用转让定价进行避税。为了解决这些问题，一些国家开始在本国的税法中加进单方面减除所得国际重复征税的措施条款；另外，一些国家也开始寻求通过签订避免双重征税协定的办法来解决所得国际重复征税问题。1899 年，奥匈帝国与德国签订了世界上第一个解决所得国际重复征税问题的国际税收协定；1915 年英国制定了转让定价法规，1917 年美国紧随其后。20 世纪 20 年代，国际组织也开始致力于解决重复征税问题。

7.1.4.3　财产课税国际税收问题的产生

经济发展早期，由于西方国家的国际投资活动有限，财产的跨国拥有问题不普遍，因而财产的国际重复征税问题没有引起国际社会的重视。伴随着经济的发展，国与国之间经济交往越来越密切，国际投资活动越来越频繁、规模越来越大，财产的跨国拥有问题越来越普遍，财产的国际重复征税问题逐步引起了国际社会的重视。1872 年，英国与瑞士签订了世界上第一个关于避免对遗产两国重复征收继承税的税收协定，从而成为国与国之间协调财产课税制度的开端。

7.1.5　国际税收的发展趋势

国际税收发展的趋势离不开全球经济发展的走向。一方面，在国家之间经济不断融合的世界经济大潮中，国际税收关系的发展大大推动了全球经济向一体化的方向迈进。另一方面，商品、资本、技术和人员跨国流动的自由化使税基变成了全球性的，不再固定于某个国家，从而给国际税收关系提出了新的要求，带来了新的挑战。从国际经济的发展方向上看，未来的国际税收将出现以下几个发展趋势：

一是在商品课税领域，增值税和消费税的国际协调将逐步取代关税的国际协调成为商品课税国际协调的核心内容。在商品课税国际协调的历史进程中，关税的国际协调一直是一个核心内容。然而在第二次世界大战后经过关贸总协定主持的八轮关税减让谈判，各国的关税税率大幅度下降。发达国家的平均关税税率已由 1950 年的 40% 下降到目前的 4% 以下，发展中国家的平均关税税率目前也已降到 15% 以下，而且随着经济的更加开放，发展中国家的进口关税税率还有不断降低的趋势。从理论上看，国际经济的不断融合要求各国彻底取消进出口关税。人们普遍认为，一旦用国内商品税取代关税的管理条件具备（关税在管理上比国内商品税更容易课征），这一转换在许多国家将会发生。事实上，为了弥补关税下降给财政带来的收入损失，越来越多的国家开征了增值税，将其作为关税的替代财源，并在增值税的制度规定上减少其对国际贸易的影响，使其不易引起国际贸易摩擦。20 世纪 60 年代只有 9 个国家实行增值税，70 年代实行增值税的国家增加到 28 个，80 年代这一数目增加到 48 个，目前，全世界开征增值税的国家已经发展到 160 多个，发达国家中只有美国还没有开征增值税。大多数发展中国家均开征了增值税，特别是印度从 2005 年 4 月 1 日起也开征了增值税。

增值税的课征也有国际重复征税的问题，为了解决重复征税问题，目前国际社会规定统一由商品的进口国课征增值税，出口国对商品出口前已负担的税款给予退税。这就要求在边境海关设置关卡，以办理出口退税和进口补税。但在边境上设立关卡对进出口商品进行税收调整会大大增加税务执行成本，不利于商品的跨国自由流通，这实际上人为地阻碍了各国之间商品市场的拼合。要从根本上解决这个问题，就应当改为由出口国对国际贸易商品征税，进口国不对其征税。不过，在各国之间增值税税率存在很大差异的情况下改由出口国征税会影响国际贸易，不利于出口商品在进口国市场上公平竞争。随着国与国之间经济相互依赖程度的不断加深，今后会有更多的国家取消相互之间的边界关卡，清除商品跨国流通的障碍，这时协调各国之间的增值税税率，以便最终实行出口国征税的增值税制度就显得十分必要。另外，我们曾经提到，增值税和消费税在一定条件下也可以被用来替代关税充当贸易壁垒，过去一些欧洲国家对从拉美国家进口的香蕉征收消费税以及北欧国家对葡萄酒征收高消费税而对威士忌酒征收低消费税，这实际上就是在用消费税充当保护本国产品的工具。显然，在未来国际经济关系十分紧密的情况下，这种用国内商品税替代关税保护贸易的做法是不能被国际社会所接受的，如果出现这种情况，国际社会也应当像协调关税那样协调有关国家的国内商品税。目前，欧盟已经在成员国范围内进行这项工作。2000 年 7 月，南部非洲共同体 14 国拟定了一份《谅解备忘录》，决定自 2004 年以后在成员国之间进行间接税（包括消费税和增值税）的跨国协调，以消除成员国之间的贸易壁垒。随着区域性自由贸易以及全球性自由贸易的发展，增值税和消费税的国际协调活动将会有更广阔的前景。东非共同体的五个成员国（肯尼亚、坦桑尼亚、乌干达、布隆迪和卢旺达）于 2010 年建成关税同盟，并于当年 7 月 1 日达成一项协议，计划在未来建成共同市场。东非共同体原计划在 2015 年 4 月实现增值税税率的协调，但由于各种原因，目前这个任务仍未完成。

二是在所得课税领域，国与国之间的税收竞争将更为激烈，为了防止"财政降格"的情况发生，国际社会有必要对各国资本所得的课税制度进行协调。所得税国际竞争有两大弊端：一方面，它会使各国的资本所得税税率下降到一个不合理的水平，造成国家的财政实力大幅下降，出现所谓的"财政降格"。财政降格就是指一国为了把别国的资本吸引到本国以增加本国所得税税基，就必须降低本国资本所得的适用税率。这实际上是一种损人利己的策略。在此，我们不妨用美国的州公司所得税来说明所得税国际竞争的这一后果。美国各州都拥有所得税的征税权，而且资本在各州之间可以自由流动（这种情况类似于资本可以跨国自由流动）。在这种情况下，州与州之间的公司所得税竞争十分激烈。美国绝大多数州的公司所得税最高税率不超过 10%，只有艾奥瓦州税率最高累进到 12%，许多州还规定有税收优惠措施。因此，美国的州公司所得税不仅州与州之间税负差距很小，而且整体税负水平也很低，甚至还有 5 个州不征收公司所得税。目前，美国州和地方政府对资本及劳动力这些流动性强的生产要素课征的税收不到总税收收入的 1/4，而有近1/3 的税收收入来自对不能流动的财产课征的财产税。这种情况也反映出税基的流动性对所得税筹资能力的限制。另一方面，各国人为降低税率会引起资本的税后收益率与税前收益率相脱节，导致世界范围的经济效益下降。防止所得税国际竞争的最好办法是对各国所得税的税率和税基进行一定的协调，之外，还可以通过国际组织开展反对恶性税收竞争的活动。20 世纪 80 年代中期爆发的世界范围的所得税降税浪潮就是所得税竞争的具体表现。这次降税浪潮使发达国家的公司所得税税率由 50% 左右下降到目前的 25% 左右，发展中国家的公司所得税税率也有大幅度的下降。到 2017 年经合组织（OECD）30 个成员公司所得税最高税率的平均水平已经从 1996 年的 37.6% 下降到 24.5%，降低了 13.1 个百分点。目前，很多 OECD 成员的公司所得税税率（含中央和地方政府）都等于或低于25%，如奥地利、荷兰为 25%，土耳其、瑞典和丹麦为 22%，瑞士为 21.1%，英国为19%，爱尔兰为 12.5%。这场世界性的降税浪潮一直延续至今，而且有继续发展下去的势头。特别是美国总统特朗普执政后推行减税政策，从 2018 年开始，美国联邦公司所得税税率已经从最高 35% 的累进税率改为 21% 的比例税率，再加上州的公司所得税，美国公司所得税的平均税率目前已经降至 25.84%；此外，特朗普总统已经表示不排除进一步提出将联邦公司所得税税率降至 20% 的可能性。美国降低公司所得税税率后，一些国家也纷纷表示了降税意愿。例如，法国议会已经通过法案，要在 2022 年将现行的公司所得税税率由 33.33% 分阶段降至 25%；日本政府也建议从 2018 财政年度开始将公司所得税税率由 29.74% 降至 25%（适用工资增长 3% 的企业）或 20%（适用投资于新技术、通信和互联网的企业）；澳大利亚的公司所得税税率为 30%（年营业额低于 5000 万澳大利亚元的企业适用 27.5% 的税率），为了提高企业的竞争力，澳大利亚政府也计划将公司所得税税率降至 25%；荷兰现行公司所得税税率为 20%（适用 0～20 万欧元的利润）和 25%（适用 20 万欧元以上的利润），荷兰政府正计划到 2021 年分阶段将这两档税率降至 16% 和 21%；比利时政府也计划到 2021 年将公司所得税税率由目前的 29.58% 降至 25%。可以预见，美国特朗普政府的减税很有可能会像 20 世纪 80 年代里根总统减税一样掀起一场世界性的公司所得税的降税浪潮。对此，我国应当尽早制定应对措施。

三是随着地区性国际经济一体化的不断发展，区域性的国际税收协调将会有更为广阔的前景。区域国际经济一体化是当代世界经济的一个重要特征，也是第二次世界大战后世界经济发展的主要趋势之一。战后区域国际经济一体化波及的国家众多，一体化组织日益增多，且目前保持旺盛的增长势头。区域国际经济一体化与区域国际税收协调互为基础，互相促进。一方面，区域性经济一体化是区域性国际税收协调的基础；另一方面，没有区域性国际税收协调就没有区域性国际经济的一体化。从目前世界经济的发展趋势来看，未来全球经济的一体化首先会从区域经济一体化开始，而区域国际经济一体化的发展又离不开区域范围内的税收国际协调。实际上，没有区域性税收国际协调就没有区域国际经济的一体化。例如，自由贸易区和关税同盟的建立都要求协调成员国的关税，共同市场的建立要求协调成员国的国内商品税和资本所得税。随着今后区域国际经济一体化的发展，不仅会有更多的国家参与到区域性税收国际协调活动中来，而且区域性税收国际协调的深度和税种范围也会不断扩大。在这方面欧洲联盟就是一个例子：1993 年，欧洲联盟已经实现了共同市场的目标，1999 年 1 月 1 日随着欧元的启动，它又建成了经济和货币联盟。从税收协调角度看，欧盟不仅取消了成员国相互之间的关税以及实现了共同对外关税，而且使成员国统一实行了增值税，协调了成员国的增值税税率和消费税税率。尤其是在所得税国际协调方面，欧盟也取得了一定的成果，这主要表现在以下两个方面：第一，为了促进在欧盟范围内的国际直接投资欧盟对跨成员国的母子公司实行了共同税制：其一，各成员国对本国母公司从其他成员国的子公司取得的股息都应采取免税法或抵免法以避免对其重复征税；其二，各成员国对本国公司支付给其他成员国公司的股息不得征收预提税。第二，为了推动欧盟内部的公司合作，使税收不对跨国兼并产生负面影响，欧盟对跨成员国的公司兼并实行共同税制：其一，成员国不得对本国被兼并公司未变现的财产增值额课征资本利得税；其二，成员国不得对存续公司从注销被兼并公司的财产中取得的收益课税；其三，成员国不得因存续公司向本国被兼并公司的股东分配代表存续公司财产的股票而向这些股东的财产增值课征所得税。

四是各国之间将加强税收征管方面的国际合作，共同对付跨国纳税人的国际避税和偷税行为。根据联合国《2017 年世界投资报告》提供的数字，到 2016 年，全世界已有跨国公司 10 万家，其国外子公司多达 86 万家。随着跨国直接投资的不断发展，跨国公司的数目还会增加。跨国公司的发展不仅使国家之间的税收分配关系十分普遍，而且由于跨国公司大量的转让定价操作和偷逃税行为，使国与国之间的税收分配关系变得极为复杂，一国的税收利益得失有时已很难准确估量。从跨国公司所在的居住国角度看，居住国政府要对跨国纳税人的国外所得征税，而跨国纳税人很容易向本国政府隐瞒或少报其国外实现的利润。甚至对有些国家来说，跨国公司的海外利润就是可偷税利润。另外，跨国公司利用一国不了解国外的价格信息肆意通过转让定价手段转出利润进行避税的情况也非常普遍。对付跨国纳税人的避税和偷税行为，光靠税收利益受到损害的国家单方面采取措施是不够的，必须有其他国家的紧密配合。目前，在国际税收协定中虽然有税收情报交换等项措施，但由于种种原因，各国在反偷逃税方面的合作并不得力。随着商品、资本、技术等跨国流动的更加自由化，未来的国际避税和偷税问题无疑会越来越严重，因而迫切需要国际社会对此给予高度重视，并采取一些切实有效的解决措施。

五是随着电子商务的发展，国际税收领域将出现许多新的课题，亟待各国政府和国际社会加以研究解决。电子商务的迅速发展给国际税收领域提出了一些新的课题。

（1）在电子商务交易中，客户所在国（所得来源国）是否应对国外销售商的经营所得征税。按照现行的国际税收规范，如果国外销售商在客户所在国设有从事经营活动的固定营业场所（常设机构），则客户所在国就有权对国外销售商的销售利润征税，否则，国外销售商的经营利润就只由其居住国征税。但在电子商务交易的情况下，一国的销售商并不一定要在国外设立固定的营业场所，客户只要在销售商的网站或所谓电子商店上订货就可以完成交易，销售商并不需要在客户所在国设立一个固定场所负责签订订货合同。即使销售商在客户所在国设有负责售后服务的机构，但根据国际规范，这种机构并不属于常设机构。由于电子商务交易的规模将越来越大，如果客户所在国对电子商务交易的经营利润无权征税，其税收利益必然要受到很大的影响，所得来源国与居住国之间的税收矛盾必然会日益加剧。所以，国际社会对电子商务条件下经营利润如何征税的问题必须尽快找到一个合理的解决办法。否则，该问题不仅会损害所得来源国的税收权益，而且会鼓励跨国公司将自己的销售公司搬到国际避税地，以便进行国际避税活动。

（2）在电子商务交易中，交易所得的性质和类别有时会难以确定，从而给在相关国家之间区分征税权带来一定困难。例如，一国企业向国外客户出售书籍、光盘等有形产品时，客户所在国可以对国外销售商的这笔经营利润征税（如果国外销售商在客户所在国设有常设机构的话）。但是，如果该国的销售商只是通过国际互联网向国外客户提供书籍、影视资料的电子信息（可称为数字化产品）的下载权或浏览权，那么销售商所得到的利润究竟属于经营所得（或劳务所得），还是属于转让无形资产的特许权使用费？按照现行的国际税收规范，经营所得、劳务所得和特许权使用费在居住国和所得来源国之间征税权的分配办法是不同的；此外，如果进口国对其按特许权交易课征了预提税，而出口国认为其属于商品劳务交易，对其课征利润所得税，就会发生对同一笔所得的国际双重征税。所以，对于像上述网上交易的所得分类，国际社会应当尽快加以规范，否则国与国之间的税收矛盾就不可避免。

（3）在电子商务条件下，纳税人的国际偷税和避税活动会更加隐蔽，从而要求国际社会尽快研究制止纳税人偷税和避税行为的办法。美国财政部在一份关于电子商务的白皮书中提出了国际互联网交易的四大特点：①消费者可以匿名。②制造商容易隐匿住所。③税务当局如果读不到信息就无法判定电子交易的情况。④电子商务交易本身具有很强的隐蔽性。与传统交易方式相比，电子商务交易可以在网上订货销售，并使用电子货币结算，这使得各国税务当局对纳税人的这种无纸化交易行为的监控变得更加困难。尤其是电子商务的流动性很强，跨国公司很容易将电子商务的交易地点安排在国际避税地，从而规避本国的税收。对于这种新的情况，国际社会必须尽快拿出一套有效的解决办法。在经合组织 2015 年 10 月发布的应对 BEPS 的 15 个行动计划中，第一个就是关于数字经济的，但遗憾的是，这个行动计划并未拿出一个切实可行的解决方案，只是承诺在 2020 年之前要拿出反映这项研究成果的报告。

7.2　国际重复征税及其减除方法

7.2.1　国际重复征税的含义

国际重复征税是指两个或两个以上的主权国家或地区，在同一时期内，对参与或被认为是参与国际经济活动的同一或不同纳税人的同一征税对象或税源，征收相同活动类似的税收。国际重复征税有广义和狭义之分。狭义的国际重复征税是指两个或两个以上的国家政府对同一跨国纳税人的同一跨国征税对象的重复征税。狭义的国际重复征税具有征税权主体不同一和纳税主体、纳税客体、税种同一的特点。征税权主体的不同一性，是指行使征税权力的不是同一个国家，而是两个或两个以上拥有独立税收管辖权的国家；纳税主体的同一性，是指同一个纳税人在两个或两个以上国家同时负有纳税义务；纳税客体的同一性，是指课税的客体是同一课税对象或税源，重复征税一般都是对同一征税对象或税源征收两次或两次以上的税；税种的同一性是指两个或多个征税权力主体所课征的是相同或类似的税种。

上述狭义的国际重复征税，强调纳税主体和纳税客体的同一性，实际上主要研究解决的是法律性的国际重复征税问题，但在国际税收实践中，有关国家对不同纳税主体或不同纳税客体征税也会出现国际重复征税，如经济性重复征税，有时对同一笔收入计算的标准和方法不同也会形成重复征税。广义的国际重复征税，实际上就是包括法律性国际重复征税和经济性国际重复征税在内的拓宽理解和研究的国际重复征税。广义的国际重复征税中的经济性国际重复征税，主要包括对公司利润和股东股息的国际重复征税和有关国家所得税计税方法的不同引起的国际重复征税。对公司利润和股东股息的国际重复征税，主要是指当公司和股东分别为不同国家的纳税人时，公司所在国对公司利润征税和股东所在国对股息征税所引起的经济性国际重复征税。

计税方法的不同引起的国际重复征税，主要有以下两种情况：一是有关国家在对国际联属企业"转让定价"调整过程中，因正常交易价格标准方面的矛盾引起的国际重复征税。税务当局对有关联属企业的内部交易价格进行检验后，对被认定的"转让定价"，要根据正常交易价格或相应的计价标准予以调整，并最终对作为本国纳税人的联属企业一方的应税所得进行调整。这种调整引起的征纳双方以及本国税务当局与他国税务当局之间的矛盾就会导致国际重复征税的发生。二是有关国家在费用扣除项目上的差异引起的国际重复征税。由于各国税制不同，各国所得税法规定的费用扣除项目往往存在一定的差异，有关纳税人之间的收入与费用扣除项目并不总是具有对应性。这种情况下势必导致有关国家对不同纳税人的同一税源进行重复征税。

7.2.2 避免国际重复征税的一般方式

消除或避免国际重复征税，事实上就是认定同一跨国纳税人的同一收入来源只负担一次税收。在目前绝大多数国家都同时行使了居民税收管辖权和地域税收管辖权的情况下，只有通过世界各国相互协调，做出彼此能够接受的约定，才可能解决重复征税问题。目前，国际上通常采用的免除国际重复征税的方式，一种是单边方式，另一种是双边或多边方式。

7.2.2.1 单边免除国际重复征税的方式

单边方式是指居住国为鼓励本国居民对外投资和从事其他国际经济活动，在本国税法中单方面做出一些规定来减轻或消除对本国纳税人来源于国外所得的国际重复征税。在这种方式里，各国税法通常采用的方法有免税法、扣除法和抵免法等。各国在采用具体方法时，有的只实行一种，有的则根据不同税种或不同类型的所得实行不同的方法，还有的同时实行几种方法以供纳税人自行选择。

7.2.2.2 双边或多边免除国际重复征税的方式

双边或多边方式是通过双边或多边谈判，签订双边或多边避免国际重复征税的税收协定，来免除国际重复征税。缔结这类税收协定的历史，最早可追溯到 19 世纪末 20 世纪初。如国际联盟曾在第一次世界大战后设立财政委员会和一些专门委员会，对解决国际重复征税问题提出过报告和建议，但由于各种原因收效甚微。第二次世界大战以后，随着国际经济、技术、资本交流的日益频繁，跨国公司大量涌现，国际重复征税问题得到了国际社会的广泛关注。经合组织和联合国经济和社会理事会的专家小组为解决国际重复征税问题，曾先后于 1977 年和 1979 年通过了关于对所得和财产避免重复征税的两个协定范本（"经合组织范本" 和 "联合国范本"）。此后，各国之间以这个范本为依据签订了许多双边税收协定。在这类协定中，通常都是根据缔约国双方各自国内税法的要求以及两个国际税收协定范本，制定出双方都能接受的对各自行使税收管辖范围的约束性规范，规定出各自采用的免除国际重复征税的方法。

另外，由于世界各国的经济结构差别很大，目前为避免重复征税而签订的税收协定主要是双边的，多边税收协定还不多见，其中比较著名的是北欧五国的多边税收协定。但是可以预见，随着区域经济一体化和世界经济一体化发展，会有更多的国家采用多边方式解决国际重复征税问题。

7.2.3 避免重复征税的基本方法

世界各国在国际税收实践中，根据本国的实际情况，以单边或双边方式，采用不同的方法来避免国际重复征税。其中，有些方法因其合埋性、便利性和有效性，已为越来越多的国家所接受，成为经合组织范本和联合国范本所推荐的避免国际重复征税的基本方法。

7.2.3.1　免税法

免税法又称豁免法，是指一国政府对本国居民来自国外的所得免予征税，以此彻底避免国际重复征税的方法。采取免税法的国家对本国居民来自国外的所得给予免税，一般采取全额免税法和累进免税法两种方法。全额免税法是指一国政府在确定其居民应纳税额时，对来源于国外的所得完全不予考虑，既不征税也不与本国所得税的税率相联系。累进免税法是指一国政府在确定其居民的应纳税额时，对国外所得虽然给予免税，但在本国居民国内所得适用的累进税率方面要综合考虑。即居住国一方面对居民的境外所得予以免税，另一方面在确定居民纳税人国内来源所得的适用税率时，将其境外所得一并加以考虑，按国内、国外所得的总额在税率表中查找对应税率计征税款。累进免税法与全额免税法之间的根本区别在于：前者按居民纳税人的国内外来源所得的总额来求得适用税率，这样做的结果是，仅避免了对居民纳税人的国外来源所得的国际重复征税，但不会使其国内来源所得因剔除国外所得后落入较低的税率档次；后者则因完全不考虑国外所得，而使纳税人获得额外好处。基于这种情况，采用免税法的国家，大多采用累进免税法，采用全额免税法的国家则比较少见。

7.2.3.2　抵免法

抵免法是指一国政府对本国居民来自国内外的所得一并汇总征税，但允许在本国应纳税额中扣除本国居民就其外国来源所得在国外已纳税额，以此避免国际重复征税的方法。实行抵免法，是以承认其他国家行使来源地管辖权征税的优先地位为前提的。也就是说，对跨国纳税人的同一笔所得，非居住国可以优先征税，居住国也不放弃征税权力，但要将非居住国已征税款给予抵免。根据本国居民在国外从事、参与国际经济活动的形式不同和取得所得的种类不同以及缴纳所得税的方法不同，抵免法可以分为两种具体方法，即直接抵免法和间接抵免法。

直接抵免法是指一国政府对本国居民直接缴纳或应由其直接缴纳的外国各种所得税所给予抵免的方法。直接相对于间接而言，是指本国居民缴纳外国所得税的直接性，即直接缴纳或实际负担。直接抵免法的基本特征是，凡是本国居民直接缴纳或负担的外国所得税，只要不超过规定的限额，都可以直接、全额冲抵在本国应纳所得税。直接抵免法适用于对同一经济实体的抵免，还适用于形式由他人缴纳，但实质上由本国居民负担的所得税的抵免。间接抵免法是指一国政府对本国居民间接缴纳的外国所得税所给予抵免的方法。这种抵免法适用于有关公司或企业采取股份公司的经营方式时，子公司支付给母公司或者说下一层公司支付给上一层公司股息的税收抵免，也常泛指一个经济实体支付给另一个经济实体的股息所涉及的税收抵免。

7.2.3.3　其他方法

除了上述避免国际重复征税的两种基本方法之外，还有一些比较特殊的方法。这些方法严格说，并不能起到避免国际重复征税的作用，而只能在一定程度上缓解国际重复征税。主要包括扣除法和低税法。

扣除法是指一国政府对本国居民来自国外的所得征税时，允许其就该项所得已缴国外的所得税，作为向本国汇总申报的一个扣除项目，从本国的应税所得中扣除，以此缓解国际重复征税的方法。这种方法采取在应税所得额中而不是在应纳所得税额中扣除的办法，还不能说是避免国际重复征税的办法。它不能完全避免由于税收管辖权重叠交叉造成的国际重复征

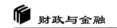

税，其给予跨国纳税人扣除一部分税款，只能对国际重复征税起到一定的缓解作用。正是由于扣除法不能妥善地解决国际重复征税问题，所以，目前单独采取扣除法的国家比较少。

低税法是指一国政府对本国居民来自国外的所得单独适用一种较低的税率征税，以此缓解国际重复征税的方法。采取低税法一般不能彻底消除国际重复征税，但可以使国际重复征税得到一定的缓解，这种缓解程度和作用如何，则要看所得税率的降低幅度。通常，低税法被看作一种缓解国际重复征税的方法。

7.3 国际避税与反避税

国际避税的存在不仅会严重损害有关国家的税收利益，破坏税收公平，歪曲经济生活，而且还会引起国际资本的不正常流动。因此，为了维护国家的财政利益，促进国际经济的正常发展，各国政府纷纷采取对策，致力于有效打击和控制跨国纳税人的避税活动。经过几十年的实践，国际社会已形成了一整套对付国际避税的措施和方法。

7.3.1 国际避税的概念

国际避税是指跨国纳税人利用两个或两个以上国际的税法和国际税收协定的差别、漏洞、特例或缺陷，规避或减轻其总纳税义务的行为。其中，差别是指各国的税费和税收协定对税种、税制要素等规定的差别；漏洞是指大多数国家或大多数双边税收协定应有或一般都有而某国税法或某个双边税收协定里遗漏的或不完善的规定；特例是指某国规范的税法或某个规范的双边税收协定中针对某种极为特殊情况的不规范规定；缺陷是指某国的税法或某国双边税收协定中规定的错误之处。

国际避税不同于国内避税。第一，国内避税是指一国纳税人利用本国税法的漏洞进行的避税；国际避税则是利用国与国之间税法的差异，钻涉外税法和国际税法的漏洞而进行的避税。第二，国内避税不通过纳税人跨越国境的活动来进行；而国际避税需要纳税人从事一些跨越本国国境的活动，或者纳税人跨越本国国境进行自身的流动，或者纳税人将自己的资金或财产转移出本国使其在国际间进行流动。第三，国内避税所规避的纳税义务仅为居住国的纳税义务；而国际避税所要规避的纳税义务不仅限于纳税人在居住国所负有的，而且包括所得来源国所负有的。纳税人进行国际避税的目的往往不是减轻其在某一国的税收负担，而是减轻其全球总体税负。

7.3.2 国际避税的成因

国际避税之所以能够迅速发展、蔓延，并形成一种世界潮流，有其主观原因和客观原因。

7.3.2.1 国际避税阐述的主观原因

国际避税产生的主观原因在于跨国纳税人具有减轻税收负担，实现自身经济利益最大化的强烈愿望，这种愿望又具体体现在跨国纳税人的理财目标上。在现代市场经济的条件下，纳税人理财的目标是实现自身利益最大化或股东权益最大化。这个目标能否实现，受到内部管理决策和外部环境两方面的影响。内部管理决策是指纳税人的筹资、投资和股利分配等决策。外部环境是指纳税人的理财环境，它们是纳税人内部理财决策难以改变的外部约束条件，纳税人的理财活动只能去适应它们的要求和变化。理财环境主要包括法律环境、金融市场环境和经济环境。税收法规是法律环境中的重要组成部分。因此，在全面税收约束的市场竞争环境之中，纳税人理财目标能否实现，受到税收因素的制约。在经济利益的驱动下，随着市场竞争的加剧，纳税人企图通过偷逃税来维持自身利益的动机也就会越来越强烈，逃税的风险越来越大，越来越多的公司、企业意识到逃税行为一经败露，对企业自身信誉造成的损害远大于逃税带来的利益。因此，企业会趋于不愿诉诸这类风险过大的方式，转而采用避税的方式来减轻税负，使国际避税手段的使用频率呈上升趋势。

7.3.2.2　国际避税产生的客观原因

国际避税产生的客观原因，主要在于各国税收制度的差别以及由此而导致的国家之间税负轻重的差别。概括起来，各国税收制度的差别主要表现为：税收管辖权选择和运用上的差别、税种选择和征税范围的差别、税率的差别、税收优惠措施的差别、税收征收管理水平的差别、减除国际重复征税方法的差别以及国际避税地的大量存在。上述种种差别，客观上都为跨国纳税人进行国际避税创造了前提条件。国际避税产生的客观原因，除了税收制度上的差别外，还有其他一些非税原因。例如，外汇管制、公司法、移民法、银行法等都会引起纳税人的财产和所得的转移。这些虽是非税因素，但却是导致国际避税的不容忽视的重要原因。

7.3.3　国际避税的主要手段

国际避税有自然人避税和法人避税。现实中，大量的、经常性的国际避税活动属于法人避税，而且法人的国际避税方式比自然人的更为复杂。所以，这里主要围绕法人的国际避税方式进行分析。

7.3.3.1　利用转让定价转移利润

利用转让定价转移利润的基本手段，是人为安排"诡设利润"。诡设利润，是指跨国公司利用转让定价在低税国关联企业账上人为地表现出来的利润。其基本原理是：跨国公司把集团内部的利润通过转让定价从高税国关联企业转移到低税国关联企业，其在低税国关联企业的税负是比以前有所增加，但与此同时，高税国关联企业的利润以及税负都下降了，高税国企业税负的降低幅度必然会大于低税国企业税负的增长幅度，其最终结果将会导致跨国公司集团整体税负的下降。利用转让定价避税需要注意两个问题：①跨国公司在安排关联企业的交易价格时不仅要考虑有关国家的公司所得税税率，还要考虑进口企业所在国的关税。如果进口国的关税税率过高，那么用很高的转让价格向该国的关联企业出售产品就不一定有利。②跨国公司利用转让定价避税还要借助所在国的推迟课税规定。在实践中，跨国公司集团的母公司一般都设在税率较高的发达国家，而跨国公司集团中的关联子公司有许多设在无税或低税的避税地，这种设在避税地的关联子公司通常被称为跨国公司的基地公司，母公司为了避税会把公司集团的利润尽可能多地向避税地子公司转移。但避税地子公司的利润要按照股权比例分配到母公司名下，如果此时母公司所在的居住国没有推迟课税的规定，即母公司来源于避税地子公司的股息、红利无论是否汇回都要申报纳税，那么跨国公司利用转让定价向避税地子公司转移利润就达不到避税的目的。在这种情况下，跨国公司能否利用转让定价进行国际避税，关键取决于母公司所在的居住国是否对母公司的海外利润实行推迟课税。

7.3.3.2 滥用国际税收协定

滥用国际税收协定，一般是指第三国居民利用其他两个国家之间签订的国际税收协定获取其本不应得到的税收利益。也可以理解为非缔约国居民利用国际税收协定的某项优惠条款，设法使自己的应税行为符合有关规定，以全部或部分得到税收协定提供的不应由其享有的税收优惠待遇，达到避税目的。其基本手段是利用预提所得税的优惠。国与国之间签订的避免所得双重征税的税收协定中一般都有相互向对方国家的居民提供所得税尤其是预提所得税的税收优惠的规定。其基本原理是：第三国居民在签订税收协定的甲、乙两国设立一个由其完全控制的子公司，这样，该子公司就可以享受甲、乙两国签订的税收协定中的优惠待遇，从而使第三国居民间接地得到甲、乙两国间税收协定的好处。

7.3.3.3 利用信托方式转移财产

信托又称信任委托，是指财产所有人将财产委托给自己信任的人或机构代为管理的一种法律行为。信托行为通常涉及三方当事人，即信托财产的委托人、信托财产的受托人以及信托财产的受益人。在信托关系中，委托人是信托的创立者，受托人（个人或信托机构）根据委托人的授权管理信托财产，委托人指定的受益人对信托财产以及财产收益享有权利。信托的受益人既可以是委托人（这种信托称为自益信托），也可以是委托人指定的第三方（这种信托称为他益信托）。尽管信托目前已十分普遍，但各国对于信托的认识和规定不尽相同。这种差别主要体现在普通法系（英美法系）、民法法系（欧洲大陆法系）国家之间。尤其是对信托关系本质的认识，两者有很大的不同。普通法系的国家一般把信托关系视为一种法律关系，委托人把自己的财产委托给信托机构（受托人）管理，此时信托就在法律上切断了委托人与其财产之间的所有权链条，而民法法系的国家一般不把信托视为一种法律关系，只是将其视为委托人与受托人之间的一种合同关系。由于对信托关系的认识不同，各国对信托的税收处理办法也有所差别。普通法系国家从信托可以割断委托人与其财产之间所有权关系链条的基本认识出发，一般对财产所有人委托给受托人的财产所得不再征税，而且普通法系国家多实行全权信托，信托的受益人（即使是委托人本身）对信托财产也不享有所有权，所以只要受益人不从信托机构得到分配的利益，受益人也不用就信托财产缴纳任何税收。民法法系国家由于不承认信托财产独立的法律地位，所以对财产所有人的信托财产及其收益有时也要征税。不难看出，普通法系国家对信托的税收处理办法可以给纳税人提供一定的国际避税机会。这是因为，如果一个国家的所得税税率较高，该国的居民就可以将自己的财产转移到境外，并以全权信托的方式把这笔财产委托给设在避税地的信托机构代为管理，信托财产的收益全部积累在避税地，通过创立这种国外信托，财产所有人以及信托的受益人就可以彻底摆脱就这笔财产所得向本国政府纳税的义务，同时，由于其财产是由避税地信托机构（受托人）管理的，当地政府对这笔信托财产获取的所得也不征收或征收很少的所得税。

7.3.3.4 组建内部保险公司

内部保险公司是指由一个公司集团或从事相同业务的公司协会投资建立的、专门用于向其母公司或姊妹公司提供保险服务以替代外部保险市场的一种保险公司。组建内部保险公司的原因很多，既有商业原因，也有税收原因。具体原因主要有：内部保险公司可以直接进入再保险市场；通过内部保险公司投保可避免在常规保险市场投保所发生的一系列费用；内部保险公司的适应性强，常规保险公司的保险范围往往不能适应某一公司集团的特殊需要，而内部保险公司的保险范围及保险条件可以为一个集团公司单独制定，适应性很强；内部保险公司注册资本的标准和每年的交费都比较低；等等。建立内部保险公司避税的基本手段是：在一个无税或低税的国家建立内部保险公司，然后母公司和子公司以支付保险费的方式把利润大量转出居住国，使公司集团的一部分利润长期滞留在内部保险公司所在的避税地。

建立内部保险公司避税的避税条件：一是内部保险公司不能成为母公司所在国的居民公司，否则母公司所在国仍要对内部保险公司的利润征税。母公司设在实行管理机构所在地标准的国家，必须注意这个问题。因为对于这类国家而言，内部保险公司虽然建在避税地，但如果其董事会经常在母公司所在国召开，或者内部保险公司的董事大多数居住在母公司所在国，或者内部保险公司的业务经营活动由住在母公司居住国的少数董事控制，那么此时建在避税地的内部保险公司就很可能被母公司居住国判定为本国的居民公司，从而对其行使征税权。二是母公司及其子公司向内部保险公司支付的保险费必须能够在缴纳所得时作为费用在税前扣除。目前，在这个问题上各国的规定不一。美国税法规定，美国公司向其母公司完全拥有的内部保险公司支付的保险费不能作为费用扣除，其理由是，这种内部保险公司并没有把经济风险转移到公司集团以外的公司，而危险分担是保险的基本原则。但美国税法规定，如果一家保险公司不是由一家跨国公司拥有，而是由多个集团公司拥有，而且每个集团公司对该保险公司持股不超过5%，则此时向该保险公司支付的保险费可以作为费用扣除。美国税法还规定，如果内部保险公司的业务绝大部分（71%以上）是与非关联的受保人（包括半关联的受保人，如客户、雇员和关联企业的供货人）进行的，那么与该内部保险公司相关联的美国企业按正常交易原则向其支付的保险费就可以在税前扣除。如果内部保险公司与关联的受保人是同一母公司控制下的姊妹公司，则关联受保人向内部保险公司缴纳的保险费也可以扣除。英国税法没有这方面的明确规定。根据英国的《所得和公司税法》一项支出允许作为费用在税前扣除，必须满足以下两个条件：一是这笔开支要全部和唯一地用于公司的交易目的；二是支出的标准要符合公平交易的原则。所以，英国公司向内部保险公司支付的保险费如果被税务部门认定符合这两个标准，一般就允许作为费用扣除。但根据"两重性原则"，假如税务部门认为英国公司支付的一笔保险费既有经营目的又有非经营目的，则这笔保险费就不能作为费用扣除。其他许多国家在处理向内部保险公司交纳保险费的扣除问题时也坚持保险费的市场标准原则，即税前扣除的保险费应与保险市场上竞争所决定的收费标准相符合。

7.3.3.5　资本弱化

资本弱化是指在公司的资本结构中债务融资的比重大大超过了股权融资的比重。利用资本弱化避税的基本手段：跨国公司向境外子公司注入资金，其形式是以提供贷款的形式而不是直接注入股本金。因为跨国公司向国外关联公司进行债务融资，则该关联公司向跨国公司支付的利息打入成本后，应纳所得税额就会减少，而如果跨国公司向国外关联公司注入的是股本金，在关联企业向跨国公司分配的股息和红利就无法计入成本，其应纳税所

得额就不能冲减。除此之外，还可以通过选择有利的公司组织形式、移居等方式来避免。

7.3.4 国际避税的危害

在国际经济往来中，各种税收的、非税收的国际避税客观条件，使跨国纳税人谋求利益最大化的欲望成为可能，国际避税活动愈演愈烈，这也给世界经济合作与发展带来严重的危害。

一是严重损害有关国家的财权利益。国际避税产生的直接后果就会造成有关国家税收的大量流失，严重损害有关国家的财权利益。二是妨碍国际经济交流与合作的正常发展。跨国纳税人基于国际避税的目的，采取纳税主体与客体流动或不流动策略，抽逃资金、转移利润，引起国际资本的不正常流动及流通秩序混乱，导致有关国家的国际收支出现巨额逆差，迫使有关国家采取种种管制措施，阻止本国资本外流，其结果必然对整个国际经济活动产生不良影响。三是扭曲公平竞争的税收环境。市场经济要求经济主体之间在公平基点上开展竞争，公平包括税收的公平。由于跨国纳税人精心安排的避税活动减轻或规避了税收负担，使同一市场的经济主体之间的税负失衡，从而导致这种税负失平的原因是人为的扭曲而非税收法规的不公正。四是损害国家税法的尊严，影响跨国纳税人对税务当局的信赖。如果跨国纳税人国际避税活动得逞，而有关国家又束手无策的情况下，税收的不公正会使那些一般诚实的纳税人对国家的税法及税务部门产生怀疑和动摇。

7.3.5 反国际避税的措施

防范国际避税可以从以下几个方面着手：一是不断完善税制，适当缩减税收优惠实施范围，改善税收优惠实施办法。二是制定和完善税收法律法规，增强防范意识。目前，应对电子商务避税等新的税收问题进行专门研究，制定适应新情况的税收政策和税收法规，避免出现税收征管的真空区。税务机构要注意提高征管水平，降低征收成本。三是完善反国际避税。规定纳税人负有调查、报告和举证责任；将转让定价调整的使用范围扩至外商投资企业与境内的关联企业之间；对转让定价的调整方法要进一步细则化，增强其可操作性、减少纰漏；增设有关避税行为进行处罚的条款。此外，还要不断扩展国际税收协定签订范围，畅通反国际避税信息渠道。

7.4 国际税收协定

7.4.1 国际税收协定及其分类

国际税收协定义称国际税收条约，是指两个或两个以上的主权国家，为了协调与其有关的国际经济活动中发生的税收分配关系和处理对跨国纳税人的跨国所得或财产征税等方面问题，通过对等协商和谈判所缔结的一种对缔约国各方具有法律效力的书面税收协议。

国际税收协定的产生已经有 150 多年的历史。世界上第一个税收协定是 1843 年比利时与法国签订的，主要是为了解决两国在税务问题上的相互合作和情报交换等问题。之后，关于遗产税税收协定、所得税税收协定相继产生。第二次世界大战以后，随着跨国投资的迅速发展，以及所得和财产的国际重复征税问题日趋普遍，参与缔结国际税收协定的国家也越来越多，国际税收协定也日趋重要。为此，国际组织更加重视国际税收协定范本的制定。首先是欧洲经济合作与发展组织着手修订新的税收协定范本及执行协定的具体建议，形成了经合组织范本；许多发展中国家认为经合组织范本维护的是发达国家的利益，没有全面反映发展中国家的要求，联合国经济与社会理事会又组织制定了联合国范本。两个税收协定范本的产生，对规范国际税收协定的内容起到了很大的促进作用。现已有近 200 个国家签订了避免双重征税的协定。

国际税收协定可按不同标准进行分类：

（1）按照参加的缔约国的多少，可分为双边税收协定和多边税收协定。双边税收协定是指两个国家之间缔结的税收协定，是国际税收协定的基本形式和主要形式，其缔约国从发达国家之间发展到发达国家与发展中国家之间。目前，世界上以减除国际重复征税为宗旨的税收协定，大多属于此类协定。双边税收协定的主要特点是：协定内容、生效和废止时间完全决定于两个主权国家的意志，而且其中任何一个国家都有平等的权利；协定的约束力仅限于两个缔约国，使用范围通常为缔约国居民；由于各个主权国家经济法律和税收制度有所差别，每个协定的内容不完全相同。多边税收协定，又称税收公约或税收协约，是指三个或三个以上国家经过对等协商所缔结的协调各方之间税收关系的条约或协议。多边税收协定是在双边税收协定基础上发展起来的，是国际经济高度发展的结果。因多边税收协定涉的国家较多、范围较广，协调起来较为困难，故而其签订的没有双边协定签订得多。但是，随着经济全球化的进一步加深、国际区域合作和贸易的进一步发展，多边税收协定的适用范围将会逐渐增大。

（2）按照协调范围的大小，可划分为一般税收协定和专项税收协定。一般税收协定是指缔约国各方所缔结的广泛处理相互间各种税收分配关系的条约或协议，也称"综合税收协定"。这类税收协定包含了国家之间大部分税收问题，除了消除国际重复征税的内容之外，还有防止国际逃税、保证税收无差别待遇、相互交换税收情报、协调国家之间的税收工作关系等条款，具有全面性。这类税收协定大多是以《经合组织范本》或《联合国范本》为基础缔结的，其基本结构和基本内容大体相同或类似，是大多数国家对外缔结的税收协定的最重要的组成部分。专项税收协定是指缔约国各方为处理相互间某一特定税收分配关系或特定税种问题所缔结的条约或协议，也称"单项税收协定"或"特定税收协定"。它往往只适用于某项税收业务或特定的税收问题，不具有全面性。

7.4.2　国际税收协定的作用

7.4.2.1　比较全面地解决国际重复征税

一国为了避免国际重复征税，可采取抵免法、免税法等方法，这些单边措施只能解决不同税收管辖权交叉重叠所造成的国际重复征税。至于两国判定居民身份标准和所得来源地标准差异导致的两国之间的国际重复征税，单边措施却无能为力。而通过缔约国之间签订国际税收协定，有关国家通过协定来协调各自税收管辖权的实施范围，确定各自抵免国际双重征税的方法，则可以比较全面地解决各种原因造成的国际双重征税。

7.4.2.2 较好地解决有关国家之间财权利益划分

实践中，居住国和来源国都可能强调自己的税收利益，维护本国的征税权。如所得来源国对跨国所得有优先征税的自然优势，居住国在来源国优先征税的情况下，虽然可以采取免税法和抵免法等措施来免除国际双重征税，但前提是放弃本国的税收收益，居住国为避免国际双重征税的代价太大，其单方面采取的避免国际双重征税的措施就不会维持太久。反之，如果居住国为了自己的税收利益要求来源国放弃征税权，来源国的利益也将受到损害，显然也很难得到来源国的同意。可见，当相关国家的税收利益发生冲突时，任何一方都不能使对方受损，本国得益，而只能以国际法为准绳，通过平等协商，制定相应的调整规范，以税收协定的形式加以约束，以求妥善处理。

7.4.2.3 防止跨国纳税人进行国际避税和国家逃税

防止国际避税和国家逃税固然可以由一国单方面采取措施来解决，但由于纳税人的逃避税行为已经不限于一国单主权所能管辖的范围内，跨国纳税人的许多逃避税行为是借助于境外机构来进行的。要防止此类行为的发生，较好地维护相关国家的税收权益，不仅要依靠每个国家本身的努力，而且还必须同时发挥包括相互交换情报条款在内的一般税收协定或者以此为主要内容的特定税收协定的作用。

7.4.2.4 促进经济技术合作交流

从国际税收协定的发展历史来看，它是适应国际经济技术合作交流的需要而产生的。国家间税收协定的签订，可以对跨国自然人和跨国法人的所得税、一般财产税的税收负担进行合理的安排。近年来，发展中国家为了更好、更多地吸引外国资本和技术，加快国家经济建设步伐，都更加重视与外国签订税收协定。

7.4.3 国际税收协定的基本内容

现行的国际税收协定是以《经合组织范本》和《联合国范本》为主体和基础的。其基本内容主要包括以下几个方面：

7.4.3.1 征税权的划分与协定的适应范围

以上两个范本在指导思想上都承认优先考虑从源课税原则，由纳税人的居住国采取免税或抵免的方法来避免国际重复征税。协定的适用范围主要包括纳税人的适用范围规定和税种的适用范围规定两个方面。在《经合组织范本》和《联合国范本》中，都把协定包括的纳税人（包括自然人、公司、社团以及基金会等）限制在缔约国一方或同时成为缔约国双方的居民。这就意味着，即使是缔约国一方或同时为缔约国双方公民的跨国纳税人，只要他们不属于一方或双方的居民，不具有一方或双方的税收居民身份，就不是协定涵盖的纳税人，因而也不能享受协定所赋予的税收优惠权利。早期有的税收协定的适用范围很窄，如规定协定只适用于缔约国的"公民"；而有的税收协定适用的范围又过宽，如包括了缔约国的纳税人。也就是说，即使不在缔约国居住，但因其所得或财产要在缔约国纳税，也可以成为协定的受益人。在两个税收协定范本中均规定协定仅适用于对所得和财产征收的各种直接税。由于在不同国家所得税和财产税可能由不同级次的政府同时征收，或者这些税收的名称不同，但性质都属于所得税或财产税，所以为了彻底避免双重征税，双重征税协定就必须涵盖这些税种。

7.4.3.2　常设机构的确定

常设机构的判定对于划分营业利润的征税权十分重要，因为根据两个协定范本以及我国对外签订的税收协定中的第七条都规定，缔约国一方企业如果通过该企业设在缔约国另一方的常设机构进行营业，其利润可以在另一国征税。当然，如果一缔约国企业不在另一缔约国设立常设机构，另一国就不能对该缔约国企业取得的经营利润征税。

关于常设机构，两个协定范本规定，常设机构"是指一个企业进行其全部或部分经营活动的固定场所"。根据两个协定范本，常设机构具体包括管理场所、分支机构、办事处、工厂、车间、作业场所、矿场、油井或气井、采石场或者任何其他开采自然资源的场地。在上述规定中，管理场所与办事处可能有所不同，但在现实当中很难在两者之间进行区分。分支机构包括分公司、分部等，它是居住国企业在东道国从事经营活动的一部分，但在东道国并不具有独立的法人地位。实践中，它的范围可能很广。

常设机构还包括持续一定时间以上（一般为半年或 1 年，国对外签订的税收协定最长规定为 18 个月）的建筑工地及建筑、装配和安装工程或者与其有关的监督管理活动。在这里，时间标准十分重要，因为达不到协定所规定的时间标准的工程项目不能被认定为是常设机构，此时尽管施工企业在建筑工地设有办公室或车间，但这种办公室或车间也不属于常设机构。需要注意的是，如果一个办公室或车间为多个工程项目服务（其从事的活动不属于准备性或辅助性活动），而每个工程项目持续的时间都没有达到协定规定的时间标准，则此时该办公室或车间也应当被认定是常设机构。关于常设机构的范围，经合组织和联合国的税收协定范本注释都对"常设机构"做了一些重要的解释。经合组织和联合国的范本注释对常设机构的定义都强调：①常设机构是一个固定场所，是一种在另一国看得见的客观存在；②外国纳税人对该固定场所有权长期使用；③该固定场所要服务于外国纳税人的经营活动，而不是从属于其经营活动。

7.4.3.3　预提税的利率限定

对股息、利息、特许权使用费等投资所得征收的预提税，通常做法是限定收入来源国的税率，使缔约国双方都能征收到税，排除任何一方的税收独占权。

7.4.3.4　税收的无差别待遇

主张根据平等互利原则。在缔约国的国内税收上，一方应保障另一方国民享受到与本国国民相同的待遇。具体内容有四个方面：一是国际无差别。即不能因为纳税人的国籍不同，而在相同或类似的情况下所负担的税收待遇不同。二是常设机构无差别。即对设在本国的对方国的常设机构，其税收负担不应重于本国类似企业。三是支付扣除无差别。即在计算企业利润时，企业支付的利息、特许权使用费或其他支付款项，如果承认可以作为费用扣除，不能因支付对象是本国居民或对方国居民，在处理上采取差别对待。四是资本无差别。即缔约国一方企业的资本，无论全部或部分、直接或间接为缔约国另一方居民所拥有或控制，该企业的税收负担或有关条件，不应与缔约国一方的同类企业不同或更重。

7.4.3.5　避免国际偷税、逃税

避免国际偷税、逃税，是国际税收协定的主要内容之一。其采取的措施主要有：

1. 情报交换

分日常情报交换和专门情报交换。日常的情报交换是缔约国定期交换有关跨国纳税人的收入和经济往来资料。通过这种情报交换，缔约国各方可以了解跨国纳税人在收入和经济往来方面的变化，以正确地核定应税所得。专门情报交换是由缔约国的一方提出需要调查核实的内容，由另一方帮助核实。

2. 转让定价

为了防止和限制国际合法避税，缔约国各方必须密切配合，并在协定中确定各方都同意的转让定价方法，以避免纳税人以价格的方式转移利润，逃避纳税。

7.4.4 国际税收协定的签订

7.4.4.1 协定签订前的准备

随着我国对外经济的进一步发展，对外谈判和缔结双边税收协定已经成为当前我国涉外税收的一项重要工作。为了在维护国家权益的基础上使谈判和协定签订进展顺利，做好协定签订前的准备工作是非常重要的。它主要包括以下几个方面：

一是研究对方国家有关税法的规定，掌握双方居民相互在对方国家纳税中反映出来的问题；二是熟悉对方国家签订税收协定的历史和内容；三是认真分析掌握两个税收协定范本的内容及其变化发展；四是分析双方经济贸易关系的现状和发展前景；除此之外，还要对协商过程中可能出现的困难做出估计。

7.4.4.2 协定签订的程序

一般来说，协定的签订包括以下几个程序：

（1）协定的谈判。谈判是国家间为了就协定的内容及其有关事项达成一致而进行交涉的过程。国际税收协定的谈判，由当事国财政部的税收主管部门及其代表进行。必要时，负责进行谈判的特派代表、全权代表或委托的专门人员必须提供全权证书或授权文件。但是，国家元首、政府首脑和外交部部长，由于他们可代表国家的地位，作为谈判代表或作为协定的签字者，都不需要全权证书。

谈判的目的，在于有关国家就其拟订协定的形式和内容达成协议，并在最后订立一个完整的文本。这个文本的草案有时可以由一方提出交给对方，对方同意或者另提草案；有时也可能不提草案，而由双方全权代表相互谈判，共同起草。

（2）协定的签字。协定的签字是协定签订过程中的一个关键程序，具有重要的或者决定性的法律效果。有的税收协定规定，按照缔约国各方达成的协议，可以提前自签字之日起执行，而不需要等到法律程序生效以后。签署协定对缔约国来说是一项重大的国事活动，要在庄严的仪式下举行。按照国际惯例，进行签字应遵守体现国家主权平等的轮换制度。

（3）协定的批准。批准是国家对其代表所签署的协定的确认。通过批准，国家同意受协定的约束。在国际实践中，一般协定都做出关于批准的明文规定。批准协定的法律意义，在于使协定发生约束力，如果拒绝批准，协定也就无效或者对拒绝批准国无效。当然，国家既然派出代表进行谈判和签署协定，一般都会予以批准。对于不同意的条款，有关国家完全可以发表意见，拒绝签字，而无须到批准阶段再行拒绝。

（4）交换批准书。协定在批准后，一般还需要互换批准书，即各自国家权力机关批准该协定的证明文件。批准书是一项重要的国家文书，通常由三部分构成：序言，声明国家权力机关已经审查了该协定；主文，写上协定的名称、序言等；结尾，声明该协定已经批准，正式宣布协定将予执行。如果协定在缔约国一方签字，批准书交换的地点应在另一缔约国首都。

第8章 公　债

8.1　公债概述

8.1.1　公债及其由来

8.1.1.1　公债的含义

公债即公共债务，是指各级政府的债务或负债，是政府向公众所借的债务。其中的公众，包括本国的居民、企业，外国政府或居民。各国法律一般都规定：在确有必要时，政府有权以债务人的身份向个人、企业、社会团体和金融机构借款。

公债是政府依据信用原则获取财政收入的特殊活动。但是，公债与国家信用之间存在差异。国家信用又称政府信用，指政府依据信用原则进行的财政活动，由中央政府信用、地方政府信用两部分组成。其内容既包括政府作为信用关系的债务人进行的借贷活动，又包括政府作为债权人所进行的财政资金有偿运用的活动。所以，政府向公众所借债务仅是国家信用活动的其中一个方面，即公债为国家信用的一个组成部分。从国家信用的产生及实践来看，国家信用活动的内容主要表现为公债活动，因而人们经常将公债活动代表国家信用。

公债作为财政收入的一种较特殊形式，是国家按照信用原因借款而形成的。国家必须按照借款约定向债权人支付利息和偿还本金。因此，在公债活动中，政府与公债拥有者之间就存在债权债务关系。在市场经济条件下，这种债权债务关系一般都是在交易双方自愿的条件下达成的。这种关系不同于税收所反映的关系。税收作为财政收入的主要来源，反映的是政府向纳税人单方面进行强制性、无偿性征收所形成的征纳关系，采取这种方式获得的收入是不需要支付利息和偿还本金。

这里需要搞清公债与国债的关系。公债和国债是两个不同的概念，彼此既相互联系又相互区别。其联系主要体现在：二者都是政府的债务，即以政府的信用为担保向公众筹集资金；其区别主要体现在：二者的范围不同，国债专指中央政府的债务，公债除了包括中央政府的债务，还包括各级政府债务和政府所属行政机构或独立机构的债务。

在长期实践中，我国的公债主要由国债所构成。理论界在过去相当长的时期内对公债和国债不加以区分，如1990年版的《财经大词典》就明确将公债解释为国家公债。20世纪90年代中期以后，随着社会主义市场经济的不断发展和财政体制改革的不断深化，国内一些专家学者开始对公债和国债两个概念进行区分。

8.1.1.2 公债的特征

公债作为国家取得财政收入的一种形式，与其他财政收入形式相比，有其明显的形式特征。

（1）有偿性。国家财政收入的其他形式，或是凭借政治权力强制取得，如税收或凭借财产权利的收益分配（如国有企业的利润上缴）都是无偿的。但公债是利用信用形式，按照信贷原则，到期需要偿付本金和利息的有偿分配，国家与债券持有人之间是债权与债务关系，是具有约期时归还并保证支付利息的条件的。因此，公债具有偿还性。

（2）信誉性。民间借债一般须以财产或收益为担保，人们只有在确信发行者有还本付息能力的情况下才会认购。而公债的发行主体是国家，国家是社会政治经济活动的主旨者和管理者，具有极高的社会地位和权威性。公债发行的担保物并不是财产和收益，而是政府的信誉，在一般情况下，公债比私债要可靠得多，通常被称为"金边债券"。

（3）灵活性。公债是否发行及发行多少，一般完全由政府根据国家财政资金的丰裕程度灵活加以确定，而不通过法律形式预先加以规定。而财政收入的其他形式，如税收和利润上缴收入只能根据法律规定和财政体制的确定，获取固定收入，不太可能大幅度调整变化。而公债的发行规模，偿还期限和形式都可灵活调剂，既没有发行时间上的连续性，也没有发行数额上的相对固定性，而是何时需要何时发行，需要多少发行多少。因此，公债与其他形式的财政收入相互配合，相互补充，在满足财政支出、稳定财政状况方面具有非常重要的意义。

（4）自愿性。公债的发行或认购是建立在认购者自愿认购的基础上的。认购者买或不买，购买多少，完全由认购者自己根据个人或单位情况自主决定，国家并不能指派具体的承购人。因为公债的发行是以政府的信用为依托，政府发行公债就要以借贷双方自愿互利为基础，按一定条件与公债认购者结成债权债务关系。任何单位和个人都具有各自独立的经济利益，政府不可能也不应该强制他们认购公债，而只能由其自主决定是否购买和购买多少。

（5）双重性。公债收入是财政收入的特殊形式，其收入列入财政预算，由国家统一安排支出，还本付息由国家预算列支，是财政分配的特殊形式，属于财政范畴。但公债又是利用信用形式，按照信贷原则，以偿还为条件的资金分配，又属于信用范畴。因而公债具有财政与信用的双重属性。

8.1.1.3 公债的由来

公债是随着国家的发展而出现的一个财政分配范畴，其产生的前提条件：一是财政支出的需要，二是借贷资本的存在。随着人类社会的不断发展，国家职能不断扩大、人们的物质财富需求不断增多，仅仅依靠税收已很难满足日益增长的财政支出需求，迫切要求公债的产生。但仅这一条件并不一定能导致公债产生，公债的产生还需要满足另外一个条件，即社会有大量闲置的货币资本。

马克思在《资本论》中指出："公共信用制度即公债制度，在中世纪的热那亚和威尼斯就已产生，到工场手工业时期流行于整个欧洲。殖民制度以及它的海外贸易和商业战争是公共信用制度的温室。"12 世纪末期在当时经济最为发达的意大利城市佛罗伦萨，政府曾向金融业者募集公债，此后热那亚、威尼斯等城市相继效仿；14～15 世纪意大利各大城市几乎都发行了公债；15 世纪末 16 世纪初，随着美洲新大陆的发现和欧洲去往印度航路的开通，世界市场进一步扩大，在殖民制度、海外贸易和商业竞争的作用下，荷兰迅速发展成为当时的资本主义强国；17 世纪末荷兰国内资本充斥，利率不断下降，资本家为得到更多利息竞相向本国政府和国外贷放公债，而其他国家为进行战争、争夺市场，也相继在荷兰募集公债；18 世纪末英国掀起产业革命高潮，其后逐步波及欧洲各国，资本主义迅速发展所带来的巨大财富，又为公债提供了充裕的来源，因此这一时期公债取得了快速发展。

19 世纪末 20 世纪初，资本主义从自由竞争时代发展到了资本主义垄断时代。两次世界大战期间，各国竭力扩充军备，军费开支惊人地增长，其费用就是主要依靠发行公债筹措。19 世纪初整个资本主义国家的国债总额不超过 30 亿美元，约有 80% 的军费来自公债；第二次世界大战期间国债总额急剧提高，1940 ~ 1945 年整个资本主义国家的国债总额为 8000 亿 ~ 9000 亿美元。可见，战争是推动公债急剧膨胀的重要因素，而公债是国家筹集战争经费的重要工具。

进入 20 世纪以来，凯恩斯主义主张运用以减少税收、扩大政府支出和实行赤字预算为核心的财政政策手段来"熨平"资本主义经济周期的波动。他们认为，运用赤字财政可以刺激有效需求，通过发行公债可以弥补财政赤字。自 20 世纪 30 年代以来，西方国家纷纷实行赤字政策并把发行公债作为弥补财政赤字的主要手段。但公共选择学派的领袖人物布坎南认为，凯恩斯主义经济学是第二次世界大战后许多国家赤字持续增长、国债负担率不断提高的罪魁祸首。20 世纪 80 年代以来，发达国家和发展中国家财政赤字激增，国债负担率居高不下，宏观经济政策的中心问题再一次聚焦在对国债和赤字的研究。

公债已成为现代西方国家宏观经济的重要组成部分，是各国政府赖以实现其职能的重要政策工具。随着近年来的经济发展，财政赤字日益增加，公债发行数额快速上升。根据国际清算银行统计，2006 年全球国内公债余额为 50.3 万亿美元，其中，美国国内债券余额为 22.3 万亿美元，占全球余额的 44.4%。在全球国内债券余额中，政府债券、金融债券、公司债券余额分别为 24 万亿美元、20.5 万亿美元和 5.8 万亿美元，分别占全球国内债券余额的 47.8%、40.8% 和 11.4%，其中美国政府债券余额 6.2 万亿美元，占全球政府债券余额的 26%。2007 年 4 月意大利公共债务余额再创历史纪录，达 1.61 万亿欧元，居欧洲之首，列世界第三位，以致国际货币基金组织和欧盟多次敦促意大利政府采取措施来控制本国财政赤字和公共债务的增长。

8.1.2 公债的分类

8.1.2.1 按债务主体分类

以债务主体为标准，公债可分为中央政府（联邦）公债和地方政府公债。中央政府公债是指由中央（联邦）政府发行并负责清偿，其收入用于中央政府支出；地方政府公债是指由地方政府发行，用于地方政府支出，并由地方政府负责清偿或由中央政府担保的公债。

一般而言，西方国家的中央政府（或联邦政府）和地方政府都具有发行公债的权利。而中央公债是其公债的主要内容。中央公债因其规模大、范围广，中央政府运用中央公债可以对货币、利率等宏观经济因素产生重要影响。

8.1.2.2　按发行特点分类

以发行特点为标准，公债可分为强制公债和自由公债。强制公债是国家在发行公债时规定一定的应募条件，凡是符合应募条件的团体和个人，无论主观愿望和经济状况如何都必须购买的公债。当国家财政发生异常困难，如战争期间为了筹集巨额战费，在以正常方式发行自由公债遇到困难的情况下，国家凭借政治权力强制摊派公债。19 世纪以前强制公债在西方各国较为流行，当代西方各国已基本停止发行强制公债。我国 1981～1988 年发行的公债就属于强制公债。

自由公债又称"任意公债"，是政府在发行时不附带任何应募条件，而由企业或居民自由购买的公债。它是公债的普遍形式。

8.1.2.3　按发行地域分类

以发行地域为标准，公债可分为国内公债和国外公债。国内公债是指在国内发行的公债，其债权人多数为本国企业、组织或个人，发行收入和偿还本息都用本国货币支付；国外公债是指在国外发行的公债，其债权人多数为外国政府、企业、组织和个人，发行收入和还本付息使用外币支付。

发行国内公债，会导致本国资源在不同用途之间转移，通常不影响国际收支；但如果发行过量，则会引起国内资金紧张、利率上浮。发行国外公债有利于吸收外国资金、利用外国资源，加快本国经济发展。国外公债的偿还意味着把本国资源交付给外国，倘若国外公债发行过多则不仅带来还本付息压力而且还会引起债务国际收支不平衡，造成经济、政治上的困难。通常情况下，在自由流通债权的前提下，国内外公债可相互转化。如果债务国居民将持有的国内公债拿到国外金融市场上卖出，被外国政府、企业、组织或个人所购买，这时国内公债就转化为国外公债。

8.1.2.4　按发行方式分类

以发行方式为标准，公债可分为国家借款和发行债券。国家借款是指国家以非债券形式举借的债务。其特点在于国家并非发行一定面值的债券，而是以收款凭证或其他记账方式来确立债权债务关系。

发行债券是指政府以发行一定面值的债券供债权人认购的方式举借的债务。在这种方式下，债券成为债权债务关系确立的凭证。发行债券具有适用、普遍、持久和安全等优点。

8.1.2.5　按偿还期限分类

以偿还期限为标准，公债可分为短期公债、中期公债和长期公债。通常认为，短期公债是指发行期限在 1 年以内的公债。由于短期公债的发行和偿还日期相距时间较短，所以短期公债又称流动公债。中央银行可以通过买卖短期公债以实施公开市场操作业务，来达到调控市场货币供给量的目的。当市场上货币供应偏紧时，中央银行就可以通过买进大量债券，以实现货币市场投放；反之，就卖出债券以收回货币。

关于长期公债的期限，目前看法不一。有的认为 5 年以上，有的认为 10 年以上。发行长期公债对国家比较有利，但因期限过长，债券持有人容易受到币值变动的影响，公债的推销难度较大，因而长期公债在各国债务总额中的比重一般不大。

中期公债是介于长、短期之间的公债，与短期公债相比，其期限较长，政府可以在较长时期内使用中期公债筹集的资金。因此，在各国发行的公债中，中期公债占有较大比重。同样，在我国中期公债在全部公债中所占较大。

8.1.2.6 按流通程度分类

以流通程度为标准，公债可分为可转让公债和不可转让公债。公债一般具有自由认购、自由买卖和自由转让的特点。大多数的公债可在债券市场上自由买卖，这种公债称为可转让公债，又称上市公债。这类公债，对于购买者来说，在需要现金时可以出售变现；对于国家来说，可以利用其流动性来达到调节国家债务总额、构成及金融市场。

同时，也有部分是不能在证券市场上公开出售的，称为不可转让公债。因其变现能力较差，不可转让公债一般规定较长的期限，并给予较高的利息率或其他优待条件。一般采取记名的方式发行，旨在限制买卖活动。

除以上的划分方法外，公债还可从其他角度进行分类。如按公债有无担保，可将公债分为有担保公债和无担保公债；按公债债务收入的用途不同，可将公债分为生产性公债和非生产性公债。

8.1.3 公债的功能

随着社会经济发展和财政支出增长，公债不仅可以用于弥补财政赤字，还可以作为政府干预经济运行的重要工具。其功能主要表现在以下几个方面：

8.1.3.1 弥补财政赤字

随着经济社会的发展，政府职能日益扩大，国家财政支出需求越来越大，仅靠税收逐渐难以满足财政支出增长的需要，因而发行公债就成为弥补财政收支差额的重要手段。当今世界不发行公债的国家基本上是不存在的。

（1）发行货币相比公债的优势。发行货币是政府印制、发行更多的钞票或在银行有超额准备金的情况下向银行出售债券（债务货币化），导致货币供给增加。而在债务融资的情况下，如果政府不是向银行而是向个人、企业等借债，货币供给不会增加。由此可见，发行货币容易产生通货膨胀压力，而债务融资一般不会产生这种压力。

（2）与增加税收相比公债的优势。增加税收在客观上受经济发展的制约，如果强行提高税率实现税收过快增长，就会影响经济发展，导致财源枯竭，其结果得不偿失，且改变税制又要受立法程序的制约，也不易为广大纳税人所接受。而人们购买债券只是对资产的一种自愿选择，只会改变其资产构成，不会减少其总资产，但增加税收则会减少其资产总量。

当然，也有人认为公债是未来的税收，如马克思就把公债称为预收的税收。因为如果公债筹款被用于非生产性支出，则资本本身已经被国家花掉了，还本付息完全要靠增税；如果公债筹款被用于国家投资，则资本在生产过程中发挥机能作用就能带来剩余价值。

8.1.3.2 筹集建设资金

发行公债作为弥补财政赤字的手段是公债最基本的功能，但随着社会经济的发展、政府职能的扩大，发行公债越来越成为政府筹集建设资金的重要渠道。当政府发行公债用于保证重点项目建设、调整投资结构的目的和用途时，这种债券就具有明确的筹集国家重点建设资金的功能。

我国自 1987 年开始发行重点建设债券和重点企业建设债券（其中包括电力债券、钢铁债券、石油化工债券和有色金属债券），其筹集资金用于经济建设。债务融资是公共投资的主要资金来源。因建设性支出的原因导致财政赤字，就决定了发行债券融资弥补赤字就具有建设性。

8.1.3.3 调节经济运行

若经济长期运行在充分就业和无通货膨的条件下，那么政府借债的唯一理由就是为公共投资融资。西方各国长期推行赤字财政政策，其目的就是扩大政府支出，增加社会有效需求，避免生产过剩的经济危机。公债是国家调控经济的工具，主要表现在：

（1）发行公债可用于基础设施建设。如果私人资本没有更合适的投资对象而相对过剩时，国家可通过发行公债把企业和私人资本集中起来，用于扩大社会再生产的基础设施建设，改善私人投资环境。

（2）运用公债改变积累与消费比例。公债所筹集的资金如果来源于企业和个人的投资资金，用于非生产性支出就会使国民收入中积累的比例缩小、消费的比例增大；如果来源于企业的消费基金和个人的生活费用，用于国家投资就会使国民收入中积累的比例增大、消费的比例缩小。

（3）通过公债方式调节货币供应量。当出现通货膨胀时，国家可以在公开市场上抛售公债、回笼货币，减少流通中的货币量。当通货紧缩时，政府可购买公债、增加货币流通，这在一定程度上可缓和危机的破坏程度。

8.1.4 公债的负担

8.1.4.1 公债负担的含义

公债负担是指公债带来的各经济主体的利益损失和政府因负担所承受的经济压力。发行公债既影响着社会需求结构，进而影响着资源配置和经济发展，也影响着国民收入在政府、债权人、纳税人之间的收入再分配的比例。

8.1.4.2 公债负担的种类

公债负担既包括国民经济的整体负担，也包括不同利益主体如政府、认购者、纳税人和后代人的负担。

（1）经济的公债负担。是指政府负债给经济发展带来的损失。这种负担是否形成，关键在于公债的使用方向和使用效益。如果公债是用于经济发展，不仅不会减少社会积累的总规模，而且会形成良好的宏观经济环境，对经济发展产生推动作用。

（2）政府的公债负担。是指政府作为债务人因负债承受的经济压力。该负担一般体现在政府对公债还本付息的能力上。如果公债的增长推动了经济增长，且产生出足够的偿还能力或具备借新债还旧债的经济条件，那么公债的增长就不会形成政府的还债压力。

（3）认购者的公债负担。是指认购者作为债权人因认购公债所承担的利益损失。一般而言，公民投资认购公债具有风险低、收益高等特点，能给投资者带来收益，不构成认购者的负担。但有两种情况除外：一是强制发行的公债，购买公债会降低认购者的福利水平或强行改变其行为偏好，从而形成认购者的公债负担；二是在公债负利率的情况下，认购者的公债投资会形成实实在在的公债负担。

（4）纳税人的公债负担。是指因偿还公债而增加税负给纳税人造成的利益损失。公债在发行期可以增加财政财力，但在偿还期则会增加财政支出，而国家还债资金的重要来源是税收收入。如果增加公债推动了经济发展，使税源得以扩大，则偿债增加的税收本是公债效益的一部分，公债再投资所产生的还债能力是以税收形式征集的，在这种情况下，公债偿还并不构成纳税人的负担。

（5）后代人的公债负担。是指国家发行的公债由后代人偿还而形成的利益损失。从长期公债和不断借新债还旧债拖延债务期限的情况来看，公债的还本负担将拖延至后代人。公债若用于消费、挤占私人部门投资，则会产生后代人负担，若用于投资则可能不产生负担。公债是否造成后代人负担主要取决于投资的效率，一般来说，若公债将资金从效率低的部门引向效率高的部门，那么后代人就会受益；反之公债将使后代人蒙受损失。

正是由于公债对国民经济以及各类经济主体会产生一系列的影响，所以政府在发行公债的时候要综合权衡各种因素，要控制适度的规模。

8.2 公债制度

公债制度是国家或政府关于公债发行、流通及偿还等各种法律和规定的总称，它是规范公债运作，处理国债运作中各种经济关系的基本准则。本节主要介绍公债的发行、偿还以及我国公债制度的发展历程。

8.2.1 公债的发行

公债发行是指公债售出或被认购者认购的过程，是公债资金运动的起点，是公债筹资功能的实现环节。公债发行是整个公债运动过程中最为重要的环节，政府在这一过程中主要解决公债发行规模、期限、方式、价格和利率等问题。

8.2.1.1 公债发行的规模

如今，各国都把发行公债筹集资金看成解决财政支出不足的重要手段。但是，公债的发行应该有个数量限度，尤其是将借债收入当成组织财政收入的一项经常性的资金来源时，更要注意其可行性和数量界限，否则将会引起债务危机。影响公债发行规模的因素主要包括以下几个方面：

（1）社会应债能力。是指社会上个人和应债机构对公债的承受能力。前者是指一定时期内居民个人对公债的认购能力，它主要取决于居民的收入水平和社会平均消费水平。通常居民对公债的认购能力与其收入水平成正比关系，而与社会平均消费水平成反比关系。后者是指一定时期内各经济实体对公债的认购能力，它主要取决于各经济法人实体自有资金的数量和维持正常积累及兴办各项事业对资金的正常需要量。一般而言，公债发行规模不能超过全社会的应债能力，否则会影响全社会的积累与消费的比例关系。

（2）政府偿债能力。是指政府作为债务主体对其所借债务还本付息的能力。通常由财政收入和 GDP 两个增长速度决定，前者反映一定时期财政收入规模扩大的趋势，它取决于财政收入政策；后者反映一定时期经济发展的状况和国民经济发展对公债的承受能力，它是根本和前提。如果 GDP 增长速度快，则一定时期的 GDP 在满足正常投资和消费后有较大余地为政府调度，如果正常的财政收入不足以抵偿债务，政府可通过继续发行新债的方式来偿还旧债。在 GDP 一定的情况下，财政收入规模越大，则财政收入在满足其他正常收支后可用于归还到期公债本息的资金越多，政府对公债的偿还能力越强。

（3）公共产品供给。在一定社会资源条件下，公共产品的供给并非越大越好。因为在政府以税收和收费的方式为公共产品供给筹资时，人们会由于自己承担了费用而对公共产品表现出适度的需求。当政府以公债为公共产品生产融资时，就等于减少了相当于公债发行额度的税收数额。没有购买债券的人不会感到负担，就是购买债券的人也通常只将自己持有的公债看成是资产而不是负担。这样通过公债融资就容易扩大公共产品的供应水平，从而扩大政府资金规模，当这个规模超过合理的界限时，必然会造成资源配置效率的损失。

由于公债发行规模受到上述因素的影响，且发行规模超过一定限度往往会产生一些不良的后果。所以，一般采用债务依存度对政府年度公债发行规模进行限制。所谓债务依赖程度就是指财政支出对债务收入的依赖程度，即债务收入占全部财政支出中的比重。一般认为债务依赖程度在 25% 以下为好。从国内外学术界研究公债理论的现状看，国家举借内债的限度，可综合参考如下主要指标：

（1）国债依存度。是指国债发行与当年财政支出比率的关系，即当年财政支出中有多大份额是依靠发行国债来满足的。为避免出现财政的过度膨胀，国债依存度的比例不应过高。其计算公式为：

国债依存度 =（当年国债发行额/当年财政支出额）×100%

（2）国债负担率。是指到计算期为止国家历年发行尚未偿还的国债累计余额与当年国民生产总值的比例关系。这个指标反映着国家累积债务的总规模，是研究、控制债务总量和防止出现债务危机的重要依据。其计算公式为：

国债负担率 =（国债累积余额/当年国民生产总值）×100%

（3）国债偿债率。是指当年到期还本付息的国债总额，占当年财政收入总额的比例。这个指标反映着财政还本付息的能力。在通常情况下，一个年度国债的偿还不能影响社会再生产的正常进行和人民群众的正常生活需要。其计算公式为：

国债偿债率 =（当年还本付息支出额/当年财政收入总额）×100%

除上述三个指标外，还有一些其他的参考指标，如国债余额占当年财政支出的比重、当年国债发行额占当年国民收入的比重等。

8.2.1.2 公债发行的期限

公债期限的确立实际上在债务发行中是最主要的，它不仅影响公债的发行对象、发行范围、发行方式及流通与否等具体问题的选择，同时也直接关系到最终的筹资效果。确定公债期限时一般应考虑以下两个因素：

（1）债务收入用途。一般来说，政府借债总是有一些既定的用途，因此为长期支出项目筹资的债务的期限就较长，而用于短期需要的债务的期限则较短。从政府角度看，长期债务能使政府资金的使用期限更长，在安排使用方向上有更大的选择余地，如果条件允许，可以选择以长期债务为主。

（2）社会闲置资金。在本国社会闲置资金较多时，一般考虑举借内债，而在本国资金供应较紧张时，则更多地考虑举借外债。一般而言，国内外的闲置资金会因不同时期而有差异，而无论在哪一个经济时期，社会资金会因不同的所有者而具有不同的闲置期限。政府除了根据不同经济时期的资金闲置状况来决定债务期限外，更多的还是应该选择多种期限的债务结构，这不仅可以确保债务的顺利发行，同时也可以分散还债时间。

上述两个因素对政府债务期限选择的影响最直接，但在现实经济状况中还会有多种复杂的因素对债务期限的选择产生影响。

8.2.1.3　公债发行的方式

各国发行公债的方式多种多样，主要有固定收益出售、公募拍卖、连续经销、直接推销和有机组合等方式。

（1）固定收益出售。即在金融市场上按预先确定的发行条件发行公债的方式。其主要特点：一是认购期限较短，从公债开盘发售到收盘，一般必须在几天（最长为两周）的时间内完成；二是发行条件固定，公债利率与票面价格相联系固定不变，按既定的发行条件出售，而这一既定的发行条件，往往是由财政部门通过事先与有关包销团谈判或按金融市场行情确定的；三是发行机构不限，金融机构、邮政储蓄机构、中央银行和财政部门等，都可按该方式发行或代理发行，但通常以前两种机构为主；四是主要适用于可转让的中长期债券的发行。在政府不易把握金融市场行情等情况下，该方式往往要辅之以销售担保措施。

（2）公募拍卖。又称"公募法"，这是一种在金融市场上通过公开招标发行公债的方式。其主要特点：一是发行条件通过投标决定，即认购者对准备发行的公债的收益和价格进行投标，推销机构根据预定发行量，通过决定中标者名单被动接受投标决定的收益和价格条件；二是拍卖过程由财政部门或中央银行负责组织，即以其为发行机构；三是主要适用于中短期政府债券，特别是国库券的发行。

（3）连续经销。又称"出卖发行法"，即发行机构（包括经纪人）受托在金融市场上设专门柜台经销债券的方式。其主要特点：一是经销期限不定，发行机构可无限期地连续经销，直到完成预定发售任务；二是发行条件不定，不预先规定债券的出售价格，而由财政部或其他推销机构根据推销中的市场行情相机确定，且可随时进行调整；三是主要通过金融机构、中央银行和证券经纪人经销；四是主要适用于不可转让债券，特别是对居民家庭发行的储蓄债券。

（4）直接推销。又称"承受发行法"，是由财政部门直接与认购者谈判进行出售公债的发行方式。其主要特点：一是发行机构只限政府财政部门，如财政部或其所属公债局（署、司）直接与认购者进行交易，不需要通过任何中介或代理机构；二是认购者主要限于有组织的机构投资者，主要是商业银行、储蓄银行、保险公司、养老基金和政府信托基金等，个人投资者不能以该方式认购公债；三是发行条件通过直接谈判确定，预备发行公债的利息，由财政部和公债局召集各个有组织的机构投资者共同确定；四是主要适用于某些特殊类型的政府债券的推销，如比利时和瑞士的专门用于吸收商业银行资金的特殊可转让债券及有些国家对特定金融机构发行的专用债券等，就是通过这种方式发行的。

（5）有机组合。即综合上述各种方式的特点而有机结合使用的公债发行方式。在某些国家的公债发行过程中，不单纯使用上述的任何一种方式，而是将这些方式的其中一些特点综合起来，取其所长，结合运用。

8.2.1.4 公债发行的价格

公债的发行价格是指认购主体认购国债时所支付的价格。公债的发行价格不一定就是票面金额，它可低于票面金额发行，少数情况下也可高于票面金额发行。按照公债发行价格与其票面金额的关系，公债发行价格分为平价发行、折价发行和溢价发行三种。

（1）平价发行。即政府债券按票面金额出售。认购者按公债票面金额支付购金，政府按票面金额取得收入，到期亦按票面金额还本。

（2）折价发行。即政府公债以低于票面金额的价格出售。认购者按低于票面金额的几个支付购金，政府按这一折价取得收入，到期仍按票面金额还本。

（3）溢价发行。即政府债券以超过票面金额的价格出售。认购者按高于票面金额的价格支付，政府按面值和溢价部分取得收入，到期则按票面价值还本。

在一定时期究竟选择什么样的价格来发行国债，主要考虑以下因素：第一，要考虑一定时期国家的财政政策和货币政策取向。在社会总需求大于总供给，国家实行紧缩的财政、货币政策的时候，可以选择折价方式来发行公债。折价发行可以以低于票面金额的价格吸引投资者，保证公债得以顺利售出，以达到通过发行公债来回笼资金、收缩社会需求和平抑物价的目的。

第二，要考虑资金市场的供求情况。资金市场货币供求状况是决定公债发行价格的重要因素。在货币供求关系基本正常的情况下，公债的发行价格应与票面金额相等，即实行平价发行；在货币资金供大于求时，为了利用市场优势，降低筹资成本，发行价格可适当高于公债票面金额即实行溢价发行；在货币资金供小于求、公债销售困难的情况下，则可以降低公债的发行价格，以折价发行方式来吸引投资者。

第三，要考虑资金市场的利率水平。资金市场的利率水平实际上反映着市场资金供求状况。在利率水平低、资金需求量较小的情况下，如果政府能以不低于或高于市场利率的公债利率吸引投资者，则国债平价发行也是可行的；反之，则可以采取折价发行的低价策略吸引投资者。

8.2.1.5 公债发行的利率

公债利率是指公债利息占公债本金的比率，通常由举债者的政府来确定，也称为法定利息率。政府在确定法定利息率时，也应考虑以下几个因素：

（1）市场利率。公债利率可参照金融市场利率确定。金融市场利率高，公债须相应提高；反之，公债利率可相应降低。如果公债利率与金融市场利率相去甚远，可能导致政府公债找不到认购者，反而使政府蒙受不必要的损失。

（2）公债期限。当政府同时发行的公债包含不同期限时，一般应根据期限长短来确定利率的高低，这是借债的基础条件。但由于长、短期债务的资金来自不同的资金市场，因此在考虑期限的同时还应结合当时不同资金市场的市场利率来确定公债的利息率。如市场短期资金紧张，而市场长期资金充裕，则长期公债的利率也可定得低些。

（3）政府信用。公债利率可按照政府信用的状况确定，即政府信用良好时，公债利率可相应较低；反之政府信用不佳时，公债利息只能较高。否则，不是加重政府的债息负担，就是阻滞政府公债的发行。

（4）财政货币政策。公债利率虽然是以市场利率为基础，但反过来又会影响市场利率的变动。当政府推动扩张性财政政策时，一般会更多地选择较低的公债利率，而施行抑制性政策时则会选择较高的公债利率，以与不同经济波动周期的资金供求情况相适应。在萧条时资金大量闲置，低利率也可实现顺利融资；在经济高涨时资金通常供应紧张，则只有确定较高利率才能实现融资。因此，经济萧条时推行扩张性财政货币政策，经济过热时采用紧缩性财政货币政策是政府反周期的政策选择方式。

8.2.2 公债的偿还

8.2.2.1 公债的付息方式

公债发行后，除短期债券（已通过折价发行预扣利息）外，公债在发行时已经规定了利息率，每年应付的利息支出是固定的，政府公债付息的主要任务是确定付息方式，包括对付息次数、时间和方法等作出相应的安排。公债付息方式大体可分为两类：一类是按期分次支付法。即将债券应付利息在债券的期限内分几次（如每一年或半年）支付，一般附有息票，债券持有者可按期剪下息票而兑付息款。另一类是到期一次支付法。即将债券应付利息同偿还本金结合起来，在债券到期时一次支付，而不是分几次支付。

8.2.2.2 公债的偿还方式

公债到期后要按发行时的规定如数还本。公债偿还中的一个重要环节就是确定其偿还方式。政府可选择使用的公债偿还方式主要包括：

（1）分期偿还法。即对一种债券规定几个还期，每期偿还一定比例的本金，直至债券到期时本金全部偿清。其优点是：可分散公债还本对国库的压力，避免集中偿还可能给政府财政带来的困难，其缺点是：需频繁地进行本金兑付，从而加大了政府公债偿还的工作量和复杂程度。

（2）抽签偿还法。即在公债偿还期内通过定期按公债券号码抽签对号方式确定偿还一定比例的债券，直至偿还期结束并偿清为止。该方式的优缺点，与分期偿还法大体相同。

（3）一次偿还法。即对发行的公债实行在债券到期日按票面金额一次全部偿清。这是一种传统的偿还方式。其优点是：政府公债还本管理工作简单、易行，且不必为公债还本而频繁筹措资金；其缺点是：集中一次偿还公债本金有可能造成财政支出的急剧上升而给国库带来较大支付压力。

（4）买回债券法。即在债券期限内通过定期或不定期地从证券市场上买回一定比例债券且不再卖出。按照这种方式，到债券期满时已全部或绝大部分被政府所持有，因而债券的偿还实际上变成一个政府内部的账目处理问题。买价一般要高于票面额，债券持有者可视资金松紧情况自由决定是否出售。其优点是：给投资者提供了中途兑现的可能性，并对政府债券的价格起支持作用，有助于增强投资者对公债的信任和稳定感；同时政府还可达到调节社会资金运动的目的。

（5）以新替旧法。即政府通过发行新债来兑换到期的旧债券，以达到偿还公债的目的。其优点是：增加筹措还债的灵活性，在新债券需求量较大的情况下对原持有者有利；其缺点是：若经常使用这种偿还方式，实际上等于无限期推迟偿还，终究会损坏政府信誉。

8.2.2.3 公债偿还的资金来源

（1）偿债基金。政府预算设置专项基金用以偿还公债，即每年从财政收入中拨交一笔专款设立基金，由特定机关管理，专款专用。在公债未还清之前，每年的预算拨款不能减少，以期逐年减少债务，故又称为"减债基金"。

（2）财政盈余。政府在预算年度结束时，以当年财政收支的结余作为偿还公债的资金。盈余多则偿债数额亦多，盈余少则偿债数额亦少，如无盈余则无款可用于偿债。

（3）预算列支。将每年的公债偿还数额作为财政支出的"债务还本"项目列入当年支出预算，由正常财政收入（主要指税收）来保证公债的偿还。

（4）发行新债。在政府的预算收入不足以偿还到期债务，又未建立偿债基金的情况下，发行新债偿还旧债也是筹集偿债资金的来源之一。在政府财政收入增长因体制等因素的影响而慢于国民收入增长时，社会资金趋于分散，对国债的承受能力较强，借新债还旧债不会给经济发展带来不利影响，但一定要把握好债务规模，如果长期借新债还旧债，就会使债务负担过重，甚至引发债务危机。

8.2.3 我国公债制度的发展历程

我国公债制度是与经济制度和经济发展相适应的，大体上可分为两个时期六个阶段。

8.2.3.1 我国改革开放前的公债

从新中国成立后到改革开放前，实行计划经济体制，坚持财政收支平衡、不搞赤字预算的财政政策，发行公债较少，公债规模也很小。主要分为两个阶段：第一阶段，新中国成立到 1950 年的公债。政府为保证解放战争的胜利和恢复国民经济，发行了总价值约为302 亿元的"人民胜利折实公债"。第二阶段，1954 ~ 1958 年的公债。因国家经济建设需要，分五次发行了总额为 3546 亿元的"国家经济建设公债"，并于 1974 年本息全部还清。

8.2.3.2 我国改革开放后的公债

我国于 1981 年恢复发行公债至今，公债在发行次数、种类、数量等方面与改革开放前相比发生了较大变化。主要经历了以下四个阶段：

第一阶段，1981 ~ 1986 年的公债。1981 年国务院做出了一个意义重大、影响深远的决定，即通过发行公债弥补财政赤字，当年即发行国库券 48.7 亿元，标志着中国"既无内债，又无外债"历史的结束。从此，公债成为我国经济生活中的一个重要因素，并且发挥着越来越重要的作用。1986 年以前，公债发行量不大，一般为 40 亿 ~60 亿元。

第二阶段，1987 ~ 1993 年的公债。我国从 1987 年开始，公债发行额从第一阶段的 50亿元左右，猛增到 117 亿元，1993 年上升为 381 亿元，其中 1992 年达到最高值 460 亿元。这一时期公债发行额不断增加的主要原因，一是从 1986 年起，以前发行的公债，有的开始到期，需要以新债还旧债；二是从 1986 年开始财政赤字增加较快，1993 年财政赤字额与 1987 年相比翻了两番多；三是从 1987 年起，国家大幅度增加经济建设公债发行额。

第三阶段，1994 ~ 1997 年的公债。1994 年我国制定的《预算法》规定，中央财政不得向银行透支，财政赤字只能通过发行公债来弥补。在这种背景下，我国公债发行规模出现了跳跃性的增长，1994 年公债发行额一举突破 1000 亿元大关，其后的规模不断扩大。其主要原因：一是财政赤字增加和经济建设的需要；二是以前年度发行的公债进入还本付息的高峰期，同时通货膨胀时期发行的公债增加的保值补贴条件，使这一时期的公债还本付息支出大幅度增长。

第四阶段，1998 年以来至今的公债。面对亚洲金融危机，为扩大有效需求、治理通货紧缩，我国于 1998 年实施了积极的财政政策和稳健的货币政策，发行了 2700 亿元特别公债和增发 1000 亿元 10 年期公债。1999～2000 年公债发行额分别为 4015 亿元和 4657 亿元，2005 年达到 6900 亿元。2009 年已被叫停达 16 年之久的地方政府债券，也开始由中央为地方政府代发。地方政府债券最早出现在新中国成立初期，1981 年恢复国债后地方债券就不见踪影了，1993 年地方债券被国务院明确"叫停"，原因是"怀疑地方政府承付的兑现能力"。1995 年 1 月 1 日起施行的《预算法》第 28 条明确规定：除法律和国务院另有规定外，地方政府不得发行地方政府债券。"地方政府债券"的禁令一直保持至 2009 年初。我国这一时期是主动通过增发公债来增加投资性支出，公债资金的大部分用于基础设施建设、环境和生态保护、科学技术发展和技术升级等方面，与前几个阶段政府被动发行公债、弥补财政赤字和支付到期公债本息相比，有着本质的区别。

8.3　公债的经济效应

公债作为财政收入的特殊形式，对经济发展是有利还是无利，在理论上还存在一定的分歧。西方有关公债的争论，大体上可分为公债无害论与公债有害论的争论、李嘉图定理的公债争论。在探讨公债的经济效应之前，非常有必要对相关理论进行深入剖析。

8.3.1　公债无害论与公债有害论的争论

8.3.1.1　公债无害理论

19 世纪末 20 世纪初，西方国家的公债无害论开始流行。国内公债只是"左手欠右手"的债务，公债并不减少国内的资源总量；当期看来数额巨大的公债，未来相对数量不足为道。诸如此类的观点，其实质反映的都是公债无害论的观点。特别是凯恩斯主义兴起之后，公债无害论更是深入人心，经济学家也将公债、赤字和补偿性财政政策联系在一起，对公债大加赞扬。

凯恩斯主义把公债看成是国家干预和控制社会经济、稳定社会秩序的手段。它认为通过发行公债筹集资金，可以增加财政支出，扩大有效需求，促进社会就业，创造社会财富。凯恩斯主义的政策主张在 20 世纪五六十年代，促进了西方国家的经济繁荣，一时间公债无害论成为公债理论的主流。

8.3.1.2　公债有害理论

该理论认为，公债有害于社会经济的发展，从而反对发行公债。自由资本主义时期为减少对资本的侵蚀，"廉价政府"和"守夜人"的政府观念深入人心。许多经济学家反对政府举债，亚当·斯密的观点比较具有代表性。

斯密认为，国家举债是因为当权者奢侈而不知节俭，举债使国家轻易取得收入，造成君主和国家更加奢侈，更不注重其财富的积累和储备。他认为，公债是非生产性的，举债将减少生产资本，且当国家费用由举债来支付时，就是把一部分用以维持生产性劳动的资本抽出来转用于非生产性的财政支出，这样势必对国民经济的发展造成不利的影响，而且国家举债造就了一批食利阶层，鼓励人们将资金投入非生产领域，做不劳而获的寄生虫；举债是预借赋税，必将加重后代人的负担；举债过多会使国家采用通货膨胀的办法推卸债务，经济将陷入危机，也将造成国家"破产"。

8.3.2　李嘉图等价定理的评析

在公债理论中，更具有影响力的且具有争议的理论莫过于李嘉图等价定理。下面对李嘉图定理作详细介绍。

8.3.2.1　李嘉图等价定理

英国著名的古典经济学家大卫·李嘉图在《政治经济学及赋税原理》一书中，对征税和举债的效应问题作了这样的论述："如果为了一年的战费支出而以发行公债的方式征集 2000 万英镑，这就是从国家的生产资本中取去了 2000 万英镑。每年为偿付这种公债利息而课征的 100 万英镑，只不过由付这 100 万英镑的人手中转移到收这 100 万英镑的人手中，也就是由纳税人手中转移到公债债权人手中。实际的开支是 2000 万英镑，而不是为 2000 万英镑必须支付的利息。是否支付利息都不会使国家增富或变穷。政府可以通过赋税的方式一次征收 2000 万英镑；在这种情况下，就不必每年课征 100 万英镑。但这样做并不会改变这一问题的性质。"其大致的含义是：人们手中的政府债券只能通过包括其本身在内的所有纳税人将来缴纳的税收来偿还，这样政府债券就不应该被视作总财富的一部分；同时举债和征税对人们经济行为的影响相同，特别是对人们消费行为的影响相同。20 世纪 70 年代，经济学家们将该观点命名为"李嘉图等价定理"，并作为研究公债理论与实践的一个重要命题。1974 年美国经济学家 R. J. 巴罗在其一篇著名论文——《政府债券是净财富吗？》中，深化了李嘉图对政府举债的经济影响的论述。为了纪念巴罗对李嘉图等价定理的发展所作出的贡献，李嘉图等价定理又被称为"李嘉图—巴罗等价定理"。

虽然李嘉图认为理论上征税与发债相同，但并不等于他主张发债。因为他认为该理论需要的一系列假设条件无法在实践中得到很好满足。但巴罗在 1997 年提出，给定政府支出路径的条件下，有两个方面的因素可使李嘉图等价定理成立：一是每期政府预算约束表明，预算赤字仅改变征税时间，而没有改变税收贴现值，这是因为政府迟早要为其支出付费，不存在"免费午餐"的问题；二是每个家庭在做出消费与劳动供给等决策时关心的只是税收贴现值，而不是税收时间安排。这两个方面结合在一起产生李嘉图等价效应。因为预算赤字正是通过改变消费与劳动供给来影响利率和产出等变量的，既然每个家庭都注意到政府发债只是改变了征税时间，并没有减少税收量，他们自然会未雨绸缪地将一部分钱用于储蓄以备将来纳税。各个家庭多储蓄的部分正好抵消了政府扩大的支出，因此整个经济的投资和储蓄状况不变。

8.3.2.2　李嘉图等价定理的评析

在现代经济条件下，以发新债的办法来抵付旧债，已成为现代各国政府偿还到期债务的基本手段。这就是说，以举债替代征税而实现现期的税收减少，并不意味着未来某一时期一定要增税，也不存在消费者基于利他动机为给后代遗留财产而不增加现期自身消费的问题，这就从总体上否定了李嘉图等价定理的真实性。对李嘉图等价定理为什么在揭示举债与征税的比较效应方面失效的原因分析，是由詹姆斯·托宾提出的。托宾在1980年出版的著作中明确指出，消费者在缴纳税收和认购公债两种情况下的经济行为是不同的，李嘉图等价定理在实际生活中的失效当然也是必然的。其原因在于，这个定理是在现实生活中一系列并不存在的、严格的假定条件下得出的。具体包括：

第一，李嘉图等价定理要求各代的消费者都是利他的，而且要求在利他动机支配下的各代消费者不能给其子孙留下债务。然而常识告诉我们，一个给其子孙留下负值财产的消费者并不一定就不具有关心其后代的利他动机。当他面临政府实行以举债来替代征税的政策时，由于偿还公债本息所需要增加的税收要在他死后才能开征，他所需缴纳的税收的现值就会下降，其现值的消费支出就会增加。

第二，李嘉图等价定理的前提是政府以举债替代征税的政策不具有再分配效应，且每个消费者的边际消费倾向是无差别的。然而，这一前提在现实生活中是不存在的。显然，在收入再分配过程中获利的消费者将会增加消费支出，而受损的消费者将会减少消费支出。消费支出在消费者之间的重新配置，一定会对李嘉图等价定理的前提造成一种破坏。

第三，李嘉图等价定理是基于假定政府所征税收都是一次性总付的人头税，因而举债对征税的替代只会造成税收总额变化，而这一变化又恰好被公债数量上的变化完全抵消。但在现实生活中，政府所征税收并非是一次性总付的人头税，实际上大多数的税收是针对特定经济行为而征收的，这就意味着以举债替代征税而实现的税收变化一定会引起人们经济行为的相应变化。毋庸赘言，人们经济行为的变化就意味着李嘉图等价定理的失效。

8.3.3 公债的经济效应分析

基于上述分析，在现实中李嘉图等价定理是很难成立的。言外之意，政府发行公债必然对经济会产生一些影响。下面以国债为例，进行详细介绍。

8.3.3.1 国债的资产效应

国债的经济影响，从短期来看，主要是国债的收入效应，即国债对国民收入的影响。从长期来看，不仅限于国债的收入效应，还需要分析国债存量对资产的影响。所谓的国债资产效应就是指国债发行量的变化，影响居民所持有资产的变化。国债的资产效应与"国债错觉"紧密相连。"国债错觉"是指国债持有者在持有国债时认为是自己的财富增加了，由此可能增加自己的消费需求，因而国债积累与消费的增加相联系。正因为国债具有资产效应，所以国债在经济增长中具有稳定功能。

8.3.3.2 国债的需求效应

国债会影响需求总量和结构。社会总需求是指有支付能力的需求，如果货币供给量增加，社会需求总量也会扩大。因此，凡是国债运行带来货币供给量增加，都会增加社会需求总量。一般来说，中央银行购买国债会叠加在原有总需求之上扩张总需求。而商业银行或居民个人购买国债，一般来说，只是购买力的转移或替代，不会产生增加货币供应从而扩张总需求的效应。

从对需求结构的影响看，在国债使用中如果新增加了社会需求，则会改变原来社会需求结构状态。而政府通过发行国债，把部分货币购买力由私人部门转移到政府部门，这本身就会改变公共部门和私人部门的需求结构。如果国债资金来源于私人部门的投资资金，当政府把这部分资金用于投资时，就会把私人部门的投资需求转化为公共部门的投资需求；当政府把这部分资金用于消费时，就会把私人部门的投资需求转化为公共部门的消费需求。如果国债资金来源于私人部门的消费资金，当政府把这部分资金用于投资时，就会把私人部门的消费需求转化为公共部门的投资需求；当政府把这部分资金用于消费时，就会把私人部门的消费需求转化为公共部门的消费需求。可见，国债对需求结构的影响还要取决于国债资金的来源性质与使用方向。

8.3.3.3 国债的供给效应

国债不仅具有需求效应而且同时具有供给效应，即国债也会影响社会总供给的总量和结构。事实上，需求和供给是一个问题的两个方面，二者相互伴随、不可分割的。比如，国债收入用于投资，自然会增加投资需求，当然用于投资也必然提供供给，而且由于投资领域的不同，还会改变供给结构。因为国债资金的投向主要是基础产业等领域，通过对国债资金结构的合理安排，从而在一定程度上影响社会的生产结构，进而影响社会的供给结构。在我国实施积极财政政策时期，国债投资集中力量建成了大批重大基础设施项目，既有效增加了社会供给总量，同时又改变了社会供给结构。

第9章　政府与国有企业间财政关系

9.1　政府投资概述

9.1.1　政府投资的概念

在任何社会中，社会总投资都是由政府投资和非政府投资两大部分构成的。政府投资是指政府为了实现其职能，满足社会公共需要，实现经济和社会发展战略，投入资金用以转化为实物资产的行为和过程。与政府投资相对应的非政府投资则是指由具有独立经济利益的微观经济主体进行的投资。在一个社会中，政府投资和非政府投资所占比重究竟多大，主要取决于以下两个因素：

（1）社会经济制度的不同。一般而言，实行市场经济的国家，政府投资所占的比重相对较小，非政府投资所占的比重相对较大；实行计划经济的国家，政府投资所占的比重相对较大，非政府投资所占的比重相对较小。

（2）经济发展阶段的不同。在经济发达国家，政府投资占社会总投资的比重较小，非政府投资所占比重较大，在欠发达国家和中等发达国家，政府投资占社会总投资的比重较大，非政府投资所占比重较小。

9.1.2　政府投资的原则

一般而言，在市场经济条件下，政府投资选择必须遵循以下几个原则：

（1）弥补市场失效的原则。

（2）维护市场配置功能的原则。

（3）调节国民经济运行的原则。

9.1.3　政府投资的职能

政府投资是国家宏观经济调控的必要手段，在社会投资和资源配置中起重要的宏观导向作用。政府投资可以弥补场失灵，协调全社会的重大投资比例关系，进而推动经济发展和结构优化。政府投资职能一般表现在以下几个方面：

9.1.3.1 均衡社会投资，政府发挥宏观调控作用

在市场经济条件下，尽管政府投资量不占据主要地位，但对社会投资总量的均衡能起到调节作用。当社会投资量呈扩张势头、通货膨胀趋势严重时，政府投资主体通过减少投资量，缓解投资膨胀。当经济不景气、社会投资低迷时，政府投资主体采取增加投资量的途径，扩大社会需求，推动经济发展。

9.1.3.2 政府投资对调节投资结构、引导社会投资方向起着重要作用

国家在经济发展的不同时期需要制定不同的产业政策，确定产业发展次序，投资的基本方向是国家产业政策规定优先发展的产业，特别是国民经济薄弱环节，对社会效益大而经济效益并不显著的产业予以重点扶持，这有利于优化投资结构，协调投资比例关系。在市场经济条件下，政府已不是唯一的投资主体，即使是国家需要重点扶持的基础设施及其他重要产业也需要鼓励社会投资的介入，但政府投资起到了一种先导和示范作用，它通过运用直接投资和间接投资手段（如投资补贴、投资抵免、投资贷款贴息等），引导全社会投资更多地投入国家鼓励发展的产业和领域。

9.1.3.3 为社会民间投资创造良好的投资环境

投资的环境好坏，很重要的一个方面是公用设施和社会基础设施完善与否。公用设施和社会基础设施及软环境建设，有相当部分是无法实现商品化经营或商品化程度很低，即不能实现投资经济活动投入产出的良性循环，因此这方面的投资是政府投资主体的义务和责任，是政府投资的一个重点。

9.1.3.4 支持地区内国家重点项目时建设

政府投资从资金、移民搬迁、劳动力供给等方面为重点项目的建设提供保障，承担区域内公益性项目投资，集中力量投资于基础项目和支柱产业的项目，同时通过各项政策和经济手段，推动资产的重组，进行存量调整。推进现代企业制度建设，使企业成为投资的基本主体。

9.1.4 政府投资的范围

9.1.4.1 政府投资要严格限制在公共领域

包括公益性项目和基础设施项目，并允许企业集团、实力较强的私营企业对有盈利能力的公益性和基础性项目进行投资。政府投资要进一步划分为公共事业投资和产业投资，并实行不同的投资管理模式。政府投资项目要实行项目法人责任制，严格按现代企业制度要求进行经营管理，确保投资者的，利益和风险约束机制得到落实。同时，改革预算外资金管理体制，变分散管理为必要的集中管理，弱化部门利益，堵塞管理漏洞，壮大政府投资实力。建立政府投资的项目评估审议制度和错案追究制度，促进投资决策民主化、科学化。广泛引入竞争机制，大力推进规范的招标承包制度。

9.1.4.2 创建公共财政支出框架，调整支出结构，确定支出范围

保证国家机器的正常运转，加大对社会公益事业的支持，扶持农牧业生产和扶贫，搞好非经营性基础设施建设。实现职能回归，压缩生产性基本建设投资和企业挖潜改造资金，财政资金坚决退出生产性和竞争性领域。理顺财政职能与企业发展的关系，财政对企业扶持仅限于安排下岗职工基本生活保障和再就业补助、剥离企业中的社会事业机构等。

在完成事业单位机构改革的基础上，按照"公益"标准确定事业单位类别，区别情况安排资金。

9.1.4.3 政府投资对经营性基础设施项目，要积极推动产业化经营，改变目前基础设施项目主要由政府"一家抬"局面，减轻财政负担

对有收益的基础设施项目，如轨道交通、收费公路、自来水厂、燃气、热力以及污水、垃圾处理设施等政府要采取招标方式选择投资企业，政府赋予投资企业项目的特许经营权。对中标的投资者采取 BOT（建设—经营—转让）、BOOT（建设—拥有—经营—转让）、BOO（建设—拥有—经营）和 BTO（建设—转让—经营）等多种建设方式。

9.1.4.4 要合理安排投资布局，调整区域产业结构

投资布局即政府投资在各地区的分配比例关系，是政府投资政策的重要组成部分。我国地域辽阔，地区经济极不平衡，合理安排布局不仅有利于调节生产力布局和区域产业结构，而且也是调节地区差距、促进地区协调发展的必要手段。

9.1.5 政府投资的评价

9.1.5.1 成本效益分析基本知识

成本效益分析就是将投资中可能发生的成本与效益归纳起来：利用数量分析方法来计算成本和效益的比值，从而判断该投资项目是否可行。在成本收益分析的学习中，主要掌握两个方面的内容：

（1）成本收益分析的三种方法：①净现值法。②现值指数法。③内含报酬率法。

这三种方法各有特点，具有不同的适用性。一般而言，如果投资项目是不可分割的，则应采用净现值法；如果投资项目是可分割的，则应采用现值指数法，优先采用现值指数高的项目；如果投资项目的收益可以用于再投资时，则可采用内含报酬率法。

（2）贴现率的选择。在使用成本效益分析法时，我们考虑了资金时间价值这一因素，即把未来的成本和效益按一定的折扣变为现在的价值，这个折扣率就是贴现率。贴现率的大小对投资项目的取舍具有很大的关系。一般而言：贴现率越低，越有利于期限长的投资项目；反之，贴现率越高，则短期投资项目就更有利。过高的贴现率会使一些有效率的项目因此而被否定；过低的贴现率会使政府的投资计划受到过分的鼓励，私人投资相对减少，其结果是扭曲了社会各部门间的资源配置。

贴现率一般有以下几种：①社会机会成本。②政府借款利率。③社会时间偏好率。④私人投资报酬率。

9.1.5.2 政府投资分析中的成本和效益的范围及衡量

由于政府投资的社会性特点，在政府投资项目分析和成本效益分析中存在许多与私人项目分析不同的突出特点，下面是两个特别重要的概念：

（1）无形成本和无形效益。政府投资项目的成本效益不仅有直接的、有形的，也有间接的、无形的、不易衡量的成本和效益，人们为了解决这个问题，想出了许多解决方法，其中常用的有：①通过政治程序，经由社会抉择来加以确定；②间接的估计方法。在这里，给大家介绍间接估计法中的时间估值问题：

在许多无形成本和效益中，时间估值是一个重要方面，因为许多项目的成本和效益都体现在时间的节约或增加方面。例如，交通的改善可使人们节约时间，节约的时间价值可以用货币来估计，方法是将节省的时间用于工作或休闲，分析这些时间的工作或休闲带来的价值，即等于时间数量乘以时间单价。在完全竞争市场中，一般可以使用小时工资来表示时间单价。

在现实经济中，有时工资率（时间单价）并不能正确反映休闲时间的价值，这时可用边际效益的概念来表示工作与休闲抉择的无差异效用。用公式表示如下：

$$MBl = w + MBw \tag{9-1}$$

其中，MBl 表示休闲时间的边际效益，w 表示工资率，MBw 表示工作的边际效益（为负数）。

显然，$MBl < w$，即休闲时间的边际效益小于工资率。则可定义：

$$Vc = MBl - MBc = w + MBw - MBc \tag{9-2}$$

其中，Vc 表示交通时间缩短带来的效益，MBc 表示运输时间的边际效益（为负数）。

从式（9-21）中可以看出，如果 $MBc > MBw$，则 $Vc < w$，其含义是单位交通时间的缩短带来的效益会小于单位时间的工资水平。至于 Vc 是介于 $0 \sim w$ 的哪一点，则可以通过其他方式求得。

除时间的估值之外，还有其他一些需要估值的无形成本和效益，如生命价值的估计，中间产品效益的估值等，这些估计可以根据具体的情况，采用不同的方式进行估计，这里就不再详述了。

（2）影子价格。影子价格是指经过调整后的市场价格，是真正的社会价格，反映了社会成本的大小。

9.1.5.3 政府投资中公平与效率的考虑

尽管在投资项目评价中应用广泛，但单纯的成本效益分析在政府投资评价中有一个致命的弱点：主要强调经济效率本身，对公共投资项目的利益与成本在各社会集团和个人之间的分配问题重视不足。然而，作为政府投资，它不可能不考虑分配方面的效应。对政府而言，维护社会公平同样重要。政府必须在一项政府投资决策时既要考虑经济效率，又要考虑经济公平。因此，人们只能通过其他途径来分析投资项目的经济效率及经济公平问题，在公平与效率之间寻求一个最佳结合点。在长期的实践中，人们形成了一些基本规则，作为对经济效率和经济公平进行取舍的基本标准：

（1）先规定一个最低水平的经济效率，然后再依照经济公平的考虑加以选择。

（2）先规定一个最低水平的所得分配，然后再依照经济效率原则来选择。

（3）求出明确显示效率与公平两个目标的偏好函数，以便决定选择次序，即通过求出效率与公平两者效益之和最大值，从而进行项目的取舍。

9.2　国有资产管理

9.2.1　国有资产的概念

国有资产是改革开放以来新出现的一个概念，是和社会主义市场经济理论的发展密切相关的。在当前实际经济生活中，国有资产概念有广义和狭义两种不同的理解。

广义的国有资产是指所有权归属于国家的一切财产和财产权利，即国家以各种形式进行的投资及其收益、拨款、接受的馈赠，凭借国家权力取得或者依据法律认定的各种类型的财产和财产权利。

狭义的国有资产仅指经营性国有资产，即以营利为目的而使用的资产，其实质是国家作为投资者在企业中依法拥有的各种所有者权益。

新中国成立以来，特别是改革开放以后，我国已积累了巨额的国有资产，这是我国社会主义制度赖以生存和发展的重要物质基础，既是国家取得财政收入的重要源泉，也是推进社会主义经济建设和改革，不断提高人民物质文化生活水平的重要物质保证。

9.2.2　国有资产的分类

9.2.2.1　按国有资产与社会经济活动的关系为标准分类

可以分为经营性国有资产、非经营性国有资产和资源性国有资产三大类。

（1）经营性国有资产。经营性国有资产是指从事商品生产、流通、经营等服务活动，以营利为目的，能够实现资本金保值增值的国有资产。这是国有资产中最重要、最活跃的部分，是国有资产收益不断增长的源泉，是国有资产增量不断扩大的基础，也是国有资产管理的重点对象。

（2）非经营性国有资产。非经营性国有资产是指不从事经营活动，不能实现保值增值，只能有效、合理地加以使用的国有资产，主要是指由行政事业单位、社会公益服务事业等部门占有使用的国有资产。

（3）资源性国有资产。资源性国有资产是指大自然形成的，在人们现有的知识、科技水平条件下，通过开发使用能够带来一定经济价值的国有自然资源。这类国有资产包括属于国有的土地、矿藏、森林、草场、水资源等。资源性国有资产通过开发利用，作为资本金投入企业后，参与企业产品的价值形成过程。因此，必须纳入经营性资产管理范围。

9.2.2.2　按国有资产的存在形态分类

可以分为固定资产、流动资产和其他资产。

（1）固定资产。固定资产是指使用期限超过一年且不能在一个营业周期内变现的资产，包括生产性固定资产和非生产性固定资产。前者是由机器设备、厂房、建筑物、铁路、桥梁、电站等劳动手段所组成的，后者包括机关、部队、学校、医院等部门的建筑物和设备。

（2）流动资产。流动资产是指可在一年内或超过一年的一个营业周期内变现或运用的资产，以及债权、货币资金等其他流动资产。

（3）其他资产。其他资产是指在固定资产和流动资产之外，属于国有的土地、森林、矿产等自然资源及其开发使用权、专利权、出版权、商标权等，以及债券、股票等有价证券。

9.2.2.3　按国有资产具体存在形态分类

可以分为有形资产和无形资产。

（1）有形资产。有形资产是指具有实物形态的资产，包括不动产资产和具有完整形态的动产资产。不动产资产是指不能移动，或移动后会引起性质、形态变化的资产，实物形态的动产则泛指具有价值的物品即有形动产。

（2）无形资产。无形资产是指不具有实物形态，但能带来经济利益的资产。包括各种使用权、专利权、非专利技术、商标权、著作权、商誉等。

9.2.2.4　其他的分类

除上述几种主要分类方法之外，国有资产还可以按其他标准进行分类。例如，按国有资产存在地域不同，可分为境内国有资产和境外国有资产；按国有资产存量增量不同，可以分为存量国有资产和增量国有资产；等等。总之，通过对国有资产进行科学的分类，可以加强对国有资产的有效管理。

9.2.3　国有资产管理的任务和内容

9.2.3.1　我国国有资产管理的任务

（1）要维护资产所有者国家的权益，保障国有资产的保值和增值，提高国有资产的营运效益，为增加社会财富和国家财政收入做贡献。该项任务的核心问题是增值。

（2）努力使国有经济充满活力和生机，市场竞争能力逐步提高，以利于更好地发挥其主导作用，促进整个国民经济健康发展。该项任务的核心问题是通过国有资产管理使国有经济和国有企业在保证整个国民经济的稳定和发展过程中发挥主导作用，提高国有经济控制力。

（3）适应公有制多种实现形式的需要，完善国有资产监管体系。目前，国有经济的实现形式日益多样化，投资关系越来越复杂，如现代企业制度正逐步推广，股份公司大量涌现，企业集团不断组建，行政事业单位的一些资产也转入经营，自然资源实行资产化管理和有偿使用等。这就需要按照产权监管的要求和企业组织形式的不同特点，不断改进、完善现有的监管手段。该项任务的核心问题是如何建立和完善新的国有资产监管体系，适应市场经济发展的需要。

9.2.3.2　我国国有资产管理的内容

根据国有资产管理的任务，我国目前国有资产管理的主要内容包括：

（1）国有资产投入的管理。国有资产投入指的是将处于社会再生产过程之外的国有资产投入到社会再生产过程中的经济活动。国有资产的投入是国有生产经营运动的起点，其管理的具体内容有：投入主体的确认、投资规模和投入方向的确定、对投入过程进行监督和调控。

（2）国有资产存量经营的管理。国有资产存量经营指的是投入的国有资产形成生产能力之后，以增值为基本目标而进行的营运国有资产的经济活动。国有资产经营是国有资产得到增值的必要环节，其管理的具体内容包括经营方式的选择、经营业绩的考核、经营过程中的产权约束（主要是所有权约束）、国有资产的保值管理等。

（3）国有资产收益分配的管理。国有资产收益分配的管理是指确认国有资产收益的支配主体、占有主体、使用主体的管理活动。其管理的实质是处理国家、企业和职工个人之间的经济利益关系。国有资产收益分配管理是国有资产管理中重要的，同时又是十分困难的管理环节，其管理的具体内容包括：合理地确定国有资产收益在国家、企业之间的分配比例；保证归国家支配收益的足额上缴；对企业留利使用的监督。

（4）国有资产管理基础工作建设。国有资产管理的基础工作指的是为国有资产管理的有效进行而建立起来的一系列制度规范，其主要内容包括国有资产的界定与评估、国有资产产权登记的管理、国有资产的统计与核算等。

（5）处理好与其他国民经济管理部门的关系，尤其是国家计划管理部门、金融管理部门、行业主管部门的协调，既分工负责又互相配合，搞好协调配合工作。

9.2.3.3 国有资产管理在财政中的地位

国有资产是财政理财的物质基础，是国家财政收入形成的重要源泉。国有资产的形成和经营，是财政活动的重要方面。因此，国有资产的管理是财政工作的重要组成部分。国有资产管理体现着国家经济发展战略和财政政策，应从维护国有资本权益、搞活发展国有经济、维护国有经济在国民经济中的主导地位出发，确定国有资产管理的基本方针和思路。改革开放以来，我国国民经济各行业所有制结构虽然有所变化，但关系国民经济命脉的产业中国有经济依然处于绝对优势，如能源、交通运输、邮电通信、金融等产业，以上掌握在国家手中。

目前，国家财政收入的35%以上仍来源于作为国有资产载体的国有企业，同时国有企业还吸纳着社会城镇的劳动就业人员。但同时我们也注意到，在经济体制转轨的过程中，目前我国国有资产的运营质量还较低，主要表现为国有企业负债率居高不下、获利能力和偿债能力还较弱、国有资产大量流失等。这些问题的存在，严重制约着我国财政实力的壮大，不仅减缓财政收入的增长，还导致了增加补贴、人员就业等方面的财政负担。因此，加强国有资产管理是财政工作亟待加强的一个重要方面。国有资产管理也是财政管理创新的动力。随着国有企业改革的深入，迫切要求财政管理提高层次，不干涉企业微观事务，而应着眼于搞活整个国有经济，搞好国有资产的宏观经营；在国家财力依然紧张的情况下，财政可以通过盘活资产存量、完善国有股权管理政策等措施开辟新的资金来源，增强财政调控能力；特别是在今后调整和完善所有制结构、推进经济结构优化的过程中，加强国有资产管理，增强财政调控能力的任务将更艰巨，迫切需要管理办法的创新。

9.2.4 国有资产产权界定

产权界定是指国家依法划分财产所有权和经营权、使用权等产权归属，明确各类产权主体行使权利的财产范围及管理权限的一种法律行为。这是国有资产管理工作的一项重要内容。

9.2.4.1 产权界定的层次

产权界定可以分为两个层次：第一个层次是指财产所有权的界定，其目的是要明确财产所有权的归属问题。第二个层次是指在已明确所有权归属的基础上，对财产占有、使用、收益、处分各项权能之间的界定；或者是对财产所有权实现过程中各产权主体之间责、权、利关系的界定，目的是合理调整财产所有权实现过程中的各种经济关系，以保证最大限度地维护和发展所有者利益。产权界定是社会主义市场条件下有效进行国有资产产权管理的一项基础性工作。而国有资产产权，是指国家对国家投资形成的资产所享有的最高的、绝对的、全面的支配权利。我国的国有资产是在中华人民共和国建立后发展起来的。国有资产管理工作伴随着社会主义建设事业的开展而建立，且随着改革开放事业的推进而发展。

9.2.4.2 产权界定的原则

当前，在我国国有企业进行进一步深化改革的进程中，产权界定对于明晰产权关系，维护国有资产所有者和其他产权主体的合法权益，促进社会主义市场经济发展，都具有十分重要的意义。在进行产权界定时，为了对国有资产进行科学、合理的界定，保障国家对国有资产的所有权、落实企业经营权，必须遵循以下几项基本原则：

（1）维护社会主义国家所有制基础，实行分级分工管理原则。我国的社会主义政治制度是建立在全民所有制即国家所有制基础之上的。新中国成立以来，国家通过多种形式向各种经济成分投入和投资所形成的巨额国有资产，是满足我国各族人民物质文化生活需要的重要保证，是社会主义的物质基础，必须属于国家所有，同时按部门、地区实行分级分工管理。因此，为维护国有资产的完整，应将一切属于国家所有的资产，无论现存于哪个部门和单位，都要界定为国有资产，纳入国有资产管理的轨道，由国家对国有资产实行分级分工管理和监督。国有资产分级分工管理主体的区分和变动不是国有资产所有权的分割和转移。

（2）坚持"谁投资，谁拥有产权"的原则。国有资产的资金形态是国有资金，国家以所有者的身份以各种形式投入各地区、各部门、各单位的资金都是国家资金，其形成的资产所有权归国家所有。在产权界定中，不应以企业法人登记的经济性质来界定资产的性质，而要追溯到企业初始投资的资金来源，按各种经济成分"谁投资，谁所有，谁受益"的原则确定。这一原则法理上称为原始取得。一般来说，国有资产除国家收回投资外，任何单位不能冲减，国有资产在运营中取得的收益也应属于原始投资者所有，任何人都不能据为己有。

（3）正确处理不同所有者之间的所有权关系，兼顾国家、集体、个人三者利益的原则。在社会主义初级阶段，多种经济成分并存，一个部门或一个企业的资产同时存在着几个投资主体，所以在进行产权界定时，不仅要分清哪些资产属于国家，还要分清和维护全民所有制以外的集体资产和个人资产的合法权益。产权界定的实质是物质利益的界定。从某种意义上说，这种界定是国家、集体、个人三者利益的界定，因而要兼顾各方利益，正确处理好三者利益关系，调动和保护各方面的积极性，促进经济发展。

9.2.5 国有资产产权登记

国有资产产权登记是指国有资产管理部门代表政府对占有国有资产的各类企业的资产、负债、所有者权益等产权状况进行登记，并依法确认产权归属关系的行为。产权登记是国有资产管理的一项十分重要的基础工作。它在摸清"家底"、监测国有资产流向、考核企业国有资产经营业绩、规范资产管理等方面发挥了重要作用。

我国现有的法律、法规规定，凡是占有国有资产的各类企业必须办理产权登记。依照不同情况，产权登记一般分为新设企业产权登记、占有产权登记、变动产权登记、注销产权登记和产权登记的年度检查。新设企业产权登记，适用于申请法人资格的企业。占有产权登记，适用于占有、使用国有资产的企业。变动产权登记，适用于改变名称、住所或者法定代表人的企业，国有资本占实收资本比例发生变化的企业，分立、合并或者改变经营形式的企业，以及国有资产管理部门规定的其他情形。注销产权登记，适用于发生解散、被依法撤销或者被依法宣告破产及国有资产管理部门有相关规定的企业。产权登记年度检查作为一项制度，适用于所有办理了产权登记的企业，检查的主要内容包括出资人的资金实际到位情况、企业国有资产的结构变化情况及国有资产管理部门规定的其他事项。

企业国有资产产权登记的办理程序一般为申请受理、填报审查、审核认定、核发证书。产权登记是产权登记结果的法律凭证。产权登记证不仅是企业进行工商登记、资产评估立项、股份制改组和产权转让审批的必备文件之一，而且也将成为企业申请基建立项、贷款担保、抵押手续、审计、验资等经济活动的必备文件。国有企业的清产核资是国有资产产权管理的一项基础性工作。一般是指根据一定的程序、方法和制度，在全国范围内清查资产、核实国家资金、摸清国有资产"家底"的活动。具体内容包括：第一，资产清查，是指对企业、单位的各项资产、负债和所有者权益进行全面的清理、核对和查实；第二，资金核实，是指对企业、单位在资金清查所有权界定和价值重估的基础上，根据有关政策和法规，对实际占有的国有资产价值总量、全部法人财产占用量和国家资本金进行重新核实。开展国有企业清产核资对于加强国有资产管理，真实反映企业资金运营状况，促进企业改善经营管理，提高经济效益，推动国有经济持续快速健康发展，具有重要作用。

9.2.5.1 有利于摸清国情国力和实施宏观决策

国家资产是我国社会主义制度赖以生存和发展的物质基础，是我国宝贵的"家业"。但全社会国有资产的准确数量到底有多少，现在不是完全清楚。只有把我们的"家业"和国力进一步弄清楚，做出正确的宏观决策，才有可能高效、合理地组织国民经济运行。清产核资的作用之一就是可以摸清国有资产的数量、分布、结构等，以便采取有效措施，维护国有资产权益，使我们的社会主义公有制经济不断发展壮大。

9.2.5.2 有利于加强国有资产管理，解决经济生活中的一些深层次的矛盾和问题

目前，我国经济发展中还存在一些层次比较复杂的问题，如经济结构不合理、企业效益不高、一些企业虚盈实亏、分配严重向个人倾斜、国有资产浪费和流失、化大公为小公、化公为私等。通过清产核资，可以把各方面的问题和矛盾暴露出来，以便进一步研究和采取有措施，改善企业经营机制、调整产业结构、调整企业组织机构、改进企业管理和合理调整分配关系，促进企业效益的不断提高。通过清产核资摸清情况，有利于加强国有

资产管理，促进经济结构合理化，防止国有资产流失，巩固社会主义公有制经济。

9.2.5.3　有利于深化经济体制改革

为促进我国经济的进一步发展，必须加大改革力度、加快改革步伐。清产核资是一项为进一步推动企业制度改革的重要基础工作；通过清产核资工作发现企业经营管理中的问题和矛盾，可以使以后的改革措施做到从实际出发，有的放矢。同时，为了建立适应社会主义市场经济要求的管理体制，让企业真正成为名副其实的商品生产者和经营者，就需要把政企职责分开，所有权和经营权分离，并在所有者和经营者之间建立一种明确的产权关系，保障所有权，落实经营权。通过清产核资，查清每一个国有企业占有国有资产的数量，并通过所有权界定和产权登记工作，从法律上确定所有者对资产拥有所有权和对经营权实施产权管理的地位。这样做有利于明确所有者与经营者的关系和各自承担的经济法律责任。这是我国经济运行方式转向社会主义市场经济所必需的。因此，开展清产核资工作，将有助于推进经济体制改革的深化。

9.3　国有企业的债务重组

9.3.1　几个重要的重组概念

自从资本经营的概念提出来以后，"重组"在人们的生活中出现的频率越来越高。重组是对社会、经济的存量资源进行重新配置、组合，以提高其社会和经济效益的重要手段。在国有企业改革和其他商务活动中，企业重组、资产重组、产权重组和债务重组等，是我们耳闻目睹甚至是亲身实践的资本经营运作方式。

9.3.1.1　资本经营

（1）资本经营的基本含义。任何企业都必须拥有资本，只有具有资本才能实现某一具体的生产活动或经营活动。生产经营只是资本经营的实现手段，企业经营的目的就是要追求资本价值的最在化。企业在其资本经营活动中，必须抓好四个方面的工作：

1）重视资本的组织与来源。企业对资本的组织，包括企业要选择资本的来源，要有吸纳资本的能力，要确定聚集资本的方式，进而还存在资本结构的决策问题，不断使企业资本得到扩张和实现资本效益的最大化。对于我国国有企业来说，再也不能像过去一样依靠财政注资或国有专业银行贷款，要更深层次地与资本市场结合起来，对于债务存量，国有企业可以采用并购、托管、破产、合资等不同的债务重组方式，解决债务负担问题。

2）强化对资本的使用和管理。在使用和管理资本方面，既要考虑存量资本的转向问题，又不能忽视增量资本的投向和投量问题。国有企业的债务问题，部分原因就是源自计划经济体制下国家在对国有企业投资时，国家投融资体制方面存在的制度缺陷。必须要按市场经济的规律来解决资本的投向和资本集中问题，企业的一切生产经营活动都应围绕着企业的法人财产权开展营运。换言之，在现代企业制度中，企业法人财产组织制度的建立，是企业资本管理的重要实现形式。因而，必须确立起企业的产权管理制度，包括资本的投向和投盘、优化资本结构、处理好资本的投入产出关系及其相应的资本经营考核指标和监督约束等内容的制度建设。

3）有效地对资本进行营运。企业对其法人财产权的营运，是要做到以最小的投入获取最大的产出，提高营运质量。资本营运的核心是资金的运行，而资金的运行速度在相当大的程度上决定着资本的增值状况。对于政府来说，要提高对资本市场的驾驭能力，要通过与产业政策配套的财政政策、货币政策、收入政策、消费政策等去引导企业通过联合、并购等方式实现资本的更大规模，以增强整体的经济实力。

4）提高资本运行的质量。主要包括两个方面的含义：一是资本结构要合理，二是资本有机构成要提高。资本结构的优化，既有宏观方面的要求，也有微观方面的需要。从宏观上看，是整个社会资本的调动和运用；从微观上看，主要是债务资本与权益资本的关系。资本结构问题，是债务重组决策的一个重要内容，本书已对此做出了一定阐述。资本有机构成的提高，主要是资本的技术含量要扩大，企业的劳动效率要提高。

资本经营包括两个层次的含义：一方面是通过市场对资本进行买卖，另一方面是通过对资本的使用价值，实现资本的增值。从这两个层次的剖析可以看出，第一个层次偏重于"重组"，而第二个层次则偏重于"经营"。

（2）资本经营与企业重组之间的必然逻辑。通过以上对资本经营的论述，除了要分析企业重组在企业资本经营中的位置之外，更重要的是要在国有企业债务重组研究中，树立两个重要的资本经营观点。

1）国有企业、国有资本、国有经济尽管是三个侧重点各不相同的范畴，但其本质都可归结为国有资本。国有企业只不过是国有资本的载体，国有经济只不过是国有资本在企业边界上的扩张，只要国有资本能够保值增值，国有企业采取怎样的重组方式或组织形式是第二位的。因此，对于国有资本保值增值的认识要有动态性、系统性和全面性。国有资本在不同的国有资本投资主体之间的流动和重组，并不一定会导致国有资本流失，向非国有资本投资主体出售国有资产只是国有资产所有权的出售，并从价值形态获取与所有权等值的货币价值，也未必会造成国有资产流失。

2）对国有资本进行价值化管理是国有企业债务重组的一个重要指导思想。所谓国有资本的价值化管理，主要是指作为国有资本所有者及其有关委托管理者对企业国有资本的管理，将由对企业国有实物形态资产和非实物形态资产的行政直接管理的实物委托型管理，转变为以国有产权关系为管理纽带、以建立法人财产权制度为前提、以出资者所有权为管理依据、以企业国有资本所有者权益的价值形态为管理客体的经济性间接管理。

国有资本的价值化管理和国有企业重组或国有企业债务重组是两个相容的，处于不同层面上的问题。国有资本价值化管理是一种超越物质形态和行政式直接管理的管理方式，而后者则是一种超越生产经营、实现国有资本这种稀缺资源效用最大化的配置方式。国有企业债务重组以国有资本价值化管理为指导和前提，从总体上会有助于国有企业的"三改一加强"，有助于国有资本的优化配置、有效营运和保值增值，有助于国有经济的战略性改组，同时，也有利于形成这样的共识：既不能因担心国有企业资产流失而阻碍国有企业的债务重组，也不能无视国家所有者的权益而盲目、不规范地进行重组。国有资产在不同投资主体之间的流动、重组、交易与非国有化演变，是盘活国有资产存量、优化国有资产结构、调整国有资源配置的有效方法。重组本身并不一定会直接地在短期内导致国有资本的增值或贬值，而从长远看，重组是有利于国有资本的结构优化和保值增值的。

此外，在改革国有资本管理体制的过程中，针对多元主体的利益博弈，应当以优化资源配置、通过资源利用效率为共同目标，并在追求这一目标的过程中争取国有资本保值增值的最大化。

9.3.1.2 企业重组

由于企业既是联结不同契约关系的焦点，包括与股东、债权人、内部人（经理人员和员工）、用户供应商、中间商、竞争者等利益主体的契约，同时又是众多形态各异的资源的拥有者，这些资源包括实物形态资产、无形资产、业务流程、市场、人力资源、组织财务资源、债权、产权、剩余控制权和剩余索取权等。因此，在企业重组过程中，因重组的对象资源不同，企业重组的含义也就不同。

对企业重组的理解，至少有以下三种界定方法：

（1）将"企业重组"大致与"资产重组"等价起来。资产经营包括资产存量、资产经营、增量资产经营和无形资产经营，一般将其中的存量资产经营认为是企业重组或资产重组。所谓的企业重组，就是对企业现存的资产进行重新配置，以使企业获得更多的资本增值，但实际上，将资产重组的含义扩展到与"资产经营"相同的内涵和外延，更有利于促进国有企业的重组活动。

因而，资产重组不仅包括存量资产的经营与重组，而且还包括增量资产和无形资产的经营与重组。增量资产经营是指在国有经济范畴内，国有企业、国有商业银行当期利润和国家财政的当期收入，它们构成国有资本增量的经营，可以通过资本市场或者并购合资，来选择企业组织形式和产业领域，实现净资产的有效使用。而无形资产经营则主要通过企业专利权、专有技术、商标、商誉、土地使用权等无形资产的充分运用和运作来使企业获得更多的利益。虽然一部分资产重组活动只涉及旧的存量资产的调整，但目前大量的资产重组活动涉及了许多新资产的注入、内外资产形式的转换和产权的交易，从这个角度考虑，应将资产重组的对象资源范围作放大处理。

这样，可以将资产重组划分为四种形式：①市场代替重组。它通过对原来相互分割的上下游产品企业实施全系列存量控股，其实质是将企业间的市场供求关系，通过系列控股兼并，转化为公司内的计划协调关系，降低了市场交易费用，起到了市场代替作用。②存量资本重组。它通过与集团公司为了诸如上市等目的，对集团内部分企业的存量资本加以重新组合的方式。③增量兼并重组。这是指通过目标企业注入增资长，以达到兼并或控股该目标企业的目的。④股权置换重组。这是指企业所有者将在公司的股权变现，或置换成其他企业的股权，从而实现资产重组的方式。

（2）根据重组的对象资产的涉及面，将企业重组区分为封闭式重组（企业内重组）和开放式重组。封闭式重组中指企业内部进行的重组，它不涉及企业的权益资本额。根据企业重组实践，这种封闭式重组一般有两种基本形态：

1）封闭式的企业重组最常见的形式是改组和流程重组。改组（Restructuring）也被称为减小企业规模（Downsizing）、规模适度化（Rightsizing）或减少组织层次（Delaying），其内容为，在员工数量、企业单位数量和组织层次方面缩小企业规模，以提高企业组织的效能及效率；改组主要是为了股东的利益而不是为了员工的利益，当企业的行业基准对比指标落后于竞争者时，企业往往就需要改组。

流程重组（Reengineering）又称流程再造。当企业机构经过一段时间的运作后出现官僚化倾向、循规蹈矩掩盖了创新并导致企业效率下降时，对工作、岗位、机构和生产过程等进行重新设计和重新构造，以提高效率，增强企业活力。流程重组更多的是为了员工和用户的利益，而不是为了股东的利益。

2）封闭式的企业重组另外一种形式则存在于开放式重组活动后企业的整合作业。企业在重组活动后取得了目标企业的控制权后，必须要对企业进行整合作业，使其与企业的整体战略、经营方针协调一致、相互配合。整合作业包括对目标企业的战略整合、业务整合、制度整合、组织人事整合和企业文化整合。而开放式重组是指企业内部资产与外部资产的重组，不仅包括封闭式重组，还涉及企业产权与债权等外部"资产"的重组，如可以通过债权转股权、发行企业债券、发行股票、成立合资公司、并购等方式来实现重组。从这个角度看，开放式企业重组既包括企业资产重组，也包括企业的产权重组和债务重组。

（3）从当前对国有企业所有制关系的改革出发，认为企业重组实质上是"产权重组"。在企业的重组实践中，重组方既可以通过与目标企业签订和履行对其资产的收购协议来实现企业的重组，在这种重组状态下，企业资产的所有权发生了转移；也可以通过与目标企业的所有者签订和履行产权转让协议，来实现企业的重组，在这种重组状态下，企业的资产并没有发生所有权的转移，但其所代表的股东利益发生了转移。

国有企业的产权重组不应仅局限于企业个体在并购活动中的产权购买活动，而应将其置于一个宏观高度和全局角度来审视它的战略意义。在国有企业的"三改一加强"中，不仅要明晰产权关系，更重要的是要对传统的国有产权关系进行重组，以形成符合现代企业制度要求的新的财产组织形式。

第一，要实现国有企业所有者主体的多元化。在实现途径上，除了实行国有资本的分级所有外，还可有多种形式：采取各种方式吸收职工入股；资产折股，明确产权，变化股份制经营；一些对职工社会保障富有隐性债务的企业，经有关部门批准，可将部分国有资产划归职工集体持股；在企业横向联合中实行股份制经营；在企业兼并中实现所有者主体多元化；等等。

第二，要按照国家规定和公司章程，落实好股东利益和企业法人财产权。具体来说，股东拥有股东权，包括收益权、重大决策权和选择管理者的权利，而企业则拥有法人财产权。

第三，经过产权关系的重组和股份制改造后，我国国有资产将形成五种企业组织形式：①单一主体的公营企业。②多元化主体的公营企业。③政府控股的企业。④政府参股的企业。⑤由国家股份的法人单位以及由它们和无国家股份的法人企业共同投资建立的企业。

第四，要稳步培育产权交易市场，进行多种形式、多种渠道和多层次的产权交易，以促进国有资本的流动和国有企业的产权重组。

9.3.2 企业债务重组的含义辨析

通过本章第2节对资本经营和企业重组及其他几个重组概念的分析，下面对本书的重点研究对象——企业重组的含义进行剖析。

9.3.2.1　企业债务重组的含义

（1）定义。我们对国有企业债务重组给出这样的定义：在对我国国有企业债务问题的现状和问题产生的体制背景、内在动因有充分了解的基础上，按照国家关于国有企业改革的有关精神和要求，国有企业、国有专业银行和国家财政在政府的统一协调下，主要着眼于国有企业的过度负债和银行—企业间不良债券，运用经济、法律和行政手段，在相关配套体制改革和资本市场发育的条件支持下，采用注资、核销、转换、并购、破产、托管和协商等多种重组方式，从国有企业治理结构和资本结构决策机制入手，根治国有企业的债务问题，重建市场运行的微观基础。

（2）债务重组与企业重组。开放式企业重组的对象既包括企业资产的重组也包括对企业产权的重组，企业产权重组是指企业权益资本的重组发生财务困难时，债权人基于经济、法律和社会安定方面的考虑，同意给予债权人在正常情况下所不愿给予的让步。我国《企业破产法（试行）》第四章中就有关于"和解和整顿"的程序规定，主要是指："企业由债权人申请破产的，在人民法院受理案件后 3 个月内，被申请破产的企业的上级主管部门可以申请对企业进行整顿，整顿期限不超过 2 年。""企业和债权人会议达成和解协议，经任免法院认可后，由人民法院发布公告，终止破产程序。"当然，我国的破产重整制度与发达国家真正意义上的重整制度还是有明显的差异的，这也是我国的《企业破产法》所需要改进和调整的地方。

我国的《企业会计准则——债务重组》则将其定义为："在债务人发生财务的困难的情况下，债权人按照与债务人达成的协议或法院的裁定做出让步的事项。"与其会计定义和法律定义相比，我们所研究的国有企业债务重组，具有更广泛和更特定的含义，将通常意义上的债务重组的涵盖范围，在主体上和时间、空间上都做了拓展或调整。在主体上，调整为我国的国有企业，有时也是只由国有企业所组成的国有经济；在时间上，不仅包括对现有债权债务关系进行调整，也包括对重组后的债权债务进行管理；在空间上，不仅包括微观层次上的企业单位，也包括宏观层次上的国有经济。

9.3.2.2　债务重组核心问题

国有企业债务重组的核心问题有两个：一个是由谁来主导重组，另一个是依托什么样的机制来重组。近年来国企改革的一个成果，就是认识到国有企业的问题是多方面的、综合性的，对大多数企业，尤其是危困企业，债务问题的解决不仅寄希望于某一措施，而必须综合治理，即实行包括债务重组在内的全面重组。然而仅仅认识到企业重组的必要性是不够的，决定重组成功与否的一个重要因素是重组的主题和机制。企业债务重组的过程无论多么复杂，重组者的定位和培育、重组所依托的市场机制和政府机制及其耦合部分都是决定其成败的重要因素。

（1）重组主体。第一个问题，重组者的定位和培育。由于国有企业的债务问题在本质上涉及国有企业、国有银行和国有财政这三者之间的利益分配格局，因此，重组者也基本上定位于这个大范围。

首先，在不同的重组方式中，重组的"发起主体"是不同的。例如，在本书所论述的重组模式中，政府或国家财政是财政注资、行政清债、政府托管和部分债务转换方式的重组发起主体；银行是银行销账、银行托管和部分债务转换方式、部分市场化谈判方式的重组发起主体；而企业既是被重组的对象，同时在并购、破产、机构托管、市场化谈判和部分债务转换方式等市场化色彩较浓的重组方式中，又充当着重组发起主体的角色。

其次，国有企业债务重组除了上述"发起主体"外，还必须要按市场规则培养大量的买主和投资者这样的"买方主体"。它们作为新的承债主体，可以发挥吸纳重组过程中存在形态发生了变化的国有资产，经整合后提高这些资产的效能。这样的"买方主体"其市场成分划分，有民间资本、外国资本、国有资本（重组对象所有者之外的其他国有资本投资主体）、国有企业的经营者和职工、各种类型的机构投资者等。

最后，国有企业债务重组中，需要更多的战略性投资者或企业家来作为重组的"买方主体"。以确保买方主体的重组能力，他们必须拥有足够的资本和相当的企业家才能。没有足够的资本，重组者就无力为债权人提供足够的保障，因而就不能在保持控制权的前提下获得足够的资金。对于购买主体而言，重组实质上是一种投资行为。在取得企业的控制权后，为了提高企业的竞争力进行多种形式的投入。除现有的资产存量外，通常还需要进一步投入资金、人力、技术、信息、商誉和销售渠道等资源。购买主体应具备较高的重组能力，以保证再投入资源后，能促进企业价值的增值。对于一个特定企业来说，不同的潜在重组者所具有的企业家才能是不同的，投入相同的资源所取的整合效果是有差别的。因而，可以这样说，没有相当的企业家才能，重组者就难以在充满不确定性的风险环境中，为企业找到参与市场竞争的最佳位置。

国有企业债务重组的一个困难就是具备这两个条件的战略性投资者处于高度短缺的局面。战略性投资者的短缺，对于危困企业来说，最主要的就是难以取得重组的启动资金，因此无法改善其融资能力和融资格局。因此，债权人和小股东决定是否向危困企业投资时，他们认为投资的安全是要靠战略性投资者的资本实力和企业家的能力来保障的。在他们所倚重的战略性投资者没有到位之前，他们对危困企业所采取的是一种理性的规避风险行为。

（2）重组机制。国有企业债务重组所依托的机制是第二个核心问题。一种思路是政府机制，即由政府借助行政或计划手段来推进国有企业的债务重组。在特定的条件下，例如，企业间的"三角债"现象，行政机制是最佳的重组方式。由各级政府制订计划，确定哪些企业该进入重组范围，然后用国家投资或行政干预的手段加以执行。由于国有企业债务重组直接影响着企业主管部门和其他行政机关的权利和利益，行政机关的干预似乎成为必然。如果企业重组是跨越两个条条或块块的行政机关来进行的，则调整机制就演变为不同条条、块块行政机关之间的谈判。行政机关的利益只是部分地依赖于所属企业资产的价值，因而，牺牲企业资产价值增值的机会而保持行政权力的现象——"拉郎配"现象，就和条块分割一样难以避免。

另一种思路是依托经过初步改革，建立了现代公司制度的优势企业，在国家相关政策的引导下，依靠市场机制的力量，通过资本市场的金融运作，来实现国有企业的债务重组和国有资本的优化配置。应该说，这应是推进国企重组的主流机制。目前需要研究和解决的问题是：如何克服现行体制中存在的诸多严重阻碍资本市场正常运作的因素，使它能够真正承担其国有经济重组枢纽的职能。其中，最突出的问题是企业产权关系不明确，地方、部门利益的分割和保护，资本市场发育不良和缺乏规则，融资渠道不畅通等。这些问题不解决，国企债务重组的很多种运作活动将会遇到很大障碍，甚至会走歪方向。因此，在依托市场力量实现国有企业债务重组的过程中，政府的主要工作就是通过配套政策，消除这样那样的体制和政策障碍。强调市场机制，也并不是要排除加强政府和市场这两个重要的经济管理工具的耦合。

国有企业债问题产生的体制背景不同，内在动因不同，推行债务重组的方式也应有所不同。根据我国目前推行债务重组的实践，以及理论界关于债务重组方式的探讨，本书将比较适合我国国情的债务重组方式归纳为注资销债与行政清债、债务转换、并购、破产、托管和"市场化谈判"六种基本模式。

9.4 国有企业分配制度

9.4.1 国有资产经营收益的含义

国有资产经营收益，是指国有企业或经营国有资产的其他企业，在一定时期内利用国有资产从事生产经营活动新创造的，并且已经实现的，可在各利益主体之间进行分配的全部价值，是企业纯收入扣除缴纳的全部流转税后的余额，亦可称作企业利润。

国有企业或经营国有资产的其他企业，利用国有资产从事生产经营活动所创造出的产品，从实物形态上考察，既可以是生产资料，也可以是消费资料，但若从价值形态上考察，则表现为 C、V、M 三部分。其中，C 是用于补偿生产过程中消耗掉的生产资料的价值部分，这是对预付价值的补偿，也是维持企业简单再生产的必要扣除。V 是用于补偿生产过程中劳动力消耗的部分，通常以劳动报酬的形式支付给劳动者个人，是维持劳动力再生产的必要扣除。M 是新创造的且归社会支配的剩余价值部分，即是企业的纯收入，是可以在国家、企业及劳动者之间进行分配的价值部分。通常所说的国有资产经营收益就是企业纯收入扣除缴纳流转税后的余额部分。这部分余额按照国有企业和经营国有资产的其他企业的经营形式不同，按照不同时期国家规定的不同分配形式，具体划分为国有企业所得税；国有企业上交的利润；资金占用费、租金、股息、红利；国有企业所得税后留利等各种不同的形式。

9.4.2 国有资产收益的概念

国有资产收益是国家凭借资产所有权所应获得的各种收益的总称。若放到国有企业中理解这一概念的话，国有资产收益就是国家凭借其资产所有权应取得的企业缴纳所得税后的收益，即是国有资产经营收益扣除所得税后的余额，故亦称"税后利润"。这部分收益是国家以投资者身份，从国有资产经营收益中应取得的一部分收入，所以，其实质是国有资产投资的回报。它的所有权应完全归国家所有，但国家并不一定要把全部资产收益从企业抽走，可按一定标准抽走一部分作为国家集中性财政的重要来源，也可按规定留给企业一部分，作为扩大生产经营和改善职工福利的资金来源，但无论是集中还是分散，都不会影响到这部分收益的所有权归属问题。因此，国有企业中国有资产收益的内容应包括两部分：一是上缴国家财政集中的国有资产收益；二是留存企业的国有资产收益。

根据以上分析，国有资产收益和国有资产经营收益的内涵有所不同。它们的区别，简单来讲，国有资产经营收益是所得税前利润，国有资产收益是所得税后利润；国有资产收益是国有资产经营收益的重要组成部分，国有资产经营收益包括了国有资产收益。

9.4.3 国有资产收益分配的基本原则

在我国社会主义条件下，国有资产收益的分配涉及国家、企业和劳动者个人三者间的经济利益关系，虽然国家与企业、个人之间不存在根本利益上的冲突，但客观上存在着眼前利益与长远利益、局部利益与全局利益等各方面的矛盾关系，这些矛盾如果处理不好，就会影响到国有资产经营者和管理者的积极性，给国有资产的有效运营和继续发展设置障碍。因此，国有资产收益分配的基本任务就是在充分体现国家作为国有资产所有者权益的前提下，在国有企业利润形成和分配过程中，解决好所有者、经营者、使用者三者之间的经济利益关系。根据改革的要求和国有资产管理的工作实践，国有资产收益的分配应遵循以下原则：

9.4.3.1 坚持以国家为主体的分配原则

资产收益的分配权是资产所有权在经济上的最终体现和根本标志。在我国，国有资产的所有权属于国家，因此，国家通过投资形成的国有资产，交给经营者使用所实现的收益，必须以国家为主体进行分配，即要在国家拥有所有权的基础上，由国家根据国有资产经营方式，按照国有资产经营和收益使用的现状及客观要求，规定出具体的形式、办法、比例，以此来分配使用国有资产经营收益，协调国家、企业及劳动者个人的经济利益关系。同时，我国的国家利益与人民的根本利益是一致的，因此，只有坚持以国家为主体的分配原则，才能体现全民意志，才能最大限度地符合全体人民的根本利益。

9.4.3.2 兼顾国家、企业和劳动者个人三者利益的原则

在社会主义国家，国家既是社会管理者，又是国有资产所有者。作为所有者，国家凭借财产权力，理所当然地应当取得国有资产收益。而企业，在市场经济条件下，作为独立经营、自负盈亏的商品生产者和市场经营主体，必须从生产经营过程中实现自身的发展。因此，企业应从实现的利润中按一定比例形成一定的企业积累，以便为进一步发展生产、提高经济效益、改善职工福利创造条件。同时，企业的职工作为国有资产的直接使用者和经营收益的直接创造者也应从企业实现利润中获得一定的经济利益，并随着企业生产的发展和经济效益的提高，逐步改善劳动条件和生活福利待遇。因此，国有资产收益的分配必须在坚持以国家为主体的分配原则下，兼顾所有者、经营者、使用者三方利益，只有这样才能调动各方面的积极性，才能有利于生产的继续发展，也才能更好地提升国有资产效益，不断充实和壮大国有资产。

9.4.3.3 坚持国家职能与分配形式相对应的原则

社会主义国家具有双重身份和双重职能：一是作为社会管理者，具有社会行政一般管理职能，保证国家的安全、社会的稳定和各项事业的发展，因此，它可以凭借国家行政权力向社会成员征税，社会成员覆盖所有的企业。二是作为国有资产所有者，具有所有者职能，也就是说，国家一旦对企业实施了投资行为，那么按照"谁投资，谁所有，谁受益"的原则，理应获得一部分利润，这是凭借财产所有权取得的。因此，国有资产收益的分

配，理应体现的是国家对国有资产所有者的身份和所有者的职能，其基本形式是企业税后利润，它与对社会成员普遍征收的税收是不同的经济范畴，两者不能混淆。只有这样，才能明确国有资产产权关系和收益，处理好与之相关的分配问题。

9.4.4　国有资产收益的管理

如上所述，国有企业中国有资产收益的内容包括上交国家财政集中的收益和留存在企业的收益两部分，因此应分别实施不同的管理方式。

9.4.4.1　国家集中的国有资产收益的管理

（1）收益的实现形式。国家集中的这部分国有资产收益，其实现形式取决于国有资产的经营方式。从目前看，大致有以下几种：

1）上缴利润。这是国有资产收益实现的传统形式，也是最基本的形式，适用于实行承包经营责任制的国有企业和采取国家直接经营方式的企业。

2）上缴租金。适用于国有资产租赁经营的方式。

3）上缴资金占用费。适用于国有资产国家直接经营或委托经营等方式。

4）上缴股息、红利。适用于国有资产股份经营方式。

（2）收益的解缴与减免。这部分集中性的国有资产收益在上缴国库时，应按照"统一领导、分级管理"的原则，由各级国有资产管理部门负责监督收缴。财政部、国家国有资产管理局、中国人民银行联合发布的《国有资产收益收缴管理办法》规定：国有资产收益按中央、地方产权关系和现行财政体制，分别列入同级政府的国有资产经营预算；中央国有企业国有资产收益的收缴工作，由财政部、国家国有资产管理局授权财政部驻各省、自治区、直辖市、计划单列市财政监察专员办事机构负责，国家国有资产管理局负责监缴；地方国有资产收益的收缴办法，由各省、自治区、直辖市人民政府根据本办法结合本地区具体情况制定，报财政部、国家国有资产管理局备案。

国有企业上缴利润采用按月预缴，全年清算的办法，其他国有资产收益（股利、分红等）在确定后10日内入库。财政监察专员办事机构及各省、自治区、直辖市国有资产收益收缴部门应按月（季、年）编报国有资产收益汇总表，报送财政部、国家国有资产管理局。国有资产收益的减免，由管辖产权的政府国有资产管理部门按国家的有关政策规定审核批准。

（3）收益的使用管理。

1）编制独立的"国有资产经营预算"，从制度上保证其真正用于国有资产的再投资。

国家集中起来的这部分国有资产收益同国家税收一样，都是国家集中性财政资金的重要来源，因此，必须统一纳入国家预算，进行有计划的安排使用。由于国有资产收益和国家税收存在性质上的区别，因而，两者的使用方向理应不同。凭借国家行政权力取得的税收应主要用于维持国家机构运转及发展各项社会事业；而凭借国家财产权力取得的国有资产收益则应专项用于国有资产的再投资，以壮大其规模，优化其结构，提高其效益。因此，在编制国家预算时，应把国有资产收益与其他预算收入如税、费、债等区别开来，单独编制收支计划即预算，才能确保其真正用于国有资产的再投入。按照这一改革思路，我国于1992年实行了复式预算制度，把整个国家预算划分为"经常性预算"和"建设性预算"两部分,这就较好地体现了国家社会行政管理职能与经济建设职能,并贯彻了"一要吃饭,二要建设"的方针。但现行复式预算制度是在既有的财政收支规模及范围的基础上,将各项财政收支进行分类,编制成两种预算,这样划分还过于简单,不能完整、准确地反映各项预算资金的性质和用途。从建设性预算收入来源看,仍是利、税、债并存的格局,因而不便于对国有资产经营情况进行具体分析,不利于国有资产的独立运转和良性循环。所以,为了强化国有资产管理,确保其保值增值,有必要对现行的复式预算制度进行进一步的改革和完善。改革的思路是把国家预算分为政府公共预算、国有资产经营预算、社会保障预算和财政融资预算等多种预算形式。其中"国有资产经营预算",就是指国家以国有资产所有者身份取得的收入并用于经济建设和国有资产经营支出的预算,从而从制度上真正保证这部分以国有资产所有者身份取得的国有资产收益用于国有资本的再投入。

2)财政集中的国有资产收益,主要通过授权管理,委托给中介经营机构,由其具体负责国有资产的再投资。国家集中起来的国有资产收益,应从属于国有资产增量部分,对于这部分国有资产增量,国家不必直接安排使用,而是可以通过授权管理,把投资决策重点放在国有资产的中介经营机构上,由它们根据国家的产业政策和长远计划,按市场状况和效益原则,自主提出投资方案,国家所有者只保留最终专有权。也就是说,把国有资产中介经营机构作为国有资产增量的投资主体,这样,既有利于国有资产增量的优化配置,又有利于实现政府投资市场化和对投资实施有效操作。同时,应扩大企业的投资决策权,使其能自主地安排投资项目,并承担使用国有资金的经济责任。从企业投资项目看,应主要偏重于技术改造和生产能力的填平补齐。

9.4.4.2 留存企业的国有资产收益的管理

(1)国有企业留存收益的意义。在社会主义市场经济体制下,国有企业与其他所有制企业一样,都是独立的商品生产者和经营者,都要在市场上公平竞争、优胜劣汰。从国有资产收益中提取一部分利润留给企业,目的就是给国有企业一定的财力,使其能更好地自主经营、自我发展,增强整体竞争实力,创造更多的利润。因此,建立国有资产留存收益制度,不仅可以优化企业内部国有资源的配置,而且有利于促进国有资产的增值,从而为国家和企业两级利益分配提供财力保障。

(2)国有企业留存收益的管理原则。国有企业留存收益实质上是国家把国有资产投资报酬的一部分再投资于企业,其所有权仍属于国家,既然所有权归属国家,那么国家的国有资产产权管理部门对企业留存收益的分配和使用进行必要管理,就是理所当然的。作为企业来讲,就应自觉接受财政部门和国有资产管理部门的监督和管理,遵守国家财经纪律,维护国有资产的各种权益。

当然,对于这部分留存收益的管理,原则上只能是指导性的,即国有资产管理部门会同财政等部门只对企业留存收益的提取、分配、使用方向进行规范,正确处理国家利益与企业发展后劲及职工利益的关系,指导企留利的使用,这样,既能促进企业生产经营的发展,又能保证职工物质福利的提高。

(3)国有企业留存收益的分配使用。在新财务会计制度实行之前,企业留存的国有资产收益采用五项基金分配制,即将企业留用的国有资产收益按生产发展基金、新产品试制基金、后备基金、职工福利基金和职工奖励基金五个方面分配使用。其中,前三项基金属于企业扩大再生产的基金，一般应占到企业全部留利的 35% 以上，后两项基金是属于企业职工的消费基金，一般不应高于企业留利的 25%。2007 年 7 月 1 日实行新的《企业财务通则》之后，企业对企业留利分配和支配自主权有所扩大，企业可以自主决定税后利润分配，国家只是规定税后利润分配方向和分配顺序，不再核定和划分各项基金的比例。

《企业财务通则》规定，企业缴纳所得税后的利润，除国家另有规定外，按下列顺序分配：①被没收财物损失，违反税法规定支付的滞纳金和罚款。②弥补企业以前年度亏损。③提取法定公积金，用于弥补亏损和转增资本。④提取公益金，主要用于企业职工的集体福利设施支出。⑤向投资者分配利润。企业以前年度未分配的利润，可以并入本年度向投资者分配。

随着现代企业制度的确立，绝大多数竞争性行业的国有大中型企业将进行股份制改造，考虑到股份有限公司税后利润分配的特殊性，1992 年颁布的《工业企业财务制度》对此单独作了规定，其顺序如下：①被没收财物损失，支付各项税收的滞纳金和罚款。②弥补以前年度亏损。③提取法定盈余公积金。法定盈余公积金按照税后利润扣除前两项的提取，盈余公积金已达到注册资本时可不提取。④提取公益金。⑤支付优先股股利。⑥提取任意盈余公积金。任意盈余公积金按照公司章程或者股东决议提取和使用。⑦支付普通股股利。

在利润分配顺序中，需要说明三点：一是企业当年无利润不得向投资者分配利润。其中股份有限公司当年无利润时，原则上不得分配股利，但在盈余公积金弥补亏损后，经股东会特别决议，可以按照不超过股票面值 6% 的比率用盈余公积金分配股利，在分配股利后，企业法定盈余公积金不得低于注册资金。其目的是维护企业股票的信誉，避免股票价格大幅度波动。二是关于提取任意公积金。企业提取任意公积金是指企业出于经营、管理等方面的需要，在向投资者分配利润前按照公司章程或者股东会议决议提取和使用的留存收益。这是为了控制向投资者分配利润的水平以及调整各年利润的波动，通过提取任意公积金形式向投资者分利施加限制。三是关于提取盈余公积金和公益金。盈余公积金包括法定盈余公积金和任意盈余公积金，可用于弥补亏损或者转增资本金，但转增资本金后，企业的法定盈余公积金一般不得低于注册资本。公益金主要用于企业的职工集体福利设施支出。对企业是否要提取公益金认识不一致，但根据我国目前的实际，企业仍需向职工提供必要的集体福利设施，有必要明确从税后利润中提取一部分资金，用于职工住宅等集体福利设施支出。

第 10 章　政府预算

10.1　政府预算概述

政府预算是资产阶级同封建阶级斗争的产物。13~17 世纪随着资本主义生产方式的出现，一方面社会财富增加，使财政收入大量增加，政府职能范围不断扩大，要求财政支出大量增加。这就要求政府有计划地安排财政支出活动，管理财政资金，防止顾此失彼，这是政府预算产生的根本原因。另一方面，新兴的资产阶级成为社会财富的主宰，但他们却未能控制财权，腐朽没落的封建贵族仍然利用财权滥收滥支。为了争夺财权并且打击封建势力，资产阶级提出政府收支必须编列计划，并经政府批准才能生效。经过几百年的斗争，这一要求最终实现。英国于 17 世纪编制了第一个政府预算，其他西方国家也陆续接受了这一做法，到了 20 世纪，几乎所有的国家都建立了政府预算制度。据考证，清光绪二十四年（1898 年）在戊戌变法"明定国事"的诏书中规定，要"改革财政，实行国家预算"，这表明我国已经开始接受政府预算。

10.1.1　政府预算的含义

政府预算起源于英国英文词汇"Budget"，意为"皮包"，由于当时英国财政大臣到议会提请审批财政法案时，总要携带一个装满财政收支账目的大皮包，久之，政府预算就含有财政收支计划的寓意。中国、日本等东方国家将其译为政府预算。政府预算通常也叫"政府公共预算"，它是一个财政年度政府的财政收支计划。反映了一个财政年度内政府的全部收支计划和总额，是一国中央政府和地方各级政府财政收支计划的总和，是一国管理经济事务，实现宏观调控的主要手段之一。在政府活动中，财政起着支配作用，政府资金的筹集和支配从根本上决定了政府活动的范围和方向，因此，政府预算还反映了政府参与社会产品分配所形成的特定的收入分配关系。

政府预算从形式上看是以收支一览表的形式表现的，是按照一定的标准将财政收支分门别类列入特定的表格，清楚表明政府的财政收支活动，反映政府进行财政收支活动所应达到的各项收支指标与收支总额之间的平衡关系。正如马克思所言："预算只不过是本年度财政预期收入与支出的一览表，并以上一年度的财政经验即平衡表为依据……每一个国家预算的基本问题都是预算支出之间的对比关系，是编制平衡表、盈余表或者赤字表，这是国家确定削减或增加税收的基本条件。"从内容上看，政府预算的编制是政府对财政收支的计划安排，政府预算的执行是财政资金的使用和筹措过程，政府决算是对政府预算执行的总结。从政府预算的效力来看，政府预算必须经过国家权力机关审批才能生效，是国家重要的立法文件。因此，任何一个国家的政府预算都应该包含四个方面的内容：①财政收支的规模与结构及其表现出的性质与作用。②各级政府机关处理财政收支问题的权责关系。③财政收支的编制、执行、决算等程序。④国家为保证预算收支计划顺序完成而制定的规章制度。

政府预算是以收支一览表为表现形式，以财政收支的编制、执行、决算为内容，具有法律地位的文件，计划性、法律性、归一性、政治程序性和公开性为其基本特点。计划性是指政府预算是政府的财政收支计划，并非实际的结果。法律性是指政府预算通过一定的法律程序确定，受到法律的约束和限制，违反政府预算是违法行为，将受到法律追究和制裁。归一性是指除特殊款项外，所有的财政收支都必须记入政府预算，即使那些特殊款项也必须由法律授权，否则就是违法的。政府程序性是指政府预算的编制、审批、执行和决算的过程，都要在既定法治程序的监督和约束下进行，政府不能超越各级人民代表大会的权限，在预算执行中随意地追加追减，而必须严格地遵循既定的政府预算程序。公开性是指政府预算应成为公开文件，其内容应能被全社会了解，其数据应向全社会公布，而不能成为少数人的私下活动，不能成为某些地方、部门和机构谋取集团利益的工具。

10.1.2　政府预算的分类

随着社会经济生活和财政活动的日益复杂化，政府预算的形式和内容更加复杂多样，最初的政府收支一览表的形式已不能适用。对五花八门的政府预算进行科学合理的分类是十分必要的，是搞好预算管理，深入研究政府预算结构，充分发挥其宏观调控作用的前提。

10.1.2.1　按政府预算的技术组织形式分为单式预算和复式预算

（1）单式预算。单式预算是传统的预算组织形式，指在预算年度内将各类财政收入与支出汇集编入一个计划表格中进行反映和计算。凡是收入项目就一概列入"收入"栏中，凡是支出项目就一概列入"支出"栏中，而不去区分各种或各项财政收支和经济性质。单式预算的优点是将全部收入分列于一个统一的表格中，整体性和综合性强，有利于反映财政活动的总体情况，便于立法机关审议批准和社会公众的了解。而且操作起来简便易行，编制和审批比较容易，成本较低。缺点是没有将全部收支按照经济性质分列和汇集平衡，反映不出收支结构之间的对应平衡关系，不能有效地反映经济建设工程的效益情况，不利于经济分析和宏观调控的进行。

（2）复式预算。复式预算由单一预算演变而来，是指在预算年度内，将财政收支按照经济性质汇集编入两个或两个以上的计划表格中，从而形成两个或两个以上的预算。通常将政府预算分为经常预算和资本预算：经常预算主要以税收、费收入为收入来源，以行政、国防、文教等经常性项目支出为支出对象；资本预算主要以国债和国有企业盈利为收入来源，以政府营利性的资本投资支出为支出对象。复式预算的优点是区分了财政支出的经济性质，能明确反映经济建设的效益，便于政府权衡支出项目的轻重缓急，做到合理有序地安排和使用财政资金，便于具体分析、分别管理和宏观调控。缺点是不能全面反映资金运行，而且操作复杂，对技术要求高，成本较高。

（3）单式预算和复式预算的区别。

1）形式不同。单式预算将所有收支汇集平衡在一个计划表格中，不区分其经济性质，只编制一个预算。复式预算将所有财政收入按经济性质不同，分别汇集在两个或两个以上的计划表格中，编制两个或两个以上预算。

2）内容不同。单式预算的收入大于支出即为预算盈余；反之为预算赤字。复式预算中将国债收入作为资本预算的正常收入，所以资本预算不存在盈余或赤字，只有经常预算才可能有差额，但往往将经常预算的盈余或赤字转入资本预算，使复式预算盈余或赤字的性质含混不清。

3）国债收支的处理方式不同。单式预算通常把国内债务收支作为一般的收支项目纳入总的收支项目，统一核算财政平衡。复式预算的经常预算中一般只列债务利息支出，不列债务本金。

10.1.2.2　按照编制方法不同分为增量预算和零基预算

（1）增量预算也称基数法预算，是指以一年度的财政收支为基础，新的财政收支计划根据新财政年度的经济发展情况，在此基础上递增的一种预算编制方法。优点是在上一财政年度的基础上递增的方法简便易行。缺点是主观随意性强，原有财政收支中的不合理因素可能被保留甚至被放大。

（2）零基预算是指财政收支计划只以新财政年度的需求为依据，不考虑以前的财政收支状况的一种预算编制方法。它的优点是摒弃了以前预算中不合理的成分，既科学合理又满足了实际需要。缺点是技术要求和操作成本比较高，面临理论和时间上的困难。

10.1.2.3　按照预算的级次分为中央预算和地方预算

（1）中央预算是中央政府的财政收支计划。我国的中央预算由中央各部门的单位预算、企业财务收支计划和税收计划组成。中央预算承担着国家的国防、外交、行政等所需经费，承担着宏观调控所需支出，以及央企发展支出，在政府预算体系中占主导地位。

（2）地方预算是各级地方政府财政支出计划的总称。我国地方预算由各省、自治区、直辖市总预算构成，地方各级总预算由本级政府预算和汇总的下一级预算构成。地方预算承担着地方行政管理、经济建设、科教文卫支出，特别是支援农村发展的任务，是政府预算体系的有机组成部分，是组织、管理政府预算的基本环节，在政府预算体系中占有重要地位。

10.1.2.4　按照财政收支管理范围分为总预算和单位预算

（1）总预算是国家各级政府的基本财政计划，由各级政府的本级预算和汇总下一级政府总预算构成。地方各级总预算由本级政府预算和汇总各部门预算组成。

（2）单位预算是各级政府的直属机关就其本身及其所属行政事业单位的年度经费收支所汇编的预算。它是地方各级政府预算的基本组成部分，承担着各级政府机关本身及其所属单位实现职能或事业计划的财力保证。

10.1.2.5　按立法的手续分为临时预算、正式预算和追加预算

（1）正式预算是指政府依法将各个财政年度的财政收支计划，编制成预算草案，提交立法机关审核通过后公布实施的预算，又称为本预算。

（2）临时预算是为解决正式预算成立前的经费开支而编制的暂时性预算，作为正式预算成立前财政收支活动的依据。

（3）追加预算是在正式预算成立并且付诸实施后，为解决情况变化需要增减正式预算收支时而编制的一种追加性预算或修正性预算。把成立后的追加预算与正式预算汇总执行，称为追加后预算。

10.1.3 政府预算的体系

政府预算是政府的年度收支计划为了保证各级政府在独立性实事权和职权时有足够的财力，这就要求一级政府设立一级财政，一级财政设立一级预算，预算体系与国家政权体制相对应，在现代社会中，大多数国家无论采取何种政体，大都采用多级预算，从而产生了政府预算的级次和构成问题。我国的政府预算体系就是根据一级政府一级预算的原则建立的，与我国的政权结构相适应并结合我国行政区域划分，相应设立中央、省（自治区、直辖市）、市（设区的市、自治州）、县（自治县、不设区的市、市辖区）、乡（民族乡、镇）五级预算。因此，我国的政府预算体系由五级预算组成，又可以分成中央预算和地方预算两大类。

中央预算又称为中央政府本级预算，由中央各部门（含直属单位）的预算构成，包括地方向中央上解的收入数额和中央对地方返还的支出数额，负责中央政府履行职能，进行全国性宏观调控所需的资金。地方预算由各省、市、县、乡总预算构成，地方各级总预算由本级政府各部门预算和汇总的下一集政府总预算构成。目前，我国乡镇一级政府预算还未全面铺开，对不具备设立预算条件的乡镇，经省级政府确定后，可暂不设立预算。地方各级预算应当统筹安排本级预算收支，按照量入为出、收支平衡的原则编制，不列赤字。用图 10 - 1 来说明我国政府预算体系。

图 10 - 1 我国政府预算体系

10.1.4 政府预算的原则

政府预算的原则是指国家在确定预算形式和预算制度时应遵循的指导思想。政府预算原则伴随着政府预算制度的产生、发展、成熟而相应变化。自 13 世纪政府预算制度产生后，就开始了政府预算原则的探讨。在不同国家和历史时期，形成了各种各样的思想和主张。在实践中，影响较大并被广泛接受的政府预算原则有以下五大原则。

10.1.4.1 公开性原则

公开性原则是指政府预算从编制、审批、执行到决策都必须采取一定的形式公之于众，在人民的监督下进行。具体来讲，政府预算草案须经人民代表大会讨论通过才能实施；执行过程中对政府预算进行修正必须经立法机关批准；财政年度结束后，要编制财政决算，提交同级人民代表大会批准。

政府预算的公开性原则维护了公民利益，是政治民主化在政府财政管理上的体现，是一个重要的预算原则。政府预算反映了政府活动的范围、方向和政府的重大政策，关系到社会各阶层的切身利益，尤其是财政收支安排关系到社会财富的分配和社会福利水平，它的编制是一项重大的政治活动，必须交由人民监督。实际上政府预算的审批过程就是各阶层公民为维护本阶层利益，在国家权威的调整下相互妥协的过程。

10.1.4.2 完整性原则

完整性原则是指政府的一切收支都要列入政府预算中。政府预算所列示的各项收入和支出的项目和数额，必须包含政府的全部财政收支，反映它的全部财政活动。不允许将一部分财政收支排除在政府预算之外，成为"小金库"，不允许打埋伏、造假账，预算外另列预算，无论是中央还是地方的一切财政支出都要反映在政府预算中，即使是法律允许的预算外收支，也应在政府预算中有所反映。如果有一部分资金收支游离在政府预算之外，那么将会导致这部分资金失去财政监督，而被贪污、挪用，产生公款消费、奢侈浪费等腐败行为，不能发挥财政资金经济建设、维护社会公平等作用，不利于提高财政资金的使用效率。

10.1.4.3 年度性原则

年度性原则是指政府预算应该按照预算年度编制，要有时间上的界定。预算要反映全年的财政收支活动，不需要也不应该对本预算年度之外的财政收支列入本年度的政府预算中。目前世界各国采取的预算年度有两种：一种是历年制。即从公历的 1 月 1 日起到同年的 12 月 31 日止。中国、德国、法国等多数国家采取历年制预算。另一种是跨年制。即从每年某月某日起至次年某月某日至，中间历经 12 个月，365 天，但跨越了两个公历年度。如美国的预算年度从每年 10 月 1 日开始到次年 9 月 30 日止。英国和日本的预算年度从每年的 4 月 1 日起至次年 3 月 31 日止。财政预算原则的确立既要根据政府预算本身的属性，又要依据国家的经济发展状况和政府的经济发展目标，协调收入与支出、积累和消费的关系。

10.1.4.4 统一性原则

统一性原则是指无论是中央政府预算还是地方政府预算，都必须纳入国家预算，各级财政部门都要按照统一设定的科目、统一的统计口径和计算程序来填列预算。同时这些预算都是国家预算的组成部分，地方各级政府预算连同中央预算共同组成统一的政府预算，因此政府预算必须坚持统一性原则。

10.1.4.5 可靠性原则

可靠性原则是指每项预算、每一财政支出项目的数字都是稳健可靠的，都必须运用科学的方法，按照一定的规律性，依据充分、正确的资料，精确计算，不得假定，不得估算，更不能随意编造。可靠性原则要求政府预算编制要充分考虑和预测到可能出现的各种变化，保证预算的可执行性。财政支出的数字要可靠，财政收入的数字要稳健，以避免入不敷出、无法执行而不得不追加预算的情况。可靠性原则也要求政府预算编制时要留有一定的机动预算，以应付各种突发事件，各级政府预算应按本级政府预算支出额的 1% ~ 3% 设置预备费，按国务院规定设置预算周转金。

10.2　国家预算法

预算是政府的财政收支计划，反映了政府财政活动。著名经济学家葛德雪曾经说过："只有预算才是国家的骨骼。"国家预算法是组织和管理国家预算的法律依据和法律规范，政府预算的原则是通过制定国家预算法来实现的。

10.2.1　国家预算法的含义

国家预算法是国家预算管理的法律规范，是组织和管理国家预算的法律依据。它的主要任务是规定国家立法机关和政府执行机关、中央与地方、总预算和单位预算之间的权责关系和收支分配关系。预算法是调整国家在进行预算资金的筹集和取得、使用和分配、监督和管理等过程中所发生的社会关系的法律规范的总称，是财政法的核心。有广义和狭义之分：广义包括国家权力机关和政府有关部门发布的各种有关预算的法律、行政法规、规章和规范性文件等；狭义是指国家权力机关制定的作为预算管理基本法的《预算法》。我们这里所说的国家预算法是指狭义的国家预算法。

预算法是财政发展到一定阶段的产物，世界上许多国家都制定了预算法或具有普遍约束力的预算法律。我国预算法也经历了一个从无到有、从不完善到完善的渐进过程。中华人民共和国成立时新的预算法规同时产生。1949 年 9 月通过的《中国人民政治协商会议共同纲领》中规定，建立国家预算、决算制度，划分中央和地方的财政。1951 年 8 月，为了实现国家预算管理的统一，由当时的中央人民政府政务院公布了《预算决算暂行条例》。这个条例沿用了 40 多年，到 20 世纪 90 年代，我国的经济、政治和财政制度发生了很大的变化，尤其是地方政府的预算管理权限扩大，要求《预算法》相应调整以适应情况的变化，1991 年 10 月，国务院发布了《国家预算管理条例》，并宣布自 1992 年 1 月 1 日起施行。这是我国预算管理逐步走向科学化、规范化和法制化的重要标志，并为《预算法》的出台准备了基础和条件。1994 年 3 月 22 日，第八届全国人民代表大会第二次会议通过《预算法》，自 1995 年 1 月 1 日起施行。这是我国第一次对预算管理立法，标志着我国预算管理的法制化、规模化模式基本确立。1995 年 11 月 22 日，国务院发布施行《预算法实施条例》。第十二届全国人民代表大会常务委员会第十次会议在 2014 年 8 月 31 日表决通过了《全国人大常委会关于修改〈预算法〉的决定》，并决议于 2015 年 1 月 1 日起施行。至此，《预算法》在出台 20 年后，终于完成了首次修改。2018 年 12 月 29 日第十三届全国人民代表大会常务委员会第七次会议决定对《中华人民共和国预算法》做出修改。

10.2.2　国家预算法的指导思想

国家预算法的立法目的是进一步强化国家预算的分配和监督职能，健全国家预算管理制度，保障国民经济快速发展，主要体现在以下指导思想：

（1）强化预算的法律约束力，使预算收支真正成为法令性的刚性指标。政府预算一经批准就具有法律效力的，必须认真组织实施，不得任意更改。

（2）规范预算管理程序，明确预算管理职权。把预算的编制、审批、执行和决算的程序等纳入统一的法律管理轨道，克服那种权责不清及监督管理不力的现象。

（3）把加强预算管理与促进改革和发展经济紧密结合起来。严格预算的管理和监督，实现预算管理为经济发展和社会进步服务。

（4）把法律的科学性和可行性结合起来。任何法律规范和规章制度都是一定时期的产物，既不是一成不变的，也不是放之四海而皆准的，都要随社会发展不断地调整和规范。法律规范既不能超越当前的可行性而存在，也不能落后于现实。对于具有可行性的方案可以写入《预算法》，用法律的形式确定下来，对于一些难以具体化，但是符合改革和发展方向的方案，可以先做一些原则性的规定，待条件成熟再进行充实和完善。

10.2.3　国家预算法的内容

从立法的内容和目的来看，国家预算法有三种类型：一是权责法，以划分各级预算的管理权责为内容；二是组织法，以预算组织和管理的基本规定为内容；三是程序法，以预算决算的编制、审查和批准的程序为主要内容。我国的《预算法》既是实体法又是程序法，将上述三个方面的法律内容合并为一个法律文件，所以我国的预算法是一部综合性预算法。

《中华人民共和国预算法》共分为十一章，101条，包括六个方面内容：

10.2.3.1　预算组成体系

《预算法》明确规定，国家实行一级政府一级预算，设立五级预算。中央和地方实行分税制，中央政府公共预算不列赤字，所需建设投资资金以举债方式筹集，地方各级预算按照量入为出、收支平衡原则编制，不列赤字。

10.2.3.2　预算管理权限的划分

《预算法》的核心内容就是明确国际各级权力机关、政府机关、各种财政部门以及各预算具体执行部门和单位的预算管理职权。预算管理职权即预算权，是指确定和支配国家预算的权利以及对国家预算的编制、审查、批准、执行、调整、监督等权利的总称。预算管理职权发生于国家预算收支管理领域，体现国家的财政分配关系，它具有经济内容，是一种经济权利，而不是一种纯粹的行政权。预算管理职权按照预算权主体的层次不同，可以分为中央预算权和地方预算权两类。

（1）中央预算管理职权

1）全国人民代表大会的预算管理职权：审查中央和地方预算草案及中央和地方预算执行情况的报告；批准中央预算和中央预算执行情况的报告；改变或者撤销全国人民代表大会常务委员会关于预算、决算的不适当的决议。

全国人民代表大会常务委员会的预算管理职权：监督中央和地方预算的执行；审查和批准中央预算的调整方案；审查和批准中央决算；撤销国务院制定的，同宪法、法律相抵触的关于预算、决算的行政法规、决定和命令；撤销省、自治区、直辖市人民代表大会及其常务委员会制定的同宪法、法律和行政法规相抵触的关于预算、决算的地方性法规和决议。

2）国务院的预算管理职权：国务院编制中央预算、决算草案；向全国人民代表大会作关于中央和地方预算草案的报告；将省、自治区、直辖市政府报送备案的预算汇总后报全国人民代表大会常务委员会备案；组织中央和地方预算的执行；决定中央预算预备费的动用；编制中央预算调整方案；监督中央各部门和地方政府的预算执行；改变或者撤销中央各部门和地方政府关于预算、决算的不适当的决定、命令；向全国人民代表大会、全国人民代表大会常务委员会报告中央和地方预算的执行情况。

3）国务院财政部门的预算管理职权：国务院财政部门具体编制中央预算、决算草案；具体组织中央和地方预算的执行；提出中央预算预备费动用方案；具体编制中央预算的调整方案；定期向国务院报告中央和地方预算的执行情况。

（2）地方预算管理职权

1）地方各级人民代表大会的预算管理职权：县级以上地方各级人民代表大会审查本级总预算草案及本级总预算执行情况的报告；批准本级预算和本级预算执行情况的报告；改变或者撤销本级人民代表大会常务委员会关于预算、决算的不适当的决议；撤销本级政府关于预算、决算的不适当的决定和命令。设立预算的乡、民族乡、镇的人民代表大会审查和批准本级预算和本级预算执行情况的报告；监督本级预算的执行；审查和批准本级预算的调整方案；审查和批准本级决算；撤销本级政府关于预算、决算的不适当的决定和命令。

2）地方各级人民代表大会常务委员会的预算管理职权：县级以上地方各级人民代表大会常务委员会监督本级总预算的执行；审查和批准本级预算的调整方案；审查和批准本级政府决算；撤销本级政府和下一级人民代表大会及其常务委员会关于预算、决算的不适当的决定、命令和决议。

3）地方各级政府的预算管理职权：县级以上地方各级政府编制本级预算、决算草案；向本级人民代表大会作关于本级总预算草案的报告；将下一级政府报送备案的预算汇总后报本级人民代表大会常务委员会备案；组织本级总预算的执行；决定本级预算预备费的动用；编制本级预算的调整方案；监督本级各部门和下级政府的预算执行；改变或者撤销本级各部门和下级政府关于预算、决算的不适当的决定、命令；向本级人民代表大会、本级人民代表大会常务委员会报告本级总预算的执行情况。

乡、民族乡、镇政府编制本级预算、决算草案；向本级人民代表大会作关于本级预算草案的报告；组织本级预算的执行；决定本级预算预备费的动用；编制本级预算的调整方案；向本级人民代表大会报告本级预算的执行情况。

4）地方各级政府财政部门预算管理职权：地方各级政府财政部门具体编制本级预算、决算草案；具体组织本级总预算的执行；提出本级预算预备费动用方案；具体编制本级预算的调整方案；定期向本级政府和上一级政府财政部门报告本级总预算的执行情况。

除了中央和地方的各级人民代表大会及其常务委员会、政府机关、各级财政部门的预算管理权限之外，还要特别注意各预算具体执行部门和单位在预算管理中的职权：各部门编制本部门预算、决算草案；组织和监督本部门预算的执行；定期向本级政府财政部门报告预算的执行情况。各单位编制本单位预算、决算草案；按照国家规定上缴预算收入，安排预算支出，并接受国家有关部门的监督。

10.2.3.3　预算收支范围

预算收支的范围与预算管理职权密切相关，预算收支范围，是国家财力在中央与地方之间进行分配的具体形式。

（1）法定预算收入具体包括：①税收收入。②依照规定应当上缴的国有资产收益，即各部门和各单位占有、使用和依法处分境内外国有资产产生的收益，按照国家有关规定应当上缴预算的部分。③专项收入，即根据特定需要由国务院批准或者经国务院授权由财政部批准设置，征集和纳入预算管理、有专项用途的收入。④其他收入。

（2）法定预算支出包括：①经济建设支出。②教育、科学、文化、卫生、体育等事业发展支出。③国家管理费用支出。④国防支出。⑤各项补贴支出。⑥其他支出。

10.2.3.4　预算管理程序方面的规定

预算管理程序即预算管理活动的工作环节和过程，包括预算的编制、审查、批准、决算环节。有关预算管理的程序，本书将在本章第3部分介绍，这里不再赘述。

10.2.3.5　预算监督

全国人民代表大会及其常务委员会对中央和地方预算、决算进行监督。县级以上地方各级人民代表大会及其常务委员会对本级和下级政府预算、决算进行监督。乡、民族乡、镇人民代表大会对本级预算、决算进行监督。

各级政府应当在每一预算年度内至少两次向本级人民代表大会或者其常务委员会作预算执行情况的报告；各级政府监督下级政府的预算执行；下级政府应当定期向上一级政府报告预算执行情况。

各级政府财政部门负责监督检查本级各部门及其所属各单位预算的执行；并向本级政府和上一级政府财政部门报告预算执行情况。

各级政府审计部门对本级各部门、各单位和下级政府的预算执行、决算实行审计监督。

10.2.3.6　违反预算法的法律责任

违反《预算法》的法律责任是指法律主体违反预算法律规定的应当承担的义务。凡是违反《预算法》的规定或经批准生效的预算的，负有直接责任的人，都要依法承担一定的法律责任。根据《预算法》的规定，承担预算法律责任有以下三种情形：

（1）各级政府未经依法批准擅自变更预算，使经批准的收支平衡的预算的总支出超过了总收入，或者使经批准的预算中举借债务的数额增加的，对负有直接责任的主管人员和其他直接责任人员追究行政责任。

（2）违反法律、行政法规的规定，擅自动用国库库款或者擅自以其他方式支配国库库款的，由政府财政部门责令退还或者追回国库库款，并由上级机关给予负有直接责任的主管人员和其他直接责任人员行政处分。

（3）隐瞒预算收入或者将不应当在预算内支出的款项转为预算内支出的，由上一级政府或者本级政府财政部门责令纠正，并由上级机关给予负有直接责任的主管人员和其他直接责任人员行政处分。

10.2.4　我国《预算法》的修改

我国《预算法》经1994年第八届全国人大第二次会议通过，1995年1月1日开始施行。十余年来，预算法对促进依法理财、促进经济社会持续健康发展起到了良好作用。但是，伴随着经济社会发展和公共财政改革，现行的《预算法》已经不能适应现阶段改革开放和经济社会又好又快发展的需要，不能适应公共财政改革的需要。

一是《预算法》不能适应社会主义市场经济体制建立和完善的需要。《预算法》颁行于市场经济体制目标确立之初、脱胎于计划商品经济体制之时，适应当时经济社会发展需要。但随着社会主义市场经济体制的完善，要求作为上层建筑的法治适应经济基础而作改革。由于体制转轨时期，利益调整的难度以及制度设计的一些问题，尤其是观念上残存的障碍和误区，使《预算法》存在诸多不足和缺陷。1994 年的《预算法》已经滞后于财政体制改革，必须通过修改来满足经济社会发展的实际需要。二是《预算法》不能满足公共财政的要求。公共财政要求财政预算编制科学、体系完整、内容透明、调整合理、转移支付规范；要求实行分级预算，中央财政与地方财政合理分权，部门预算与各预算部门合理分权；要求实行预算过程、结果开放，加强预算执行，加强决算审批与监督。现行《预算法》的最大缺失在于：预算权高度集中（中央对地方的集中、财政部对各预算部门的集中），缺乏有效的权力制衡机制；预算欠缺全面性，大量财源游离于预算之外，不足以反映整个政府真正的财政收支状况；预算活动封闭运行，缺少过程控制和公众参与，欠缺科学性、民主性。财政改革实践中，我们曾经探索并获得成功的部门预算制度、政府采购制度、国库集中支付制度、财政转移支付制度、收支两条线制度等，这些都有待吸收进入预算法。三是《预算法》订立之时立法技术不成熟，导致预算法条款规定过于笼统和模糊。比如，预算收入范围界定窄，不能覆盖财政资金；财政体制规定笼统，政府间权责不清；预算审查监督、预算管理等制度有待细化；预算编制的方法有待改善；预算审批制度还不够完善等。

为了适应公共财政和完善社会主义市场经济体制、促进经济社会又好又快发展的需要，修改预算法亟待提上日程。国家立法机关和财政部门已经深刻认识到预算制度改革的紧迫性，早已着手从理论上深入研究预算立法问题，并在中央和地方两个层面试点对预算制度进行改革与完善。十届全国人大常委会已将《预算法》修订列入"十五"立法规划，目前预算法修改正在紧锣密鼓筹划之中。

《预算法》立法应当以人民利益最大化为导向，将经济、社会和人的全面发展确立为预算的最终目标，以预算最终目的论替代预算工具论来统领一切具体预算制度的设计，以人民群众公共需要的最大化实现为基本目的。十一届全国人大三次会议提出此次预算法修改的核心内容有三点：

（1）增强预算编制的完整性。明确地提出"所有的政府收入和支出都应当纳入预算"。预算法正式实施以后，在中国存在多年的政府预算外收支将成为历史。

（2）规范预算的执行。明确地提出，"经人大批准的预算，未经法律程序不得改变。"对于预算调整做出明确的规定。预算法必须强调过程控制，合理配置预算的制定权、执行权与监督权，科学设定预算规则，保证过程独立、权力博弈、利益兼顾与人民参与，保障人民对预算的知情权与监督权。

（3）增强预算监督的严肃性。在预算监督的内容、承担的法律责任以及如何追究违反预算法各项行为的处罚规定等方面都作了明确规定。加强人民群众的过程参与与结果监督，尤其是加强国家立法机关的实际监控能力，健全审计、审议监控机制和程序，以增强

预算的民主性、透明度和可靠性。

10.3 政府预算的编制、执行和决算

实践中，世界各国的预算程序一般分为预算的编制、预算审批、预算执行和政府决算四个阶段。

10.3.1 政府预算的编制

预算编制，是指各级政府、各部门、各预算单位制定筹集和分配预算资金年度预算的预算活动。预算编制是整个预算工作的起点，是国家实现预算管理的前提。我国每一年度国务院都要下达编制下一年度预算草案的指示，由财政部负责主持预算编制工作。预算编制应当遵守国家编制预算的依据和原则，按照编制程序进行。

10.3.1.1 政府预算编制的依据和原则

政府预算编制要严格遵循有关国家法律和法规，依据上一年度预算执行情况和本年度预算收支变化因素，国民经济和社会发展计划以及有关的财政经济政策，预算管理职权，预算收支范围来编制当年的政府预算草案。预算编制必须遵循量入为出、收支平衡；与国民生产总值的增长率相适应；统筹安排；厉行节约的原则。

10.3.1.2 预算的编制内容

（1）中央预算的编制内容：①本级预算收入和支出。②上一年度结余用于本年度安排的支出。③返还或者补助地方的支出。④地方上解的收入。中央财政本年度举借的国内外债务和还本付息数额应当在本级预算中单独列示。

（2）地方各级政府预算的编制内容：①本级预算收入和支出。②上一年度结余用于本年度安排的支出。③上级返还或者补助的收入。④返还或者补助下级的支出。⑤上解上级的支出。⑥下级上解的收入。

10.3.1.3 预算编制的方法和程序

预算的编制采取自上而下和自下而上相结合并且主机编制和汇总的程序。以中央预算的编制为例：首先，本级政府各部门和下级政府向财政部报送收支建议数据，财政部就根据这些建议数据和经济发展计划指标，拟定预算收支指标，并交国务院批准后下达。其次，各级政府和部门根据预算控制指标，自下而上编制地方预算草案，并逐级汇总。各级地方政府要在国务院规定的时间内将本级总预算草案报国务院审核汇总。再次，财政部将中央和地方预算汇总后，编制预算草案。最后，财政部将政府预算草案提交国务院，并由国务院提请全国人大审批，形成正式的政府预算。地方政府预算的编制程序基本类似，先由地方财政部门编制本级总预算草案，并在本级人民代表大会举行前一个月将预算草案提交本级人民代表大会专门委员会初审，在人民代表大会与会期间做关于预算草案的报告，提请人大批准。然后，将各项具体收支指标下达各行政事业单位。

10.3.1.4 预算收支指标的确定

预算收支指标的确定是政府预算编制的关键，它关系到政府预算的合理程度及其实现。预算收支指标是在历史年度数据和相关经济指标的基础上，根据财政规划和经济发展要求，运用科学的方法计算出来的。常用的方法有以下几种：

（1）系数法。在已知当年相关经济指标计划数的前提下，根据相关经济指标之间的规律（系数），来推测预算指标的方法。用公式表示如下：

$$系数 = \frac{一定时期预算收入（支出）增长速度}{同期经济和事业的增长速度} \tag{10-1}$$

$$预算收入（支出）指标 = 系数 \times 当年相关经济指标计划数 \tag{10-2}$$

（2）定额法。是利用各种预算定额与相关经济指标来测算财政收支指标的方法。预算定额是指财政收支项目中由国家统一规定的征收标准、开支定额。

$$某项预算收入（支出）指标 = 定额 \times 相关经济指标$$

（3）比例法。利用历年某项预算收支与全部预算收支的比例来测算某项财政收支指标的方法。

$$比例 = \frac{历年某项预算收支数}{当年全部预算收支数} \tag{10-3}$$

$$某项财政收支指标 = \frac{某项预算收支数}{比例} \tag{10-4}$$

（4）分析法。即在上年度预算收支基础上，考虑到计划年度预算收支的影响因素，来推测计划年度财政收支数额的方法。

$$计划年度财政收支指标 = 上一年度财政收支 + 增减因素 \tag{10-5}$$

10.3.2　政府预算的审查和批准

预算审查和批准是指国家权力机关对同级政府所提出的预算草案进行审查和批准的活动。预算草案编制完成后，只有提交国家权力机关审批通过的方可生效。预算草案经审批生效，就成为正式的国家预算，并具有法律约束力，非经法定程序，不得改变。在西方，预算必须由议会批准，在实行一院制的国家，政府预算直接由议会批准，如瑞典、荷兰和西班牙；在实行两院制的国家，一般两院都可以审批预算，但下院拥有更大的权力，往往拥有预算先议权和最后批准权，如美国、法国、德国和日本。我国的政府预算必须提请同级人民大会审批。中央预算由全国人民代表大会审批，国务院应在全国人民代表大会上作关于中央预算草案的报告；各级地方预算应由本级人民代表大会审批，各级地方政府应在本级人民代表大会上作关于地方预算草案的报告。

我国当前预算审批存在诸多问题。如审查时间短、审查力度不够、监督不力等。对于初审而言，初审是预算审查的基础，直接影响各级人大审批的质量。但是，由于初审时间短、任务重，所以往往流于形式，难以进入深度的实质性审查。为了提高初审质量，促使审查从形式向实质转变，各级人民代表大会财经委员会不但要积极提早介入预算的编制和审查工作，参加各级政府部门预算编制的主要会议，掌握预算编制的过程和动态、指导思想和主要内容，存在的主要问题等，并就存在的问题提出意见和建议，财政部门要在预算草案送政府常务会议审定前，就人大财经委员会所提意见和建议的采纳情况向人民代表大会财经委员会作专题报告。而且还要对预算草案进行调查研究，征求各专门委员会、人大代表、政府部门和事业单位意见，必要时邀请有关专家参与审议。人民代表大会财经委要会初审要提交初审报告。内容包括上年度预算执行情况的评价、对本级预算是否批准的意见、预算草案的修改意见和实现预算的建议等。对于人民代表大会的审批而言，预算审查采取按全面审查与重点审查相结合的制度。预算审查的重点是：预算收入是否与地区经济发展适应；预算支出是否合理；预算草案是否体现"量入为出、收支平衡"原则；保证预算实现的措施是否得当等问题。

10.3.3　政府预算的执行

政府预算一经批准生效，财政部门就应将通过的各项预算指标分解，下达各预算执行机构。预算执行时政府预算收支计划实现的关键环节，是把政府预算由可能变为现实的必要步骤。预算执行，是指各级政府、各部门、各预算单位在组织实施经本级权力机关批准的本级预算中的筹措预算收入、拨付预算支出等活动的总称。预算执行有以下几个特点：

10.3.3.1　预算执行是一项经常性的工作

预算执行包括收入征缴、指标审核、支出资金拨付和预算调整四个环节。财政年度的每一天都要进行这项工作。

10.3.3.2　预算执行是实现预算收支计划的必经步骤

预算收支计划不能凭空自我实现，它的实现必须靠预算执行机构日复一日的大量艰苦复杂的工作才能实现。

10.3.3.3　预算执行情况是政府预算编制的基础

本年度预算执行情况和结果是下一年度预算编制的基础。

10.3.3.4　预算执行过程中，需要不断组织新的平衡，进行预算调整

在预算执行过程中，由于预算收支治标不可能完全符合现实需要，国家政治经济形势的变化、财政政策的变化等原因，可能造成入不敷出或者债务增加等情况。为了保证财政收支平衡，必须要对政府预算进行相应的调整。

各级预算由本级政府组织执行，具体工作由本级政府财政部门负责。中央预算由国务院负责组织执行，财政部国库司具体负责预算执行工作；地方预算由地方各级政府组织执行，各级政府财政部门是预算指向的职能部门。除此之外，还有其他专门机构负责组织和参与预算执行工作，如税务机关、海关、国库以及各行政事业单位。预算执行的基本任务简单地说就是组织预算收入、拨付预算资金、预算调整和监督检查。

（1）组织预算收入。各级财政、海关、税务等预算征收部门，必须按照政府预算确定的收入指标，积极组织预算收入，及时、足额地上缴国库。不得擅自减征、免征、缓征应征的预算收入。有预算收入上缴任务的部门和单位，必须按照规定的预算级次、预算项目、缴库方式，在规定的期限内，及时足额地将应当上缴的预算收入上缴国库，不能截留、占用、挪用和拖欠。

（2）预算资金拨付。根据政府预算确定的支出计划，及时合理地拨付和使用资金，提供按预算资金使用效益。在我国国库是办理预算资金出纳的专门机构。按照《预算法》的规定，政府预算的一切收入都应纳入国库，一切支出都应从国库支拨。县级以上的各级政府都必须设立国库，具备条件的乡、民族乡、镇也可以设立国库。各级国库必须按照国

家有关规定，及时准确地办理预算收入的划分、留解以及预算支出的拨付。国库库款的支配权属于本级财政部门，除另有规定外，任何部门、单位和个人都不能支配和动用国库库款。

（3）预算调整。预算调整是预算执行的一项重要程序，预算调整是指经全国人民代表大会批准的中央预算和经地方各级人民代表大会批准的本级预算，在执行中因特殊情况需要增加支出或者减少收入，使原批准的收支平衡的预算的总支出超过总收入，或者使原批准的预算中举借债务的数额增加的部分变更。简单地说，预算调整就是政府按照法定程序对原批准的预算收支指标进行追加或追减的活动。对于必需的预算调整应当首先由财政部门编制预算调整方案，说明预算调整的原因、项目、数额和措施等。预算调整方案提请本级政府确定，并由政府报经本级人大常委会审批，未经批准，不特擅自调整预算。本级预算调整方案经批准后，应向上一级财政机关备案。预算调整的方法有：

1）预算追加或追减。追加预算指在原批准财政收支指标外增加收入或支出数；追减预算是指在原批准财政收支指标外减少收入或支出数。由于预算追加或追减会影响预算平衡，因此，追加支出必须有相应的收入来源，追减收入必须有相应追减支出。

2）科目流动。指不变更原批准的预算收支总额，只是部分改变收入来源或支出用途，不影响收支平衡。不同预算科目间资金需要调剂使用，必须报经本级人大常委批准，经批准后，由本级政府上报上一级政府备案。

3）预算划转。指由于某些收支在上下级之间、地区、部门之间互相转移时，影响到其预算收支变化，但不影响各级总预算收支平衡。上级政府返还或给予补助而引起的预算收支变化，不属于预算调整。

4）动用预备费。预备费是为了解决预算年度内某些临时需要而设置的备用资金，由本级政府按照支出总额的 1%～3% 提取。在发生自然灾害或其他难以预料情况时，经立法机构审批后，应动用预备费，在未发生的情况下，用来补充某些不足的项目，所以预备费控制在下半年使用。

（4）监督检查。是指国家通过立法机关及政府审计部门对本级和下级政府、部门、单位的预算和决算执行情况进行监督检查，以检查预算收支的完成情况和执行情况，监督预算的合法性和有效性。

10.3.4 政府决算

政府决算是政府预算工作程序的最后一个环节，也是对预算执行情况的年度总结，是国家财政活动的集中反映。编制国家决算具有十分重要的意义：①通过编制政府决算可以反映出预算年度内预算的执行情况，对全年预算收支的完成情况进行检查。②通过编制政府决算，集中反映政府财政活动和财政政策。政府的一切活动，政府政策的中心、范围和调整等都可以通过政府决算表现出来。③通过编制政府决算，可以强化财政监督能力，提高预算管理水平。政府决算监督是一种事后监督。④总结经验，预测未来。为下年度政府预算的编制提供依据，指导政府宏观调控。

政府决算的编制和审批程序同政府预算工作程序十分相似。首先是各单位根据主管部门要求编制单位决算草案；各部门根据本部门自省的决算收支数字和汇总的下属各单位的单位决算草案，编制本部门决算草案。部门决算草案附上决算草案详细说明，经部门行政领导签章后报经本级政府财政部门审核。

对于中央决算草案而言，财政部通过汇总各部门决算草案，编制中央决算草案，经国务院审核后，由国务院提请全国人大常委会审批。对于县级以上的地方决算草案而言，各级政府财政部门汇总部门决算草案编制本级决算草案，经本级政府审定后，由本级政府提请本级人大常委审批。决算草案经批准后，本级政府应在自批准之日起20日内向本级各部门批复决算，本级各部门应在自批复之日起15日内向各下属单位批复。并且各级政府应在决算草案自批准之日起30日内，将本级政府决算连同下一级政府上报备案的决算草案汇总，报上一级政府备案。对于乡、民族乡和镇而言，政府根据财政部门提供的年度预算收支执行结果，编制本级决算草案，并提请本级人大常委会审批。

10.4　政府非税收入

从理论上讲，世界各国的政府收入一般都可分为两大部分，即税收收入和非税收入。税收收入是政府收入的主体，早已为人们所熟悉。在我国，政府非税收入虽然由来已久，但作为一个概念提出来，却是最近几年的事情。我国最早在国家正式文件中出现政府非税收入概念，是在2001年1月《国务院办公厅转发财政部关于深化收支两条线改革进一步加强财政管理意见的通知》（国办发〔2001〕93号）中。应该说政府非税收入概念的出现，标志着我国在建立公共财政体系、强化财政职能、规范财政管理上取得了一种认识上的突破。

10.4.1　政府非税收入的含义

政府非税收入是各级政府、国家机关、事业单位或代行政府职能的社会团体及其他组织利用政府权力、政府信誉、国家资源、国有资产或提供特定公共服务、准公共服务取得并用于满足社会公共需要或准公共需要的，除税收之外的财政资金。严格地讲，债务收入不是非税收入。

政府非税收入的存在，与政府提供公共产品的性质、方式以及政府作为国有资产所有人的地位是紧密联系在一起的。

（1）政府提供公共产品的需要。现代经济学理论将社会产品分为三大类：私人产品、纯公共产品、准公共产品。私人产品由市场负责提供，纯公共产品和部分准公共产品由政府负责提供。纯公共产品的受益人为所有公民，不具有使用上的竞争性和消费上的排他性，所以纯公共产品应由所有人付费，它的提供采用税收方式。准公共产品和特定的少部分公共产品以及具有外在性的产品，受益人为特定的部分人，并且产品具有竞争性和排他性，这些产品的提供采用非税收入方式由政府提供。

（2）外部经济的存在。微观经济主体的活动会对外部产生正的或者负的外部经济。对于具有正外部经济的领域，如果政府采取直接提供的方式，则会产生政府非税收入，如公立学校的收费等。对于具有负外部经济的领域，微观经济主体将自己应该承担的成本转嫁给社会,导致私人成本小于社会成本。为了消除或者避免负外部经济,使微观经济主体承担其应该承担的私人成本,政府往往通过强制性的手段如罚款和没收,来制止或者禁止负外部经济行为的出现,由此产生了政府非税收入。

(3)国有资产(资源)收益是政府非税收入的重要部分。表现为属于国家所有的财产以及各种自然资源所提供的收入。国家以生产要素所有者和投资者的身份取得收益,是符合市场经济规则的,既是客观的也是必然的。具体包括经营性国有资产收益、非经营性国有资产收益、国有资源性资产收益等。

10.4.2 政府非税收入的内容

政府非税收入包含十项收入:行政事业性收费、政府性基金、国有资源有偿使用收入、国有资产有偿使用收入、国有资本经营收益、彩票公益金、罚没收入、以政府名义接受的捐赠收入、主管部门集中收入以及政府财政资金产生的利息收入等。社会保障基金、住房公积金不纳入政府非税收入管理范围。在实际工作中,一般按政府非税收入的形式将其分为五大类:政府行政事业性收费收入、政府基金收入、国有资产(资源)收入、罚没收入和其他非税收入。按政府非税收入的形式对其进行分类,有助于全面分析政府非税收入的结构,增强政府非税收入管理的科学性。

10.4.2.1 政府行政事业性收费及其设立

政府行政事业性收费是指国家机关、事业单位、代行政府职能的社会团体及其他组织根据法律、行政法规、地方性法规等有关规定,依照国务院规定程序批准,在向公民、法人提供特定服务或公共设施的过程中,按照成本补偿和非营利原则向使用者和受益者收取的补偿费和使用费。

(1)行政性收费。行政机关和其他依法行使行政管理职权的组织为了履行其职能,弥补自身经费不足而收取的证照性、管理性等收费,如规费、工本费等。

(2)事业性收费。国家机关、事业单位、社会团体等提供特定服务,向服务接受者依法收取的非经营性收费。如培训费、检验、检测、检疫费等。事业单位的经费来源有三种情况:一是国家财政全额拨款的事业单位,一般不允许政府非税收入。二是国家财政部分拨款的事业单位,其部分经费依靠自身创收解决,可以按有关规定和标准收费,如服务性收入、杂项收入等。三是国家财政不予拨款的事业单位,其经费完全依靠自身创收来解决。

目前,收费项目的设立实行中央和省两级审批制度。中央单位申请设立收费项目,应当向财政部、国家发展和改革委员会提出书面申请,由财政部、国家发展和改革委员会审批。中央单位申请设立的重要收费项目,如在全国范围内实施的资源类、公共事业类以及对国民经济和社会发展具有较大影响的其他收费,应当向财政部、国家发展和改革委员会提出书面申请,由财政部、国家发展和改革委员会审核后报国务院批准。省级单位、省以下单位,申请设立一般收费项目,应当向省级财政、价格主管部门提出书面申请,由省级财政、价格主管部门审批。省级单位、省以下单位申请设立重要收费项目和设立专门面向企业的收费项目,应当向省级财政、价格主管部门提出书面申请,由省级财政、价格主管部门审核后报省级政府批准。

10.4.2.2 政府性基金项目及其设定

政府性基金是根据法律、国家行政法规和中央、国务院有关文件规定，为支持重点行业、重点产品、基础产业等发展，按照国家规定程序批准，各级政府、各部门以征收、收取或以产品加价、价外附加等形式，向公民、法人和其他组织征收的具有专项用途的资金，包括各种基金、资金、附加和专项收费等各种形式。

政府性基金与行政事业性收费性质一样，都是凭借国家赋予的行政权力或垄断地位向企、事业单位和个人取得收入，具有典型的非补偿性和强制性特点。与行政事业性收费相比，政府基金的"专款专用"特征更加明显。

政府性基金的设立程序十分严格。国务院《关于加强预算外资金管理的决定》（国发〔1996〕第29号）文件明确指出："征收政府性基金必须严格按国务院规定统一报财政部审批，重要的报国务院审批。基金立项的申请和批准要以国家法律、法规和中共中央、国务院有关文件规定为依据，否则一律不予立项。地方无权批准设立基金项目，也不得以行政事业性收费的名义变相批准设立基金项目。"

10.4.2.3 罚没收入及其设定

罚没收入是国家执法机关依照国家法律法规对违法者实施行政处罚所取得的罚款、罚金、没收违法所得、追缴非法收入、没收财产和非法财物的变价收入等，是国家财政收入的重要组成部分。

罚没收入依据《行政处罚法》和其他有关法律、法规、规章的规定收取。

10.4.2.4 国有资产和国有资源收益

国有资产（资源）收益是国家作为国有资产（资源）的所有者所取得的收入，是利用国有资产（资源）进行投资、经营、出让、转让、出租等，依据法律法规、规章、国务院和省人民政府有关规定收取的收益。

国有资产收益包括国有资产有偿使用收入和国有资本经营收益。国有资产收益项目设定只能是县级以上人民政府，乡一级人民政府不得设定。

国有资源收益主要包括土地出让金收入，新增建设用地土地有偿使用费、海域使用金、探矿权和采矿权使用费及价款收入、场地和矿区使用费收入、出租汽车经营权、公共交通线路经营权、汽车号牌使用权等有偿出让取得的收入，政府举办的广播电视机构占用国家无线电频率资源取得的广告收入以及利用其他国有资源取得的收入。

国有资源收益项目设定：依据法律、法规和规章的规定，现行国有资源收益如矿产资源收益、土地资源收益、林业资源收益、水资源收益等，它们的设定分别由《矿产资源法》《土地管理法》《森林法》《水法》等规定设定。

10.4.2.5 其他政府非税收入及其设定

包括主管部门收取的管理费等集中收入、以政府名义接受的捐赠收入、彩票公益金、非经营性单位直接收取的广告收入、无主财物、依据法律、法规、规章、国务院和省人民政府有关规定收取的其他财政性资金。

其他政府非税收入由国务院和省政府依照法律、法规、规章，可根据社会经济发展需要和实际情况进行设定。

需要说明的是，在现实生活中，还存在一些在法律法规之外政府部门的非税收入和集资。这部分非税收入严格地说是没有经过政府或有关部门批准，游离于财政管理之外的待清理的政府非税收入，一般称为制度外收入。

10.4.3　政府非税收入管理存在的问题

近年来，政府非税收入的规模不断扩大，成为除税收之外政府财政收入最主要的来源。政府非税收入对增加政府收入，强化政府宏观调控职能，促进地方发展，加快经济建设等方面发挥了重要的作用。但是由于各部门对政府非税收入的认识和理解不清，政府非税收入的普遍性和多样性，支出的功利性，管理的复杂性，在政府非税收入管理中还存在一些问题。加强政府非税收入的规范化管理，既是理顺收入分配关系，构建公共财政框架的需要，又是严肃财经纪律，推进反腐倡廉和依法理财的有效手段。目前，我国政府非税收入主要存在以下几个方面的问题：

10.4.3.1　政府非税收入规模过大，结构不合理

随着政府非税收入工作的开展，政府非税收入的规模迅速增加，几乎与财政预算收入持平或者超过财政预算收入，而且结构不合理，在政府非税收入中，行政事业性收费和政府性基金收入占的比重较大，多数没有纳入预算管理体系，收支挂钩现象比较普遍。

10.4.3.2　政府非税收入征收混乱

首先，政府非税收入在立项方面存在问题。由于非税收入项目管理的缺陷，使收费管理与标准建立相脱离。其次，由于政府非税收入收支挂钩，为了保证既得利益，乱收费现象严重。一是超越管理收费权利，擅自制定收费项目、提高收费标准、扩大收费范围，使收费项目政出多门、标准不一。二是规避财政专户管理获取收入。对于国家明令禁止和取消的收费项目，通过改变收费方式继续征收；将非税收入项目转为经营性收入项目或者挂往来科目列收列支或者转作单位收入等。最后，违规变相减免政府非税收入。有的地方政府为招商引资，擅自制定优惠政策，常用以缓代免、先征后返的方式为落户企业变相减免非税收入；部分单位对非税收入的征收力度不够，未做到应收尽收。

政府非税收入规模过大造成财政直接调控的资金过少，不同级次的政府宏观调控能力削弱，影响国家稳定和发展。

10.4.3.3　政府非税收入票据管理不规范

由于政府非税收入的种类多，使得各种不同样式票据共存。少数单位未按票据管理的有关规定使用财政部门统一收费票据，存在混用、串开、外借票据的现象，有的单位甚至使用自制票据等，非税收入资金游离于财政监管之外，造成了流失严重的问题和乱收费、腐败现象。另外，非税票据缴款时间的随意性较大，缴款人经常拖延缴款时间，造成非税收入缴款时间滞后。

10.4.3.4　部分政府非税收入未纳入预算管理

政府非税收入管理范围主要集中在行政事业性收费、政府性基金以及罚没收入上，还有相当一部分非税收入没有纳入管理。如国有资源有偿收入中的公共交通线路经营权、广播电视机构的广告收入以及城市户外广告收入等；国有资产有偿使用收入中的城市道路和公共场地停车费；行政事业单位运用非经营性国有资产获取的出租、出让、转让等收入；国有资本收益中国有资本分享利润、国有股利、红利、股息等都未纳入财政管理；特许权经营收入等未纳入预算管理体系，而是"谁收取，谁使用"，形成了部门小金库，导致政

府非税收入大量流失、收入分配不公和腐败现象。

10.4.3.5　政府非税收入收支脱钩，支出管理混乱

非税收入属国家财政性资金，应纳入财政预算或专户管理，但是部分执收单位在思想上、经济利益上认识不清，对政府非税收入仍然采取自收自支、自主支配、多收多支、多收多返的管理方式。有些部门和单位随意截留、挪用和坐支；把政府非税收入长期滞留在本单位账户上，不按规定及时解缴或不缴入财政专户，而用于发放职工福利和奖金等。加大了征收管理难度，导致财政资金流失和收入失真，收支难以真正实现脱钩。

10.4.3.6　政府非税收入缺乏必要的监督

我国的政府非税收入法制不健全，监督缺乏约束力。政府非税收入管理的收费依据主要是中央及省市政府和财政部的法规、制度，权威性弱、约束力差、不具有强制性。到目前尚未制定统一的法律或行政法规进行有效监督管理，造成了非税收入的征管和使用安排的随意性，对管理中出现的违规行为也缺乏强有力的约束。

政府非税收入管理中存在的这些问题，究其原因有以下三个方面：一是利益驱动。目前对于行政事业单位等违规取得的收入、罚没收入、行政事业性收费收入等非税收入，未实行严格意义上的收支脱钩，征收单位出于自身利益，挪用、截留资金，形成部门小金库和单位福利。二是法制不健全，监督缺乏约束力。目前非税收入从立项、定标、征收、票据管理到资金支出、资金收缴各个管理环节，没有一套完整、统一、规范、系统的法律法规，对非税收入管理中的违规行为缺乏强有力的法规约束。三是监管力度不够，由于财政部门监管力度不够，加之部分部门领导财经法纪观念淡薄，一些部门和代征机关违法违规行为得不到及时纠正和相应的处罚，影响了非税收入足额征收。

10.4.4　加强非税收管理的对策

进一步加强和规范政府非税收入管理是市场经济条件下理顺政府分配关系、增强政府宏观调控能力，深化财政改革、健全公共财政职能的客观要求；是优化经济发展环境，从源头上治理和预防腐败的重要举措；是依法行政、建设法治政府和促进和谐社会建设的迫切需要。

10.4.4.1　控制政府非税收入规模

加强控制非税收入的规模。政府要从非税收入的总量进行控制，限制非税收入只能在一定的范围和限度内使用，用国家的总体规模进行控制，防止非税收入过分膨胀。对非税收入项目审批严格控制，取消不合法的收费项目，严格依法征管，将政府非税收入总量控制在合理规模上。

10.4.2.2　规范票据使用

政府非税收入管理的关键在于控制源头，以票管收。要尽量做到政府非税收入使用规范的、统一的票据。通过加强票据监管，完善政府非税收入监督机制。一是在财政部门设定专门管理票据的机构，对票据进行统一管理。票据管理部门要尽量减少票据的种类，对于已使用的票据可以进行归并，将票据的种类减少到合理程度。二是按照"归口管理、分次限量、核旧领新"的原则，做好票据购领、发放等工作。三是全面开展财政票据年检，对政府非税收入征管情况进行专项检查，对应纳未纳、应缴未缴的情况进行严肃

处理。

10.4.2.3　加强预算管理，增强政府统筹能力

一是逐步淡化预算外资金的概念，打破政府非税收入是"单位自有资金"的观念，认清政府非税收入"所有权属国家，使用权归政府，管理权在财政"。二是明确管理职权。各级财政部门是相应政府非税收入的主管部门，在其内部设置非税收入管理部门，执行单位和部门必须是受财政主管部门授权的，要依照法规进行严格执法收费。三是严格收支两条线管理。政府应严格按照部门预算要求，把非税收入形成的财力与其他财政收入形成的财力一同纳入部门预算编制范围，彻底隔断征收部门与资金使用的联系。统筹安排，各级财政部门要彻底改变对非税收入按比例返还、收支挂钩的管理模式。

10.4.2.4　加强法制建设，健全监督机制

要从非税收入立项、定标、征收、票据管理和资金使用各个管理环节，制定一套完整、统一、规范、系统的法律法规，实现依法管理非税收入。我国目前还没有一套对政府非税收入进行管理的法律规范。要尽快出台《非税收入管理条例》，推进政府非税收入管理工作规范化、法制化，对非税收入的性质、范围、分类、征收管理，以及管理主体、权限和政府各部门、执法单位职责等做出明确规定。同时要加强财政、审计和社会监督。及时公布政府非税收入的征管范围、收费项目和收费标准，使公众了解和掌握国家的各项收费、罚没政策和规定，接受群众和社会监督。

第11章 政府间财政关系

11.1 政府财政管理体制概述

11.1.1 财政管理体制的概念及构成

11.1.1.1 财政管理体制的概念

财政管理体制是国家组织财政分配，规定中央与地方，地方各级之间、国家与企事业单位之间资金划分和管理权责的一项根本管理制度。

所谓财政资金划分，是指财政收支的归属。如消费税等归属中央。房产税、契税、屠宰税等归属地方。又如外交、国防、中央级单位经费，归中央负责安排支出，地方行政事业单位归地方财政开支。管理权责是指财政资金划分后，各有关主体对财政资金的管理权限和责任的大小。

财政管理体制，作为国家的基本财政管理制度，规定了财政分配中中央与地方、地方上下级、国家与企业事业单位和个人之间的经济利益关系，制约着财政管理活动和财政制度，既是国家财政管理的基本规范，也是各单位、各部门、各企业财政分配活动的行动准则。

11.1.1.2 财政管理体制的构成

在社会主义市场经济条件下，由于经济活动范围的广泛性，使财政与各方面都有着利益的分配关系，为正确处理各种分配关系，规范财政的活动，就制定不同的管理制度，成为财政管理体制的一个组成部分。为此，财政管理体制有广义和狭义之分，广义的财政管理体制包括预算管理体制、税收管理体制、基本建设财务管理体制、企业财务管理体制、行政事业财务管理体制、预算外资金管理体制等。其中，预算管理体制是财政管理体制的主导环节。这些管理体制在解决各种分配关系上都有明确的分工和相对的独立性，又相互依存，共同构成财政管理体制的有机整体。狭义的财政管理体制就是国家预算管理体制，反映着主要的财政分配关系。

11.1.2 财政管理体制的实质及意义

11.1.2.1 财政管理体制的实质

财政管理体制是财政上的一项根本制度。通过财政法规的形式，解决财政管理权限和资金分配使用权在中央与地方、国家与企业之间如何划分，也就是财权、财力怎样集中和分散的问题。它一方面要依据中央和地方承担的政治经济任务，解决好中央集权与地方分权的问题；另一方面要根据国家的整体利益和企业的局部利益，解决国家与企业的财权财力分配问题。因此，财政管理体制的实质是正确处理财政管理体制中中央与地方、国家与企业之间的集权与分权的关系。

财政管理体制建立在一定的经济基础上，生产资料私有制决定着财政管理体制的分散性、对抗性和狭隘性。如以私有制为基础的资本主义国家财政，主要限于上下级国家政权之间，不能涉及社会经济的各个方面，并且，由于社会各集团利益获益的不平衡，财政体制中各方面的利益冲突常常表现为对抗性矛盾。在我国社会主义制度下，财政管理体制中的集权与分权是不可偏废的两个方面，其中集权是矛盾的主导方面，这是与我国特定的社会制度相一致的。

我国建立在生产资料公有制基础上的市场经济，就决定了我国的生产建设由财政进行统一的调控，各项经济活动包括财政活动，应围绕经济建设这个中心，树立"全国一盘棋"的指导思想。因为中央代表全局，担负着安排和协调全国经济发展的重任，负责难以由地方财力承担的重点建设，这客观上都要求中央有足够的财力来满足全局的需要。同时，在社会主义财政管理体制中，分权也是很必要的。这是因为各级政权要完成所担负的政治经济任务，必须有相应的财力、财权作保证，否则，将不能顺利完成任务。况且财力、财权的分配还关系到各地方、部门、企事业单位和广大群众的物质利益问题，要调动各方积极性，也很有必要进行适当的分权。1956 年，毛泽东同志在《论十大关系》中指出："应当在巩固中央统一领导的前提下，扩大一点地方的权力，给地方更多的独立性，让地方办更多的事情。"

纵观新中国成立后历年的财政管理体制形式，可以充分地证明集权与分权的关系问题是财政管理体制的实质性的核心问题。要正确处理集权与分权的关系，必须明确，无论何时，首先要保证中央的集权，否则就不能保证国家全局和重点建设的需要。但在强调集权的同时，必须注意调动地方的积极性，在加强中央集权对地方分权制约的前提下，大胆地下放财力，使地方办更多的事，要制定相对应的政策、制度，指导地方合理使用，达到"管而不死，活而不乱"的目的。

11.1.2.2　财政管理体制的意义

社会主义的市场经济，要求财政管理体制必须适应生产关系和生产力的要求，协调好各方面的分配关系，使资金的配置优化高效，充分调动中央、地方、部门、单位的积极性，发展社会生产力。如通过完善预算、税收管理体制，正确处理中央与地方及地方各级政府之间的分配关系，调动中央与地方组织财政收入的积极性。通过把企业推向市场，使其真正成为自主经营、自负盈亏的生产经营单位，加强财政的宏观调控能力，搞活企业、搞活经济，提高效益，保证财政收入的稳定增长。所以，财政体制要协调好需要与可能的关系，在合理集中国家建设财力的基础上，保证财力公平分配，合理配置，有效使用，促进整个国民经济的稳定、协调发展。

总之，按照统筹兼顾、全面安排的原则，使财政资金的划分，既能满足重点建设的需要，又要照顾一般的需要。使中央财政从全国范围内进行调节，地方财政以"全国一盘棋"为指导思想调节本地区的经济结构，达到全社会范围内的总供给与总需求的平衡、

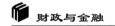

经济稳定与增长的目的。

11.1.3　财政管理体制的基本原则

在我国社会主义制度下，财政管理体制，既要体现社会主义市场经济的要求，在全国范围内配置人、财、物，还要按照市场经济的特征，照顾各地区、各部门和各企业自身的发展。所以，财政管理体制的设立或改革，都要遵循统一领导、分级管理的基本原则。它是建立财政管理体制的基本原则，是民主集中制原则在国家财政管理体制中的具体体现和运用。我国是社会主义国家，是公有制基础上的社会主义市场经济。中央的统一领导，集中反映了全国人民的意志和根本利益，中央的统一计划，是完成各项政治任务和国民经济有计划、按比例发展的保证，中央的集中统一，是社会化大生产的客观要求，生产越社会化，越需要在全国范围内协调。但我国幅员辽阔、人口众多、各地自然环境和经济发展情况很不平衡，经济的发展必然是在市场经济指导下，由各地区、各部门按各自的具体情况因地制宜地进行建设，实行分级管理。

统一领导，体现了中央的集中财权；分级管理，体现了地方、企业、行政事业单位的分权。国家财政管理体制的根本任务，就是要处理好两者的关系。在财政管理体制中，统一领导居于主导地位，没有中央的统一领导，就不可能巩固和发展社会主义制度，也不可能迅速发展社会主义经济；同时，中央的统一领导，必须建立在民主的基础上，充分调动地方的积极性，允许地方按国家的政策、制度，灵活地实现中央的统一计划。实行分级管理，是财政管理体制的重要组成部分，是党的群众路线在财政管理体制中的体现，也是做好财政工作的基础。

11.1.4　财政管理体制的内容

国家财政之所以要以制度形式确立起财政体制，是因为国家作为财政分配的主体，它并不是仅由中央财政而是由其内部多层次组成部分进行分配的。这就要界定它们各自在财政活动中的地位与职责权限，从而有必要以制度形式建立起规范性的财政体制。

财政体制决定于国家结构形式及政府职能的划分。近现代国家结构的基本形式有单一制与复合制两种，复合制又有联邦制和邦联制之分。除联邦制外，近现代国家政权总是分成中央政权和地方政权两大组成部分，并且地方政权往往还将继续分为若干层次的政权。如我国就分为中央、省、市、县和乡等几级政权，而美国则分为联邦、州和地方等若干级政权。在这种政权结构中，中央（联邦）代表国家，是整个国家统一的体现，各层次的地方政权都必须服从中央（联邦）的领导和指挥，是在中央（联邦）制定的统一法律约束下，在中央（联邦）统一政令的指挥下进行活动的。但是，地方各级政权在此大前提下，又拥有并且必须拥有一定的权力，履行一定的职责，开展一定的活动。现代国家规模和人口数量之庞大，现代社会经济生活之复杂，仅靠单一的中央政权进行活动，是不可能兼顾方方面面的问题与需要的，是无法处理好各种问题和有效履行自己所有职责的。所以，必须在"大权独揽"维护国家统一的前提下实行"小权分散"，赋予地方政权以适当的权限，使之能够因地因时制宜地开展活动，承担履行部分国家职责的责任。正是如此，几乎所有的近现代国家都存在多层次的政权结构。

不仅如此，从同一级政府来看，由于国家必须履行的具体职责是多种多样的，因而各级政府内部都必须建立起多个职能部门以承担起一定的专门职责。如在中央政府这一层往往存在外交部、国防部、财政部、教育部、卫生部等；而从地方政府来看，也往往存在各厅局的划分。各级政府也正是在其内部各个职能部门分工协作共同运作之下，才得以顺利完成其职责的。这样，近现代国家政权内部，无论是从纵向来看，还是从横向来看，都存在多种组成部分，并且它们都相应地履行和承担着一定的国家职责，这就必须将国家权力进行适当的分解，并相应确定它们各自的职责与权限。这些将由国家的行政管理体制解决。

财政是由于满足国家履行其职能的财力需要而产生和存在的。具体从财政体制问题上来看，则不仅从国家总体上看是如此，而且具体到国家政权的某一个组成部分亦如此。即使是小到乡政府的一个部门，也必须有必要的活动经费以支付工作人员的工资、经常性业务经费以及其他各种必不可少的支出等。这样，在财政这一总体之内，还必须将各项财政收支具体分解到各级政府手中，分解到政府的各个部门手中。为了确保财政内部这种错综复杂的分配活动的有序进行，以法律或制度形式确立起财政管理体制，相应规定各级政府的财权权力，不仅是保证各级政府履行其应有的职责的财力需要，而且也是保证整个政府活动正常有效进行所必需的。

正因如此，财政管理体制与国家行政管理有着密切的联系，这就是人们经常所说的"一级政权，一级财政"。具体来讲，财政管理体制的内容主要有：

11.1.4.1 在统一领导下的财政分级管理

这是建立财政管理体制的基本原则之一。国家财政的分级管理是与国家政权结构相适应的。我国行政管理体制分为中央和地方两大部分，与此相适应，我国的财政管理体制也是多级管理体制，在中央财政的统一领导下，实行中央财政和地方财政的分级管理。在地方财政中，又按政治体制划分为四级，分别为省（自治区、直辖市）预算、设区的市（自治州）级预算、县（不设区的市、市辖区）级预算、乡（民族乡、镇）级预算。

具有自主支配的财权与财力是各级政府形成各自一级财政所必须具备的条件，各级财政的财权和财力的划分是以各级政权的职能划分为基础的，表现在公共财政上是以各级政府所提供的公共产品和服务在社会政治经济生活中的地位作用及受益覆盖面为依据。凡代表国家主权的外交、国防等事务、全国性的行政管理、涉及全国或跨省区的公共工程、有关宏观经济运行的调节等，均应属于中央财政。在我国，中央财政在我国国家财政中居于主导地位。担负着全国性的重点建设和全部的国防、外交与援外的支出，担负着履行全国性的政府职能所需财力供应的职责，还担负着调剂各地方财政的财力、协调地方财政组织收支平衡、并从财力上帮助各地区特别是少数民族与经济落后地区发展经济文化建设等各项事业的任务等。地方财政是国家财政的重要组成部分，在国家财政中占有重要地位。国家财政的相当部分的收支都是由地方财政完成的。地方财政活动状态如何、它完成收支任务的好坏等，都对整个国家财政产生着直接或间接的影响。

11.1.4.2 各级财政的收支划分，是财政管理体制的主要内容

各级财政的财权大小和活动范围，都要通过财政收支划分来确定，它直接关系到各级

政府能否获得应有的和必要的财力问题。当财政总规模在适当的前提下，某级某个地区财政拥有的财力过多或者过少，就意味着总有另一级、另一地区财政拥有的财力过少或者过多。这就是一方面经费不足，无法完全履行职责；另一方面却存在经费的浪费使用，这从市场经济的角度看，都是资源的低效配置和使用。所以，正确划分各级财政的收支是财政管理体制必须极为慎重解决的关键问题之一。为此，必须遵循以下原则来确定各级财政的收支划分：①统筹兼顾，全面安排。我国政治经济的统一性决定了我国财政的统一性，这就要求我国财政在安排其体制问题时，必须遵循统筹兼顾、全面安排的原则，以确保有限财力的最佳运用。因此，在划分中央财政与地方财政的收支范围时应从全局出发，既要保证中央财政拥有可靠的必不可少的收入，以保证其应有的支出需要，加强中央的宏观调控能力，又要照顾地方财政应有的收入来源，保证地方政府实现其职能的财力需要。②事权与财权的统一。为了保证中央和地方履行其职能所必需的财力，应当按照各级政府所担负的政治经济任务和企业事业单位的隶属关系划分收支，以使各级政府和各单位统一规划和自身事业得到开展和发展。凡属于中央直接管理的企业、事业和中央职权范围内的收支，划为中央财政的收支范围；凡属于地方政府管理的企业、事业和地方职权范围的收支，划为地方财政的收支范围。这样，既可以使各级政府行使其职能时有必要的财力保证，又可以使财政收支安排同企业、事业的管理密切结合。③收支挂钩，权责结合。为了调动地方政府关心收入和节约支出的积极性，还应当将地方支出与地方收入联系起来，使地方多收能够多支，而少收则必须少支，同时节约使用财力，就能用其节余办更多的地方性事业等，从而使整个财政活动能在节约有效的状态下进行。财政管理体制的核心问题是财权的划分，财权的大小取决于收支范围的大小和当年新增收入的多少，这就要将财政活动中的权责结合起来。为此，必须要求地方政府由地方组织的全部财政收入和由地方统筹安排的财政支出负有相应的财政经济责任。只有这样，才能调动中央财政和地方财政的积极性。

11.1.4.3 关于地方机动财力问题

在我国几十年的财政管理体制实践中，地方机动财力是一个重要的部分。所谓地方机动财力，是指在国家规定的范围内，由地方自行支配的一部分财政财力。这部分财力可由地方自主用于解决地方的经济建设，或者某些特殊需要或临时性的开支。尽管数额不大，但由于地方可以自主地灵活机动使用其来解决一些应急项目的需要，因而在当时的计划经济统得很死的背景下，无疑能起相当的作用，对地方政府是有很大诱惑的。当时的地方机动财力的内容主要有：①地方预算的预备费。这是地方财政预算内的一种后备基金，主要用于地方某些事先无法预料的临时性急需的开支。预备费虽列入当时统一由中央政府编制的预算内，但由于事先没有预先规定具体用途因而实际上是可以由地方政府自主机动使用的，所以是一种"机动"财力。当时地方预备费通常按省、自治区和直辖市预算支出额的3%计列，民族地区按5%计列。②地方预算执行中的收入超收和支出节余。为了鼓励地方政府组织收入和节约支出的积极性，当时的财政管理体制规定通常都将超收的适当部分和支出的节余留归地方政府自行支配，但往往对其用途有一定的限制性规定，如只准用于发展工农业生产等。③预算外资金。这是为了使地方和单位能够因地制宜地解决某些特殊的需要，而由制度规定可以自收自支的一部分财力。主要有各种税收的附加、各种专项基金等。预算外资金从理论上看也是财政资金的组成部分，但由于它们有一定的或者较大的独立自主性，在计划经济体制下，往往成为冲击国家统一计划的一种力量，所以在当时也受到了相当的限制，并常常被收归预算内。在目前经济体制向着社会主义市场经济体制转变的过程中，预算外资金成为地方政府向中央政府争夺财源、争夺收入的一种重要手段，通过各种合法、非法、正规、非正规的摊派收费方式，使预算外资金急剧膨胀，种类多达上千种，数额高达数千亿元，严重干扰了正常的财政分配秩序，成为经济秩序混乱和社会腐败的直接原因之一。为此，清理整顿预算外资金，取消不合理的摊派收费，严格合理地收费并尽可能地将其纳入税收之中，已是当务之急。

11.1.5　财政分权的优势与不足

首先，财政分权的优势之一在于它能够使公共产品的供给更好地满足地方居民的偏好。在现实生活中，有些人喜欢公园，另一些则不喜欢；有些人想让自己的孩子在教育中使用昂贵的计算机，另一些人则认为没有必要。一般说来，实行集权制的政府倾向于为全体居民提供相同水平的公共服务，往往不会顾及人们的不同偏好。而在分权制下，比起中央政府来，地方政府与当地居民更为亲近，这将使地方政府更关心他们的偏好，从而有助于地方性公共产品的有效提供。

其次，财政分权有利于促进政府间的竞争。公共选择理论表明，政府官员可能缺乏以最低的可行成本从事生产的激励，一个重要的原因是政府管理者往往置身于缺乏竞争的环境之中。在竞争性市场上，如果私人企业的管理者无法实现成本的最小化，企业就会丧失竞争优势，从而最终被淘汰出局。相反，由于政府集权制缺乏竞争淘汰机制，管理绩效不佳的官员常常能够继续混下去。而在分权制下，如果居民能够在不同的辖区间进行选择，那么一旦当地政府管理不当，公民就可能决定居住到其他地方去。这种潜在的威胁有可能激励政府官员更加有效地执政，并促使其更加关心公民的愿望。

最后，财政分权有利于推动公共服务的创新。对许多政策问题来说，没有人能够肯定最佳的答案是什么，有时甚至不能肯定是否存在最佳的答案。寻找答案的途径之一就是让每个辖区政府在遵循某些基本制度框架的前提下，灵活采取制度和政策，为更多的政策实践提供实验场所，其结果是增加了寻求新的解决问题的方法和机会。

不过，财政分权也有不足之处，由于某些方面的原因，有时会导致资源的无效配置。这些原因包括：

（1）辖区间外溢。在财政分权下，资源有效配置的基本原则之一是地方财政活动中的效益和成本相对等。也就是说，地方政府提供公共产品与服务所带来的效益完全为当地居民所享有，而为此付出的成本则全部由当地居民承担。但是，在许多情况下，一个辖区所从事的活动可以影响另一个辖区居民的效用水平，这被称为辖区间外溢。辖区间外溢不外乎包括两种情形：一是辖区间效益外溢，二是辖区间成本外溢。比如，某个辖区为当地的年轻人提供良好的公共教育，而他们中的有些人实际上要移居到外边，于是，其他辖区就可能会从受过良好教育的劳动力中得益。这是效益外溢的情形。再如，某个辖区的人往河流里倒垃圾，结果一些废弃物流到了位于河流下游的辖区，那里的居民的正常生活就会受到一些负面影响。这是成本外溢的情形。辖区间外溢性的存在，表明不同辖区之间互相施加了或正面或负面的影响，而分权制又往往造成每个辖区只关心自己的成员，在此情况下，这些外溢性影响在公共决策中就会被遗漏，进而导致低效的资源配置格局。

（2）规模经济。对某些公共服务（如社会治安）来说，可能会出现使用人数越多人均成本越低的情况。假如几个辖区能够共同使用这些服务，那么所有社区的成员的境况就会得到改善，因为每个人只需分担较少的成本就够了。这意味着，在财政分权的格局下，假如各地方政府只喜欢独自行动，仅仅满足于为辖区内的居民提供公共服务，而不注重与其他辖区的联系，就有可能会因公共服务的受益范围过窄，而难以充分发挥规模经济的优势。

规模经济不仅可能出现于地方性公共产品的提供过程中，而且也可能发生在税收的征集过程中。对那些辖区范围较窄的税务当局来说，与其让每个辖区的税务机关各买各的用以记录税单的计算机，还不如组成联合的征税机关，共同使用设备和资源，就可以达到节约税务成本的目的。

（3）低效的税制。假定一个国家的资本供给是固定的，而资本在不同地区又是高度流动的。如果由地方政府对资本课税，地区间的税收差异就会使资本由高税地区流向低税地区，而不是根据经济效率的要求，从边际产出较低的地区流向产出较高的地区，这会造成资源配置的扭曲。同时，由地方政府对资本课税的结果是，为了吸引更多的产业和个人进入本地区，扩大当地的税基，各地政府就会纷纷通过降低税率、提供财政补贴等手段进行竞争，这种税收竞争的最终结果是压低了所有地区的税率，地方政府因而无法取得足够的收入，财政支出也只能维持在一个较低的水平上。而由中央政府统一对资本课税，就可以在全国范围内形成统一的税收标准，避免税基向低效率地区的流动及税收竞争局面的出现。

11.2　我国预算管理体制

11.2.1　预算管理体制的概念及实质

国家预算管理体制是在中央与地方政府，以及地方各级政府之间规定预算收支范围和预算管理权责的一项根本制度。预算收支范围涉及的是国家财力在中央与地方，以及地方各级之间如何分配的问题；预算管理的权责则是各级政府在中央统一领导下，支配国家财力的责任和权限的问题。

预算管理体制作为一种管理制度，与其他管理体制一样，属于上层建筑，必须与经济基础相适应，并为经济基础服务。其实质正如上面所讲的，是处理预算资金分配和管理上的集权与分权，集中与分散的关系问题。集权与分权的问题，在不同社会制度下具有根本不同的性质；一个国家在财政上的集权与分权程度，直接与其政治经济制度、经济体制等相关联，并进一步对经济的发展产生重大影响。在我国社会制度下，中央的集权与地方的分权在根本利益上是一致的。这是由我国社会主义生产资料公有制和社会主义国家的性质决定的。所谓集权与分权，主要是指财权。财权是指对财政资金的占有、支配与使用的权力。明确了这一点，我们就能够很好地处理中央与地方的关系，既加强了中央的统一领导，又照顾了地方的利益，并调动它们的积极性与主动性，更好地为社会主义市场经济的发展、社会主义现代化的建设服务。

为了弄清集权与分权这个预算管理体制的核心问题，必须搞清楚集权与分权各自的优势。一般来讲，集权型体制是因为：①政府要配置全国性公共品或准全国性公共品。全国性的公共品是指那些可供全国居民同等消费并且同等享受的物品，如国防。准全国性公共品是指满足消费上的公共性，但不满足消费上的同等性。也就是说，不同地域、不同的行政区居民在消费上不是机会均等的物品，如高等教育。②有助于解决地区之间、地方政府之间的平等，以及个人收入与财产的再分配问题，如税收负担的分摊涉及不同的地区，就需要地域上统一的中央政府干预解决。又如，经济落后地区存在劳动和资本输入的障碍，中央政府就通过公共品的提供或补助，帮助落后地区来发展。③有利于宏观经济的稳定。对此，中央政府有较大的优势。如经济衰退时由中央政府出面干预要比地方政府干预有效得多。④主要税种由中央政府征收比地方政府征收有效得多。因为中央政府在政治上具有相对宽广的管辖范围，税基大，税源流失少的优势。⑤避免地区之间的产业竞争所造成的有害影响。同时，为调动地方的积极性，还要给地方较大的自主权，其原因是：其一，地方政府与民众较为贴近，实行分权可以使政府与人民的关系更为密切。其二，有助于提高政府官员的责任心。这两个条件即中央赋予地方以征税权和地方官员必须由人民选举产生。没有这两个条件，这个优势就无从谈起。其三，有利于更好地组织财政收入。其四，有利于因地制宜地推动地方的发展。

因此，可以说，一定程度的集权是应该的，一定程度的分权也是理所当然的，往往是一方的优势构成另一方的缺陷。对于一个国家来说，要设法避免缺陷，兼顾双方利益。这也是我国设计预算管理体制时应遵循的原则。

11.2.2 预算管理体制的沿革

（1）1950 年，中央做出统一全国财经工作的决定，结束长期战争时期财经工作分散管理的局面，实行高度集中的"统收统支"的财政管理体制。这种类型的预算体制适合当时的国情，有利于抑制恶性的通货膨胀和国民经济的恢复；也从财力上保证了抗美援朝战争的胜利。

（2）1953～1979 年实行"统一领导，分级管理"型预算体制。为了适应国内政治、经济形势发展的变化，高度集中的体制有所松动，实行中央、省、县三级预算管理和分类分成与总额分成的收入划分模式。所谓分类分成就是将财政收入划分为中央财政固定收入、地方财政固定收入、固定比例分成收入和调剂收入四类，并实行不同的分成比例。而总额分成是对全部财政收入实行统一分成比例。这两种划分收入的方法都属于平均比例法，最大的特点是各级财政利益均沾，荣辱与共。

总之，虽然集权程度有所松动，地方财政有了一定的固定收入，但集权特征仍未改变，中央与地方仍同吃"国家大锅饭"。

（3）1980～1984 年，实行"划分收支，分级包干"的预算体制。即按行政隶属关系划分中央和地方财政的收支范围，并以 1979 年收支预算为基数，地方财政收入大于支出的结余部分按比例上缴；地方财政收入小于支出的不足部分由中央财政进行调剂，仍然不足的部分，再由中央定额补助。分成比例和基数一经确定五年不变。在此期间，地方财政可多收多支，自求平衡。

（4）1985 年，实行"划分税种、核定收支、分级包干"的预算体制。它和 1980 年体制的主要区别就是，收入划分方法由分类分成改为分税法，即在两步利改税后的税种设置范围内，将税种划分为中央税、地方税及共享税，其他方面基本没有大的变化。但当时考虑到经济体制变化因素较多及税制的不完善，又规定在 1985～1986 年 2 年内，实行过渡办法。即除中央税外，将地方税和共享税加总，结合地方财政支出，实行总额分成。

（5）1988～1993 年改进预算包干方法。1988 年经国务院第十二次常务会议做出决定，从 1988 年到 1990 年，在原预算体制基础上，对财政包干办法做些改进。全国 39 个省（区、市）和计划单列市，除广州、西安两市的财政关系分别与广东、陕西两省联系外，对其余 37 个省（区、市）分别实行不同形式的财政包干办法。即收入递增包干、总额分成、总额分成加增长分成、上解额递增包干、定额上解、定额补助六种方法。

（6）1994 年以来的分级预算体制。为了克服分级包干体制的弊端，适应经济体制和政治体制深化改革的要求，完善社会主义市场经济体制，1993 年 12 月 25 日，国务院颁布了《关于实行分税制财政管理体制的决定》，我国开始实行分税制。

11.2.3　预算管理体制的类型

各个国家以及每个国家的不同历史时期，预算管理体制都是有区别的，称为不同类型的预算管理体制，它是由国家政权的结构、国家的性质和职能、国家的经济体制、国家对经济生活的干预、国家在不同时期的政治经济形势和政策的变化等各因素制约的。但其核心问题是地方预算是否构成一级独立的预算主体。据此标准，我国的预算管理体制大致分为以下四种类型：

11.2.3.1　高度集中的预算管理体制——统收统支体制

新中国成立初期实行的地方主要收入上缴中央、地方支出由中央拨付的体制，是典型的统收统支体制。它的主要特征是：

（1）全国各地的主要收入，统一上缴中央金库，没有中央拨付命令，不得动用。

（2）地方一切开支均需经中央核准，统一按月拨付。

（3）预算管理权限集中于中央，包括税收制度、人员编制、工资和供给标准、预决算和审计会计制度，统一由中央制定、编制和执行。

（4）留给地方少许财力，用以解决农村、文教卫生事业和城镇市政建设以及其他临时性需要。

这一预算体制从 1950 年 3 月开始实际上延续到 1952 年。当时在中央统一领导下，各级地方政府和全国人民同心协力，稳定物价，平衡财政收支，整治了财经工作管理的混乱，逐步恢复了生产，为从 1953 年开始的第一个五年计划建设提供了良好的经济环境。作为一种预算体制类型，统收统支体制是在特殊的历史背景下实行的暂时体制，任何一个经济现代化的国家，都不可能长期运用这种预算体制来发展经济。

11.2.3.2　以中央集权为主，适当下放财权的体制（统一领导、分级管理体制）

我国在 1953～1978 年 20 多年内，基本上实行统一领导、分级管理体制，虽然在方法上屡经调整，但体制类型从总体上说没有改变。在世界上，苏联和多数的东欧国家也曾实行类似的分级管理体制。这种体制的典型特征是：

（1）在中央统一政策、统一计划和统一制度的前提下，按国家行政区划来划分预算级次，实行分级管理，原则上是一级政权，一级预算；在分级管理体制下，地方预算的收支支配权和管理权相对较小，并不构成一级独立的预算主体。

（2）按中央政策和地方政府的职责分工并按企业事业和行政单位的隶属关系确定各级预算的支出范围；体制有效期为"一年一定"时，由中央确定地方的支出指标，体制有效期为"几年（3~5年）不变"时，一般以上年实际执行数作为预算年度的支出基数。

（3）主要税种的立法权、税率调整和减免集中于中央，并由中央确定地方的收入指标；全部收入分为固定收入和比例分成收入，由地方统一组织征收，分别入库，为调动地方组织收入的积极性，有时对超收部分另定分成比例，使地方多收多留。

（4）由中央统一进行地区间的调剂，凡收大于支的地方上解收入，凡支大于收的地方由中央补助。中央预算另设专案拨款，由中央集中支配。

（5）地方预算的收支平衡，从总量上看，基本上是以支定收，结余可以留用；从结构上来说，基本上是中央"条条"下达指标，地方无权调剂，有时是中央总额控制，分项下达指导性指标，地方有权统筹安排。

（6）体制的有效期是"一年一定"或"几年不变"，不是长期相对稳定。

11.2.3.3　中央对地方实行多种形式的预算包干体制——财政包干体制

这一体制类型，大体上存在于1958年、1971~1973年、1980~1993年等年份中。如同"统一领导、分级管理"的体制类型在实质上是具有统收统支性质一样，包干体制类型实质上也同样是中央统一领导下的分级管理体制类型。但关键的区别在于，此时地方财政的独立自主地位又有了较大的增强。这种体制类型的典型特征主要是：

（1）将整个财政收入划分为中央财政固定收入、地方财政固定收入、中央财政和地方财政的分成收入，将整个财政支出划分为中央财政支出和地方财政支出。按照经济管理体制规定的隶属关系，明确划分中央和地方的财政收支范围。

（2）按照收支划分的范围，以包干体制确定前一年的预算执行数为基础，确定地方财政的包干基数，并相应确定地方财政与中央财政之间的上缴或者补助数额，"一定五年不变"。这就比"一年一定"的体制减少了体制变动的不稳定程度。

（3）在此基础上，地方财政"以收定支、多收多支、少收少支、自求平衡"。

（4）地方预算自行编制，但仍然要纳入全国的统一预算之中。各省、自治区、直辖市根据中央的方针、政策和统一计划，统筹安排本地区的生产建设和财政支出。中央各企业、事业主管部门，对于应当由地方安排的各项事业，不再归口安排支出，也不再向地方分配支出指标。这就为地方财政最终独立编制自己的预算提供了一定的基础。

（5）中央对民族自治区给予特殊的照顾。

11.2.3.4　建立在分税制基础上的分级预算体制

分税分级财政管理体制是西方经济发达国家普遍实行的财政管理体制类型。它与我国1994年以前的所有财政管理体制形式的不同之处在于：这一体制类型在中央（联邦）财政依靠法律等手段而具有根本性的领导和控制能力的基础上，赋予了地方财政独立的一级财政地位，从而确保了各级政府之间的财政关系的稳定。它是与市场经济相对应的财政体制形式。分税分级预算管理体制的基本内容是：根据中央政府和地方政府的不同职能划分支出范围；按税种划定各级预算的固定收入来源，分别设置机构，分别征收；各级政府有独立的预算权，中央预算和地方预算真正分开，分别编制，自求平衡；中央预算通过补助和专项拨款等形式实现对地方预算的调剂和控制。分税分级财政管理体制的主要特征是：

（1）按照税种划分中央收入和地方收入，即有的税种为中央税种，有的税种为地方税种。还有的税种为中央与地方共享税种，或按一定的规定将这些税种的收入在中央财政与地方财政之间划分，或对同一税种按不同的税率分征。在税种划分上，通常数额大、增收潜力大的税种归中央。为此，往往还分设国税局和地税局，实行分税、分管和分征相结合的税收征管方法。

（2）划分中央财政与地方财政的支出。全国性的支出归中央财政，区域性的支出归地方财政，涉及上下级政府的共同事务，则往往通过上级财政对下级财政的补助拨款来解决。

（3）各级财政的主要收入以自有财源解决，主要是通过本级财政的税种来解决。此外，下级财政还可以从上级财政获得一定的转移支付补助，这也构成本级财政收入的一部分。此时税种的划分、支出的划分以及转移支付制度的确定，都是依据宪法或其他法律规定形成的，这就以法律方式将上下级财政之间的分配关系固定下来，除了修改相关法律条文之外，在财政管理体制问题上不存在讨价还价以及为本级财政捞取好处的余地。

（4）分级财政管理体制的核心是中央财政和地方财政分立、自收自支、自求平衡。立法机构只审批中央预算，而中央预算不包括地方预算，地方预算则由地方议会审批和监督。地方预算经常收入由地方税收、中央补助金和服务性收入组成，以上收入不能满足支出需要时，由地方政府发行债券或向银行借款，但地方政府举债有一定的限制性规定。

1994年，我国进行了分税制财政管理体制改革。这一体制形式又比财政包干体制在地方财政的独立自主性上迈出了一步。但是，由于我国的社会主义市场经济体制尚未根本建成，我国的财政管理体制改革也不可能超前进入与市场经济完全适应的分税分级财政管理体制模式，只是初步确立了分税分级财政管理体制的框架，还需在后续改革中调整、补充、完善。

11.2.4 预算管理体制类型的制约因素

市场经济条件下，各国的预算管理体制的类型之所以不完全一样，是因为各国的具体国情、经济体制、生产力发展水平、市场经济的发育程度等因素的不同造成的。具体来讲，其制约因素有：

11.2.4.1 政权结构

政权结构是指国家政权构成形式。它对预算管理体制有重要的影响，世界各国的政权结构形式有单一制和联邦制之区分，联邦制国家的财权财力分配相对分散，地方拥有较大的财政决策权，而单一制国家的财权、财力相对集中，地方拥有很有限的财政决策权。

11.2.4.2 政府的职能

政府的职能是各级政府划分事权的依据，它的演变和划分对各国预算体制的集权与分权有着直接关系，有时甚至是决定性因素。一般讲来，政府有政治职能、经济职能和社会职能。政府的政治职能往往在战争、动乱等特殊时期表现强烈；在和平年代，政府经济职能和社会职能相对表现突出。尤其在现代市场经济条件下，政府的经济职能和社会职能不断扩张和强化。日益复杂的社会经济条件，要求政府职能在各级政府间进行划分，才能使社会、经济有序、健康发展，这也是社会主义国家的财力财权集中程序高于资本主义国家的原因。

11.2.4.3 政府的经济体制

预算管理体制是整个经济体制的重要组成部分，并受其制约。当经济体制属于集中型时，财权财力的集中程度高；反之亦然。

11.2.4.4 社会的法制化程度

市场经济在一定意义上就是法制经济。因而市场经济条件下的预算体制也应该建立在法律基础上，如各级政府职责划分、体制的变动都应以法律为依据。同时也要求政治、经济、社会等方面在法制化下相配合，才能从根本上由"人治"走向法制化轨道。

此外，一个国家在各个时期的政治经济形势和政策的变化等因素，也影响财力财权的集中分散程度。总之，预算体制类型的变化是各因素综合作用的结果，不能孤立地评价一项体制的优劣。

11.2.5 预算管理体制的收支划分形式

财政管理体制赋予各级财政的管理权责和财力的大小，主要是通过预算收支的划分来体现的。预算收支划分是否得当，在计划经济体制下，关系到正确处理财政财力的集中和分散问题，也关系到各级政府的物质利益；在市场经济体制下，则关系到各级公共财政能否拥有适量的收入，以安排必不可少的支出，从而能否成为真正的一级财政的问题。因此，正确地划分预算收支是预算管理体制的一项主要内容。

我国在预算收支的划分上，归纳起来有以下几种做法：

11.2.5.1 比例分成法

这是我国统一领导、分级管理体制类型下所采取的划分收支的基本方法之一。这一方法首先是要确定地方预算的支出指标和收入指标（指地方负责组织征收的全部收入），然后按收支差额确定分成比率（地方留成率或上缴率），组织地方预算收支平衡。比例分成有分类分成和总额分成两种形式。

总额分成是把地方组织的全部收入，不再区分固定收入和各种分成收入，而是按照收入总额在中央和地方之间进行分成。地方支出总额与地方组织收入总额的比例，即为地方总额分成比例，其余为中央总额分成比例。为了鼓励地方超额完成当年收入任务，对超收部分，可以另行确定分成比例，其中地方超收留成率一般应高于地方收入任务内的留成率，特别是收入留成率低的地区。这种分成办法的特点是可以把全部收入都同地方本身的收入联系起来，促使地方关心全国性的收入。在政治经济不那么正常的情况下，财政收入波动性较大，采用这种方法适应性较强，在计算方法上也比较简便。但由于地方只重视大宗收入，忽视收入弹性较小的收入和零星收入，不利于收入政策的全面贯彻落实。

分类分成是把全部的财政收入分解为若干个大项目，依各个项目的内容和特点逐项确定中央与地方的分成率，各级财政的总收入是各个项目分成数额的加总结果。这一收支划分方法的特点是收入划分比较清楚，地方既有固定收入又有各种分成收入，这就能够更细致地调动地方财政组织收入的积极性，更好地贯彻中央的各种经济政策意图，因而有其优点。但对富裕地区的效应则可能适得其反。因为有些富裕地区仅需固定收入或稍加固定比例分成收入，即可满足其支出需要，这就可能使地方大体只关心固定收入，而对其余的财政收入关心不够。

在采用比例分成法划分收支时，还有一个分成比例的年限问题。体制规定的一年一变和一定几年不变，对于地方财政有着不同的意义和影响。一年一变，预算收支划分的有效期只限于当年。这样，年年都要按体制规定重新安排一次收支划分，在确定划给地方支出指标后，将地方收入指标与地方支出数相平衡。"一年一变，以支定收"的做法，只要将支出指标争到手，收入就可以达到，这样每年安排预算时，地方把主要精力花在争指标上，产生"年初争指标，年中争追加，年末争遗留问题的解决"的后果。同时，由于地方预算收支由中央一年一定，而且大部分支出由中央主管部门按"条条"戴帽下达，地方很难进行统筹调剂，缺少安排预算的主动权，也不便于地方中长期计划的安排，限制了地方积极性的发挥。体制规定一定几年不变，预算收入划分的有效期是若干年。在第一年确定了地方留成率后，在以后的几年内不予变动。此后由地方按既定的留成率提留地方收入，而不管在体制执行期内地方收入是增加了还是减少了，都以按此比率留成的收入数额去安排支出。这种比例分成规定与"一年一变"的不同在于，除第一年是按一定的基数，"以支定收"确定收支数额外，从第二年开始各年度是"以收定支"来平衡地方预算收支。因此，"一定几年不变，以收定支"的办法，对地方财政来说，大大增强了收支挂钩和权责结合的程度，使地方财政多收就可以多支，少收就要少支，自求平衡，从而使责、权、利更好地结合起来，也增强了地方财政的相对独立性。同时，由于实行几年不变的办法，地方政府可以较为主动地安排本地区的中长期社会经济计划，较好地做到"几年早知道"，从而更有利于地方发挥其积极主动性。

11.2.5.2 基数法

基数法是和比例分成法相互关联的一种确定财政收支指标的方法。它是以上年预算实际数或以前若干年的平均数作为预算年度的财政收支基数，并根据地方财政收支基数的差额确定分成比例。地方财政的收支基数及其相应的分成比例一旦确定，就决定了当年以及体制有效期内中央财政与地方财政之间的分配比例。基数法虽有其合理的成分，但也存在不可避免的弊端：一是基数法基本上延续历史上形成的分配格局，大体上不触动既得利益，而很少考虑或大体上无法考虑现实财政经济状况的发展变化，即使当初确定的基数是合理的，但从动态上考察，也必然形成不合理的差距。同时，由于年复一年地把不合理的因素保留下来，并不断扩大，延续的时间越长，不合理的差距越大。这是我国预算体制中存在所谓苦乐不均问题的重要根源。二是基数法不利于地方把主要精力放在增收节支上面，相反会加剧争基数、争分成比例的矛盾，形成"一年之计在于争"的不正常现象。有的地方为了提高分成比例，甚至采用人为加大支出基数缩小收入基数的办法以达到增大本地区财力的目的。

11.2.5.3　因素法

因素法是依据影响地方支出的各种因素及其影响程度，来确定地方支出基数的一种方法。近年来，这一方法日益为我国财政理论界和实际部门所倡导。确定地方支出基数的主要因素包括：①一般因素。主要是人口数量、辖区土地面积、行政机构设置等。②社会发展因素。主要是市政建设、文化、教育、卫生等。③经济发展因素。主要是国民生产总值、国民收入、财政收入等。④自然环境因素。主要是考虑政策需要和照顾民族地区需要等。这些因素的计算，除了考虑收支总额之外，还可以考虑人均数额，如当地的人均财政支出数额等。

因素法实施的具体步骤大致如下：①测定地方预算支出占国家预算总支出的比例及其支出总额。②确定各项影响因素的计分标准，列出因素计分结合式。③分别计算出各地方的分数。④以各地方分数相加的总分数除以测定的地方预算支出总额，求出每一"分"的支出标准（分值）。⑤按各地方的分数乘以分值求出各地方的支出基数。上述的因素计分法，从理论上说可以较好地体现公平原则，使现行的基数法规范化和科学化，但方法比较简单，可操作性难度较大，付诸实施并使之合理化需要一个实践的过程。

我国的分税制财政管理体制的改革于1994年展开，多年来采用"基数法"确定各地财政收支基数的做法很不合理，迫切需要以科学的方法来确定各地区的财政收支基数。但改革是一个渐进的过程，尤其是我国的市场取向的改革由于难度极大就更加如此。在1994年之前为了使改革得以推行，实行了某些变通办法，其中之一就是采用了基数法，从而在保证既得利益之下使地方接受了分税制改革。然而，这种保证既得利益的做法，是与建立科学合理的财政管理体制的要求相违背的。所以，如何转到因素法上来，大致消除地方基数中的不合理因素，是我国的分税制体制继续改革所要解决的关键问题之一。

11.2.5.4　分税制

这是西方发达国家实行分级财政管理体制所普遍采用的划分收支的方法，其基本做法是通过划分税种或税率来确定各级财政的收入，并且相应地形成中央税制和地方税制，分设国税局和地方局两套税务机构分别征管。分税方法有两种形式：一种做法是只按税种划分各级财政的收入，多数西方国家采用这一种办法。其中又分为完全的和不完全的两种形式：完全形式是把税种划分为中央税和地方税；不完全形式是指除划定中央税和地方税外，还设置共享税。另一种做法是按税源实行分率分征，即对同一税源，各级财政同时按不同税率征收，美国主要实行这种办法。

当然，采用分税的办法划分各级财政的收入，对于财政管理体制并非就已经是"分税分级财政管理体制"。如我国1985年开始实行的"划分税种，核定收支，分级包干，一定五年"的预算体制，在收入划分方面确定已经是按税种划分各级财政收入了，但并不是真正意义上的分税制。因为此时的"分税"仍然是与财政包干体制相联系的。而只有当分税与分级财政的体制内容相联系时，财政管理体制才可以冠以"分税财政管理体制"的名称。

11.2.5.5　补助金制

这是中央财政对地方财政收支预算的逆差，采取由中央财政直接拨款补助，达到该级财政的预算收支平衡的做法。具体运用时有三种形式：①定额补助。年初在确定地方预算时，对于支大于收所出现的逆差，确定一个中央补助的固定数额，此后在具体执行中就一般不再变动。这种定额补助办法可以一年一定或在一年确定补助定额后，在今后几年内固定不变，地方多收可以多支，是带有包干性质的补助。②专项补助。亦称专案拨款，指不包括在地方正常支出范围内，由中央根据特定用途拨给地方的专项资金。如地方的特大自然灾害救济由中央拨专款补助。这类支出地方只能按中央确定的支出用途安排，不能调作他用。③按成补助。一般是对某项支出，如某工程项目，中央按一定的份额给地方补助，中央同意投资一部分，地方投资一部分，共同完成这个项目。

在西方分税制分级财政体制中，中央无一例外地从各地方征收各税，也无一例外地对各地区实行补助金制度。补助金构成中央预算的一个重要支出项目，也构成地方预算的一个重要收入来源。中央对地方的补助分为两类：①有条件补助。这是中央政府规定补助资金的特定用途，地方政府不得移作他用。有时，中央政府对有条件补助再加上其他规定，如不仅规定中央补助的特定用途，还要求地方政府有相应的一定金额配合补助作为特定的支出。这实际上是中央政府出钱，地方政府办事，如果组织得好，这种补助是一种中央对地方进行调控的间接手段，是加强而不会削弱或分散中央的统一领导能力的。②无条件补助。这是上级政府对下级政府的补助，不规定其用途，也没有规定配合支出要求的补助类型。

11.3 中国分税制

11.3.1 分税制的理论基础

11.3.1.1 分级预算体制的基本内涵

分级预算体制是市场经济国家普遍实行的一种预算体制。它的主要特征在于规范化和法制化，长期相对稳定，地方预算构成名副其实的一级预算主体。我国1994年实行的"分税制"改革，借鉴了市场经济国家的分级预算体制，已初步形成具有中国特色的多级预算体制。现结合实行分级预算体制的实际情况，其具体内容如下：

（1）一级政权，一级预算，各级预算相对独立，自求平衡。分级预算体制，也就是多级预算体制。各级地方预算经常收入由本级税收、本级服务性收入和中央补助组成，以上收入不能满足需要时，允许发行地方债券或向银行借款，自求平衡。

（2）转移支付制度有纵向调节（或纵向转移）和横向调节（或横向转移）两种形式。纵向调节的典型做法是补助金制度，它分为无条件补助、有条件补助和专项补助三种。横向调节是由"富裕地区"直接向"落后地区"转移支付，实行地区间的互助式调，不再通过中央预算。

（3）在划分各级政府职责（事权）范围的基础上划分各级预算支出职责（财权）范围。由于各级政府的职责分工明确，各级预算的重点和层次分明。除国防费和行政管理费外，中央预算以社会福利和社会保障为主，地方预算以文教、卫生保健和市政建设为主。

（4）收入划分实行分税制。在收入划分比例上中央预算居主导地位，保证中央的调控权和调控力度。在税收划分方法上，有的按税种划分，大宗收入的税种归中央，地方税种主要是收入弹性小的销售税和财产税；有的实行分成或共享制，即属于中央的税种按一定比例分给地方，或者属于地方的税种按一定比例分给中央，双方共享。在管理上分设国税局和地税局，分税、分管与分征相结合。

（5）各国的分级预算体制是适应本国的政治经济制度和历史传统长期形成的，就体制整体而言是相对稳定的，只是调节方法可能会经常调整。

11.3.1.2 分税制的理论依据

根据分级预算体制的基本含义可以看出，社会公共需要的层次性和集权与分权的关系两因素是规范预算收支的基本因素，它们也是分级预算体制的理论基础。

（1）社会公共需要的层次性。公共需要是分层次的，它的层次性是划分收支的基本依据，也是收支划分的基本经济标准。社会公共需要是按受益范围作为基本标准来区分的，可分为全国性公共需要和地方性公共需要。全国性公共需要的受益范围覆盖全国，凡本国的公民或居民都可以无差别地享用它所带来的利益，因而适于由中央来提供。地方性公共需要受益范围局限于本地区以内，适于由地方来提供。按受益范围区分公共需要的层次性，是符合效率原则的。这是因为受益地区最熟悉本地区情况，也最关心本地区公共服务和公共工程的质量和成本。

应当指出，公共需要的层次性包含两方面的内容：一是从支出角度分析，按受益范围为标准区分的层次性，二是为满足公共需要提供收入来源的层次性。从中央和地方收支运行的结果看总是要对称的，只有收支对称才能维持财政收支的平衡。因此，收入划分受支出划分的制约，也就是受公共需要受益范围的制约。按照这个标准，凡税源普及全国而且流动性大的税种以及调节功能大的税种，应归中央税，凡税源比较固定而且税基较为狭窄的税种，则划为地方税。因为将税源广阔且流动性强的税种划归中央，有利于控制税源，便于加强稽征管理，防止税收流失。将税源比较固定、仅限于某一地区的税种划归地方税，也有利于地方因地制宜，加强征管。

由于划分收支的标准不同，一般会形成支出方偏重于地方，收入方偏重于中央的分配格局，因此，必须由中央通过转移支付来弥补地方财政缺口，实现地区间的平衡。

（2）集权与分权的关系。社会公共需要的层次性是市场经济国家分级预算体制的一般标准，适用于所有的市场经济国家。但各国的预算收支划分仍然存在着差异，是取决于各国的政治体制和各国的基本国情所决定的，集权与分权的关系。因此，集权与分权的关系是划分预算收支的重要依据，也是一项政治标准。在人类的历史长河中，两者的关系是不断调整和变化的，合久必分，分久必合，是一种恰当的描述。

综合世界各国的实践可知，集权与分权关系的变化尽管有所不同，但它始终是以集权为中心，分权是围绕集权进行调整。恩格斯曾经指出："集权是国家的本质、国家的生命基础……没有一个国家可以不要集权，联邦制国家需要集权，丝毫也不亚于已经发达的集权国家。"[①] 但是，分权也具有客观必然性。这种必然性来源于地方的相对独立的经济利益，也是国家经济职能不断强化的内在要求，分权是一种社会进步的标志。

---

① 《马克思恩格斯全集》（第41卷），人民出版社1982年版，第396页。

11.3.2　我国分税制的指导思想

为了进一步理顺中央与地方的财政关系，更好地发挥国家财政的职能，增强中央的宏观调控能力，促进社会主义市场经济体制的建立和国民经济的持续、快速、健康发展，国务院决定于1994年1月1日起，对各省、自治区、直辖市以及计划单列市实行分税制预算管理体制。

原来的分级包干体制，在经济发展中起过积极的作用，但随着市场在资源配置中的作用不断扩大，其不利于全国统一市场的形成和产业结构优化；国家财力偏于分散，中央财政收入比重不断下降，弱化了中央政府的宏观调控能力；各地区的包干方法各异，分配关系不够规范等弊端日益明显。因此，包干体制已经不适应社会主义市场经济发展的要求，必须尽快改革。1994年的分税制改革，是根据建立社会主义市场经济体制的要求，充分考虑了我国的国情，并借鉴国际通行的分级预算体制的经验，因而符合中国实际的分级预算体制。其指导思想如下：

（1）财权与事权相统一的原则。要处理中央与地方的利益关系，促进国家财政收入合理增长，逐步提高中央财政收入的比重。既考虑地方利益，调动地方的积极性，又要适当增加中央财力，增加中央财政的宏观调控能力。为此，中央要从财政收入的增量中适当多一些，以保证中央财政收入的稳定增长。

（2）兼顾公平与效率原则，合理调节地区之间财力分配。既要有利于经济发达地区继续保持较快的发展势头，又要通过中央财政对地方的税收返还和转移支付制度，扶持经济不发达地区的发展和老工业基地的改造。

（3）坚持统一领导与分级管理相结合的原则。划分税种不仅要考虑中央与地方的收入分配，还要考虑税收对经济发展和社会分配的调节作用。中央税、共享税以及一些重要的地方税的立法权集中在中央，以保证中央政令统一，维护全国统一市场和企业平等竞争。分设国税局和地税局，实行分级征管，中央税和共享税由国税局负责征收，共享税中的地方部分，由国税局直接划入地方金库，地方税由地税局负责征收。

（4）坚持整体设计与逐步推进相结合的原则。分税制改革既要借鉴国外经验，又要从本国实际出发。在明确改革目标的基础上，力求规范化，但必须抓住重点，分步实施，逐步完善。要针对收入流失比较严重的情况，通过分税和分别征管堵塞漏洞，保证财政收入的合理增长。强化中央财政和地方财政的预算约束。收入划分、税收返还和转移支付办法做到全国统一。在目前的条件下，先把主要税种划分好，其他收入划分逐步规范化。总之，通过渐进式、温和式改革，先把分税制的基本框架建立起来，在实施中逐步完善。

11.3.3　我国实行分税分级财政管理体制的根本原因

公共财政是与市场经济相适应的财政类型，这决定了分税分级财政管理体制是与公共财政相适应的财政体制。其原因在于：

11.3.3.1　税收是公共财政的主要的和基本的收入形式

在市场经济下，政府以社会管理者的身份为社会提供公共服务，税收是公共服务这种产品的"价格"，财政支出是提供公共产品财力的活动。此时的"分税"，也就相对明确地按税源的性质以及各级政府提供的公共服务的具体内容及其受益范围的需要，将整个财政所能支配的资源在中央财政与地方财政之间作区分。相反，从我国来看，对于国有资本，它不适用于分税制的体制类型。这其中的原因很简单，即作为资本所有者的收入，只能是利润，这就无"税"可分，从而在根本上否定了对之实行分税制办法的可能性。

11.3.3.2　分税制财政管理体制是依靠法律的权威去规范和划分各级财政收入的，这只有在市场经济这种法治经济的条件下才能做到

在西方市场经济的发展过程中，市场力量逐步通过政治程序的调控，从根本上决定和制约了政府的财政活动，决定了政府的税收行为。分税制通过宪法等形式将各级财政的收入关系固定下来，就以法律的决定性力量规范和界定了各级政府的财政分配关系，从根本上决定了此时的财政体制关系难以人为地任意变更。这也就是为什么西方的体制能够在数百年的期间内都相对稳定，而我们的体制则几乎是连一年也难以稳定下来的关键原因。而在非市场经济条件下，至今还不曾存在过法治社会，因而即使是仅对税收来划分财政收入也是无法稳定下来的。典型的例子存在于我国，1985 年我国的财政管理体制改革，就采用了"划分税种，核定收支，分级包干"的形式。但这种"分税"，基本上没有改掉我国数十年来的体制弊病，是完全难以与"分税制"财政管理体制相联系的。同样的道理，1994 年我国财政管理体制尽管也实行了"分税制"的改革，但迄今为止，仍然难以说是真正的分税制分级财政管理体制，其主要原因之一，也就在于我国还不存在相应的法制环境去确保真正的分税制财政管理体制的建立。

11.3.3.3　只有在市场经济下，才可能实行真正的分级财政而又不危害现代经济财政的统一性

市场经济对政府公共服务的要求是多层次的，即公共产品的多层次性，要求相应层次的政府的公共服务，而不是由中央政府统一提供或者插手地方公共产品的提供活动。这是公共财政必须采用分级财政，即地方财政是一级独立财政形式的经济根源。但是，市场经济的开放性、统一性，又决定了财政活动也必须具有统一性，公共财政从整体上来看也必须是有机统一的。分税制分级财政管理体制似乎是与此要求相违背的，其实不然，市场经济本身是统一的有机体，市场的力量是能有效地摧毁任何经济割据状态的。这样，分级财政的独立性是只有在市场的允许下才能存在的。换句话说，地方公共财政的独立性，是由于提供地方公共产品这一市场的客观要求而存在的，同时中央公共财政也依据市场的要求而提供全国性的公共产品。所有这些不同层次的公共产品都服务于市场的统一运行的客观管理，也从不同的角度确保着整个市场顺利进行，这就不是损害而是有利于市场的统一性的。在计划经济体制下则不同，计划经济的统一性是依靠中央政府的统一计划来维系的。地方财政的分级化，也就是整个经济统一性的肢解和分割。所以，计划经济体制下地方财政只能是中央财政的附属物。

11.3.4　分税制改革的主要内容

11.3.4.1　中央与地方的事权和支出划分

根据现行中央政府与地方政府事权的划分，中央财政主要承担国家安全、外交和中央国家机关运转所需经费，调整国民经济结构、协调地区发展、实施宏观调控所必需的支出以及由中央直接管理的事业发展支出。包括国防费、武警经费、外交和援外支出、中央级行政管理费、中央统管的基本建设投资、中央直属企业的技术改革和新产品试制费、地质勘探费、由中央财政安排的支农支出、由中央负担的国内外债务的还本付息支出，以及中央本级负担的公检法支出和文化、教育、卫生、科学等各项事业费支出。

地方财政主要承担本地区政权机关运转所需支出以及本地区经济、事业发展所需支出。包括地方行政管理费，公检法支出，部分武警经费，民兵事业费，地方统筹的基本建设投资，地方企业的技术改造和新产品试制经费，支农支出，城市维护和建设经费，地方文化、教育、卫生等各项事业费，价格补贴支出以及其他支出。

11.3.4.2　中央与地方的收入划分

根据事权与财权相结合的原则，按税种划分中央与地方的收入。将维护国家权益、实施宏观调控所必需的税种划为中央税；将同经济发展直接相关的主要税种划为中央与地方共享税；将适合地方征管的税种划为地方税，并充实地方税税种，增加地方税收入。具体划分如下：

中央固定收入包括关税，海关代征消费税和增值税，消费税，中央企业所得税，地方银行和外资银行及非银行金融企业所得税，铁道部门、各银行总行、各保险总公司等集中缴纳的收入（包括营业税、所得税、利润和城市维护建税），中央企业上缴利润等。外贸企业出口退税，除1993年地方已经负担的20%部分列入地方上缴中央基数外，以后发生的出口退税全部由中央财政负担。

地方固定收入包括营业税（不含各银行总行、铁道部门、各保险总公司集中缴纳的营业税）、地方企业所得税（不含上述地方银行和外资银行及非银行金融企业所得税）、地方企业上缴利润、个人所得税、城镇土地使用税、固定资产投资方向调节税、城市维护建设税（不含各银行总行、铁道部门、各保险总公司集中交纳的部分）、房产税、车船使用税、印花税、屠宰税、农牧业税、农业特产税、耕地占用税、契税、遗产和赠予税、土地增值税、国有土地有偿使用收入等。

中央与地方共享收入包括增值税、资源税、证券交易税。增值税地方分享25%；资源税按不同的资源品种划分，大部分资源税作为地方收入，海洋石油资源税作为中央收入；证券交易税中央与地方各分享50%。

11.3.4.3　中央财政对地方税收返还数额的确定

为了保持地方既得利益格局，逐步达到改革的目标，中央财政对地方税收返还数额以1993年为基期年核定。按照1993年地方实际收入以及税制改革和中央地方收入划分情况，核定1993年中央从地方净上划的收入数额（消费税+75%的增值税——中央下划收入）。1993年中央净上划收入，全额返还地方，保证现有地方既得财力，并以此作为以后中央对地方税收返还基数。1994年以后，税收返还额在1993年基数上逐年递增，递增率按本地区增值税和消费税增长率的1:0.3系数确定，即本地区两税每增长1%，对地方的税收返还则增长0.3%。如果1994年以后上划中央收入达不到1993年基数，则相应扣减税收返还数额。

11.3.4.4　原体制中央补助、地方上解及有关结算事项的处理

为顺利推行分税制改革，1994 年实行分税制以后，原体制的分配格局暂时不变，过渡一段时间再逐步规范化。原来中央拨给地方的各项专款，该下拨的继续下拨。地方1993 年承担的 20% 部分出口退税以及其他年度结算的上解和补助项目相抵后，确定一个数额，作为一般上解或一般补助处理，以后年度按此定额结算。

11.3.5　分税制的运行分析

从分税制实施后的情况看，运行基本正常，其主要成效是转变了中央与地方之间的收入分配机制，提高了中央财政收入所占比重和宏观调控能力。表现在：

（1）包干体制下，在收入增量中地方多留，中央收入的比重必然逐步下降。实行分税制后，通过税种划分，保证中央收入占主导地位，达到了 60% 以上，然后再返还给地方使用，加强了中央的宏观调控能力，主动权在中央。

（2）新的分税制返还办法，在保持地方原有既得利益的格局下，在今后增量的分配中，中央得大头，地方得小头，可以保证中央支配的收入逐步增长。

（3）通过税收的合理分权和分设国税局与地税局，使中央的收入得到保证，不再受制于地方，减少了中央收入的流失。

11.3.6　进一步完善分税制的思路

我国现行的分税制是根据社会主义市场经济体制的要求，结合我国的实际情况确定的，它为分税预算体制提供了基本框架和实践经验。因此，进一步完善的思路是明确目标模式，改革存在的问题，加快向目标模式迈进的步伐。具体改革设想如下：

11.3.6.1　用法律手段来划分各级政府的职责权限，规范中央与地方的关系

以法律条文方式明确而相对固定地划分各级政府的财力与财权，使各级财政有自己的支出内容和范围，并有各自独立的收入来源。在此基础上，各级政府以支定收，预算自求平衡。这就从根本上保证了各级政府的相对独立性，避免混淆不清、相互干扰，规范了上下级的财政分配关系。

11.3.6.2　规范收入的划分标准

目前体制中设计的分配格局是以现行税制划分为基础的，随着各税种收入格局的变化，进一步调整税种划分是不可避免的。如企业所得税和个人所得税以及新设置的一些税种，当前的收入规模还是较小的，但潜力比较大，将来的发展必然引起分配格局的变化，从而要求重新划分税种。现行分税制的企业所得税仍是按行政隶属关系划分的。按行政隶属关系划分收入不符合政企分离原则，而且随着企业重组，合资、联营以及股份制等跨所有制组织形式迅速发展，越来越不能适应新形势的要求，因而改为分率分成或比例分成将是必然的选择，分税制最终应消除行政隶属的痕迹。

11.3.6.3　建立规范的转移支付制度

转移支付制度是指中央政府（或上级政府）对地方政府（或下级政府）进行无偿的财政资金转换所制定的制度，包括转移支付的原则，实现的目标，转移的形式、标准等方

面的规定。转移支付制度是分税制预算管理体制的一个重要组成部分，是中央政府实现宏观调控的重要手段。因为实行分税制，并不要求地方政府拥有足以自我平衡的财政收入，仅仅是使地方财政预算拥有一定量的稳定收入，其差额由中央财政预算补助，从而实现中央财政对地方财政的调控。目前，我国实行的税收返还制度就是转移支付制度的一种形式，但很不规范。

我国目前的重点是建立和完善省以下的转移支付制度。自实行分税制后，大部分省（区）参照中央对省级的过渡期转移支付办法建立了省以下的转移支付制度，在转移支付金额及其来源、技术方法以及利益格局调整等方面做了大量工作，取得了可喜的成效。存在的问题是形式多样化，力度欠缺，不够规范。目前，我国还不能建立全国统一的省以下的转移支付制度，中央只能给予原则性和政策性指导，尊重分级管理赋予省级政府的自主权和调控权，适度体现统一领导的精神，通过一段时间的实践，待时机成熟，再规范全国性的省以下的转移支付制度。

11.3.6.4　集权与分权关系的调整

分级预算体制也就是多级预算体制，所以集权与分权相结合是分级预算体制的基本特征，但在集权与分权关系上却存在侧重于集权或侧重于分权的差异。很显然，我国分级预算体制的目标模式是集权与分权相结合，侧重于集权。

分级预算体制的集权与分权关系，主要体现在收支划分上面。从支出方看，多数支出项目是由接近基层并熟悉居民偏好的地方来执行和管理，所以地方支出在总支出中占较大的比重。但从收入方看，中央财政收入应占主导地位。现行分税制，中央主要是通过逐步提高在增量分配中的比例来增加中央实际可支配的财力，而且中央从增量中集中的财力，一部分可用于增加中央财政支出，还有一部分要用于过渡期转移支出。应当指出的是改革的实质不在于中央组织收入占主导地位，而是要求中央实际可支配收入逐步达到主导地位。目前，中央组织收入的比重是上升的，已接近目标模式的水平，但由于按既得利益向地方返还的幅度过大，转移支付后中央收入的比重基本维持原水平，明显偏低，中央支出的比重也基本维持原水平，也明显偏低，其中有相当部分是靠借债维持的。

11.3.6.5　完善地方税收体系

建立中央与地方两套税收体系是分税制的一个重要内容。根据这些实际情况，需做好以下工作：一是扩大地方税收规模，增强地方政府预算自求平衡的能力；二是扩大地方对地方税收的立法权和执法权，除了一些重要的地方税需要由中央统一立法外，应该给予地方开设一些地方税种的权力；三是各级政府都应有自己的主体税种，以保证各级财政有稳定的收入来源。从当前的税制结构看，地方税种还不健全，收入水平不高，自给率偏低。说明我国的地方税收体系很不完善。

11.3.6.6　改革政府与国有企业的关系

这是我国预算体制所特有的，国家不仅以税收形式参与国有企业利润的分配，同时还以所有者身份分得一部分纯利润，这是因为政府投资是国有企业主要的基本的来源。因此，政府与企业的关系就形成以国家财政为核心的社会性大财务，两者之间的关系也就成了国家内部的分配关系。但是，在市场经济条件下，企业的活动是社会性的，市场机制越完善，发展得越快，原有的行政隶属关系就必然被打破，而行政关系的变动影响着政府财政的收支变动，也就动摇了中央与地方分配关系的稳定。因而，建立稳定的、规范的分级预算体制，必须使政府的财政收支与国有企业财务脱钩，使政府与企业的关系规范化、制度化，更重要的是法律化。

此外，分级预算体制的确定，还要与其他经济体制改革相配合，尤其是政治体制改革的配套进行。否则，预算体制的改革就只能是一句空话。

金　融　篇

第12章 金融总论

12.1 概　述

12.1.1 生活中的货币现象

在现代经济生活中处处都有货币。货币的运动牵动着千家万户和社会的每个角落，它维护着整个社会经济生活。

从家庭与个人来看，他们从不同渠道获得货币收入，又用于不同的货币支付。公务人员、企业职工、科教文卫工作者他们通过自己的劳动取得货币工资收入、奖金、酬金、津贴收入和各种创作的货币收入；农民通过销售自己的农产品获得的货币销售收入；个体经营者和私营经营者通过生产制造、推销产品、提供服务取得的货币收入；还有享受社会保障者的离休金、退休金和各种福利金、救济金的货币收入等。这种种货币收入，保证着每个家庭及其成员维护和改善生活的需要。他们要用这些货币去购买生活所需的衣、食、住、行等基本生活需要和享受服务的需要。随着市场经济的发展和深入，对于农民和个体私营经济从业者来说，他们的货币收入除了用于满足生活需要外，还要用于生产经营需要。对于求学的学生来说，他们需要缴纳的各种费用和开销，需要由有货币收入的家庭来供给，同时也有国家社会各方面提供的奖学金、贷学金。

从一个企业来看，整个社会再生产的各个环节都伴随着货币的收支。首先，建厂要进行基建投资，需支付勘探、设计、厂房施工、设备购置和安装等费用。其次，工厂投产需要原材料、燃料、配件、培训新工人、收集各种信息和技术资料以及水、电等方面都要支付大量的货币；生产的产品卖出去后，获得的货币收入又要反过来支付工人和管理人员工资，继续购买原材料，提取折旧、积累资金扩大再生产等。货币就像企业的血液一样其流动一刻也不能停止，否则就不能正常运转。

从非生产性的机关、团体看，其职能的发挥和运转也和货币息息相关。比如，办公室的建设或租赁，办公用品的购置、办公设备的配套运作，办公人员的工薪都需要开支。这就需要靠国家各级财政以货币形式拨付其经常费用。它涉及以国家财政为中心的货币收支。财政包括中央财政和地方财政，它们的活动保证着国家职能的发挥。现代经济生活中的财政收支已完全货币化。就财政收入来看，企业上缴的利税和其他税收来源都采用货币交纳；从支出来看，各种投资性支出、经费支出和社会保障支出，也无不是货币进行的。

在现实经济生活中，无论是家庭和个人，企业或是国家财政，它们在运行中都会出现有时收大于支，有时支大于出的情况。对于家庭和个人来讲，若货币收大于支，就会有多余的货币，可借出；若货币支大于出，出现货币缺口，可借入，于是就产生了个人的货币债权和债务。对于企业而言，周转中缺货币，就要借款，产生了货币债务；多余的货币暂时不用，可贷出，就转化为货币债权。同样道理，国家财政也要利用国家信用每年向社会发行数亿万计的国库券和各种债券，另外，在货币债务债权领域内还出现了银行、信用合作社以及形形色色的金融机构，他们的全部业务活动都是货币的存、取、借、贷，是为货币的流转服务的。

此外，随着世界经济一体化进程的加快，不只在国内到处有货币的收支活动，在国外，在政治、经济、文化、体育以及个人交往中也无处不发生货币的收支。主要是以各种外币进行。

由此可见，货币已深入社会经济生活的各个领域，如果不正视它或离开了它，就会脱离现实，同时社会经济车轮就难以正常运转。

12.1.2 货币流通

12.1.2.1 货币流通的概念
我国古代曾把货币喻为"无足而行""无翼而飞"地不分东南西北到处游动。货币从根本上说是由商品流通引起的，是商品流通直接赋予货币的运动形式。

在商品流通（W－G－W）中，货币（G）是媒介。商品每交易一次，货币随而周转一次。由于商品交易不间断地进行，相应引起货币不断运动，形成货币运动的长流，如图12－1所示。

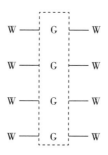

图12－1　货币运动的形成

由此可见，货币流通就是在商品流通中，货币作为流通和支付的手段不断运动的长流。马克思曾这样表述："商品流通直接赋予货币的运动形式，就是货币不间断地离开起点，就是货币从一个商品所有者手中转到另一个商品所有者手里，或者说，就是货币流通。"

12.1.2.2 货币流通与商品流通的关系
货币流通与商品流通的关系，可以概括为两个方面：一方面货币流通由商品流通所引起，由其所决定，没有商品流通就没有货币流通。另一方面，货币流通对于商品流通又不是完全被动的，它有其相对独立的运动，仅作用于商品流通。两者的主要区别是：

（1）商品流通决定货币流通。商品流通是第一性的，货币流通是第二性的，货币流通是由商品引起的，是商品流通实现的形式。

（2）反映的形态不同。商品流通是反映具有不同使用价值的商品之间的交换，商品形态不断变化，而作为交换媒介的货币，在流通中形态始终不变。

（3）货币流通量和商品流通所反映的价值量不相对应。因为商品是具有特定使用价值的，在一次商品流通完成后，商品退出流通。而货币作为一般等价物，同一单位货币可以媒介多次商品交换，而且为了使人们在购买商品时有选择的可能，流通所反映的价值量必须大大超过相对应的货币流通的量。

（4）商品和货币两者运动的方向恰好是相反的。卖出商品，收入货币；买进商品，则要付出货币。商品与货币正好是相悖运动，如图 12－2 所示。

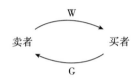

图 12－2　商品和货币的运动方向

商品和货币两者在运动的时间上不一致。商品是由生产厂家出售后，经批发环节到零售环节，再进入生产或生活消费领域，完成流通过程，商品就退出流通。而货币则继续留在流通中，可以充当下次商品交易的媒介。这样，同一枚货币可以多次媒介商品交易，从而产生货币流通的速度问题。这表明，货币在流通中停留的时间要比商品在流通中停留的时间长得多。

（5）商品流通和货币流通在范围上不尽一致。就货币流通由商品流通引起的角度说，两者流通的范围是一致的。但在商品货币关系进一步发展后，货币流通就会超越商品流通范围之外，为各种非商品性经济往来服务，如财政的收入和支出、银行存款和贷款的收付、工资支付以及民间借贷等。

12.1.2.3　货币流通的两大领域

我国经济中统一的货币流通包括现金流通和转账结算（非现金流通）两种形式。两者各有其适用范围和特点。

（1）现金流通。在这个领域中货币以现金（人民币钞票）形态存在。它适用于小额、零星交易，主要是涉及日用消费品买卖和个人有关的收付。在这里，交易和收支频繁，往往要求亲自挑选，"一手交钱、一手交货"钱货当面两清的方式最合适。

（2）转账结算（非现金流通）。指通过银行账户办理存款转账而了结交易。它是以存款货币为存在状态，通过开出支票等结算凭证来完成交易的。它一般适用于大额交易，主要是生产资料交易和消费品的批发交易。在这类交易中若采用现金支付需花费大量印刷钞票、清点、运送保管的费用，而且很不安全。使用转账结算，既可以解决这些问题，又方便安全，节约社会流通费用和时间，加速资金的周转。同时，大额货币结算通过银行进行，既有利于国家通过银行有计划分配资金，有计划调节货币流通，而且有利于通过银行对企业和经济部门、行政事业单位的经济活动进行监督。

这两个领域的划分只能是相对的，主要随着经济条件的变化而改变，尤以信用关系和银行业务的发展，原来不少采用现金支付的交易无须用现金了。例如，西方国家流行的一种信用卡，运用信用卡购买消费品，而无须携带和使用现金。可以说，信用关系和银行的进一步发展，现金流通范围将会呈缩小趋势。

（3）现金流通和转账结算的区别与联系。现金流通和转账结算作为统一货币流通的两种形式既互相区别又相互联系，并在一定条件下相互转化。两者的区别表现在以下三个方面：

1）服务的对象不同，银行为两种形式提供的货币方式也不同。现金流通主要服务于个人货币收支和消费品零星交易，转账结算则主要服务于生产资料和批发交易；现金流通形式中的货币方式，是国家银行发行的纸币与辅币，而转账结算形式中的货币方式，是以存款为基础的转账结算工具，这种转账结算工具只能办理转账，不能转让流通。

2）国家进行调节的方法不同。国家对现金流通形式的调节，通常不能采取强制性措施，不能利用行政手段。如对居民手中的现金只能在自愿基础上进行。而转账结算形式，除了直接进行计划调节外，在需要时，还可利用行政手段，实行某些强制性措施，甚至采取冻结存款方式进行干预。

3）两种形式受宏观调控的程度不同。现金在投入流通后，怎么用、何时用、用多少，完全归个人支配，国家只有通过以自愿为基础的储蓄手段进行适当调节，不宜采用强制手段。因而，国家自然要高度重视现金流通动态，预先做出安排，及时进行调节。而转账结算完全处于银行的管理和监督之下，这就为实现宏观调控提供了可能，在需要时，甚至可以冻结存款。因而，转账结算的可调控性较现金流通强。

两者的联系表现在以下两点：

1）由于社会再生产是统一的，为社会再生产服务的货币流通也是统一的。各部类、部门企业间交换商品、货币便在它们之间不断转手，或是以现金收付形式，或以存款转账形式，而且必然发生现金转化为存款，或存款转化为现金的情况。

2）在流通中存款和现金总量相互转化，此消彼长。由于存款与现金间经常相互转化，意味着两者在数量上具有相互影响。在流通中现金和存款总量不变的情况下，现金量增加，存款量便相应减少；反之亦然。所以，必须把现金流通和转账结算视为整体，才能有效地调节好货币流通。

我国过去一段较长时期中，偏重于注重现金流通，甚至于只把现金流通视为货币流通，而把转账结算置于货币流通之外。之所以一直重视现金流通，是因为在我国商品经济尚不够发达，尤其信用关系落后的情况下，商品交易中使用现金的比重较大。特别对个人的经济往来一般都使用现金。在农村更为显著，因而现金流通问题可以说是牵涉千家万户的大事。此外，国家对现金流通可调节控制的程度较弱。现金一旦投放市场流通，何时使用，如何使用概由个人自由支配。因此，国家对现金流通一直给予特别重视。这是有合理性的。不过，必须看到现金流通和转账结算两者是构成货币流通的统一体。如果只注意调节现金流通量，忽视对转账结算和存款货币的调节，现金流通的管理和调节将会是"事倍功半"。只有把两者作为整体去对待，才能更好地调节好货币流通，同时也能更好地调节现金流通。

12.1.2.4　货币层次的划分

虽然现金货币、存款货币和各种有价证券均属于货币范畴，随时都可以转化为现实的购买力，但绝不等于现金、存款货币、有价证券的流动性相同、货币性一样。比如，现金和活期存款是直接的购买手段，随时可以形成现实的购买力，货币性或流动性最强。而储蓄存款一般需要转化为现金才能用于购买，定期存款到期才能用于支付，如果要提前支付，还要蒙受一定损失，因而流动性较差。票据、债券、股票等有价证券，要转化为现金购买力，必须在金融市场上出售之后，还原为现金或活期存款。

由于上述各种货币转化为现实购买力的能力不同，从而对商品流通和经济活动的影响有别。因此，有必要把这些货币形式进行科学的分类，以便中央银行分层次区别对待，提高宏观调控的计划性和科学性。

西方学者在长期研究中，一直主张把"流动性"原则作为划分货币层次的主要依据。所谓流动性是指某种金融资产转化为现金或现实购买力的能力。具有"流动性"的金融资产，价格稳定，还原性强，可随时在金融市场上转让、出售。

由于各个国家信用化程度不同，金融资产的种类也不尽相同。因而，各个国家把货币划分为几个层次，每个层次的货币内容如何都不完全一样。下面介绍几种不同的划分。

（1）国际货币基金组织的划分。国际货币基金组织一般把货币划分为三个层次：

M0 = 流通于银行体系之外的现金

M1 = M0 + 活期存款（包括邮政汇划制度或国库接受的私人活期存款）

M2 = M1 + 储蓄存款 + 定期存款 + 政府债券（包括国库券）

（2）美国货币层次的划分。进入 20 世纪 70 年代后，美国银行向全能化、综合化方向发展的趋势明显加快，金融创新不断出现。例如"可转让支付命令账户"和"自动转账服务账户"的设立，不仅商业银行，而且所有金融机构都可接受实际上的活期存款等。这些变化，使活期存款与定期存款、储蓄存款之间的差别变得模糊起来。因此，美国的货币层次划分，有自己的特点。

M1A = 现金 + 商业银行的活期存款

M1B = M1A + 所有存款机构的其他支票存款

M2 = M1B + 储蓄存款 + 所有存款机构的小额定期存款

M3 = M2 + 所有存款机构的大额定期存款 + 商业银行、储蓄货款机构的定期存款协议

M4 = M3 + 其他流动资产（短期债券、保险单、股票等）

（3）我国货币层次的划分。我国对货币层次的研究起步较晚，但发展迅速。目前基本上是按金融资产的流动性划分的：

M0 = 流通中的现金

M1 = M0 + 企业活期存款

M2 = M1 + 企业定期存款 + 储蓄存款

这种划分方法便于说明货币问题及其构成，区别了现实货币量（M1）与潜在货币量（M2 - M1），有利于宏观分析。

12.1.2.5　货币流通的渠道

货币流通渠道是指货币通过什么渠道，从银行投入流通，又通过什么渠道流回银行。我国的货币流通可分为现金流通渠道和非现金流通渠道。

（1）现金流通渠道。现金流通包括现金投放和现金回笼两个方面。由于转账结算不存在投放与回笼的问题，因此，一般把现金的投放、回笼叫作货币投放和货币回笼。中国人民银行是我国唯一的货币发行机关，是国民经济现金出纳的中心。现金的投放和回笼是银行通过不同渠道进行的。现金投放渠道主要有：

1）工资支出及对个人的其他支出。这是城市投放现金的主渠道，包括对企业、单位职工发放的工资、奖金和津贴，以及对个人支付救济费、抚恤金等支出。

2）农副产品采购支出。包括收购农民农副产品和手工业品的支出，这是农村现金投放的主渠道。

3）企业、单位行政管理费支出。包括企业、单位日常管理费用中的零星开支，如购买文具、支出差旅费等，需要动用部分现金。

4）农村财政信贷支出。包括财政部门对农村的拨款，银行发放的农业贷款等，常需要动用相当部分现金。

5）储蓄存款支出。即居民提取储蓄而支出的现金。它在现金支出中占有越来越重要的地位。

现金回笼渠道主要有：

1）商品销售收入。即商业企业销售商品而收入的现金，通常称为商品回笼。这是现金回笼的主要渠道。

2）服务事业收入。这是服务行业提供劳务而收入的现金，通常称服务回笼。如饮食服务、交通运输等企业的现金收入。

3）财政收入。主要是财政部门向居民征收的各项税收收入，通常称财政回笼。

4）信用收入。包括城乡居民储蓄存款以及收回农业贷款的收入，通常称信用回笼。近些年来，储蓄存款增长很快，信用回笼已成为一个重要渠道。

（2）非现金流通渠道（转账流通）。这种流通是通过银行从某一方的存款账户转到另一方的存款账户的办法来代替现金的收付。马克思曾指出，银行采用转账结算的办法，必须以银行家手里有货币为前提条件；否则，支票等转账结算凭证会没有任何价值。由此可见，在转账结算时，各种转账结算凭证都在执行货币流通的职能。所以，这些转账结算凭证的运动即叫作转账流通。这种流通是在银行直接划转。因此，不存在投放和回笼的问题。如果说存在的话也是投放与回笼结合在一起同时进行的。

从各种经济活动来考察非现金流通渠道，主要有商品交易结算、劳务供应结算、财政部门预算收支、主管部门与所属单位的资金拨缴和银行贷款收支。

转账流通有一个重要特点，就是各存款户之间的转账收支，只影响存款在部门之间、企业之间和地区之间的转移，而不影响银行的存款总额。

12.1.2.6 货币流通规律

货币流通规律就是商品流通决定市场货币需要量的规律，简单地说，就是决定流通中货币必要量规律。商品流通过程所需要的货币量取决于三个因素：一是待销售商品数量；二是单位商品价格；三是单位货币流通速度。一与二的乘积是价格总额。当货币流通速度不变时，流通中的货币量与商品价格总额成正比；当商品价格总额不变时，流通中的货币量同货币流通速度成反比。

研究货币流通规律就是研究货币的流通数量和商品数量的比例关系。用公式表示为：

$$流通中所需要的货币量 = \frac{待销售的商品价格总额}{货币流通平均速度（次数）} \qquad (12-1)$$

这里应当指出，货币本身价值的变化，也会引起货币需要量的增减。在金属货币流通的情况下，假定商品价格总额和货币流通次数不变，如果每一枚货币所包含的价值（社会必要劳动）降低，那么市场货币需要量就会增加。反之，货币所包含的价值增加，货币需要量就会相应减少。

随着资本主义商品经济和信用关系的发展，赊销商品被越来越普遍地采用。在这种情况下，一连串的债权债务关系可以互相抵销。因此，关于流通中所需货币量的公式便应有所补充，即：

$$流通中所需要的货币量 = \frac{待销售商品价格总额 - 赊销商品价格总额 + 到期支付价格总额 - 互相抵销的支付总额}{货币流通平均速度（次数）} \qquad (12-2)$$

货币流通规律所要研究的问题，是货币与金属的比例问题。也就是说，单位货币所代表的价值量是由流通中所需要的金属货币量和流通中的货币总量共同决定的。正如马克思所说："只能从纸币是金的代表这种关系中产生。"这一规律简单来说就是："纸币的发行限于它象征地代表的金（或银）的实际流通的数量。"[①] 可用下列公式来表示：

$$单位纸币代表的价值量 = \frac{流通中货币必要量}{流通中纸币总量} \qquad (12-3)$$

纸币流通规律是以金属货币流通的规律为基础的。当纸币代替金属货币流通时，纸币流通规律是：纸币的发行量必须以流通中所需要的金属货币的量为限，也就是纸币的发行要适应于由货币流通规律所决定的金属货币的需要量。超过这一限度，纸币就会贬值，物价上涨，也就是通常所说的通货膨胀。

12.1.2.7 衡量货币流通状况的标志

衡量货币流通状况正常与否，从根本上说是看流通中的实际货币是否与货币流通必要量一致。在纸币流通条件下，如果货币流通量和货币必要量基本一致，货币流通速度就平稳，市场物价就稳定。当货币流通量过多地超过货币必要量时，就必然引起货币流通速度减缓或商品价格上涨。据此，便可通过货币流通速度和物价水平的变化，来衡量货币流通是否正常。同时，还要考虑经济体制的变化，结合具体经济条件来观察和衡量货币流通的实际状况。

（1）物价总体水平。当今世界各国普遍以物价水平变动的情况来衡量和考察货币流通情况。物价总水平的变动一般用综合物价指数来测定。

其中，K 代表物价总体水平，P_0、P_t 表示基期和本期的价格水平，θ_t 代表本期的商品量。

则计算公式为：

$$K = \frac{\sum P_t \theta_t}{\sum P_0 \theta_t} \qquad (12-4)$$

（2）市场商品供求状况。如果货币流通是正常的，则社会上的商品不会出现过剩或

---

① 《马克思恩格斯全集》（第 23 卷），人民出版社 1972 年版，第 147 页。

短缺；否则，就是货币流通状况不正常。同时，货币量与商品量在结构上的适应情况也是通过市场情况反映出来的，如生活资料市场状况紧张，生产资料市场状况良好，则说明现金流通量过多，而存款货币量正常；反之，则说明现金流通量正常，存款货币量过多。总之，市场商品供应情况，包括总体情况和结构情况，是衡量货币流通状况的一个重要标志。

（3）社会节余购买力与商品库存比例情况。商品库存是商品流通的后备。只有保持一定数量的商品库存，才能保证正常的供应，市场才能稳定。如果商品库存过大，节余购买力不足，则下期的周转必然受阻；反之，造成市场上商品短缺。因此，节余购买力应该与商品库存量相适应。

12.1.2.8 实现货币流通正常化的条件

货币流通与商品流通相适应，即社会货币购买力与社会商品供应在总量和结构上平衡，是货币流通正常化的表现。实现货币流通正常化，首先要为货币流通创造良好的经济环境，也就是要保持社会总需求和总供给的基本平衡。为此要做到以下几个方面：

（1）两大部类比例要协调。根据马克思的再生产原理，两大部类之间的比例关系是指生产资料生产和生活资料生产之间的比例关系。这是国民经济中最重要的比例关系，两者之间协调是货币流通正常化的物质基础。

（2）正确处理积累与消费的比例关系。国民收入经过初次分配和再分配，最终在使用上形成积累基金和消费基金。积累基金主要用于生产建设，消费基金主要用于满足人民群众日益增长的物质文化需要，两者的比例关系集中地反映了社会主义建设与人民生活的关系，是实现货币流通正常化的重要条件。

（3）保持财政与信贷收支的自身平衡和相对平衡。财政与信贷是我国分配资金的两条渠道。财政收支状况和信贷收支状况对货币流通都有直接的影响，只有保持二者的各自平衡和相互基本平衡才能使货币流通正常化。

12.2 货币制度

12.2.1 货币的起源

货币是在商品交换发展的漫长的历史过程中自发产生的，是商品内在矛盾发展的必然结果。因此，货币的根源在于商品本身，研究货币，必须从分析商品的性质及商品交换的发展过程开始。

商品是用来交换的能满足人们某种需要的劳动产品，它是使用价值和价值的统一体。商品的使用价值是它的自然属性，是可以感觉到的，商品的价值是它的社会属性，是凝结在商品中的无差别的人类劳动，是看不见摸不着的，商品的价值只有在商品与商品的交换关系中才能显露出来。因此，交换价值就是价值的表现形式。

为了揭示货币的起源和本质，我们需要研究价值形式，考察价值形式的发展。马克思说："我们要做资产阶级经济学从来没有打算做的事情：指明这种货币形式的起源。就是说，探讨商品价值关系中包含的价值表现，怎样从最简单的最不明显的样子一直发展到炫目的货币形式。这样，货币的谜就会随着消失。"①

价值形式的发展和商品交换发展的历史过程是一致的。它经历了以下四个阶段：

12.2.1.1　简单的、个别的或偶然的价值形式

原始社会后期，出现了商品交换，但当时人们还不是为交换而生产，只是将多余的产品用来交换，因而交换尚带有偶然性。和这种偶然的交换相适应，产生了简单的、个别的或偶然的价值形式，即一种商品的价值偶然地表现在另一种商品上。例如：

1 只绵羊和 2 把斧子相交换，1 只绵羊的价值就表现在 2 把斧子上，用等式表示为：

1 只绵羊 = 2 把斧子

简单价值形式是价值形式发展的最早阶段，等式左端（1 只绵羊）处于相对价值形式，右端（2 把斧子）处于等价形式。处于相对价值形式的商品只是直接作为使用价值出现的，它的价值必须表现在另一种商品上；而处在等价形式上的商品，只是作为价值，它的使用价值变成了表现另一个商品价值的材料。简单价值形式是不充分的。处于相对价值形式的商品的价值表现在一种商品上，价值只是同它本身的使用价值区别开来，还没有充分表现价值是同一的人类劳动这一本质。与此相适应，处于等价形式的商品只是个别的等价物，只是对一种商品才是等价物。随着进入交换的商品的种类的增多和范围的扩大，价值的表现就由简单价值形式逐步过渡到扩大的价值形式。

12.2.1.2　总和的或扩大的价值形式

第一次社会大分工后，生产力进一步发展使剩余产品增多，商品交换也进一步发展，某些商品已经不是偶然地而是经常地和别种商品相交换了。这样，简单价值形式便发展为扩大的价值形式：

50 斤谷子

或　1 只绵羊 $\begin{cases} = 2 \text{ 把斧子} \\ = 40 \text{ 尺布} \\ = 5 \text{ 分黄金} \\ = \text{其他各种商品} \end{cases}$

在扩大价值形式中，一种商品如绵羊可以同其他任何一种商品相交换，一种商品的价值已经不是偶然地表现在另一种商品上，而是经常地表现在一系列的其他商品上。在这里作为等价物的已不是一种商品，而是许多不同的商品了。

在扩大的价值形式中，商品价值的表现比在简单价值形式中表现得更加充分，但商品的价值还没有一个共同的统一表现。随着商品交换的发展，扩大的价值形式的缺点愈益明显，需要向完全的价值形式发展。

12.2.1.3　一般的价值形式

随着交换的发展，有一种商品自然而然地从许多商品中分离出来，发展成为所有商品的一般等价物，一切商品所有者都用自己的商品和它交换。虽然它不一定是每个人都直接需要的商品，但由于用它可以换到自己需要的任何商品，因此，大家都愿意用自己的商品先与这种商品相交换，然后再用它换回自己需要的商品。这样，这种商品就成为商品交换的媒介物，从而使直接的物物交换逐渐变成了通过媒介的交换，一切商品的价值都通过这

---

① 《资本论》（第 1 卷）；《马克思恩格斯全集》（第 23 卷），人民出版社 1982 年版，第 61 页。

种商品表现。这就是一般的价值形式。

50 斤谷子 =

或

2 把斧子 =

或

40 尺布 =　　　　　　　1 只绵羊

或

5 分黄金 =

或

其他各种商品 =

因为一切商品的价值现在都表现在从商品界中分离出来的唯一的、同一种商品（如绵羊）上，所以这个价值形式叫作一般价值形式。

一般价值形式与扩大价值形式比较，不是简单的等式移位，而是反映了本质的变化，在这里担任一般等价物的商品已开始起着货币的作用，不过，这时一般等价物还没有完全地最后固定在一种特定的商品上，由于一般等价物的不固定性和不统一性，阻碍了商品交换的进一步扩大和发展。

12.2.1.4　货币形式

随着第二次社会大分工的出现，商品交换的范围更加扩大，种类日益繁多，这就要求一般等价物固定在一种商品上，当贵金属从商品界分离出来固定地独占了一般等价物的地位时，就成了货币。这样，一般价值形成就过渡到货币形式：

50 斤谷子 =

或

2 把斧子 =

或

40 尺布 =　　　　　　　5 分黄金

或

1 只绵羊 =

或

其他种种商品 =

从一般价值形式过渡到货币形式，并没有什么本质的变化，不同的是一般等价物已固定地由贵金属黄金或白银来充当了。货币之所以能够和一切商品直接交换，就是因为它充当了一般等价物，别无什么神秘之处。所以马克思指出："金银天然不是货币，但货币天然是金银。"[①]

货币形式是最发达的价值形式。货币的出现，使整个商品界分成了两极：商品和货币，并使商品直接交换变为以货币为媒介的商品交换，使买卖行为有可能在时间上和空间上脱节，促进了商品交换的发展。

---

① 《马克思恩格斯全集》（第 13 卷），人民出版社 1982 年版，第 145 页。

通过对商品价值形式的历史分析可以看出，货币来源于商品，是商品交换发展到一定阶段的自发产物，是必然的、客观的，不以人的意志为转移的。

12.2.2 货币的职能

12.2.2.1 货币的本质

货币是固定地充当一般等价物的特殊商品。作为商品，它与普通商品一样，具有使用价值和价值；但又和普遍商品不同，是充当一切商品的一般等价物的商品，因此它的价值和使用价值较之普通商品又有特殊的地方。

（1）普通商品的价值要通过和货币相交换才能表现出来，货币作为人类劳动的产品，它本身直接体现社会劳动，作为价值的直接代表而存在。

（2）普通商品的使用价值是特殊的、具体的，用自身的自然属性即物质属性满足人们的某种需要，而作为货币商品的贵金属，其使用价值是二重的：一方面，作为商品具有特殊的使用价值，如金可以做装饰品等；另一方面，作为一般等价物的社会职能产生的形式上的使用价值。

自从货币出现后，一切商品都要先换成货币，才能换到其他商品。货币使商品生产者之间发生密切的联系，体现着商品生产者之间的生产关系。货币的本质在货币的职能中得到充分的体现。

12.2.2.2 货币的职能

货币的职能是由货币作为一般等价物的本质决定的，是随着商品生产和交换的发展而发展的。在发达的商品经济中，货币执行着价值尺度、流通手段、贮藏手段、支付手段和世界货五种职能。

（1）价值尺度。货币的第一个职能是充当商品的价值尺度，作为计量商品价值大小的尺度。马克思说："金的第一个职能是为商品世界提供表现价值的材料，或者说，是把商品价值表现为同名的量，使它们在质的方面相同在量的方面可以比较。因此，金执行一般的价值尺度的职能，并且首先只是由于这个职能，金这个特殊的等价商品才成为货币。"因此，价值尺度是货币的基本职能之一。

各种商品的价值之所以能够比较，并不是因为有了货币，而是因为它们本身都是一般人类劳动的凝结物，本来就是可以比较的。货币所以能够充当价值尺度，是因为货币本身也是商品，具有价值，正如计量物品长度的尺子，本身必须具有长度一样。商品价值的内在尺度是劳动、货币作为商品的价值尺度只是外部的。

货币执行价值尺度的职能是观念上的。并不需要有现实的货币，只需要想象的、观念中的货币就行了。

商品价值的货币表现就是商品的价格。为了衡量和计量各种商品不同的价值量，货币自身必须先确定一个计量单位，即在技术上有必要用某一固定的金量作为货币单位，它又分成若干等分。这种货币单位及其等分，叫作价格标准。例如，我国的元、角、分等。

价格标准与货币的价值尺度是不同的。第一，作为价值尺度，是用来衡量各种不同商品的价值；作为价格标准，则是代表一定的金属重要，用来衡量货币金属本身的数量。第二，作为价值尺度，货币金属本身的价值，会随劳动生产率的变动而变动；作为价格标准，货币单位所含的金属重量，则与劳动生产率的变动无关，从而与金属价值的变动无关。第三，作为价值尺度，是在商品经济发展中自发产生的，并不依靠国家权力；作为价格标准，则通常是由国家法律规定的。

（2）流通手段。货币的第二个职能是流通手段，即充当商品交换的媒介。商品在交换时先把商品换成货币，再用货币去换取别人的商品，货币就成为交换的媒介。执行流通手段的货币必须是现实的货币，不能是想象的或观念的货币。但由于在流通过程中，货币只是交换的手段而非目的，因此作为流通手段的货币可以用不足值的或没有价值的符号替代。作为货币符号的纸币就是从货币流通手段职能中产生的，以货币为媒介的商品流通，打破了直接物物交换在时间、空间和对象上的限制，极大地便利了交换，同时也使买与卖分裂为两个独立的过程，若一些商品所有者只卖不买或多卖少买，就会使另一些商品所有者的商品卖不出去，买卖失衡就可能爆发危机。因此，货币的流通手段职能，孕育着危机的可能性。

（3）贮藏手段。货币退出流通贮藏起来，就执行贮藏手段的职能。货币的贮藏手段的职能是随着商品流通的发展而发展的。最初，人们只是把满足自己需要以后多余的部分产品拿去交换，取得货币后暂时不购买商品而把货币贮藏起来。随着商品生产的发展，贮藏一定数量的货币成为顺利进行再生产的必要条件。最后，在求金欲的驱使下，出卖商品以后不再购买，而把货币作为绝对的社会财富贮藏起来。

货币作为贮藏手段，必须是足值的金属货币。它可以是金银铸币、金银条块，最典型的贮藏形式是窖藏。

货币贮藏可以起自发地调节货币流通量的作用。当流通中货币量过多时，多余的货币会自发地贮藏起来；而当流通中货币不足的时候，它又会重新进入流通。所以，在足值的金属货币流通条件下，货币的贮藏起到了蓄水池的作用。

（4）支付手段。货币在用于清偿债务，缴纳赋税，支付工资，税款等价值的单方面转移时，执行支付手段职能。货币支付手段职能出现后，一定时期内流通中所需要的货币量也相应发生了变化，不仅包括了作为流通手段的货币量，还包括了作为支付手段的货币量。商品交换中延期支付、到期支付、债务间相互抵销的货币额都会影响货币流通量。货币执行支付手段职能可以使相应的支付活动相互抵消，从而节约了现金和流通费用。

随着信用制度的发展，货币作为支付手段的职能作用也在扩展，作为支付手段的货币取得了各种形式，并出现了金融工具的创新。货币支付手段的职能扩大了危机的可能，因为信用交易的发展，商品生产者无力清偿债务，就会引起许多相关联债务人支付困难的连锁反应，造成债务关系混乱，出现货币危机。

（5）世界货币。着商品流通超出一国范围，货币的作用也超出国界，在世界市场上，货币具有世界货币的职能。作为世界货币，必须是足值的金属货币，而且必须脱去铸币的地方性外衣，以金块、银块的形状出现。

世界货币的职能有以下几个方面：第一，在结算国际贸易差额时，作为一般的支付手段。第二，在国际市场上，一国单方面购买另一国的商品时，作为一般购买手段。第三，作为社会财富的代表由一国转移到另一国，如用黄金、白银支付战争赔款，输出货币资本等。在目前非金属货币流通和黄金非货币化的情况下，只有在国际市场上可以自由兑换成其他国家货币的硬通货，才可以充当世界货币。

从其历史发展的进程来看，货币必须首先具有价值尺度职能，进而才能执行流通手段职能。价值尺度和流通手段是货币的两个基本职能，其他职能都是在这两个职能的基础上，随着商品生产和商品流通的发展逐步产生的。五种职能的排列次序不是任意的，而是反映了商品生产和商品流通的历史发展过程。这五个职能之间存在有机联系，共同表现了货币作为一般等价物的本质。

12.2.3　货币制度的构成

12.2.3.1　货币制度的概念
货币制度是指一个国家以法律形式规定的货币流通结构和组织形式，又称货币本位制度，体现着掌握国家权力的统治阶级的意志。

12.2.3.2　货币制度的构成内容
货币制度的主要构成内容包括货币金属，货币单位，本位币和辅币的铸造、发行和流通程序，金准备制度四个方面。

（1）货币金属。它是确定作为本位币货币材料的金属，这是整个货币制度的基础。一个国家选择哪些金属作为货币金属，是由这个国家客观经济的发展进程和货币金属生产状况来确定的。

（2）货币单位。它包含两方面的内容，即货币单位的名称和每一货币单位所包含的货币金属重量。如美国规定的货币单位名称是"美元"，1934年1月，1美元含金量0.88867克。英国规定货币单位名称是"英镑"，1870年每英镑含金量为7.97克。中国在1914年规定货币名称为"圆"，一圆含纯银23.977克。

（3）本位币和辅币的铸造、发行和流通程序。本位币又称主币，它是按照国家规定的货币金属和货币单位铸造而成的铸币。本位币是一个国家计价结算的基本通货，具有无限法偿的效力。辅币是本位币以下的小额通货，是本位币的一个可等分的部分，一般是用较贱的金属如铜、镍等铸造。辅币是不足值的货币，仅具有有限法偿的效力。

（4）金准备制度。货币金属准备制度主要是金准备。金准备是国家集中于中央国库的黄金储备，它是一国货币制度稳定的基础。

12.2.3.3　货币制度的演变
货币是由于分工和交换制度的产生而出现的。货币制度随着社会经济的发展而不断变化。在金银作为货币的情况下，各国为了建立一个具体的货币制度，就首先要决定一种货币的基础与计算单位。这种货币的计算单位就是货币的本位。根据这一本位而制定的货币称为本位货币。在历史上各国曾实行过不同的货币本位制度。

（1）金本位制（Gold Standard）。金本位制是一个国家的货币单位用一定数量的黄金来表示。英国是最早实行金本位制的国家（1816年实行），到第一次世界大战前为止，主要的西方贸易国普遍实行了金本位制。在历史上曾有过不同的金本位制，按其货币与黄金的联系程度，可以分为如下三种类型：

1）金币本位制（Gold Specie Standard），是以黄金作为本位货币的货币制度。其特点是：第一，法定货币含金量。即用含有一定重量、成色的黄金金币为本位币在市场上流通，而各国货币都按所含的黄金量来确定彼此间的比价。如20世纪初，1美元含金23.22格令，1英镑含金113.0016格令，则20.672美元或4.248英镑等于1盎司黄金的价值，并由此确定美元与英镑间的汇率，即 1 英镑 = 4.8665 美元。第二，自由铸造。任何人都可以自由铸造或熔化金币。第三，自由兑换。市面上流通的其他金属辅币和银行券可以按法定比率自由兑换成金币或等量的黄金，同时，准许人们自由贮藏黄金。第四，自由输出入。黄金可以自由地输出或输入本国。1880～1914 年是金币本位制的全盛时期。

2）金块本位制（Gold Bullion Standard），是以黄金作为准备金，以有法定含金量的价值符号作为流通手段的一种货币制度。黄金只作为货币发行的准备金集中于中央银行，而不再铸造金币和实行金币流通。流通中的货币完全由银行券等价值符号代替，银行券可以在一定数额上按含金量与黄金兑换。中央银行保持一定数量的黄金储备，以维持黄金与货币之间的联系。在金块本位制度下，金币的铸造和流通以及黄金的自由输出入已被禁止，黄金已不可能发挥自动调节货币供求和稳定汇率的作用，从而使金块本位制失去了稳定的基础。因此，金块本位制度实际上是一种残缺不全的金本位制度。

3）金汇兑本位制（Gold Exchange Standard），又称虚金本位制，它将本国货币间接地与黄金联结。实行金汇兑本位制的国家，对货币只规定法定含金量，禁止金币的铸造和流通。国内实行纸币流通，纸币不能与黄金兑换，而只能兑换外汇，外汇可以在国外兑换黄金。由于流通中的货币是不能与黄金保持兑换的纸币，黄金已不能发挥自发调节货币流通的作用，使货币流通失去了调节机制和稳定的基础，从而削弱了货币制度的稳定性。因此，金汇兑本位制度是一种削弱了的极不稳定的金本位制度。

（2）银本位制。银本位制就是一个国家的货币单位用一定数量的白银来表示。在银本位制下，以白银为货币材料的铸币是本位币，银铸币具有无限法偿的能力，流通的价值符号既可以兑现为银铸币，它也可以分为银币本位制、银块本位制或银汇兑本位制。银本位制历史悠久，于 16 世纪以后盛行，1870 年后资本主义国家纷纷放弃银本位制。我国 1910 年正式实行了银本位制。

（3）复本位制。复本位制就是一个国家的货币单位可以用一定量的黄金和白银来表示。换言之，黄金和白银同时都是本位货币，即同时采用金本位制和银本位制。在这种制度下，关于兑换、买卖、进出口的条款同时适用于黄金和白银。

（4）不兑现的信用货币制度。以上三种都是金属本位制。不兑现信用货币制是以纸币为基本货币单位，这种纸币由法律决定其地位，称为法偿货币。在许多国家，规定有纸币的含金量，但这种纸币并不能兑换成黄金。其特点是：第一，现实经济生活的货币都是信用货币。第二，不兑现银行券和银行存款这些信用货币都是通过银行信贷程序投入到流通中去的。第三，国家对货币流通的控制与调节成为经济正常发展的必要条件。

应当指出，在金属本位制下一般不会发生通货膨胀（除非特殊条件下，如 17 世纪由于北美黄金、白银流入欧洲而发生的价格革命），因为贵金属总量是有限的。但纸币的发行可以是无限的，因此，通货膨胀是不兑现本位制，即纸币制度下的产物。

12.2.4 人民币制度

12.2.4.1 中国货币制度的演变

（1）旧中国的货币制度。中国最早的货币有海贝、布帛和农具，商周时期开始使用金属货币，秦始皇统一中国后，废除刀、布、贝等货币，开始生产外圆内方的铜铸币、即铜钱。铜钱是从秦朝到清末 2000 多年流通的基本货币。黄金、白银也是流通货币，但主要不是以铸币形式流通，而是称量货币。

从鸦片战争到中华人民共和国成立前，这一时期中国的货币制度是一种混乱的、落后的与不独立的货币制度，其基本特点是：

1）从银本位制向纸币本位制过渡。自 18 世纪末到 19 世纪初，英国首先过渡到金本位制，欧洲其他国家和美国也逐步形成金本制。但我国仍然是银本位制，且是落后的银两本位制，银钱并行本位制，这种称量货币对流通带来极大不便。当外国银圆大量流入中国后，清政府才开始自制银圆；1933 年 4 月，国民党政府进行"废两改元"的币制改革，我国才开始实行统一的银铸币本位制。由于白银外流，国内银根缩紧，银本位制难以维持，国民党政府于 1935 年 11 月废止银本位制，实行法币政策，开始了不兑现纸币本位时期。

2）旧中国货币制度受到帝国主义国家的操纵控制。帝国主义国家利用中国的银两制度，将大量含银不足的银圆推入中国，掠夺财富，换取含银十足的中国纹银，中国白银不足，依赖输入，帝国主义国家对国际市场金银比价的控制使中国的货币制度间接受到影响；帝国主义国家还在中国开设银行，发行纸币，甚至把其在国内发行的货币投放到中国市场上流通，占据中国的货币市场。

3）市场上流通的货币不统一。银两制度下，名称不一、分量不一，"废两改元"后，银圆成分不一、分量不一，各省都有官银钱局，纷纷铸造货币，发行纸币，私营钱庄也发行银钱票。

4）通货膨胀恶性发展。国民党以发行纸币弥补由于庞大军费开支而引起的巨额财政赤字，引起了通货膨胀。1938 年以后，物价上涨速度大大超过货币发行量增加的速度，法币几乎变成了废纸，国民党不得不于 1948 年 8 月 19 日宣布废止法币，再次实行币制改革，发行金圆券代替法币。但金圆券和之后发行的银圆券，在短短的一年内相继崩溃，留下一个难以收拾的恶性通货膨胀的局面。

（2）统一人民币制度的建立。革命根据地建立以后，由人民政权发行货币，最早的是第一次国内革命战争时期的农民协会信用合作社流通券，以后又有银票、钞票、银圆、铜币、边币、农民币及各地方币。在根据地内，一般只允许人民自己的货币流通。由于根据地和解放区处于被包围被分割状态，因此，各根据地和解放区的货币不可能统一发行和管理。

货币的统一工作是从合并解放区的通货开始的。首先在互相邻近和连接的解放区之间，把几种不同的通货实行固定比价流通或混合流通，或以一种通货为主，然后逐步合并统一。

1948 年 12 月 1 日，中国人民银行在河北省石家庄市宣告成立，随即发行人民币作为全国的统一货币。人民币的发行，标志着社会主义货币制度的开始。

12.2.4.2　我国人民币制度的主要内容

（1）人民币是我国的法定货币。人民币的单位是"元"，符号为"￥"，"元"是本位币即主币，主币共有 7 种：1 元、2 元、5 元、10 元、20 元、50 元和 100 元。辅币的名称为"角"和"分"，有 6 种。

（2）人民币是纸币。人民币是代表一定价值的货币符号，在流通中起一般等价物的作用。人民币没有含金量的规定，它以投入市场的商品作保证。两者之间的比例会随着商品经济的发展和货币流通速度的变化而变化。

（3）人民币是我国唯一的合法通货。国家禁止境内金银和外币计价、结算、流通和私自买卖，金银只能出售给国家银行，由国家银行按牌价出售，但允许个人持有。

（4）人民币的发行权集中于中国人民银行，即中央银行，并由中国人民银行总行根据国务院批准的货币发行额度组织货币发行和集中管理货币发行基金。

（5）人民币流通实行计划管理，主要是通过信贷计划管理（包括人民银行信贷收支计划和商业银行信贷收支计划）。资金计划管理、货币供应调控，对货币流通进行组织、调节和管理。

（6）人民币允许在经常项目下可兑换。1994年开始，我国形成了新的外汇体制，实现了人民币在经常项目下有条件的可兑换，并于1996年成功地实现了经常项目下可兑换。在这一过程中，我国的货币制度也将进一步与国际货币制度接轨。

（7）人民币汇率制度实行以市场供求为基础的、单一的、有管理的浮动汇率制度。

12.3　信　用

12.3.1　信用的基本问题

12.3.1.1　信用的概念

信用是经济上的一种借贷行为，是一种以还本和付息为条件的价值单方面运动。

信用的产生是与货币支付手段职能发展直接相联系的。在商品经济获得进一步发展后，货币作为支付手段的职能就会超出商品流通范围，信用关系日益表现为直接的货币借贷，货币成为契约上的一般商品，一方面在某些人手中积累有货币，需要寻找运用的场所；另一方面，有些人需要货币，因而要求通过借贷形式融通货币的余缺。

融通货币余缺采用信用形式。货币所有者贷出货币，处于债权人地位，有权按期索回借出的货币，并要求对方支付使用货币的代价——利息；借入货币的一方处于债务人地位，可以暂时支配，使用借来的货币有义务按期偿还，并按规定加付一定利息。偿还性就是信用的基本持证，是任何社会形态下信用所具有的基本特征。

12.3.1.2　信用的基本职能

信用的职能就是指信用在社会经济生活中其本身所具有的功能。一般来讲，信用具备以下两个基本职能。

（1）动员和分配货币资金的职能。信用的基本特征是以偿还和付息为条件的价值单方面运动，即偿还性、期限性、付息性。因此，信用可以用其他方式不能动员的独特方式把社会上暂时闲置的货币资金聚集起来，然后再分配给需要货币资金的单位和个人。这种动员和分配货币资金的职能是以偿还和付息为条件的，它是信用的基本职能。

（2）提供和创造流通工具的职能。信用在分配货币资金的同时也发挥着提供和创造流通工具的职能。首先，流通中的货币包括现金和非现金，它可以利用信用形式通过贷款提供出来进入流通领域，然后再按照一定期限后必须偿还的原则收回其贷款从而使流通中的货币又退出流通领域。由此可见，信用发挥着提供流通工具的职能。其次，在信用分配和提供货币资金过程中它又发挥着创造流通工具的职能。当生产力发展，商品流通范围扩大、社会上产品增多时，需要增加相应的货币量，信用可以通过贷款方式追加货币投放进入流通领域用以购买商品或进行支付，从而创造出新的流通手段和支付手段，保持货币量与商品的正常比例。

12.3.1.3　信用的本质

信用作为一种借贷活动，是从属于商品货币关系的一个经济范畴。无论在任何社会下，从形式上看都是一种以偿还和付息为条件的价值单方面运动。但从信用所反映的经济关系及其具体内容看，在不同社会制度下却有本质差别。

（1）高利贷信用的本质。在奴隶社会和封建社会，高利贷信用反映着高利贷者和奴隶主封建地主共同瓜分奴隶和小生产者的全部剩余产品，甚至绝大部分必要劳动产品的经济关系。在高利贷信用中，高利贷者把商品或货币直接贷放给奴隶和小生产者时，他的剥削对象就是奴隶和小生产者的劳动。在旧中国半殖民地半封建社会时期，高利贷是帝国主义列强统治和掠夺中国人民财富的支柱，它像一根吸血管一样插在中国劳动者的身上，不断吮吸着劳动者的血脂。

（2）资本主义信用的本质。在资本主义社会里，信用反映着货币资本家和职能资本家共同瓜分雇佣工人剩余劳动的剥削关系。在资本主义社会，信用活动表现为借贷资本运行。借贷资本是作为所有者的货币资本家把它放给职能资本家使用，职能资本家开始让它进入产业资本的循环中用以购买生产资料、雇佣工人、从事生产活动，创造出剩余价值。经过一段时间后，产业资本家把所借资本连同利息（剩余价值的一部分）一并归还给借贷资本家。这时，借贷资本家通过利息的形式参与了剩余价值的瓜分。由此可见，借贷资本家在和职能资本家一起共同瓜分雇佣工人创造的剩余价值，借贷资本的运动体现着资本主义的生产关系，即资本对雇佣劳动的剥削关系。

（3）社会主义信用的本质。社会主义信用体现的是社会主义的生产关系，即国家、集体、个人三者根本利益一致的关系。

首先，国家与国有企业利益的一致性，在社会主义信用关系下，国有企业将暂时闲置的资金存入国家银行，再由银行统一分配给需要资金的国有企业，促进企业有效地使用资金，发挥资金的最大经济效益。同时，银行也可以加强对企业经济事务的监督，促进社会再生产的顺利进行。

其次，国家与集体企业利益的一致性。随着商品经济的发展，集体经济取得了良好的经济效益，出现大量闲置资金，并存入国家银行，增加国家统一调配资金的力量。同时，国家银行也对集体企业发放各种急需贷款，尤其对农业发放的支农贷款，保证了农业在整个国民经济中基础地位的实现。

最后，国家与个人劳动者利益的一致性。在社会主义市场经济条件下，生产力大大提高，人民生活水平不断上升，收入大幅提高，广大消费者把生活节余部分资金存入国家银行由国家统筹使用，变消费基金为积累基金。用于扩大社会再生产，再生产出更加丰富的物质和精神产品以满足人民群众日益增长的需要。

此外，国家和个体私营企业也存在利益的一致性，私营经济在社会主义经济发展中成为重要的组成部分。国家银行也发放一定数量的贷款支援个体私营经济发展，同时个体私营经济发展又繁荣了市场，活跃了经济，方便了人民群众生活。

12.3.2 现代信用的活动基础

有人说现代经济就是"信用经济"，无论在发达国家还是在发展中国家，债权债务关系都普遍存在。在国际国内的经济联系中，企业经营单位借债与放债都是必不缺少的；政府及政府之间往往是既借债又放债；个人同样如此。对我国来说，银行不办理存贷款业务是不可想象的。至于广泛存在消费信用的国家，很多人如不靠分期付款购买耐用消费品及房屋，他们将无法安排生活。在现代经济生活中若能获取信贷，正说明有较高的信誉。其信用的根基在于：

12.3.2.1 盈余与赤字，债权与债务

在发达的商品经济下，商品货币关系覆盖整个社会，作为经济生活中经济行为主体的公司企业、个人，还是各级政府，他们的经济活动都不能不伴随着货币的收支。

在日常的频繁收支过程中，收支相比，会出现收大于支，或支大于收，或收支相抵，更多的是前两种。为此，就会出现货币收大于支的盈余经济行为主体、货币支大于收的赤字经济行为主体和一些均衡单位。这时，通过信用进行调剂就显得必要。在信用社会，任何货币的盈余或货币赤字，都同时意味着相应金额的债务、债权关系的存在。

盈余经济行为主体不仅拥有债权，它同时负有债务，盈余是债权债务抵消后的净债权；同样，赤字经济行为主体往往也同时负有债务拥有债权，只不过债权小于债务；收支相抵单位也并不等于没有债权债务，而是债权债务相当。这种债权债务交错的现象是由于每一笔货币收支都与债权债务的变换消长相联系。在这种情况，信用关系就遍及整个经济生活并且有极其巨大的规模。

12.3.2.2 信用关系中的个人

个人是指有任何货币收入的人，而无论其从事的何种职业。一般来说，个人的货币支出以其收入为度，除了防病、养老、教育子女、购买住房以及其他消费外通常要有一定节余。同时，由于种种原因，有些人会入不敷出。如果一个国家在相当程度上要依靠消费信用维持再生产周转，则会造成普遍的个人负债。但无论如何把所有的个人作为一个整体，几乎在任何国家，通常大多数年份是盈余，从而是金融市场上货币资金的主要供给者。

12.3.2.3 信用关系中的企业

企业作为一个整体，既是巨大的货币资金需求者，又是巨大的货币资金供给者。

企业的经营目标是提供社会所需的产品和服务时获取更大的利润。为此，它需扩大经营，借入资金。所以，企业从创业之初，便可能是出现赤字，当然，要借入资金的话，也需有一定数量的自有资本金。

在日常的经营过程中，由于种种原因，企业也会出现赤字。如生产周期过长、投资大、收益慢，如造船业、建筑业等产业部门。此外，季节性的资金需要平衡市场波动所造成的收不抵支等现象，也都是借款的原因。企业经常需要借入资金，但同时也存在盈余贷出。若把企业作为一个整体，其对资金的需求通常大大超过供给。

12.3.2.4　信用关系中的政府

政府的货币收支主要是从中央到地方的各级财政收支。收大于支，形成财政结余；支大于收，形成财政赤字。一个国家财政收支状况好坏，有时可以根据结余或赤字来判断，但大多情况下难以做出定断。政府一般是货币资金的需求者，所以赤字普遍存在并且规模可观。就是在盈余或平衡的预算条件下，由于支出先于收入等原因，政府也会不时需要借入货币。

12.3.2.5　作为信用媒介的金融机构

个人、企业、政府、有联系的国外各单位，它们之间的债权债务有些是直接发生的，但绝大部分是通过各种金融机构媒介而成的。

作为媒介的金融机构，它们有自身的经营收入和日常经营所需的支出，可能出现盈余或赤字。但它们还有另外一种情况，作为媒介要聚集资金，形成债务；把聚集的资金通过如贷款等方式分配出去，形成债权。在经营过程中，若出现对资金需求大于所聚集的资金，将驱使它们寻求补充资金来源；反之，它们将寻求把集聚的多余资金加以运用的途径。

12.3.3　现代信用的形式

在现代社会中，商品经济得以很大发展，并出现了与此相适应的多种信用形式，具体有以下几种：

12.3.3.1　商业信用

商业信用是企业之间在商品交换过程中，互相赊销商品延期付款或预付货款形式彼此提供的信用，是一种常见的信用形式。

在社会再生产过程中，借助商业信用进行商品赊销或分期付款可以使社会再生产各个环节有机衔接起来。商品的赊销和延期支付使买卖双方的关系变成债权债务关系，为了便于买卖双方债权债务的清偿，使用商业信用工具即商业票据，它是商业信用中借贷人之间的债务凭证。

商业信用的特点：第一，商业信用与商品生产和流通密切联系。由于商业是企业间以商品形态相互提供的直接信用，从而加速商品向货币转化，节省货币形态的流通费用。第二，商业信用贷出的资本不是闲置的货币资本，而是处于社会再生产过程的商业资本，直接与生产过程相联系。商业信用的局限性：第一，商业信用的规模受到一定限制。由于商业信用是企业之间相互提供的，它自然受到个别企业资本数量限制，每次赊销的商品数量有限，时间也不能过长。第二，商业信用的范围受商品流转方向的限制。第三，商业信用的存在易引起企业间的"三角债"。

12.3.3.2　银行信用

银行信用是银行和其他金融机构以货币形式向企业及其他社会单位、个人提供的信用。

银行信用是在商业信用基础上产生并发展起来的，银行信用打破了商业信用的局限，适应了社会扩大再生产的需要。它包括两方面的活动：一是银行以吸收存款等形式，筹集社会各方面的闲散资金，二是通过借款等形式运用所筹集到的资金。

银行信用的特点：第一，银行信用是以银行作为信用中介机构联结借贷双方的一种间接融资方式。第二，银行信用的规模不受个别资本数量的限制。它可以提供量大时间长的贷款。第三，银行信用不受商品流转方向的限制。银行信用无论在借贷数量、期限和方向上都克服了商业信用的局限性，适应了社会经济发展的需要。但它并不能完全取代商业信用。

12.3.3.3 国家信用

国家信用又叫作国家财政信用，是以国家财政为主体，以债务人或债权人身份进行的借贷活动。其主要形式就是由政府发行债券（国库券、公债）以筹措资金。

国家信用工具是国库券和公债。国家为了弥补其财政支出或吸引外资可以以债务人身份在国内外发行国库券和公债筹集资金；国家也可以以债权人身份运用财政资金对国内外企业发放贷款，对外投资，输出资本获得利润进行政治经济扩张。国家信用的产生直接与国家财政相联系。

12.3.3.4 消费信用

消费信用是企业、银行或其他金融机构向消费者个人提供的直接用于生活消费的信用。

消费信用有两种类型：一是类似商业信用，是由企业的赊销或分期付款方式将消费品提供给消费者的一种短期消费信用。二是属于银行信用，是由银行等金融机构向消费者以抵押贷款和小额信用贷款方式直接向消费者提供的一种长期消费信用。

消费信用的特点：第一，它暂时刺激了消费需求，扩大了商品销售，缓解了生产和消费的矛盾。第二，对消费者来说，消费信用是对未来购买力的预付，属提前消费，因此贷款利率比较高，条件苛刻，实际加大消费者的负担。第三，它只是一种暂时促销手段，容易掩盖供求关系真相，引起信用扩张，激化生产和消费的矛盾。

12.3.3.5 国际信用

国际信用是各国银行、企业、政府之间相互提供的信用，是适应商品经济发展和国际贸易扩大而产生和发展起来的一种跨国信贷关系。

国际信用的特点：第一，密切了各国之间的经济联系，促进了对外贸易的发展。第二，国际信用通过资本输入，一方面加重对落后国家人民的剥削，另一方面加剧了输出国争夺市场的矛盾。

12.3.3.6 合作信用

合作信用是按合作经济的组织原则，为适应经济发展需要而产生的信用形式。

在我国，合作信用主要有两种类型：一种是农村信用合作社，主要办理农村集体经济单位的存贷款业务，吸收农民储蓄存款，发放农民生活贷款和农业生产性贷款。另一种是城市信用合作社，主要办理城市集体经济组织和个人的有关存贷款业务。通过这种信用合作社可以解决我国广大城镇和农村的集体经济、个体私营经济等方面对资金的需要问题，促进农村城镇经济健康良性发展。

12.3.3.7 民间信用

民间信用是指民间个人之间的借贷往来。它包括个人给集体单位提供的信用和个人之间相互提供的信用。其特点是：第一，能满足家庭经济小型合作经济以及集体经济发展对资金的需要，是银行信用活动的补充。第二，民间信用具有一定盲目性，易出现高利贷活动和其他非法经济活动，要对此合理引导和管制。

此外，还有租赁信用、信托信用、保险信用、代理信用等信用形式。这些信用形式相互关联，并随着商品经济的不断发展将逐步趋于完善。

12.4　利息与利息率

利息是与信用相伴随的一个经济范畴。信用作为一种有条件的借贷行为，借款者除了按规定时间偿还本金外，还要以利息的形式为使用资金支付一定代价，即利息。

12.4.1　利息

利息是资金所有者因贷出货币的使用权而从借款人取得的一种报酬。由于利息是借款者运用借入货币所支付的代价，有时被称为借贷资金的"价格"。

利息本源于劳动者所创造出的价值的一部分，利息的来源是由信用关系决定的，因此在不同的社会制度下利息的性质不同，体现的生产关系也不同。

在奴隶社会和封建社会，高利贷信用的利息来源于奴隶、农奴和小生产者的剩余劳动及一部分必要劳动。它体现了高利贷主和奴隶主、封建地主共同对劳动者的剥削关系。

在资本主义社会，利息来源于劳动者的剩余价值，产业资本家将其利润（剩余价值的转化形态）的一部分以利息形式支付给货币资本家或银行资本家，体现了产业资本家和借贷资本家共同瓜分剩余价值的剥削关系。

在社会主义社会，利息来源于主业收入的一部分。体现着全体劳动者共同占有生产资料，独立进行经济核算，合理分配社会纯收入的关系，反映了国家、集体和个人之间在根本利益一致前提下相互支援、彼此协作的新型的社会主义生产关系。

12.4.2　利息率

利息水平的高低是用利息率来表示的。

12.4.2.1　利息率的概念

利息率是指在一定时期内利息额和本金的比例，简称利率。其计算公式为：

$$利息率 = \frac{利息额}{本金} \tag{12-5}$$

习惯上按照计算利息的时间把利率划分为年利率、月利率。年利率表示为百分之几（%）、月利率表示为千分之几（%）并以"厘"作为利率的基本单位。

计算利息有单利和复利两种方法。

单利是指在计算利息时，不记期限长短，仅按本金计算利息，所生利息不再加入本金计算下期利息。其计算公式为：

$$I = P \times r \times n \tag{12-6}$$

其中，I 表示利息额，P 表示本金，r 表示利率，n 表示时间。

复利是指计算利息时，按一定期限（如一年），将所生利息加入本金再计算利息，俗称利滚利。其计算公式为：

$$S = P \times (1+r)^n; \quad I = S - P \tag{12-7}$$

其中，S 表示本利和，P 表示本金，r 表示利率，n 表示期数，I 表示利息额。

用单利计算利息，手续简便，有利于减轻借款人的利息负担。用复利计算利息，有利于加强资金的时间观念，促使企业关心资金周转速度，提高资金使用效益。

12.4.2.2 利息率的种类

（1）按利率与借贷行为或环节之间的关系，可分为存款利率和贷款利率。存款利率是存款利息与存款金额之间的比率，它由存款位期限不同，可分为活期存款利率和定期存款利率。贷款利率是贷款利息与贷款金额之间的比率。可分为一般贷款利率、优惠贷款利率、短期拆放利率、中长期贷款等。

（2）按计算时间长短可分为年利率，月利率和日利率。年利率是指借贷货币一年应支付的利息同本金之间的比率，通常用百分数表示。月利率是指借贷货币一月应支付的利息同本金之间的比率，通常用千分数表示。日利率是指借贷货币一日应支付的利息与本金之间的比率，通常用万分数表示。

（3）按利率能否真实反映借贷者的收益，分为名义利率和实际利率。名义利率是现实的形式上的利率。实际利率是名义利率扣除通货膨胀因素影响后的利率。

（4）按利率的特点分为统一利率、差别利率、浮动利率和市场利率四种。统一利率是指国家对同一种类、同一期限的存款或贷款，规定全国统一的利息率，是我国最基本的利息率。差别利率是指银行根据国家有关的政策、国民经济发展的需要和企业经营管理状况等，对不同贷款对象实际区别对待的利率政策。浮动利率是指在国家规定的统一利率的基础上，授权某一级银行机构在一定的幅度内，可视情况的需要将利率上浮或下浮。市场利率是指借贷双方按市场资金状况自行确定的利率。

（5）按利息是否计入本金后重复计算，可分为单利和复利。

12.4.3 利息率的决定

12.4.3.1 马克思的利率决定论

马克思论证，利息是利润的一部分，因此利息的多少取决于利润总额，利率取决于平均利率率。"因此利息只是利润的一部分……所以，利润本身就成为利息的最高界限，达到这个最高界限，归执行职能的资本家的部分就会等于0。"利息不可以为零，否则，有资本而未运营的资本家就不会把资本贷出。因此，利率的变化范围是在"零"与平均利润率之间。至于在这中间定位于何处，马克思认为，这取决于借贷双方的竞争，也取决于传统习惯、法律规定等因素。当然，并不排除利率超出平均利润率或事实上成为负数的特殊情况。

12.4.3.2 古典学派的利率决定

在凯恩斯主义出现以前，传统经济学中的利率理论称为实际利率理论。这种理论关注的是实际因素（生产率和节约）在利率决定的作用。生产率用边际投资倾向表示，节约用边际储蓄倾向表示。投资流量会因利率的提高而减少，储蓄流量会因利率的提高而增加，因而投资是利率的递减函数、储蓄是利率的递增函数。而利率的变化取决于投资流量与储蓄流量的均衡。

图 12 - 3 中，II 曲线为投资曲线，该曲线向下倾斜，表示投资与利率之间的负相关关系；SS 曲线为储蓄曲线，该曲线向上倾斜，表示储蓄与利率之间的正相关关系。两线的交点所确定的利率 r_0 为均衡利率。

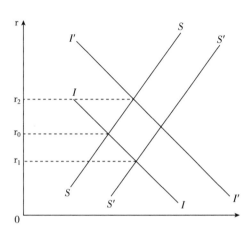

图 12 - 3　实际利率理论

12.4.3.3　凯恩斯理论的利率决定

与传统的利率理论相反，凯恩斯完全抛弃了实际因素对利率水平的影响，其利率决定理论基本上货币理论。凯恩斯认为，利率取决于货币供求数量，而货币需求量基本取决于人们的流动性偏好。如果人们对流动性的偏好强，人们愿意持有的货币数量就增加，当货币的需求大于货币的供给时，利率上升；反之，人们的流动性偏好转弱时，人们对货币的需求下降，利率下降。因此，利率由流动性偏好曲线与货币供给曲线共同决定，如图 12 - 4 所示。

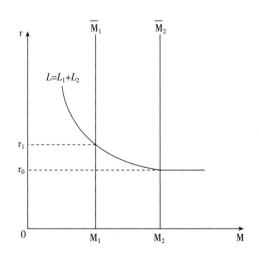

图 12 - 4　凯恩斯利率决定

货币供给曲线由货币当局决定，货币需求曲线 $L = L_1 + L_2$ 是一条由上而下、由左到右的曲线，越向右，越与横轴平行。当货币供给曲线与货币需求曲线的平行部分相交时，利率将不再变动，即无论怎样增加货币供给，货币均会被储存起来，不会对利率产生任何影响。这便是凯恩斯利率理论中著名的"流动性陷阱"说。

12.4.3.4 新古典综合学派的利率决定

新古典综合学派对于利率决定的分析运用了著名的 IS—LM 模型，如图 12 – 5 所示。

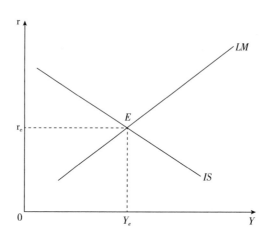

图 12 – 5 新古典综合学派的利率决定

IS 曲线刻画任意给定的利率水平所对应的总产出均衡水平的位置，或者说商品市场处于均衡状态时的利率与产出的组合。建立这一曲线的基本出发点是利率 r 对市场总需求的负相关作用，以及总需求对产出（对收入 Y）决定性作用。

LM 曲线刻画任意给定的利率水平所对应的货币供需均衡的位置，或货币市场处于均衡状态时的利率与产出的组合。建立这一曲线的基本出发点是凯恩斯发展的货币需求函数：货币需求是收入 Y 和利率 r 的函数——货币需求正相关，r 与货币需求负相关。

IS 曲线与 LM 曲线都是由利率和收入水平确定的。两条曲线的交点 E 表明，在产品市场上，总产出等于总需求；在货币市场上，货币供给等于货币需求。也就是说，在这一点上，既确定了均衡产出水平 Y_e，也确定了均衡利率水平 r_e。

对于利率决定的刻画，这一模型较为全面地概括了有关的变量和观点。

12.4.3.5 影响利率的风险因素

上面讨论的是关乎利率水平的根本性因素。此外，还有多种多样的因素，时时直接地影响着利率的波动。其中，特别重要的有两方面：一是影响利率的风险（Risk）；二是对利率的管制。

利率中对风险的补偿（风险溢价）可以分解为多个项目：需要予以补偿的通货膨胀风险；需要予以补偿的违约风险；需要予以补偿的流动性风险（投资于特定的资本品，将不同程度地影响投资人资金的流动性）；需要予以补偿的偿还期限风险（一般来说，期限越长，投资人资金出现损失的可能性越大）；等等。

此外，在利率方面也有政策性风险，比如货币政策方面所引起的利率调整、财政政策方面对于利率课税政策的调整等。

12.4.3.6　利率管制

利率管制的基本特征是由政府有关部门直接制定利率或利率变动的界限。

由于利率管理涉及行政干预和法律约束力量，排斥各类经济因素对利率的直接影响，因此，尽管许多发达的市场经济国家也在非常时期实行管制利率，但范围有限，而且一旦非常时期结束即行解除管制。相比之下，多数发展中国家的利率主要为管制利率。形成这种书面的原因很多，最主要的原因是：经济贫困和资本严重不足，迫使政府实行管制利率，期望以低利率促进经济发展。

利率管制与提高资金效率存在极大的矛盾。弱化对利率的管制往往是发展中国家实施经济改革的主要内容。

自新中国成立以来，在计划经济体制下，我国一直在实行利率管制体制。自 1996 年以来，我国的利率市场化改革逐步推进。2007 年 1 月 4 日（上海银行间同业拆放利率，Shibor）正式运行，标志着中国货币市场基准利率培育工作全面启动。2013 年 7 月 20 日，我国全面放开金融机构贷款利率管制，10 月 25 日发布贷款基础利率（Loan Prime Rate，LPR），利率市场化改革跨出重要一步。2015 年 10 月 24 日，我国取消存款利率浮动上限，长达 20 年的中国利率市场化改革告一段落。

12.4.4　利息的作用

（1）利息是聚集社会闲散资金的手段。利息率高时，刺激人们增加储蓄；利息率低时，人们可采用持币储蓄形式。因此，利息起着调节储蓄总量、结构和形式的作用。

（2）利息的存在可以使资本得到最有效的利用。如果社会的利息率水平是既定的，那么，人们就会把资本用于获得利润率最高的部门，利润率高的部门也就是资本能最好地发挥作用的部门。

（3）企业在支付利息的情况下就要更节约、更有效地利用资本。因此，利息的存在是企业有效利用资本的最好手段。

（4）当出现通货膨胀时，提高利息率可以压抑对可贷资金的需求，刺激可贷资金的供给，从而抑制通货膨胀。

第13章　金融机构体系

13.1　金融体系概述

13.1.1　金融体系的构成

所谓金融体系，是指一个国家所有从事金融活动的组织按照一定的结构形成的整体。现代经济条件下，由于各国的政治制度、经济体制、发展速度和社会构成不尽相同，各国选择的金融体系模式和形成的金融体系架构也存在较大差异。

13.1.1.1　金融体系的模式

概括起来讲，各国金融体系的模式选择大致有三类：①以中央银行为核心的金融体系。此种模式是当前世界各国普遍采用的一类金融体系，如美国、英国、法国、德国、日本等西方发达国家，以及改革开放过程中高速发展的中国都实行以中央银行为核心的金融体系。它的基本特点是以中央银行为核心，包括商业银行、专业银行、政策性银行及各类非银行金融机构，共同组成一国的金融体系，是目前比较完善的一种金融体系模式。它把中央银行运用经济手段调控宏观经济与以商业银行为主体，包括各类金融机构的灵活融通资金结合起来，既保证了宏观调控及对整个金融市场的监管取得较好的成效，也确保了搞活金融、提高融资效果。②高度集中的金融体系。此种模式主要是实行单一计划经济的国家实行的一种金融体系，如苏联、东欧各社会主义国家及改革开放前的中国都实行这种形式。这些国家在政治经济管理方面实行高度集中的管理体制，与此相适应，在金融体系方面也实行了集权式的高度集中的模式。它的基本特点是金融机构单一，全国只有一个国家银行，即中央银行，负有宏观调控经济和监管金融市场的责任，又具体办理信贷、储蓄、结算等银行业务，这种模式主要是通过行政手段，借助行政命令、行政批示及政府计划进行调控。其优点是有利于强化宏观调控和金融监管。其缺陷是容易把货币信用活动统得过死，不利于调动各方面的积极性，影响资金灵活融通，阻碍商品经济的发展。③没有中央银行的金融体系。以中央银行为核心的金融体系是世界金融业发展的趋势，但也有不少数国家和地区例外，如新加坡和中国香港，实行的都是没有中央银行的金融模式。它的基本特点是整个金融体系由众多的商业银行、投资银行以及其他各种金融机构组成，但唯独不设立中央银行，货币发行由单一的货币发行局执行，或由政府指定的某几家商业银行代理货币发行，如新加坡的货币由新加坡通货委员会发行、中国香港的货币由政府指定的汇丰银行和渣打银行发行。在金融监管方面，政府单独设立金融管理机构，没有中央银行的金融体系是一种不完善的金融体系模式，某些国家和地区之所以实行这种模式是由其历史原因和本国本地区的具体情况决定的。

13.1.1.2 金融体系的构成

现代经济条件下，各国金融体系一般由中央银行、商业银行和非银行金融机构三个部分构成。①中央银行是指代表国家对金融活动进行监督管理、制定和执行货币政策的金融机构。它不对经济组织和个人办理各种金融业务，中央银行在一国金融机构体系中居于领导核心地位。②商业银行，是指直接面向企业单位和个人，具体经办存贷款和结算等业务的金融机构。商业银行在一国金融机构体系中居于主体地位。③非银行金融机构是指商业银行和中央银行以外的具体经办某一类金融业务的金融机构。它和商业银行的区别主要表现在：第一，资金来源不同。商业银行以吸收存款为主要资金来源；而非银行金融机构主要依靠发行股票、债券筹措资金。第二，资金运用不同。商业银行资金运用以发放贷款，特别是短期贷款为主；而非银行金融机构的资金运用则主要以从事非贷款的某一项金融业务为主，如保险、信托、证券、租赁等金融业务。第三，商业银行具有"信用创造"功能，而非银行金融机构由于不从事存款的划转即转账结算业务，因而不具备"信用创造"功能。

由于商业银行具有信用创造功能，西方国家在过去相当长的时期内对商业银行和非银行金融机构的业务范围增加严格的限定，不过近年来，随着金融创新的发展，商业银行与非银行金融机构之间的业务出现交叉，两者的界限也日趋模糊。

13.1.2 西方国家金融体系的构成

为适应高度发达的市场经济的发展要求，西方国家形成了种类繁多、形式各异、规模庞大的金融体系。但综合来讲，应该是由众多银行与非银行金融机构并存的格局，其中银行机构应居主导和支配地位。西方各国关于银行及非银行金融机构的设置形式不尽相同，甚至业务内容和经营性质相同的金融机构称谓不一定相同，名称相同的金融机构在各国具有的业务内容和经营性质却不一定相同，因而对银行及非银行金融机构细分起来相当复杂。但从总体组成来看，西方国家的银行机构可分为中央银行、商业银行以及包括投资银行、储蓄银行和进出口银行等各式各样的专业银行三大类。而非银行金融机构的构成则更为庞杂，包括保险公司、投资基金、信用合作组织、养老信贷机构、租赁公司、证券交易所等。如图 13－1 所示。

13.1.2.1 中央银行和商业银行

多数国家只有一个中央银行，个别国家如美国设有 12 家联邦储备银行，都起中央银行的作用。商业银行又称存款货币银行或叫普通银行，是西方国家金融机构体系中的骨干力量。

它以经营工商业存、放款为主要业务，并为顾客提供多种融资服务。关于中央银行在金融体系中的地位和职能以及商业银行的业务范围和经营性质在前面已作介绍。

13.1.2.2 专业银行

专业银行是指从事专门经营范围和提供专门性金融服务的银行。一般都有其特定客户和服务对象，它们的业务活动也有别于一般商业银行的存、放、汇业务活动方式。它是社

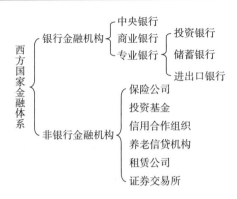

图 13 - 1 西方国家金融体系

会分工和社会经济不断发展的产物。西方国家具有典型意义的专业银行有以下三种：

（1）投资银行。投资银行是专门对工商企业办理投资和长期信贷业务的银行。投资银行的称谓，通行于欧洲大陆及美国等工业化国家，其资金来源主要依靠发行自己的股票和债券来筹集，一般不接受活期存款，只接受定期存款。投资银行的主要业务有对工商业的股票和债券进行直接投资，为工商企业代办发行或包销股票与债券，参与企业的创建和改组活动，包销政府公债券，提供投资、兼并的财务咨询服务。

（2）储蓄银行。储蓄银行是指办理居民储蓄并以吸收储蓄存款为主要资金来源的银行。西方国家的储蓄银行大多是专门设立、独立运作的，既有私营的也有公营的，但大多数是公营的。对其经营活动政府颁布了专门的管理法令：一方面旨在保护小额储蓄户的私人利益；另一方面规定了银行所筹集的大量存款的资金投向。西方国家的互助储蓄银行、储蓄放款协会、国民储蓄银行、信托储蓄银行、信贷协会等金融组织，虽然名称不同，但其性质都属于储蓄银行。

储蓄银行的主要业务是发放不动产抵押贷款、政府公债投资、公司股票及债券投资、市政建设贷款等。但法令规定不得经营一般工商贷款，不过近些年来其业务已有所突破。

（3）进出口银行。进出口银行是主要以支持本国对外贸易融资要求的专业银行。其创建目的是政府为促进商品输出而承担私人出口商和一般金融机构所不愿意或无力承担的风险，并通过优惠出口信贷增强本国的出口竞争力，同时，进出口银行往往也是执行本国政府对外援助的一个金融机构。所以，这类银行在经营原则、贷款利率等方面都带有浓厚的政治色彩。因而，进出口银行一般是政府的金融机构，如美国的进出口银行、日本的输出入银行等。也有的是半官方性质的，如法国的对外贸易银行，就是由法兰西银行与一些商业银行共同出资组建的。

13.1.2.3 保险公司

在西方国家，几乎是无人不保险、无物不保险、无事不保险，因而其保险业十分发达。保险公司就成了西方各国最重要的非银行金融机构。按照保险种类的不同西方各国建立了形式多样的保险公司，如财产保险公司、人寿保险公司、火灾和事故保险公司、老年和伤残保险公司、信贷保险公司、存款保险公司等。其中，规模最大、业务最普遍的是人寿保险公司。

由于保险公司获得的保费收入经常远远超过它的保费支付，因而聚集起大量的货币资本。这些货币资本正常情况下比银行存款更为稳定，是西方国家长期资本的重要来源。其资金运用业务主要是保险赔付支出、长期证券投资、市政债券和政府公债投资、保单抵押贷款等。

西方国家保险公司的组织形式有：①国营保险公司。由国家设立经营，主要办理国家强制保险或某种特殊保险。②私营保险公司。一般以股份公司形式出现，它是西方保险业务的主要组织形式。③合作保险。是社会上需要保险的人或单位采取合作组织形式，来满足其成员对保险保障的要求。④个人保险公司。即以个人名义设立公司开办承保业务，目前只有英国盛行。⑤自保保险公司。这是一些大企业或托拉斯组织，为了节省保费，避免赋税负担，成立专为本系统服务的保险公司。这五种类型的保险公司是目前西方国家保险业务的主要组织形式。

13.1.2.4　信用合作社

信用合作社是西方国家普遍存在的一种互助合作性的金融组织，其服务对象主要面向农民和城市手工业者，因而这类金融机构一般规模不大，它们的资金来源于合作社成员缴纳的股金和吸收的存款。资金运用主要是解决其成员的贷款需求。现在，其业务已有较大扩展，开始为解决生产设备更新、改进技术等提供中、长期贷款。

13.1.2.5　养老或退休基金会

养老或退休基金会是一种向参加养老金计划者以年金形式提供退休养老收入的金融机构。基金会提供的资金主要来自：①劳资双方缴纳的养老金。由雇主的缴款和雇员的自愿缴纳形式。②投资收益。即运用积累基金投资于公司债券、股票和政府公债的收益。

13.1.2.6　投资基金

投资基金是通过向投资者发行股份或受益凭证募集社会闲散资金，再以适度分散的组合方式投资于各种金融资产，从而为投资者谋取最高利益的一种金融机构。投资者把资金投入基金，购买基金股份，从事的是一种间接投资。但由于参加基金投资的最低金额一般都不很高，所以深受小投资者的欢迎。投资基金的机制特点是投资组合、分散风险、专家理财、规模经济。西方国家规模最大、动作最成功的是美国的共同基金。

上述分类说明，银行和非银行金融机构的设置特点是分类分业独立经营的。但是近年来，随着市场竞争的日趋激烈，技术进步以及新技术在金融业的广泛运用，使金融机构分业经营的模式不断被打破，各种金融机构的业务不断交叉、重叠，由专业化经营转向了多元化、综合性经营，其业务差异日趋缩小，相互间的区分界限已越来越模糊了。

13.2　我国的金融体系

新中国成立前，在我国存在两个并行对立的金融机构体系，即国民党统治区的金融机构体系和共产党领导下的解放区的金融机构体系。国民党统治区的金融机构体系主要由官僚资本银行、中国民族银行、帝国主义银行和广大农村存在的高利贷性质的金融机构所组成。其中，官僚资本银行的"四行二局一库"占据垄断地位。"四行"指1928年成立的国民党中央银行、清末成立的中国银行和交通银行、1935年成立的中国农民银行。"二局"指1930年成立的邮政储金汇业局和1935年成立的中央信托局。"一库"指1946年成立的中央信用合作金库。与国民党统治区相对立的解放区建立的则是以根据地银行为主体的金融机构体系。其职能主要是根据革命斗争的需要，发行货币，发展农业生产，抵制高利贷。

新中国成立后，我国的金融机构体系的演变过程，大致经历了如下三个阶段：①1978年以前实行的高度集中的金融体系，即"大一统"的人民银行体系。其基本特征是：金融机构单一，全国只有中国人民银行一家银行。其"一身二任"，既是货币发行、金融管理者，又是银行业务的组织经办者。在资金业务管理上实行"统存统贷"，它是高度集中的计划经济体制下的产物。②1978～1983年的多元混合型金融体系。期间恢复、设立和开放了中国农业银行、中国银行、中国人民建设银行、中国人保险公司、中国国际信托投资公司等金融机构的银行业务，形成了多元化的金融格局。③1984年以后确立的中央银行制度下的金融体系。即以中国人民银行为领导，国有独资商业银行为主体，多种金融机构并存、分工协作的金融机构体系。其具体构成是中国人民银行、政策性银行、商业银行、非银行金融机构、保险公司及在华外资金融机构等。

13.2.1 中国人民银行

中国人民银行是我国的中央银行，是在国务院领导下制定和实施货币政策、对金融业实施监督管理的国家机关。它具有与世界各国中央银行相同的一般特征：它是通货发行的银行、银行的银行和政府的银行。1995年3月，八届人大三次会议审议通过了《中国人民银行法》，明确规定了中央银行的具体职责是：①依法制定和执行货币政策。②发行人民币、管理人民币流通。③按照规定审批、监管金融机构。④按照规定监督管理金融市场。⑤发布有关金融监督管理和业务的命令和规章。⑥持有、管理、经营国家外汇储备、黄金储备。⑦经理国库。⑧维护支付、清算系统的正常运行。⑨负责金融业从事有关的国际金融活动。⑩作为国家的中央银行。⑪国务院规定的其他职责。

中国人民银行根据履行职责的需要设立分支机构，作为中国人民银行的派出机构，负责所辖地区的金融监督管理，承办有关业务。其负债业务形成各种资金来源，主要有：①金融机构存款。包括商业银行上缴的法定存款准备金和备付准备金等。②财政性存款。包括财政金库存款和机关团体存款，这些存款由商业银行吸收，但作为中央银行的资金。③邮政储蓄。由各邮政机构吸收的存款，统一划归人民银行管理。④流通中现金。即历年发行投入流通但未收回的现金。⑤自有资金。一方面来自国家财政拨付，另一方面来自银行本身收益的结转。中国人民银行的资产业余形成其资金运用，主要有：①对金融机构的贷款，即所谓再贷款。②再贴现，即对商业银行贴现的票据进行再贴现。③金银、外汇占款。中国人民银行为购买金银和外汇而占用的人民币资金。④财政发生赤字向银行的透支。目前已停办此项业务。⑤专项贷款。主要指根据国家政策要求对有些地区、项目发放的贷款。此项也将逐步削减。

在我国，根据《中国人民银行法》和《商业银行法》，中央人民银行和商业银行在行政上没有隶属关系，但在业务经营上有监管和被监管、服务与被服务的关系。监管和被监管的关系体现在以下六个方面：

（1）监管商业银行的市场准入。商业银行的设立，应当接受中国人民银行的监管。

中国人民银行依法对商业银行在本国境内设置、撤并和迁移，进行审查批准。

（2）监管商业银行的业务范围。商业银行从事的经营业务，必须报经中国人民银行批准，未经批准擅自超范围开展业务的，中国人民银行依法将对其处罚。

（3）监管商业银行的业务行为。商业银行的存款、贷款、结算等日常业务行为，必须依法接受中国人民银行的检查监督。商业银行应当按照中国人民银行的要求提供财务会计资料、业务合同和有关经营管理方面的信息。

（4）监管商业银行的风险控制情况。商业银行的业务活动、清偿能力、资本驻足率、负债结构、存款准备金交存、利率等情况，必须依法接受中国人民银行监管。中国人民银行通过对商业银行的业务活动进行及时查对、稽核，运用经济手段和法律手段，督促商业银行照章经营、控制经营风险。

（5）监管商业银行的内部管理制度。商业银行制定和执行各项内部管理制度的情况，必须依法接受中国人民银行的监管。

（6）监管商业银行负责人的资格。商业银行主要负责人的任职资格，必须依法接受中国人民银行的审批。

中国人民银行和各商业银行之间的服务与被服务的关系主要体现在两个方面：①中国人民银行主持全国的支付、清算体系，为全国各商业银行的票据清算提供服务。②中国人民银行作为我国的"最后贷款人"，当商业银行发生资金短缺而周转不灵时，可通过再贷款、再贴现等方式，为商业银行提供融资服务。

13.2.2　政策性银行

所谓政策性银行，是指那些由政府创立、参股或保证的，不以营利为目的，专门从事政策性金融活动，支持政府发展经济、促进社会全面进步、配合宏观经济调控的金融机构。它是当今世界上发达国家和发展中国家普遍存在的一类金融机构。

与商业银行等一般性金融机构相比，政策性金融机构的主要特征有：

13.2.2.1　经营目标是实现政府的政策目标

一般性的金融机构，经营活动更多的是考虑自身的盈利。而政策性金融机构是隶属于政府的金融机构，严格执行政府的意图，不以营利为主要经营目标，其经营目标是实现政府的政策目标。当然作为独立法人实体，政策性金融机构在经营活动中也要实行独立核算、自主经营、自负盈亏。

13.2.2.2　资金来源主要是国家预算拨款

另外还有向政府借款、向国内外发行由政府担保的债券、向国内其他金融机构借款和向国家金融机构借款等。

13.2.2.3　资金运用以发放中长期贷款为主

贷款利率一般低于同期限的一般金融机构贷款利率。

13.2.2.4　贷款重点是政府产业政策、社会经济发展计划中重点扶植的项目

如发放重点发展的产业开发贷款、基础建设贷款、改善环境的建设贷款、社会福利建设项目贷款等。

1994 年以前，我国没有专门设立政策性金融机构，国家的政策性金融业务，分别由

四家国有专业银行承担。1994 年，为适应国民经济发展的需要和贯彻政策性金融与商业性金融相分离的原则，相继建立了国家开发银行、中国进出口银行和中国农业发展银行三家政策性金融机构。

（1）国家开发银行。国家开发银行成立于 1994 年 3 月，是直属中国国务院领导的政策性金融机构，是我国规模最大、成立最早的政策性银行，总部设在北京，目前在中国内地设有 37 家一级分行和 3 家二级分行，境外设有香港分行和开罗、莫斯科、里约热内卢、加拉加斯、伦敦、万象、阿斯塔纳、明斯克、雅加达、悉尼 10 家代表处。2008 年 12 月改制为国家开发银行股份有限公司。2015 年 3 月，国务院明确国开行定位为开发性金融机构。注册资本 4212.48 亿元，股东是中华人民共和国财政部、中央汇金投资有限责任公司、梧桐树投资平台有限公司和全国社会保障基金理事会，持股比例分别为 36.54%、34.68%、27.19%、1.59%。国家开发银行的主要任务是：按照国家法律、法规和方针、政策，筹集和引导境内外资金，向国家基础设施、基础产业和支柱产业的大中型基本建设和技术改造等政策性项目及其配套工程发放贷款，从资金来源上对固定资产投资总量进行控制和调节，优化投资结构，提高投资效益。国家开发银行的主业务有：①管理和运用国家核拨的预算内经营性建设基金和贴息资金。②向国内金融机构发行金融债券和向社会发行财政担保建设债券。③办理有关的外国政府和国际金融机构贷款的转贷，经国家批准在国外发行债券，根据国家利用外资计划筹措国际商业贷款。④向国家基础设施、基础产业和支柱产业的大中型基本建设和技术改造等政策性项目及其配套工程发放政策性贷款。⑤办理建设项目贷款条件评审、咨询和担保业务。为重点建设项目物色国内外合资伙伴，提供投资机会和投资信息。⑥经批准的其他业务。

（2）中国进出口银行。中国进出口银行是直属国务院领导的政策性金融机构。成立于 1994 年 4 月 26 日，同年 7 月 1 日正式挂牌开业，其注册资本为 1500 亿元人民币。中国进出口银行本部设在北京，国内分支机构 32 个，境外 5 个。中国进出口银行的主要任务是：执行国家产业政策和外贸政策，为扩大我国机电产品和成套设备等资本性货物出口提供政策性金融支持。中国进出口银行的业务范围为：①办理与机电产品和成套设备有关的出口信贷业务（卖方信贷和买方信贷）。②办理与机电产品和成套设备有关的政府贷款、混合贷款、出口信贷的转贷，以及中国政府对外国政府贷款、混合型贷款的转贷。③国际银行间的贷款，组织或参加国际、国内银团贷款。④出口信用保险、出口信贷担保、进出口保险和代理业务。⑤在境内发行金融债券和在境外发行有价证券（不含股票）。⑥经批准的外汇经营业务。⑦参加国际进出口银行组织及政策性金融保险组织。⑧进出口业务咨询和项目评审，为对外经济技术合作和贸易提供服务。⑨经国家批准和委托办理的其他业务。

（3）中国农业发展银行。中国农业发展银行成立于 1994 年 11 月，注册资本 570 亿元，直属国务院领导，是我国唯一一家农业政策性银行。其主要任务是以国家信用为基础，以市场为依托，筹集支农资金，支持"三农"事业发展，发挥国家战略支撑作用。经营宗旨是紧紧围绕服务国家战略，建设定位明确、功能突出、业务清晰、资本充足、治理规范、内控严密、运营安全、服务良好、具备可持续发展能力的农业政策性银行。中国农业发展银行总行设在北京，根据农业政策性金融业务需要和精简、效能的原则，经中国人民银行批准，目前，全系统共有 31 个省级分行、339 个二级分行和 1816 个县域营业机构，员工 5 万多人，服务网络遍布中国大陆地区。中国农业发展银行的主要任务是：按照国家的法律、法规和方针、政策，以国家信用为基础，筹集农业政策性信贷资金，承担国家规定的农业政策性金融业务，代理财政支农资金的拨付，为农业和农村经济发展服务。中国农业发展银行的业务范围为：①办理由国务院确定、中国人民银行安排资金并由财政予以贴息的粮食、油料、猪肉、食糖等主要农副产品的国家专项储备贷款。②办理粮、棉、油、肉等农副产品的收购贷款及粮油调销、批发贷款；办理承担国家粮、油等产品政策性加工任务企业的贷款和棉麻系统棉花初加工企业的贷款。③办理国务院确定的扶贫贴息贷款、老少边穷地区发展经济贷款、贫困县县办工业贷款、农业综合开发贷款以及其他财政贴息的农业方面的贷款。④办理国家确定的小型农、林、牧、水利基本建设和技术改造贷款。⑤办理中央和省级政府的财政支农资金的代理拨付，为各级政府设立的粮食风险基金开立专户并代理拨付。⑥发行金融债券。⑦办理业务范围内开户企事业单位的存款。⑧办理开户企事业单位的结算。⑨境外筹资。⑩办理经国务院和中国人民银行批准的其他业务。

13.2.3　商业银行

商业银行是通过办理吸收存款、发放贷款和转账结算等金融业务获取利润的金融企业。世界各国的商业银行都具备以下四个方面的职责和功能：①充当信用中介。这是商业银行最基本的职能。商业银行一方面通过吸收存款等业务将社会上各方面暂时闲置的货币资金聚集起来；另一方面又通过贷款等业务将所集中的货币金投向需要货币资金的企业和部门。商业银行在这里充当受授信用的中介，使社会资金得到有效的运用。②变货币收入为货币资本。由于商业银行具有信用中介职能，能把社会各主体的收入集中起来再运用出去，从而把非资本的货币转化为资本，扩大了社会资本总量，有利于社会再生产的进行。③充当支付中介。为顾客办理与货币收付有关的技术性业务。例如保管货币、贵金属、证券以及办理现金收付和存款转账等，从而成为客户的"账房"和"出纳"。④创造派生存款和信用流通工具。商业银行还可以通过发行支票、本票、大额定期存款单等信用工具，满足了流通中对流通手段和支付手段的需要，也节约了与现金流通相关的流通费用，并可将节约的非生产性流通费用用于生产中去。由于商业银行具备上述四个职能，所以客观上使其成为连接国民经济活动的"纽带"，成为国民经济运行的"货币神经中枢"。

我国的商业银行，按所有制性质划分为国有商业银行、股份制商业银行和合作性质的商业银行，其中以国有商业银行为主体。国有商业银行主要包括中国工商银行、中国农业银行、中国银行、中国建设银行、交通银行和中国邮政储蓄银行，综合实力如表 13 - 1 所示。除此以外，还包括中信实业银行、中国投资银行等。股份制的商业银行主要有招商银行、平安银行、广东发展银行、上海浦东发展银行、中国民生银行、海南发展银行等以及城市合作银行、农村合作银行等合作性质的金融机构。目前，我国主要的商业银行有：

13.2.3.1　中国工商银行

中国工商银行成立于 1984 年 1 月 1 日，用来承担原来由中国人民银行办理的工商信贷和储蓄业务。因此，中国工商银行开始时被规定为办理城镇工商信贷和储蓄业务的国有专业银行，为国务院直属局级经济实体。经过十多年的发展，中国工商银行进一步拓展了

表 13-1　中国五大国有商业银行在全球前 1000 家银行中的排名（按照一级资本）

银行	排名					
中国工商银行	2007 年	2011 年	2013 年	2014 年	2015 年	2016 年
中国建设银行	7	3	1	1	1	1
中国银行	14	6	5	2	2	2
中国农业银行	9	9	7	7	4	4
交通银行	65	28	23	19	17	13

业务范围，成为我国一家以经办城市金融业务为主的多功能的国有商业银行。目前，中国工商银行的资产负债规模居我国各家商业银行之首。中国工商银行总行设在北京，在全国各地设有分支机构。

13.2.3.2　中国农业银行

中国农业银行最初建立于 1951 年 8 月 10 日，其后曾经历多次撤销又恢复。经济体制改革后，中国农业银行于 1979 年 3 月 13 日再次恢复，成为我国办理农村金融业务的国有专业银行，系国务院直属局级经济实体。经过十多年的发展，其业务范围不断扩展，发展成为以办理农村金融业务为主的多功能的国有商业银行。中国农业银行总行设在北京，其分支机构也遍布全国。

13.2.3.3　中国银行

中国银行是我国现有银行中历史最悠久的银行，其前身是 1905 年（光绪三十年）由清政府成立的户部银行，1908 年改称为大清银行。1912 年 11 月，更名为中国银行。1979 年 3 月，适应改革开放的需要，经国务院批准，中国银行从中国人民银行分设出来，为国务院直属局级经济实体，成为我国专门经营外汇业务的专业银行。后来，为适应市场经济发展的需要，中国银行也开办了人民币业务。经过多年的发展，中国银行已从单纯经办外汇业务的专业银行，发展成为以经营外汇业务为主的全方位经营各种商业银行业务的国有商业银行。中国银行总行设在北京，国内省会城市或大的口岸城市设有分行；另外，在国外很多国家和地区设有分支机构。

13.2.3.4　中国建设银行

中国建设银行成立于 1954 年 10 月 1 日，成立时的称谓是中国人民建设银行，隶属于财政部，其后曾经历了多资合并和恢复。1979 年 8 月，国务院决定将基本建设投资拨款改为有偿贷款的试点，并责成建设银行发放和管理，建设银行由财政部和原国家建设委员会代管，以财政部为主。1983 年，国务院进一步明确，建设银行为全国性的金融经济组织，是国务院直属局级经济实体，是管理基本建设投资、办理信贷业务的国有专业银行；建设银行经办的财政业务受财政部领导，经办的金融业务受中国人民银行领导。建设银行机构确定为总行、分行、中心支行（二级分行）、支行四级管理和经营体制。目前建设银行的业务已发展为经营中长期信贷业务为目的，同时经营多种金融业务的国有商业银行，并于 1996 年 4 月 1 日，经批准改名为中国建设银行。

13.2.3.5　中国投资银行

中国投资银行成立于 1981 年 12 月 23 日，是我国政府指定向国外筹措建设资金办理外汇投资信贷，兼营其他金融业务的专业银行，主要负责办理世界银行和亚洲开发银行的转贷款业务。1994 年 9 月，正式并入中国建设银行，成为中国建设银行全资附属的国有商业银行。

13.2.3.6　交通银行

交通银行是我国早期的银行之一，成立于 1908 年 3 月，是清政府为赎回京汉铁路和经办铁路、电报、邮政、航运四项事业的收付款而设立的一家官商合办银行。新中国成立后，人民政府接管了交通银行。1958 年起，交通银行除香港分行继续营业外，其国内机构一律并入当时的中国人民银行和中国人民建设银行。1986 年 7 月，国务院决定重新组建交通银行，并于 1987 年 4 月 1 日，正式对外营业，总管理处设在上海。重新组建的交通银行，是一家以公有制为主的股份制全国性商业银行。其职责主要是：按照国家的金融方针、政策，筹集和融通国内外资金，经营人民币和外币的各项金融业务。

13.2.3.7　中国邮政储蓄银行

中国邮政储蓄可追溯至 1919 年开办的邮政储金业务，至今已有百年历史。2007 年 3 月，在改革原邮政储蓄管理体制基础上，中国邮政储蓄银行正式挂牌成立。2012 年 1 月，整体改制为股份有限公司。2016 年 9 月，在香港联交所挂牌上市。目前，拥有近 4 万个营业网点，服务个人客户近 6 亿户，定位于服务"三农"、城乡居民和中小企业，致力于为中国经济转型中最具活力的客户群体提供服务，并加速向数据驱动、渠道协同、批零联动、运营高效的新零售银行转型，是中国领先的大型零售商业银行。坚持服务实体经济，积极落实国家战略和支持中国现代化经济体系建设，实现自身可持续发展；坚持"普之城乡、惠之于民"的经营理念，在提供普惠金融服务、发展绿色金融、支持精准扶贫等方面，积极履行社会责任。

13.2.3.8　中信实业银行

中信实业银行是中国国际信托投资公司所属全资的综合性商业银行，也是我国第一家企业集团银行。中信实业银行以经营外汇业务为主，同时可经营各种人民币业务。中信实业银行实行董事会领导下的行长负责制。在业务经营上，实行"自主经营，自负盈亏"管理原则。目前，中信实业银行在一些大中城市设有分支机构。

13.2.3.9　农村合作银行和城市合作银行

农村合作银行和城市合作银行是在原计划经济体制下产生的农村信用合作社和城市信用合作社经过改组形成的地方性商业银行。①农村合作银行。它属于农村集体金融组织，其特点集中体现在由农民入股、社员民主管理、主要为入股社员服务三个方面。其主要业务活动是经营农村个人储蓄，以及农户、个体户的存款、贷款和结算等。②城市合作银行。它属于城市集体金融组织，是为城市集体企业、个体工商业户及城市居民服务的商业银行。其主要业务是：办理城市集体企业和个体工商业户的存、放、汇业务；办理城市个人储蓄存款业务；代办保险和其他代收代付业务及中国人民银行批准的其他业务等。农村合作银行和城市合作银行在经营上贯彻自主经营、民主管理、独立核算、自负盈亏、自担风险的原则。

13.2.4　非银行金融机构

目前，我国的非银行金融机构主要包括信托投资公司、证券公司、财务公司、金融租

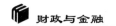

赁公司和邮政储蓄机构。

13.2.4.1 信托投资公司

我国的信托投资公司是在经济体制改革后开始创办起来的。如中国国际信托投资公司、中国光大国际信托投资公司、中国民族国际信托投资公司、中国信息信托投资公司、中国教育信托投资公司等，以及为数众多的地方性信托投资公司与国际信托投资公司。

信托投资公司的业务内容主要是：①信托业务，如信托存款、信托贷款、信托投资等。②委托业务，如委托存款、委托贷款、委托投资等。③代理业务，如代理保管、代理收付、代理有价证券的发行和买卖、信用担保等。④咨询业务，如资信咨询、项目可行性咨询、投资咨询和金融咨询等。⑤兼营业务，如金融租赁、证券业务、房地产开发、国际融资性租赁项目下的进出口业务等。⑥外汇业务，如外汇信托存贷款、投资以及在境内外发行和代理发行、买卖和代理买卖外币有价证券等。

13.2.4.2 证券公司

证券公司是我国 20 世纪 80 年代末诞生的金融组织。经过多年的发展已具相当规模，涌现出了申银万国、华夏、国泰、海通、南方等近百家实力雄厚的证券公司。

我国证券公司的业务范围一般有：代理证券发行业务；自营、代理证券买卖业务；代理证券还本付息和红利的支付；证券的代保管和签证；接受委托代收证券本息和红利；接受委托办理证券的登记和过户；证券抵押贷款；证券投资咨询业务等。

13.2.4.3 财务公司

我国的财务公司是由企业集团内部集资组建的，其宗旨和任务是为本企业集团内部各企业筹资和融通资金，促进其技术改造和技术进步。如华能集团财务公司、中国化工进出口财务公司、中国有色金属工业总公司财务公司等。

财务公司的业务有：存款、贷款、结算、票据贴现、融资性租赁、投资、委托以及代理发行有价证券等。其业务范围、主要资金来源与资金运用都应限定在集团内部，而不能像其他金融机构一样到社会上去寻找生存空间。财务公司在业务上受中国人民银行领导、管理、监督与稽核，在行政上则隶属于各企业集团，是实行自主经营、自负盈亏的独立企业法人。

13.2.4.4 金融租赁公司

我国的金融租赁业起始于 20 世纪 80 年代初期。创建时大多由银行、其他金融机构以及一些行业主管部门合资设立，如中国租赁限公司、东方租赁有限公司等。

目前，金融租赁公司的主要业务有：①用于生产、科教文卫、旅游、交通运输设备等动产、不动产的租赁、转租、回租业务。②前述租赁业务所涉及的标的物的购买业务。③出租物和抵偿租金产品的处理业务。④向金融机构借款及其他业务。⑤吸收特定项目下的信托存款。⑥租赁项目下的流动资金贷款业务。⑦外汇及其他业务。

13.2.5 保险公司及外资金融机构

13.2.5.1 保险公司

保险业是一个极具特色且具有很大独立性的行业。1988 年以前，我国保险业由中国人民保险公司独家经营。后来保险市场主体逐步增加，但中国人民保险公司仍然发挥着市场主渠道作用。1996 年 7 月，根据经济发展和社会进步的需要，中国人民保险公司改建为中国人民保险（集团）公司，即中保集团。中保集团下设三个专业子公司：中保财产保险有限公司、中保人寿保险有限公司、中保再保险有限公司。另外，原属交通银行经管的中国太平洋保险公司，根据分业经营原则，1995 年与交通银行脱钩，改制为独立的股份制商业保险公司。1996 年中国太平洋保险公司和中国平安保险公司的人身保险与财产保险业务也实行了分账管理。使我国的保险业管理组织形式进一步规范。

保险公司的业务范围分为两大类：一是财产保险业务，包括财产损失保险、责任保险、信用保险等业务；二是人身保险业务，包括人寿保险、健康保险、意外伤害保险等业务。根据我国《保险法》的规定，保险公司的资金除用于理赔给付外，其余只限于银行存款、买卖政府债券、金融债券和国务院规定的其他资金运用形式，而不得用于设立证券经营机构和向企业投资。

13.2.5.2　外资金融机构

目前在我国境内设立的外资金融机构主要有两大类：一类是外资金融机构在华代表处。一般只可设在北京和我国经济特区。在华代表处的工作范围是：进行工作洽谈、联络、咨询、服务，而不得从事任何直接盈利的业务活动。另一类是外资金机构在华设立的营业性分支机构。一般设在经济特区或国务院确定的城市。根据规定，在华分支机构可以经营下列业务：①外汇存款。②外汇放款。③外汇票据贴现。④经批准的外汇投资。⑤外汇汇款。⑥外汇担保。⑦进出口结算。⑧自营和代客户买卖外汇。⑨代理外币及外汇票据兑换。⑩代理外币信用卡付款。⑪保管及保管箱业务。⑫资信调查和咨询。⑬经批准的本币业务和其他外币业务等。

13.2.6　网络银行

网络银行（Internet Bank），又称网上银行、在线银行，是指通过互联网或其他电子传送渠道，提供各种金融服务的新型银行。进入 21 世纪以后，特别自 2012 年以来，随着互联网技术的迅猛发展和普及，一种被称作互联网金融（Internet Finance，ITFIN）的新兴金融形态方兴未艾。广义的互联网金融包括众筹平台、P2P 网贷平台、第三方支付平台、数字货币以及网络（或称互联网银行）、互联网证券、互联网保险等形式。

网络银行通常分为纯网络银行和分支型网络银行两类。纯网络银行也称为"只有一个站点的银行"。这类银行一般只有一个办公地址，无分支机构、无营业网点，几乎所有业务都通过互联网进行，是一种虚拟银行（Virtual Bank）。世界上第一家纯网络银行是于 1995 年 10 月 18 日在美国亚特兰大成立的"安全第一网络银行"（Security First Network Bank，SFNB）；与此类似的是直销银行（Direct Bank），如 1998 年成立的德国恩特瑞姆直销银行（Entrium Direct Bankers）。分支型网络银行是指原有的传统银行利用互联网作为新的服务手段，建立银行站点，提供在线服务。因此，网上站点相当于它们的一个分支行或营业部，是实体银行采用网络手段扩展业务、增强竞争力的一种方式。在网络银行业务中，以传统银行作为母行来推动的占主要份额。

网络银行发展中存在的主要障碍是：①安全问题。互联网的公开性势必威胁到网络银行的安全性，而安全性问题是决定网络银行成败的关键。②法律规范问题。网络银行的发展要求有一套完整的法律规范与之相适应，而目前全球关于计算机和网络领域的立法工作相对滞后，有关这方面的金融法规很不健全。③信用体系问题。与传统银行相比，网络银行没有物理网点，也没有抵押担保，只是通过网络技术获取和甄别客户的信用状况，因此更加依赖社会信用体系。

中国第一家网络银行是由互联网巨头腾讯公司牵头发起并于 2014 年 12 月 12 日开业的首家民营银行——深圳前海微众银行。该银行既无营业网点，也无营业柜台，更无须财产担保，而是通过人脸识别技术和大数据信用评级发放贷款。2015 年 6 月 25 日开业的另一家民营银行——浙江网商银行也定位于网络银行，该行不设实体网点，不经营现金业务，仅通过网络数据甄别个人信用。此前，广告宣传上的网络银行都是传统银行通过网络开展业务。

近年来，我国绝大部分商业银行都提供网上银行服务，不少银行推出直销银行平台。银行网络业务在中国的开展，首先是 1996 年 6 月中国银行在国内设立网站，提供网上银行服务。1997 年 4 月，招商银行推出网上金融业务："一网通——网上支付"，并于 1999 年实现网上支付业务的全国联网，初步构造了中国网上银行的经营模式。1999 年，中国建设银行、中国工商银行也开始向客户提供网上银行服务。2015 年 3 月 23 日，中国工商银行推出 E - ICBC，开始全面提供互联网金融服务，其中包括国有大行的首个直销银行平台（"融 E 行"）。

第14章 中央银行

14.1 概 述

14.1.1 中央银行的产生及类型

14.1.1.1 建立中央银行的必要性

中央银行首先是在西方资本主义国家产生的，是由私人商业银行演化而来的。一般认为，1844 年英国通过的《英格兰银行条例》，使英格兰银行垄断了英国银行券的发行权，标志着中央银行的诞生。其产生的必要性在于：

（1）统一发行银行券的需要。随着资本主义经济的发展，商品流通规模不断扩大，原来由众多的商业银行自行发行银行券的状况，给广大的市场交易带来了困难：一是周期爆发的经济危机，常使一些小银行经不起冲击频频倒闭，导致其发行的银行券不能兑现，并引起连锁反应，影响经济的稳定；二是众多小银行发行的银行券，限于其自身的信用能力，一般只能在有限的范围内流通，不能适应日益扩大的生产和流通需要。因此，客观上要求有一种能在全国范围内流通的银行券，而这必须要由一家资力雄厚、信用卓著的大银行来发行。

（2）集中办理全国票据清算的需要。银行产生以后，随着其业务范围的不断扩大，经济生活中的债权债务关系日趋复杂。这种情况下，票据交换及清算若得不到及时处置，则会阻碍经济活动的顺畅进行。于是，客观上需要建立一个全国统一的权威机构，集中办理全国的票据清算。

（3）为商业银行提供最后的资金支持的需要。在经济周期性的发展过程中，商业银行时常会出现资金周转困难，甚至因支付能力不足而导致破产。因此，客观上需要有一家金融机构作为其他众多银行的靠山，在某家银行发生支付困难时，提供必要的资金支持。

（4）代表政府管理全国金融业的需要。由于银行业的竞争日趋激烈，银行经营的稳定性受到威胁，而竞争中银行的破产、倒闭，将会给经济带来巨大的震荡；同时，随着国家对经济生活干预的加深，这样，客观上就要求有一个代表政府意志对金融业进行管理、监督和协调的机构。

14.1.1.2 中央银行的类型

从目前各国的中央银行制度来看，大致可归纳为单一型、复合型、跨国型以及准中央银行型四种类型。

（1）单一型中央银行制度，是指国家单独建立中央银行机构，全面、专门行使中央银行职能并领导管理全国所有金融事业的制度。

（2）复合型中央银行制度，是指在一个国家没有单独设立中央银行，而是把中央银行的业务和职能与商业银行的业务和职能集中于一家银行的体制。我国在 1983 年以前，以及苏联和东欧等国，实行的是这种体制。

（3）跨国型中央银行制度，是指由参加某一货币联盟的所有成员国联合组成的中央银行制度。目前主要是一些非洲欠发达国家实行这种体制。目前，欧盟成员也正在酝酿建立欧洲跨国的中央银行。

（4）准中央银行制度，是指有些国家或地区只设置类似中央银行的机构，或由政府授权某个或几个商业银行，行使部分中央银行职能的体制。中国香港、新加坡属于这种类型。

14.1.2　中央银行的性质和职能

14.1.2.1　中央银行的性质

中央银行的性质是由其在国民经济中所处的地位决定的，并随中央银行制度的发展而不断改变。现代中央银行较之初创时期的中央银行在地位和性质上都发生了变化，它已由为政府解决财政困难、抑制通货膨胀的政府银行，逐步发展成为代表国家管理金融的特殊机构，处于一国金融业的首脑和领导地位。这些都决定了现代中央银行具有区别于其他金融机构的独特性质。

（1）中央银行是一国信用制度的枢纽，是国家干预和调节经济的重要工具。首先，银行信用是构成一国信用制度的基础，在整个社会信用中居于主导地位，银行既是信用活动的参与者，又是信用活动的调节者。而中央银行又处于整个银行体系的核心，它可以根据经济发展的客观需要，运用货币政策工具来影响商业银行的信用行为，达到控制社会信用规模、调节信用结构的目的。其次，中央银行虽不直接与社会公众发生贷款行为，但却是商业银行的唯一的货币供应者。中央银行作为一国信用活动的最后贷款人，通过向商业银行提供贷款，向社会注入货币。中央银行对商业银行的贷款规模，决定了商业银行对社会的贷款规模，从而间接决定着社会信用活动的总规模。同时，中央银行通过对不同类型银行的贷款规模的调整，还可以实行信用结构的调节。最后，中央银行既是金融市场的参与者，又是金融市场的管理者，在金融市场上处于支配地位。一方面，中央在银行通过公开市场操作，直接参与金融市场活动，调节社会的货币供应量，影响社会信用规模；另一方面，通过对金融市场进行必要的行政干预，以及社会公众对中央银行操纵下的利率、贴现率涨跌的反应，引导信用活动按中央银行的政策意向来进行。这些都说明，中央银行是一国信用活动组织的主动调节者，在信用制度中处于总枢纽的地位，是国家干预和调节经济的重要工具。

（2）中央银行是国家管理金融的机关，是制定和执行金融政策的部门，是国家控制和调节货币信用的机构。在中央银行的初创阶段，一般兼营商业银行业务，直到第一次世界大战后，中央银行有了极大的发展，才逐步摆脱商业银行的业务，成为国家专门管理金融、制定和执行金融政策、控制和调节信用活动的特殊金融机构。

1）中央银行是政府的一个部门或组成部分。综观各国中央银行制度，由于历史的原因和各国中央银行产生、演变的背景及进程不同，中央银行制度特征各有差异，但中央银行实质上都是政府的一个部门或组成部分。从法律上看，很多西方国家的中央银行法都明确规定中央银行对社会承担责任，在制定或执行货币的政策上享有相当的独立性，是一国金融业的最高管理机构，是政府在金融领域内的代理人，因而中央银行应该看作政府的一个部门，或是在政府控制下的一个金融管理机构。从中央银行资本的所有权看，自第二次世界大战以来，大多数国家中央银行的资本所有权都呈现迅速集中于政府的趋势。从组织隶属关系看，中央银行大多属于政府或国家权力机关。如日本银行直属于大藏省、美国联邦储备银行直接向国会负责等。从中央银行的总裁和理事的任免来看，无论政府为唯一或主要股东或私人持有全部股票的中央银行，政府一般都拥有任免总裁和理事的权力。

2）中央银行代表国家制定和执行各种金融法规及政策。实行金融立法，制定和执行各种金融政策，是中央银行代表国家管理金融的重要手段。金融立法是指中央银行通过适当的法律程序，制定必要的金融法规，形成统一的金融业行为准则，使社会公众及金融活动参与者的合法权益得到保障。同时，中央银行不仅享有金融法规的制定权，还具有金融法规的监督执行权，即依法对整个金融业进行监督、管理、仲裁和制裁。金融政策，即中央银行国内国际经济金融形式确定的某一时期的金融活动方针。中央银行通过制订和执行金融政策，将其意图传导给众多的商业银行及社会公众，影响其信用行为，使之符合国家经济发展的需要。

3）中央银行代表国家管理金融市场。国家对本国金融市场管理，主要通过中央银行来进行。在金融市场中，中央银行不仅是积极的参与者，而且更主要的是金融市场的调节者，担负着对金融市场的组织和管理的职责。中央银行通过自己的金融法规和行政干预，以及通过适当的货币政策工具，维持金融市场的秩序，防止金融投机，起到稳定金融的作用。

4）中央银行代表国家参加与国际金融活动，管理外汇。在国际金融事务中，中央银行是本国政府的代表。在外汇管理方面，中央银行一方面通过实行外汇管理，管理本国外汇储备，指导、控制、调节和监督外汇收支，维持国际收支基本平衡；另一方面通过信用调节工具，干预外汇市场，维持汇率基本稳定，确保本国货币信誉，使之与国发经济发展的要求相吻合。

这些都表明，中央银行无论在国内还是在国际金融事务中，都履行着代表政府管理金融事务的重要职能，是制定和执行金融政策，控制和调节货币的信用机构。

（3）中央银行是发行的银行、国家的银行、银行的银行、执行货币政策、管理金融的银行。这一性质主要从中央银行的职能来分析。中央银行作为发行的银行，主要是指它在本国货币发行方面享有特权，即对本国货币发行权实行高度垄断，货币发行非它莫属。中央银行作为政府的银行，主要指其具有充当政府财政顾问、代理国库、代理政府有关金融事务以及承担一定的支持本国政府财政的义务等作用。中央银行作为银行的银行，是针对其作为整个社会信用的最后贷款人以及其他职能而言。中央银行作为执行货币政策、管理金融的银行，主要是指其对金融业实行有效的管理。

14.1.2.2　中央银行的职能

职能是性质的具体体现，中央银行的职能也就是中央银行性质的具体反映。具体概括为：

（1）中央银行是发行的银行。在现代银行制度中，中央银行首先是发行的银行。所谓发行的银行是指有权发行银行券、纸币的银行。垄断货币发行特权，成为全国唯一的货币发行机构，是中央银行不同于商业银行及其他金融机构的独特之处。

中央银行独占货币发行权的原因有三个：一是统一国内的通货形式，避免由于多头发行而造成的货币流通混乱。良好的金融环境（包括稳定的金融市场、崇高的货币信誉、统一的通货形式、适度的货币存量等），是经济稳定增长的重要条件。因此，维持良好的货币流通秩序就显得非常重要。而要做到这一点，就必须统一国内的通货形式，在信用制度发达健全的国家中，除个别国家和地区（如中国香港）是分散发行外，货币发行权无不高度集中于中央银行，成为现代中央银行的一个重要特征。二是便于根据经济形势的波动，灵活地调节货币供给量。货币发行权集中于中央银行，在货币供给的总量调节上，中央银行作为控制货币流量的"总闸门"，其操作上具有直接性和准确性，可以根据经济发展的客观需要，灵活地调节流通中的货币供给量。在货币供给的结构上，中央银行作为唯一的发行银行，可以根据货币发行的指向，灵活地、准确地调节货币供给的构成。三是统一货币发行，是中央银行制定和执行货币政策的基础。只有统一货币发行，中央银行创造的负债才能成为支撑流通中各种货币的基础，才能控制商业银行的货币创造能力；才能通过改变自身的负债影响全社会总的货币供应量，包括其他非中央银行所创造的各种货币量；才能带动全社会的货币存量作相应的变动，才能从金融方面来确保全世界货币市场的统一。

（2）中央银行是国家的银行。国家的银行是指中央银行既作为国家管理金融的工具，又为国家服务。具体表现为：凡是政府机构以及国企事业单位均应在中央银行开立往来账户；国家收支由于预算收入和支出季节性不均衡，或临时需要款项时，通常向中央银行借款或发行公债，经营国家的各种交易，包括外汇买卖交易；代表国家管理金融，充当政府咨询机构等。

（3）中央银行是银行的银行。中央银行作为银行的银行，是指其与商业银行和其他金融机构发生业务往来，对商业银行发生存贷款关系及资金往来清算关系，是全国存贷款准备金的保管者，金融票据交换中心，全国银行业的最后贷款者。

（4）中央银行是管理金融的银行。中央银行作为管理金融的银行，指中央银行有权制定和执行货币政策，并对商业银行和其他金融机构的业务活动进行领导、管理和监督，这一职能是在上述三个职能的基础上产生和发展起来的。正是因为中央银行是发行的银行，国家的银行和银行的银行，在一国金融体系中居于首脑和中心地位，因而它担负起了管理全国金融的特殊使命，这也是现代中央银行的一个重要特征。随着中央银行制度的发展，管理金融的职能，在中央银行的职能中也显得越来越重要。

14.2　中央银行的监管

14.2.1　中央银行体制下的支付清算制度

中央银行的一项重要职能就是为商业银行等金融机构办理支付清算服务，它对中央银行货币政策执行及维护金融体系的稳定起着极其重要的意义。

14.2.1.1　票据交换所

银行票据（如支票）的流通，必然引起银行为客户收进的票据办理向出票人开户行索款的业务。由于支票的签发以客户在银行有存款为前提，因此，支票授受客户双方以债务关系就反映为双方开户银行间的债权债务关系，因此也就产生了银行间结清这种债权债务关系的问题。

早期银行间这种债权债务关系的结清方法是由银行每天派专人持客户交送来的收款票据，前往各汇款银行收取款项；付款行支付现金从而结清债权债务。显然，这种方式耗费人力，既不方便，又不安全。随着银行收进客户交存的别家银行的票据越来越多，银行的收款人员就渐渐约定地点，自行相互交换所持对方银行的票据，轧清应该收进和应该付出的款项，以节省时间和精力。在这样的基础上，经各银行协商，制定相应的票据交换规章制度，就产生了票据交换所。

世界上第一家票据交换所 1773 年在伦敦成立。此后，西方各国都相互成立了自己的票据交换所。中国银行业间最早的票据交换所是于 1933 年在上海成立的。中华人民共和国成立初期，上海票据交换所曾继续营业。1952 年由中国人民银行接办。随着后来的高度集中计划经济体制及"大一统"银行体制的建立，不再需要票据交换所。1986 年以后，全国开始试行扩大同城票据交换，大中城市普遍建立起票据交换所，大大提高了票据清算效率，加速了资金周转。

14.2.1.2　票据交换所的工作程序

最初，票据交换所只是把参与票据清算的各家银行集中起来，由它们自行分别办理票据交换和结清应收应付。这时，每家银行都须与其他银行逐一办理票据交换，如 A 银行要与前来参加清算的 B、C、D 等几家银行分别交换票据，其他银行也如此。但人们很快认识到，任一银行的应收款项，一定是其他银行的应付款；任一银行的应付款项，又一定是其他银行的应收款项；各银行应收差额的总和，一定等于各银行应付差额的总和。因此，两家银行彼此结清差额的办法就可由这样的办法代替；所有参加交换的银行分别轧出自己对所有其他银行的应收或应付额并汇总轧出本行是应收还是应付的差额并据以结清债务。票据交换大体有以下几个步骤：

第一，入场前，各银行先将应收票据按付款行分别归类整理，并计算出向各付款行分别应收的款项金额及汇总金额，填交换票据计算表。

第二，入场后，各银行一方面将应收票据分别送交有关付款行，另一方面接收他行交来的本行应付款票据，核对、计算应付各行款项金额及应付金额，填交换票据计算表。

第三，各银行根据交换票据计算表，比较本行应收、应付款项总金额，计算出应收或应付差额后，填交换差额报告单，并凭报告单与交换所的总结算办理最后款项收付。

过去，曾直接以现金当场清结应收应付差额。如某银行若有应收的差额，则从票据交换所出纳处领取现金；反之，则将应付现金交与出纳处。随着各商业银行以及票据交换所均在中央银行开有活期存款账户，收付差额通过在中央银行的存款账户间的转账即可完成。

14.2.1.3　中央银行组织全国清算的职责

中央银行组织全国银行清算包括同城或同地区和异地两大类。

同城或同地区银行间的资金清算，主要是通过票据交换所来进行的。票据交换所在有些国家是由各银行联合举办的，在有些国家则是由中央银行直接主办。但无论哪种，票据交换应收应付最后都得通过中央银行集中清算交换的差额。

异地银行间远距离的资金划拨都得由中央银行统一办理。由于各国使用的票据银行组织的方式不同，异地资金划拨的具体清算做法也不一样，甚至差异较大。一般有两种类型：①先由各商业银行等金融机构通过内部联行系统划转，最后由它们的总行通过中央银行办理转账清算。②直接把异地票据集中送到中央银行总行办理轧差转账。

中央银行通过组织全国银行系统的清算，一方面为各家银行提供服务，提高了清算效率，加速了资金周转；另一方面，有利于中央银行对全国金融情况及各商业银行等金融机构的资金情况加强了解，从而有助于中央银行监督、管理职责的履行。

《中国人民银行法》规定，中国人民银行有"维护支付、清算系统正常运行"的职责。

14.2.2　中央银行体制下的货币创造过程

14.2.2.1　基础货币

基础货币或称高能货币、强国货币，通常指起创造存款货币作用的商业银行在中央银行的存款准备金与流通于银行体系之外的通货这两者的总和。前者包括商业银行持有的库存现金、在中央银行的法定存款准备金以及超额存款准备金。基础货币常以下式表达：

$$B = R + C$$

其中，B 为基础货币（由于基础货币也称高能货币，所以也通常以符号 H 代表），R 为商业银行保有的存款准备金，C 为流通于银行体系之外现金，基础货币直接表现为中央银行的负债。在西方各国，基础货币的数额均占中央银行负债总额的绝大比重。

在我国中央银行的负债总额中，"财政性"存款占相当大的比重曾是一个很突出的特点。所谓财政性存款包括两部分：一部分是财政金库存款，即政府存款；另一部分是机关、部队、团体等的存款。根据我国原信贷资金管理体制，全部财政性存款均划归中国人民银行支配，属于中国人民银行的资金来源。占相当大比重的财政性存款，是否属于基础货币的范围之内，对此曾有不同的见解。有的见解认为不宜包括在基础货币的范围之内；有的见解则认为，这类存款与中国人民银行发行、流通于银行体系之外的现金没有什么不同。所以，理应属于基础货币的一部分。在过去的实践中，中国人民银行是将其中的机关团体存款列作基础货币的。

1998 年 3 月，我国对存款准备金制度作了重大改革，前述财政性存款中的机关团体部队等单位存款不再划作中国人民银行的资金来源。由此，基础货币的统计口径与国外也已基本一致。

14.2.2.2　基础货币与商业银行的货币创造

商业银行创造存款货币的能力虽直接受制于法定存款准备金率、超额存款准备率、现金漏损率等因素，但首要的是视其在受信中所能获得的原始存款的数量。而这些原始存款正是来源于中央银行例行和提供的基础货币：中央银行把通货投入流通，公众用通货向银行存款，可以增加商业银行的新的原始存款；中央银行的扩大信贷，直接的结果往往就是增加商业银行的准备金，这也就相当于增加了它们的原始存款。如果流通中非银行部门及居民的现金持有量不变，只要中央银行不增加基础货币的供给量，商业银行的准备金便难望再有增加，从而也无从反复扩大贷款和创造存款。如果中央银行缩减收回对商业银行等机构的信用支持，从而减少基础货币的供给，则必然引起商业银行准备金持有量的减少，并必将导致商业银行体系对贷款乃至存款的多倍收缩。所以，基础货币及其量的增减变化直接决定着商业银行准备金的增减，从而决定着商业银行创造存款货币的能力。

14.2.2.3 中央银行资产业务规模与基础货币量

基础货币的创造是由中央银行各种资产业务推动的，中央银行资产总额增减，基础货币总额必然会随之增减。如果中央银行的资产中，有的增加，有的减少，则基础货币是否增减，就要视各项资产增减变动的相互作用而定。

（1）中央银行对商业银行的债权规模与基础货币量。中央银行对商业银行提供信用支持，主要是以票据再贴现和放款两种资产业务形式进行。前者是商业银行把自己贴现的票据送到中央银行要求再贴现，结果是商业银行所持有的中央银行负债存款准备金增加。后者则是中央银行与商业银行之间在协商好贷款的数额、期限和利率等条件后，直接在商业银行的存款准备金账户上加记相应的货币金额。因此，中央银行对商业银行扩展上述两种资产业务，就是基础货币的等量增加；反之，如果缩减对商业银行的信用支持，如收回贷款，则商业银行的准备金相应减少，即基础货币相应减少。

（2）中央银行对财政的债权规模与基础货币量。中央银行是以向财政贷款或购买财政债券的形式构成对财政的债权。增加的财政金库存款是要支用的。一旦支用，就会形成商业银行存款的增加，从而也就使商业银行在中央银行准备金存款相应增加，即基础货币增加。

（3）外汇、黄金占款规模与基础货币量。由外汇、黄金等构成的储备资产，是中央银行通过注入基础货币来收购的。如果注入的货币是用于向企业或居民直接收购外汇黄金，或会使企业、居民在商业银行的存款增加，从而商业银行所持有的中央银行负债即存款准备金增加，或会使通货投放增加。无论何种情况，都使基础货币增加。如果中央银行是向商业银行收购外汇黄金，则会直接引起商业银行的准备金从而基础货币的增加。至于中央银行出售黄金外汇即减少黄金外汇占款这项资产业务的规模，则会引起基础货币的相应缩减。

14.2.3 中央银行的金融监管

14.2.3.1 金融监管的范围

金融行业是一个高风险的行业。它们所面临的风险极多，如信用风险、利率风险、汇率风险、市场风险、政策风险、国家风险乃至操作风险、道德风险等。而且风险之间存在连锁效应，某一风险的发生，极易引起风险的传导、扩散。

同时，由于金融行业与国民经济各个部门有极为密切的联系，所以金融风险不仅制约着金融行业本身的生存与兴衰，也极大地影响国民经济的稳定和发展。1997 年 7 月，始发于东南亚的金融危机，极其清楚地显现了金融领域多种风险交错并迅速扩散到整个国民经济——不仅是本国经济，也扩及周边国家，甚至表现为造成各国的政局动荡。因此，世界各国无不对金融业实施严格的监管。

监管的要求涉及金融的各个领域，如对存款货币银行的监管、对非存款货币银行金融机构的监管、对短期货币市场的监管、对资本市场和证券业以及各类投资基金的监管、对外汇市场的监管、对保险业的监管。

14.2.3.2 金融监管的基本原则

由于政治、经济、法律、历史、传统乃至特定时期体制的不同，各国在金融监管的诸多具体方面存在不少的差异。但有些一般性原则却贯穿在各国金融监管的各个环节与整个过程之中。

(1) 依法管理原则。各国金融管理体制各有不同，但在依法管理这点上是共同的。这有两重含义：一方面，金融机构必须接受国家金融管理当局的监督管理，要有法来保证，不能有例外；另一方面，管理当局实施监管必须依法而行。否则，则难以保持管理的权威性、严肃性、强制性和一贯性，也就不能保证监管的有效性。

(2) 合理、适度竞争原则。竞争是市场经济条件下的一条基本规律，是优胜劣汰的一种有效机制。金融管理当局的管理重心应放在创造适度竞争环境上，既要避免造成金融高度垄断，排斥竞争从而丧失效率与活力，又要防止出现过度竞争、破坏性竞争从而波及金融业的安全和稳定，甚至引起经常性的银行业破产及社会经济生活的剧烈动荡。为此，金融管理的目标应是创造公平、高效、适度、有序的竞争环境。

(3) 自我约束与外部强制相结合原则。外部强制管理再缜密严格也是相对有限的，如果管理对象不配合、不愿自我约束而是千方百计设法逃避、应付、对抗，那么外部强制监管也难以收到预期效果；相反，如果将希望全部放在金融机构自觉自愿的自我约束上，则实难有效避免种种不负责任的冒险经营行为与道德风险的发生。因此，要把创造自我约束环境和加强外部强制管理结合起来。

(4) 安全稳健与经济效益相结合原则。要求金融机构安全稳健地经营业务历来都是金融监管的中心目的，为此所设的金融法规和一系列指标体系都着眼于金融业的安全稳健及风险防范。但金融业的发展毕竟在于满足社会经济发展的需要，追求发展就必须讲求效益。因此，金融监管必须切实把防范风险同促进金融机构效益协调起来。

此外，金融监管还应注意如何顺应变化了的市场环境，对过时的监管内容、方式、手段等及时进行调整。进入 20 世纪 90 年代以来，金融自由化浪潮一浪高过一浪，金融业间的收购兼并风潮、风险的国际扩散等，已成为金融管理当局高度关注的问题，监管力度的松紧搭配和管理的更加审慎已逐渐上升为基本原则的一个重要延伸部分。

14.2.3.3 中央银行与金融监管

从狭义上说，金融监管是指国家所实施的行政性监管。但在行政性监管的同时，在发达的市场经济国家中，都存在多种多样、分门别类的金融行业自律性组织，它们对所辖范围的金融业也进行监管，而且通常是相当有效的监管。国家对金融业所实施的监管，有的国家是专设监管机构，有的国家是由财政部门主持监管，有的则是由中央银行负责。由于金融监管的领域非常广泛，在大多数国家，金融监管是分别由两个以上的部门分工进行。在我国金融监管的主要任务是由中央银行承担的。但对证券市场、证券和投资基金这一领域的监管则是由中国证券监督管理委员会负主要责任；对保险市场及保险业的监管则统一由中国保险监督管理委员会负责。

14.2.3.4　中国人民银行的监管职能

除明确的证券市场和证券业之外，中国人民银行金融监管的覆盖面扩及整个金融领域；只要属于金融领域而又无明文规定由其他专门机构管理的，均属中国人民银行的关注范围。但其最主要的监管领域则是存款货币银行。

由于存款货币银行体系在金融领域中居于中心地位，特别重视对它的监管是必然的。具体理由有：

（1）存款者一般难以判别银行真实经营情况，往往是银行倒闭了，存款者才醒悟他们的存款选择不当。但评价银行的可靠性绝不是单个存款者力所能及的。

（2）流通中货币量的主要部分是由商业银行体系创造并提供的。一旦发生银行倒闭风潮，通过派生存款倍数缩减机制，相当部分的货币供给就会突然消失。由此将造成严重的经济震荡甚至萧条。

（3）整个社会转账支付系统是以商业银行的活期存款为依据的，庞大的支付系统中哪怕只出现一个短暂的故障，也会引起支付链条的中断并造成极大的混乱和损害。因此，必须力求防止这种情况的发生。

（4）防止由挤兑引起的银行连锁倒闭的客观需要。当公众看到某银行倒闭时，他们也可能向其他银行提取存款，造成挤兑风潮。如无行政管理，这种挤兑也会导致那些经营良好和安全的银行随之倒闭。

此外，为了限制大银行不合理的扩张，为了保护银行顾客不受歧视等要求，在某些国家也都成为必须对商业银行进行严格行政管理的理由。

在 1995 年颁布实施的《中华人民共和国商业银行》中明确规定：中国人民银行依法对金融机构及其业务实施监督管理。所指金融机构的主要部分是存款货币银行。在《中华人民共和国商业银行法》中则明确规定：商业银行依法接受中国人民银行的监督管理。监管的主要方面是：

（1）存款货币银行的设立、变更、终止，其审批权在中国人民银行。未经中国人民银行批准，任何单位和个人不得从事吸收公众存款等商业银行业务，任何单位不得在名称中使用"银行"字样。

（2）中国人民银行根据《商业银行法》所列准许经营的各项业务分别批准各银行的经营范围。存款货币银行不得违背分业经营、分业管理的原则从事信托投资和股票业务，不得投资于非自用不动产，不得向非银行机构和企业投资以及其他不准许的经营活动。

（3）监督存款货币银行在开展业务活动时遵守所应遵守的基本原则及行为准则。如保障存款人合法权益不受任何单位和个人侵犯；遵守资产负债比例管理规定；不得向关系人发放信用贷款；禁止利用短期同业拆入资金发放固定资产贷款或用于投资；不得违反规定提高或降低利率以及采用其他不正当手段吸收存款、发放贷款等。同时，维护存款货币银行依法拒绝任何单位和个人强制命令发放贷款或提供担保的权利。

（4）要求存款货币银行建立健全对存款、贷款、结算、呆账等各项情况的稽核、检查制度，中国人民银行有权对制度执行情况随时进行检查监督。存款货币银行已经或者可能发生信用危机，严惩影响存款人的利益时，中国人民银行可以对该银行实行接管。

第15章 商业银行业务

15.1 商业银行概述

15.1.1 商业银行的类型

15.1.1.1 商业银行的性质

商业银行是以经营工商业存放款为主要业务，并以利润为其主要经营目标的银行。在西方早期亦称"存款银行"。随着商品经济的发展，商业银行的业务经营已经远远超出了传统的范围。逐渐包含一个更为广泛、不断深化的金融业务综合体系。商业银行在现代银行体系中以其银行为数众多、业务渗透面广和资产总额比重大，始终处于其他金融机构之上而占首位。我国商业银行主要有中国工商银行、中国农业银行、中国银行、中国建设银行、交通银行、中信实业银行、中国光大银行、招商银行、华夏银行、广东发展银行、平安银行、福建兴业银行、上海浦东发展银行等。

商业银行作为一个特殊的企业，以金融资产和负债为经营对象，以追逐利润为目标，具有综合性多功能经营的特点。首先，从商业银行作为一个企业来看，它的经营活动需要一定的自有资本，并根据自己本行业的特点，依法经营、照章纳税、自负盈亏，并以追逐利润为目标。其次，从商业银行的经营对象看，它作为信用中介，是以金融资产和金融负债为经营对象，经营的是货币和资本这种特殊的商品。此外，从商业银行作为金融企业的特殊性来看，它与其他银行及金融机构相比具有业务更综合、功能更全面，为顾客提供更广泛的金融服务。

15.1.1.2 商业银行的职能

商业银行的职能是由商业银行的性质决定的，具体有以下几个方面。

（1）信用中介。这是商业银行的最基本的职能，它通过吸收存款，动员和集中社会上一切闲置的货币资金，再通过贷款或投资方式将这些货币资金提供给社会经济各部门。它作为货币资金的借入者和贷出者的中介人或代表，为其实现资金的融通，并从发放贷款的利息收入、投资收益中获取利润。

（2）支付中介。商业银行在货币经营过程中，通过存款在账户上的转移，代理客户支付，在存款的基础上为客户兑付现款等，使其成为工商企业、团体和个人的货币保管者、出纳者和支付代理人。随着金融市场的发展，人们对使用支票和信用卡的依赖程度提高，支付职能的重要性显得越来越大。此职能的发挥，极大地减少了现金的使用，节约了社会流通费用，加速了结算过程和货币资金的周转，促进了社会再生产的迅速扩大。

（3）创造信用流通工具。即创造和消灭货币的能力。商业银行以其吸收各种存款的职能，利用其所吸收的存款发放的贷款，在支票流通和转账结算的基础上，贷款又转化为存款，在这种存款不提取现金或不完全提取的情况下，可以增加商业银行的资金来源，形成数倍于原始存款的派生存款。

（4）提供多种金融服务。商业银行联系面广、信息比较灵通，尤其是电子计算机的广泛应用，使商业银行具备了为客户提供多种金融服务的条件。特别在强烈的业务竞争压力下，商业银行不断地开拓服务领域，通过形式多样的金融服务扩大资产业务。开拓新的业务领域，建立与客户的广泛联系，适应多种金融服务的需要。如委托、代理、信用卡结算、信托、证券、租赁、金融、期货、保管、经纪人等。

15.1.1.3　商业银行的类型

在西方资本主义各国，商业银行的发展基本遵循两大主流传统模型。

（1）职能分工型模式。所谓职能分工，是针对一国金融体制而言的。其基本特点是，法律限定金融机构必须分门别类各有专司：有专营长期金融的、有专营短期金融的、有专营有价证券买卖的、有专营信托业务的等。在这种体制下的商业银行主要经营短期工商信贷业务，采用这种类型体制的国家以美国、日本、英国为代表。

这种体制形成于 20 世纪 30 年代资本主义经济大危机时期。在此之前，各国政府对银行经营活动极小限制，许多商业银行都可以综合经营多种业务。大危机中，大批银行倒闭，酿成历史上最大的一次货币信用危机。不少西方经济学家把它归咎于银行的综合性业务经营，尤其是长期贷款和证券业务的经营。于是，许多国家认定商业银行只宜于经营短期工商信贷业务，并以立法形式将商业银行类型和投资银行类型的业务范围作了明确划分，并严格其间的分工。

（2）全能型银行。全能的商业银行又称综合式商业银行。它可以经营一切银行业务，包括各种期限和各类的存款与贷款以及全面的证券业务等。采用此模式的国家有德国、奥地利和瑞士等。赞成全能型模式的理由是：通过全国、多样化业务的开展，可以深入了解客户情况，有利于做好存款、贷款工作；借助于提供各种服务，有利于吸引更多的客户，增强银行竞争地位；可以调剂银行各项业务盈亏，减少乃至避免风险，有助于经营稳定等。

自 20 世纪 70 年代以来，特别是金融自由化浪潮的发展和金融创新的层出不穷，商业银行的分工界限已被突破，并趋向全能化、综合化经营。分工经营最突出的美国和日本已走上这样的道路。其原因在于：在金融业的竞争日益激烈的条件下，商业银行面对其他金融机构的挑战、利润率不断降低。迫使它们不得不从事各种更广泛的业务活动；吸收资金的负债业务，其结构发生变化，可以获得大量长期资金来进行更多的业务活动，特别是长期信贷和投资活动；在这样的形势下，国家金融管理当局也逐步放宽了对商业银行业务分工的限制等。商业银行向全能方向发展的主要途径有：第一，利用金融创新绕开管制，向客户提供原来所不能经营的业务。第二，通过收购、合并或成立附属机构形式涌入对方业务领域。第三，通过直接开办其他金融机构所经营的业务实现综合经营。从立法角度看，有的是明确放弃分业原则，有的是立法无明显变动，但执法尺度已大为放松。

15.1.2 商业银行的组织

15.1.2.1 商业银行的组织形式

由于各国政治经济情况不同,西方各国商业银行组织形式也各有差异,但基于竞争、安全和规模效益的原则,主要有以下几种形式:

(1)单一银行制。又称单元银行制,是指商业银行业务由各个相互独立的商业银行本部经营,不设立或不允许设立分支机构。这个银行既不受其他商业银行控制,本身也不得控制其他商业银行。实行这种形式典型的是美国。随着经济的发展、地区经济联系的加强以及金融业竞争的加剧,许多州已允许在全州范围内设立分支机构;有的州有限制地设立分支机构,如只允许银行在一个城市设立分支机构等。尽管这还不是全方位跨州设立分行,但实质已表明单一制向分支制发展的趋势确已形成。

单一银行制的优点:第一,可以限制银行吞并和垄断,人为地缓解竞争的强度,减缓银行集中的进程。第二,有利于银行与地方政府协调,适合本地区需要,为本地区服务。第三,因其不受总行牵制,而具独立性和自主性,业务经营灵活性强。第四,管理层次少,中央银行的控制和管理意向传递快,有利于达到目标。同时,单一银行制也有缺点:第一,限制了银行在全国内的竞争,不利于银行的发展。第二,与经济的外向型发展,商品交换范围扩大相矛盾,人为地形成了资本迂回流动。

(2)分支银行制。又称总分行制,它是指在商业银行的总行之下,在国内外各地普遍设立分支机构的组织形式。总行一般设在大城市,而所有分支机构统由总行领导指挥。目前世界各国一般都采用这种银行形式,尤以英国、德国、日本等为典型。比如,英国四家最大的清算银行各拥有 3000 家以上的分支机构。

分支银行制的优点:第一,经营规模大,有利于开展同业竞争,易于采用现代化设备,能提供比较方便的金融服务,取得规模效益。第二,分支行遍及各地,易于吸收存款,调剂资金,转移资金,充分有效地利用资金,也易于分散贷款风险。第三,分支银行制由于银行数少,便于国家直接控制与管理,业务经营地方干预较小。第四,分支银行制更能适应现代化经济发展的需要,较单一银行制有更大优越性。同时,它自身也存在一些缺陷:第一,易于加速大银行对小银行的吞并,形成垄断。第二,要求总行对分支机构具有较强的控制力,有完善的通信系统和有效的成本控制手段,否则造成银行经济效益下降。第三,分支机构职员的轮换、调动和管理人员的固守一地易造成管理难度加大。

(3)代理银行制。亦称往来银行制,是指银行相互间签有代理协议,委托对方银行代办指定业务的制度。被委托的银行为委托行的代理行,相互间的关系则为代理关系。一般来说,银行代理关系是相互的,因此互为对方代理行。在国际之间,代理关系非常普遍,其中最发达的是美国,可以说,正是这种代理制度解决了其不准设立分支机构的矛盾。不过,在实行分支银行制的国家,银行之间也存在代理关系。

(4)银行集团制。银行集团制即一些银行通过持有其他银行的股份而组成银行集团,又称集团银行制或银行控股公司制。从立法角度看,控股公司拥有银行。但实际上控股公司往往是由银行建立并受银行操纵的组织。大银行通过控股公司把许多小银行,甚至一些企业置于自己的控制之下。该形式形成于 20 世纪初,第二次世界大战后,尤其是近二三十年的发展引人注目。这种银行制度在美国最为流行且数目众多。目前，美国的银行控股公司可以直接或间接经办各种放款，如投资、信托、租赁、保险、咨询和信息服务等多种非银行金融业务，并可获准在其他行业中设立与银行业务有密切关联的子公司，如财务公司、电子计算和服务公司、信用卡公司、证券经纪人贴现公司等。现在，几乎所有的大银行都归属于银行控股公司，大约 3/4 的商业银行存款和商业银行资产为属于控股公司的银行所拥有。

此外，在美国还发展了连锁银行制度。这是指西方以上商业银行受控于同一个人或同一集团但又不以股权公司的形式出现的制度。连锁银行的成员多是形式上保持独立的小银行，它们通常环绕在一家主要银行的周围。其中的主要银行为集团确立银行业务模式，并以它为中心，形成集团内部的各种联合。

15.1.2.2 商业银行的内部组织机构

商业银行的内部组织机构是指单个银行为有效地发挥商业银行的各项职能，提高经济效益而进行的内部组织的设置方式。它分为决策机构和执行机构两个层次。决策机构包括股东大会、董事会以及董事会下设的各委员会和监事会；执行机构包括行长（或总经理）以及行长领导下的各委员会，各业务部门和职能部门。

（1）股东大会。在西方商业银行的发展中，商业银行采用股份制的居多。商业银行的股份可分为优先股和普通股两种。对于拥有某一商业银行股份的公民或法人来说，都是该银行的股东。股东是银行的所有者，每个股东的表决权，取决于持有普通股的数量，持有股份数额最大的股东对银行的经营决策有决定性影响，控制着商业银行的经营决策权，而一般股东则处于次要地位。股东大会是银行的最高权力机构，每年定期召开一次或数次会议，在股东大会上，股东有权听取银行的各项业务报告，有权对银行业务经营提出质询，并且拥有选举董事会的权力。

（2）董事会。董事会是由股东大会选举产生的董事组成的，代表股东们执行股东大会的建议和决定。董事会最终对银行的经营成败负责。董事会有权任命或辞退各级高级管理人员，有权修改公司章程，有权决定投放于贷款、债券及其他资产的金融以及银行的发展规划与目标。

（3）行长。行长是商业银行的行政总管，其职责是执行董事会的决定，组织银行的各项业务经营活动，负责银行具体业务的组织管理。对于副行长来说，一般都具体负责某一部门或某一分行的工作。

（4）总稽核。总稽核负责银行日常营业账目及操作方法的核对工作。其主要任务是持续地对银行工作进行检查，以确定银行业务是否按照可接受的会计程序、董事会制定的政策，金融管理当局发布的条例进行，目的是保护银行账目的真实性。

（5）职能部门。职能部门是商业银行以行长为中心的经营管理体系中执行日常业务的机构。它可分为直接式业务部和参谋式职能部两大类。

（6）分支机构。分支机构是银行业务经营的基层单位，其首脑是分支行行长，分支机构按不同地区、不同时期的业务需要，还设有职能部门和业务部门以完成上级下达的经营任务。

15.1.3 中国商业银行的类型与组织

15.1.3.1 中国商业银行的类型

我国的商业银行是指依照《中华人民共和国商业银行法》和《中华人民共和国公司法》设立的，吸收公众存款、发放贷款、办理结算业务的企业法人。

（1）国有商业银行。这是我国现有国家银行的主体，主要有中国工商银行、中国农业银行、中国建设银行、中国银行、交通银行、中国邮政储蓄银行。

（2）以公有制为主体的股份制的商业银行。主要有中信实业银行、中国光大银行、华夏银行、招商银行、广东发展银行、福建兴业银行、平安银行、上海浦东发展银行、海南发展银行，以及烟台储蓄银行、蚌埠储蓄银行等。

（3）民营股份制的商业银行。是由私人企业集团股组建为主的银行，如中国民生银行。

（4）中外合资银行。主要有厦门国际银行、青岛国际银行和中国国际金融有限公司。

目前，我国商业银行均属于职能分工型。虽然银行的全能化趋势日趋加强，但由于在我国现阶段尚不具备一些基本条件，例如，金融市场主体较强的自我约束能力；宏观调控水平及市场监督体系的提高与完善；相关经济金融法律的健全；证券市场乃至各类市场运行机制的成熟等。选择职能分工型是合乎我国国情的。

就组织形式而言，国有独资商业银行及其他商业银行都实行分支银行制，且虽然各有分支机构，但代理业务在各行之间还是相当普遍的。而一些地方性商业银行则不能在外地设立分支机构。

15.1.3.2 我国商业银行的组织机构

根据规定，凡实行分支银行制的，总行对其分支机构均实行全国统一核算，统一调度资金，分级管理的财务制度。分支机构一律不具有法人资格，在总行授权范围内依法开展业务，其民事责任由总行承担。所有商业银行都必须接受中国人民银行的监督管理，国有独资的商业银行，还要设立监事会。监事会由中国人民银行、政府有关部门的代表，有关专家和本行工作人员的代表组成。主要职责是对商业银行的信贷资产质量、资产负债比例、国有资产保值增值等情况，以及高级管理人员违反法律、行政法规或章程的行为和损害银行利益的行为进行监督。

15.2 商业银行的负债业务

15.2.1 负债业务

商业银行的负债业务就是商业银行筹集资金的业务或者说是形成其资金来源的业务，其全部资金来源包括自有资金和吸收的外来资金两部分。自有资金包括其成立时发行股票所筹集的股份资本以及公积金、未分配的利润。外来资金主要是吸收存款，向中央银行借款，向其他银行和货币市场拆借及从国际市场借款、发行中长期金融债券等，其中以吸收存款为主。

15.2.1.1　资本金的筹集

（1）资本金的作用。在西方商业银行业务经营中，资本金是一项重要资金来源，同时也是银行对收益与风险进行最佳组合决策的一条"分水岭"，资本过多可能导致股东收益偏低，过少可能使银行陷入客户和股东所不能接受的风险之中。因此，如何筹集和保有适量的资本金，一直是银行管理人员和银行当局重视的问题。

（2）资本金筹集方式。西方商业银行资本金筹集，主要采取以下方法：

1）次级债。包括所有需在未来某日偿还本金的付息、债务，主要包括发行资本票据和长期债券形式。

2）优先股。对银行收益分配有固定要求权。

3）普通资本。包括发行普通股、盈余、未分配利润和资本储备等。

15.2.1.2　吸收存款

吸收存款的业务是银行接受客户存入的货币款项，存款人可以随时或按约定时间支取款项的一种信用业务。在负债业务中，它占有最主要地位，是银行与生俱来的基本特征。

在实际生活中，存款种类繁多，概括起来有以下三种：

（1）活期存款。活期存款是指不需要预先通知银行可随时提取或支付的存款。这种存款主要是满足客户运用灵活、支取方便的需要，也是客户取得银行放款和服务的重要条件。企业、个人、政府机关、金融机构都能在银行开立活期存款账户。商业银行之间也可以开立这种账户。

开立这种存款账户的目的是通过银行进行各种结算。由于支付频繁，银行提供服务要付出较高费用，所以一般不对存户支付利息。虽然活期存款时存时取，流动性很强，但存取错综交替之中总会在银行形成一笔相对稳定、数量可观的余额，是银行用于放贷的重要资金来源。

（2）定期存款。定期存款是指那些具有确定的到期期限才准提取的存款。存入这种存款的是近期暂不支用和作为价值储存的款项。定期存款存入时，银行一般是向存户出具存单，也有采用存折形式的。定期存款期限较长，到期前一般不能提取，所以银行给予较高利息，同时，也为商业银行提供稳定的资金来源，对商业银行长期贷款与投资具有重要意义。

（3）储蓄存款。储蓄存款主要是针对居民个人积蓄货币之需所开办的一种存款业务。这种存款通常由银行发给存户存折。以作为存款和提款的凭证；一般不能据此签发支票。支用时只能提取现金或先转入存户的活期存款账户。储蓄存款的存户通常限于个人和非营利组织，近年来也有逐渐放宽到允许某些企业公司开立储蓄账户的。储蓄存款期限构成包括长期性储蓄和短期性储蓄两类。长期性储蓄主要表现为活期储蓄存款和一年以下的存款种类。在我国国有商业银行以及其他银行的负债业务中，储蓄的地位十分重要，改革以来，储蓄存款在全部存款中的比重持续上升，并且其中的定期部分高而稳定，为银行提供了大量长期性资金来源。其他各国商业银行，为了扩展贷款业务，无不千方百计地致力于储蓄存款的吸收，并采取了广布储蓄网点、扩编揽储人员、增加储蓄种类、改进服务方式、提高服务质量等措施。

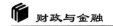

15.2.2 其他负债业务

各国商业银行除了主要吸收存款筹集资金之外，还通过其他途径开展负债业务。主要包括以下几个方面：

15.2.2.1 向中央银行借款

商业银行在发生年度性或暂时性资金不足时，可向中央银行借款。贷款期限短者以日计，长者一般为年。一般来讲，商业银行向中央银行借款的主要的直接的目的在于缓解本身资金暂时不足的境况，而非用来谋利。

向中央银行借款主要有两种形式：第一，再贴现，即把自己办理贴现业务所买进的未到期票据，如商业票据，短期国库券等，再转卖给中央银行。第二，直接借款，即用自己持有的合格票据、银行承兑汇票、政府公债等有价证券作为抵押品向中央银行取得抵押贷款。

15.2.2.2 同业拆借

同业拆借是指商业银行之间及其他金融机构之间的资金融通。拆借资金一般只用于短期"头寸"调剂，且期限短、利率高、跨度小。同业拆借或通过商业银行在中央银行的存款账户进行，即通过中央银行把款项从拆出行账户划转到拆入行账户，或采取同业存款以及回购协议等形式进行。

15.2.2.3 向国际货币市场借款

近二三十年来，各国商业银行，尤其大的商业银行在国际货币市场上广泛地通过办理定期存款，发行大额定期存单，出售商业票据，银行承兑票据及发行债券等方式筹集资金。发展迅速的一些国家，其银行系统对这方面的信赖性往往很大。它既有利于获得资金，又是易受冲击的脆弱环节。

15.2.2.4 发行金融债券

发行债券也是商业银行的负债业务。从1985年以来，我国商业银行按国家规定，经过中国人民银行批准，面向社会发行金融债券，为指定用途筹集资金。

15.2.2.5 结算过程中占用的短期资金

在为客户办理转账结算等业务过程中可以占用客户的资金。从每笔汇款看，占用时间很短，但由于周转金额巨大，因而占用的资金数量也相当可观。因而，从任一时点看，总会有那么一些处于结算过程之中的资金，构成商业银行可运用的资金来源。

15.3 商业银行的资产业务

15.3.1 资产业务

商业银行的资产业务是指将通过负债业务所积聚的货币资金加以运用的业务，是其取得收益的主要途径，包括各项贷款、贴现、投资、同业拆放，在中央银行的存款、库存现金等。

15.3.1.1 各项贷款

贷款又称放款，是银行将其所吸收的资金，按一定的利率贷放给客户并约期归还的业务。贷款在其资产业务中的比重占首位。因其利率较高且可密切与工商企业的往来关系，从而有利于稳定吸收存款等联系和拓宽业务领域。贷款业务种类很多，按不同标准，可以划分为以下几个类别：

（1）按贷款有否抵押品划分为抵押贷款和信用贷款。抵押贷款是指以特定的抵押品作担保的贷款。抵押品可以是不动产，应收账款、机器设备、提单、股票和债券等资产。抵押品资产的价值一般要求大于贷款金额且能在市场上出售。若贷款不能按期偿还，银行可处理抵押品，如果处理抵押品收入的金额超过贷款的本息和超过部分应返给借款人；反之，银行可通过法律程序追索不足的款项。信用贷款是指单凭借款人的信用无抵押品作担保的贷款。信用贷款一般是贷给资信良好者。银行通常收取较高利息，并往往附加一定条件，如提供资产负债表、个人收支计划和报告贷款用途等。否则，银行承担风险较大。我国的银行贷款，过去基本上采取无实物抵押贷款方式，近年来，强调推行抵押贷款方式。

（2）按贷款对象可分为工商业贷款、农业贷款和消费贷款。工商业贷款主要用于工业企业固定资产投资和购入流动资产的资金需要，以及商业企业商品流转的资金需要。此种贷款本息收回比较可靠，因而在银行贷款的款项中占最大比重。农业贷款主要用于购买种子、农药、化肥和购买土地，建造水利设施，造林等的短期贷款和长期贷款。消费贷款是指个人用来购买耐用消费品或支付劳务费用的贷款，其清偿依靠贷款人可靠的收入。

（3）按贷款期限分为短期贷款、中期贷款和长期贷款。短期贷款的期限不超过一年，在西方国家，对其偿还期限随时由银行通知（至少三五日前）收回，又称"通知贷款"。中期贷款期限一般为一年以上到七八年之间。长期贷款期限更长。近年来，商业银行发放的中长期贷款增快，原因在于利息较高，但由于资金被长期占用，流动性差，风险较大。

（4）按还款方式可分为一次偿还的贷款和分期偿还的贷款。一次偿还的贷款是在贷款到期时一次偿还本金，但利息据约定或在整个贷款期间分期支付，或在贷款到期时一次支付。分期偿还的贷款是按年、按季、按月以相等的金额还本付息。

15.3.1.2 贴现

贴现指票据所有人以未到期的票据，向银行换取货币而贴利息。贴现在西方商业银行的开始发展阶段是最重要的资产业务，现仍占相当比重。其具体程序是银行根据票面金额及既定贴现率，计算出从贴现日起到票据到期日止这段时间的贴现利息，并从票面金额中扣除，余额部分支付给客户。票据到期时，银行持票据向票据载明的支付人索取票面金额的款项。未到期票据贴现付款额的计算公式是：

$$贴现付款额 = 票据面额 \times \left(1 - 年贴现率 \times \frac{未到期天数}{360\ 天}\right)$$

贴现业务形式上是票据的买卖，实质上是银行的一种信用业务，票据的贴现实际上是债权债务的转移，即银行通过贴现间接贷款给票据金额的支付人。

15.3.1.3 同业拆放

同业拆放指的是商业银行的资金准备多余时，把它借给不足的银行使用。它是商业银行资金运用的一种途径。

15.3.1.4 在中央银行的存款

商业银行在中央银行的存款包括存款准备金和一般往来存款。存款准备金的交存由中

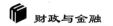

央银行确定和调整，其目的在于保障金融经营安全和保护存款人的利益。一般性存款主要用来满足转账结算的需要。

15.3.1.5　库存现金

库存现金是商业银行业务库中的现金。商业银行为应付日常业务的需要，必须保有一定数额的现金，以备存户提取。

15.3.2　我国的银行贷款

贷款既是我国商业银行的主体业务，也是商业银行盈利的主要来源。

15.3.2.1　我国目前的主要贷款种类

（1）按贷款的期限可分为短期贷款、中期贷款和长期贷款。短期贷款是指期限在1年以内的贷款，主要用于企业流动资金的需要；中期贷款是指期限在1年以上（含1年）5年以下的贷款；长期贷款是指期限在5年（含5年）以上的贷款。中长期贷款主要用于固定资产和技术改造科研开发的投入。

（2）按贷款保全方式分为信用贷款和担保贷款。信用贷款是指以借款人的信誉发放的贷款；担保贷款又可分为保证贷款、抵押贷款和质押贷款。保证贷款是按《担保法》规定的保证方式以第三人承诺在借款人不能偿还贷款时，按约定承担一般保证责任或连带责任为前提而发放的贷款；抵押贷款是指按《担保法》规定的抵押方式以借款人或第三人的财产作为抵押物发放的贷款；质押贷款是指按《担保法》规定的质押方式以借款人或第三个的动产或权利作为物质发放的贷款。

（3）按信贷资金的来源可分为自营贷款和委托贷款。自营贷款是指贷款人以合法方式筹集的资金自主发放的贷款，其风险由贷款人承担，并由贷款人收取本金和利息，委托贷款是指由政府部门，企事业单位及个人等委托人提供资金，由贷款人（受托人）确定的贷款对象，用途、期限、利率等而代理发放，监督使用前协助收取手续费，不代垫资金。

此外，我国商业银行贷款业务传统上还有许多划分方法，如依贷款对象分为工业贷款、商业贷款、"三资"企业贷款、消费者个人贷款等；按贷款的偿还方式可分为一次性偿还贷款、分期还贷等。

15.3.2.2　票据贴现

票据贴现是指贷款人用信贷资金购买未到期商业汇票，在汇票到期被拒绝付款时，可以对背书人、出票人以及汇票的其他债务人行使追索权。

15.3.2.3　外汇贷款

随着我国进出口业务的迅速发展，中外合资企业的增加，外汇贷款业务发展很快。

15.3.2.4　特定贷款

特定贷款是指经国务院批准特定对象和用途的专项贷款项目。由此造成的损失由国务院采取相应的补救措施。

15.3.3　证券投资

证券投资是指商业银行以其资金在金融市场上购买各种有价证券的业务活动。商业银行投资的目的主要是增加收益和增加资金的流动性，因此其投资主要对象是信用可靠，风险较小、流动强的政府及其所属机构的证券，如公债券、国库券等。银行投资债券，一方面为其一时多余的资金找到投放渠道，从而取得收益；另一方面需要资金时又可在金融市场上迅速售出变现。与贷款业务相比，便于银行根据经济情况的变动灵活调度资金。

过去相当长时期内，在实施金融业职能分工型的国家中，严禁商业银行涉足于投资公司、企业股票等活动；有的对个别可以涉足此类投资的特殊情况也给予苛刻的限制，如只允许商业银行以其自有资金及盈余的一个极小比例投资于股票，既不能超比例更不能用它的存款负债去从事投资活动。至于在允许商业银行全能经营的国家中，虽无严格的管理，但不少国家在投资数量上也有限制性的规定。其目的是限制银行对企业的控制，防止垄断。

20 世纪 80 年代后，金融自由化趋势的发展和金融业国际国内竞争的加剧，金融混业经营已形成大趋势，此时各国对商业银行投资的限制也开始放松，商业银行业务更趋向多元化。如美国、日本、英国等国解除了对金融业不同行业间的限制，允许商业银行进入证券市场。尽管如此，交叉经营并不是毫无节制的，不同金融机构仍以传统业务作为其经营的侧重点。在实行兼营的各机构内部，主营业务与兼营业务大多是彼此独立，分账管理的。

我国商业银行按银行法规定不得从事境内信托投资和股票业务。因此，目前它的证券投资业务对象主要是政府债券和中央银行、政策性银行发行的金融债券等，且规模都不大。

15.3.4　租赁业务

租赁是人类古老的经济行为，如土地出租、房屋出租等。但现代的租赁业务作为银行资产业务的一部分，20 世纪 50 年代兴起于美国，60 年代在西欧和日本广泛普及，现已成为国际性业务，且租赁范围很广。

租赁业务通常是由独立的或银行下辖的租赁公司经营。其原因是出租人总是要通过一定形式的资金融通才能使自己取得对一定对象的出租权利。

租赁业务的开展有益于承租人，同时也有益于经办的银行，因此得以迅猛发展。目前，西方不少银行都附设有专事租赁业务的公司或子公司。在西方各国设备投资中，通过租赁方式的比重迅速增长，可供租赁的财产，设备及租赁方式日趋多样；地域上也越来越国际化。

15.4　中间业务和表外业务

15.4.1　中间业务

中间业务是指在资产业务和负债业务的基础上，利用技术、信息、机构、资金和信誉等优势不需要运用自己的资金而代理客户承办支付和其他委托事项，并据以收取手续费的业务。它不需要直接投资，投入少，效益高。中间业务的扩大和创新与现代科学技术紧密相关，其发展快慢可以衡量经济发展的水平。最常见的是传统的汇兑、信用证、代收、代客买卖、承兑业务等各项业务，另外还包括信托业务，代理融资业务和信用卡业务。

15.4.1.1 汇兑业务

汇兑业务是客户以现款交付银行，由银行把款项支付给异地收款人的一种业务。使用的汇兑凭证有银行支票、银行汇票、邮信或电报和付款委托书，这些凭证都是承汇银行向另一家银行或其分支行发出的命令，命令后者向第三者支付一定数额的款项。按汇出行将付款命令通知汇入行的方式不同，可分为电汇、信汇和票汇三种。电汇是汇款人委托汇出银行通过电信局拍发或运用先进手段传递信息给汇入银行支付款项的方式；信汇是汇款人委托汇出银行将汇款凭证通过邮局给汇入银行付款的方式；票汇是汇款人将款项交存当地银行，由银行签发汇票交给汇款人带往异地银行办理转账或取现金的方式。

在当今银行业务广泛使用电子技术情况下，资金调拨已是瞬息间可以解决的问题。除小额款项使用电汇、信汇和票汇三种形式外，大笔资金基本都通过电子资金调拨系统处理。

15.4.1.2 信用证业务

信用证业务是由银行保证付款的业务。现在广泛开展的是商品信用证业务。商品信用证是银行应客户（购货单位）的要求，按其所指定的条件开给销货单位的一种保证付款的凭证。其步骤是：客户请求银行向销货单位开立信用证，并把货款的一部分或全部交付银行；信用证上注明支付货款时所应审查的事项，销货单位按信用证所列条件发货后，可凭信用证要求银行付款。信用证业务在国际贸易中得到广泛采用。

银行办理信用证业务，不但可以收取手续费，而且可以占用一部分客户资金。

15.4.1.3 代收业务

代收业务是银行根据各种凭证以客户名义代替客户收取款项的业务。首先是银行代收支票款项，即客户将从他人手中收到的其他银行的支票交给自己的开户银行并委托其代为从其他银行收取款项。这是最频繁的代收业务。此外，还有接受委托代客户收取票据款项的业务；代客户吸取有价证券利息和股息业务等。接受销货单位委托，依据有关发货的商品凭证代为收款的业务在异地和国际贸易中也得以广泛开展。

15.4.1.4 代客买卖业务

代客买卖业务银行接受客户委托，代替客户买卖有价证券、贵金属和外汇的业务。在银行的代客买卖业务中最重要的是代理发行有价证券的业务。银行代理公司发行股票或债券时，无论包销或代销，都能从发行总额中获取收益。但如果银行是推销公司的有价证券，形式上是一种代客买卖业务，实际超出中间业务的范围，它是银行资本与工业资本相结合的一种主要形式。

15.4.1.5 承兑业务

承兑业务是银行为客户开出的汇票或票据签章承诺，保证到期一定付款的业务。当票据到期前或到期时，客户应将款项送交银行或由其自己办理兑付。如若到期客户无力支付票据款项，则该承兑银行必须承担付款责任。由于票据的兑付一般无须银行投入自己的资金而是用客户的资金办理，所以银行经办承兑业务，实际上是以其自身的信用来加固客户的信用。为此，银行要向客户吸取一定的手续费。由于经过银行承兑的票据在付款方面更有保障，因而承兑业务的开展，促进了票据流通范围的扩大，承兑业务也成为现代银行中间业务中的一项重要业务。我国银行开展此项业务较晚，但近几年发展较快。

15.4.1.6　信托业务

信托即信用委托的意思。在信托关系中包括委托人、受托人和受益人三个当事人。将财产信托给别人的叫委托人，接受信托的人叫受托人，委托人指定的享受其信托财产利益的人叫受益人。从委托角度讲，信托就是指为了自己或第三者的利益将自己的财产委托给别人，按照自己的要求加以管理和运用的一种行为；从受托人角度讲，信托就是指受委托人的委托，为了受益人的利益，代为管理和经营财物的一种经济行为。

信托业务最初由一些个人和保险公司经营，随着经济发展和业务范围扩大，出现了现代的银行信托。所谓银行信托就是由银行作为委托人，接受委托人的信托和委托；为了受益人的利益，代为管理和经营财产或事务的经济行为。其原因在于银行资力雄厚、信誉良好、业务经验丰富等特点。经营信托业务一般只收取有关的手续费，而营运中获取的收入则归委托人或其指定的受益人所有，同时银行开办此项业务，势必能占用一部分信托资金，利于扩展经营。

信托业务种类极多，范围很广。如按组成信托关系的对象可分为个人信托和法人信托；按受益对象可分为公益信托和私益信托；按成立信托关系的方式可分为任意信托和特约信托；按信托资产的不同可分为资金信托、动产信托和不动产信托。因此，它需要具有专门知识、信息广泛、经验丰富的专门机构来办理。

各国对从事信托业务都有一定管理规定，一般要求经营信托业务的银行必须将其信托部门与银行部门从营业场所，人事配备到会计账务等完全分开。

15.4.1.7　代理融通业务

代理融通业务是由银行或专业代理融通公司代顾客吸取应收账款并向顾客提供资金融通的一种业务形式。

商业银行代理融通业务的产生和发展主要缘于工商企业扩大销售与收回货款的需要。工商企业经常采用赊销的方式来扩大产品销路。在赊销赊购的商业信用中，一方面由商业银行代理赊销企业收账，有利于赊销款按时收回；另一方面通过银行购买赊销账款，向赊销企业提供资金融通。

代理融通业务产生较早，主要服务于国际贸易。同时，它又是一项很有发展潜力的业务，且利息收入高，在其他服务上亦可收到一些手续费。由于对顾客事先有资信调查，并规定授信额度，因此，资金风险较小，对有追索权的融通，安全性更高。

15.4.1.8　银行卡业务

银行卡是由银行发行，供客户办理存取款和转账支付的新型服务工具的总称。它包括信用卡、支票卡、记账卡、智能卡等。因这些银行卡均以塑料制成，又有"塑料货币"之称。银行卡是银行业务与现代科技相结合的产物，它使银行业务有了崭新的面貌。

（1）信用卡。信用卡是代替现金和支票使用的支付工具，发卡人可以是银行，也可以是公司或零售商店。银行发卡程序是：与商店约定，接受持卡人凭信用卡购货；然后由商店向银行收款；银行于月底汇总向顾客收款。信用卡具有"先消费，后付款"的特点。同时发卡银行通常还为持卡者规定有一个透支限额，向持卡者提供延期支付的便利。发卡银行一般不向持卡者收取手续费，其发卡的费用支出主要靠向零售商店的收取回扣以及从长期信贷中收取利息。

信用卡是银行卡中数量最多的一种。目前，信用卡正向国际化、安全、多用途方向发展。如维萨卡、万事达卡等信用卡，已遍及世界的主要国家和地区。

（2）支票卡。支票卡又称支票保证卡，是供客户签发支票时证明其身份的卡片。卡片载明有客户的账号、签名和有效期限。这种卡流行于欧洲，针对"欧洲支票"作证明之用，无授信功能。由于支票保证卡的出现，使8000多家欧洲银行得以结成"欧洲支票"系统，为相互兑现支票提供了保证。

（3）记账卡。记账卡是一种可以在与银行电子计算机总机相连的各种终端机上使用的塑料卡。卡上的磁带中储存有持卡人的个人密码，开户银行编码、账户等，取现或购物时，将其插入相关终端机，如售货终端机内，客户即可获取现款或直接办理转账。记账卡不同于信用卡，不能获得银行授信。

（4）智能卡。智能卡又称智慧卡，其中主要的一种叫灵光卡，又叫记忆卡。卡上带有微型集成电路处理器，具有自动计算数据处理和存储功能，卡片可以记忆客户每笔收支和存款余额。使用时，将卡插入自动记录器即可办理各种支付。由于具有存储记忆功能，在没有与银行电子计算机联机的终端机的地方也可以使用。另一种是激光卡，是一种运用激光技术的全息摄像卡。它把全息摄像与磁性记录结合起来，在其磁性记录中存储着持卡人的安全照片，从而还可作其他多种用途。在用作支付方面与灵光卡类似。智能卡的最大优点是保密性强、使用安全，但造价较高。

15.4.2　表外业务

表外业务是指由商业银行从事的不列入资产负债表内且不影响银行资产与负债总额的经营活动。广义的表外业务既包括前面介绍的传统的中间业务（也称无风险业务），又包括金融创新中产生的一些有风险的业务，如互换业务，期权业务、期货业务、贷款承诺、远期利率协议、票据发行便利，备用信用证等业务。狭义的表外业务指的就是后一类。

表外业务是20世纪80年代后西方国家银行业发展的重点，尤其对有风险业务的拓展。从发展规模看，不少西方国家大银行的表外业务量已大大超过其表内业务量。表外业务特别是有风险业务的出现，给银行业带来了更多发展的机会，有利于提高其收益与竞争能力。但其所具有的风险也必须重视。这里仅就狭义的表外业务作一下简单介绍。

15.4.2.1　互换业务

互换业务是20世纪70年代中期兴起的一种国际金融创新工具。作为一种有效地避免外汇风险和汇率风险的手段，互换业务成为国际金融市场上一种重要的交易方式，备受金融家、投资者和资产，债务管理者的青睐。

所谓互换（Swap）是指当事人双方同意在预先约定的时间内交换一连串付款义务的金融活动。目前，许多大型的跨国银行或投资机构都提供互换交易的服务，其中最大的互换交易市场是伦敦和纽约的国际金融市场。互换业务之所以兴旺发达，就在于它可以作为获得低成本、高收益的资金融通和防范汇率、利率风险的工具，从而有助于实现企业资产负债的战略管理。

互换交易的金额折合成美元通常在 1000 万 ~ 1 亿美元，甚至更多，而且大多数的互换交易金额都是 2500 万美元的倍数。交易的货币常见的有美元，加拿大元、日元、英镑等，期限通常 3 ~ 10 年。

互换业务的基本形式有两种：

（1）货币互换。这是利率计算方法相同的异种货币的互换。最常见的是固定利率的货币互换。两个借款人各自向不同的贷款人借取一笔利率计算方法相同、期限相符但币种不同的贷款后，通过一定的条件达成协议，各自获取对方的借款，并用对方借进的货币偿还本金和利息，汇率一般以即期汇率作为兑换基础。

（2）利率互换。利率互换是具有相同身份的双方，或均为债务人或均为债权人，进行固定利率债务（或债权）与浮动利率债务（或债权）的互换，或一种基础利率债务（或债权）与另一种基础利率债务（或债权）的互换。换种说法，通常是指两个单独的借款人从两个不同的贷款机构借取了同等金额、同样期限的两种货币贷款，双方约定互为对方支付利息的金融交易。

15.4.2.2 期货业务与期权业务

（1）期货业务。期货业务指交易双方达成协议或成交以后，不立即交割，而是根据约定的时间按合同规定的数量和价格进行清算和交割的活动。因交割日期与成交日期间隔较长，市场行情变化大，因而期货交易具有强烈的投机性。价格发现和套期保值是期货交易的两大功能。价格发现是指期货交易双方通过公开竞价，可以将未来的交易收入或成本固定在交易当时预测的水平上；套期保值是指交易商在现货市场买进（卖出）一定数量某种金融商品的同时，在期货市场卖出（或买进）与现货数量相当的该种商品期货，通过期货交易的盈利弥补可能因现货价格变动而遭受的损失。期货交易具有风险大、收益高的特点。

（2）期权业务。期权业务是指买方支付一定的期权费给卖方，取得选择期权合约的买卖活动。所谓期权合约，是指该合约赋予其持有者在合约有效期内按合约规定的协定价格买卖一定数量金融商品的权利。期权交易可在交易所进行，也可场外交易。在贸易所进行的活动与期货交易相似，买卖的期权合约必须是标准化合约，交易单位规定有标准数量，协定价格，按规定的标准计算。另外，也规定合约的标准期限。场外交易的期权合约交易的品种、金额、协定价格及期限等均由买卖双方根据需要自行商定，期权合约不要求标准化。

15.4.2.3 贷款承诺

贷款承诺保证在借款人需要的时候向其人提供资金贷款。贷款承诺有开口信用、备用承诺、循环信用和票据保险。开口信用是借款人与银行之间达成的一种非正式协议，银行准备在一定时期内规定的利率扩大信用额度，此协议不具法律效力。备用承诺要更有约束力。开口信用和备用承诺的承诺期一般都不超过一年。循环信用属于中期贷款承诺，是银行向客户保证资金的借还和在一个展期后再借还，其时间跨度为 3 ~ 5 年。此承诺银行担风险大，协议费用也较高。票据保险业务也是一种中期贷款协议，在协议中，银行同意当借款人无法售出其票据时由银行购进。此承诺同样承担较大的风险。

贷款承诺在承诺内容实施前是表外业务（只收取承诺费），而在承诺内容实施之后就转化为表内业务。此外，表外业务还有远期利率协议，票据发行便利、备用信用等业务。

15.5 金融创新

金融创新是指各种金融要素的新的组合，是为了追求最大利润而不断发生的金融改革。金融创新近年在西方金融业中发展迅速。其内容是突破金融多年传统的经营局面，在金融工具、金融方式、金融技术、金融机构以及金融市场等方面均进行了明显的创新、变革。金融创新已形成全球趋势和浪潮，其迅猛发展给整个金融体制、金融宏观调节乃至整个经济都带来了深远的影响。

15.5.1 金融创新的必要性

15.5.1.1 进行金融创新是为了避免市场风险的需要

从20世纪60年代开始，西方银行经营就面临着通货膨胀和市场利率急剧变化的环境，70年代末80年代初，英国、美等国的通货膨胀率均在两位数以上。长期的高通货膨胀率带来了市场利率的上升且波动剧烈。美国等其他国家的短期国库券的利率也节节攀升波动较大。短期市场利率的上升给长期证券造成资本损失并带来负收益；利率的急剧波动导致巨额资本溢价或资本损失，使投资收益极不稳定。利率风险的增加，降低了长期证券对投资者的吸引力，也使持有这类资产的金融机构陷于窘境。为避免或降低利率风险，进行了一些金融创新。

15.5.1.2 技术进步要求金融创新

自20世纪70年代以来，以电子计算机为核心的信息技术的广泛应用和高度发展极大地刺激了行业的发展。最初电子计算机被引入银行业务处理主要应用于工资、账目方面大量数据的成批处理，以后又被用来进行各种复杂的内部清算和银行间的资金划拨，使一国国内乃至国际之间的银行业务日益纳入自动化的处理系统之下。其具体应用范围可概括为两个方面：一方面可称为银行零售服务的电子化。包括在代理收付、存款和提款、转账服务，银行卡服务、旅行支票服务，可转让大额存单服务、支付利息服务、索取账单和支票簿服务，外币兑换服务等方面广泛借助电子计算机进行。另一方面可称为批发服务的电子化。是指银行通过电子计算机建立巨大的信息库、信息网络和数据分析处理系统，为大企业、大公司等及时提供各种资信报告，提供各方面的行情分析、预测和可供选择的决策模型，以及提供有关各种交易的货币收付、资金调拨等多样化的服务。随着互联网进入生活，银行的网上发展是势在必行，这将刺激对银行的技术创新。

15.5.1.3 为规避金融行政管理法规，要求金融创新

20世纪30年代大危机后，各国纷纷立法对银行业经营施行极为严格的管理和限制。在激烈的竞争中，金融业为了求自身的发展，发掘法规漏洞，推出了很多新的业务形式。

15.5.2 金融创新的种类

根据上面对导致金融创新的三个方面动因的分析，可以把金融创新大致分为两类：一

是金融业务及工具的创新；二是金融制度的创新。

15.5.2.1 金融业务及工具的创新

（1）存款业务的创新。如各种新型活期存款：可转让支付命令账户、股金汇票账户、自动转账服务、货币市场存款账户。新型的定期存款主要有货币市场存款单、大额可转让定期存单、储蓄人存单等。还有定活两便存款、个人退休存款等。

（2）贷款业务的创新。贷款业务的创新主要反映在消费信贷和住宅放款上，消费信贷主要有一次偿还的消费信用、分期偿还的消费信用（医疗、教育费用贷款）、信用卡。住宅放款的创新主要有标准固定利率放款、浮动利率抵押放款、可调整抵押放款。

（3）支付结算信托租赁业务的创新。在支付结算业务中，主要有自动转账、账户存款、账户取款和电子转账等电子结算方式和自动出纳机、电子付款系统、销售电子转账等支付方式。

在信托业务中，创造了许多新的信托。如在日本仅信托投资一类就有家庭基金、零存整取型股票基金，转换民债基金、巨象等几十种。

在租赁业务中，创造了平衡租赁、售后租回等多种方式。

（4）表外业务的创新。主要有互换业务、期货业务、期权业务。

（5）离岸银行业务又称境外货币交易。主要以所在国的非居民为业务对象，是不受所在国内银行法规约束的新型国际银行业务。

20 世纪 60 年代后，随着欧洲货币市场的形成、发展而逐步在国际银行界流行。

15.5.2.2 金融制度的创新

（1）分业管理制度的改变。20 世纪 30 年代大危机，西方各国实行了较为严格的分业管理制度。80 年代的金融自由化浪潮使这一制度有所改变，为金融机构的创新和金融工具的创新提供了基础性条件。

（2）银行与非银行金融机构实施不同管理制度的改变。由于银行具有信用创造的功能，因此，大多数国家都实行了对银行业比非银行金融机构管理更严格的管理制度。对存款最高利率的限制、活期存款不得支付利息的规定、存款准备金率的差别等。鉴于经济条件的巨大变化，各国政府都先后缩小了对两类机构管理的差别，使两者在竞争地位上趋于平等。

（3）金融市场的国民与非国民以及本国国民进入外国市场的管理制度不同的改变。20 世纪 80 年代以前这种限制在各国较为普遍，尤以日本为最。在金融自由化浪潮的冲击下，这些限制逐渐取消。金融市场向着国际化方向迈进。

由此可见，金融创新是世界商品经济发展的客观必然。反过来，金融创新并将推动整个经济的发展。

15.6 经营原则与管理

15.6.1 经营原则

商业银行的经营原则是在经营中遵循的行为标准，是在大量实践中抽象出的普遍被确认的规律，是其制定一切规章制度办法章程和实际操作的基础。商业银行作为企业在长期的经营活动中，在追求利润最大化的同时又能把风险、损失降低到最低限度，形成了一套经营原则，即营利性、流动性和安全性。

15.6.1.1　营利性原则

追求盈利是商业银行经营目标的要求，是改进服务、开拓业务和改善经营管理的内在动力。它在经营原则中占据核心地位。

15.6.1.2　流动性原则

流动性是指银行能够随时满足客户提取存款等方面要求的能力。实际生活一般有两种情况：一种是提取或兑付的要求是有规律或较有规律的，对此银行能精确地预计并做好安排；另一种是突发的提取和要求兑付，这往往由一些突发事件引起的"挤兑"现象，对此难以预料，需妥为应付，否则会陷入破产清理的窘地。所以，流动性原则至关重要。为了保证流动性，银行在安排资金运用时，一方面要力求使资产具有较高的流动性；另一方面要求负债业务结构合理并保持自己有较多的融资渠道和较强的融资能力。

15.6.1.3　安全性原则

它是指为避免经营风险，保证资金安全的要求。银行经营与一般工商企业经营不同，其自有资本所占比重很小，主要依靠吸收客户存款或对借款用于贷款和投资。在资金运用过程中，由于可确定的和不可确定的种种原因，存在拖欠风险、利率风险。如果本息不能按时足量收回，必然会削弱乃至丧失银行的清偿力，危及银行本身的安全。所以坚持安全性原则，力求避免或减少各种风险造成的损害，受到银行家们的高度重视。

三个原则既统一又矛盾。一般来说，安全性与流动性相统一：流动性强的资产风险较小，安全有保障。但它们与营利性相矛盾：流动性强、安全性好、盈利率较低；盈利率较高的资产，又往往流动性差、风险较大。为此，银行在经营过程中面临两难选择：为增强经营流动性和安全性，需把资金投放在短期周转的运用上，就不能不影响到其盈利水平；相反，为增加盈利，则把资金投放在周转期较长的贷款和投资上，它又不可避免给银行经营的流动性，安全性带来威胁。对此，银行只能从实际出发，统一协调，寻求最佳组合。

15.6.2　商业银行的管理

15.6.2.1　商业银行的经营管理

商业银行的经营管理包括资产负债管理、风险管理、财务管理、人才开发管理等内容。

（1）资产负债管理。资产负债管理是现代商业银行的基本管理制度，其目的在于通过对资产和负债的合理配置、优化组合、使之经常保持均衡状态，从而在保证资金使用安全性、流动性的前提下尽可能多地实现盈利。西方商业银行经营管理理论经历了资产管理、负债管理、资产负债管理的演变过程。

资产管理是以安全性和流动性为重点的经营管理。它认为作为银行资金来源的活期存款，其主动权都在客户手中，而资金运用的主动权却操控在银行手中，所以着重于资产管理，对实现银行盈利、流动、安全三原则的协调才会行之有将效。资产管理理论产生于商业银行经营的初级阶段，是在"商业贷款理论""资产转移理论""预期收入理论"基础上形成的。这一理论有利于防止、减少贷款投资的盲目性，增强商业银行资产的安全性和滚动性，因而在西方商业银行长期盛行，直到 20 世纪 60 年代，有力地推动了商业银行资产业务的发展。

负债管理是以流动性、营利性为重点的经营管理。它主张以借入资金的办法来保持银行流动性，从而增加资产业务，增加银行收益。负债管理开创了保持银行流动性的新途径。由单靠吸收存款的被动型负债方式，发展成向外借款的主动型负债方式。这就为银行扩大业务规模和范围创造了条件。因而，在 20 世纪 60 ~ 70 年代初很快风靡西方各国。但它也存在融资成本高、经营风险大、经营不稳健等缺陷。

资产负债管理的基本要求是通过资产，负债结构的共同调整、协调资产，负债项目在利率、期限风险和流动性方面的搭配，以实现安全性、流动性、营利性的最佳组合。该理论产生于 70 年代后半期，克服了资产理论偏重于通过资产的调整来保持银行的流动性，负债理论偏重于扩大负债流量来适应资产存量的局限性，从资产负债之间相互联系、相互制约的角度出发，把资产负债作为一个整体的科学的管理体系来研究，从而成为商业银行最为合理的经营管理理论。

（2）风险管理。风险管理是商业银行运用风险性控制的手段和方法，对其在经营过程中所承受的风险进行识别测量和控制的行为过程。商业银行在其经营活动中主要有信用风险、流动性风险、利率风险、汇率风险、投资风险、国家风险、竞争风险、经营风险和财务风险。

（3）财务管理。财务管理是指包括实物和货币收支在内的筹集资金、运用资金和回收资金的全部管理工作。财务管理包括资本管理、成本管理、利润管理、财务管理、财务报告等方面。

（4）人才开发管理。人才开发管理是指对人才特征的识别、选拔、培训、录用、考核、激励、监督与管理等行为的全过程。它是现代商业银行管理制度的重要组成部分，也是提高银行经营管理水平、实现"三性"原则的根本保证。

15.6.2.2　我国商业银行的经营原则

改革开放前，在大一统银行体制下，国家银行既是一个全民所有制的、办理信贷业务的经济组织，又是一个金融行政机关，根据国家的金融政策、管理和监督金融活动。随着金融体制的改革，从 1994 年开始，启动了专业银行向国有商业银行转变的过程。1995 年 7 月开始实施的《中华人民共和国商业银行法》总则第（1）条明确规定：商业银行以效益性、安全性、流动性为经营原则，实行自主经营、自担风险、自负盈亏、自我约束。至此，我国商业银行的经营管理原则正式确立。

效益性既包括商业银行盈利这种微观经济效益，也包括社会效益，两者应力求协调一致并以社会效益为主导。从事信贷经营、流动性和安全性问题必然存在。但国有商业银行及其经营环境有许多特点。如国有商业银行虽说自负盈亏，但它们是国家的银行，以国家财政的强大实力为后盾；国有商业银行信贷支持的对象很大部分是国有企事业单位，对它们的支持包括大量的短期信贷支持，实际上有相当部分具有长期投资性质；国家一些政策要求需要国有商业银行配合实施，而且还需国有商业银行在经济上支持，资产负债业务形式仍然单一，金融工具较少，金融市场尚在发育之中等。这些集中反映为银行的"国有"性和尚处于"转轨"中的特点，对三个原则的具体要求和衡量必须通过自己的实践结合市场发达国家经济一般商业银行的经验，逐步积累经验，长足发展。

15.6.2.3　深化国有商业银行改革

深化国有商业银行改革是金融体制改革的重中之重。随着中国加入世贸组织，银行业面临的冲击更大，困扰商业银行发展的因素错综复杂。如产权不明晰、行政干预多、政策性业务与商业性业务分不清、市场约束弱化，国有企业机制转换慢、银行本身的不良资产包袱重等，这些问题和困难不仅涉及国有银行，也是经济体制改革和国民经济运行中的诸多矛盾和问题的体现。所以，国有银行改革中的问题要放到整个经济体制改革中去认识，并结合整个经济体制的改革进程统一协调才能得到彻底解决。

由此，需要认清几点：①国有商业银行面临的深化改革涉及面广，应从中国国情出发。②在整个经济体制大格局尚须通过深化改革逐步理顺的状态下，不应强求每项改革一出台就一步到位。应因时因地制宜，交错渐次推进。③改革的任何决策均必须与触动利益格局变更所可能造成的社会经济生活震动结合考虑，统筹安排。④在法制建设的配合下，端正、重建信用观念是构建现代商业银行体系必不可少的一个方面。

第16章 金融市场

随着金融工具的创新，金融市场作为一个巨大而复杂的机体起着越来越重要的作用。它以其独特的形态、交易方式，创新了品种繁多的金融商品，促进了社会资金的转移及社会经济的发展。尤其重要的是，金融市场在高于各种单一信用形式的层次上把一切融资活动、一切金融机构联系了起来，并使之成为一个密切相关的综合市场整体。因此，一国金融业的发展水平、金融体系的完善程度乃至整个经济发展水平都是与该国金融市场的发达程度密切相关的。

16.1 概 述

16.1.1 金融市场的构成

金融是指货币资金的融通，反映在现代银行制度下货币的借贷活动。资金的融通必然借助于各种金融工具才能进行，而金融工具本身需要有流通和变现能力，这就产生了金融工具的自由转让和买卖的客观需要，金融工具就成为一种特殊的商品——金融商品。所以说，金融市场就是建立在金融商品买卖内容基础上的融资场所，是融资机制和各种金融活动的综合体系。

金融市场有广义和狭义两种概念。广义的金融市场，包括所有的资金供需交易，不论哪种资金的需求，也不论资金借贷期限的长短和融资方式，凡是金融性交易均属广义的金融市场，如存贷款业务、保险业务、信托业务、贵金属买卖、外汇买卖、同业拆借等都为金融市场的范围。狭义的金融市场，一般专指有价证券市场，即股票和债券的发行和买卖市场。即狭义的金融市场是把批发存贷款业务、保险业务及信托业务排除在外，而只把典型的金融商品的买卖看作金融市场行为。我们通常所讲的金融市场一般都是指同业拆借、外汇买卖和有价证券买卖这些典型的金融市场，即狭义的金融市场。传统的金融交易大多是在某一具体的交易场所内进行的，我们把在某一具体场所内进行的金融交易称为有形市场；随着商品经济的发展和现代科学技术的进步，特别是计算机技术在金融交易中的应用，现代金融交易已突破了具体交易场所的限制，利用电子计算机网络即可进行交易。我们把利用现代通信网络所进行的金融交易称为无形金融市场。现代市场经济条件下，金融市场呈现出有形市场和无形市场并存的局面。

16.1.2 金融市场的基本要素

任何市场都离不开主体、客体、媒体和价格这四个基本要素。金融市场也是如此。

16.1.2.1 金融市场的主体是金融市场交易活动的参与者

金融市场的主体包括个人、企业、政府和各类金融机构，其中银行和非银行金融机构是最重要的市场主体。这是因为虽然社会的储蓄最主要是由居民承担的，但居民分散的储蓄资金大部分集中于银行、保险公司等金融中介机构，从而资金的借贷最终是由金融机构操作和完成的。同时，居民资金的一部分也可直接在金融市场上活动，但这种活动往往又是通过证券公司、证券经纪人进行的。社会的投资是由企业承担的，企业借助于金融中介机构的代理在证券市场上采取发行债券、股票等方式筹措资金。如企业通过证券公司、投资银行、经纪商等直接在金融市场上筹资。商业银行是金融中介机构中最主要的类型，它以活期存款和定期存款的方式发行"间接证券"筹集资金，贷给企业。但银行之间也常常需要发行金融债券，购买各种政府债券以改善自身的资产负债结构；也需要通过同业拆借调整自己的资金头寸。故商业银行就成了筹资人和投资人进行金融交易的桥梁，发挥着金融市场主要角色的作用。

在众多金融中介机构中，中央银行以管理者的身份参与金融市场，中央银行是核心。在金融市场上，金融机构的行为是围绕中央银行这个核心而转动的。因为中央银行贯彻实施货币政策，或是直接在金融市场上进行公开市场操作，或是改变其他金融机构在市场上的行为，最终都会对金融市场上的总需求与总供给产生巨大的影响。

16.1.2.2 金融市场的客体是指金融市场交易的对象即货币资金

金融市场交易主体参与金融市场交易活动的目的，从直接意义上说都是为了"买进"或"卖出"货币资金。资金供给者"卖出"货币资金是为了获取货币资金利息收入；资金需求者从金融市场上"买进"货币资金是为了通过投资或投机获取高于"买进"货币资金价格的利润收入；作为资金供求双方媒介的金融机构参与金融市场活动的目的是期望通过为货币资金买卖双方提供服务而获取手续费收入或赚取差价收入。所以，无论参与金融市场交易活动的主体是谁，也无论采取何种交易方式，最终都表现为货币资金的转移。

16.1.2.3 金融市场的媒体是指金融交易市场上各主体凭以交易货币资金的各种金融工具

从本质上讲，金融工具是金融市场上资金供求双方因交易资金使用权所形成的债权债务关系的凭证。金融工具包括债权债务凭证和所有权凭证两大类。其中，债权债务凭证主要有银行票据、债券等，所有权凭证主要指股票。

16.1.2.4 金融市场的交易"价格"是利率

金融市场交易价格即利率的高低，主要取决于社会平均利润率和资金供求关系。金融市场的价格与社会平均利润率或同方向变化，即利率随社会平均利润率的提高而上升，随社会平均利润率的降低而下降。金融市场交易价格与社会资金供求之间存在相互影响的关系。当资金供不应求时会引起利率的上升，而利率的上升又反过来引起资金供给的增加；反之，当资金供过于求时，会引起利率的下降，而利率的下降会导致资金供给的减少。

16.1.3　金融市场的类型

根据金融交易的对象、方式、条件、地点、期限等的不同，对金融市场可从不同角度分类。

16.1.3.1　按金融交易的期限划分，可分为货币市场和资本市场

货币市场是指期限在一年以内的短期资金交易市场。货币市场为金融市场参与者提供可以调整他们的流动性头寸的场所。在货币市场上，作为交易对象的金融工具由于偿还期甚短，因而流动性或变现能力都较高，风险也较小，故同货币的差别不大，可视为货币的替代品，被称为"准货币"。货币市场主要包括国库券市场、贴现市场、回购市场、同业拆借市场、商业期票市场以及可转让大额定期存单市场等子市场。资本市场是指交易期限在一年以上的长期金融交易市场。资本市场的主要活动是发行和买卖各种长期债券和股票，主要满足工商企业的长期投资需求和政府弥补财政赤字的资金需要。这一领域包括长期存贷市场和证券市场中的长期债券市场和股票市场。资本市场上，其融资工具因偿还期长，故流动性小、风险较大。购买资本市场工具，被人们视为一种重要的投资方式。

16.1.3.2　按金融交易的对象划分，可分为票据承兑市场，票据贴现市场，有价证券市场和外汇市场等

票据承兑贴现市场是指银行或其他受让人以现款买进未到期的商业票据，对持票人提供资金或提供承兑服务的市场。有价证券市场指股票债券等发行和买卖的市场。外汇市场是指以外汇、黄金为交易对象的市场。

16.1.3.3　按金融交易的性质来划分，可分为初级市场和二级市场

初级市场是指从事新证券或票据等金融工具最初发行的市场，又称为发行市场。二级市场是从事已上市旧证券或票据等金融工具买卖转让的市场，又称为流通市场。

16.1.3.4　按金融交易的地域来划分，可分为国内金融市场和国际金融市场

16.1.3.5　按金融交易的时间来划分，可分为现货市场和期货市场

现货市场是指金融交易成交后，于当天或 3 天内进行交割的市场（交割即一方支付款项，另一方交付证券）。期货市场是指金融交易成交后，实际的交割放在双方约定的一个时间后进行的市场。

16.2　金融工具及其衍生工具

16.2.1　金融工具

16.2.1.1　金融工具的概念和特点

金融工具是在信用活动中产生，能够证明金融交易金额、期限、价格的书面文件。它对于债权债务双方所应承担的义务与享有的权利均有法律约束意义。

金融工具一般具有偿还期限、流动性、风险性和收益率这几个基本特征。

偿还期限是指债务人必须全部归还本金之前所经历的时间。如一张标明了 3 个月后支付的汇票，偿还期为 3 个月；5 年到期的公债，偿还期为 5 年；等等。但对当事人来说，更有现实意义的是从持有金融工具日起到该金融工具到期日止所经历的时间。设一张 2000 年发行要到 2020 年才到期的长期国家公债券，某人如于 2009 年购入，对于他来说，偿还期限是 11 年而非 20 年，他将用这个时间来衡量收益率。

金融工具的偿还期限可以有零和无限期这两个极端。如活期存款的偿还期可以看作零，而股票或永久性债券的偿还期则是无限的。

流动性是指金融工具迅速变成货币而不致遭受损失的能力。现款这类金融工具本身就是流动性的体现。除此之外，变现的期限短、成本低的金融工具流动强；反之，则流动性差。发行者资信程度的高低，对金融工具的流动性有重要意义。如国家发行的债券，信誉卓著的公司所签发的商业票据，银行发行的可转让大额定期存单等，流动性就较强。对于持有人来说，流动性强的金融工具相当于货币。在一些国家，这类金融工具往往被列入不同层次的货币供给数量的范围之内，并成为中央银行监控的目标。

风险性是指购买金融工具的收益率波动、下降甚至本金遭受损失的可能性。这种可能性主要由信用风险和市场风险带来。信用风险指债务人不履行合约，不按期归还本金的风险。这类风险与债务人的信誉、经营状况有关。就这方面来说，风险有大有小，但很难保证绝无风险。如向大银行存款的存户有时也会受到银行破产清算的损失。信用风险还与金融工具种类有关。例如，股票中的优先股就比普通股风险小，一旦股份公司破产清理，优先股股东比普通股股东有优先要求补偿的权利。信用风险对于任何一个金融投资者都存在，因此，认真审核投资对象，充分掌握信息是至关重要的。市场风险是指由于金融工具市场价格下跌所带来的风险。某些金融工具，如股票、债券，它们的市价是经常变化的，市场下跌，就意味着投资者金融资产贬值。1987 年 10 月股市暴跌风潮席卷美国时，约有一亿七八千万的股东在 19 日这天损失财产 5000 亿美元。因此，在金融投资中，审时度势，采取必要的保值措施非常重要。

收益率是指持有金融工具所取得的收益占本金的比率。收益率有三种计算方法：名义收益率、即期收益率与平均收益率。

名义收益率，是金融工具票面收益与票面额的比率。如某债券面值 100 元，10 年偿还期，年息 8 元，则该债券的名义收益率就是 8%。

即期收益率，是年收益额对该金融工具当期市场价格的比率。若上例中债券的市场价格为 95 元，则：

即期收益率 = 8 ÷ 95 × 100% = 8.42%

平均收益率，是将即期收益与资金损益共同考虑的收益率。在上述例子中，当投资人以 95 元的价格购入面值 100 元的债券时，就形成 5 元的资本盈余。如果他是在债券发行后 1 年买入的，那就是说，经过 9 年他才能取得这 5 元盈余。考虑到利息，假定市场利率为 9%，平均每年的收益约为 0.38 元。将年资本收益额与年利息收入共同考虑，便得出：

债券的平均收益率 = （0.38 + 8）÷ 95 × 100% = 8.82%

比较前两种收益率，平均收益率可以更准确地反映投资者的收益情况，因而是金融投资者所考虑的基本参数。

16.2.1.2　金融工具的种类

金融工具的种类很多，近年来，随着金融创新的推进，更多的金融工具品种涌入经济生活之中，若以期限为分类标准，可将金融工具分为货币市场的金融工具和资本市场的金融工具。前者主要有商业票据、短期公债、银行承兑汇票、可转让大额定期存单、回购协议等。这类金融工具期限短，风险小，流动性强，一般看作准货币。资本市场的金融工具主要有股票、公司债券及中长期公债等。它们期限长，因而风险较大，流动性弱。金融工具也可按发行者是否是金融机构为划分标准。政府债券、公司债券、非金融公司股票等是由非金融机构的融资者发行的，目的主要是为自己取得资金，属于直接金融工具。可转让大额定期存单，银行债券、人寿保险单等由金融机构发行的，目的是聚集可用于贷放的资金，属间接融资工具。如果以投资人是否掌握所投资产的所有权为标准划分，则有债务凭证与所有权凭证两类。所有权凭证只有股票这一种，其他所有金融工具都是债务凭证。债务凭证表明投入的资金取得了债权，所以有权据以到期讨还本金；而所有权表明所投入的资金并非取得债权而是所有权，因而无权据以索要本金，只可以在必要时通过转让所有权，即以出售证券的方式收回本金。

16.2.1.3　商业票据

（1）商业票据的概念和种类。商业票据是起源于商业信用的一种传统金融工具，也是工商业者之间由于信用关系形成的短期无担保债务凭证的总称。典型的商业票据是产生了商品交易中的延期支付。换言之，即有商品交易的背景。但商业票据只反映由此产生的货币债权债务关系，而不反映交易的内容，因为交易行为已经完结，商品已经过户。这叫作商业票据的抽象性或无因性。相应的特征则是不可争辩性，即只要证实票据不是伪造的，应该根据票据所载条件付款的人就无权以任何借口拒绝履行义务。此外，商业票据的签发不需要提供其他保证，只靠签发人的信用。因而商业票据能否进入金融市场，要视签发人的资信度为转移。

传统的商业票据有本票和汇票两种。本票是由债务人向债权人发出的支付承诺书，承诺在约定期限内支付一定款项给债权人；汇票是债权人向债务人发出的支付命令书，命令他在约定的期限内支付一定款项给第三人或持票人。汇票必须经过债务人承认才有效。债务人承兑付款的行为叫承兑。无论本票还是汇票，期限均不超过1年。

现在，融通票据即并无交易的背景而只是为了融通资金所签发的商业票据有很大的市场。融通票据是与真实票据，即有商品交易背景的票据相对的。融通票据金额多为大额整数，以方便融资。它的签发者多为大工商业公司或金融公司。

（2）票据承兑。票据承兑是付款人或其银行，表示承认到期兑付的行为。因为，在未得到付款人认可之前，他在法律上还没有成为票据的债务人。只有经过付款方承兑，承兑者才在法律上构成票据的主债务人。承兑者既可以是付款人，也可以是付款方的银行。

承兑的方式有两种，即一般承兑和限制性承兑。一般承兑亦称单纯承兑，是付款人不加限制地同意出票人的付款指示而作的承兑，通常说的承兑即是一般承兑。限制性承兑也称非单纯承兑，即指承兑时付款人附加条件或用明白措辞，改变承兑效果。货币市场上的承兑通常应为无条件的，对于附有限制性条件的承兑票据无法在货币市场上流通。

银行承兑票据一般由商业银行办理，也可由其专门机构来办理，如美国就专门设有办理承兑业务的承兑所。承兑者是以自己的信用来保证票据到期兑付的，故银行在办理承兑时要收取一定的手续费。经承兑的票据，从法律上确定了票据关系人之间的权利与义务，因而易于转让或贴现。

（3）票据贴现。贴现就是票据持有人为了取得现款，将未到期的银行承兑票据以贴付自贴现之日起至票据到期日止的利息向银行（包括贴现公司）所作的票据转让。票据贴现时扣除的自贴现日起至票据到期日止的利息称为贴息，它与票据票面金额比率称为贴现率。贴现率实际上就是一种贷款利率，只不过是在票据金额内扣除，并且是在贴现时预扣，因而通常比贷款利率略低些。贴现率的变动主要受三个方面的影响：一是整个金融市场的利率水平，整个金融市场的利率水平与贴现率成正相关；二是票据的信誉程度，通常大银行所承兑的票据其信誉高于小银行所承兑的票据，因而贴现率相对低些；三是受供求关系的影响，不过这种影响不太大，贴现率的上下浮动有限。

（4）票据的再贴现。再贴现即商业银行和其金融机构以其买入的未到期的贴现票据向中央银行再次贴现而作的票据转让。一般而言，再贴现也就是最终贴现，票据经再贴现后退出流通转让过程。中央银行再贴现时，同样要事先算出再贴现日至票据到期日应计收的利息，然后把票据留下，把票面额扣除利息后的金额支付给再贴现银行。为保证商业银行办理贴现业务有一定利润，中央银行的再贴现率一般低于商业银行的贴现利率。

再贴现从其信用关系来讲，是中央银行对贴现银行的资金融通，但更重要的是，再贴现是中央银行实现货币政策调节的重要手段。中央银行根据货币供应情况，利用提高或降低再贴现率的办法，影响整个利率水平，收紧或放松银根。

我国自1984年起开始在全国开办商业票据承兑、贴现业务，1986年起又正式开办对专业银行贴现票据的再贴现业务，这标志着我国票据市场已开始运行。

16.2.1.4 股票

股票是资本市场的重要融资工具，是股份公司发给认股人作为公司股东并有权取得股息的一种有价证券，它代表股东对本公司的所有权。股东认购一定比例的公司股票，在公司的利润和财产分配上，就拥有按股票分享的权利。股份公司发行的股票，按股东权益的不同，可分为普通股和优先股。

（1）普通股。普通股是股份公司依法最优先发行的股票，它是股票的一种形式。普通股股东一般享有如下权益：

1）参与股东大会的决议权。股份公司的最高权力机构是股东大会。普通股的股东享有投票选举董事会的投票权。

2）盈余分配权。普通股的股息是不固定的，当公司有盈余时，股东对税后剩余利润享有依照股份比例取得股息的权利。

3）公司增发新股票的优先认购权。当公司增发新股票时，现有股东有权按原持有的股份比例认购新股票，以保持他在公司的权益比例。

（2）优先股。优先股是股份有限公司发行的附带优惠条件的一种股票。通过提供比普通股优惠的条件来吸引投资者。一是优先股股息是固定的，而且股息的支付必须在普通股股息支付之前，即优先股股东享有优先分享股息的权利；二是当公司破产清理时，优先股有比普通股优先分得剩余财产的权利。但是，优先股的持股人一般情况不能参与公司的经营管理，没有参加股东大会投票选举董事会的权利。且在公司经营特别景气，利润很高时，优先股因股息固定，也不能多分股息。

16.2.1.5 债券

债券是债券发行人对投资人保证按规定期限偿付本金和利息的一种有价证券，它是资本市场的又一重要融资工具，体现着资金供求双方之间的债权债务关系。按发行主体分类，有政府债券、公司债券和金融债券三种。

（1）政府债券。政府是长期资金市场的参与者与资金需求者。发行债券是政府筹措长期资金通常采取的主要形式。政府债券按不同的标准、不同的角度可以进行多种分类。

1）按发行的主体不同，可分为中央债券、政府机构债券和地方政府债券。中央政府公债是政府的直接债务，由于政府掌握了国家的资源和税收，因而具有最高的安全可靠性，一般被认为是几乎没有信用方面的违约风险。但除了会遇到政府在战争后出现根本性更迭，所发行的公债可能完全变成废纸外，还会面临市场利率变动带来的价格涨跌的风险，以及由于通货膨胀所导致的货币贬值的风险。

除了中央政府自身的直接债务外，不少国家（如美国、日本等）的政府机构也可以发行债券。这些债券的收支偿付均不列入政府预算，而是由发行单位自行负责。由于政府机构债券一旦出了问题，政府一般不会袖手旁观，因此，这些债券的信誉也很高。在许多国家，地方政府也可以发行债券。地方政府债券按照偿付的资金来源可分为普通债券与收益债券两大类。普通债券发行后所筹集到的资金一般用于提供基本的政府服务，如教育、警察、防火、抗灾等，其债务是由地方政府的预算内财政收入来偿还的，包括税收及中央政府的补助。收益债券所筹集到的资金则是用于兴建某些具体项目，债券本息的偿还依赖于这些项目在建成后的营运收入，如煤气事业、自来水设施、收费公路、供出租的大学宿舍等。

2）按照偿还期限的长短，可分为短期政府债券（1 年以内，即通常称谓的国库券）、中期政府债券（1 年以上 10 年以下）和长期政府债券（10 年以上）。

3）按利息形式，政府债券可分为付息债券和贴现债券两类。付息债券的利率大都是固定的，由于这种情况，如果预期近期内利率看升，政府债券的经纪人在销售过程中将会遇到很大困难。各国的短期国债（国库券）大多属贴现债券，一般在票面上并不载明利息，而是发行时按票面额以某一幅度折价的办法代替利息。

4）按发行的场所，政府债券还可以分为国内公债和国外公债。国外公债是指政府为了从国外筹集资金而发行的债券，大多用外币来表示。由于外债是在其他国家的证券市场发行，因此政府的信誉尤其重要。外债规模应受到更为严密的监督和管理。

（2）公司债券。公司债券是公司为筹集长期资金而发行的债务凭证，公司承诺约定的期限和利率偿还本息。公司债券的种类繁多，以有无担保品可分为两类：一类是有担保品的公司债券，称为抵押债券；另一类是无担保品的公司债券称为信用债券，一般而言，公司债券绝大部分是有担保品的抵押债券，少数是信用债券。

信用债券没有特定财产担保，完全凭借公司信誉发行，与一般的债券没有多少差异，是一种普通公司债券。为了保障债权人的利益，在发行这种债券时，要对发行公司作出某些限制，如对发行新债券的限制、对支付股票红利的限制、对公司合并的限制等。抵押债券是公司以不动产为担保品发行的债券，叫固定抵押公司债券，以动产为担保的债券，称为流动抵押公司债。凡是有担保品的公司债，在发行前必须委托信托机构作为担保品的受托人，代表债权人取得抵押权。在公司不能如期还本付息时，受托人依法行使留置权，处理抵押品，持有抵押债券者优先受偿。

公司债券一般都采取固定利率方式，也有利率不加固定，依公司盈利多少而定的收益公债和采取浮动利率方式的公司债。公司债券偿还本息的方法有一次还本的公司债和分期偿还的公司债，还有设立偿债基金的债和可以调换为公司股票的可转换公司债。

（3）金融债券。金融是银行或其他金融机构向社会发行的债务凭证。通过发行金融债券增加信贷资金来源，是各国银行通行的一种筹资方式。金融债与存款相比，具有下列特点：一是有高度的流动性，它是一种不记名的有价证券，可以上市流通转让，银行只对持券人承担到期偿还本息的责任，一旦证券转移，债权债务也随之转移；二是具有相对稳定性，金融债券是长期信用工具，在到期之前，持券人不能要求提前偿还；三是资金有特殊用途；四是定期发行，时间集中，发行量有一定限度；五是金融债券利率高于银行存款，有较高的收益性。

16.2.2　金融衍生工具

16.2.2.1　金融衍生工具的概念

金融衍生工具是指其价值依赖于原生性金融工具的一类金融产品。金融衍生工具往往根据原生金融工具预期价格的变化定值。衍生金融工具主要包括股票期货合约、股票指数期货合约、期权合约、外汇期货、期权、汇率掉期的合约等。衍生金融工具能够以少量资金从事数倍乃至数十倍的交易，具有高风险性、高投资性和高收益性的特点。

16.2.2.2　金融衍生工具的发展

金融衍生工具的迅速发展是20世纪70年代以来的事情。由于70年代高通货膨胀率以及普遍实行浮动汇率制度，使规避通货膨胀风险、利率风险和汇率风险成为金融交易的一项需求。同时，各国政府逐渐放权金融管制以及金融业的竞争日益加剧，使金融衍生工具得以迅速繁衍、发展。

在金融衍生工具的迅速拓展中，还有一个极其重要的因素，那就是期权公式的问世。期权，下面即将介绍，对它如何定价，曾是一个多年研究而难以解决的题目。1997年，诺贝尔经济学奖获得者斯科尔斯和默顿在70年代初推出了他们据以获奖的期权定价公式，解决了这一难题，许多相关领域的定价问题也连带获得解决。人们有这样的形容：他们的期权定价公式创造了一个巨大的衍生工具市场。

16.2.2.3　衍生金融工具的类型

（1）按合约类型的标准分类。金融衍生工具在形式上均表现为一种合约，在合约上载明买卖双方同意的交易品种、价格、数量、交割时间及地点等。目前较为流行的金融衍生工具合约主要有远期、期货、期权和互换这四种类型。其他任何复杂的合约都是在此基础上演化而来的。

远期合约（Forwards）是相对最简单的一种金融衍生工具。合约双方约定在某一日按约定的价格买卖约定数量的相关资产。远期合约通常是在两个金融机构之间或金融机构与其客户之间签署的。远期合约的交易一般不在规范的交易所内进行。目前远期合约主要有货币远期和利率远期两类。

在远期合约的有效期内，合约的价值随相关资产市场价格的波动而变化。若合约到期时以现金结清的话，当市场价格高于执行价格（合约约定价格）时，应由卖方向买方按差价支付结算金额；若市场价格低于执行价格，则由买方向卖方支付金额。按照这样一种交易方式，远期合约的买卖双方可能形成的收益或损失都是无限大的。这个关系可以从图16－1中看出。

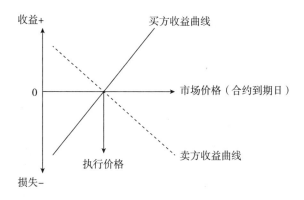

图 16－1　远期合约的收益/损失

期货合约与远期合约十分相似，它也是交易双方按约定价格在未来某一区间完成特定资产交易行为的一种方式，其收益曲线也与远期合约一致。两者的区别在于：远期合约交易一般规模较小，较为灵活，交易双方易于按各自的愿望对合约条件进行磋商；而期货合约的交易是在有组织的交易所内完成的，合约的内容，如相关资产种类、数量、价格、交割时间、交割地点等都有标准化的特点，这使期货交易更规模化，也更便于管理。

无论是远期合约还是期货合约，都为交易人提供了一种避免因一段时期内价格变动带来风险的工具，也为投机人利用价格波动取得投机收入提供了手段。最早的远期合约、期货合约相关资产是粮食。由于粮食市场的价格存在收获季节下降，非收获季节上升的季节性波动，为了避免由此给粮农带来收益的风险和给粮食买方带来货源不稳的风险，产生了以粮食产品为内容的远期合约交易。17 世纪以后，标准化的合约开始出现，也逐渐形成了完整的结算系统，期货交易得以发展。进入 20 世纪 70 年代，金融市场的动荡和风险催生出金融期货，如利率期货、外汇期货、股票价格指数期货等。

期权合约（Options）是期权的买方有权在约定时间或时期内，按照约定的价格买进或卖出一定数量的相关资产，也可以根据需要放弃行使这一权利。为了取得这一权利，期权合约的买方必须向卖方支付一定数额的费用，即期权费。按照相关资产的不同，金融期权可以有外汇期权、利率期权、股票期权、股票价格指数期权等。

期权分为看涨期权和看跌期权两个基本类型。看涨期权的买方有权在某一确定的时间以确定的价格购买相关资产；看跌期权的买方则有权在某一确定的时间以确定的价格出售相关资产。

期权又分为美式期权和欧式期权。按照美式期权，买方可以在期权的有效期内任何时间行使权利或放弃权利；按照欧式期权，期权买方只可以在合约到期时行使权利。由于美式期权赋予期权买方更大的选择空间，因此被较多的交易所采用。

期权这种金融衍生工具的最大魅力，在于可以使期权买方将风险锁定在一定范围之内。因此，期权是一种有助于规避风险的理想工具。当然，它也是投机者理想的操作手段。对于看涨期权的买方来说，当市场价格高于执行价格加期权费时，他会行使买的权利；当市场价格低于执行价格加期权费时，他会放弃行使权利，所亏不过限于期权费。对于看跌期权买方来说，当市场价格低于执行价格加期权费时，他会行使卖的权利；反之则会放弃权利，所亏也仅限于期权费。因此，期权对于买方来说，可以实现有限的损失和无限的收益，对于期权的卖方则恰好相反，损失无限而收益有限。如图16－2a和图16－2b所示。

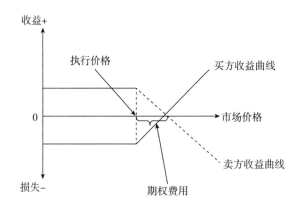

图16－2a　看涨期权的收益／损失

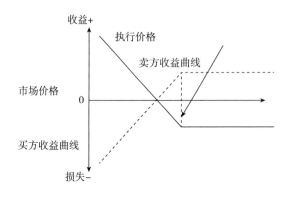

图16－2b　看跌期权的收益／损失

　　互换合约（Swaps）也译为掉期或调期，是指交易双方约定在合约有效期内，以事先确定的名义本金额为依据，按约定的支付率（利率、股票指数收益率等）相互交换支付的约定。以最常见的利率互换为例，设确定的名义本金额为1亿元，约定甲方按期根据该名义本金额和浮动利率LIBOR计算的金额向乙方支付利息，同时乙方按期根据该名义本金额和固定利率6%向甲方支付利息——当然实际只需支付差额。互换合约实质上可以分解为一系列远期合约组合，远期收益曲线亦大致同于远期合约。

　　（2）按相关资产的标准分类。按照金融衍生工具赖以生存的相关资产即原生资产分类，可以分为货币或汇率衍生工具、利率衍生工具、股票衍生工具。

货币或汇率衍生工具包括远期外汇合约、外汇期货、外汇期权、货币互换；利率衍生工具包括短期利率期货、债券期货、利率互换、互换期权、远期利率协议等；股票衍生工具包括股票期权、股票价格指数期权、认股权证、可转换债券、与股权相关的债券等。

（3）按衍生次序的标准分类。金融衍生工具的繁复多样经过了一个由简至繁的演变过程。按照这种演变顺序，金融衍生工具可分为三类：一般衍生工具、混合工具、复杂衍生工具。

一般衍生工具是指由传统金融工具衍生出来的比较单纯的衍生工具，如远期、期货、简单互换等。一般衍生工具在 20 世纪 80 年代后期已经十分流行。由于激烈的市场竞争，这类金融工具的价格差异日益缩小，金融机构靠出售这种金融衍生工具所获得的利润有不断下降的趋势。

混合工具是指传统金融工具与一般衍生金融工具组合而成，介于现货市场和金融衍生工具市场之间的产品。如可转换债券就是其中的一种。可转换债券是指可兑换成普通股票的债券：在约定的期限内，其持有者有权将其转换为该发债公司的普通股票。作为债券，它与普通债券一样；而具有是否转换为股票的权利，则是期权交易的性质。由于具有可转换的性质，债券利率低于普通债券，这有利于发行者降低发行成本；也正是具有可转换的选择，增加了投资者的兴趣。

复杂的衍生工具是指以一般衍生工具为基础，经过改造或组合而形成的新工具，所以又称"衍生工具的衍生物"。主要包括：①期货期权，即买进或卖出某种期货合约的期权。②互换期权，即行使某种互换合约的期权。③复合期权，即以期权方式买或卖某项期权合约。④特种期权，即期权合约的各种条件，如相关资产、计价方法、有效期等均较特殊的期权等。

（4）按交易场所的标准分类。按照金融衍生工具是否在交易所上市，可以将其分为场内工具和场外工具。在场内交易的金融衍生工具主要有期货和期权，在场外交易的金融衍生工具主要有远期、期权和互换。

场内交易与场外交易的最大区别就在于前者的交易方式具有集中性、组织性和公开性的特点。

16.2.2.4 金融衍生工具的作用

迅速发展的金融衍生工具使规避形形色色的金融风险有了灵活方便、极具针对性且交易成本日趋降低的手段。这对现代经济的发展起到了有力的推动作用。甚至可以说，没有金融衍生工具，今天的经济运行是难以想象的。

但衍生工具的发展也促成了巨大的世界性投机活动。目前世界性的投机资本，其运作的主要手段就是衍生工具。衍生工具的交易实施保证金制度。在这种交易中的保证金是承诺履约的资金，通常只要求相当于交易额的不足 10% 的比例。因而，投机资本往往可以支配 5~10 倍于自身的资本进行投机操作。人们将这样的过程称为"高杠杆化。"据估计，目前国际性投机资本总额超过 7 万亿美元，放大 5~10 倍，则达数十万亿美元。无疑这是一个巨大的冲击力量。

衍生工具的投机，成功可获极高收益，失败则会造成严重后果。就一个微观行为主体来看，如 1995 年，英国老牌巴林银行，竟然由于其一个分支机构的职员进行衍生工具投机失败而宣告破产；1994 年，美国首富县份之一加州奥兰治县由于投资衍生工具出现 15

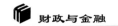

亿美元的账面亏损而申请破产法保护；等等。

在国际金融投机中，投机资本利用衍生工具冲击一国金融市场造成该国金融动荡和危机也有几个例子。如由于受到国际投机资本的冲击，导致 1992 年英镑退出欧洲汇率体系的"九月危机"；1997 年 7 月，泰国铢放弃对美元的固定汇率并引发了东南亚的金融大震荡等。

16.3　证券市场

16.3.1　初级市场与二级市场

与其他金融市场不同，证券市场本身又分为相互联系的两个市场：初级市场与二级市场。

初级市场是组织证券发行业务的市场。凡新公司成立发行股票、老公司增资补充发行股票、政府及工商企业发行债券等均构成初级市场活动的内容。如果筹资单位是工商企业，它们通过初级市场所筹集到的资金将主要用于投资，增加实物产出和扩大流通能力。因此，初级市场也称为资金创造市场。初级市场并非局限于某些特定的场所。新证券的发行或是由发行者自行组织，或是通过证券发行的中介机构，如投资公司、信托公司、专门的证券商等提供发行服务。

二级市场也称次级市场，是买卖已上市的证券的市场。当股东想转让股票或债券持有人想将未到期债券提前变现时，均需在二级市场上寻找买主。二级市场体现了各类金融资本的流动能力，因而也叫作资金流动市场。二级市场的主要场所是证券交易所，但也扩及交易所之外。

初级市场与二级市场有着紧密的相互依存关系：初级市场是二级市场存在的前提，没有证券发行，自然谈不上证券的再买卖；有了发行市场，还必须有二级市场；否则，新发行的证券就会由于缺乏流动性而难以推销，从而导致初级市场萎缩以致无法存在。

二级市场通过为已上市的证券提供流动场所的功能，在使短期资金来源转作长期资金运用，从而在扩大长期资金规模方面起着突出的作用。由于二级市场的存在，投资人可以根据收益率将任何闲置的资金投资于长期证券，而不会有难以提前变现的顾虑；而筹资人只要筹到资金就尽可放心地按照证券期限（如果有期限）使用该项资金，股票则无期限，更无须顾虑资金来源不稳定。因此，对于长期资金不足的国家，二级市场尤有重要意义。此外，二级市场犹如一个大舞台，各种证券发行者均在上面亮相。投资者则是评判员，他们的投资取舍直接左右各该上市证券价格的变化。这对督促发行者改善经营，提高信誉和竞争能力有很大作用。

16.3.2　新证券的发行

新证券的发行有公募和私募两种方式。

私募方式又称证券直接发行，指发行人直接对特定的投资人销售证券。私募的发行范围小，一般以少数与发行人或经办人有密切关系的投资人为发行对象。通常，股份公司对本公司股东发行股票多采取私募的办法。私募的手续简单，费用低廉，但不能公开上市。

公募指发行人公开向投资人推销证券。在公募发行中，发行人必须遵守有关事实全部公开的原则，向有关管理部门和市场公布各种财务报表及资料，以供投资人决策时参考。公募发行须得到投资银行或其他金融机构的协助。这些金融机构作为证券发行的代销商或包销商，从中取得佣金收入或差价收入。在代销方式中，经销商只是充当代理人的角色，证券发行的风险由发行人承担。在包销方式中，经销商或者承购全部证券，尔后推销；或者先代销，对销售不出去的部分再承销。包销方式中的经销商冒较大的风险，当然也可能有更大的盈利机会。经销巨额证券的业务，往往不是由一家投资银行等金融机构单独发行，而是由一家牵头，组成推销银团。

对于公开上市的证券，确定信用级别是头等大事。所谓评级，就是对证券发行人的信用、经营情况、偿付能力进行历史的、综合的估价。其作用不仅在于为发行者开拓销路，而且有助于监督证券发行质量，维护证券市场秩序，帮助投资人降低风险。

目前，各发达的市场经济国家都有比较有影响的证券评级机构。如美国的标准普尔公司和英迪投资者服务公司，它不仅对国内，还对国际上众多的股票、债券、商业票据，甚至银行的大额可转让定期存单进行评级。

16.3.3　证券交易所和店头交易

16.3.3.1　证券交易所

证券交易所是所有有价证券买卖双方集中进行公开交易的常设场所，是典型的证券二级市场。

证券交易所有其独特的组织形式，分为会员制和公司制两种，都属于独立的社团法人。公司制证券交易所是由证券经纪商和证券自营商共同出资组织，以营利为目的的股份有限公司。会员制证券交易所是由证券经纪商和证券自营商自愿组织，不以营利为目的的法人团体。证券交易所的职责及业务范围是：

（1）提供证券交易所和设施。它主要包括有良好环境的交易大厅、交易服务场所、证券行情显示屏幕、电信电传等现代通信设备、电子计算机操作系统等。

（2）提供服务。提供交易大厅内工作人员、医疗后勤人员、证券交易各种资料的电子计算机查询服务、自动报价系统等各种服务项目；同时办理各种有价证券在买卖期间的保管、清算和过户等代理业务及证券交易的各项收费业务；并向社会提供证券行情信息服务等。

（3）对交易实施管理。制定上市证券入场交易的种类和条例；制定和组织实施买卖双方报价和出价应遵守的必要程序和规则；制定和执行转、结账的制度；决定交易所的开闭和停止等。

证券交易所除具有将买卖双方聚集在一起的特征外，尚有两个基本特征：①交易采用经纪制的方式进行，即由投资人委托拥有交易所会员资格的经纪商代理进行证券买卖。交易所的证券商多属某一证券公司或投资银行，这些证券商一般接受本公司的交易指令进行委托买卖。也有不属于某一证券公司或投资银行，而是自行买卖，这种证券商称为自营商。自营商寻找买卖机会，从短期性买卖差价中获取利润，即主要从事"抢帽子"交易。②交易所中的交易是以竞价的方式进行的。买卖双方在某种证券上笔交易成交价格的基础上，用高声喊叫和打手势的办法，分别按照各自指令所限定的价格范围提出报价。买卖两个群体之间及其各自内部展开激烈的价格竞争，使买卖双方报价逐步趋于一致，一笔交易就告成功。

16.3.3.2 店头交易

店头交易市场是指有价证券转让的又一种市场组织形式。投资者不是委托证券经纪商在证券交易所代理买卖证券，而是直接在证券经营商，如证券公司的营业柜台上买卖证券。店头交易又称为场外交易，即把在交易所市场以外所进行的交易总称为店头交易。

店头交易的特点，是各个证券投资者和证券公司之间面对面个别进行，买卖证券的种类、数量、价格及交付条件等都由当事人相互协商决定。同交易所的交易相比，两者之间具体表现出如下不同。

（1）交易所市场是把众多的买卖者集中在一个固定的场所从事交易，而店头交易是分散的市场，由分散的买者和卖者各自单独地同证券公司进行个别交易。

（2）交易所市场有固定的交易时间，而店头交易是不定期的，只要在证券公司营业时间，买卖投资者都可同证券公司协商交易。

（3）证券交易所存在买卖单位的限制规定，取得一般的上市流通资格的证券可以在场外交易，却未必能在交易所挂牌上市。

（4）从交易方式来看，交易所交易主要采取拍买拍卖，而在场外市场上则是协商买卖。

从上述店头交易的特点来看，它在交易效率和价格公平程度方面不及证券交易所，但它的经营方式比较灵活。在经济发达国家中，这两种不同的市场组织形式同样高度发达。

16.3.4 证券交易方式

有价证券的交易方式指证券买卖双方成效后，履行签订的合约，一方付款，一方交货的交割方式。按照交割期的长短划分，证券交易方式有以下几种。

16.3.4.1 现货交易

证券的现货交易是买卖双方同意在成交时，立即交割的交易方式。买方支付现款，卖方交付证券，银货两讫，交易即告结束。但在实际交易过程中，往往难以做到成交后立即交割。因此，现货交易也有一个短暂的拖延时间，一般是上午成交，下午交割；下午成交，次日交割。

16.3.4.2 期货交易

证券期货交易是一种远期交割方式。买卖双方为履行期货合约，按照合约规定的证券种类、数量和双方同意的价格，在将来某一日进行交割。到期后，无论当时的证券行情是涨还是跌，买方必须接受所买证券，卖方必须交割出售的证券。期货合约是一种标准化合约，买卖的证券、数量和交割日期是一致的，买卖的价格是通过交易所成员以竞价方式形成的。所以，期货市场是一个购买或销售一种标准契约的有效组织的市场。

期货交易的交割在远期，期货合约反映了买卖双方对一定时期以后的某种证券价格的预测。一些人看涨，可以先买后卖；一些人看跌，可以先卖后买。尤其是在证券行市出现较大波动时，未来的不稳定性更大。买者怕以后涨价，卖者怕以后跌价，利用期货方式，双方都可以转移风险，达到保值的目的。期货合约到期时，很少以现货交割，往往是在交割期到期之前，当买者或卖者达到预期目的，或明显达不到预期目的时，买者可以卖出与原交割期相同期限的期货合约，卖者可以买进与原交割期相同期限的期货合约来抵消。

由于同一种证券在同一时间上的期货价格与现货价格往往是不一致的，因此，交易者可以在证券市场上买进期货的同时卖出现货；或者买进现货的同时卖出期货。利用现货市场和期货市场的价格差异，谋取利益。这种套买套卖活动，就称为套头交易或套期买卖。

16.3.4.3　信用交易

信用交易即指证券公司或证券经纪商向客户提供信用所进行的证券交易。信用交易又称为"垫头交易"或"差额交易"，即投资者在购买一定数额证券时，只支付部分价款（保证金，也称垫头），其余部分由交易所经纪人垫付，经纪人则向投资者索取垫付的利息的一种交易。因此，信用交易使证券投资者即使手里没有现款或股票仍可以参与证券交易所的股票买卖，从事"买空卖空"的交易行为，以图从股市行情涨跌的价差中获取收益。

对于信用交易的结算，客户可以选择两种方式：一是在到期时用手头持有的现金和股票来结算，即直接用现金或股票偿还证券公司。二是进行相反的买卖。即进行买空的顾客把作为担保的买进股票于信用期满时在交易所市场上卖出，以所得的款额还借款；进行卖空的顾客用作为担保的卖出款项买回股票来偿还。

信用交易为"买空卖空"提供了方便，带有极大的投机因素，同时，也给股票市场带来虚假的供给和需求，但它仍然有积极作用：①证券投资者可以利用信用交易作为防止手持股票因价格下跌而蒙受损失的一种手段，使风险得到转移或分散。②由于信用交易的存在，可以使股票交易活跃，成交额增大，因而当股票市场实际买卖出现供求不平衡时，它会起到一定平衡供求关系、稳定股票价格的作用，有利于股票合理价格的形成。采取信用交易的利弊问题现在仍是一个尚未断论的问题。

16.3.4.4　期权交易

期权交易又称选择性交易，是指投资者支付一定的费用，签订期权合约，取得合约规定的期限内按照协议规定的价格买进或卖出一定数量证券的权利。故期权交易不是实物的交易而是一种权利的买卖。期权交易具有双重性质，一方面，它是投资者为预防通货膨胀、利率变动、汇率变动风险而采取的一项保护措施；另一方面，它又是一种以小换大的投机方式。期权合约有两种：

（1）看涨期权。投资者付给卖方若干期权费，取得在合约期限内按照协定价格，买进一定数量股票的权利。在合约期内，如果股票市场价格超过协定价格时，买方可以随时行使期权，仍按协定价格买进股票，然后转手按市场价格出售，从而获取利润；如果在合约期内股票价格不上涨甚至下跌，买方可以不行使期权，合约到期作废。买方损失的只是支付给卖方的期权费。

（2）看跌期权。投资者在支付一定的期权费后，取得在合约期内按照协议价格卖出一定数量股票的权利。在合约期内，如果股票市场下跌，可以随时行使期权，先按市场价格买进股票，然后按照协议价格出售股票，获取利润。如果在合约期内股票价格不下降或反而上升，则可以不行使期权，让合约到期作废，这样所受的损失也仅是支付的期权费。

16.3.5 证券的价格

有价证券的价格是由预期的收益和有关的风险程序决定的。由于收益具有预期性，风险或多或少总是存在的。这种风险可能来自借款人的偿还信用，可能来自企业的效益，也可能来自市场的利率波动等。只要风险存在，就使每一种有价证券，尤其是没有固定收益的股票都存在多种收益率的可能性，而各种收益率发生的概率又是不相同的。当影响预期收益和风险程度两方面因素的信息都反映在有价证券价格中时，这样的金融市场是有效率的。

16.3.5.1 证券交易价格

（1）票面价格。票面价格是指有价证券包括债券和股票的票面上标明的价格，如100元、500元等。债券行市往往受政治、经济等因素的影响而变化不定，票面价格则是固定不变的，因此，两者往往不一致，证券价格有时高于票面价格，有时则低于票面价格。故有价证券的票面价格只是一种名义价格。票面金额可以确定每一股份对企业占有的比例，也用来计算债券的预期收入量。

（2）发行价格。指有价证券发行时出售给投资人或证券承销商的价格。在不同条件下，发行价格有不同选择：一是按票面金额发行；二是按高于票面金额发行；三是按低于票面金额发行。它受市场利率水平的直接影响。市场利率水平与证券价格成反比。由于证券市场价格变化不定，往往与证券的票面金额不一致。因此在选择新证券发行价格时，需要考虑证券市场价格的变化情况，使确定的发行价格对投资者具有广泛的吸引力。

股票与债券有着差异。股票是一种不偿还的证券，股息、红利的分配取决于企业的经营状况，是不固定的。所以，股票的发行不存在确定发行利率和期限问题。股票在采取公开募集方式发行时，一般都是以市价或介于市价与股票金额之间的价格作为发行价格。因为投资股票的目的，除了取得股息红利外，更多的是参与流通市场赚取买卖"差价"。

（3）内在价格。是证券的现价或真实价格，即证券转让的理论价格。现在价值简称为现值未来价值即期终价值简称期值。按照目前市场利率将期值折算成现值，就是对预期中的未来收入计算贴息，折算率便是贴现率。即将持有这种证券所负担的费用从未来货币收入中扣除。这种根据现值原理计算出来的证券转让价格即现值，就是证券的内在价格。证券的内在价格往往与它的市场价格不一致，因为证券行情的变化受多种因素的影响，现值原理无法提供证券可能遇到的其他风险。

（4）市场价格。市场价格是证券在市场交易中所形成的价格。它包括开盘价、收盘价、最高价、最低价等，它受供求状况等多种因素的影响，是在买卖双方的争执中形成的。

16.3.5.2 证券收益

证券收益是投资者购买特定证券而获得的盈利或报酬。如果是债券，其收益就是利息；如果是股票，其收益就是红利。投资收益的大小，是以投资总额与常年所得收入的百分比来衡量的，这个百分比叫投资收益率。

（1）面额收益。是按证券票面上标明的金额和利率计算出来的收益。由于有价证券的转让受市场利率的影响，往往高于或低于面值的价格出售。故面额收益仅是一种名义收益。

（2）当前收益。指以购入证券的价格即实际投资成本去除得到的利息额计算出来的收益。这种以投资成本计算的收益是实际收益。

（3）到期收益。专指债券的到期收益而言。因为股票是不偿还的有价证券，不存在期限问题。但任何一种债券都有一定的到期日期，无论是溢价出售或是折价出售，到期必然按票面价格偿还。因此，债券有到期收益和未到期收益的区别。当前收益就是一种未到期的收益。

债券行情是变化不定的，投资者以低于或高于面值的价格购入债券后，在到期按票面价格偿还时，其购入成本与到期偿还金额之间，就出现一个差额。这个差额对于折价债券来讲，则意味着购入成本的贬值。在计算债券到期收益时凡增值的，应将增值部分加在利息收入中，凡贬值的，应从利息收入中扣除，摊还在成本中。

（4）税后收益。税收是投资成本的一部分。税收的大小直接影响投资者的收益。投资者在选购证券品种时就应考虑税收成本。各国对证券投资收入所规定的所得税不完全一致，有的国家对政府债券收入免税，有的国家对某几种股票给予优惠税率。总之，扣除税收成本后的收益即税后收入。

16.3.6　创业板市场

风险资本培育的企业，在上市之初，一般具有经营历史短、资产规模小的特点；加之它们是在一些新的领域内发展，失败的风险较大，通常满足不了一般的上市条件。而风险投资家又无不力求较早地把企业推向市场挤出资金。鉴于这样的原因，需要建立有别于成熟企业股票发行和交易的市场，专门对小型企业以及创业企业的股票进行交易。这种市场一般称为创业板市场（Growth Enterprise Market，GEM）或二板市场（Secondary Board Market）、小盘股市场等。创业板市场是主板市场之外的专业市场，其主要特点是在上市条件方面对企业经营历史和经营规模有较低的要求，但创业板市场注重企业的经营活跃性和发展潜力。目前，比较成功的创业板市场是美国的纳斯达克市场。

企业经过创业板市场的培育后，还可以进入主板市场。目前，一些世界知名的高科技大公司就经历了这样一条发展道路。如原来在纳斯达克上市的微软公司的股票，已进入道琼斯 30 种工业指数。

近年来，世界各主要国家或地区都相继设立了创业板市场。经过多年酝酿，2004 年我国深圳证券交易所推出了中小企业板。又经过多年实践后，2009 年 10 月中国的创业板市场在深圳正式启动，首批 28 家企业挂牌上市。截至 2016 年 9 月 30 日，我国创业板市场的上市公司达 540 家，总市值 5.23 万亿元。

16.4 黄金市场

16.4.1 黄金市场的历史发展

历史上，黄金曾在世界范围内长期充当一般等价物的角色，是现实经济生活中实实在在的购买手段和支付手段。在金本位制瓦解和金币停止流通之后，黄金依然保持其货币属性，直至20世纪70年代的黄金非货币化。非货币之后，黄金仍是各国国际储备资产的一部分。

世界上最早的国际黄金市场于19世纪初在伦敦产生。第二次世界大战爆发后，由于黄金的自由交易受到很大限制，伦敦黄金市场曾关闭了15年。世界黄金市场重新成为完全自由的交易市场，是在布雷顿森林货币体系瓦解之后。

在布雷顿森林货币体系下，官方兑换黄金的价格是每盎司黄金兑换35美元。在20世纪80年代初，黄金价格曾攀升到每盎司850美元的高点。自90年代末期以来，国际市场上出现了罕见的黄金抛售潮，特别是各国中央银行纷纷降低黄金储备。1997年7月6日的黄金价格曾跌到每盎司256美元。此后又开始逐渐上升，2011年9月初，一度触及1920.20美元的高位。此后，黄金价格伴随全球经济的逐步复苏又震荡下行，最近5年的平均价格保持在每盎司1380美元上下，2016年12月8日为每盎司1177.2美元。

国际上的黄金市场流通体系是一个多层次、多形态市场的集合，包括银行间无形黄金市场、黄金现货交易有形市场、黄金期货交易有形市场、黄金零售市场等。

16.4.2 黄金市场的金融功能

黄金的用途在过去有相当大的部分是货币用黄金。货币用黄金又分为两部分：一是货币流通所需，如铸造金币。这方面需求已经是近一百年以前的事情。二是国家集中的黄金储备。迄今为止，各国官方都保有以百吨、千吨计的黄金作为国际储备资产。世界黄金协会（World Gold Council）最新公布的数据显示，2016年8月全球官方黄金储备共计32803.5公吨。

现在对黄金的需求，可以说都属于非货币需求，主要区别为投资需求与消费需求。

目前，黄金的主要消费领域有珠宝首饰业、电子仪器、工业装饰、奖章、纪念币等。其中，珠宝首饰用金需求量约占全部黄金需求量的70%～75%。黄金消费性用途的多样化促进了全球范围内黄金交易活动的活跃。

由于黄金的特性与历史习惯，各种以黄金为标的投资活动依然相当活跃。黄金饰物的相当部分，在民间，仍是重要的投资工具。正是活跃的黄金投资，表明黄金市场仍然具有明显的金融功能。当人们对经济前景捉摸不定时，往往就会购买黄金保值。

16.4.3 我国的黄金流通体制改革

自新中国成立以来，我国一直对黄金流通实行严格的计划管理体制：由中国人民银行统一收购和配售黄金，统一制定黄金价格，严禁民间黄金流通。

在改革开放后的 1982 年，我国放开了黄金饰品零售市场。1993 年，我国改革了黄金定价机制，允许黄金收集价格随国际金价波动。1999 年，我国取消了白银的统购统配制定。同年 12 月，我国在部分城市首次向社会销售金条，这反映出我国市场对于投资品的黄金的需求。自 2001 年开始，我国决定取消黄金的统购统配，实现市场配置黄金资源。作为全国性的有形市场，上海黄金交易所于 2002 年 10 月 30 日正式开始交易。2015 年，上海黄金交易所实物黄金交易量达 3.41 万吨，连续 9 年位居全球第一。上海期货交易所黄金期货合约交易量达 5.06 万吨，位居全球第二。2016 年 4 月，中国启动人民币黄金定价机制，上海黄金交易所随即推出以人民币结算的黄金（"上海金"）基准价格。

第17章 国际金融

17.1 国际收支

17.1.1 国际收支概念及构成项目

17.1.1.1 国际收支的概念

国际收支概念的产生与发展是与当时的生产方式、经济发展水平紧密相连的，分为狭义的国际收支和广义的国际收支。17世纪初，是资本主义进行原始积累的时期，在重商主义理论的影响下为了促进货币资本的积累，各国都十分重视对外贸易。国际收支被定义为一个国家在一定时期内的对外贸易收支。第一次世界大战后，国际金本位制度崩溃，随着国际经济的发展，国际收支的范围有所扩大，认为国际收支是一国在一定时期内的外汇收支。现在把这一定义的国际收支称为狭义的国际收支。第二次世界大战后，国际经济关系更加紧密，国际经济往来以及政治、文化等往来更加频繁，国际经济交易的范围和方式都有了很大变化。政府无偿援助、私人捐赠，还有企业之间的易货贸易、补偿贸易以及记账贸易等新的贸易方式都不涉及外汇收支。建立在现金基础上的狭义国际收支概念已不能适应国际经济交易的发展。于是，国际收支的概念发生重大变化，摆脱"收支"，转向"交易"，形成当今广泛采用的广义的国际收支。

17.1.1.2 国际收支平衡表

（1）国际收支平衡表的概念。一国的国际收支状况是通过国际收支平衡表来反映的。按照一定的编制原则和格式，对一个国家一定时期内的国际经济交易进行分类、汇总，编制而成的统计报表就是国际收支平衡表。简言之，国际收支平衡表就是系统记录一国一定时期内全部国际经济交易的统计报表。

（2）国际收支平衡表的格式。《国际收支手册》（第5版）国际收支平衡表的标准格式如表17-1所示。

17.1.1.3 国际收支项目

表17-1中列出了国际收支的具体项目，其基本内容如下：

（1）经常账户。也译为经常项目，因为这里记载的是经常发生的国际经济交易，经常账户反映一国与他国之间实际资源的转移，是国际收支平衡表中最基本和最重要的项目，与国际收支账户有密切的联系。经常账户下包括货物、服务、收益和经常转移四个项目，各项目都要列出借方总额和贷方总额。

表 17-1　国际收支平衡表

项目	贷方	借方
一、经常账户		
A　货物和服务		
a. 货物		
1. 一般商品		
2. 用于加工的货物		
3. 货物修理		
4. 各种运输工具在港口购买的货物		
5. 非货币黄金		
b. 服务		
1. 运输		
2. 旅游		
3. 通信服务		
4. 建筑服务		
5. 保险服务		
6. 金融服务		
7. 计算机和信息服务		
8. 专有权利使用费和特许费		
9. 其他商业服务		
10. 个人、文化和娱乐服务		
11. 别处未提及的政府服务		
B　收入		
a. 职工报酬		
b. 投资收入		
1. 直接投资		
2. 证券投资		
3. 其他投资		
C　经常转移		
a. 各级政府		
b. 其他部门		
1. 工人的汇款		
2. 其他转移		
二、资本和金融账户		
A　资本账户		
a. 资本转移		
1. 各级政府		
2. 其他部门		
b. 非生产、非金融资产的收买/放弃		
B　金融账户		
a. 直接投资		
1. 国外		
2. 在报告经济体		
b. 证券投资		
1. 资产		

续表

项目	贷方	借方
2. 负债		
c. 其他投资		
1. 资产		
2. 负债		
d. 储备资产		
1. 货币性黄金		
2. 特别提款权		
3. 在基金组织的储备头寸		
4. 外汇储备		
5. 其他债权		

1）货物。也叫作商品贸易或有形贸易。由于贸易收支是构成国际经济和重要因素，反映一个商品在国际市场上的竞争能力，因此它是经常账户中最重要的一个项目。货物项下主要是一般商品的进口和出口，还有加工货物的非货币性黄金的进出口等。货物进出口的差额称为贸易差额，贸易差额是影响一国国际收支差额的基本因素。

2）服务。也称劳务、无形贸易。包括运输、旅游、通信、保险、金融、电子计算机和信息服务，专有权的使用费和特许费，个人服务、文化和娱乐服务（如音像及有关服务）、政府服务等。

3）收益。也有译为"收入"反映生产要素流动引起的生产要素报酬的收支。可以国家间流动的生产要素只能是劳动和资本，所以下设"职工报酬"和"投资收益"。①职工报酬。在外国工作的季节工人、边境工人（不过夜）、短期工作的工人（在国外工作期限一年以内），以及在外国驻本国的使领馆工作领取的报酬记贷方；反之记借方。②投资收益。资本要素的收入如利润、利息和股利等。投资收益有其特殊性，一笔债务之还本付息时，本金的流动记入金融账户，而利息则记入经常账户的投资收益。原先的国际收支平衡表一般都是将"雇员报酬"和"投资收益"放在"服务"之内，为使国际收支平衡表能更好地与国民收入账户配合使用，《国际收支手册》（第5版）特地分出"收益"一项。

4）经常转移。也称为无偿转移或单方面转移，指商品、劳务或金融资产在居民与非居民之间的单方面的无偿转移。主要内容有政府转移，如无偿援助、战争赔款、政府向国际组织定期交纳的费用等；私人转移，如侨汇、工人汇款、无偿捐赠、赔偿等。

（2）资本与金融账户。记录方法按净额记入，不是按总额记入。

1）资本账户。反映资产在居民与非居民之间的转移。这是《国际收支手册》（第5版）新列的项目，同原来第四版中资本账户的含义是完全不同的。①资本转移。主要有投资捐赠和债务注销（指债权人放弃债务，而未得到任何回报）。投资捐赠可以现金形式来进行，也可以实物形式（如交通设备、机器和机场、码头、道路、医院等建筑物）来进行。②非生产、非金融资产的收买或出售。包括不是由生产创造出来的有形资产（土地和地下资产）和无形资产（专利、版权、商标、经销权等）的收买或出售。关于无形资产需要指出，经常账户的服务项下记录的是无形资产的运用所引起的收支，而资本账户的资本转移项下记录的则是无形资产所有权的买卖所引起的收支。

2）金融账户。反映居民与非居民之间投资与借贷的增减变化。资本的流动涉及债权债务关系的变化，反映着对外资产与负债变化。以前流行分成长期资本和短期资本，由于金融创新和资本流动的发展，长期资本和短期资本的区分越来越困难，长短期的划分已不再流行。这里的金融账户相当于原来《国际收支手册》第四版的资本账户，一般媒介中提及的资本账户实际上就是这里的金融账户。金融账户按功能分类为：①直接投资。是指直接投资者对在外国投资的企业拥有 10% 或 10% 以上的普通股或投票权，从而对该企业的管理拥有有效发言权。直接投资项下包括股本资本、用于再投资的收益和其他资本。②证券投资。是跨越国界的股本证券和债务证券的投资。股本证券包括股票、参股或其他类似文件。债务证券包括长期债债券、无抵押品的公司债券、中期债券等；货币市场工具，或称可转让的债务工具，如短期国库券、商业票据、银行承兑汇票、可转让的大额存单等；派生金融工具或衍生金融工具，如商品期权、货币期权、利率期权和指数期权、金融期货等。③其他投资。是指所有直接投资和证券投资未包括的金融交易，包括贸易信贷，贷款，预付款，金融租赁项下的货物，货币和存款（指居民持有外币和非居民持有本币）等。

3）净差错与遗漏。实际生活中，一国国际收支平衡表会不可避免地出现净的借方余额或净的贷方余额。这个金额是统计资料有误差遗漏而形成的。造成统计资料漏误的主要原因是：①统计资料不完整，这由商品走私、以隐蔽形式进行的资本外逃等人为隐瞒原因形成的；②统计数字的重复计算和漏算，这是由统计资料来自四面八方所致，有的统计资料来自海关统计，有的来自银行报表，还有的来自官方机构的报表，这就难免发生统计口径的不一致而造成重复计算与漏算；③有的统计数字可能是估算的。

为使国际收支平衡表的借方总额和贷方总额相等，编表人员就人为地在平衡表中设立"净差错与遗漏"这个单独的项目，来抵销净的借方余额或净的贷方余额；如果经常账户、资本与金融账户和储备与相关项目三个账户的贷方出现余额，就在净差错与遗漏项下的借方列出与其金额相等的数字；如果这三个账户的借方出现余额，则在净差错与遗漏的贷方列出与其余额相等的数字。

4）总差额。总差额反映报告期内一国的国际收支状况对其储备的影响，是目前广泛使用的概念。在未特别指明的情况下，人们称某国的国际收支为顺差或逆差，就是指总差额为顺差或逆差。总差额是经常账户差额、资本账户差额、金融账户差额和净差错与遗漏四项之和。

还需要指出，基本差额也是反映一国国际收支状况的差额。它是经常账户差额与长期资本差额之和。第五版《国际收支手册》删除了基本差额的概念。

5）储备与相关项目。储备与相关项目实际是平衡经常账户、资本账户和金融账户差额的一个项目，因而也是平衡项目。包括以下几项：①储备资产。亦称官方储备或国际储备反映的是储备资产的增减额，储备资产的增加记入借方，用"－"号表示；减少记入贷方，用"＋"号表示。②使用基金组织的信贷和贷款。指成员国从 IMF 的提款，但不包括储备部分提款。③对外国官方负债。是指本国政府和货币当局对非居民的负债。④例外融资，也称特殊融资。

17.1.1.4　我国的国际收支状况

为了更加全面地反映我国对外交往关系的发展情况，适应宏观经济管理的需要，在原来外汇收支统计的基础上，1981 年 8 月，我国建立了国际收支统计制度，并开始了我国国际收支平衡表的编制工作。1985 年 9 月，中国人民银行公布了中国 1982～1984 年国际收支平衡表中若干项目的数据，具体包括经常项目、资本项目、错误与遗漏、储备资产增减额四项，但所列子项目不多。从 1997 年开始按照《国际收支手册》（第 5 版）的标准格式编制国际收支平衡表。

17.1.2　国际收支的调节

国际收支调节是指消除一国国际收支一旦出现的失衡的过程。国际收支的失衡对国民经济必然产生十分重要的影响。主要表现在：①经常项目失衡将对国民收入产生扩张或收缩的乘数效应，从而影响国内经济的均衡。②资本项目失衡，必然引起国内金融市场资金流量的变化，金融市场的利率、证券价格等因此将受到影响并进一步影响国内各个经济领域的发展。③经常项目和资本项目若出现不平衡可以通过增减国际储备来加以平衡，然而国际储备的增减直接影响一国货币供应量（在各国有义务维持稳定时），由此对国民经济起扩张或紧缩的作用。而且一国国际储备毕竟是有限的，难以平衡长期存在的国际收支失衡。因此，对国际收支进行调节是十分必要的。

国际收支的调节方法可分为"自动调节机制"和"政策引导机制"（也称"相机调节机制"）两类。一旦发生国际收支失衡，自动调节机制立即就会启动并持续发生作用（如果不存在障碍），直至失衡消除；而政策引导机制则包含一个时滞。

17.1.2.1　国际收支的自动调节机制

国际收支的自动调节机制是指经济中存在的能够自发运转的力量，它们在没有人为干预（政府活动）的情况下会推动国际收支自动趋于均衡。国际收支变动会使汇率、国民收入、物价、货币供给等发生变动，进而对国际收支变动失衡产生矫正的作用。根据起作用的变量不同，可将这些自动调节机制分为三类，即汇率调节机制、收入调节机制和货币调节机制。

（1）汇率调节机制。当一国出现国际收支失衡时，必然会对外汇市场产生压力，促使外汇汇率的变动。如果该政府允许汇率自发变动，而不加以干预，则国际收支恢复平衡。

（2）收入调节机制。如果在某一均衡收入水平上发生了国际收支的失衡，国民经济中就会产生出使收入水平发生变动的作用力，而收入的变动至少会部分地减少国际收支的失衡程度。

（3）货币调节机制。国际收支失衡会影响该国流通中的货币量，进而影响该国的价格水平、利息率和公众持有的现金余额等变量。这些变量本身的变化又会直到缩小国际收支差额的作用。这就是国际收支的货币调节机制。如果没有政府的干预，它能自动消除国际收支的失衡。

值得注意的是，收入调节机制是"不完全"的。也就是说，在国际收支完全恢复平衡以前它的运行就停止了；而货币调节机制则是"完全"的，它将一直运行到国际收支失衡被消除。

在现实世界中，这些自动调节机制是同时运转并相互作用的。但仍然存在国际收支失衡，原因主要在于：政府不断地干扰这些机制的运行，有时是由于疏忽，更多的是为了追求一定的政策目标。因为这些自动调节机制在实现国际收支平衡的同时，可能会对国内经济产生消极的影响。

17.1.2.2　国际收支的政策引导机制

国际收支的政策引导机制是指在消除国际收支失衡既定目标下，政府采取的平衡国际收支的措施。各国政府都十分重视本国国际收支状况，把国际收支平衡作为宏观经济政策的主要目标之一，因而国际收支政策也就成为各国经济政策体系的重要环节。一国国际收支失衡的调节政策主要有以下几种：

（1）外汇缓冲政策。外汇缓冲政策是指运用官方储备的变动或向外短期借款，来对付国际收支的短期性失衡。一般的做法是建立外汇平准基金，该基金保持一定数量的外汇储备和本国货币，当国际收支失衡造成外汇市场的超额外汇供给或需求时，货币当局就动用该基金在外汇市场公开操作，买进或卖出外汇，消除超额的外汇供求。这种政策以外汇为缓冲体，故称为外汇缓冲政策。

（2）汇率调整政策。一般而言，贬值可使国际收支改善，而升值可使国际收支恶化。因而，汇率调整政策就是在发生逆差时实行本币贬值，在发生顺差时实行本币升值。注意：这里的汇率调整政策是指一国官方当局公开宣布的法定升值与法定贬值，不包括国际金融市场上一般性的汇率变动。汇率调整也是旨在改变外汇的供求关系，并经由进出口商品的价格变化、资本融进融出的实际收益或成本的变化等渠道来实现政策目标，因而它主要针对国际收支的货币性失衡而实施。

（3）需求管理政策。需求管理政策是指运用扩张性或紧缩性财政政策和货币政策来提高或降低收入和物价，进而消除国际收支的周期性失衡和货币性失衡。这是战后各国普遍采用的方法。需求管理政策主要包括财政政策和货币政策。财政政策调节一般是从收支两方面进行的，即通过对各类税收的调节和通过对公共支出系统的调节来实现政策目标。货币政策是国家货币当局利用金融调控手段干预金融市场，进而伸缩需求规模，达到平衡国际收支的目的。这些调控手段包括利率、信贷政策和公开市场操作等。

（4）直接管制政策。直接管制政策是指对国际经济交易采取直接行政干预的政策。它包括外汇管制和贸易管制。前者主要有对汇价的管制和对外汇交易量的控制，后者是通过关税、配额、许可证制度来控制进出口。以直接管制作为国际收支调节政策的优点在于效果迅速而显著。一般说来，直接管制政策作为国际收支调节手段，应以其他政策不发生效果的情况为限。例如，对于结构性失衡，汇率政策的需求和管理政策等往往不易矫正，只有直接管制政策的差别性手段，对付这种失衡才较易有效。

17.2　汇　率

17.2.1　外汇

17.2.1.1　外汇的概念

外汇是"国际汇兑"的简称，它具有动态和静态两层含义。

（1）动态的外汇。它是指一国货币通过汇兑活动转换成另一国货币的实践过程，通过这种活动来清偿国际间的债权债务关系。

（2）静态的外汇。它是国际间为清偿债权债务关系进行的汇兑活动所凭借的手段和工具，我们在日常生活中所用到的外汇概念以及在本书中所涉及的外汇概念主要是静态的。

静态的外汇又有广义和狭义之分。国际货币基金组织和各国外汇管理法令所称的外汇就是广义的外汇。国际货币基金组织曾将外定义为"货币行政当局（中央银行、货币管理机构、外汇准基金组织及财政部）以银行存款、国库券、长短期政府债券等形式所保有的国际收支逆差时可以使用的债权"。1997 年 1 月修正的《中华人民共和国外汇管理条例》规定，外汇是以外币表示的可以用作国际清偿的支付手段和资产，它们是：①外国货币，包括纸币、铸币。②外币支付凭证，包括票据、银行存款凭证、邮政储蓄凭证等。③外币有价证券，包括政府债券、公司债券、股票等。④特别提权、欧洲货币单位。⑤其他外汇资产。

狭义的外汇，是我们通常所说的外汇，是指外币表示的用于国际结算的支付手段。只有为各国普遍接受的支付手段，才能用于国际结算。为此，外汇必须具备三个特征：①必须是以外国货币表示的资产。②必须是在国外能得到补偿的债权。③必须是以可兑换货币表示的支付手段。照此推理，以外币表示的有价证券和黄金不能视为外汇，因为它们不能用于国际结算，而只有把它们变为在国外的银行存款才能用于国际结算。需要指出的是，国外银行存款才是狭义外汇的主体。

17.2.1.2 外汇的种类

从不同的角度出发，可以把外汇划分为许多种类型，诸如按外汇的来源与用途划分，可分为贸易外汇和非贸易外汇；按外汇管理的对象划分，可分为居民外汇和非居民外汇；按外汇使用权限划分，可分为国家外汇和地方外汇等。根据外汇可否自由兑换划分为自由外汇和记账外汇两种。

自由外汇指不需要经过货币发行国外汇管理局批准，在国际结算和国际金融市场上可以自由使用、自由兑换成其他货币、自由向第三国支付的外国货币及其支付手段。目前被认为是自由兑换的货币有美元、马克、英镑、港元等。记账外汇是指不经债务国外汇管理当局批准，就不能自由兑换成其他货币或向第三国进行支付的外汇。换言之，它是一种根据有关的双边协定，仅限于两国之间使用的国际债权。

17.2.1.3 汇率的概念、标价及种类

（1）汇率的概念。外汇汇率又称外汇汇价，是不同货币之间兑换的比率或比价，也可以说是以一种货币表示的另一种货币的价格。外汇是可以在国际上自由兑换、自由买卖的资产，也是一种特殊商品，汇率就是这种特殊商品的"特殊价格"。一般商品的价格是用货币表示的，人们不能反过来去用商品表示货币的价格。但在国际汇兑中，不同的货币之间却可以相互表示对方的价格。因此，外汇汇率也就具有双向表示的特点。既可以用本币来表示外币价格，又可以用外币表示本币价格。这里，本币和外币都有同样的表现对方货币价格的功能。至于是用本币表示外币，还是用外币表示本币，则取决于一国所采用的不同标价方法。

（2）汇率标价方法。由于两种不同的货币可以互相表示，也就有两种基本的汇率标

价方法：一是直接标价法，二是间接标价法。

1）直接标价法又称应付标价法。是指以一定单位的外国货币为标准（1、100、1000等）来计算折合多少单位的本国货币。例如，2015 年 7 月 13 日，中国人民银行公布的人民币中间价中，1 美元 = 6.1133 元人民币，这就是直接标价法。这种标价法的特点是，外币数额固定不变，折合本币的数额根据外国货币与本国货币币值对比的变化而变化。如果一定数额的外币折合本币数量增加，即外汇升值、本币贬值；反之，如果一定数额的外币折合本币数量减少，即外汇贬值，本币升值。除英国、美国以外，世界上大多数国家都采用直接标价法来公布汇率。

2）间接标价法又称应收标价法。是指以一定单位的本国货币为标准（1、100、1000等），来计算折合若干单位的外国货币。例如，2015 年 7 月 13 日纽约外汇市场美元对日元的汇价为：1 美元 = 123.42 日元，即是间接标价法。这种标价法的特点是，本币为计价标准，固定不变，折合外币的数额根据本币与外币币值对比的变化。如果一定数量的本币折合外币的数额增加，即本币升值、外币贬值；反之，如果一定数量的本币折合外币数量减少，则为本币贬值、外币升值。

世界上采用间接标价法的国家主要是英国和美国两个国家。英国是资本主义发展最早的国家，英镑曾经是世界贸易计价结算的中心货币，因此，长期以来伦敦外汇市场上英镑采用间接标价法。第二次世界大战后，美国经济实力迅速扩大，美元逐渐成为国际结算、国际储备的主要货币。为了便于计价结算，从 1987 年 9 月 1 日开始，纽约外汇市场也改用间接标价法，以美元为标准公布美元与其他货币之间的汇价。但是对英镑和爱尔兰镑仍沿用直接标价法。

（3）汇率的种类。汇率是外汇理论与政策以及外汇业务中的一个中心内容，它虽然概括地定义为两种货币之间的价格之比，但在实际应用中汇率可以从不同角度划分为不同的种类。

1）按汇率制定的不同方法划分，可分为基础汇率和套算汇率。基础汇率是一国所制定的本国货币与基础货币之间的汇率。与本国货币有关的外国货币往往有许多种，但不可能使本币与每种货币都单独确定一个汇率，所以往往选择某一种主要的货币即关键货币作为本国汇率的制定标准，由此确定的汇率是本币与其他各种货币之间汇率套算的基础，因此称基础汇率。选择的关键货币往往是国际贸易、国际结算和国际储备中的主要货币，并且与本国的国际收支活动关系最为密切。第二次世界大战以后美元在国际贸易与国际金融领域占了主要地位，因此许多国家都将本币对美元的汇率定为基础汇率。

套算汇率是在基础汇率的基础上套算出的本币与非关键货币之间的汇率。如果本币与美元之间的汇率是基础汇率，那么本币与非美元之间的汇率即为套算汇率，它是通过它们各自与美元之间的基础汇率套算出来的。

2）从银行买卖外汇的角度出发，可分为买入价、卖出价和中间价。买入价，即买入汇率，是银行从同业或客户那里买入外汇时使用的汇率。卖出价，即卖出汇率，是银行向同业或客户卖出外汇时使用的汇率。银行从事外汇的买卖活动分别以不同汇率进行，当其买入外汇时往往以较低的价格买入，卖出外汇时往往以较高的价格卖出。低价买进、高价卖出之间的差价即为银行的经营费用和利润，一般为 1‰（也就是中间价上下各 0.5‰） ~ 5‰。具体的要根据外汇市场行情、供求关系及银行自身的经营策略而定。我国的外汇买卖差价率为 5‰。

买入价、卖出价是从银行角度来划分的。在直接标价法下，较低的价格为买入价，较高的价格为卖出价。而在间接标价法下则相反，价格较低的是外汇卖出价，价格较高的是买入价。除买价、卖价以外，还有一个中间价，即买入价与卖出价的平均价。

3）按外汇交易中支付方式的不同，可划分为电汇汇率、信汇汇率和票汇汇率。电汇汇率也称电汇价，指买卖外汇是以电汇方式支付外汇所使用的汇率。用电汇方式支付款项，银行往往用电报、电传等通信方式通知国外分行或代理行支付款项，外汇付出迅速，银行占用利息减少，因而向对方收取的价格（汇率）也就较高。现代外汇市场上多用电汇方式付出外汇，因而电汇汇率成为一种具有代表性的汇率，也是较其他汇率较高的一种。

信汇汇率也称信汇价，是银行用信函方式通知给付外汇的汇率。银行卖出的外汇需要用信函通知国外分行或代理行付出，所用时间较长，因此需将在途利息占用扣除，汇率也就较电汇汇率为低。

票汇汇率也称票汇价，是银行买卖即期汇票的汇率。买卖即期汇票所需时间也较长，因而汇率较电汇汇率低。如果买卖的是远期汇票（如 30 天、60 天）其汇率水平决定于远期期限的长短和该种外汇升值或贬值的可能性。

4）按外汇买卖成交后交割时间的长短不同，分为即期汇率和远期汇率。即期汇率也称现汇率，是交易双方达成外汇买卖协议后，在两个工作日以内办交割的汇率。这一汇率一般就是现时外汇市场上的汇率水平。

远期汇率也称期汇率，是交易双方达成外汇买卖协议，约定在将来某一时间进行外汇实际交割所使用的汇率。这一汇率是以现汇率为基础约定的，但往往与现汇率有一定差价，其差价称为升水或贴水。当远期汇率高于即期汇率时称外汇升水；当远期汇率低于即期汇率时称外汇贴水。升、贴水主要产生于利率差异、供求关系、汇率预期等因素。另外，远期汇率虽然是未来交割所使用的汇率，但与未来交割时的市场汇率是不同的，前者是事先约定的远期汇率，后者是将来的即期汇率。

5）按外汇管制程度的不同划分，有官方汇率和市场汇率。官方汇率也称法定汇率，是外汇管制较严格的国家授权其外汇管理当局制定并公布的本国货币与其他各种货币之间的外汇牌价。官方汇率一经制定往往不能频繁地变动，这虽然保证了汇率的稳定，但是汇率缺乏弹性。

市场汇率是外汇管制较松的国家中，自由外汇市场上进行外汇交易的汇率。它一般存在于市场机制较发达的国家，在这些国家的外汇市场上，外汇交易不受官方限制，市场汇率受外汇供求关系的影响自发地经常地波动，官方不能规定市场汇率，而只能通过参与外汇市场活动来干预外汇变化，以避免汇率出现过度频繁或大幅度的波动。

6）在实行复汇率的国家中，各国因外汇使用范围的不同可分为贸易汇率、金融汇率等。贸易汇率是用于进出口贸易及其从属费用的计价结算的汇率。官方制定与其他汇率不同的贸易汇率主要是为了促进进出口、限制进口，改善本国贸易状况。

金融汇率是用于非贸易往来如劳务、资本移动等方面的汇率。官方制定的金融汇率的目的往往是为了增加非贸易外汇收入以及限制资本流出。

7）按国家汇率制度的不同可分为固定汇率、浮动汇率等。固定汇率是在金本位制度下和布雷顿森林体系下通行的汇率制度，这种制度规定本国货币与其他货币之间维持一个固定比率，汇率波动只能限制在一定范围内，由官方干预来保证汇率的稳定。

浮动汇率是本国货币与其他国家货币之间的汇率不由官方制定，而由外汇市场供求关系决定，可自由浮动，官方在汇率出现过度波动时才出面干预市场，这是布雷顿森林货币体系垮台后西方国家普遍实行的汇率制度。浮动汇率制度又可以进一步地分为自由浮动、管理浮动、联合浮动、钉住浮动等。

8）根据纸币制度下汇率是否经过通货膨胀调整，可分为名义汇率和实际汇率。名义汇率是由官方公布的，或在市场上通行的、没有剔除通货膨胀因素的汇率。由于纸币制度下各国都会发生不同程度的通货膨胀，因此，货币在国内购买力也会有不同程度的下降，由此造成的货币对内贬值应该反映在货币的对外比价即汇率上，但现实中的汇率变化与国内通货膨胀的发生常常是相脱离的，名义汇率便是没有消除过去一段时期两种货币通货膨胀差异的汇率。

实际汇率是在名义汇率的基础上剔除了通货膨胀因素后的汇率。从计算方法上，它是在现期名义汇率的基础上用过去一段时期两种货币各自的通货膨胀率（物价指数上涨幅度）来加以校正，从而得出实际的而不是名义的汇率水平及汇率变化程度。由于消除了不同货币之间存在的通货膨胀差异，它比名义汇率更能反映不同货币实际的购买力水平。由此看出，实际汇率与购买力平价有着相似的作用和特点。

17.2.2　外汇市场

17.2.2.1　外汇市场的概念及产生

（1）外汇市场的概念。国际金融市场一般分为四部分：国际货币市场、国际资本市场、外汇市场、黄金市场。

外汇市场是国际金融市场的重要组成部分之一，是由各经营外汇业务的机构和个人汇合在一起进行具有国际性的外汇买卖的活动和交易场所。简言之，是经营外汇买卖的交易场所和交易网络。和一般商品市场相比，货币在外汇市场上成了一般商品。

（2）外汇市场的产生。国际往来特别是国际经济往来，形成外汇的供给和需求，外汇的需求导致外汇交易。假如没有外汇市场，在下列情况双方就不能交易：①供求双方互不认识。②熟识的供求双方相距十分遥远。③一是卖方现在有货，买方现在没钱；一是买方现在有钱；卖方现在无货。④买方需要甲种货币，卖方只有乙种货币。⑤卖方的供给量与买方的需求量不符。上述的矛盾和困难，即交易受地点、时间、币种、数量以及双方互不认识的限制，由于有了外汇交易市场就可以统统地解决了。这就是外汇市场产生的必然性和必要性。

17.2.2.2　外汇市场的参加者

外汇市场的参加者主要有外汇银行、外汇经纪人、进出口商、中央银行和其他外汇供求者。

（1）外汇银行。外汇银行是指经中央银行批准的可以经营外汇业务的商业银行和其他金融机构。主要包括专营外汇业务的本国商业银行、兼营外汇业务的本国商业银行、在本国开设的外国银行的分行或代理行、经营外汇业务的其他金融机构。

外汇银行是外汇市场的主体，是外汇业务的中心。

外汇交易员是外汇银行中专门从事外汇交易的职员。

（2）外汇经纪人。外汇经纪是介于外汇银行之间或外汇银行与客户之间，为交易双方接洽外汇交易而收取佣金的中间商。他们必须经过所在国中央银行的批准才能取得经营中介业务的资格。一般分为两类：

1）一般经纪人，也叫作大经纪人，是公司或是合伙的组织，他们往往垄断了介绍外汇买卖成交的业务，利润十分可观。他们还拿自己的资金参与外汇买卖，赚取利润，承担风险。

2）外汇掮客，也叫作小经纪人，其利用电讯设备和交通工具，奔走联络于银行、进出口商、贴现商等机构之间接洽外汇交易，专代顾客买卖外汇以获取佣金。但不垫付资金，不承担风险。

（3）进出口商。进出口商是外汇交易的最初供给者，也是最终的需求者，是客户中最重要的组成部分。他们的交易直接影响着外汇市场的汇率水平。他们在买卖外汇时，首先向银行提出买卖外汇的申请，其次与银行达成协议或签订买卖合同。通过外汇买卖，自己的资金得以顺利周转，对外贸易得以顺利进行。

（4）中央银行。国家为了防止国际短期资金的大量流动而对外汇市场产生猛烈冲击，故由中央银行出面干预，从而使本国货币的汇率不致发生过分的剧烈波动。一般来讲，央行参与外汇交易的频率小，但影响力大，常成为最有影响力的市场。

（5）其他外汇供求者。其他外汇供求者是指非贸易的供求者，主要包括贴现商、承兑商、出国旅游者和外汇投机者。

17.2.2.3　外汇市场的分类

从不同角度划分，外汇市场可有以下类型：

（1）从组织形式划分，分为抽象的外汇市场和具体的外汇市场。抽象的外汇市场也叫无形的外汇市场，它没有固定的具体场所，也没有统一的开盘和收盘时间，外汇买卖的双方也无须面对面地进行交易，而是通过电话、电报、电传等通信设备和各种外汇机构进行接触，达成外汇交易。

具体的外汇市场也叫有形的外汇市场，即从事外汇买卖的双方是在规定的时间内和有形的市场中进行交易的。它是随着商品经济、货币信用和结算关系的产生、发展而逐渐形成的。

（2）从交易主体经营性质划分，分为银行与客户之间的外汇市场、银行同业间的外汇市场和外汇银行与中央银行之间的市场。银行与客户之间的外汇市场也叫零售市场。客户出于各种各样的目的，需要向银行买卖外汇。非投机性外汇买卖往往是与一国国际结算联系在一起的，故主要是本币与外币之间的相互买卖。在这个市场上，银行是外汇终极供给者与终极需求者的中介，赚取买卖价差。

银行同业间的外汇市场是指银行在为客户提供中介服务时，营业日内难免产生各种外汇头寸的多头或空头，统称"敞口头寸"。外汇的买入额大于卖出额，外汇持有额增加，称为多头或超买；反之，外汇持有额减少，称为空头或超卖。无论是多头还是空头，由于汇率的变动都可能产生风险，所以外汇银行本着"买卖平衡"的原则，多头时抛出，空头时补进。这就需要借助于银行同业间的交易，及时进行外汇头寸调拨，轧平各币种的头寸。更重要的是银行还出于投机、套利、套汇等目的，进行同业间更大规模的外汇交易，且一般同业间的外汇买卖价差小于银行与客户之间的买卖价差。故把银行间的交易市场称为批发市场。

中央银行干预外汇市场所进行的交易是在它与外汇银行间进行的，通过外汇抛出或购进使外汇市场自发供求关系所决定的汇率相对地稳定在某一期望的水平上。有人把它叫作批发市场，也有人把它叫作零售市场，严格地说这部分市场是"干预市场"。

（3）从外汇管理制度划分，分为自由外汇市场、平行市场和外汇黑市。自由外汇市场。在无外汇管制的发达国家才有这样的市场。在这样的市场上，政府、机构和个人可以买卖任何币种、任何数量的外汇，汇率随行就市。如美国、英国等国家的外汇市场。

平行市场。这种市场也叫作替代市场，是受管制的官方市场的一种替代，政府之所以默认这种市场存在，一是因为它的存在可以缓解公开市场上外汇供求紧张的矛盾；二是由于平行市场上的汇率水平能够比较真实地反映外汇供求的情况，政府可以此为参考，对官方汇率进行微调。

外汇黑市。一般而言，发展中国家普遍不允许自由外汇市场存在，并对外汇实施各种形式的管制。由于政府的限制和法律的不允许，外汇的非法市场迅速发展，以满足交易者的需要。这些非法的外汇市场俗称为外汇黑市。

（4）从交易活动的范围划分，分为国内外汇市场和国际外汇市场。国内外汇市场往往是受本国货币当局较严格管制的市场，交易的参加者限于居民，交易的对象限于本币和少数几种外币。国际外汇市场由于取消了外汇管制或管制较轻，所以交易的类型、币种、数量等几乎不受限制。

（5）从外汇交易的交割期划分，分为期外汇交易和远期外汇交易。即期外汇交易又称现汇交易，是外汇买卖成交后，在两个营业日内办理交割的外汇业务。远期外汇交易，又称期汇交易，即预约购买与预约出售的外汇业务，也可以说交割期限超过两个营业日的外汇交易都是期汇交易。

17.2.3　人民币汇率制度改革

人民币汇率改革，是指中国的法定货币人民币在不同的时代，为了适应中国自身发展与对外贸易的需要而不断调整人民币与其他货币的汇率及相关政策的制定和变更的过程。

汇率也称汇价，是一个国家或地区的货币兑换另一国家或地区货币的比率，是以一种货币表示另一种货币的价格。汇率是国际贸易中重要的调节杠杆。一个国家或地区生产或出售的商品都是按本国或本地货币来计算成本的，汇率的高低直接影响该商品在国际市场上的成本和价格，直接影响商品在国际市场上的竞争力。

人民币汇率制度从固定汇率逐步演进至现在有管理的浮动汇率制度，主要经历了1994 年汇改、2005 年"7·21 汇改"和 2015 年"8·11 汇改"这三次重要的改革，人民币汇率的市场化程度逐步增强。回顾人民币汇率数十年来的改革历程，我们在曲折中吸取了教训，也积累了宝贵的经验：要始终坚持汇率制度市场化的改革方向，要选取合适的改革时间窗口并做好前瞻性指导。未来汇率市场化改革还将继续深入，我们需要从当前汇率制度存在的问题出发，循序渐进地进行调整，最终实现人民币汇率制度的更大弹性。

（1）1978 年以前计划经济体制下统收统支、高度集中的外汇管理阶段。从新中国成立到改革开放之前，我国实行高度集中的计划经济外汇管理体制，对外汇的收支进行集中管理、统一经营。国务院授权中国人民银行行使外汇管理职责，中国银行是国家唯一的外贸外汇专业银行。在一段时间内，我国既无外债也无内债。国家每年制订外汇收支计划，"以收定支，以出定进"，以指令性计划和行政手段维护外汇收支平衡，并且实行固定汇率制，严格盯住汇率安排。

（2）1978～1993 年，先后经历了固定汇率制度和双轨汇率制度。从 1978 年改革开放到 1993 年，为配合改革开放，作为市场经济体制改革的有机组成部分，我国逐步在外汇分配领域引入市场机制，实行计划分配与市场调节并存的双轨制原则，在保留原有的计划收支制度的基础上，引入市场分配机制。

（3）1994～2005 年，是从固定汇率制向浮动汇率制的起步阶段。1994 年汇率并轨以后，我国实行以市场供求为基础的单一的、有管理的浮动汇率制。取消外汇留成和上缴，实行银行结售汇制度，企业和个人按规定向银行买卖外汇，银行进入银行间外汇市场进行交易，形成市场汇率。在此期间，建立了规范的、统一的银行间外汇市场，改变了以前各地分散的、不统一的外汇调剂市场的局面。1994 年外汇管理体制改革是我国社会主义市场经济体制发展的必然要求，是为进一步外汇体制和金融体制改革进行的必要准备。

（4）2005 年 7 月 21 日，人民币汇率制度向浮动汇率制跨出关键的一步，形成了现行的汇率制度。2005 年 7 月 21 日，中国人民银行正式宣布：实行以市场供求为基础、参考"一篮子"货币进行调节、有管理的浮动汇率制度。中国人民银行每个工作日闭市后公布当日银行间外汇市场美元等交易货币兑人民币汇率的收盘价，作为下一个工作日该货币对人民币交易的中间价格。规定了每日银行间外汇市场美元及非美元货币兑人民币的交易价的浮动幅度。人民币汇率不再盯住单一美元，形成了更富有弹性的人民币汇率制度。中国人民银行在选择"一篮子"货币以及它们的权重时，主要考虑中国国际收支经常项目的主要交易国家和地区的货币，同时兼顾外债来源以及外商投资的币种结构。

2005 年的汇率改革，是在日本、美国、欧盟等主要发达国家强迫人民币升值的背景下进行的。然而，人民币汇率制度改革，并非完全受到上述国家的压力，而是基于对当时国内外经济形势正确判断的基础上作出的必要调整。首先，相对灵活的汇率制度能够优化国际经济资源配置效率，有利于国内各个产业的平衡发展和长期的经济增长，这无疑是汇率改革的方向。其次，采用参考"一篮子"货币政策后，货币当局仍然掌握一定的主动权，可以在必要的时候对外汇市场进行适度干预，以防止汇率出现过大的波动，有利于宏观经济的稳定，同时也能够抑制投机，并增强我国企业增强的汇率风险意识，促进外汇市场避险工具和远期市场的产生和发展。

（5）2015 年"8·11 汇改"后，人民币汇率逐步实现双向浮动。2015 年 8 月 11 日，中国人民银行宣布优化人民币兑美元汇率的中间价报价机制。改革内容主要包括两方面：第一，做市商在对人民币兑美元中间价报价时主要参考上一交易日的汇率收盘价；第二，8 月 11 日当天央行一次性将人民币兑美元汇率中间价贬值 1136 个 BP。"8·11 汇改"对市场造成了不小的冲击，此后人民币汇率进入了近一年半的贬值区间，并随着资本的大规模流出。

面对"8·11 汇改"引发的市场剧烈波动，央行在此后及时调整汇率中间价形成机制以稳定市场。中国人民银行于 2016 年 2 月正式发布新的人民币汇率中间价的定价公式，即"中间价 = 上一交易日收盘价 + '一篮子'货币汇率变化"，要求做市商在对中间价报价时，适度调整人民币兑美元汇率，以维持人民币对"一篮子"货币汇率的基本稳定。2016 年下半年开始，人民币面临的贬值压力再度抬升，2017 年 5 月 26 日，中国人民银行宣布在人民币汇率中间价定价机制中引入"逆周期因子"，逆周期因子由反映市场供需情况的汇率变动经过逆周期系数调整后得到，至此形成了现行的"上一交易日收盘价 + '一篮子'货币汇率变化 + 逆周期因子"三因素共同决定的汇率中间价形成机制。此后至今，人民币汇率的单边贬值预期逐步化解并逆转，人民币汇率企稳回升，开启双边浮动模式，人民币汇率波动的弹性也在逐步加大。

"8·11 汇改"的启动是我国汇率市场化改革进程中的重要一步。在市场对人民币由升值转向贬值预期的状况下，启动汇率改革、下调人民币汇率是纠正被高估的人民币兑美元汇率、缓解贬值预期的合理选择。此外，"8·11 汇改"重点优化了人民币汇率中间价形成机制，使中间价的形成主要由外汇市场供求情况决定，做市商报价来源更为透明，很大程度上缩小了央行对汇率中间价的操控空间。同时"8·11 汇改"也是促进人民币加入 SDR、推动人民币国际化进程的重要助力。但不可否认的是，此次汇改后引发的一系列市场震荡并非偶然，我们在肯定成果的同时，也需要吸取教训、总结经验。

17.3　国际金融体系

17.3.1　国际货币体系

17.3.1.1　国际货币体系的概念

国际货币体系是各国货币执行世界货币职能及其所遵从的规则、惯例和依赖的国际金融机构。它包括国际本位货币的确立、不同国家货币兑换比率的安排，国际储备资产的决定、国际收支失衡的调节和国际结算制度的选择以及国际金融组织的运营等。国际货币体系所以产生，主要是因为各参加国政治上是独立的，而经济上却是相互依赖的。国际货币体系产生的作用或者说主要目的是从贸易和金融方面联系世界经济，沟通和协调各个独立国家的经济活动，促进国际贸易和国际资本流动，加速世界经济的发展，使世界生产和人口就业达到更高的水平。

17.3.1.2　国际货币体系的类型

划分国际货币体系的类型，根据货币本位和汇率制度两个主要指标来区分。

货币本位是决定国际货币体系的基础，它涉及储备资产的性质。根据储备资产性质，国际货币体系可以分为三类：①纯粹商品本位，如黄金本位制度。②纯粹信用本位，如不兑换纸币本位制度。③混合本位，如金汇兑本位制度、美元—黄金储备制度等。

汇率制度是划分国际货币体系的核心，因为汇率在一切国际货币体系中都占据中心地位。根据汇率制度划分，可以有固定汇率制度和浮动汇率制度，两种极端情形是绝对固定汇率制度和完全浮动汇率制度，介于两者之间的有可调整的钉住汇率制度，爬行钉住汇率制度和管理浮动汇率制度。

也可以同时用两个标准来划分国际货币体系，如金本位制度下的固定汇率制、纸币流通制度下的固定汇率制等。

17.3.1.3　国际货币体系的演变

在近代，不同的历史时期国际货币体系在不停地演变。真正称得上完备的货币体系的是国际金本位货币体系和战后初期建立的布雷顿森林体系。

第一次世界大战前的货币体系，是典型的国际金本位货币体系。第一次世界大战爆发，金本位制度崩溃，国际货币关系陷入混乱，各国纷纷停止黄金的兑换，并采取浮动汇率制度。"一战"结束后各国又开始致力于恢复金本位制，但这时建立的是金块本位制和金汇兑本位制度。1929～1933年大危机的爆发，国际货币关系又陷入混乱，这种被削弱了的金本位制度彻底垮台。在西方国家普遍实行纸币流通制度下，其货币信用制度危机加深，矛盾重重，难以建立起统一的国际货币体系，而纷纷成立了货币集团，如英镑、美元集团、法郎集团等。集团内外汇支付与资金流动自由，但对外的收付与结算则实行严格管制，各集团间壁垒森严。这一时期，世界上没有统一的国际货体系。1945～1973年国际间实行的是布雷顿森林体制。1973年布雷顿森林货币体系崩溃，西方各主要国家的货币从此进入了浮动汇率时期，严格地说，实行的是有管理的浮动汇率制度。

17.3.1.4　国际货币本位问题

如何改革国际货币体系以及建立一个怎样的体系，是当前国际上普遍关注、激烈争论的问题。包括汇率制度、国际货币本痊、国际清偿力的扩大以及外汇收支失衡的有效调节等方面，其中关键问题之一是国际货币本位的确定。

黄金充当货币本位，曾经提供了一个相对稳定、自动调节的机制；而以一国主权货币充当国际货币本位，则容易出现不稳定状态。①随着各国经济发展的不平衡，常出现此币强彼币弱的变化，以致引起充当国际货币本位角色的更迭。例如，原来的英镑由美元取而代之。②充当国际货币本位的某一主权货币，既面对国内又面对国际，必然受货币主权国经济和政策变化的影响。以美元为中心的国际货币体系随着美国经济的变化而相应兴衰直落，就是一个最明显的例证。

关于货币本位问题曾有三种观点，即恢复金本位论、恢复美元本位论和多种货币本位论。

17.3.2　国际金融组织

17.3.2.1　国际金融组织概述

国际金融组织泛指从事各种国际金融业务，协调国际金融关系，加强国际金融合作，以维护国际货币、信用体系正常运行的超国家金融机构。

目前，国际金融组织大体可以分为两种类型：一种类型是全球性的国际金融组织，如国际货币基金组织、世界银行、国际农业发展基金组织；另一种类型是区域性的国际金融组织。区域性国际金融组织又分为两类：①半区域性或称洲际性的国际金融组织，其成员主要由区域内或某洲内的国家组成，但也有少数成员来自区域（洲）之外，如国际清算银行、亚洲开发银行、亚洲基础设施投资银行、非洲开发银行等。②区域性的国际金融组织，它的成员完全由区域内的国家组成，如欧洲投资银行、阿拉伯货币基金组织、伊斯兰发展银行、西非发展银行、阿拉伯发展基金组织、加勒比开发银行等。

国际金融组织众多，类型不一，但一般都有如下特点：

（1）政府间的金融组织。尤其是第二次世界大战以后成立起来的国际金融组织，是各国政府出资建立，并委派代表组成领导机构。通过对成员国政府贷款，举行年会，定期和不定期磋商等方式来协调各国经济关系和经济政策，因而能对国际金融和世界经济的发展起到重要的影响和作用。

（2）股份式的金融组织。同政务性、事务性国际组织不同，各国际金融组织都是经营国际资金借贷的企业。它们的组织原则不是一国一票，和股份公司的投票原则极其相似。各成员国缴纳股金，作为国际金融组织的资本；在理事会的投票，类同股东大会的投票，表决权的大小同出资的多少成正比例关系；并由出资最多的若干国家委派代表组成执行董事会，负责处理该国际金融组织的日常业务。

17.3.2.2 国际金融组织的产生和发展

国际金融组织是世界经济一体化进程中的必然产物，是世界经济政治关系发展变化的直接结果。世界经济的发展，必然导致国际分工的深化和细化，相互依赖程度的加深和加强。由于经济政治发展得不平衡，又必然导致各国之间矛盾的尖锐化。在这样的情况下，利用国际经济组织维护共同利益，利用国际经济组织发展自己，影响和控制他国，既有了必要，也有了可能。这就是国际金融组织产生的基础和条件。

第一次世界大战以前，主要资本主义国家的货币信用关系和国际结算制度尚未真正建立，他们的国际收支大大呈现顺差，加之外汇汇率一向比较稳定，彼此在国际金融领域里的矛盾并不突出，大国对小国的金融控制，靠的是经济实力及军事实力，建立国际金融组织还没有客观必要。

第一次世界大战以后，特别是在 1929 年爆发的那场世界经济危机的冲击下，资本主义世界货币金融关系陷入混乱状态。各国通货膨胀加剧，国际收支恶化，大多面临国际金融的困境，都希望借助国际经济力量。经济政治发展的不平衡，加剧了各国之间的矛盾，利用国际经济组织控制和影响别国已成为必要。正是在这种背景下，1930 年为了处理战后德国赔款问题，由英国、法国、意大利、德国、比利时、日本六国的中央银行与美国银行界的代表团，在瑞士的巴塞尔成立了国际清算银行。这一金融机构并不具有普遍性，对当时的世界经济及金融活动影响也不很大，但却是建立国际金融组织的重要开端。

真正的世界性的国际金融组织和众多的区域性的国际金融组织的建立和发展是在第二次世界大战以后。直接原因是：两次世界大战中发了横财的美国，为了冲破其他国家的壁垒，扩大自己的商品输出和资本输出，控制国际金融局势和称霸世界，极力主张建立国际金融组织；一些工业国为了迅速恢复战后经济，发展生产，急需外援，希望能有国际金融组织提供长短期贷款；已经独立的亚非拉发展中国家，也迫切需要注入资金，发展民族经济，盼望能得到优惠的贷款和帮助，对国际金融组织寄予热切的希望。最根本的原因是生产的国际化和资本的国际化，使第二次世界大战后的生产活动和投资活动已经越出了国界，而向世界的范围内扩展。这就要求各国政府干预经济的活动，必须跨出国境，走向国际联合。战后初期，世界银行和国际货币基金组织随即成立，20 世纪 50 年代中期到 70 年代，欧、亚、非、拉等地区的国家相继出资建立了众多的区域性国际金融机构。1977

年，联合国下又成立了国际农业发展基金组织。此后，国际金融组织进入了平衡的发展时期。

17.3.2.3 国际货币基金组织

国际货币基金组织是根据 1944 年联合国国际货币金融会议通过的《国际货币基金协定》建立的。1945 年 12 月正式成立，1974 年 3 月开始工作，同年 11 月 15 日成为联合国的一个专门机构。建立之初，参与的成员国为 39 个，截至 2014 年底增至 180 多个国家和地区。

基金组织是以会员国入股方式组成的企业经营性质的金融机构。其最高权力机构是理事会，由各会员国选派理事和副理事各一人组成。基金组织处理日常业务的机构是执行董事会，由 22 人组成，其中 7 人分别由美国、英国、德国、法国、日本、沙特阿拉伯和中国单独指派。国际货币基金组织的重大问题都是由理事会或执行董事会通过投票表决的方式作出决定。每一会员国都有 250 票的基本投票权，在此基础上，按各会员国投票权的多少取决于该国所认缴的份额的多少。美国拥有的投票权长期占全部投票权的 20% 以上，因此，在货币基金组织拥有最大的表决权和否决权。

基金组织的资金来源主要由会员国认缴的基金份额、借入资金和出售黄金组成。会员国缴纳的基金份额，是基金组织最主要的资金来源。凡参加国际货币基金组织的会员国都要缴纳一定数额的资金，其认缴份额根据会员国的黄金和外汇储备、对外贸易量和国民收入的大小而定。基金组织最初规定，会员国缴纳份额的 25% 应为黄金、75% 为本国货币。1978 年 4 月第 2 次修改的协定条款，取消了 25% 以黄金缴纳的规定，改为以特别提款权或外汇缴纳。基金份额的计算单位是美元，1969 年以后改为特别提款权为计算单位。

基金组织通过与会员协商，还从会员国筹借资金。例如，曾先后向"十国集团"、石油生产国和发达国家借入资金。此外，基金组织从 1976 年开始按市场价格出售所存黄金，以所获得利润收入作为建立"信托基金"的资金来源。

国际货币基金组织的主要业务活动除了对会员的汇率政策进行监督，与会员国就经济、金融形势进行磋商和协调外，还向会员国提供借款和各种培训、咨询服务。

中国本是国际货币基金组织的创始国之一。新中国成立之后，由于美国等少数国家的阻挠，我国在国际货币基金组织的席位一直未能恢复。1980 年 4 月，国际货币基金组织通过了恢复中国代表权的决定。我国从此参加了基金组织的工作。2014 年底，中国在 IMF 中的投票权约为 4%，列世界第六位。同期美国在 IMF 中的投票权约为 17.7%，仍然列第一位，拥有重大事项否决权。

17.3.2.4 世界银行

世界银行是与国际货币基金组织同时产生的国际金融机构。它有两个附属机构：国际开发协会和国际金融公司。这三者统称世界银行集团。

世界银行建立之初有 39 个会员国，截至 2014 年增至 180 多个。它是按股份公司原则建立起来的企业性金融机构。其最高权力机构是理事会，负责处理日常业务的机构是执行董事会，执行董事会选举一个为行长。

世界银行的资金来源主要有以下几个方面：①会员交纳的股金。世界银行成立初期，法定资本为 100 亿美元。其中 20% 在参加时缴纳，另外 80% 则等待世界银行催交时再支付。②向国际金融市场借款，特别是发行中长期债券。③出让债权，即世界银行将其贷出款项的债权转让给私人投资者（主要是商业银行），以收回部分资金。④经营中利润收入。

世界银行的主要业务活动向发展中国家提供长期生产性贷款。贷款条件一般比国际资金市场上的贷款条件优惠，只贷给会员国中低收入国家和由政府担保的国营企业或私营企业。

除贷款之外，世界银行还提供技术援助，提供国际联合贷款团的组织工作，以及协调与其他国际机构的关系等。

17.3.2.5 亚洲开发银行

1966 年在东京成立，同年 12 月开始营业，行址设在菲律宾的首都马尼拉。成立初期有 34 个国家参加，2013 年增加到 67 个，其中亚太地区 48 个，其他地区 19 个。其管理机构由理事会、执行董事会和行长组成。

亚洲开发银行的宗旨是通过发放贷款和进行投资、技术援助，促进本地区的经济发展与合作。其主要业务是向亚太地区加盟银行的成员国和地区的政府及其所属机构，境内公私企业以及与发展本地区有关的国际性或地区性组织提供贷款。贷款分为普通贷款和特别基金贷款两种。前者贷款期为 12 ~ 25 年，利率随金融市场的变化调整；后者贷款期为 25 ~ 30 年，利率为 1% ~ 3%，属长期低利优惠贷款。

亚洲开发银行的资金来源主要是加入银行的国家和地区认缴的股本、借款和发行债券，以及某些国家的捐赠款和由营业收入所积累的资本。我国在亚洲开发银行的合法席位于 1986 年恢复。2014 年末我国在亚行认缴股本份额 6.44%，为亚行第三大认股国。同期，日本、美国份额均为 15.56%，并列第一。日、美均拥有一票否决权，主导了该机构。

除此之外，还有国际开发协会、国际金融公司、非洲开发银行等国际性金融组织。这里不再赘述。

17.3.3 国际信用

17.3.3.1 国际资本流动

国际资本流动是指资本从一个国家或地区转移到另一个国家或地区。它是由于国际经济交易而产生的。一定时期内一国与其他国家或地区之间的资本流动情况在一国国际收支平衡表中综合反映。对于国际资本流动，平衡表从流动方向：流入与流出；流动规模：总额与净额；流动种类：长期与短期；流动性质：政府与个人；流动方式：投资、贷款、单方面转移等方面进行记录。

国际资本流动的方向指资本流入和资本流出。资本流入是指本国资本流至国外，也就是资本输出。这类国际经济交易方式有四种情况：①本国在外国的资产增加。②本国对外国的负债减少。③外国在本国的资产减少。④外国对本国的负债增加。资本流出是指外国资本流入本国，也就是资本输入。这类国际经济交易的方式也有四种情况：①外国在本国的资产增加。②外国对本国的负债减少。③本国在外国的资产减少。④本国对外国的负债减少。

国际资本流动的类型分为长期资本流动和短期资本流动。

（1）长期资本流动指期限在 1 年以上的资本流动是长期资本流动，主要有直接投资、证券投资和国际贷款三种方式。直接投资是指一国政府、企业或私人对另一国厂矿等企业进行全部或部分的投资，从而取得对投资厂矿企业的全部或部分控制权的行为。本国在外国的直接投资就是资本流出。直接投资的资本如是在接受投资国国内筹措的，则不涉及资本流动。

国际证券投资（间接投资），是指在国际证券市场上发行购买中长期债券，以及股票交易的行为。购买证券资本流出；发行和卖出证券是资本流入。证券投资与直接投资的区别在于：通过证券进行的投资，有获得利息、股息或红利的权利，但没有管理控制投资企业的权利；而直接投资者除了直接承担投资企业的盈亏外，对该企业还有管理控制权。

国际贷款是指国际中长期贷款，包括政府援助贷款、国际金融机构贷款以及出口信贷、国际商业银行中长期信贷、租赁信贷、补偿贸易信贷等其他形式贷款。

（2）短期资本流动是指使用期限为 1 年及其以下的金融资产在国家之间的流动。即期支付的资本是短期资本，货币现金也属于短期资本。短期资本流动主要是借助各种信用工具——票据来进行的。这些票据主要是政府短期债券（国库券）、可转让银行定期存单、银行票据、商业票据以及银行活期存款凭证。欧洲货币市场是流通量最大的国际短期资金市场。现金和活期存款是一国货币供应量的组成部分，其他形式的短期金融资产也都具有很强的流动性，近似货币。

长期资本流动与短期资本流动两者联系密切，相互影响。流动方向可以相同也可以相反，具体根据需要决定。因此，资本流动净额的增大、减少或轧平各有不同的含义。国际资本流动中的证券投资和贷款属于国际信贷，有关内容本章从简或略去了。

17.3.3.2 国际信用形式的种类

国际资本流动的形式，或者说国际信用形式，是多种多样的。大体可划分为两类：

（1）商业性借款。包括出口信贷、银行贷款、债券发行、政府贷款、国际金融机构贷款、补偿贸易和国际租赁等。

（2）直接投资，包括股权式合营企业、契约式合营企业和外商独资企业三种情况。我国目前的国际资本信用形式主要是资本流入，即所谓利用外资问题。资本的流出也日益增多，成为需要予以重视的问题。

17.3.3.3 商业性借款

商业性借款形式的基本特征是资金输出者与使用者之间构成借贷双方。它包括多种形式。

（1）出口信贷。这是出口国为扶植和扩大本国出口，通常采用的一种中长期信贷。根据借款人不同，出口信贷可分为卖方信贷和买方信贷两种。卖方信贷，实际是出口商品在取得银行贷款后，向进口方提供的一种延期付款形式。买方信贷则是由出口方银行直接向进口方提供贷款，进口方得到贷款后，与出口方签订即期借款合同，用贷款支付货款，并在规定期限内偿还银行的本金及利息。目前普遍采用的买方信贷形式，是由出口方银行贷款给进口方银行，再由进口方银行转贷给进口商。

出口信贷的显著特点是贷款与项目相联系，只能用于购买出口国的产品。使用买方信贷的企业，不仅要负担贷款的利息，还要负担出口信贷保险费及办理贷款的其他费用，如手续费、管理费等。

20 年来，我国先后与英国、法国、意大利等国家的银行签订了买方信贷总协议，积极利用出口信贷方式引进技术和设备。

（2）银行贷款。它一般是指从商业银行借款，可分为长期贷款、双边中期贷款和银团贷款三类。银团贷款是由两家以上银行共同提供贷款，这是当前银行贷款的主要形式。

银行贷款利率一般由两部分组成，一部分是伦敦银行同业拆借利率；另一部分是加息率，加息率的幅度视贷款的金额、期限和借款人的资信状况，有较大的伸缩性。在国际资金市场上，加息率的高低是衡量借款方借款信誉的主要标志之一。

银行借款的偿还方式一般有两种：一次性偿还和分期逐年偿还。分期偿还如果规定宽限期，则在宽限期之后开始逐年偿还。

银行贷款形式的特点是贷款可由借款人灵活使用，贷款与出口项目、具体商品交易没有直接联系，贷款币种也有多种。不过，贷款利率和各种费用一般要高于出口信贷利率。

借入短期银行贷款的规模如何掌握是极其重要的问题。我国对这类贷款实行总量控制。

（3）债券发行。利用外国债券市场，发行外币债券，也是国际通用的利用外资形式。国际债券是由一国的工商企业、政府机构、银行及其他金融机构、国际金融机构，在国际债券市场上以外国货币面额发行的债券。目前，国际债券可以分为传统的国际债券和欧洲债券两种。两者的区别在于：前者是以发行地货币面额发行的债券；后者则是以第三种货币面额发行的债券。

我国从 1983 年起运用发行国际债券的方式先后在东京、中国香港、新加坡、伦敦和法兰克福等债券市场发行了外国债券和欧洲债券。

（4）补偿贸易。它是指外国厂商作为贷款者向进口方企业提供机器设备、工厂技术知识、专利、人员培训等，待项目竣工后，进口方以项目的产品或双方商定的其他办法清偿贷款。这是商品贸易、技术贸易与信贷相结合的产物。

利用补偿贸易形式有许多优越性。①利用外资与引进技术、设备相结合，进口与出口相结合，可以保证归还贷款所需的外汇资金来源。②贸易期限和规模都比较灵活，既可以引进整套设备，也可以是单机，期限可长可短。此外，补偿贸易以出口产品偿还贷款，无须动用现汇支付，因而不形成国家的外债负担。

我国在开放过程中广泛地运用了补偿贸易的形式，尤以广东、福建等沿海开放地区为最。不过，主要集中在装配型、劳动密集型和资源型的项目上，并可能与我国产品自身的销售渠道发生冲突，是值得注意的。

（5）国际租赁。这种信用形式主要是在国际之间扩展。

17.3.3.4 政府贷款和国际金融机构贷款

政府间的对外援助往往采用贷款、赠款的形式，其资金来源于政府财政资金。这种贷款取决于两国的政治关系和国际环境。

政府贷款的特点是：①贷款期限长，利率低。贷款期限一般为 10~20 年，有的长达 30 年以上，并有一定的宽限期。②贷款用途有限制，多以工程项目为基础，只能用来向贷款国购买用于贷款项目的货物与劳务。③贷款程序较为复杂，大体经过项目确定、签约等步骤。到地后使用贷款，需经历较长时间。④贷款数额有限。我国先后借用过十多个国家的政府贷款，其中主要是日本政府的贷款。这些贷款大部分用于能源、交通和其他基础设施的重点建设项目。

国际金融机构贷款主要是指包括国际货币基金组织、世界银行在内的国际性金融机构向其成员国提供的贷款。

利用政府贷款与国际金融机构贷款，在运用和偿还等方面，与商业性银行贷款比较易于统筹安排。在我国的外债中，这类贷款占主要部分。

17.3.3.5　直接投资

这是外国资本直接投资于本国企业，成为企业的所有者或享有部分所有权的一种资本流入形式。可分为以下三种：

（1）股权式合资企业。即以认股方式对东道国进行投资，由合资双方各投入一定比例的股份，共同建立具有法人地位的企业，共同经营定理，共担风险，共负盈亏。

（2）契约式合营企业。即合营双方当事人签订协议，具体规定双方的权利和义务。一般系由外国合作者提供资金、设备、工业产权、专有技术，而本国一方提供劳力、原料资源及特定的销售市场、服务对象。双方按协议合理分配一定比例的产品、销售额或利润。

（3）外商独资企业。即外国投资者按照东道国的法律，经当地政府批准，在东道国内办外商独立经营的企业。其特点是独立经营，自负盈亏。

直接投资与上述商业性借款的区别。①两者的性质不同。在直接投资下，投资者对所投资本拥有所有权和使用权，东道国政府只能用政策和经济杠杆加以引导，不能直接予以控制。而在商业性借款下，其特征是资金使用权与所有权分离；贷方拥有债权，借方必须承担还本付息责任；对占用的资本，借方通常有支配使用的权力。②直接投资不仅是资本在国际间的流动，还包括了专有技术、技术专利、商誉、企业管理经验等现代经济生活中不可缺少的要素的流动。而商业借款只能是引进一笔资金以及由此购入的技术和设备。③商业性借款存在还本付息的巨大压力，而直接投资没有这个问题。

直接投资既可吸收一定资本，并相应引进某些技术专利、商誉和管理经验，而且又不存在还本付息压力，因此，是一种颇有吸引力的利用外资形式。不过，一国能否吸引大量外国直接投资，关键要看是否具备良好的投资环境。所谓投资环境，是指包括东道国政治、经济、社会、自然资源、市场和政策等因素在内的综合条件，它们决定直接投资的效益。改革开放以来，我国吸收外商直接投资额不断增长。2014 年，我国外商投资新设立企业 23778 家，实际利用外资金额 1196 亿美元。

17.3.4　金融的国际化

20 世纪六七十年代，金融业国际化有了飞速发展。促进这一发展首要的、最基本的因素是生产和资本的国际化，这又突出表现在跨国公司的全球扩张上。跨国公司在全球范围内活动，相应地要求在世界各地进行资本的投入、筹措和营运。这必然引起大量资本从一个国家流动到另一个国家，从一种货币转换为另一种货币，从而推动金融业的国际化，以达到降低资本成本，避免风险，获取最大利润的目的。

另外，在西方国家经济发展中，生产资本不断集中，促进银行资本更趋于集中和垄断，一些国际性大银行的业务范围不断扩大，资产迅速膨胀。大银行面对国内的激烈竞争和政策的某些限制，需要进一步向外扩张，同时也具有这种扩张的经济实力。大银行的国际扩张，既是生产和资本国际化的产物，同时又反过来推动了生产和资本的国际化进程。

　　还有，随着第二次世界大战后经济的逐步恢复和发展，以及面对日益激烈的国际金融竞争，一些国家相继放松金融管制，形成所谓金融自由化浪潮。20 世纪 40 年代美国取消了对资本外流限制；同时各国还放松和修订了国内金融管理制度。这些政策性措施无疑敞开了金融业国际化的大门，促进了国际化进程。

　　金融业国际化的表现主要为银行机构国际化和网络化、欧洲货币市场的形成和发展、金融市场的国际化、国际金融业务创新普及化等。

第18章 货币供求与货币均衡

18.1 货币供给

18.1.1 货币供给的口径

18.1.1.1 货币供应量

所谓货币供应量，就是指一国在某一时期内为社会经济运转服务的货币存量，它由包括中央银行在内的金融机构供应的存款货币和现金货币两部分构成。在现代发达的商品经济中，由于货币流通范围不断扩大，流通中货币形态多样化。因此，人们对货币的含义在认识上有很大差异。各国根据自己的国情所划分的货币供应层次也必然有很大的差异。

18.1.1.2 货币供应量的层次划分

通常在货币供应量的层次划分上主要采取两种方法：一是按货币的流动程度划分。所谓货币的流动性，是指一种资产具有随时可以变为现金或商品，而对持款人又不带来任何损失。货币的流动性程度不同，在流通中的周转次数就不同，形成的货币购买力及其对整个社会经济活动的影响也不一样。二是根据本国不同时期的具体情况划分货币层次，即各国货币层次的划分总是随本国的经济和金融状况变化而变化，同一个国家，在不同的时期，货币供应量层次的划分就有很大的差异。

18.1.1.3 关于我国货币供应量层次的划分（见第12章）

18.1.1.4 基础货币

（1）基础货币的含义。所谓基础货币，就是整个商业银行体系借以创造存款货币的基础，使整个商业银行体系的存款得以倍数扩张的源泉。从本质上看，基础货币有几个最基本的特征：一是中央银行的货币性负债，而不是中央银行资产或非货币性负债，是中央银行通过自身的资产业务供给出来的；二是通过由中央银行直接控制和调节的变量对它的影响，达到调节和控制货币供给量的目的；三是支撑商业银行负债的基础，商业银行不持有基础货币，就不能创造信用；四是在实行准备金制度下，基础货币被整个银行体系运用的结果，能产生倍数于它自身的量。从来源上看，基础货币是中央银行通过其资产业务供给出来的。从用途上看，基础货币表现为流通中的现金和商业银行的准备金。从数量上看，基础货币由银行的法定准备金、超额准备金、库存现金以及银行体系以外的社会大众的手持现金四部分构成。

（2）基础货币方程式。如前所述，基础货币是由社会大众所持有的现金和商业银行体系的准备金两部分构成。如果把商业银行的库存现金也视为商业银行在中央银行的准备金存款，则准备金就是中央银行对商业银行的负债。因此，通过对中央银行资产负债表的分析，可以得出基础货币的方程式（见表18-1）。

表18-1 中央银行的资产负债表

对政府债权 A_1	通货 B
对商业银行的债权 A_2	商业银行的准备存款 B
国际储备资本 A_3	政府及财政存款 L_1
其他资产 A_4	对外负债 L_2 其他负债 L_3 资本项目 L_4

由表18-1可列出基础货币一般方程式：

图18-1 基础货币一般方程式

或者

中央银行资产 - 中央银行非货币性负债 = 基础货币

基础货币 = 政府债权资产净额 + 对外金融资产净额 + 对商业银行的债权 + 其他资产净额

$$B = (A_1 - L_1) + (A_3 - L_1) + A_2 + (A_4 - L_3 - L_4)$$

根据复式记账原理，任何时候资产负债双方都是相等的。任何一方的变动都必然在另一方反映出来。一般来说，中央银行的资产总额增加，基础货币量必然增加；相反，基础货币量减少反映出中央银行资产总额减少。如果在中央银行的资产负债表中，有的项目增加，有的项目减少，则基础货币是否增加或减少，要视各项资产负债变动相互抵消后的净结果而定。

（3）影响基础货币供应量变动的因素。从上述计算基础货币的方法可知，无论是商业银行体系内的存款准备金或银行体系以外的各部门持有的通货，都是中央银行的货币性负债，都是中央银行创造的基础货币。因此，从中央银行的资产负债表上，观察其资金流出和流入的变动情况，可以看出影响基础货币变动的主要因素。一般情况下，中央银行的资产负债表上资产科目余额的增加或负债科目余额的减少都会使基础货币量增加。相反，中央银行资产科目余额减少或负债科目余额增加则会使基础货币减少，现将中央银行的资产负债表的各项科目分别归类，分析影响基础货币变动的因素（见表18-2）。

表 18 - 2　影响基础货币的因素分析

使基础货币增加	使基础货币减少
一、国外部门 中央银行国外资产增加	一、国外部门 中央银行国外资产减少
二、政府部门 中央银行的政府债权增加	二、政府部门 中央银行的政府债权减少
三、银行部门 中央银行债权减少	三、银行部门 中央银行债权减少
四、其他因素	四、其他因素
合计	合计
基础货币增加数	基础货币减少数

1）国外部门。在中央银行的资产负债表上，分别列有对国外的资产和负债两项。当中央银行对国外的资产增加时，则意味着基础货币从中央银行流出，社会的基础货币量增加。相反，当中央银行对国外的资产减少时，则意味着基础货币量从社会流入中央银行，从而引起社会的基础货币量减少。尽管对收入状况与基础货币的供给有密切联系，影响着基础货币的变动，但这种变动并不能完全受中央银行各种货币政策措施的控制。

2）政府部门。中央银行作为政府的银行，与政府的财政部门有着密切的联系。中央银行通常都代理政府国库，并担负政府的财务工作；同时，中央银行还必须以各种方式对政府融通资金。因此，在中央银行的资产负债表中，有相当部分表现为中央银行对财政的资产增加，而对财政的资产减少则意味着基础货币从中央银行流出，从而引起社会的基础货币量增加；相反，中央银行对财政的资产减少，而对财政的负债增加，则意味着基础货币从社会流入中央银行，从而引起社会的基础货币量减少。由于财政的收支活动与国家预算及财政政策的执行密切相关，因此，中央银行对财政的资产和负债的变动并没有完全支配的能力，所以对这部分基础货币量的增减变化，中央银行只能按其他的政策措施间接控制。

3）银行部门。中央银行作为银行的银行，一方面集中保管各商业银行的存款准备金，另一方面为商业银行融通资金，充当最后贷款人。中央银行对银行部门的债权债务变动，是影响基础货币变动的主要因素。中央银行对银行部门的债权增加，意味着基础货币从中央银行流出，银行部门的存款准备金增加，从而使基础货币量增加；相反，中央银行对银行部门的债权减少，将使基础货币量同额减少。

（4）其他因素。指中央银行资产负债表上的其他资产负债科目。其他资产增加，意味着基础货币增加，其他资产减少，则基础货币量减少。同理，负债增加，基础货币量减少，基础货币增加。

18.1.1.5　货币乘数

（1）货币乘数的意义。货币乘数也称为货币扩张系数或货币扩张乘数。其基础意义是表示中央银行创造或消灭一单位的基础货币，能使货币供给量增加或减少的数额。或者说，货币乘数就是货币供给量对基础货币的倍数，假定中央银行增加一单位的基础货币供给，通过社会公众及商业银行资产选择，最终使货币供给量增加了三个单位，则货币乘数为 3。货币乘数的这个定义可用公式简要表示：

$$m = \frac{\Delta mS}{\Delta mB} \tag{18-1}$$

其中，m 代表货币乘数，ΔmB 代表基础货币的改变量，ΔmS 代表供给量的改变量。

（2）货币乘数的确定。货币乘数是决定货币供给量的重要因素。在中央银行投入的基础货币量不变的条件下，货币乘数值越大，货币供给量就少；当货币乘数为 1 时，货币供给量就等于基础货币投放量。货币乘数的大小及其变动方向的确定，因各国的经济情况，经济发展阶段，金融制度与结构，以及社会背景的不同而存在着很大的差异。计算货币乘数的方法通常有三种：一是就决定货币乘数中有关的各种因素，分别按其定义确定其值，然后代入货币乘数公式计算；二是将货币乘数视为其决定因素的函数，利用多元回归分析方法分析，确定其间的函数关系；三是将决定货币乘数的各种因素都看成变量，分别求出各种因素的行为方程式，用以决定货币乘数值。

18.1.2　货币供给的控制

18.1.2.1　我国传统计划体制下对货币供给的直接控制

在传统计划体制下，我国货币供给控制机制的典型特点是以年度综合信贷计划制约货币供给规模，信贷资金管理体制是统存统贷，主要控制方式是分配信贷指标。

在这种体制下，我国的存贷业务统一由中国人民银行一家银行办理。各级人民银行机构吸收的存款都全部上缴中国人民银行总行。所谓存款上缴人民银行总行的实际意义是：各分支机构无论吸收的存款有多少，与其贷款等业务均毫无联系。各级银行机构发放贷款，根据的总行核定并下达的贷款指标。所谓贷款指标，就是允许发放的贷款限额。在这个数额内，凡符合信贷原则的贷款请求，即可提供贷款。如果贷款单位用这笔贷款进行转账结算，则把贷款金额迁入该单位的存款账户；如果需要现金，只要符合现金使用用途的规定，即可付现。银行库存现金不足；可向上级行申请拨付。在这里，各级分支机构根本不存在贷款有没有资金来源的问题。中国人民银行可向各级地方分支机构下达计划指标，其依据是国民经济发展计划所编制的综合信贷计划。综合信贷计划的内容如表 18-3 所示。

表 18-3　综合信贷计划

资金来源	上期预计余额	本期计划增减额	本期计划余额	资金运用	上期预计余额	本期计划增减额	本期计划余额
各项存款 流通中货币 银行自有资金 其他				各项贷款 外汇占用 黄金占用 财政借款 其他			

综合信贷计划中，各项数字都是年末、季末的累计余额，与前期数字比较的差则是本期余额的增减额。其中，"流通中货币"是指现金发行量。"各项存款"中的企业结算账户存款和机关团体的经费账户存款相当于活期存款，可以进行转账结算。它们与"流通中货币"之和即为 M1 口径的货币供应量。同时，在这个计划中也规定了更大口径的货币供应总量。

从货币供给的过程看，是由银行贷款给企业，发放给企业的贷款转化为存款和流通中的现金。在控制机制上，货币供给的扩张和收缩基本上是由银行贷款规模的扩张和收缩来决定。由于各级地方银行机构没有派生存款能力，而只是在上级行下达的指标范围内发放贷款，所以，制约货币供给的贷款扩张或收缩，实际取决于中国人民总行层层借下达的贷款计划指标。也就是说，那时中国人民总行对货币供给的变动具有直接调控的能力。

18.1.2.2 市场经济条件下对货币供给的间接调控

在典型的、发达的市场经济条件下，货币供给的控制机制由基础货币和乘数两个环节构成。金融当局只能通过控制这两者来间接地调控货币供给量，而不能直接调控。

这里，以美国为例加以说明，美国的货币当局通常运用众所周知的三大工具——公开市场业务、贴现政策和法定准备率——调控基础货币和乘数并进而间接调控货币供应量。

（1）公开市场业务。这是指货币当局在金融市场上出售或购入财政部和政府机构的证券，特别是短期国库券，用以影响基础货币。这个工具的运作过程如下：

当货币当局从银行、公司或个人购入债券时，会造成基础货币的增加。由于债券出售者获得支票后的处理方式不同，会产生不同形式的基础货币。

中央银行通过购买或出售债券可以增加或减少流通中现金或银行的储备金，即都是使基础货币增减。基础货币增加，货币供应量可随之增加；基础货币减少，货币供应量亦随之减少。不过，是增减通货还是增减准备金，还是两者在增减中的比例不同，会导致不同的乘数效应，因而货币供应量增减的规模也有所不同。

（2）贴现政策。是指货币当局通过变动贴现率影响贷款的数量和基础货币。贴现率的变动影响商业银行贷款数量的机制是：贴现率提高，商业银行从中央银行借款的成本随之提高，它们会相应地减少贷款数量；贴现率下降，意味着商业银行从中央银行的借款成本降低，则会产生鼓励商业应行扩大贷款的作用。但是，如果同时存在强劲的制约因素，如果高的利润预期或对经营前景毫无信心，这时利息的调节作用则是极其有限的。

（3）法定准备率。当货币当局决定提高准备率时，一定比率的存款就会从商业银行流向中央银行，商业银行的放款能力降低，货币乘数变小，货币供应就会相应收缩；当降低法定储备率时，则会出现相反的调节效果，最终扩大货币供应量。

法定准备率是一项过于猛烈的政策，贴现率政策主要通过利率机制间接地起作用；公开市场业务，货币当局易于较灵活地运用，但它必须以存在一个高度发达的证券市场为前提。

18.1.2.3 居民持币行为与货币供给

如前所述，我们是从中央银行如何调控基础货币和乘数的角度考察货币供给问题的。但这些控制工具最终还要通过微观基础即居民、企业及商业银行的反映才能起作用。

当居民普遍增加现金保有数量时，通货对活期存款的比率会提高；反之，这个比率会下降。这个通常被称作通货比率的比率与货币供给量是负相关关系。

根据市场经济国家的经验，对居民持币行为从而对通货比率产生影响的因素主要有四个：

第一，财富效应。单一个人的财富或收入大量增加时，通常他持有现金的增长速度会相对降低；反之亦然。这说明，一般情况下，通货比率与财富和收入的变化呈反向变动。

第二，预期报酬率变动效应。居民持有的现金是不产生利息的，因此，它的货币报酬率为零；储蓄存款有利息收益，那就是货币报酬率大于零。假若只存在现金和储蓄存款两种金融资产，显然，储蓄存款利率变动与通货比率变动之间是负相关关系。实际上，在现金和储蓄存款之外，还存在其他一些资产，如国库券、企业债券等。那么，其他资产价格或收益率的变动就会迂回地影响通货比率。例如，证券或债券的收益率提高了，如果人们的现金持有量不变，而储蓄存款由于相对收益水平下降而减少，那么通货比率就会相对提高。

第三，金融危机。假如出现了银行信用不稳定的苗头，居民就会大量提取存款，通货比率因而会增加。

第四，非法经济活动，要逃避法律监督，倾向于用现金进行交易。所以，非法经济活动的规模与通货比率为正相关关系。

18.1.2.4　企业行为与货币供给

在市场经济中，企业所有者或经营者在筹集运营资金和运用手中的货币资金进行投资或资产选择时，通常与居民遵循着共同的规则或规律。但是，表征企业行为对货币供给影响的特点，是他们对资金的需求，如对货币资金的需求，从而对贷款的需求。一般来说，主要来自以下两个方面：

（1）经营的扩大或收缩。经营扩大要求补充资金，补充资金的投入一般要求从补充货币资金开始。如果企业对货币资金的投入靠的是自身积累，这不需要补充贷款；反之，则需要追加贷款。追加贷款，就不能不影响货币供给。至于企业是否要扩大经营，在成熟的市场经济中是取决于对经济发展形势的预期、对未来收益的预期等。在我国，国有企业扩大经营，特别是扩大生产能力投资的倾向曾是十分强烈的，而所需资金则过分依赖银行贷款，这属于体制上的原因。但无论什么原因，对贷款需求的压力加大，也就意味着对货币供给的压力加大。

（2）经营效益的高低。一般说来，不管是由于经营管理不善，还是整个经济比例、结构有问题，都会造成资金周转率降低，信贷资金占用时间延长，在相同的产出水准下会相对增加对贷款的需求并从而增加货币供应量；反之，则会减少对货币供应量的压力。经营效益不好，一直出现亏损，企业不得不采取减缩经营乃至破产清理行为，那就会勾销一部分贷款，从而相应缩小一部分货币供给。如果企业行为并非如此，而是仍然亏损经营，并且还要保持职工的收入水平，那就是在产出状况不佳的状况下，继续要求得到贷款支持，其结果则是货币供给被迫增加。

18.1.2.5　我国国有商业银行行为与货币供给

（1）改革开放至20世纪90年代中期以前的情况

1）国有银行面临强大的贷款需求压力。一方面来自企业，特别是国有大中型企业。即使是经济效益不高甚至亏损的企业也要求追加贷款。另一方面则是来自各级政府，为了发展地方经济，地方政府经常对地方投资项目和企业提出贷款要求。在这两方面的压力下，银行的行为基本上是被动的，自主权极其微弱。而且就银行利益来说，在风险不足以威胁其命运时，扩大贷款就是扩大收益。国有商业银行的这一特点说明，它们自身并没有形成控制货币供给的机制。

2）在强大的需求压力下，为了扩大贷款，银行首先是从中央银行争取较大的贷款规模，这种"规模"是直接管理模式的手段，它是核准银行可以扩大贷款的最高界限。然后是努力吸收存款，特别是储蓄存款，以支持扩大贷款。但是更关键的是争取取得更多的中央银行贷款。在很大程度上依靠中央银行的支持扩大自己的业务是中国国有银行很重要的行为特点。

中央银行下达的贷款规模和对国有银行的贷款支持，本是对货币供给的控制器。但在贷款需求的压力下，下级行对上级行，国有银行对中央银行都有一个非常具有特征的行为，即申请追加。这种被称为"倒逼机制"的追加申请对增加货币供给的作用力是十分巨大的。

3）利率、准备金之类的调节手段没有实质性作用。从国有银行来说，利率对其从中央银行借款起不了多大作用。因为它发放贷款的利率和它向中央银行借款的利率都是由中央银行规定的，期间的利差已经考虑了它们的利益，准备金以及类似的备付金、专项存款等，对于国有银行的具体行为有时其作用是决定性的。但对这些比率的调整行政色彩极浓，并没有创造出是国有银行认真考虑准备率而自行安排运营的机制。而且在国有银行依靠中央银行大量贷款支持的情况下，如果提高准备率，往往通过从中央银行相应地多取得一些贷款即可抵销。

总的来说，在这样的情况下，国有商业银行并无内在的约束机制使其行为能对货币供给予以积极影响。

（2）近年来的改革努力。近年来的改革实际上是针对上述问题逐步推进的。包括以下几个方面：

1）改变国有银行对国有企业事实上存在的资金供给制关系，建造市场机制所要求的银行与企业关系。这不仅在于不断加强国有商业银行在银行业务上的自主决策权利，更重要的还在于国有企业建立现代企业制度的改革已经开始了实质意义的推进。

2）转变政府职能，实行政企分开，强调各级政府不得强令银行贷款。这在1997年已经有明显的改变。

3）理顺国有银行与中央银行的关系。先后推出了多项有利于促使和保证商业银行独立自主经营的措施。

随着改革的不断深入，实现国有银行行为方式受市场规律和准则调节，并进而影响货币形成的格局，其前景是显而易见的。

18.2　货币的需求

18.2.1　马克思的货币需求理论

货币需求理论主要研究两个基本的问题，即货币需求由什么决定和经济对货币需求的量是多少以及如何决定。马克思是从货币需求的功能及对经济的作用入手展开论述的，概括起来，主要有以下几点：

（1）商品流通决定货币流通，货币流通的基础和前提是商品流通，货币流通从属或依赖于商品流通。当然，货币流通对商品流通也有一定的反作用，但并不能认为货币流通是商品流通所引起的。

（2）一定时期内，社会对执行流通手段职能的货币需求量取决于三个基本因素，即商品可供量、商品的价格和货币流通速度，用公式可表示为：

执行流通手段职能的货币需要量 = 商品可供量 × 商品价格水平 ÷ 货币流通速度

很明显，公式所反映的基本关系是商品的价格规定流通所需要的货币量，而不是相反。

（3）马克思认为，由于支付手段的实现会引起对货币需要量的增加，因此，在货币周转速度不变的条件下，一定时期到期支付的总额越多，对货币的需求也就越多。也就是说，一定时期的货币需求量是由货币的流通手段量和货币的支付手段共同构成的。即：

流通中所需货币量 = （待实现的商品价格总额 − 延期支付总额 − 到期支付总额 − 彼此抵消支付）÷ 同名货币的流通速度

18.2.2　货币需求

18.2.2.1　货币需求的含义

什么是货币需求？这是一个很难准确定义的概念。如果仅仅从字面上理解，需求可以理解为一种欲望，一种纯心理的占有欲望。经济学意义上的需求虽然也是一种占有欲望，但是，这种需求与个人的经济利益及其社会经济状况有着必然的联系，并且以一定的经济关系为前提，因此，我们可以把货币需求简单定义为：一定时期内，社会各阶层愿以货币形式持有其拥有的财产的需要，或社会各阶层对执行流通手段和价值贮藏手段的货币需求。

由于货币需求反映的是一种欲望或占有欲望，这种欲望可能是一种纯主观的，也可能是一种符合客观实际的。因此，货币需求又可以分为主观货币需求和客观货币需求。所谓主观货币需求，是指一个人或一个家庭或一个企业单位，在主观上希望自己拥有多少货币。这纯粹是一种主观的欲望。而所谓客观的货币需求，则是指一定时期内、一定条件下，个人或单位应该持有多少或可以持有多少货币量。也可以指一个国家在一定条件下，究竟需要多少货币量才能满足商品生产和商品流通的正常需要而决定的货币需求，就是由商品经济发展和商品流通的客观需要而决定的货币需求；主观的货币需求，就是脱离商品经济发展和商品流通需要而提出的对货币的需求。在现实社会经济生活中，这两种类型的货币需求都存在，但我们研究的重点应该是客观的货币需求，而不是主观的货币需求。主观的货币需求是一个无限量，在经济学研究上无意义，而客观的货币需求始终是一个有限的量。所以，经济学研究的重点是客观货币需求。

由于研究的重点不同，还可以把客观货币需求划分为宏观的货币需求和微观的货币需求。所谓微观的货币需求，是指一个单位、一个家庭或一个人，在既定的收入水平、利率水平和其他经济条件下，所愿意持有的货币量。宏观的货币需求，则是指一个国家在一定时期内，由经济发展和商品流通所决定的必需的货币量，这种货币量既能满足社会经济正常发展的需要，也不至于引发通货膨胀。微观的货币需求研究的是各微观经济主体在既定的经济条件下，持有货币的效益，这种对微观经济主体的货币需求行为理论概括，就是通常讲的微观货币需求理论。宏观的货币需求研究的是一定时期内社会的货币需求量，研究的是宏观经济主体的行为，所以研究这种货币需求的理论称为宏观货币需求理论。由于受通货膨胀与通货紧缩等因素的影响，还可以把货币需求划分为名义货币需求和实际货币需求。所谓名义货币需求是指个人、家庭或企业等经济单位，或整个社会在不考虑物价变动时所需要持有的货币量，它是由货币单位来表示的货币量。所谓实际货币需求，是指扣除物价变动因素后的货币需求，实际上是以实物价值表示的货币需求。

18.2.2.2　货币需求动机

商品经济的存在和发展，决定了货币需求的存在和变动。因为在商品经济条件下，商品的价值需要货币来衡量、表现和实现。各种社会经济关系，需要货币来连接，这是不以人的意志为转移的客观必然。不管国家的类别如何，社会的意识形态有多大差异，只要有商品经济存在，就必然会滋生出对货币的需求。但是，由于人们在社会中所处的经济地位不同，人们的货币需求动机也就不同。概括起来，在商品经济条件下，人们持有货币的动机主要有三种：

（1）交易性货币需求。即指个人、家庭或事业单位为了交易的目的而形成的对货币的需求。在商品经济中，交换需要货币来完成，个人、家庭或企事业单位，要从事于商品的交易或购买，要支出货币，首先必须持有一定量的货币。就企业单位而言，为了维持其生产经营的正常进行，必须随时持有一定量的货币，不断地购买生产所需的原材料，支付工人的工资等，否则生产过程将中断。

交易性货币需求是收入的函数。假定某人或某个家庭，其月收入为 T 元，月支出也为 T 元，再假定月初一次性取得收入，在月内将平均支出，至月底，货币持有额为零。总支出为 T 平均的货币持有额为 $T/2$，则月平均货币余额或交易性货币需求就为月收入的一半。如果收入和支出增加，则交易性货币需求也增加；反之，如果收入和支出减少，则交易性货币需求也随之减少。如果收入的次数发生变化，由原来的月收入一次，改变为两次，在其他条件不变的情况下，交易性货币需求则随收入次数的增加而相应地减少。因此，交易性货币需求与收入流通速度之间存在一定的函数关系。即：$L_1 = Y/V$ 其中，L_1 代表交易性货币需求，Y 代表货币收入，V 代表货币收入的流通速度。在通常情况下，V 是相对固定的。因此，交易性货币需求随货币收入的变化而变化。

此外，交易性货币需求也受利率的影响。这是因为，货币是一种非营利性资产，人们持有的货币量对利率的变化就不能不产生反应。其反应的程度主要取决于货币与其他金融资产相互转化所需的时间及费用。在一定的条件下，如果利率较高，人们就会节约交易性货币需求，而增加其他金融资产的持有；如果利率较低，人们则会减少对其他金融资产的持有，而增加交易性的货币需求。所以，交易性货币需求随利率的高低而呈反方向变化。

（2）预防性货币需求。即指个人、家庭或企事业单位为了应付意外发生的事件而形成的对货币的需求。预防性货币需求同人们的收入状况有直接关系。一般说来，人们的收入水平越高，就越需要较多的货币作预防；相反，人们的收入水平越低，用于预防性的货币需求就会自然减少。人们持有的货币量越多，其预防意外事件的能力就越强。但并不是说持有的货币越多越好，作为预防性货币需求，也有一个适度的问题。判断是否适度，关键是看持有预防性货币的边际成本是否等于边际收益。边际成本就是增加单位货币的持有量时所损失的利息收入。边际收益就是增加单位货币持有量时所避免的风险损失或利用其他资产的费用损失。边际成本与边际收益的均衡点，就是应持有的预防性货币需求量。此外，预防性货币需求也受利益的影响，如果利率低，人们持有货币的成本低，就会持有较多的货币，以防止意外事件的发生。如果利率高，人们持有货币的成本就高，人们就可能降低预防性货币的持有量，用于购买生息资产，以获得利息收入。在一般情况下，预防性货币需求受利率影响变动不大，因此，可以把它看成收入的函数，其函数关系为：

$$L_2 = f(Y)$$

式中，L_2 代表预防性货币需求，Y 代表收入水平，预防性货币需求随收入的变动而变动。

（3）投机性货币需求。即指个人、家庭或企事业单位，为了避免资产损失或增加资本收益，及时调整资产结构而形成的货币需求。就货币执行价值贮藏手段这一职能来说，个人、家庭或企事业单位暂时无须支用物的财富，既可用货币的形式持有，也可以购得有价证券，取得利息收入。当利息率过高时，人们预计利息率会下降，这时，便会减少货币的持有量，而增加有价证券的持有量，这不仅可以给人们带来有价证券的收益，而且还可以因有价证券的价格上涨，给人们带来资本收入；而当现行利率过低时，人们预计利息率会回升，这时便会增加对货币的持有量，而减少对有价证券的持有量，这不仅可以减少利息收入损失，也可以避免由于有加证券价格下跌带来的资本损失。

18.2.2.3　货币需求的构成

就全社会的货币需求而言，主要由个人或家庭的货币需求、企业的货币需求以及政府的货币需求三部分组成。

（1）个人或家庭货币需求的构成。它一般说来也包括三个部分：一是应付日常生活开支的货币需求，它是人们最基本的一种货币需求，即交易性货币需求。在商品经济条件下，人们持有货币首先是满足自身消费的需要，用于购买日常生活必需品。交易性货币需求与个人或家庭的收入状况有着密切的联系，如果收入高，交易性货币需求也会随之增加。二是应付意外支出的货币需求这种货币需求是建立在货币的价值贮藏手段基础之上的。人们除了应付日常的生活开支之外，还必须持有一部分货币，用于满足一些意外开支的需要。这部分货币需求量的大小，也与人们的货币收入多少有直接的关系，且随收入水平的变动而变动。当然，这部分货币需求在一定程度上也受到利息率的影响。三是个人或家庭投机动机的货币需求。随着人们收入水平的提高，人们在满足交易动机和预防动机的货币需求之后，必然把剩余的部分货币收入用于投机动机，以获取更多的收入。即使对预防性货币需求动机部分，也不会完全以现金形式持有，而是将其中一部分用于持有其他金融资产，获取收入，个人或家庭的投机动机的货币需求与金融资产的收益率有直接关系，如果金融资产的收益率上升，人们就会增加对金融资产的需求；反之，则会减少对金融资产的需求。

（2）企业单位货币需求的构成。企业单位的货币需求也包括三个部分：一是企业的交易性货币需求。它是指企业维持其生产的正常运转而用于购买原材料及支付工资的货币需求。企业交易性货币需求与企业的生产规模、市场利率等因素有直接的关系。一般说来，生产规模较大，市场利率低，交易性货币需求会增加。相反，生产规模较小，市场利率高，交易性货币需求也会相应减少。二是企业的预防性货币需求。它是企业对市场风险及生产环境的估计而持有的货币。这种货币持有既受企业生产规模的影响，也受市场环境变化及市场利率变化的影响。三是企业投机性货币需求。它与个人投机动机的货币需求类似，其需求的大小主要取决于金融市场的发达程度和金融资产收益率的状况。

（3）政府货币需求及其构成。政府的货币需求实际上也包括了三个部分，即交易性货币需求、预防性货币需求、投机性货币需求。政府货币需求的特点是：政府的货币需求受国民收入水平以及财政收入水平的制约，政府的投资需求受市场利率及金融市场环境的影响较小。

18.2.2.4　决定货币需求的主要因素

分析的角度不同，分析的货币需求主体不同，决定货币需求的因素就有很大差异。

（1）决定个人或家庭货币需求的主要因素。

1）决定个人交易性货币需求的因素。①其收入水平。若不考虑借贷等因素，收入是形成个人或家庭货币需求的唯一源泉。收入水平越高，消费也增加，交易性货币需求也随之增加，但交易性货币需求的增长率低于收入的增长率。②收入的时间间隔。一般说来，收入的时间间隔越长，所需用于交易的货币越多；反之则越少。③支出的时距或支出的习惯。在同等条件下，支付越不规则，越是集中支付，则所需货币就越多；反之，所需货币就越少。④市场的物价水平。如果预期的物价上涨，则消费增加，交易性货币增加；反之，则交易性货币需求会减少。⑤市场利率的影响。预期的市场利率下降，证券价格上升，则交易性货币需求减少。

2）决定个人预防性货币需求的因素。个人或家庭的预防性货币需求，首先还是决定于收入水平，并随收入水平的变化而同方向变动。其次是市场物价走势，如果预期物价上涨，则人们可能减少储蓄而提前消费，或以实物囤积代替货币贮藏，从而，减少货币的持有。最后是市场利率对预防性货币需求的影响，但这种影响改变的只是货币需求的构成，而对货币需求的总量并不产生影响。此外，个人或家庭的节约习惯也在一定程度上对预防性货币需求产生影响。

3）决定个人投机性货币需求的因素。个人或家庭的投机性货币需求，首先是收入水平。人们只有在基本生活能得以满足的条件下，有多余收入才可能从事于投机活动。其次是银行的储蓄存款利率。个人是购买证券还是把剩余的货币存入银行，取决于银行的利率和证券的收益率。只有在证券的收益率高于银行的利率的条件下，人们才可能投资于有价证券。最后是金融市场的条件。金融市场越发达，融资条件越好，人们投资的选择性就更大，用于投机的货币需求可能就多。反之，用于投机的货币需求可能就少。此外，预期的物价上涨率也在一定程度上影响着投机的货币需求。

（2）决定企业货币需求的主要因素。前已述及，企业的货币需求也包括了交易性需求、预防性需求和投机性需求三类。

1）决定企业交易性货币需求和预防性货币需求的主要因素在实际中是很难区分的。这两种货币需求首先决定于企业现有的生产规模。一般来说，企业的生产规模越大，这两种货币需求量也就越大，规模越小，货币需求量也就越小。其次是企业自身的结构、生产周期、生产工艺等。商业企业较工业企业持有的货币多；基础工业和加工工业需持有不同比率的货币余额；技术密集型和劳动密集型企业的货币需求也有其差异。生产周期长的企业，所需的货币量大，生产周期短的企业，所需的货币量小；均衡生产的企业所需的货币量少，非均衡生产的企业所需的货币量多。最后是市场的供求状况。如果企业所需的原材料供应比较紧张，所需的货币量就相对较少。产品畅销企业的货币持有率下降，企业的产品滞销积压，则货币持有率上升。此外，预期的物价，银行利率，银行制度，货币供应体制，银行网点及其服务效率等的变化，都对企业的货币需求有着重要影响。

2）决定企业投机性的货币需求的因素。这种投机性的货币需求与个人投机性货币需求的影响因素相似，此处从略。

（3）决定政府货币需求的主要因素。对政府而言，它的货币需求首先受国民收入水平，特别是财政收入水平的影响。具体说来，交易性货币需求和预防性货币需求相类似。所不同的是，市场利率对它几乎没有影响，且这部分货币需求在很大程度上受国家宏观经济政策的制约。政府的投资性货币需求，其影响因素也同个人类似，所不同的是政府投资受宏观经济政策影响较大，而受市场利率及金融市场环境的影响较小。

货币总需求等于个人或家庭的货币需求、企业的货币需求和政府的货币需求的总和。我们把决定企业、个人政府三者货币需求的因素进行加总归类，即可求出货币总需求的决定因素。

18.2.3　货币供求的均衡

18.2.3.1　货币均衡与社会总供求平衡

（1）货币均衡。

1）货币均衡的概念。所谓货币均衡是指社会的货币供应量与客观经济过程中对货币的需求量的基本适应，即 $M_s = M_d$。

我们知道，在现代商品经济条件下，一切经济活动都必须借助于货币的运动，社会需求表现为拥有货币支付能力的需求，即需求都必须通过货币运动来实现。货币把整个商品世界有机地联系在一起，使它们相互依存，相互对应，整个社会再生产过程，就其表象而言，就是由各种性质不同的货币收支运动构成的不断流动的长河，货币的运动反映了整个商品世界的运动。因此，货币供求的均衡，也可以说是由这些货币收支运动与它们所反映的国民收入及社会产品运动之间的相互协调一致。货币均衡有如下特征：一是货币均衡是一种状态，是货币供给与货币需求的基本适应，而不是指货币供给与需求数量上的相等。二是货币均衡是一个动态过程。它并不要求在某一个时点上的货币供给与货币的需求完全相适应，它承认短期内货币供求的不一致状态，但长期内货币供求之间应大体上是相互适应的。三是货币均衡在一定程度上反映了国民经济的平衡状况。在现代商品经济条件下，货币不仅是商品交换的媒介，而且也是国民经济发展的内在要素。货币收支的运动制约或反映着社会生产全过程，货币收支把整个经济进程有机地联系在一起，一定时期内的国民经济状况必然要通过货币的均衡状况反映出来。

2）货币均衡与货币流通正常化的关系。货币均衡与货币流通正常化是一个问题的两个方面。货币均衡问题，归根结底也是一个货币流通正常化问题。货币均衡与否，可以通过货币流通正常与否反映出来。也就是说，货币均衡实现了，货币流通状况也就是正常的。或者说，货币流通正常，货币供求状况大体上也是均衡的。只不过研究货币均衡问题，在内容上比研究单纯的货币流通问题更广泛、更丰富、更具体。货币均衡问题，不仅可以反映出货币流通状况及国民经济运行态势，而且作为一种分析方法，它可以深入国民经济各货币供应主体和货币需求主体的各个方面，研究整个社会的各种不同性质的货币收支运动。

（2）社会总供求平衡。

1）总需求和总供给的基本含义。所谓社会总供给，通常是指在一定时期内，一国生产部门按一定价格提供到市场的全部产品和劳务的价值总和，以及在市场上出售的其他金融资产总量。由于这些商品都是在市场上实现其价值的，因此，社会总供给也就是一定时期内社会的全部收入或总收入。总供给有现实的总供给和客观的总供给之分，前者是指现实中社会各生产部门提供到市场的商品量，而后者则是指一国的生产能力，即可能生产并提供给市场的能力。

所谓社会总需求，通常是指一定时期内，一国社会的各方面实际占用或使用的全部产品之和。由于在商品经济条件下，一切需求都表现为有货币支付能力的购买需求，所以社会总需求也就是一定时期内社会的全部购买支出。总需求有现实需求和潜在需求之分，现实需求是指有现实购买力的需求，即一定时期内，全社会在市场上按一定价格购买商品和劳务所支付的货币量；而潜在的需求，是社会节余的购买力，即尚未实现的需求或将要实现的需求。

2）总供求平衡的含义。关于社会总供求平衡的含义，可以从以下几个方面来把握：①社会总需求与总供给的平衡是货币均衡，而不是实物均衡。实物均衡是自然经济的产物，而货币均衡才是现代商品经济总体均衡发展的重要特征。在社会总需求与总供给的平衡关系中，货币资金的运动起着重要作用。②社会总需求与社会总供给的平衡是市场的总体均衡。社会的总需求与总供给的状况是由货币市场和商品市场的状况来决定的。因此，社会总需求与总供给的平衡，也就是货币市场和商品市场的统一平衡。③社会总需求与总供给的平衡是动态的均衡。社会总需求与总供给的平衡，是现实的社会总需求与短期内可能形成的总供给的平衡，而不是现实的总需求与现实的总供给的平衡。在扩大再生产条件下，现实的总需求与现实的总供给的平衡，是静态的平衡，只是反映了简单再生产的要求，而没有能反映扩大再生产的客观要求。因此，只能从动态的角度，从现实的社会总需求与短期内可能形成的总供给相适应的状况来研究社会总需求与总供给的平衡状况。

18.2.3.2 货币均衡与总供求平衡的关系

（1）货币供给与社会总需求的关系。

1）货币的供应量与社会总需求量的关系。在现代商品经济条件下，任何需求，都表现为有货币支付能力的需求。任何需求的实现，都必须支付货币。如果没有货币的支付，没有实际的购买，社会基本的消费需求和投资需求就不能实现。因此，在一定时期内，社会的货币收支流量就构成了当期的社会总需求。

一般来说，社会总需求的变动首先来源于货币供给量的变动。但是，货币供应量变动之后，能在多大程度上引起社会总需求的相应变化，则取决于货币持有者的资产偏好和行为，即货币持有者的资产选择行为。当货币供应量增加以后，人们所持有的货币量增加，如果由于种种原因，人们不是把这些增加的货币用于消费或投资，而是全部用于贮藏，则对社会总需求不会产生影响，因为，这些增加的货币量并没有形成现实的购买支出，所以对商品市场和资本市场都没有直接的影响。如果货币供应量增加以后，人们不是将这些新增加的货币用于贮藏，而是用于消费，增加对消费品的购买，则就增加了社会总需求中的消费支出，从而直接影响到商品市场的供求状况。如果货币供给量增加以后，人们不是将这些增加的货币用于贮藏，而是用于增加对投资品的购买，从而增加了社会总需求中的投资支出，会直接影响到投资品市场的供求状况。

2）货币供给量与社会总需求量的区别。货币供给量与社会总需求量是紧密相连，但又有严格区别的两个概念，其区别点是：

第一，货币供给量与社会总需求量这两个量是不相同的。货币供给量是一个存量的概念，是一个时点的货币量；而社会总需求量是一个流量的概念，是一定时期内的货币流量。此外，再货币供给量中，既含有潜在货币，也含有流通性货币，而真正构成社会总需求的只能是流通性货币。

第二，货币供给量与社会总需求量的变动，在量上也是不一致的。货币供给量变动以后，既会引起流通中的货币量变动也会引起货币流通速度变动。社会总需求量是由流通性货币及其流通速度两部分构成的，而货币供给量则是由流通性货币和潜在性货币两部分构成的。因此，一定量的货币供给增加以后是否会引起社会总需求量的增加，其增加的幅度有多大，则主要取决于以下两个因素：一是货币供给量中潜在性货币与流通性货币的比例，二是货币流通速度的变化情况。一般说来，理他性货币所占的比重大，流通速度加快，社会总需求量增加。所以，货币供给量的变动与社会总需求量的变动，在其量上往往是不相同的。

第三，货币供给量变动与社会总需求量变动在时间上也是不一致的。米尔顿·弗里德曼根据美国的实际情况研究表明，货币供给量变动以后，一般要经过6~9个月，才会引起社会总需求的变动，而引起实际经济的变动，则需要18个月左右。

（2）货币供给与货币需求的关系。在研究货币供求关系问题上，货币需求的数量在现实中并不能直接地表现出来。也就是说，客观上需要多少货币，这是很难准确界定的。这是因为：其一，社会经济本身是一个不断发展变化的过程，客观经济对货币的需求受多种因素的制约，且这种需求也是随客观经济形势变化而不断变化的。其二，在纸币流通条件下，再多的货币也会被流通吸收。因此，无论是好的货币需求状况如何，货币供给量与货币需求量始终是相等的。也就是说，在货币供给量一定的条件下，不管社会的货币需求状况如何，全社会所持有的货币的名义数量既不可能超过现在的货币供应量，也不可能少于这个量，两者名义上始终是相等的。但是这种名以上的货币供求均衡关系，并不一定就是货币供求实际均衡的实现。因为，从社会的角度看，名义货币总量并不一定就代表了社会经济过程所要求得货币的需要量，名义货币量可以反映出三种动态趋势，即：

1）$M_s = M_d$，即价格稳定，预期的短缺趋于稳定，国民收入增加。

2）$M_s > M_d$，即物价上涨，预期短缺增加，名义国民收入增加，而实际国民收入的增加受阻，或增幅下降。

3）$M_s < M_d$，即物价下跌或趋于稳定，预期的短缺消失，企业库存增加，商品销售不畅，国民收入下降，经济处于停滞状态。

因此，分析货币供求均衡与否，仅从名义的货币供求状况是难以做出判断的，必须深入分析实际的经济过程，才能弄清问题的实质。

货币供给与货币需求之间，是一种相互制约、相互影响的关系，一方面的变动会引起另一方面的相应变动。当货币供给小于货币需求时，如果不增加货币供应，经济运行中的货币需求得不到满足，致使社会的总需求减少，生产下滑，总供给减少。由于商品供给的减少，致使货币需求量减少，最终使货币供求在一个较低的国民收入水平上，得以平衡；如果中央银行采取放松及增加货币供应的方针，以满足货币运行对货币的需求，从而导致社会的投资需求和消费需求增加，促使生产持续发展，货币供求在一个较高的水平上得以均衡。当货币的供给大于货币的需求时，典型的情况是通货膨胀，在这种情况下，存在两种可能：一是有生产潜力可挖，需求增加和物价上涨，可以刺激生产的发展，即在物价上涨的同时，产出增加，从而导致实际的货币需求增加，使货币供求恢复均衡。二是随着市场的发展，生产潜力在现有的条件下已挖尽，这时，中央银行采取收缩银根的政策，控制货币供应量的增长，从而使货币供求趋于均衡。

总之，货币供求之间是相互联系、相互影响的，货币供给的变动可在一定条件下改变货币需求；而货币需求的变动，也可以在一定程度上改变货币的供给。联系货币供给与货币需求的桥梁和纽带是国民收入和物价水平。

18.2.3.3　货币供求均衡的实现

（1）宏观经济均衡是货币均衡。在现代商品货币经济条件下，社会供求平衡的关键是货币均衡，而不是实物的均衡。单纯的实物均衡，是自然经济的产物，而货币均衡才是现代商品经济的重要特征。这是因为，实物的均衡是自然经济的产物。在自然经济条件下，产品不需要通过交换来实现价值，不需要用货币来实现价值，因此，无所谓均衡与否，经济体系可以通过内在机制自动实现均衡。在金属货币流通条件下，由于金属货币的自动调节功能，多余的货币会自动退出流通，货币不足就会有相应的货币进入流通，"如果价格跌落或流通速度提高，贮藏货币的蓄水池就吸收从流通中游离出来的那部分货币；如果价格不上涨或流通速度降低，贮藏的货币便开放，有一部分就回到流通中去"。"正是由于贮藏货币的这种蓄水池的作用，这种作为流通中的饮水趋于排水沟的作用，使货币永远不会溢出它的流通渠道"。因此，在金属货币流通条件下，流通中的货币数量完全决定于社会的货币需要量，并根据社会需要量的增减自动地进行调节，实现货币的均衡。所以，这时的社会总供求均衡的关键，仍然是商品市场的均衡问题。但在纸币流通条件下，由于纸币自身的特点：如纸币由一国中央银行统一发行，纸币本身没有价格，不能兑现，不会随社会需要而自动地退出或进入流通，再多的纸币都被流通所吸收等，决定了纸币自动均衡的难度，从而决定了货币供求均衡在整个宏观经济均衡中的关键地位。如果说前面讲的货币供给、货币需求、商品供给和商品需求四者关系是从商品供给出发，商品供给是关键的话，那么在现代商品货币经济条件下，这四者的关系已经发生了根本的变化。这种关系可用图 18 - 2 来表示。

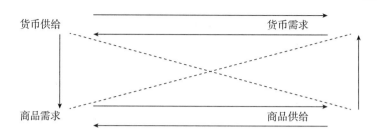

图 18 – 2 货币供给、货币需求、商品需求、商品供给之间的关系

图 18 – 2 中包括这样几层含义：一是货币的供给决定了一定时期内的商品需求，因为在现代商品经济条件下，任何需求都是有货币支付能力的需求，并通过货币来实现其需求。同时，货币的供应还决定了一定时期内社会的名义货币需求，因为再多的货币供应都会被流通所吸收。二是商品的需求决定了商品的供应，即需求的增加促进了生产的发展和商品供应的增加。这种需求既包括对消费品的需求，也包括对投资品的需求。需求引导生产并促进生产的发展。三是商品的供给决定了一定时期的客观的或实际的货币需求。即有多少商品供应到市场，客观上就要求相应的货币来表现或实现其价值。四是实际的货币需求与货币供应保持其均衡。

在这个关系图中，货币供求的均衡是整个宏观经济平衡的关键。也就是说，如果货币供求不平衡，整个宏观经济的均衡就不可能实现。而要使货币供求保持均衡，就要中央银行控制货币供应，使货币的供应与客观的货币需求经常保持相互适应的关系，以保证经济的发展有一个良好的货币金融环境，从而促进经济的协调发展和实现宏观经济的平衡。

（2）货币供求失衡的原因及其表现。根据我们前面的分析，货币供给与货币需求的大体相适应，即 $M_s = M_d$，我们称为货币均衡。如果货币的供应偏离了货币的需求，即货币供给大于或小于货币的需求，即 $M_s > M_d$ 或 $M_s < M_d$，称为货币供求失衡。由于我们讲的货币均衡是一种状态，是一个从均衡到失衡，再到新的均衡的动态过程，因此，货币供求的失衡是一种常见的现象。造成货币供求失衡的原因是多方面的，这里分别以下面两种情况进行讨论：

1）货币供应量小于货币需求量的原因。一般说来，主要原因有：一是经济发展了，商品生产和流通的规模扩大了，货币的需求增加，但由于种种原因，货币的供应量未能及时增加，从而导致流通中货币紧缺和产品积压，不能实现其价值和使用价值，从而导致生产萎缩和商品价格下跌。这种情况在金属货币的条件下较为常见，但在纸币流通条件下，则较为少见。因为在金属货币流通条件下，货币量的增加，受金属开采的制约，而在纸币流通条件下，货币当局增加其货币的供应则比较容易。二是在货币供给略大于货币需求的条件下，中央银行或货币当局错误地判断形势，采取了紧缩过度的政策，使货币的供应不能满足经济正常运转的需要，从而导致流通中的货币紧缺，生产的正常发展受到抑制，部分产品不能顺利地实现其价值和使用价值。三是在经济危机阶段，由于信用链条的断裂，正常的信用关系被破坏，社会对货币需求猛增，而货币的供应赶不上货币需求的增长，导致了货币供求的失衡。这种情况在历次经济危机中表现得最为充分。

2）货币供应量大于货币需求量的原因。在纸币流通条件下，货币供应量大于货币需求量是一种常出现的失衡现象。造成货币供应大于货币需求的原因很多，概括起来，主要有以下几个方面原因：一是财政赤字如果靠增加货币发行来弥补，就会形成过多的货币供应。二是为了促进经济的发展，银行信贷规模不适当地扩大，超过了经济发展的客观需要，从而形成过多的货币供应。三是在前期货币供应不足，产品积压，不能顺利实现其价值和使用价值的情况下，中央银行或货币当局过度地放松银根，使货币供应量的增长超过了经济发展的客观需要，从而形成过多的货币供应。这种货币供给大于货币需求的失衡，直接表现出来的就是通货膨胀。

此外，还有一种货币供求失衡的情况，就是货币供求的结构失衡，即货币的供给结构与货币的需求结构不相适应。表现出来的就是部分产品供不应求，物价上涨；而部分产品积压，难以实现其价值和使用价值。造成这种失衡的主要原因是经济结构不合理。

（3）中央银行对货币供求失衡的调节

1）中央银行货币政策的基本任务就是调节货币供求，实现货币均衡及总供求的均衡。具体来说，中央银行的货币政策主要有三大任务：一是根据经济发展的客观需要，提供适度的货币供应。二是为经济社会的正常运转提供一个良好的货币金融环境。三是对来自其他方面的经济干扰因素发挥抵消作用，即通常所讲的逆经济风向的作用。也就是说，在经济过度繁荣，出现通货膨胀时期，中央银行货币政策的任务应是压低货币供应量的增长率，提高利息率，抑制社会总需求的增长，以缓和通货膨胀所造成的压力，促使整个经济稳定正常发展；而在经济萧条或衰退时期，中央银行货币政策的任务应是提高货币供应量的增长率，降低市场利息率，刺激社会总需求的迅速增长，以缓和经济萧条或衰退造成的困难，促进整个经济的繁荣发展。货币政策的这种逆经济风向任务，就是"要扭转不足的或过剩的需求支出的总额，以导致最优的实际增长和价格稳定"。

2）中央银行调节货币供求的主要措施。中央银行总是针对具体的货币供求状况来进行调节的。一般而言，货币供求状况可能有几种情况：一是货币供求均衡，社会总供求也处于均衡状态。此时社会物价稳定，生产发展，资源得到了有效利用。这是一种较为理想的状态。在这种情况下，中央银行一般采取中立的货币政策。供应多少货币，完全由经济过程的各种力量决定，中央银行不必从外部施予调节。二是货币供给不足，客观的货币需求得不到满足，整个经济过程必然处于萎缩或萧条状态。资源大量限制，企业开工不足，社会经济的发展因需求不足而受阻。这种情况下，中央银行就应采取一种扩张性的货币政策，增加货币供应，降低市场利率，刺激社会总需求的增加，从而促进生产的恢复和发展，促使货币的供求保持其均衡。三是货币供给量过多，超过货币需求量，整个经济必然会处于过度膨胀的状态，生产发展很快，各种投资急剧增加，市场商品物资供应不足，太多的货币追逐太少的商品，物价上涨。这时，中央银行就应采取一种紧缩性的货币政策，缩减货币供应量，提高市场利率，抑制社会总需求的增加，从而使物价趋于稳定，社会货币供应与货币需求趋于均衡。四是货币供给与货币需求构成不相适应，一些经济部门由于需求不足，商品积压，一些商品不能顺利实现其价值和使用价值，生产停滞。而另一些部门则需求过度，商品供不应求，价格上涨，生产发展一度很快。这表明整个经济失调，发展畸形。这时，中央银行的货币政策应是有松有紧，松紧搭配，通过调整货币供给构成和流向，改变这种供求结构不相适应的状况，促使供求结构趋于协调，以促进整个经济的协调发展。

3）中央银行调节货币供求的主要方式。一般来说，中央银行调节货币供求主要有以下几种方式：一是供给型调节，即中央银行根据客观的货币需求状况，在货币供应量大于货币需求量或小于货币需求量，或供求结构不相适应时，对货币供给总量和结构进行调节，使之与既定的货币需求量相适应，以保持货币供求的均衡。二是混合型调节，即指中央银行面对货币供求总量和结构失衡的状况，不是单纯地调节货币需求量，而是双管齐下，既搞供应型调节，也搞需求型调节，以尽快收到货币供求均衡的效果。三是逆向调节，即指中央银行面对货币供给量大于货币需求量的失衡状况，不是采取收缩货币供应的政策，而是用以毒攻毒的办法，适当增加货币供应量，调整货币供给结构，以增加货币需求，从而促使货币供求恢复均衡。采取这种办法的关键点，就是增加的货币要适度，投向要合理，能在短期内促进生产的发展，通过商品供应量的增加来消除多余的货币，从而使货币供求实现均衡。

（4）财政政策对货币供求失衡的调节。财政政策主要通过以下几个手段对经济进行宏观调控。

1）税收。税收是国家凭借政治权力参与国民收入分配和再分配以取得财富的一种手段。国家对税收手段的运用，主要是按照各经济单位和个人的经济收入额、产品流转额、财产拥有额和某些特定的经济行为，分别规定不同的税种和税目以及累进的、比例的、正的、负的等各种弹性的和非弹性的税率，利用开征、减免或停征某种税收和提高或降低有关税目的税率与起征点等形式，通过税收总量即结构的变化，调节投资规模和消费基金的增长，抑制社会总需求膨胀或刺激有效需求不足，对总供给的增加产生刺激或抑制作用，并对社会供给结构和需求结构进行调节。

2）公债。公债具有联结财政与金融两种调控对社会总供给与总需求进行调节的特点。公债对社会总供求进行的总量和结构调节主要是通过调整公债发行和偿还数额以及公债利率高低来实现的。①国家向个人和企业举债。这种举债可以将消费基金转化为投资基金，减少社会购买力，从而削减总需求膨胀的压力。当然，这种举债也可能挤占个人即经济单位的投资资金，从而减少生产投资，影响总供给的增加。②向中央银行举债。这种举债可以通过吸收中央银行的资金而减少信贷资金的供给，在一定程度上抑制社会总需求。另外，国家通过举债获得基础货币，则可能由于支出的扩大而刺激总需求的增加。③向国外举债。向国外举债意味着将别国的资源或产品转移到国内，实际上起着增加供给的作用；而对外偿还债务则意味着将本国的资源或产品转移到国外，实际上起着减少供给的作用。

3）预算。预算通过分配国家财政集中的国民收入，决定中央及地方各级政府的生产性投资与消费的总量及结构，从而影响整个社会的供求总量及结构。

4）财政补贴。财政补贴是通过财政性资金的再分配，给生产者、经营者、消费者以一定的无偿补助，诱导他们向预定的调节目标努力的经济手段。财政补贴主要有三种形式：①价格补贴；②政策性亏损补贴；③财政贴息。

5）折旧。这是国家通过提高或降低折旧率来加速或减慢固定资产补偿，从而调节供求总量及结构的重要财政手段。

第19章　通货膨胀

19.1　通货膨胀概述

19.1.1　通货膨胀的定义

通货膨胀是一种古老的经济现象，它的出现与纸币的产生有着直接的关系。

纸币产生以前，作为一般等价物的货币都是自身具有价值的贵金属，货币流通数量的多少随待售商品价值总量的多少自动增减，不存在货币贬值的问题，更谈不上通货膨胀了。

10世纪末期，我国产生了最早的纸币，即北宋年间在四川境内流通的"交子"。到了南宋，纸币作为官方发行的货币符号已经开始大量流通。随着纸币发行量的日益增加，造成了"物价益踊，楮益贱"的局面，这就是早期的通货膨胀。但由于长期的封建社会条件下，以自给自足为特征的自然经济发展十分缓慢，加之生产的封闭和市场的分割，通货膨胀对整个经济的影响十分有限。

随着资本主义生产方式的建立和资本主义经济的迅速发展，世界经济一体化进程日益加快，各国国内及国与国之间的经济联系越来越密切，通货膨胀对经济的影响日益严重，并逐步发展成为一个世界性的问题，困扰着世界经济的健康稳定发展。在这种情况下，各国经济学家纷纷对通货膨胀现象及其成因进行研究，试图找到治理通货膨胀的有效方法。在研究的基础上，他们给通货膨胀界定了不同的含义。

《美国大学辞典》给通货膨胀下的定义是："通货膨胀意即国家通货的过度膨胀或增长，尤指因发行不能兑换硬币而引起的过度膨胀。"

我国《经济大辞典》的表述是："流通中纸币量超过实际需要量所引起的货币贬值、物价上涨的经济现象。"

当代西方经济教科书对通货膨胀的界定也没有形成一致的观点，但比较接近的看法是：商品和服务价格总水平的持续上涨。这种观点特别强调以下几个方面：①"物价总水平"，说明通货膨胀所说的物价水平的波动不是单指某一种商品或劳务价格的变动，而是指各种商品和劳务的平均价格水平总体上是上升的。②"持续上涨"，说明通货膨胀所说的物价的上升不是单指某一天，某一月或某两个月物价的上升，而是特指物价总水平在一个较大的时期内持续不断的上升。

综合上述几种观点，本书认为通货膨胀应该是：纸币的发行量超过流通中客观需要的货币量，从而引起的纸币贬值、物价总水平持续上涨的经济现象。

19.1.2 通货膨胀的度量

通货膨胀主要通过物价水平的上涨反映出来，因此，要测定通货膨胀程度的高低，只要计算一定时期内物价总水平的上涨幅度即可，在西方国家，通常把物价上涨率作为通货膨胀率。

度量通货膨胀的程度，目前世界各国普遍采用的指标有消费物价指数、批发物价指数和国内生产总值平减指数。

消费物价指数是反映消费品零售价格水平变动情况的指标。用这一指标作为度量通货膨胀程度的尺度，能及时反映出消费品供给与需求之间的关系。并且消费品零售价格的变动与百姓的日常生活密切相关，因此，通过消费物价指数可较好地检验通货膨胀对人民生活的影响。多数国家通常采用这一指标作为度量通货膨胀的尺度。

批发物价指数是反映商业批发企业和零售企业从生产厂家购进商品所支付的价格水平变化的程度的指标。该指标的优点是在最终产品价格变动之前获得工业投入品及非零售消费品的价格变动信号，进而能够判断其对最终进入流通的零售商品价格变动的可能影响。

国内生产总值平减指数，是指按当年价格计算的国内生产总值与按不变价计算的国内生产总值的比率。这一指标能综合反映物价总水平的变动情况，覆盖范围全面，能度量各种商品价格变动对价格总水平的影响。但它容易受价格结构因素的影响。例如，虽然与公众生活密切相关的消费品价格上涨幅度已经很大，但其他产品价格却变动不大，就会出现国内生产总值平减指数虽然不高，但公众的日常消费支出已明显增加的状况。它的主要用途是对国民经济的综合指标进行名义值与实际值的换算。

除上述指标外，用于度量通货膨胀程度的指标还有居民生活费用指数、农副产品收购价格指数、农村工业品零售价格指数等。这些指标分别从不同方面反映出物价水平的变动情况，其发挥的作用也不尽相同，在对通货膨胀进行度量的时候，可根据研究范围和侧重点的不同，综合运用多个指标或选择其中某一个指标。

19.1.3 通货膨胀的原因分析

造成通货膨胀的原因是多种多样的，目前西方经济学界对通货膨胀成因的研究基本形成了三种比较流行且具有代表性的理论学说：需求拉上说、成本推动说、结构失调说。

19.1.3.1 需求拉上说

这种理论强调需求在形成通货膨胀中的作用。它的基本观点是：由于社会总需求的过度增长，以致超过了社会总供给，使总供给与总需求失去平衡，产品供不应求，从而引起纸币贬值，物价总水平上涨。由于现实生活中，社会总供给表现为市场上待售的商品和服务，社会总需求表现为用于购买商品和服务的货币，所以，需求拉上型通货膨胀又通常被说成是"过多的货币追求过少的商品"造成的。

社会总需求包括投资需求和消费需求两个方面。如果投资规模扩大，则引起对生产资料（投资品）和生活资料需求量的同时增加，从而打破供求平衡，拉动物价总水平的上升。但这种情况是以假定总供给不变为前提的。如果投资的增加引起总供给同等规模的增加，则物价水平不变，如果总供给和投资需求不能以同等规模增加，则物价水平缓慢上升，如果丝毫引不起总供给的增加，需求的拉动将完全作用在物价上，引起物价水平的持续大幅度上涨，这种情况可用图19－1加以表示：

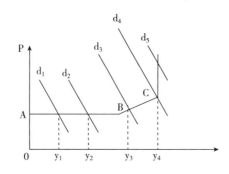

图19－1　需求拉上型通货膨胀

在图19－1中，横轴代表总产出或国民收入（Y），纵轴代表物价水平（P），社会总供给曲线 AS 可按社会的就业状况而分成的 AB、BC、和 CS 三个阶段。

（1）AB 阶段的总供给曲线呈水平状态，这意味着供给弹性无限大。当总需求从 D_1 增至 D_2 时，国民收入便从 Y_1 增至 Y_2，而物价并不上涨。

（2）BC 阶段的总供给曲线则表示社会逐渐接近充分就业，这意味着社会上闲置资源已很少，故总供给的增加能力也较少。此时为扩大产量而增加的需求会促使产量和生产要素资源价格的上涨。因此，当总需求从 D_2 增至 D_3 时，国民收入虽也增加，但增加幅度减缓，同时物价开始上涨。

（3）CS 阶段的总供给曲线表示社会的生产资源已经达到充分利用的状态，即不存在任何闲置的资源，YF 就是充分就业条件下的国民收入，这时的总供给曲线也就成为无弹性的曲线。在这种情况下，当总需求从 D_4 增加至 D_5 时，只会导致物价的上涨。

假定投资需求不变，而消费需求过度膨胀，以致超过了社会总供给，从而打破供求之间的平衡，出现供不应求的局面，也同样会出现需求拉着物价不断上升的情况，这是需求拉动型通货膨胀的另一种类型。

19.1.3.2　成本推动说

这种理论着重从供给或成本方面分析通货膨胀形成的原因。该理论认为，即使在总需求不变的情况下，由于生产成本的提高也会引起物价总水平的上涨。成本推动型通货膨胀的形成主要基于以下两个方面的原因：一是工资推动，二是利润推动。所谓工资推动型通货膨胀是指由于工资水平的提高造成产品生产成本的提高，生产者为了不减少自己的利润收入而提高产品的销售价格，如果这种情况是普遍存在的，就必然会引起物价总水平的上涨，物价的上涨又会反过来引起工资的提高，如此循环往复，推动物价水平不断上涨，这种工资与物价相互推动、交错上升的情况被西方经济学称为工资价格螺旋。工资推动型通货膨胀的形成通常以强大的工会组织的存在为前提。

所谓利润推动型通货膨胀是指在不完全竞争的条件下，由于垄断集团追求超额利润的需要，操纵市场价格，大幅度地提高商品或服务的价格，这既会引起以此为原料的企业产品成本的上升，又会直接推动物价总水平的上涨。成本推动型通货膨胀可用图 19 - 2 表示。

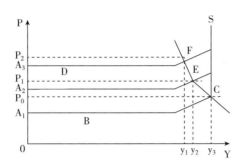

图 19 - 2　成本推动型通货膨胀

在图 19 - 2 中，横轴同样代表总产出或国民收入 Y，纵轴代表物价水平 P，YF 为充分就业条件下的国民收入。最初社会总供给曲线为 A_1S，在总需求不变的条件下，由于生产要素价格提高，生产成本上升，使总供给曲线从 Y_2 上移至 A_2S，结果，在国民收入由 YF 下降到 Y_2 和 Y_1 的同时，（国民收入之所以下降是因为生产成本提高以后会导致失业增加，从而引致产量的损失）物价水平却由 P_0 上升到 P_1 和 P_2。

19.1.3.3　结构失调说

这是指在社会总需求不变的情况下，由于需求内部结构的变化而引起的物价上涨。在社会经济发展过程中产业结构要发生变化，一些部门日渐兴起，另一些部门则日益衰落，于是一部分社会需求将由一个部门转移到另外一个部门，这种需求在部门之间的转移会引发不同部门内部供求平衡关系的重新调整。需求转入的部门，由于需求的增加而导致物价水平的上涨；而需求转出的部门由于工资和价格的刚性，商品价格和工资并不随之下跌，或者跌幅较小，从而最终造成物价总水平的上涨。

19.1.4　我国关于通货膨胀原因的几种观点

我国关于通货膨胀的研究及成因分析始于改革开放之后，20 世纪 70 年代后期至 80 年代中期，随着我国改革开放的不断深入，我国的通货膨胀问题日益表面化，并最终引发了 80 年代后期的抢购风，这种情况促使我国的经济学家开始认真研究我国的通货膨胀及其成因。现归纳介绍如下：

19.1.4.1　中国的需求拉上说

在中国，比较传统的是从需求拉上的角度分析通货膨胀的成因，较有代表性思路有两种：一种是把货币供给增长过快归因于财政赤字过大，财政赤字又由投资，特别是基本建设投资规模过大所引起，由此说明需求拉上型通货膨胀的形成机理，这种思路的形成是与改革开放前财政分配居于国民收入分配的核心地位相联系的。另一种是将通货膨胀直接归结为信用膨胀。这种思路的形成是以改革开放后信贷分配货币资金的比重急剧增大为背景的，两种思路的共同点都是重视货币因素在通货膨胀形成中的直接作用，不同点是一个强调财政，另一个强调信贷。应该说，力求客观地、综合地分析与信贷各自所起的不同作用，以及中国特定体制下两者的交错影响已是主流，比如有这样一种典型的分析，财政对国有企业亏损应补未补而占压国有银行贷款的"信贷资金财政化"现象的大量存在，是直接导致信用膨胀的原因之一，而信用膨胀则直接支持过多需求的形成。

19.1.4.2　中国的成本推动为主说

重视成本推动因素的作用，也有两种观点：一种观点是重点强调工资因素的关键作用；另一种观点则强调应综合考虑原材料涨价对企业造成的超支压力和工资增长速度过快的作用。

关于工资因素在物价上涨中的决定性作用是这样剖析的：商品的出厂价提高迫使零售价提高，而出厂价提高的主要原因是工资成本加大，工资成本加大源于企业职工收入最大化行为；企业职工追求个人收入最大化的愿望之所以能变成现实，原因在于企业管理者与职工个人利益方面的同构性，强调也必须考虑原材料涨价因素的背景，是由于改革中为了改变原材料与制成品比价不合理的状况而对前者的价格多次调高。但这种调高并不是由于这些部门的工资特别高于其他部门，因而不能把原材料涨价因素并入工资因素。

无论企业产品成本幅度增加的原因为何，也无论其是否合理，对于企业来说用提高出厂价的办法来消化最为简便。

19.1.4.3　结构说

中国的结构性通货膨胀说，其基本论点是：在供给与需求总量平衡的前提下，如果某些关键产品的供求出现失衡，同样会引发通货膨胀。具体的分析是：初级产品的短线制约是结构性通货膨胀的主要促成因素；自从1978年价格计划管逐步弱化以至基本开放以来，初级产品价格变动主要受供求影响，而短缺更使其不断上涨。初级产品价格上涨形成的成本推动，导致成品价格上涨。

还有一种论证意见是，国家为了改变不合理的经济结构，企图对资源进行重新配置，为此采取减税和增加货币供给等措施对这些部门进行投资并从而造成货币供给过多，需求过大，也许这可以称为结构性的需求拉上。

19.1.4.4　体制说

相当一部分人倾向于从体制上寻找中国通货膨胀的终极原因。他们认为，由于不具有破产和兼并机制，产权关系不明晰，在资金上吃国家银行"大锅饭"的问题没有很好解决等，使投资效益很差甚至无效益，风险也由国家承担。同时在企业半停产或停产时职工也照拿工资，或者即使企业产品无销路也能得到国家的货款支持。这种国家与国有企业之间的关系必然导致有效供给的增加与有效需求的增加不成比例，而需求的过度积累最终必然推动物价上涨。

19.1.4.5　摩擦说

摩擦性的通货膨胀是指在现今特定的所有制关系和特定的经济运行机制下，计划者需要的经济结构与劳动者所需要的经济结构不相适应所引起的经济摩擦所造成的通货膨胀。具体来说就是：在公有制特别是国有制条件下存在的积累与消费之间的矛盾，外在地表现为计划者为追求高速度经济增长和劳动者追求高水平消费之间的矛盾。国家追求高速度经济增长往往引起货币超发，劳动者追求高消费往往引起消费需求膨胀和消费品价格上涨。

19.1.4.6　混合类型说

有人还将中国近年来的通货膨胀概括为混合型通货膨胀。他们认为，中国通货膨胀的形成机理是十分复杂的，应该将复杂的导致通货膨胀的因素分成三类：体制性因素、政策性因素和一般性因素。体制性因素不仅包括企业制度因素，而且还包括如价格双轨制、银行信贷管理体制以及体制改革进程中各种新体制间的配合难以马上磨合衔接到位等。政策性因素是指宏观经济政策选择不当对社会总供求均衡带来的不利影响。所谓一般因素则是指即使排除体制和政策选择不当等因素的影响，单纯由于经济成长和经济发展过程也存在足以引发物价总水平持续上涨的中性原因。例如，中国人均可耕地面积很小，而人口众多且其增长率很难控制。在土地的农产品产出率一定的条件下，这就足以在一定时期后形成本国农副产品生产与需要之间的巨大差距。假若外向经济调节能力有限，那么这种既非体制又非宏观政策的因素就足以形成对农产品和消费品价格上涨的很大压力。既然体制性因素、政策性因素和一般性因素交互发生作用，那么就把这种通货膨胀称为混合型通货膨胀。

19.1.5　通货膨胀与经济增长

通货膨胀对经济的影响，不同的经济学派提出了不同的观点，主要观点有：①促进论，即认为通货膨胀有利于促进经济的发展。②促退论，即认为通货膨胀会阻碍甚至破坏经济的正常运行。③中性论，即认为通货膨胀对经济的影响具有两面性，既有积极的一面，也有消极的一面。

我国经济学者对通货膨胀和经济增长之间的关系认识也不一致，但多数学者倾向于通货膨胀不利于国民经济的长期稳定健康发展这一观点。从短期来看，通货膨胀可能对经济的发展有暂时的促进作用，但从长期来看，由于通货膨胀使国民收入分配格局发生变化，广大职工群众的收入赶不上物价上涨，造成实际收入下降，群众积极性降低，从而引起经济效益下降，各阶层矛盾加剧，容易引发社会动荡。在通货膨胀条件下，存钱不如存物，投资不如投机，导致生产投入下降，流通秩序混乱，不利于社会再生产的顺利进行。因此，世界各国都把治理通货膨胀放在非常重要的位置上。

19.2　通货膨胀的对策

19.2.1　传统的政策调节手段

为了抑制或治理通货膨胀，许多国家都积累了丰富的实践经验，其中，运用得最多的政策是宏观紧缩政策，其基本内容由紧缩性货币政策和紧缩性财政政策构成。

货币紧缩政等在我国银行业中的行业用语叫作抽紧银根。货币当局可能采取的紧缩手段有：①通过公开市场业务出售政府债券，以相应地减少经济体系中的货币存量。②提高再贴现率，用以影响商业银行的借款成本，进而影响市场利率。存在直接控制市场利率体制的国家,也有直接提高利率,以紧缩信贷的。③提高商业银行的法定准备率,用以缩小货币扩张乘数。

紧缩性财政政策的基本内容是削减政府支出和增加税收。

除货币政策和财政政策外,也有不少国家将紧缩的收入政策作为治理通货膨胀的重要手段之一。从一些国家的实践经验看,收入紧缩政策一般包括以下几个方面:

19.2.1.1 确定工资——物价指导线

所谓"指导线",就是政府当局在一定年份内允许货币总收入增长的目标数值线,并据此采取相应措施控制每个部门的工资增长率。

19.2.1.2 管制或冻结工资

这是一种强行将职工工资总额或增长率固定在一定水平上的措施。

19.2.1.3 运用税收手段

即通过对过多增加工资的企业按工资超额增长比率征收特别税等办法来抑制收入增长速度。20世纪60年代和70年代初期,西欧和日本都实行过类似的收入政策。美国在20世纪60年代中期以前70年代初期也分别实施过控制工资增长的"工资——物价指标"方案和冻结工资政策。

19.2.2 其他对策

反通货膨胀的其他政策手段有价格政策、增加有效供给政策等。

在通货膨胀形成过程中,垄断高价常能起到推波助澜的作用,因此,通过制定反托拉斯法限制垄断高价,是不少发达国家价格政策的基本内容。例如,在美国,大多数公用事业领域,包括煤气、电力、电话、铁路、通信等部门,都存在垄断经营的情况。为了控制垄断高价和保护消费者利益,美国政府通过各公用事业委员会对公用事业的价格进行管理。此外,还采取过例如冻结物价、同企业签订反涨价合同等措施。英国政府对于国营企业的产品和服务的价格有直接管理办法;对其他由市场供求决定的商品和劳务价格,也有相应的法律、法规,禁止胡乱涨价和哄抬物价行为。

有些国家采取的所谓"供给政策",其主要措施是减税,即降低边际税率以刺激投资,刺激产出。

19.2.3 中国的通货膨胀对策

如何制止或控制通货膨胀,在中国一直是一个重要的经济理论课题。1988年与1994年两度出现了较高的通货膨胀率,治理通货膨胀更成为人们关注的热点问题之一。有不少值得重视的政策建议,而这些建议又大多建立在各自关于通货膨胀成因分析的基础之上。

(1)认为中国通货膨胀主要是货币供给增长过快造成的,对策自然是从紧缩信贷入手,控制货币增长速度。

(2)认为通货膨胀是由总需求膨胀引起的,而总需求膨胀又是由基建投资膨胀引起的,自然是主张压缩基建规模调整投资结构等。

(3)那些侧重从成本推进,同时又将工资成本推进作为成本推进基本因素分析中国通货膨胀成因的，着眼点则在于收入政策。

但是人们并不停留在由通货膨胀的直接成因分析所导出的简单对策建议上。无论是从需求膨胀，货币供给过多着眼分析的，还是从工资性收入增长过快着眼分析的，都努力透过现象去分析这些现象背后的决定性因素，特别是体制性原因。由此得出的一般性结论是：只有深化改革才能最终解决通货膨胀的威胁问题。

不过也有人提出这样的问题：仅将体制性因素归结为中国通货膨胀的决定性原因不够全面。前面关于"混合型通货膨胀"的介绍中已经提到，这利主张认为，在体制因素之外，通货膨胀的成因中还有其他许多因素。既然成因是多因素的，那么其治理也只能采用综合手段，例如，深化体制改革、压缩过热的基本建设规模、控制消费基金的过快增长、调整产业结构、增加有效供给、整顿经济秩序，以及开展增产节约、增收节支运动等。

19.2.4　通货紧缩

19.2.4.1　反通货膨胀是不是一个永恒的施政目标

第二次世界大战以前，在许多国家即已开始的通货膨胀，在战时进一步加剧。第二次世界大战后能否摆脱通货膨胀，那时划分的两个阵营，其实践都作了否定的回答。

以苏联为首的社会主义阵营，曾宣传通货膨胀与社会主义不相容。但实际上一直存在程度不同的隐性通货膨胀。其中，除中国在 20 世纪 50 年代大多数年份和 60 年代前半叶中的几年，曾有过真正相对稳定的物价外，大多数社会主义国家的隐性通货膨胀均相当严重。有的西方国家，如德国，在第二次世界大战后制止了恶习性通货膨胀，但而后的成就也只是保持了较低的通货膨胀率。大多数工业化强国，均长期为通货膨胀所困扰。以至在 20 世纪 80 年代，美国的里根总统和英国的首相撒切尔夫人，其竞选和施政纲领的核心就是反通货膨胀。至于一些发展中国家，特别是第二次世界大战后新独立的原殖民地和附属国家，严重的通货膨胀比比皆是，两位数甚至三位数的通货膨胀率并非罕见的现象。

也正是在这样的背景下，通货膨胀理论成为经济理论中极为重要的内容，并发展出一系列理论，如通货膨胀与就业置换的菲利普斯曲线，如"滞胀"理论等。可以说任何学派都不能避开这一课题而构建自己的理论体系。

为什么通货膨胀成为普遍的、不可克服的经济过程，这是一个并没有彻底回答的问题。就现代货币形成机动机制——一个可以无限供给又成本极低的机制——来说，通货膨胀与它联系是密切的：它可以说是通货膨胀得以实现的技术前提，但却构不成通货膨胀的成因。第一节列举的成因，分析的层次有深有浅，但似乎还都没有揭示出最为本质的，谁也难以否认的联系。但多年来，不管对成因的理论剖析深刻与否，由于通货膨胀本身的存在，几乎谁也不怀疑它将一直是现代经济生活难以摆脱的伴侣。反通货膨胀似乎是一个永恒的施政课题。

最近一段时期，世界上通货膨胀的发展势头有了一些变化：主要工业化国家大多保持了较低的通货膨胀率。像通货膨胀长期缠身的法国，意大利，也相继有明显的好转，并成为进入实施统一欧元的第一批国家。原来高通货膨胀率的拉丁美洲国家和中东一些国家，均有极明显的好转。就中国来看，通货膨胀也像爬过一个高坡而进入低谷。

在这样的大背景下，由于美国进入 20 世纪 90 年代后连续 8 年在低通货膨胀率下保持着坚挺的成长势头，同时由于有些国家，如日本，又一直在经济成长低谷中徘徊，世界经济成长模式是否需要再认识，已是不少人考虑的问题。其中有两个看法是引人注目的，一是无通货膨胀的成长；二是世界性的通货紧缩。

19.2.4.2 无通货膨胀经济

无通货膨胀经济，或称零通货膨胀经济，不少人论断，在美国已经出现。而且不是短暂现象，很可能昭示着一个时代——零通货膨胀时代的来临。

进入 20 世纪 90 年代，美国经济出现了增长势头持续不败与通货膨胀率持续走低的局面（见表 19-1）。从 GDP 的增长率来看，自 1992 年起，一直在 2% 以上，1997 年的增长幅度更达到场 3.7%。而通货膨胀率自 1992 年起均未超过 3%。1997 年作为经济增长幅度最高的一年，通货膨胀率竟然出现最低水平。还需要做点修正的是，美国很多经济学家认为，多年来，官方统计的通货膨胀率至少高估了 1 个百分点。估计到这一修正，这些年的通货膨胀率平均不到 2%。同时，在这一期间，失业率分别是：1991 年 6.7%、1992 年7.4%、1993 年 6.8%、1994 年 6.1%、1995 年 5.6%、1996 年 5.4%，1997 年以来则一直在 5% 以下，在它们那里，这属于相当低的水平。低的失业率对应的是高的就业率。而高的就业率并没有像传统理论和实践经验证明的那样，给通货膨胀造成压力。似乎进入了这样的境界：做什么有利于成长的事情也不至于刺激起通货膨胀。于是，无通货膨胀成长的议论日益盛行。

表 19-1 20 世纪 90 年代美国经济增长率和通货膨胀率

年份	GDP 增长率	消费价格指数
1990	1.2	5.4
1991	-0.9	4.2
1992	2.7	3.0
1993	2.3	3.0
1994	3.5	2.6
1995	2.0	2.8
1996	2.8	2.9
1997	3.7	2.4

为什么会出现第二次世界大战后以来不敢奢望的这种局面，人们的剖析大体是：经济的全球化和信息化使美国从中得到极大的好处；新一轮的技术进步和劳动生产率的提高，使就业和通货膨胀相互之间形成难以协调的矛盾；等等。但不论原因的分析深度如何、准确与否，事实终归是客观存在的。

这是否是短暂的瞬间？持有上述分析论点的人们认为，如经济全球化、技术进步等，是世界经济格局的根本性变化，是将长期起作用的因素。而且世界工业化七国的通货膨胀率近年来一直处于低水平；而欧盟将进入欧洲货币同盟的通货膨胀率定在不高于 2% 的标准，也是充分估计到现实的可能性。因而 21 世纪成为无通货膨胀成长时代，不少人认为，这并非虚妄之想。

这是一个值得认真思考的问题。重要的是从生活实际出发，冷静剖析，既不要追逐时髦提法，也不要被通货膨胀是长期与之斗争的对象这个深入人心的看法所束缚。

19.2.4.3 通货紧缩

目前，世界上不少人在谈论通货紧缩是否会发生世界性的通货紧缩，需要进一步观察分析。

在中国，自从 20 世纪 30 年代后几年起，人们一直伴随着通货膨胀生活。头脑记挂的只是通货膨胀和反通货膨胀这对矛盾。说到紧缩，则把它视为反通货膨胀的手段和措施，常常下意识地有好感。至于陷入通货紧缩和力求摆脱通货紧缩是怎么一回事，即使通过学经济学知道这样的问题，但缺乏切身体会，印象不深。这样的思想认识状态，不仅中国人有，而且在长期通货膨胀下生活了几十年的外国人，也同样存在。

对于通货紧缩这个范畴，也如同对于通货膨胀范畴一样，不能简单地就字面来理解。本章开头，关于通货膨胀的界定可以概括为：这一范畴是用以指物价上涨的态势——不是偶然的、一时的，而是成为经济走向，趋势的物价上涨。循着同一思路，通货紧缩则是用以指物价疲软乃至下跌的态势——不是偶然的、一时的，而是成为经济走向，趋势的物价疲软乃至下跌。

由于一直受物价上涨之苦，提起通货膨胀，谈虎色变，不太能理解通货紧缩，也就是物价疲软和下跌能有多大坏处。要是真正出现了这种态势，同样是极具破坏力的。物价疲软趋势的存在，必然导致对经济前景的悲观预期。经营者不敢投资或者想投资找不到合适的项目；消费者不敢放手消费。于是，有钱不花，更不敢借钱花。从而事实上的有效需求不足，使经济无力脱出负增长的困境。1929～1933 年的世界性大危机及其随后的长期萧条，即是最典型的例证。我们谈稳定，似乎只有通货膨胀，物价上涨才会破坏稳定。其实，经济学中的稳定目标，也包含不要陷入通货紧缩和物价疲软，下跌的要求。我们对金融的力量极其看重，但恰恰是在这种形势下，金融的作用是有限的。在市场经济下，没有必要的投资回报预期，无论怎样优惠的贷款条件，也不会去借钱。所以，即使当局采取宽松的货币政策，即使银行有钱，也贷不出去款。在我们这里，钱还是会有人借的，但不确定的回报率或极长的回报期限，则会给银行改革造成新的困难。

经济发展规律的复杂性必须重视。与通货膨胀斗争了几十年，今后也仍然会有长期的反通货膨胀任务，但绝不能由此断定绝不可能出现通货紧缩的困境。

第 20 章 财政政策与货币政策

20.1 财 政 政 策

20.1.1 财政政策的概念

财政政策是指一国政府为实现一定的宏观经济目标而调整财政收支规模和收支平衡的指导原则及其相应的措施。财政政策贯穿于财政工作的全过程,体现在收入、支出、预算平衡和国家债务等各个方面。因此,财政政策就是由税收政策、支出政策、预算平衡政策、国债政策等构成的一个完整的政策体系。市场经济下财政功能的正常发挥,主要取决于财政政策的适当运用。财政政策运用得当,就可以保证经济的持续、稳定、协调发展,财政政策运用失当,也会引起经济的失衡和波动。

20.1.2 财政政策的功能

财政政策作为政府的经济管理手段,主要有以下四个方面的功能。

20.1.2.1 导向功能

财政政策的直接作用对象是财政收支及其平衡关系,而这种关系触及人们的物质利益,从而左右着人们的经济行为。财政政策的导向功能是通过调整物质利益,从而左右着人们的经济行为。财政政策的导向功能是通过调整物质利益对个人和企业的经济行为以及国民经济的发展方向发挥引导作用。

财政政策的导向功能的作用形式有两种:直接导向与间接导向。直接导向是财政政策对其调节对象直接发生作用。例如,加速折旧的税收政策,可以大大提高设备投资欲望,加速固定资产的更新改造。间接导向是财政政策对非直接调节对象的影响。又如,对某些行业施以高税政策,这不但会抑制这一待业生产发展,同时还有两项间接影响:一是影响其他企业和新投资的投资选择,二是影响消费者对这一行业的产品的消费数量。

20.1.2.2 协调功能

主要表现在对社会经济发展过程中的某些失衡状态的制约、调节能力,它可以协调地区之间、行业之间、部门之间、阶层之间的利益关系。财政政策之所以具有协调功能,首先是财政本身的职能决定的。财政本身就具有调节职能,在 GDP 分配过程中,通过财政的一收一支,改变社会集团和成员在 GDP 中占有的份额,调整社会分配关系。如转移支出政策是为了协调个人之间的收入水平，以达到公平收入目的；其次是财政政策体系的全面性和配套性为其协调功能的实现提供了可能性。在财政政策体系中，支出政策、税收政策、预算政策、补助政策等，从各个方面协调人们的物质利益关系，只要做到相互配合，相互补充，就能发挥政策的整体效应。

20.1.2.3　控制功能

控制功能是指政府财政政策对人们的经济行为和宏观经济运行的制约或促进，实现对整个国民经济发展的控制。财政政策之所以具有控制功能，主要是由政策的规范性决定的。无论财政政策是什么类型的，都含有某种控制的因素。它们总是通过这种或那种手段，旨在人们做某些事情，不做某些事情，或者继续从事他们本来不愿从事的活动。例如，用税收减免鼓励工业企业现代化等。

20.1.2.4　稳定功能

稳定功能是指政府通过财政政策，调整总支出水平，使货币支出水平大体等于产出水平，实现国民经济的稳定发展。例如，在资源没有被充分利用时，政府通过增加支出使其达到充分就业的水平；而在通货膨胀时，政府通过将总支出减少到总供给与总需求相等的水平，抑制经济过热。

20.1.3　财政政策的类型

20.1.3.1　根据财政政策具有调节经济周期的作用来划分，它包括自动稳定的和相机抉择的财政政策

自动稳定的财政政策是指某些能够根据经济波动情况自动发生稳定作用的政策，它无须借助外力就可直接产生调控效果。财政政策的这种内在的、自动产生的稳定效果，可以随着社会经济的发展，自行发挥调节作用，不需要政府采取任何干预行动。财政政策的自动稳定性主要表现在税收的自动稳定性和政府支出的自动稳定性两个方面。

相机抉择的财政政策意味着某些财政政策本身没有自动稳定的作用，需要借助外力才能对经济产生调节作用。一般来说，这种政策是政府根据当时的经济形势，采用不同的财政措施，以消除通货膨胀缺口或通货紧缩缺口，是政府利用国家财力有意识干预经济运行的行为。

20.1.3.2　根据财政政策在调节国民经济总量方面的不同功能，还可以把财政政策分为扩张性政策、紧缩性政策和中性政策

扩张性财政政策是指通过财政分配活动来增加和刺激社会的总需求。在国民经济存在总需求不足时，通过扩张性财政政策使总需求与总供给的差额缩小以至于平衡；如果总需求与总供给原来就是平衡的，扩张性财政政策就会使总需求超过总供给。扩张性财政政策的载体主要有减税（降低税率）和增加财政支出规模。

紧缩性财政政策是指通过财政分配活动减少和抑制总需求。在国民经济已出现总需求过旺的情况下，通过紧缩性财政政策消除通货膨胀缺口，达到供求平衡；如果总供求原来就是平衡的，紧缩性财政政策会造成需求不足。实现紧缩性财政政策目标的手段主要是增税（提高税率）和减少财政支出。

中性财政政策是指财政的分配活动对社会总需求的影响保持中性。财政的收支活动既

不会产生扩张效应，也不会产生紧缩效应。在一般情况下，这种政策要求财政收支保持平衡。但是，使预算收支平衡的政策并不等于中性财政政策。

20.1.4　财政政策的构成要素

财政政策要素主要包括政策目标、政策主体、政策工具三大要素。要素的质量如何，直接影响政策功能的作用范围和作用强度。

20.1.4.1　财政政策目标

财政政策目标就是财政政策所要实现的期望值。这个期望值受政策作用范围和作用强度的制约，超出政策功能所能起作用的范围取值是政策功能的强度所不能达到的，目标也无法实现。这个期望值在时间上具有连续性，在空间上具有一致性要求。因此，政策目标的确定不是一个随心所欲的过程，而是一个科学的民主的选择或决策过程。根据我国社会经济的发展需要以及财政的基本特点，我国财政政策的目标，可以归结为如下：

（1）物价相对稳定。既是世界各国均在追求的重要目标，也是财政政策稳定功能的基本要求。物价相对稳定，并不是冻结物价，而是把物价总水平的波动约束在经济稳定发展中容纳的空间。物价相对稳定，可以具体释义为避免和抑制通货膨胀。导致通货膨胀的诱因通常有四个方面：需求拉动、成本推进、结构摩擦、外部输入。在实现物价相对稳定的目标是，必须分清通货膨胀属于一种类型，以采取相应的对策。

（2）收入的合理分配。收入的合理分配是实现经济稳定与发展的关键所在。收入分配不合理，贫富悬殊过大，不利于社会经济的稳定，平均主义分配办法抑制了劳动者的生产积极性，不利于经济的发展。传统的计划经济奉行的计划分配原则带来的是收入均等化的结果，典型的资本主义市场经济，实行的是市场分配原则，带来的是收入分配贫富悬殊。市场与计划相结合，在市场分配的基础上实行政府的调节，已成为各国经济发展中的收入分配政策的主流。

社会主义市场经济的发展，要求根据社会成员的劳动贡献不同，合理确定他们的收入报酬，收入分配既要有利于充分调动社会成员的劳动积极性，同时又不至于产生分配上的过分贫富悬殊。因此，在政策的导向上存在着公平与效率的协调问题。通过税收负担合理分配以及建立社会保障制度是实现收入合理分配目标的关节点。

（3）经济适度增长。如果把经济增长看作生产能力变动的函数，那么增长的本质是生产能力的提高。经济适度增长，就是量力而行。一是要视财力可能（储蓄水平）制定增长率。储蓄水平主要由收入水平和储蓄倾向两因素决定。在一个低收入国家，储蓄的能力极其有限，单纯依靠国内储蓄很难实现增长目标，这时引进外资就可成为发展的一个重要推动力。二是要视物力可能。物力是各种物资资源的总称。包括能源、钢材、木材、水泥、交通运输等方面的内容。物力可能实现是指能支撑经济增长的物资承受能力。作为一个低收入国家，我国经济发展既是生产能力不断提高的过程，也是产业结构不断进化，现代产业部门不断增长扩大、传统产业部门比重逐渐下降的过程。

（4）社会生活质量逐步提高。经济系统的最终目标是满足社会全体成员的需要。需要的满足程度，不仅取决于个人消费需求的实现，而且取决于社会公共需要的实现。财政政策把社会生活质量的提高作为政策目标之一，因为提高社会生活质量，主要是依靠政府部门提供社会公共需要来实现，而不是通过市场交易来实现。

20.1.4.2　财政政策工具

财政政策工具是财政政策主体所选择的用以达到政策目标的各种财政手段。政策主体通过控制政策工具实现预期的目标。财政政策工具主要有税收、公债、公共支出、政府投资、财政补贴等。

（1）税收。税收作为一种政策工具，它具有分配形式上的强制性、无偿性和固定性特征。这些特征使税收调节具有权威性。税收调节作用，主要通过税收比率确定、税负分配（包括税种选择与税负转嫁）以及税收优惠和税收惩罚体现出来。

税收比率就是税收收入占 GDP 的比重。当一国把税收作为财政收入的基本来源（如我国税收已占整个财政收入的 90％）时，税收比率就成为衡量财力集中与分散程度的一个重要指标。税收比率高意味着政府集中掌握的财力或动员资源的能力高，反之则低。政府动员资源的能力如何，对于宏观经济运行的稳定以及经济的发展会产生巨大的作用。

税负分配，一是由政府部门来进行，主要是通过税种选择和制定不同的税率来实现；二是通过市场活动来进行，主要是通过税负转嫁的形式体现出来。两个层次的税负分配，对于收入的变动、相应的个人与企业的生产经营活动以及各经济主体的行为均会产生重大影响。

税收优惠与税收惩罚主要地在征收正税的基础上，为了某些特殊需要，而实行的鼓励性措施或惩罚性措施。这种措施在运用上能起到正税所难以起到的作用。因此，在各国税法中都不同程度地保留着某些税收优惠性和惩罚性的措施。税收的优惠性措施包括许多内容，如减税、免税、宽限、加速折旧以及建立保税区等。与税收优惠措施相反的是税收惩罚性措施，如报复性关税、双重征税、税收加成、征收滞纳金等。无论是优惠性的还是惩罚性的措施，对实现财政政策的某些目标都起到了一定作用。

（2）公债。作为一种财政信用形式，它最初是用来弥补财政赤字的，随着信用制度的发展，公债已成为调节货币供求、协调财政与金融关系的重要政策手段。公债的作用主要通过公债规模、持有人结构、期限结构、公债利率综合体现出来。政府可以通过调整公债规模，选择购买对象，区分公债偿还期限，制定不同公债利率来实现财政政策的目标。

在现代信用经济条件下，公债的市场操作是沟通财政政策与货币政策的主要载体，通过公债的市场操作，可以协调两大政策体系。既可以淡化赤字的通货膨胀后果，又可以增加中央银行灵活调节货币供应的能力。

（3）公共支出。主要指政府满足纯公共需要的一般性支出（或称经常项目支出），包括购买性支出和转移性支出两大部分。购买性支出包括商品和劳务的购买，它是一种政府的直接消费支出。转移性支出通过"财政收入—国库—政府支付"过程将货币收入从一方转移到另一方，此时，民间的消费并不因此而发生变化。在我国财政补贴是一种具有明显"二重性"特征的政策工具，运用上必须充分考虑到它的双重作用。

（4）政府投资。政府投资指财政用于资本项目的建设支出，它最终将形成各种类型的固定资产。在市场经济条件下，政府投资的主要是指那些具有自然垄断特征、外部效应大、产业关联度高、具有示范和诱导作用的基础性产业、公共设施，以及新兴的高科技主导产业。政府的投资能力与投资方向对经济结构的调整起关键性作用。

20.1.5 财政政策效应

20.1.5.1 财政政策效应的评价

财政政策效应即财政政策作用的结果。政策是否有效主要看政策执行的结果如何。一般来说，政策实施能达到预期的目标即为有效；反之，则无效。对财政政策的评价，则不仅要看政策执行的结果，还要分析为达到目标而付出的代价。

政府为推进某项政策所付出的研究费用、执行费用和补偿费用构成了该项政策的"成本"，而某项政策实施所产生的积极作用则可视为该项政策的"效益"。这样对政策有效性评价可以通过政策成本与政策效益的对比分析来进行，即当政策效益大于政策成本时，政策的有效性程度高；反之则低。一般来说，政策目标值是根据客观经济运行需要规定的，实现政策目标值，财政政策就会产生积极的作用。

20.1.5.2 财政政策效应偏差

政策效应偏差是指政策在实施过程中实际效应与预期效应发生了背离。政策效应偏差大致可分为两大类：自然偏差现象和人为偏差现象。

任何一项财政政策的实施总有一个时间过程，这一过程大致可以区分为四个阶段，即政策出台阶段、政策完善阶段、政策成熟阶段、政策蜕化阶段。显然，在这些不同的阶段，财政政策的实际效果是不同的。通常，在政策出台阶段和政策蜕化阶段，政策效果差一些，而在政策完善阶段和政策成熟阶段，政策效果好一些。这样，在财政政策实施过程中就会出现分阶段性的政策效应偏差。

在现实中，财政政策效应自然偏差与人为偏差往往是交叉在一起的。这要求我们仔细地研究和分析，针对不同类型的政策效应偏差，采取不同的措施。

20.2 货币政策

20.2.1 货币政策的概念

货币政策有广义和狭义之分。从广义上讲，货币政策包括政府、中央银行和其他有关部门所有有关货币的规定和所采取的影响货币数量的一切措施。狭义的货币概念，在西方国家，比较概括的说法是：中央银行在追求维持的实际产出增长、高就业和物价稳定所采取的用以影响货币和其他金融环境的措施。就多数的情形，也可以说，货币政策指的是中央银行为实现既定的经济目标运用各种工具调节货币供给和利率，进而影响宏观经济的方针和措施的总和。一般包括三个方面的内容：①政策目标。②实现目标所运用的政策工具。③预期达到的政策效果。

20.2.2　我国货币政策目标的选择

我国的中央银行——中国人民银行按照《中华人民共和国中国人民银行法》所宣布的货币政策目标为"保持货币币值的稳定，并以此促进经济增长"。显然，在"稳定"与"增长"之间，有先后之序，主次之分。在许多场合，尤其是经济发展的非正常时期，两者的矛盾往往显得较为突出。因此，我国理论界关于中国货币政策目标观点有以下几种：

20.2.2.1　单一目标论

这又可分成两种相当对立的意见。一种是从稳定物价乃至经济正常运行和发展的基本前提出发，强调物价稳定是货币政策的唯一目标；另一种是从货币是再生产的第一推动力出发，主张用最大限度的经济稳定增长保障经济起飞作为货币政策的目标，并在经济发展的基础上稳定物价，即强调经济增长应摆在首位。

20.2.2.2　双重目标论

这种观点认为，中国人民银行的货币政策目标不应是单一的，而应当同时兼顾发展经济和稳定物价的要求。强调它们两者的关系是：就稳定货币而言，应是一种积极的、能动的稳定，即在经济发展中求稳定；就经济增长而言，应是持续、稳定、协调的发展，即在稳定中求发展。不兼顾，则两者的要求均不能实现。

20.2.2.3　多重目标论

鉴于货币政策涉及面广，随着经济体制改革的进一步深化和对外开放的加快，就业和国际收支问题对宏观经济的影响越来越重要。因此有人提出：我国的货币政策目标必须包括充分就业、国际收支平衡和经济增长、稳定物价等方面，即目标不应是双重的，而应是多重的。

20.2.3　通货膨胀目标制

近年来，一些国家先后采取了"通货膨胀目标制"的货币政策。政策的核心是以确定的通货膨胀率作为货币政策目标，或一个目标区间。

这样的货币政策目标，是明确的单一目标主张，反映着通货膨胀问题的普遍存在，以及从有利于经济发展来说，反通货膨胀的方针被认为是正确方针。需要说明的是，当今世界的反通货膨胀目标都不是简单追求零通货膨胀率。

20.2.4　货币政策工具

20.2.4.1　一般性政策工具

一般性政策工具指的是法定准备率、再贴现率和公开市场业务。

法定存款准备率通常被认为是货币政策的最猛烈的工具之一。其政策效果表现在以下几个方面：①法定准备率由于是通过货币乘数影响货币供给，因此即使准备率调整的幅度很小，也会引起货币供应量的巨大波动。②即使存款准备率维持不变，它也在很大程度上限制了商业银行体系创造派生存款的能力。③即使商业银行等存款机构由于种种原因持有超额准备金,法定存款准备金的调整也会产生效果。如提高准备金比率,实际上就是冻结了一部分超额准备金。

再贴现一般包括两方面的内容:一是再贴现率的调整;二是规定向中央银行申请再贴现的资格。前者主要着眼于短期,即中央银行根据市场的资金供求状况,随时调低或调高再贴现率,以影响商业银行借入资金的成本,刺激或抑制资金需求,从而调节货币供应量。后者着眼于长期,对要再贴现的票据种类和申请机构加以规定,如区别对待,可起抑制或扶持的作用,改变资金流向。

再贴现的政策效果体现在两个方面:①再贴现率的变动,在一定程度上反映了中央银行的政策意向,有一种告示效应。如贴现率升高意味着国家判断市场过热,有紧缩意向;反之,则意味着有扩张意向。这对短期市场利率常起导向作用。②通过影响商业银行的资金成本和超额准备来影响商业银行的融资决策。

公开市场业务有的优越性:①中央银行能够运用公开市场业务,影响商业银行准备金,从而直接影响货币供应量。②公开市场业务使用权中央银行能够随时根据金融市场的变化,进行经常性、连续性的操作。③通过公开市场业务,中央银行可以主动出击,不像贴现政策那样,处于被动地位。④由于公开市场业务的规模和方向可以灵活安排,中央银行可以运用它对货币供应量进行微调,而不会像存款准备金的变动那样,产生震动性影响。

20.2.4.2 选择性货币政策工具

传统的三大货币工具,都属于对货币总量的调节,以影响整个宏观经济。在这些一般性政策工具之外,还有有选择地对某些特殊领域的信用加以调节和影响的措施。其中有消费者信用控制、证券市场的信用控制、不动产信用控制、优惠利率、预缴进口保证金等。

消费者信用控制是指中央银行对不动产以外的各种耐用消费品的销售融资予以控制。其主要内容包括:①规定用分期付款购买耐用消费品时第一次付款的最低金额。②规定用消费信贷购买商品的最长期限。③规定可用消费信贷购买的耐用消费品种类,对不同消费品规定不同的信贷条件等。在消费信用膨胀和通货膨胀时期,中央银行采取消费信用控制,能起抑制消费需求和物价上涨的作用。

证券市场信用控制是中央银行对有关证券交易的各种贷款进行限制,目的在于抑制过度的投机。其中如规定一定比例的证券保证金率,并随时根据证券市场的状况加以调整。

不动产信用控制是指中央银行对金融机构在房地产方面放款的限制措施,以抑制房地产投机。如对金融机构的房地产贷款规定最高限额、最长期限以首次付款和分摊还款的最低金额等。

优惠利率是中央银行对国家重点发展的经济部门或产业,如出口工业、农业等,所采取的鼓励措施。优惠利率不仅在发展中国家多有采用,发达国家也普遍采用。

预缴进口保证金,类似证券保证金的做法,即中央银行要求进口商预缴相当于进口商品总值一定比例的存款,以抑制进口的过快增长。预缴进口保证金多为国际收支经常出现赤字的国库所采用。

20.2.4.3 直接信用控制

直接信用控制是指从质和量两个方面,以行政命令或其他方式,直接对金融机构尤其是商业银行的信用活动所进行的控制。其手段包括利率最高限、信用配额、流动性比率和直接干预等。

规定存贷款最高利率限制，是最常使用的直接信用管制工具。其目的是防止银行用抬高利率的办法竞相吸收存款和为谋取高利而进行高风险放贷。

信用配额是指中央银行根据金融市场状况及客观经济需要，分别对各个商业银行的信用规模加以分配，限制其最高数量。在多数发展中国家，这种办法相当广泛地被采用。

规定商业银行的流动性比率，也是限制信用扩张的直接管制措施之一。流动性比率是指流动资产对存款的比重。一般来说，流动性比率与收放率成反比。商业银行必须缩减长期放款、扩大短期放款和增加易于变现的流动性资产等措施。

直接干预是指中央银行直接对商业银行的信贷业务、放款范围等加以干预。如对业务经营不当的商业银行拒绝再贴现或采取高于一般利率的惩罚性利率；如直接干涉商业银行对存款的吸收等。

20.2.4.4　间接信用指导

间接信用指导是中央银行通过道义劝告、窗口指导等办法间接影响商业银行的信用创造。所谓道义劝告，指的是中央银行利用其声望而却步和地位，对商业银行和其他金融机构经常发出通告、指示或与各金融机构的负责人举行面谈，劝告其遵守政府政策并自动采取贯彻政策的相应措施。例如，在国际收支出现赤字时劝告各金融机构减少海外贷款；在房地产与证券市场投机盛行理时，中国人民银行账号要求商业银行减缩对这两个市场的信贷等。

窗口指导的内容是：中国人民银行是根据产业行情、物价趋势和金融市场动向，规定商业银行每季度贷款的增减额，并要求其执行。如果商业银行不按规定的增减额对产业部门贷款，中国人民银行可削减向该银行贷款的额度，甚至采取停止提供信用等制裁措施。虽然窗口指导没有法律约束力，但其作用有时也很大。第二次世界大战结束后，"窗口指导"曾一度是日本货币政策的主要工具。

间接信用指导的优点是较为灵活，但要起作用，必须是中央银行在金融体系中有较强的地位、较高的威望和拥有控制信用的足够的法律权力和手段。

20.2.4.5　我国货币政策工具的使用和选择

中央银行使用什么样的货币政策工具来实现其特定货币政策目标，并无一成不变的固定模式，只能根据不同时期的经济及金融环境等客观条件而定。考察中国货币政策工具的运用，也必须立足于中国的经济金融条件等客观情况，而不能生搬硬套其他国家的经验。就目前来看，中国货币政策工具主要有存款准备金制度、再贷款、再贴现、公开市场业务和利率政策等。

从 1984 年起，存款准备金制度开始成为中国人民银行调节货币供应量和信贷规模的政策工具之一。不同于西方国家，该制度的初始设计思路就是为了使中国人民银行能集中控制相当部分信贷资金，进而通过再贷款形式控制信用规模及调整信用结构。为此，不仅确定了较高的法定准备比率，且后来又为商业银行规定了硬性的备付金比率，从而提高了总准备金率。由于偏高的准备金率使商业银行可支配资金不足，反转过来增强了它们对中央银行强烈的借款需求，而中央银行实际上也往往不能不满足这种需求。结果使存款准备金对控制银行机构的信用创造能力并不显著。1998 年 3 月对上述制度进行了改革，将原来的准备金存款账户与备付金存款账户合并为一个账户，统称为准备金存款，法定比率下调为 8% 。这一方面有利于理顺中国人民银行与商业银行等金融机构之间的资金关系，另一方面也有利于充分发挥存款准备金制度的功能。

再贷款是指中国人民银行对商业银行等金融机构发放的贷款。目前来看，再贷款的对象基本就是国有商业银行与中国农业发展银行。再贷款在中国人民银行的资产中就占有很大的比重，是我国基础货币吞吐的主要渠道和调节贷款流向的重要手段。在中央银行实施金融宏观调控中，特别是在其他货币政策工具的功能尚得不到应有的发挥的条件下，通过再贷款调节信贷规模与结构，并从而控制货币供应量，确实起到了重要的作用。

再贴现业务的开展始于 1986 年。无论是出于何种原因——商业信用欠发达、票据承兑贴现量小且不规范、商业信用行为扭曲，或是其他政策工具扭曲或过强（如再贷款）等。客观上使再贴现业务量在中国人民银行资产中的比重微不足道。另外，由于我国的再贴现率与其他银行存贷款利率一样，都是由国家统一规定的，它往往既不反映资金供求状况及其变化，也无法对商业银行的借款和放款行为产生多大的影响。凡此种种，使再贴现工具在我国的作用一直不明显。近年来，中国人民银行从公布实施票据法到加大利率体制改革，从引导广泛开展票据承兑、贴现到倡导和推行票据结算等方面，为再贴现的扩展创造条件。1996 年以来，再贴现规模已呈明显的扩张势头，其作用也将逐渐凸显出来。

根据规定，中国人民银行为执行货币政策，可以在公开市场上买卖国债和其他政府债券以及外汇。1994 年以前，由于尚不具备开展公开市场业务的条件，中国人民银行一直无法通过这一工具来吞吐基础货币、调节货币供应时。随着 1994 年外汇体制改革、汇率并轨的实施，中国人民银行开始进行外汇公开市场操作，而以国债为对象的公开市场业务于 1996 年 4 月正式启动。从近年运用这一政策工具的作用来看，可以说是有作用但效果或影响有限，甚或可以说只具象征意义。其主要原因在于为开展公开市场业务的条件还有不少的欠缺。如国债的发行与交易没有达到足够大的规模，国债品种的结构及对国债持有的微观主体结构的不合理或不对称，外汇领域实施非意愿结售汇制度及集中储备体制，如此等等，都在很大程度上限制了这一政策工个的动作空间和动作力度。

中国人民银行规定的利率，一是中国人民银行对商业银行的存贷款利率；二是商业银行对企业和个人的存贷款利率；三是金融市场的利率。第一种利率在一定程度上决定着后两种利率。

除上述工具外，中国人民银行还采取优惠利率政策、专项贷款、利息补贴和特种存款等办法。通过这些措施，分别扶持国家急需发展的部门，如能源、交通、出口、民族贸易和支持重点建设工程等。这类选择性的货币政策工具，能够针对特殊情况，灵活地加以运用。但其直接行政决策的色彩过浓，对充分发挥信贷资金运用效率也不有利的一面。

20.2.5 货币政策效应

20.2.5.1 货币政策的时滞

货币政策从制定到获得主要的或全部的效果，必须经过一段时间，这段时间称为时滞。时滞由内部时滞和外部时滞两部分组成。

内部时滞指从政策制定到货币当局采取行动这段时间。它可再分为两个阶段：①从形势变化需要货币当局采取行动到它认识到这种需要的时间距离，称为认识时滞。②从货币当局认识到需要行动到实际采取行动这段时间，称为行动时滞。内部时滞的长短取决于货币当局对经济形势发展的预见能力、制定对策的效率和行动的决心等。

外部时滞又称影响时滞，指从货币当局采取行动开始直到对政策目标产生影响为止的这段过程。外部时滞主要由客观的经济和金融条件决定。无论是货币供应量还是利率，它们的变动都不会立即影响到政策目标。

时滞是影响货币政策效应的重要因素。如果货币政策可能产生的大部分影响较快地有所表现，那么货币当局就可根据期初的预测值，考察政策生效的状况，并对政策的取向和力度作必要的调整，从而使政策能够更好地实现预期的目标。

20.2.5.2　微观主体预期的对消作用

对货币政策有效性或效应高低构成挑战的另外一个因素是微观主体的预期。当一项货币政策提出时，各种微观经济主体，立即会根据可能获得的各种信息预测政策的后果，从而很快地作出对策，而且极少有时滞。货币当局推出的政策面对微观主体广泛采取的对消作用的对策，政策可能归于无效。例如，政府拟采取长期的扩张政策，人们通过各种信息预期社会总需求会增加，物价会上涨，在这种情况下，工人会通过工会与雇主谈判，要求提高工资，企业预期工资成本的增大而不愿扩展经营。最后结果是只有物价的上涨而没有产出的增长。鉴于微观主体的预期，似乎只有在货币政策的取向和力度没有或没有完全为公众知晓的情况下才能生效或达到预期效果。但是这样的可能性不大。货币当局不可能长期不让社会知道它所要采取的政策；即使采取非常规的货币政策，不久之后也会落在人们的预期之内。假如货币当局长期采取非常规的货币政策，则将导致微观经济主体作出错误判断，并会使经济陷入混乱之中，其效应的发挥也要有个过程。也就是说，货币政策仍可奏效，但从众的预期行为会使其效应打很大的折扣。

20.2.5.3　其他经济政治因素的影响

除时滞和微观主体的预期等因素外，货币政策的效果还会受到其他外来的或体制的因素所影响。

客观经济条件的变化。一项既定的货币政策出台后总要持续一段时间，在这段时间内，如果生产和流通领域出现某些始料不及的情况，而货币政策又难以做出相应的调整时，就可能出现货币政策效果下降甚至失效的情况。

政治因素对货币政策效果的影响也是巨大的。由于任何一项货币政策方案的贯彻，都可能给不同阶层、集团、部门或地方的利益带来一定的影响。这些主体如果在自己利益受损时做出较强烈的反应，就会形成一定的政治压力。当这些压力足够有力时，就会迫使政策进行调整。

20.2.5.4　货币政策效应的衡量

衡量货币政策效应，一是看效应发挥的快慢。二是看发挥效力的大小。

对货币政策数量效应大小的判断，一般着眼于实施的货币政策所取得的效果与预期所要达到的目标之间的差距。以评估紧缩政策为例，如果通货膨胀是由社会总需求大于社会总供给造成的，而货币政策正是以纠正供求失衡为目标，那么这项紧缩性货币政策效应的大小甚至于是否有效，就可以从这样几个方面考察：①如果通过货币政策的实施，紧缩了货币供给，并从而平抑了价格水平的上涨，或者促使价格水平回落，同时又不影响产出或供给的增长率，那么可能说这项紧缩性货币政策的有效性最大。②如果通过货币供应量的紧缩，在平抑价格水平上涨或促使价格水平回落的同时，也抑制了产出数量的增长，那么货币紧缩政策有效性的大小，则要视价格水平变动率与产出变动率的对比而定。若产出数量虽有减少，但减少规模还不算大，而抑制价格水平的目标接近实现，可视为货币紧缩政策的有效性较大；若产出量的减少非常明显，而价格水平目标的实现并不理想，货币紧缩的有效性就较小。③如果货币紧缩政策无力平抑价格上涨或促使价格回落，却抑制了产出的增长甚至使产出的增长为负，则可以说货币紧缩政策是无效的。衡量其他类型的货币政策效应，也可采用类似的思路。但在现实生活中，宏观经济目标的实现往往有赖于多种政策如收入政策、价格政策等的配套进行。因此，要准确地检验货币政策效果，必须对其与其他政策之间的相互作用及作用大小进行分析。

20.3　财政政策与货币政策的配合

为了实现国民经济宏观调控目标，促进国民经济持续、稳定与协调发展，需要各种经济政策相互配合才能有效。

20.3.1　财政政策与货币政策配合的必要性

财政政策与货币政策之间存在共同点，也存在不同点。其中共同点决定两者配合的可能性，不同点决定两者协调配合的必要性。

财政政策与货币政策的共同点：主要表现在两者都是需求管理政策。货币政策管理货币供应量，而在商品货币经济条件下，货币供应量动态是社会总需求动态的象征；财政政策管理财政收支，其执行结果是收支差额，收大于支为财政盈余，支大于收为财政赤字，财政盈余与赤字是财政松与紧政策的体现，它最终给社会需求以一定的影响。

在我国财政与信贷是国家从宏观上集中分配资金的两条不同的渠道，二者虽然都能对社会的总需求与总供给进行调节，但在消费需求与投资需求形成中的作用又是不同的，而且这种作用是不可相互替代的。具体表现在以下几方面。

20.3.1.1　作用机制不同

财政是国家集中一部分 GDP 用于满足社会公共需要，因而在国民收入的分配中，财政居于主导地位。财政直接参与国民收入的分配，并对集中起来的国民收入在全社会范围内进行再分配。因此，财政可以从收入和支出两个方向上影响社会需求的形成。当财政收入占 GDP 的比重大体确定，因此财政收支的规模大体确定的情况下，企业、单位和个人的消费需求和投资需求也就大体确定了。比如，国家对个人征税，也就减少个人的消费需求与投资需求。对企业征税或国家对企业的拨款，也就减少或增加了企业的投资需求。银行是国家再分配货币资金的主要渠道，这种对货币资金的再分配，除收取利息外，并不直接参加 GDP 的分配，而只是在国民收入分配和财政再分配基础上的一种再分配。信贷资金是以有偿方式集中和使用的，主要是在资金盈余部门和资金短缺部门之间进行余缺的调剂。这就决定了信贷主要是通过信贷规模的伸缩影响消费需求与投资需求的形成。至于信贷收入（资金来源）虽然对消费需求与投资需求的形成不能说没有影响，但这种影响一定要通过信贷支出才产生。例如，当社会消费需求与投资需求过旺时，银行采取各种措施多吸收企业、单位和个人的存款，这乍看起来是有利于紧缩需求的，但如果贷款的规模不作相应的压缩，就不可能起到紧缩需求的效果。

20.3.1.2　作用方向不同

从消费需求的形成看，包括个人消费和社会消费两个方面。社会消费需求，基本上是通过财政支出形成的，因而财政在社会消费需求形成中起决定作用。只要在财政支出中对社会消费性支出作适当的压缩，减少社会集团的购买力，社会消费需求的紧缩就可以立即见效。而银行信贷在这方面则显得无能为力。个人消费需求的形成则受到财政、信贷两方面的影响。在个人所得税制度日趋完善的情况下，财政对个人消费需求的形成是有直接影响的。而银行主要是通过工资基金的管理和监督以及现金投放的控制，间接地影响个人的消费需求。至于说银行对个人消费需求的形成有直接影响，也主要是体现在城乡居民储蓄存款上。但居民储蓄存款毕竟可以随时提取，因而这种影响的力度就不像财政那样大。再从投资需求的形成看，虽然财政和银行都向再生产过程供应资金，但两者的侧重点不同。在我国现行体制下，根据财政、银行在运用资金上无偿与有偿的不同特点，固定资产投资理应由财政供应资金，而流动资金投资一般由银行供应资金。虽然随着银行信贷资金来源的不断扩大，银行也发放一部分固定资产投资，但银行的资金运用的重点仍是保证流动资金的供应。从这里也可看出，财政在形成投资需求方面的作用，主要是调整产业结构，促进国民经济结构的合理化，而银行的作用则主要在于调整总量和产品结构。

20.3.1.3　两者在膨胀和紧缩需求方面的作用不同

在经济生活中，有时会出现需求不足、供给过剩，有时又会出现需求过旺、供给短缺。这种需求与供给失衡的原因很复杂，但从宏观经济看，主要是由财政与信贷分配引起的，而财政与信贷在膨胀和紧缩需求方面的作用又是有别的。财政赤字可以扩张需求，财政盈余可以紧缩需求，但财政本身并不具有直接创造需求即"创造"货币的能力，唯一能创造需求、创造货币的是银行信贷。因此，财政的扩张和紧缩效应一定要通过信贷机制的传导才能发生。如财政发生赤字或盈余时，如果银行相应压缩或扩大信贷规模，完全可以抵消财政的扩张或紧缩效应；只有财政发生赤字或盈余，银行也同时扩大或收缩信贷规模，财政的扩张或紧缩效应才能真正发生。问题不仅在此，银行自身还可以直接通过信贷规模的扩张和收缩来达到扩张和紧缩需求的目的。从这个意义上说，银行信贷是扩张或紧缩需求的总闸门。

正是由于财政与银行在消费需求与投资需求形成中有不同的作用，这就要求财政政策与货币政策必须配合运用。如果财政政策与货币政策各行其是，就必然会产生碰撞与摩擦，彼此抵消力量，从而减弱宏观调控的效应和力度，也难以实现预期的调控目标。

20.3.2　不同的政策组合

财政政策与货币政策的配合运用也就是膨胀性、紧缩性和中性三种类型政策的不同组合。

20.3.2.1　松的财政政策和松的货币政策，即"双松"政策

松的财政政策是指通过减少税收和扩大政府支出规模来增加社会的总需求；松的货币

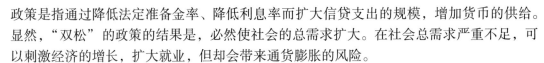

政策是指通过降低法定准备金率、降低利息率而扩大信贷支出的规模，增加货币的供给。显然，"双松"的政策的结果是，必然使社会的总需求扩大。在社会总需求严重不足，可以刺激经济的增长，扩大就业，但却会带来通货膨胀的风险。

20.3.2.2　紧的财政政策与紧的货币政策，即"双紧"政策

紧的财政政策是指通过增加税收、削减政府支出规模等，来限制消费与投资，抑制社会的总需求；紧的货币政策是指通过提高法定准备率、提高利率来压缩支出的规模，减少货币的供给。这种政策组合可以有效地制止需求膨胀与通货膨胀，但可能会带来经济停滞的后果。

20.3.2.3　紧的财政政策和松的货币政策

紧的财政政策可以抑制社会总需求，防止经济过旺和制止通货膨胀；松的货币政策在于保持经济的适度增长。因此，这种政策组合的效应就是在控制通货膨胀的同时，保持适度的经济增长。但货币政策过松，也难以制止通货膨胀。

20.3.2.4　松的财政政策和紧的货币政策

松的财政政策在于刺激需求，对克服经济萧条较为有效；紧的货币政策可以避免过高的通货膨胀率。因此，这种政策组合的效应是在保持经济适度增长的同时尽可能地避免通货膨胀。但长期运用这种政策组合，会积累起大量的财政赤字。

以上几种政策组合的松与紧，实际上是财政与信贷在资金供应上的松与紧，也就是银根的松与紧。凡是使银根松动的措施，如减税、增加财政支出、降低准备金率与利息率、扩大信贷支出等，都属于"松"的政策措施；凡是抽紧银根的措施，如增税、减少财政支出、提高准备金率与利息率、压缩信贷支出等，都属于"紧"的政策措施。至于到底采取哪一种松紧搭配政策，则取决于宏观经济的运行状况及其所要达到的政策目标。一般说，如果社会总需求明显小于总供给，就应采取松的政策措施，以扩大社会的总需求；而如果社会总需求明显大于总供给，就应采取紧的政策措施，以抑制社会总需求的增长。

第21章 金融财税网络化

21.1 相关技术介绍

21.1.1 网络安全技术研究

当今世界，信息技术突飞猛进，对国际政治、经济、文化、社会、军事等领域的发展产生了深刻影响，社会各界对于网络信息化的依赖程度越来越高，由此给网络安全风险防御工作带来一定的挑战。在多元交互的社会环境中，网络安全风险范围也在不断地扩大，例如窃取数据、技术风险、网络意识形态、基础设施等。尽管我国已经从顶层设计的角度，对网络安全发展的趋势进行了明确，但是在实践过程中仍然存在一些问题，严重阻碍了网络安全信息化发展。因此，通过合理有效的手段，来促进信息化长期稳定发展，已经成为一项至关重要的工作。

2018年4月21日，习近平在全国网络安全和信息化工作会议上指出："没有网络安全就没有国家安全，就没有经济社会稳定运行，广大人民群众利益也难以得到保障。要树立正确的网络安全观，加强信息基础设施网络安全防护，加强网络安全信息统筹机制、手段、平台建设，加强网络安全事件应急指挥能力建设，积极发展网络安全产业，做到关口前移，防患于未然。"

网络安全是一个复杂且又科学性的工程。要想有效确保网络安全管理工作可持续进行，必须设置专业性的防御措施，采用先进的安全技术，提高工作人员的网络安全防范意识，实现全方位防护。

21.1.1.1 虚拟专用网技术

虚拟专用网指的是在公用网络上建立专用网络的技术。其之所以称为虚拟网，主要是因为整个 VPN（Virtual Private Network，VPN）网络的任意两个节点之间的连接并没有传统专网所需的端到端的物理链路，而是架构在公用网络服务商所提供的网络平台，如 Internet、ATM（异步传输模式）、Frame Relay（帧中继）等之上的逻辑网络，用户数据在逻辑链路中传输。

（1）虚拟专用网络技术中的主要技术。由于传输的是私有信息，VPN 用户对数据的安全性都比较关心。

VPN 主要采用四项技术来保证安全，这四项技术分别是隧道技术（Tunneling）、加解密技术（Encryption & Decryption）、密钥管理技术（Key Management）、使用者与设备身份认证技术（Authentication）。

1）隧道技术。隧道技术是一种通过使用互联网络的基础设施在网络之间传递数据的方式。使用隧道传递的数据（或负载）可以是不同协议的数据帧或包。隧道协议将这些其他协议的数据帧或包重新封装在新的包头中发送。新的包头提供了路由信息，从而使封装的负载数据能够通过互联网络传递。

被封装的数据包在隧道的两个端点之间通过公共互联网络进行路由。被封装的数据包在公共互联网络上传递时所经过的逻辑路径称为隧道。一旦到达网络终点，数据将被解包并转发到最终目的地。注意，隧道技术是指包括数据封装、传输和解包在内的全过程。

2）加解密技术。加解密技术是在隧道技术的基础上，将两个站点之间的数据进行封装处理之后，将其应用到传送协议当中。由于计算机网络信息在传输和应用的过程中容易受到网络复杂性的影响，例如，一些不法分子会利用网络中的漏洞，窃取网络信息，进而给计算机网络信息的安全性造成严重的威胁。如果这种现象出现在企业当中，那么造成企业的重要机密信息泄露，进而给企业带来惨重的经济损失。而将加解密技术运用到计算机网络信息传输过程中，则可以对数据信息利用编程设定的方式来进行加解密处理，从而为计算机网络信息提供安全保障，切实维护企业的信息安全和利益。

3）密钥管理技术。密钥管理技术的主要任务是如何在公用数据网上安全地传递密钥而不被窃取。现行密钥管理技术又分为 SKIP 与 ISAKMP/OAKLEY 两种。SKIP 主要是利用 Diffie-Hellman 的演算法则，在网络上传输密钥；在 ISAKMP 中，双方都有两把密钥，分别用于公用、私用。

4）使用者与设备身份认证技术。身份认证技术是保障计算机网络信息安全的重要手段之一，这种技术主要是通过让用户设置账户和密码，在每次使用计算机设备之前都必须要进行身份认证，如果身份认证不通过，用户则无法继续使用计算机系统。通过这样的方式可以有效地提升计算机网络运行的安全性。

（2）技术特点。

1）安全保障。虽然实现 VPN 的技术和方式很多，但所有的 VPN 均应保证通过公用网络平台传输数据的专用性和安全性。在非面向连接的公用 IP 网络上建立一个逻辑的、点对点的连接，称为建立一个隧道，可以利用加密技术对经过隧道传输的数据进行加密，以保证数据仅被指定的发送者和接收者了解，从而保证了数据的私有性和安全性。在安全性方面，由于 VPN 直接构建在公用网上，实现简单、方便、灵活，但同时其安全问题也更为突出。企业必须确保其 VPN 上传送的数据不被攻击者窥视和篡改，并且要防止非法用户对网络资源或私有信息的访问。ExtranetVPN 将企业网扩展到合作伙伴和客户，对安全性提出了更高的要求。

2）服务质量保证（QoS）。VPN 网应当为企业数据提供不同等级的服务质量保证。不同的用户和业务对服务质量保证的要求差别较大。如移动办公用户，提供广泛的连接和覆盖性是保证 VPN 服务的一个主要因素；而对于拥有众多分支机构的专线 VPN 网络，交互式的内部企业网应用则要求网络能提供良好的稳定性；对于其他应用（如视频等）则对网络提出了更明确的要求，如网络时延及误码率等。所有以上网络应用均要求网络根据需要提供不同等级的服务质量。在网络优化方面，构建 VPN 的另一重要需求是充分有效地利用有限的广域网资源，为重要数据提供可靠的带宽。广域网流量的不确定性使其带宽的利用率很低，在流量高峰时引起网络阻塞，产生网络瓶颈，使实时性要求高的数据得不到及时发送；而在流量低谷时又造成大量的网络带宽空闲。QoS 通过流量预测与流量控制策略，可以按照优先级分配带宽资源，实现带宽管理，使各类数据能够被合理地先后发送，并预防阻塞的发生。

3）可扩充性和灵活性。VPN 必须能够支持通过 Intranet 和 Extranet 的任何类型的数据流，方便增加新的节点，支持多种类型的传输媒介，可以满足同时传输语音、图像和数据等新应用对高质量传输以及带宽增加的需求。

4）可管理性。从用户角度和运营商角度应可方便地进行管理、维护。在 VPN 管理方面，VPN 要求企业将其网络管理功能从局域网无缝地延伸到公用网，甚至是客户和合作伙伴。虽然可以将一些次要的网络管理任务交给服务提供商去完成，企业自己仍需要完成许多网络管理任务。所以，一个完善的 VPN 管理系统是必不可少的。VPN 管理的目标为减小网络风险，具有高扩展性、经济性、高可靠性等优点。事实上，VPN 管理主要包括安全管理、设备管理、配置管理、访问控制列表管理、QoS 管理等。

（3）解决方案。VPN 有三种解决方案，用户可以根据自己的情况进行选择。这三种解决方案分别是：远程访问虚拟网（AccessVPN）、企业内部虚拟网（IntranetVPN）和企业扩展虚拟网（ExtranetVPN），这三种类型的 VPN 分别与传统的远程访问网络、企业内部的 Intranet 以及企业网和相关合作伙伴的企业网所构成的 Extranet 相对应。

1）AccessVPN。如果企业的内部人员移动或有远程办公需要，或者商家要提供 B2C 的安全访问服务，就可以考虑使用 AccessVPN。

AccessVPN 通过一个拥有与专用网络相同策略的共享基础设施，提供对企业内部网或外部网的远程访问。AccessVPN 能使用户随时、随地以其所需的方式访问企业资源。AccessVPN 包括模拟、拨号、ISDN、数字用户线路（xDSL）、移动 IP 和电缆技术，能够安全地连接移动用户、远程工作者或分支机构。

AccessVPN 最适用于公司内部经常有流动人员远程办公的情况。出差员工利用当地 ISP 提供的 VPN 服务，就可以和公司的 VPN 网关建立私有的隧道连接。RADIUS 服务器可对员工进行验证和授权，保证连接的安全，同时负担的电话费用大大降低。

AccessVPN 对用户的吸引力在于：

减少用于相关的调制解调器和终端服务设备的资金及费用，简化网络。

实现本地拨号接入的功能来取代远距离接入或 800 电话接入，这样能显著降低远距离通信的费用。

极大的可扩展性，简便地对加入网络的新用户进行调度。

远端验证拨入用户服务（RADIUS）基于标准，基于策略功能的安全服务。

将工作重心从管理和保留运作拨号网络的工作人员转到公司的核心业务上来。

2）IntranetVPN。如果要进行企业内部各分支机构的互联，使用 IntranetVPN 是很好的方式。

越来越多的企业需要在全国乃至世界范围内建立各种办事机构、分公司、研究所等，各个分公司之间传统的网络连接方式一般是租用专线。显然，在分公司增多、业务开展越来越广泛时，网络结构趋于复杂，费用昂贵。利用 VPN 特性可以在 Internet 上组建世界范围内的 IntranetVPN。利用 Internet 的线路保证网络的互联性，而利用隧道、加密等 VPN 特性可以保证信息在整个 IntranetVPN 上安全传输。IntranetVPN 通过一个使用专用连接的共享基础设施，连接企业总部、远程办事处和分支机构。企业拥有与专用网络的相同政策，包括安全、服务质量（QoS）、可管理性和可靠性。

IntranetVPN 对用户的吸引力在于：

减少 WAN 带宽的费用。

能使用灵活的拓扑结构，包括全网络连接。

新的站点能更快、更容易地被连接。

通过设备供应商 WAN 的连接冗余，可以延长网络的可用时间。

3）ExtranetVPN。如果是提供 B2B 之间的安全访问服务，则可以考虑 ExtranetVPN。

随着信息时代的到来，各个企业越来越重视各种信息的处理。希望可以提供给客户最快捷方便的信息服务，通过各种方式了解客户的需要，同时各个企业之间的合作关系也越来越多，信息交换日益频繁。互联网为这样的一种发展趋势提供了良好的基础，如何利用互联网进行有效的信息管理是企业发展中一个不可避免的关键问题。利用 VPN 技术可以组建安全的 Extranet，既可以向客户、合作伙伴提供有效的信息服务，又可以保证自身的内部网络的安全。

ExtranetVPN 通过一个使用专用连接的共享基础设施，将客户、供应商、合作伙伴或兴趣群体连接到企业内部网。企业拥有与专用网络的相同政策，包括安全、服务质量、可管理性和可靠性。

ExtranetVPN 对用户的吸引力在于：能容易地对外部网进行部署和管理，外部网的连接可以使用与部署内部网和远端访问 VPN 相同的架构和协议进行部署。主要的不同是接入许可，外部网的用户被许可只有一次机会连接到其合作人的网络。

21.1.1.2　身份认证技术

利用名字、性别、身高和音色等因素进行传统线下身份认证技术已经无法适应基于互联网的所有应用。一个没有审核认证的用户，可以对任何网络应用造成巨大损失甚至严重威胁国家、社会和个人的利益。随着计算机和电子信息技术的发展，身份认证技术目前可以完成基于计算机网络的身份认证工作，可以通过与用户达成私密认证协议进行用户身份认证，计算机可以对用户进行一系列数字信息验证确保用户的安全和合理性，进而将非法访问者拒之门外，维护网络安全环境，保护资源和财产不收损害。

（1）身份认证原理。身份认证原理从传统的线下基于名字、相貌、音色甚至身高发展到线上网络世界的基于知识、实物设备和生物特征等多元认证，大致分以下四种认证原理：

1）基于用户所知，"你所知道的"，如密码、口令及知识等基于用户保密信息的认证方式，主要包括文本密码解锁和图形密码解锁。

2）基于用户所有，"你拥有的"，如一张 IC 卡、一个动态口令、USBKEY 或令牌等，可以通过识别设备进而识别拥有设备者的身份。

3）基于用户所是，"你或你的特征是什么"，一般使用具有生物唯一性的指纹、脸像、眼睛虹膜、音色或身体固定动作等特征。基于用户所是认证方式一般是指基于生物特征的认证，由于具备生物唯一性，且目前成本有所降低，应用较广。

4）基于用户所在，"你在什么位置"，作为近些年提出新的认证思路，受到广泛关注。原理是通过验证访问者或者设备所在的位置是否在要求的范围内进行身份验证，有些基于位置认证设计密码学可以对位置和身份进行验证，有些仅对位置进行验证，由于缺乏对具体操作者身份的确认，一般用于辅助其他因素进行认证。

（2）身份认证的方法。计算机系统中身份认证的方法往往分为以下三类：第一类是根据用户已知信息来证明用户合法身份；第二类是根据用户所拥有的东西来证明用户合法身份；第三类是根据唯一的生物特征来证明合法用户身份。为了提高身份认证安全性，某些系统会选择多种基本方法相结合，共同进行用户身份认证。目前有以下几种认证方式：

1）静态密码身份认证。用户自己设定的登录密码即为静态密码，在登录时用户只要输入正确的密码，计算机则认为该用户合法。

用户设置较为简单记忆的密码会容易被猜测，设置较难的密码，可能会被摘抄下来增加了泄露的风险。总的来说，静态密码不论是设置还是部署都很简单，但是其安全性较低，用到的主要是第一类方法（利用用户已知信息进行身份认证）。

2）智能卡身份认证。智能卡身份认证主要是依靠内置集成电路的芯片，如门禁卡、银行卡等。此类芯片都存储有与用户身份相关的数据，由专门的设备和厂商生产，在用户登录时会读取卡片中的信息，进而验证身份。

智能卡难以被仿冒，但是利用内存扫描或网络监听技术还是可以获取到用户的身份认证信息。总的来说，智能卡虽然难以被仿造，但是它造价较高可能丢失，同时其静态安全隐患仍然存在，它使用的是第二类方法（根据用户拥有的东西来证明其身份）。

3）短信身份认证。短信身份认证也是当今时代用到的较多的身份认证方法之一，它是以手机短信的形式获取 6 位随机数动态密令，然后在登录或者有其他业务需求的时候输入此密令以验证身份，进而保证用户的身份认证安全性。

该认证方式有很多优点：其一，在于手机号码与用户绑定紧密，短信密令的生成又与物理环境无关，难以被截取；其二，在于其学习成本极低，普及性很好，大部分用户都可以使用；其三，在于短信网关技术非常成熟，这也降低了短信密码系统的复杂度和风险。但手机登入的身份认证难以用短信身份认证来实现，首先是每次登录手机都要接收一次短信十分麻烦，其次是如果能在登录之前看到密码，那么身份认证也就没有意义了。总之，短信身份认证优点良多，但不适于智能手机登入身份认证，它使用的是第二类方法（根据用户拥有的东西来证明其身份）。

4）基于生物特征的身份认证技术。生物识别身份认证主要依靠用户的静态生理特征或者动态生物行为动力学特征来进行认证。当今社会已有很多智能设备采取人脸识别或指纹识别来进行认证，例如办公楼里使用的指纹识别打卡机、寝室楼栋门口使用人脸识别的门禁系统、播放音乐进行简单对话使用的语音识别智能音箱等。它使用的是第三类方法（根据唯一的生物特征来证明合法用户身份）。

当今时代，常用的生物特征身份认证技术有指纹身份认证、人脸身份认证、虹膜身份认证、声纹身份认证、击键身份认证。

①指纹身份认证技术。指纹身份认证技术是当今社会相对成熟且价格低廉的一种生物身份认证技术，其应用广泛，不仅在门禁、考勤等学习工作场所能看到指纹身份认证，就连日常生活中用到的移动端（手机、智能手表）、笔记本电脑、交通工具（汽车、电动车）等方面都能用上指纹身份认证技术。同时，之前用到的很多机密文件都是通过密码

的形式来进行用户认证和访问控制的。一旦密码被窃取或者密码被遗忘，那么系统的使用便捷和安全程度都会大打折扣。

要将指纹应用于身份认证系统，则需要了解指纹的特征，即指纹是如何区分不同用户的。指纹主要是由人手指上面皮肤凹凸不平的纹理产生的纹线构成，其不同的组合规律构成了不同的纹型，进而构成了独一无二的指纹。指纹的形态特征包括了上下左右位置的特征，指纹的起点、终点、交叉点特征，以及这些特征所包含的坐标、方向等信息。纹线的端点信息和交叉点信息在整个指纹中出现得又多又稳定，极易获取并分析，根据此类特征对指纹进行匹配，提取特征集合计算相似度，即可得到待判定样本的相似性得分，最终根据阈值划分该样本是否为合法样本，进而判断是否允许该用户登入。

②人脸身份认证。人脸身份认证技术也是当今社会较为流行的一种基于生物特征的身份认证技术，主要依靠人脸特征信息进行身份认证。人脸信息依靠相机或摄影设备进行图像或视频流采集，在以上图像视频素材中检测和跟踪人脸信息，根据面部特征进行身份认证完成一整套操作。

人脸身份认证所用到的特征通常包括像素统计特征、视觉特征、人脸图像代数特征、人脸图像变换系数特征等，获取这些特征的方法大致分为两类，第一类是基于知识的特征提取，第二类是基于代数或统计的特征。基于知识的特征主要是用人脸器官的形状以及它们之间的距离等信息来构造特征，这些特征值往往包含但不限于人脸器官之间的欧氏距离、角度或曲率等值。基于代数或统计的特征主要来源于人脸图像像素或图像变化系数等特征值来构造特征集合。人脸身份认证方法通常使用 Adaboost 算法实现，因为 Adaboost 会挑选出最优代表性的人脸特征先构造一个弱分类器，然后通过加权投票的方法将弱分类器升级成为一个强分类器，再将强分类器串联组成层叠分类器，用以提高分类器的检测效率。

③虹膜身份认证。虹膜身份认证在日常生活还不常见，它主要应用于安防设备或有高保密需求的地方。虹膜是黑色瞳孔与白色巩膜间圆环形的部分，其中有很多互相交错的细线、条纹、斑点、腺窝、皱褶、色素斑等特征。虹膜的形成主要是基因决定的，基因的显性或隐性表达了虹膜的颜色、形状等一系列外观特征。虹膜特征被用于身份认证的原因是，虹膜在胎儿发育完成后，在人的整个生命周期中将保持不变，具有唯一性、稳定性和不可修改性。

虹膜身份认证技术具有很好的发展前途，未来的安防、国防、电子商务领域都可以应用到该技术。虹膜图像采集只需要对人的眼部进行拍摄，再进行图像预处理。图像预处理步骤包括虹膜定位确定内外圆边界，对图像中的虹膜大小进行归一化统一固定尺寸，接下来进行平滑度、亮度等处理以提高身份认证率。得到预处理的图像后根据具体的算法提取虹膜图像特征集合，然后将特征集合与源虹膜特征进行匹配或计算相似度，进而判断用户是否合法。

④声纹身份认证。声纹认证在日常生活中也不常见，容易想象的是人们往往可以根据一个人说话来判别一个人的身份，因为他的音色、响度、语调、语音等信息都具有他自己的特色，这些也就可以被用作声纹特征。因此，声纹身份认证技术就是依靠语音中蕴含的发声人说话的个性特征来认证发声人身份的一项技术。声纹身份认证不需要记忆，也不会被遗忘，使用也非常简单。

目前声纹身份认证还不太成熟，容易受到发声者说话距离、发声情绪、生理状况等的影响，因此具有一定的不稳定性，可以配合其他生物特征一起使用来做双身份认证。

⑤击键身份认证。由于准确性还未达到商用标准，击键身份认证技术目前也未商用。然而，使用电脑或手机的用户越来越多，同时保存在电子设备上的数据也越来越多，因此击键认证的研究具有很强的时代价值。击键认证主要依靠用户敲击键盘时不同的按键时间间隔、按键力度、按键速度等特征来实现身份认证。击键认证又分为静态登录检测和持续性认证两种，前者是在登录阶段起作用，后者将作用于系统被使用的全生命周期。

首先，通过用户输入密码或相关信息，采集得到用户按键时间、加速度、压力、面积等相关信息。对采集到的信息进行分析，根据相应算法提取出合理的特征集合。击键认证主要用到的机器学习算法集中在距离相关算法和支持向量回归算法，通过以上模型算法计算出样本距离合法样本的距离或合法的概率，根据阈值判断样本为合法或非法。

21.1.1.3　防火墙技术

（1）防火墙的概念。网络防火墙是一种有效拦截不安全数据的防护网，能够在运行过程对所有样本信息进行一一筛选，从而使计算机内部和外部网络形成一层层严格的保护屏障，以确保网络管理者和使用者数据及信息的充分安全。及时发现计算机运行中的不安全因素以及对信息流进行准确筛选是防火墙技术的重要功能，为确保网络使用环境的绝对安全，必须及时监测所有的运行和操作数据并进行详细记录，以提高网络用户的体验值。另外防火墙技术也包含了日记监管和信息检测等多个方面，它们作为防火墙技术的辅助性手段，通过对平台和数据信息包的高效监测，有效地避免了网络信息数据在传输过程中被强制性破坏的可能。

（2）防火墙种类介绍。防火墙按技术分类可以有包过滤防火墙、应用代理防火墙和状态检测防火墙三种类型。

1）包过滤防火墙。包过滤防火墙工作在 OSI 体系结构七层协议的网络层和传输层，对数据源头的地址和协议类型等标志进行分析，在确保其符合防火墙规定标准，在满足安全性能以及类型下才可以进行信息的传递。鉴于这一原因，包过滤防火墙能很快处理数据包。但是，包过滤防火墙也有自身的缺陷：不能对应用层协议做出分析、对应用层缺少保护、无法防范利用应用层漏洞实施的网络攻击。

2）应用代理防火墙。应用代理防火墙工作在 OSI 体系结构的应用层。其特点是彻底"阻隔"了网络通信流，可以对相应的应用服务编写特定的代码，实现对通信数据的监控以及对应用层的数据流进行相关的掌握控制。

应用代理防火墙最大的优点就是安全。这是因为它工作在应用层，所以它自然就能对网络中任意一层的通信数据进行选择也能进行相关的保护，不会像包过滤防火墙只能对 OSI 体系结构中网络层的数据单一的过滤处理。然而此类防火墙也有缺点：一是对于不同的应用，代理防火墙的配置也不同；二是对数据的处理性能差。

3）状态检测防火墙。基于状态检测的防火墙采用了状态检测包过滤的技术，保持了简单的包过滤防火墙的优点，并且在网络通信中对数据包的状态变化进行检测，规范了网络层和传输层的行为，提供了更安全的解决方案。

包过滤防火墙和应用代理防火墙是通过对数据包的源地址、目的地址，源端口号、目的端口号进行检测来实现相应的功能，忽略了在传输过程中数据的连接状态的变化，也就是"三次握手"。而状态检测防火墙正是克服了这些不足，对数据包中的信息与防火墙规则做比较，如果没有相应规则允许，防火墙就会拒绝这次连接，当然发现有一条规则允许，它就允许数据包外出并且在状态表中新建一条会话，并记录会话的状态变化。从而可见，状态检测防火墙更有效地对数据进行了控制。

（3）防火墙的技术特征。

1）控制不安全服务。防火墙可以通过对内外网络的数据交互以及信息的传递进行处理分析，对授权之外的信息服务进行阻挡，降低相关的网络安全风险。

2）实现集中安全保护。集中安全保护是防火墙最核心的技术，对于一些内部规模较大的内部网络系统，防火墙可以对其进行集中的保护管理，通过设置密钥和口令对其进行确认分析，以提高系统的整体安全性。

3）控制特殊站点。防火墙技术可以对特殊的站点进行控制，在信息数据传输与访问的过程中，保护主机的安全性，避免出现资源受损的问题，有效地保障军队的网络使用安全。

21.1.2　Visual Studio 2015 简介

Visual Studio 是一套基于组件的软件开发工具和其他技术，可用于构建功能强大、性能出众的应用程序。Visual Studio 2015 内部代号为 Visual Studio "14"。Visual Studio 2015 功能强劲，能够帮助用户轻松地构建功能强大、性能出众的应用程序。Visual Studio 2015 软件操作简便，还支持开发人员打造跨平台的应用程序及创建跨平台运行的 ASP. NE T5 网站，从 Windows 到 Linux、甚至 iOS 和 Android 都可以轻松搞定。

21.1.2.1　开发环境

Visual Studio 将软件开发项目中涉及的所有任务合并到一个集成开发环境中，同时提供创新功能，使您能够更高效地开发任何应用程序。

（1）统一且可定制。Visual Studio 集成开发环境（IDE）将所有开发任务合并到一个工具中。

Visual Studio 是高度可定制的：多显示器支持，采用跨会话的连续布局以及数百项跨设备同步的可配置设置。

Visual Studio 通过功能强大的集成调试器、IntelliTrace、性能与诊断中心以及分析工具提供生成和优化应用程序所需的全部功能。

项目往返支持团队以不同的版本工作，允许他们以自己的节奏升级 Visual Studio。

Visual Studio 具有深度可扩展性，迄今已有数千项扩展，允许开发人员与合作伙伴集成自己的工具和软件开发工具包。

（2）代码编辑器。在 Visual Studio 中，代码编辑器支持 C#、VB. NET、C + +、HTML、JavaScript、XAML、SQL 等语言，全部都具有语法突出显示与 IntelliSense 代码完成功能。

CodeLens（仅适用于 Ultimate）为开发人员提供了代码平视显示功能，可以了解代码引用和单元测试信息。

在 Team Foundation Server2013 的帮助下，CodeLens（仅适用于 Ultimate）可以发挥更大作用，Lync 集成使每个类别/方法的代码历史记录立即可用，便于团队协作。

使用代码映射，可以通过直观显示更轻松地了解更复杂的源代码。

其他高效功能包括：查看定义（用于行内引用检查）、强大的代码重构工具以及检测重复代码的功能。

21.1.2.2　Visual Studio 2015 新功能和改进

（1）通过适用于 Visual Studio 的 Xamarin 用 C#编写的跨平台移动应用。Xamarin 是移动框架，通过此框架，你可使用 C#编写代码，代码将自然地绑定到整个 iOS 和 Android API。Microsoft 与 Xamarin 在发行 Xamarin for Visual Studio 时密切合作，这款扩展使你可以在具有共享代码的单个项目中针对 Android、iOS 和 Windows Phone 进行开发。单种语言、单个代码基（平台之间增量最小），单个开发环境。Visual Studio 2010 及更高版本均支持适用于 Visual Studio 的 Xamarin，Visual Studio 2015 也包含了这个扩展。

（2）带 Apache Cordova 的 HTML/CSS/JavaScript 的跨平台移动应用程序。适用于 Apache Cordova 的 Visual Studio 工具是 Microsoft 和开放源 Apache Cordova 社区紧密合作的成果。通过这些工具，可使用 HTML、CSS 和 JavaScript（或 Typescript）进行跨平台移动开发。你可将单一基本代码面向 Android、iOS 和 Windows，并且享受 Visual Studio IDE 的丰富功能，包括 JavaScript IntelliSense、DOM 资源管理器、JavaScript 控制台、断点、监视、局部变量等。凭借适用于 Apache Cordova 的 Visual Studio 工具，你的应用可通过提供通用 JavaScript API 的插件使用所有平台上的原生设备功能。

（3）通过 Unity 在 C#中编写的跨平台移动游戏。Unity 是广泛地用于多平台 2D 和 3D 游戏开发的生态系统。你可用 C#编写你的游戏，并且在 Android、iOS 和 Windows Phone 上运行该游戏。适用于 Unity 的 Visual Studio 工具是集成了 Unity 和 Visual Studio IDE 的扩展。通过此扩展，你除了获得为 Unity 开发人员所设计的工作效率功能外，还可获得 Visual Studio IDE 和调试器的所有功能，Visual Studio Tools for Unity 预览版 2.0 增加了对 Visual Studio 2015 的支持以及一些新功能，如在“局部变量”和“监视”窗口中更好地显示对象。Microsoft 最近收购了 SyntaxTree，这家公司是适用于 Unity 的 Visual Studio 工具的创建者。

（4）针对本机 C++的跨平台应用程序和库。可使用 Visual C++来编辑、构建、部署和调试你的跨平台代码。你可以从模板中创建适用于 Android 本机活动应用程序的项目，或者创建可在多个平台或 Xamarin 混合应用程序上使用的共享代码库。借助特定平台的 IntelliSense，你可以查看 API 以及生成适用于 Android 和 Windows 目标的正确代码。你可以为 x86 或 ARM 本机平台配置生成，并且将代码部署到附加的 Android 设备或者将 Microsoft 的高性能 Android 仿真器用于测试。你可以在 Visual Studio 调试器中设置断点、监视变量、查看堆栈或逐步执行代码。你可以跨多个应用程序平台共享大多数平台特定代码以外的所有代码，并且在 Visual Studio 中用一个解决方案生成所有这些代码。

（5）Web。ASP. NET 5 是 MVC、WebAPI 和 SignalR 的一个重大更新，在 Windows、Mac 和 Linux 上运行。ASP. NET 5 旨在完全为你提供可组合的精益 NET 堆栈以便生成基于云的现代应用程序。Visual Studio 2015 Preview 工具更紧密地集成了流行的 Web 开发工具，例如 Bower 和 Grunt。

（6）NET Framework。Microsoft. NET Framework4.6 预览版提供约 150 个新的 API 和 50 个更新的 API 以启用更多方案。例如，现在更多集合可实现 IReadOnlyCollection，使其使

用起来更为简便。此外，如先前提到的，ASP.NET 5 提供一个用于生成基于云的现代应用程序的精益 NET 平台。

面向 NET Framework 且用 C#编写的 Windows 商店应用程序现在可使用 . NET 本机（它将应用程序编译到本机代码而不是 IL），并且 NET Framework 4.6 预览版也添加了 RyuJIT，即 64 位实时（JIT）编译器。

新的 C#和 VB 编译器（Roslyn）大幅提高了编译时间，并且提供全面的代码分析 API。Visual Studio 2015 利用 Roslyn 提供更多重构，包括内联重命名、分析器和快速修复。

C#和 Visual Basic 语言都在核心语言和 IDE 支持方面进行了很多小的改进。这些改进一起作用，让你的 . NET 编码体验更直观、更方便、更有效。

（7）C++。Visual C++在以下方面进行了大幅提升：C++11/14 语言一致性、对跨平台移动设备开发的支持、对可恢复功能和等待的支持（目前计划用于 C++17 中的标准化）、C 运行时库（CRT）和 C++标准库（STL）实现中的改进和 Bug 修复、新的编译器优化、更佳生成性能、代码编辑器中新的诊断能力和新的效率工具。

（8）连接到服务。Visual Studio 2015 让你比以往任何时候都更轻松地将应用连接到服务。新的"添加连接的服务"向导会配置你的项目，添加必要的身份验证支持并下载必要的 NuGet 数据包，帮助你开始根据你的服务需要进行快速轻松的编码。"添加连接的服务"向导还集成新的账户管理器，令使用多个用户账户和订阅变得容易。在 Visual Studio 2015 Preview 中，对以下服务的支持立即可用（如果你拥有账户）：

①Azure 移动服务。②Azure 存储。③Office 365（邮件、联系人、日历、文件、用户和组）。④销售团队。

新服务将不断增加，你可通过单击向导中的"查找新服务链接"来发现这些服务。

21.1.3　B/S 体系结构介绍

B/S 结构（Browser/Server，浏览器/服务器模式），是 Web 兴起后的一种网络结构模式，Web 浏览器是客户端最主要的应用软件。这种模式统一了客户端，将系统功能实现的核心部分集中到服务器上，简化了系统的开发、维护和使用。客户机上只要安装一个浏览器，如 Netscape Navigator 或 Internet Explorer，服务器安装 SQL Server、Oracle、MYSQL 等数据库。浏览器通过 Web Server 同数据库进行数据交互。

21.1.3.1　工作原理

B/S 架构采取浏览器请求服务器响应的工作模式，如图 21 - 1 所示。

用户可以通过浏览器去访问互联网上由 Web 服务器产生的文本、数据、图片、动画、视频点播和声音等信息。

而每一个 Web 服务器又可以通过各种方式与数据库服务器连接，大量的数据实际存放在数据库服务器中。

从 Web 服务器上下载程序到本地来执行，在下载过程中若遇到与数据库有关的指令，由 Web 服务器交给数据库服务器来解释执行，并返回给 Web 服务器，Web 服务器又返回给用户。在这种结构中，将许许多多的网连接到一块，形成一个巨大的网，即全球网。而各个企业可以在此结构的基础上建立自己的互联网。

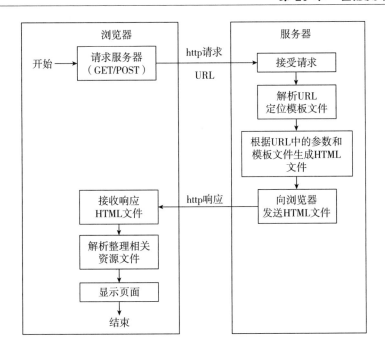

图 21 – 1　B/S 工作原理

具体工作流程为：首先，客户端发送请求。用户在客户端浏览器页面提交表单操作，向服务器发送请求，等待服务器响应；其次，服务器端处理请求。服务器端接收并处理请求，应用服务器端通常使用服务器端技术，如 JSP 等，对请求进行数据处理，并产生响应；再次，服务器端发送响应。服务器端把用户请求的数据（网页文件、图片、声音等）返回给浏览器。最后，浏览器解释执行 HTML 文件，呈现用户界面。

浏览器是阅读和浏览 Web 的工具，它是通过 B/S 方式与 Web 服务器交互信息的。一般情况下，浏览器就是客户端，它要求服务器把指定信息传送过来，然后通过浏览器把信息显示在屏幕上。

浏览器实际上是一种允许用户浏览 Web 信息的软件，只不过这些信息是由 Web 服务器发送出来的。

服务器（Server）既是计算机硬件的称谓，有时又是计算机服务端软件的称谓，用户应该区分开它们，主要就是从语境上去区分。

（1）服务器是一种计算机硬件。服务器应该算是一种高性能的计算机，它作为网络的节点，存储、处理网络上的数据、信息，因此也被称为网络的灵魂。

（2）服务器是一种计算机软件。一般 IIS 服务器、Java 服务器、.NET 服务器等名词，一般都是指一种计算机软件。当用户使用计算机上网时，其实是访问服务器硬件。但是，这个服务器硬件上安装了服务器软件，如 IIS 服务器、Java 服务器、.NET 服务器，它们负责接收用户的访问请求，并根据请求经过计算将数据返回给用户的客户端（浏览器）。

服务器软件分为两类：一类是 Web 服务器；另一类是应用程序服务器（以下简称 App Server）。IIS 服务器和 Apache 是最常用的 Web 服务器软件；Java 服务器、.NET 服务器、PHP 服务器是最常用的应用程序服务器软件。

（3）Web 服务器。Web 服务器实际上是一种连接在 Internet 上的计算机软件。它负责 Web 浏览器提交的文本请求。

Web 应用程序其实就是一些 HTML 文件和其他的一些资源文件组成的集合。Web 站点则可以包含多个 Web 应用程序。它们位于 Internet 上的一个服务器中，一个 Web 站点其实就对应着一个网络服务器（Web 服务器）。

21.1.3.2　B/S 的优点

（1）B/S 最大的优点就是可以在任何地方进行操作而不用安装任何专门的软件，只要有一台能上网的电脑就能使用，客户端零安装、零维护。系统的扩展非常容易。

（2）由需求推动了 AJAX 技术的发展，它的程序也能在客户端电脑上进行部分处理，从而大大地减轻了服务器的负担，并增加了交互性，能进行局部实时刷新。

（3）B/S 结构主要利用了不断成熟的 Web 浏览器技术。结合浏览器的多种脚本语言和 ActiveX 技术，用通用浏览器实现原来需要复杂专用软件才能实现的强大功能，节约了开发成本。

21.1.3.3　B/S 体系结构的特点

（1）由于 Web 支持底层的 TCP/IP 协议，使 Web 网与局域网都可以做到连接，从而彻底解决了异构系统的连接问题。

（2）由于 Web 采用了"瘦客户端"，使系统的开放性得到很大的改善，系统对将要访问系统的用户数的限制有所放松。

（3）系统的相对集中使得系统的维护和扩展变得更加容易。如数据库存储空间不够，可再加一个数据库服务器。系统要增加功能，可以新增一个应用服务器来运行新功能。

（4）界面统一（全部为浏览器方式），操作相对简单。

（5）业务规则和数据捕获的程序容易分发。

21.1.3.4　C/S 与 B/S 区别

Client/Server 是建立在局域网的基础上的。Browser/Server 是建立在广域网的基础上的。

（1）硬件环境不同。C/S 一般建立在专用的网络上，小范围里的网络环境，局域网之间再通过专门服务器提供连接和数据交换服务。B/S 是建立在广域网之上的，不必是专门的网络硬件环境。信息自己管理，有比 C/S 更强的适应范围，一般只要有操作系统和浏览器就行。

（2）对安全要求不同。C/S 一般面向相对固定的用户群，对信息安全的控制能力很强。一般高度机密的信息系统采用 C/S 结构适宜。可以通过 B/S 发布部分可公开信息。B/S 建立在广域网之上，对安全的控制能力相对弱，面向不可知的用户群。

（3）程序架构不同。C/S 程序可以更加注重流程，可以对权限多层次校验，对系统运行速度可以较少考虑。B/S 对安全以及访问速度的多重考虑，建立在需要更加优化的基础之上，比 C/S 有更高的要求。

（4）软件重用不同。C/S 程序从整体性考虑，构件的重用性不如在 B/S 要求下的构件的重用性好。B/S 对多重结构，要求构件相对独立的功能，能够相对较好地重用，就像买来的餐桌可以再利用，而不是做在墙上的石头桌子。

（5）系统维护不同。系统维护在软件生存周期中，开销最大。C/S 程序由于必须整体性处理出现的问题以及系统升级比较困难。

B/S 构件组成方便构件个别的更换，实现系统的无缝升级。系统维护开销减到最小，用户从网上自己下载安装就可以实现升级。

（6）处理问题不同。C/S 程序可以处理用户面固定，并且在相同区域，安全要求高，需求与操作系统相关，应该都是相同的系统。B/S 建立在广域网上，面向不同的用户群，分散地域，这是 C/S 无法做到的，与操作系统平台关系最小。

（7）用户接口不同。C/S 多是建立在 Window 平台上，表现方法有限，对程序员普遍要求较高。B/S 建立在浏览器上，有更加丰富和生动的表现方式与用户交流，并且大部分难度减低，降低开发成本。

（8）信息流不同。C/S 程序一般是典型的中央集权的机械式处理，交互性相对低。

21.1.4　SQL Server 2016 简介

作为新一代的数据平台产品，SQL Server 2016 不仅延续了现有数据平台的强大能力，而且全面支持云技术。SQL Server 2016 基于 SQL Server 2014，提供了一个全面的、灵活的和可扩展的数据仓库管理平台，可以满足成千上万的用户的海量数据管理需求，能够快速构建相应的解决方案，实现私有云与公有云之间数据的扩展与应用的迁移。作为微软的信息平台解决方案，SQL Server 2016 的发布，可以帮助数以千计的企业用户突破性地快速实现各种数据体验，完全释放对企业的洞察力。

SQL Server 2016 由四部分组成，分别是数据库引擎、分析服务、集成服务和报表服务。

SQL Server 2016 数据库引擎是 SQL Server 2016 系统的核心服务，负责完成数据的存储、处理和安全管理，包括数据库引擎（用于存储、处理和保护数据的核心服务）、复制、全文搜索以及用于管理关系数据和 XML 数据的工具。数据库引擎是一个复杂的系统，它本身就包含了许多功能组件，如复制、全文搜索等，使用它可以完成 CRUD 和安全控制等操作。

分析服务（Analysis Services）的主要作用是通过服务器和客户端技术的组合提供联机分析处理（On‑Line Analytical Processing，OLAP）和数据挖掘功能。通过分析服务，用户可以设计、创建和管理包含来自其他数据源的多维结构，通过对多维数据进行多角度分析，可以使管理人员对业务数据有更全面的理解。另外，使用分析服务，用户可以完成数据挖掘模型的构造和应用，实现知识的发现、表示和管理。

SQL Server 2016 是一个用于生成高性能数据集成和工作流解决方案的平台，负责完成数据的提取、转换和加载等操作。其他的三种服务就是通过 Integration Services 来进行联系的。除此之外，使用数据集成服务（Integration Services）可以高效地处理各种各样的数据源，例如 SQL Server、Orcale、Excel、XML 文档、文本文件等。

报表服务（Reporting Services）主要用于创建和发布报表及报表模型的图形工具和向导、管理 Reporting Service 的报表服务器管理工具，以及对 Reporting Services 对象模型进行编程和扩展的应用程序编程接口。SQL Server 2016 的报表服务是一种基于服务器的解决方案，用于生成从多种关系数据源和多维数据源提取内容的企业报表，发布能以各种格式查看的报表，以及集中管理安全性和订阅。创建的报表可以通过基于 Web 的连接进行查看，也可以作为 Microsoft Windows 应用程序的一部分进行查看。

21.2 互联网金融

"互联网金融"是近几年金融市场讨论最为热烈且备受争议的新兴词汇，是传统金融行业与互联网精神相结合的新兴领域。它借助网银和快捷支付、社交网络以及搜索引擎等互联网工具，广泛开展业务，融通资金，并秉承"开放、平等、协作、分享"的互联网精神，通过移动网络及互联网等工具，促使传统业务操作更为透明地展现给社会公众，使得其在继承传统金融特点的同时，对传统金融业务透明度较差、参与度不高、协作性不好、中间成本偏高、操作烦琐、时间成本较高等劣势进行改正并加以整合，形成传统金融所不具备的新特点，大大加强其被接受的程度。

从具体表现形式上看，互联网金融通常表现但是不限于为在线理财产品的销售、第三方支付、金融中介、金融电子商务、信用评价审核等模式，任何与网络相关的金融业务都可被纳入互联网金融的范围。此外，与传统金融业务推销渠道不同的是，它主要依靠网络技术和客户的实际体验来传导，在被用户熟悉接受后（尤其是被电子商务接受后），自然而然地逐渐体现其优势并扩大其影响力，在随后的发展中，在接收到新的需求信号时，有针对性地创造满足客户新需求的新模式及新业务，不断发展壮大。

21.2.1 我国互联网金融发展历程

21 世纪以来，信息技术和移动通信技术的飞速发展使人们进入了移动互联时代，第三方支付、P2P 网络借贷、众筹等互联网金融业务迅猛发展。

从世界范围来看，互联网金融起源于美国，1995 年全球第一家网络银行 SFNB（美国安全第一网络银行）成立。中国互联网金融发展比美国稍晚，大致可以分为以下过程：

21.2.1.1 1990~2005 年的萌芽阶段

在 2005 年之前，互联网金融主要体现在传统金融行业尝试互联网阶段。1997 年招商银行网站开通，部分金融业务的办理从银行营业网点现场转移到网上。2003 年和 2004 年淘宝网和支付宝相继出现，电子商务这种新的商业运作模式也随之得到发展，为互联网金融的发展提供了更为广阔的应用舞台。

21.2.1.2 2005~2012 年的蓬勃发展阶段

支付宝等第三方支付平台、P2P 网贷平台、众筹等互联网新兴模式相继出现。

2007 年中国第一家 P2P 网贷平台"拍拍货"成立，2011 年中国第一家众筹平台"点名时间"开业，2011 年 11 月首家股权众筹平台"天使汇"上线，互联网金融进入一个新的发展阶段。

21.2.1.3 2013~2015 年 6 月的高速发展阶段

2013 年是中国互联网金融元年，互联网金融的各种业态基本呈现。2013 年 6 月，支付宝和天弘基金推出"余额宝"，从推出之后短短 3 个月的时间，规模就达到了 500 亿元，资金规模和投资者参与度远超预期。2013 年 9 月，我国第一家互联网保险公司"众安保险"成立，广大保险投资者多了一种新的选择。新浪、百度、网易等传统互联网企业利用自身强大品牌影响力和海量用户资源以及互联网技术优势相继推出理财产品。2013年，电商巨头京东推出"京保贝"快速融资业务，开始涉足小贷业务。腾讯推出微信支付，加剧了第三方支付的竞争。2014 年 12 月总部位于深圳的中国首家互联网银行"微众银行"成立。2015 年 6 月又一家互联网银行——网商银行成立。新兴互联网金融模式已经逐渐渗透到传统金融的各个领域，互联网金融迎来高速发展期。

21.2.1.4 2015 年 7 月至今是中国互联网金融监管、风险与发展并存阶段

2015 年 7 月，中国人民银行联合十部委发布《关于促进互联网金融健康发展的指导意见》和一系列相关监管政策。这个文件的发布是我国互联网金融发展史上一个里程碑式的事件，互联网金融行业发展有了依据，从而结束了长期无规范的混沌时代，互联网金融开始得到了规范发展。

我国互联网金融的发展并不是一蹴而就的，互联网金融的发展离不开政策、技术、需求和供给四个因素。互联网金融是在国家大力提倡"互联网＋"大背景下得以迅速发展的。任何一个行业的发展都离不开政府政策的支持，互联网金融同样遵循此规律。互联网技术变革和移动通信技术的飞速发展给互联网金融发展提供了物质条件，正是有了移动通信技术的发展才使得第三方支付、P2P、众筹等互联网金融业务成为现实。我国广大中小企业在解决就业、提供民生需求、补充公有制经济不足、增强市场活力、加快体制机制创新等方面发挥了重要作用。但中小企业长期以来面临着"融资难、融资贵"的困境，互联网金融的出现给广大中小企业提供了新的融资路径。改革开放以来我国居民财富收入不断增长，居民在增加消费的同时，更期许自己资产的保值增值。我国居民目前的金融投资面选择较小，银行储蓄收益率低，银行理财产品有资金门槛限制，股市不确定风险偏大。"余额宝"和 P2P 等互联网金融产品的出现加速了资金的流动，让市场资金充分流转，更好地为实体经济服务。互联网金融产品的出现也使广大经济个体享受到普惠金融带来的便利和实惠。互联网金融既包括传统金融企业顺应互联网发展时代潮——业务互联网化，也包括新兴互联网企业逐渐开拓新业务——互联网金融化。

21.2.2 互联网金融分类

历经了四个阶段，内涵日益丰富的互联网金融，已经渗入到人们生活中的每一个角落，连接着金融行业几乎所有的业务形态。根据《关于促进互联网金融健康发展的指导意见》，互联网金融可分为七大类，既包括传统金融服务网络化、线上化的网络贷款、互联网基金销售、互联网保险、互联网信托，也包括依托互联网和移动互联网发展而新出现的互联网支付、网络众筹融资和互联网消费金融。

21.2.2.1 互联网支付

互联网支付是为了解决互联网上订单结算、资金转移等问题应运而生的。互联网支付按照客户使用支付终端的不同可以分为电话支付、PC 支付、移动支付、互联网智能电视支付等多种方式。由于 3G、4G 通信技术的推广和智能手机的普及，移动支付已成为互联网支付的主流。同时，从商业银行和非银行支付机构的对比来看，非银行支付机构或者叫

第三方支付机构已经占据了移动支付主要市场。如中国支付清算协会发布的《中国支付清算行业运行报告（2018）》显示，2017 年国内非银行支付机构共处理移动支付业务 2390 多亿笔、金额 105 万亿多元，同比分别增长 146.53% 和 106.06%；而同期国内商业银行共处理移动支付业务 375 亿多笔、金额 202 万亿多元，同比分别增长 46.06% 和 28.8%。无论是支付交易笔数，还是同比增长幅度来看，商业银行明显处于弱势地位，仅有交易金额一项，还暂时处于领先地位。

21.2.2.2 网络贷款

相较于传统线下贷款，网络贷款由于其手续简便、支用方便等特点，正成为一种趋势。依托互联网，贷款人可以足不出户，完成贷款申请等步骤，审批后还可在网上银行、手机银行、手机 APP 等网络渠道直接支用，极大地提升了贷款的效率和体验。网络贷款，也分为 B2C 和 P2P 模式。

（1）B2C 模式。一般是银行或平台方，通过互联网向个人发放贷款。如中国建设银行推出的快贷，就是一款典型的 B2C 模式网络贷款产品。借款人通过中国建设银行的手机银行 APP，在线申请贷款额度，银行后台利用大数据模型"秒批"通过后，借款人就可在手机银行 APP 中支用该笔款项。商业银行当前也主要采取 B2C 模式发展网络贷款业务，利用日益完善的大数据，商业银行系统可以实时对借款人的资信状况、还款能力等进行在线审核，并做出是否贷款的判断与决策。除面向个人客户的"快贷"外，中国建设银行还有面向小微企业的"小微快贷"网络贷款产品，中国工商银行也有类似的"融 e 借"等 B2C 模式网络贷款产品。

（2）P2P 模式。也叫点对点模式，是借款人与贷款人之间直接进行交易的模式。目前，国内的 P2P 模式，主要由 P2P 网络贷款平台提供供需信息，帮助借款人与贷款人撮合交易，并提供各种信息服务。P2P 网贷行业经历了野蛮生长与集中爆雷等多个阶段，目前正处于风险暴露与行业规范期，监管政策也在不断地密集出台中。根据网贷之家数据，截至 2018 年 7 月底，国内 P2P 网贷行业正常运营平台数量下降至 1645 家，累计停业及问题平台达到 4740 家。从贷款成交量来看，截至 2018 年 7 月底，P2P 网贷行业历史累计成交量达到了 74789 亿元，但成交量呈现下滑势头，7 月当月交易量为 1447.5 亿元，环比下降 17.6%，同比下降 42.9%，也显示出 P2P 网贷行业的当前现状。

21.2.2.3 股权众筹融资

股权众筹融资是指公司出让一定比例的股份，面向普通投资者。投资者通过出资入股公司，获得未来收益。这种基于互联网渠道而进行融资的模式被称作股权众筹。另一种解释就是"股权众筹是私募股权互联网化"。

股权众筹融资主要是借助互联网平台的信息撮合作用，提升筹资方和融资方的信息对称水平，从而促进股权交易的达成，它必须依托于具备资质和公信力的平台来充当交易中介。

2009 年众筹在国外兴起，2011 年众筹开始进入中国，2013 年国内正式诞生第一例股权众筹案例，2014 年国内出现第一个有担保的股权众筹项目。2014 年 5 月，证监会明确了对于众筹的监管，并出台监管意见稿。

21.2.2.4 互联网基金销售

互联网基金销售是指运用互联网渠道，进行基金净值展示、产品销售、赎回等活动，使得客户能够更加方便地完成基金的申购、赎回等业务。

我国互联网基金销售主要可分为以下三类：

（1）传统基金销售机构的互联网化。这是指基金管理公司开展网上直销，或具有基金销售资格的银行、证券和保险机构等传统基金销售机构的网销。

（2）独立基金销售机构的网销平台。这是指具有基金销售资格的独立基金销售机构通过建立网销平台进行基金销售，如天天基金网、爱基金网等。

（3）基于互联网平台的基金销售机构。指不具有基金销售资格的电商平台、门户网站、互联网金融平台等与基金公司或独立基金销售机构合作，进行基金销售业务。

21.2.2.5　互联网保险

互联网保险指依托互联网服务，实现保险产品展示、体验、咨询、投保、交费、理赔和给付等保险全流程的线上化。互联网保险在业务模式上，有别于传统保险，更多依托互联网平台融入场景中进行销售。如客户在携程上购买机票时，可以在场景中嵌入出行延误险；客户购买景区门票时，可以嵌入旅游意外险；客户在淘宝购买商品，可以一并购买退货运费险等。依托互联网平台广泛的用户基础，互联网保险呈现出小额、高频等特征，具有非常广阔的发展空间。

21.2.2.6　互联网信托

互联网信托就是通过互联网平台进行的信用委托，一般涉及三方面当事人，即委托人、受托人、受益人。互联网信托服务的理念源于传统信托服务，即委托人基于对受托人的信任，将其财产权委托给受托人进行管理或者处置，获取固定投资收益回报，最终达到资产增值的目的。所不同的是相关业务流程由线下迁移到了线上。

21.2.2.7　互联网消费金融

互联网消费金融其实是网络贷款的一种形式，是指互联网金融企业依托大数据技术，通过互联网渠道向消费者提供消费贷款。典型的互联网消费金融产品如京东白条、蚂蚁花呗等。互联网消费金融有分期付款和一次性付款两种还款方式，信用贷款比较常用，很少会有涉及抵押或质押等担保方式。具有门槛低、放款速度快、小额等特点。

除上述七种互联网金融业态外，广义的互联网金融其实还有网络货币等形态，但央行目前对比特币等网络货币持不认可态度，本书不再论述。

21.2.3　互联网金融建设中存在的问题

目前中国互联网金融领域存在的问题较多，可分为运作中存在的问题、监管问题以及自律较为薄弱的问题三类。

21.2.3.1　互联网金融运作中存在的问题

互联网金融运作中存在的问题包括六种：一是多数互联网金融从业者为非金融业出身，将传统行业常用但金融业早已明令禁止的营销方式用于互联网金融产品的销售，如保本、保收益、有奖销售、利息补贴、提高杠杆率、夸大收益、低估风险、过度依赖借新还旧等，这些手段极易产生道德风险，导致消费者、投资者血本无归。二是 P2P 网贷企业大多存在资金池、刚性兑付的问题，部分构成"庞氏骗局"，触及"集资诈骗罪"与"非法吸收公众存款罪"的监管红线。三是目前整体经济仍在下行，中小微企业资金链紧张甚至容易断裂，容易出现信用风险，对于很多向投资者承诺刚性兑付的互联网金融企业或平台，很容易导致流动性风险。四是宝类投资存在较大的流动性风险。例如余额宝，其以"第三方支付＋货币市场基金"的产品设计，投资者通过支付宝购买货币市场基金，又可以随时以"T＋0"赎回基金。这就存在期限错配与流动性转换的问题，当市场大幅波动与用户赎回行为一致的时候，货币市场基金就会遭遇挤兑。五是现有法律框架还不允许互联网股权众筹的人数规模超过200人，影响股权众筹的发展。根据现有法律，超过200人即会造成向非特定对象非法公开发行证券的嫌疑，甚至构成非法集资刑事犯罪。互联网众筹涉及通过互联网方式发布众筹项目并获得融资，利用小额或大额多人众筹均是互联网众筹的优势。六是部分互联网金融从业人员或者机构诚信缺乏问题较为严重，这一问题尤其体现在P2P网贷、数字货币和区块链项目运作过程中，在这些领域存在较多想借机集资、套取资金的投资者。

21.2.3.2 互联网金融的监管问题

当前还存在很多互联网金融的监管问题。首先，目前我国还未出台对于互联网金融监管的法律，既存在监管失当和过度问题，也存在监管不足或缺位问题。目前有关互联网金融，只存在一些行政法规及政策，其制订缺乏业界专家和公众的参与，也缺乏法律权威性，容易包藏部门利益考虑（如第三方支付托管一律改为银行存管，又如政府部门"收编"支付宝和微信支付，封杀了互联网支付的经营和发展空间），而且存在多变性，不利于互联网金融长期、稳定与快速发展。互联网金融法律法规的滞后使得互联网金融运营面临极高的法律风险。例如，2017年至少有124家互联网众筹平台出现网站无故关闭、歇业停业、失联、提现困难等问题。截至2017年末，至少18家众筹平台处于隐性停运状态。其次，这些监管法规主要是从稳定金融、便利行政管理的视角，没有遵守一整套的通行监管原则（包括反欺诈原则、监管作为服务的原则、效率与竞争原则、消费者和投资者保护的原则、防范系统性金融风险的原则、产权保护原则和法治原则等），主要的监管措施是一味限制、禁止或者打压某些类型互联网金融运作，而不是从监管作为服务的视角扶持和便利互联网金融的发展。一味限制、禁止或者打压互联网金融有违效率与竞争原则，也有违消费者保护和投资者保护的原则，因而也有违产权保护和法治原则。产权保护和法治原则是市场经济中人人必须遵守的原则，因而一般不会出现在监管者的监管原则里面，但是恰恰对于中国这样的转型国家，必须明确将两者列入监管原则才能更受监管者和公众的重视。监管者容易借助其掌握的权力，通过不出台或者拖延出台某项政策或者改变某项规定来改变投资者对互联网金融机构的信心和预期，甚至决定互联网金融机构的生死。当然，反欺诈是头条监管原则，其实反欺诈的必要性存在于所有领域和部门，不单单适用于互联网金融部门。但是，这方面也适用法律上的比例原则，按此，行政法中比例原则是指行政权力的行使除了有法律依据这一前提外，行政主体还必须选择对当事人侵害最小的方式进行。上述监管作为服务原则与比例原则就有了结合点。此外，在《关于促进互联网金融健康发展的指导意见》中，对于互联网金融的监管提出要"依法监管、适度监管、分类监管、协同监管、创新监管"，这些监管要求可以容纳很多行政本位的金融抑制政策，并不能确保遵守上述通行监管原则。因此，反而要警惕监管部门对监管权的滥用和误用。

21.2.3.3　互联网金融行业自律较为薄弱的问题

目前，中国已经成立了中国互联网金融协会和一些网贷行业协会，需要由行业内的成员共同认真建立和实施章程、行规和行约。很多政府监管职能还没有下放到行业协会，成为行业自律的内容，如 P2P 的备案完全可以由互联网金融协会来掌握和管理。由于行政本位，而且行业协会的运作本身仍然有着很多行政化的特点，行业协会还不能真正成为协会成员利益的真正代表和维护者，不能发挥在市场经济国家里行业协会所能充当的"政策维权"主角色。

21.2.4　互联网金融的发展趋势

从互联网金融的发展历程可以看出，互联网技术的进步推动着互联网金融模式的创新。当早期互联网只是信息发布、查阅、交流的渠道，互联网应用少之又少时，互联网金融的主要形态只有网上银行等传统银行的线上化、电子化；当互联网技术进化到移动互联网后，由于移动网络具有的随时随地、不受时空限制等特点，使互联网金融业务快速迁移至移动端，并呈现"井喷式"增长。从最初仅仅完成网络订单的支付结算，到随着大数据和云计算技术的普及应用，互联网金融逐步实现互联网贷款的征信、审批、放款全流程线上操作。这些都可以看出，互联网金融的发展与信息科技的进步高度相关。

可以预见，互联网金融在人工智能技术、虚拟现实技术、区块链技术、5G 移动通信技术等新科技、新技术的推动下，还将不断壮大、发展，演化出新的应用、新的产品、新的模式，并将进一步呈现出移动化、平台化、场景化、智能化等趋势。

21.2.4.1　移动化

2009 年 1 月，我国工业和信息化部为中国移动、电信和联通三家通信运营商发放了 3G 牌照，标志着中国正式进入 3G 时代。3G、4G 移动通信技术的飞速发展，上网速度的指数级提升，使智能手机应运而生，并广泛普及。手机这一移动终端，也超越 PC 机，成为覆盖全民的互联网接入入口，移动互联网时代来临。当前，以智能手机为主要载体的移动互联网，由于具备随时随地、不受时空限制等特点，催生了大量的移动应用和新商业模式，全方位地改变了人们的生活习惯。金融服务通过与移动互联网的结合，也产生出手机银行、移动支付、移动理财等各种应用，随时随地即可满足客户的金融需求，也成为客户体验最佳的金融服务渠道。随着 5G 通信技术的临近，可以相信，互联网金融将日益呈现移动化特征，深刻改变金融服务方式。

根据工信部公布的最新数据，截至 2018 年底，全年净增移动电话用户达到 1.49 亿户，总数达到 15.7 亿户。15.7 亿户是个什么概念呢？根据国家统计局公布的数据，截至 2018 年末，中国大陆总人口 139538 万人，比 2017 年末增加了 530 万人。也就是说，目前每个中国人平均拥有 1.12 张手机卡，可谓全民进入了移动通信时代。智能手机正在改变着人们的生活习惯，变得越来越离不开它。而移动互联网则使得信息传播、文字、消费和交际成为生活不可缺失的内容。

基于移动平台的重要性和可能性，移动互联网入口成为互联网界"巨头"争夺的重点。根据易观千帆移动 APP 排行榜数据，2018 年 7 月，排名前 15 位的移动 APP 月活跃用户均达到了 2 亿户级别，已经占据了市场主导地位。其中，互联网金融属性很"重"的微信、支付宝月活跃人数分别为 9.15 亿人、4.89 亿人，远超商业银行移动 APP 的佼佼者——"中国工商银行 APP"（当月活跃人数 5133.9 万，排名第 68）、"中国建设银行 APP"（当月活跃人数 4984 万，排名第 71）、"农行掌上银行 APP"（当月活跃人数 3628.8 万，排名第 85）、"中国银行手机银行 APP"（当月活跃人数 1860.6 万，排名第 139）、"平安口袋银行 APP"（当月活跃人数 1831.9 万，排名第 142）。这也显示出在移动互联网领域，互联网巨头与商业银行的实力对比。微信、支付宝凭借这一显著的流量优势，在互联网金融领域将具备巨大的成长潜力，对商业银行保持巨大的压力。

21.2.4.2 平台化

大型互联网企业从事互联网金融业务，对银行相关业务已经造成了明显冲击，其根源在于用户庞大的互联网平台。阿里巴巴以电商平台"淘宝"起家，打造出了"支付宝"，又以支付宝为载体，铸就了庞大的互联网货币基金"余额宝"。京东则在复制这一模式，以电商平台"京东商城"为根据地，率先推出互联网消费信贷"京东白条"，进而整合出"京东金融"全面进军互联网金融行业。腾讯以即时通信工具"QQ"发家，进而培育出社交工具"微信"，然后依托庞大的用户基础，一夜之间让"微信红包"红遍全国，关联了上亿个银行账户，并推进"微信连接一切"，使微信支付在移动支付领域压制支付宝一头。可见，互联网可以服务长尾客户的特点，使平台模式在发展互联网金融业务时具备先天的优势。可以说，抢占互联网金融的制高点，平台是关键。

随着各项科技新技术的不断涌现，各行各业都将进一步与互联网连通，进行互联网改造，借助这一大势，互联网金融将可实现对各行各业的快速渗透和无缝连接。因此，抢占平台、实现平台化运营将日趋成为互联网金融进化的目标。2015 年 7 月，国家积极推动信息化建设步伐，大力推广"互联网＋"应用，印发了《国务院关于积极推进"互联网＋"行动的指导意见》，明确了"互联网＋"现代农业、"互联网＋"协同制造、"互联网＋"高效物流、"互联网＋"便捷交通、"互联网＋"益民服务、"互联网＋"智慧能源、"互联网＋"电子商务、"互联网＋"普惠金融、"互联网＋"人工智能、"互联网＋"创业创新、"互联网＋"绿色生态的十一项重点行动和夯实发展基础、强化创新驱动、营造宽松环境、拓展海外合作、加强智力建设、加强引导支持、做好组织实施这七项保障支撑措施。"互联网＋"战略的推动实施，将进一步加快"工业 4.0"、智慧农业、智慧城市、智慧社区、电子商务等信息化进程，促进互联网及移动应用全面深入人们生活和各行各业，提升整个国家的核心竞争力。互联网已经成为各行各业转型发展的重要工具和载体，金融作为经济活动的命脉和血液，也将在这一宏伟蓝图中大展身手，并在这种结合中培育出新的平台。可以预见，"互联网＋"将助推互联网金融在各个领域链接平台，并朝着打造大平台、成为大平台的方向迈进。

21.2.4.3 场景化

随着移动互联网的发展，必将由从满足客户感官认知的阶段，向连接客户生活的阶段演化，而连接客户生活场景，则必然要打通支付环节，实现线上支付、实时支付、随身支付和随处支付，从而大大助推了互联网金融的场景化应用。从支付宝、财付通等第三方支付公司的发展轨迹来看，也是这样的演化路径：首先，实现线上支付和实时支付，解决网络购物中的订单付款问题，并创新推出了担保支付方式，既充当了支付结算通道，又担当了交易的信用中介，解决了买方、卖方互不信任的困局，极大促进了网络购物和电子商务发展；其次，是由 PC 端向手机端进化，满足客户随身支付的需要，并结合 O2O 应用，与客户身边的应用场景结合，无论你在哪里，只要手机在手即可实时购物消费；最后，第三方支付开始向线下进攻，攻占大中超市、药店、影院、餐馆、酒店、学校、公交等行业，依托二维码支付和互联网 POS，实现随处都可以支付的目标，打造了线上线下完整的金融支付生态闭环。2015 年 8 月 8 日，微信支付率先推动"无现金日"，10 家银行、8000 家商户一同参与，移动支付环境已经成熟，可以预见不远的将来必将出现"无卡日""手机支付日"。

对互联网公司来说，支付只是过程，O2O 与金融才是目的。移动支付是其原有业务的自然延伸，打通了线上与线下的联结点，促进了 O2O 与互联网金融生态闭环的形成。同时，互联网巨头依托已经打通的支付账户体系和庞大用户基数，将进一步促进行业融合渗透，勾勒移动端 O2O 图谱，加快互联网金融在各个不同生活场景中落地。

21.2.4.4　智能化

近两年，IT 行业最热的词汇莫过于"人工智能"和人工智能有关的概念，无论从工业界还是学术界都热潮涌动。智能语音助理、智能音箱、智能翻译、智能投顾、自动驾驶等，开始频繁出现于我们的身边；智慧银行、无人银行等也逐步走入我们的视线。随着人工智能技术的进一步发展，互联网金融的智能化趋势将进一步显现。未来的互联网金融，不仅在于满足用户提出的特定金融需求，更要引领用户需求。它会通过云计算、大数据、人工智能以及虚拟现实技术对用户画像，并进行智能分析、研判、预测，为用户提供符合其行为、风险偏好的最佳选择，使用户的金融资产保值、增值，得到最佳体验。可以说，智能化将是互联网金融的终极进化方向。

21.2.5　互联网金融的风险分析

21.2.5.1　我国互联网金融行业所面临风险

互联网金融与传统金融既高度融合又各具特色，这种既本质联系又相互区分的特质，造成了互联网金融在潜藏传统金融风险因素的基础上，也具有其独特的风险特征。一方面，互联网金融本质上是金融行业在互联网技术加持下的一种升级，其实质和功能未发生根本变化，也就无法避免传统金融风险在互联网金融领域的传播，如市场风险、流动性风险、信用风险等。另一方面，一些互联网金融业态通过变革、发展和演进已使其同传统金融业有了巨大不同，也使其具备了一些和互联网行业共生或相似的风险，如操作风险、法律风险、信息风险等。

（1）市场风险。金融市场上可以产生风险的因素很多，主要是利率、汇率、股价等，这些金融指标会在短时间内产生剧烈变化，而由这些变化导致损失的风险就是市场风险。市场风险是金融行业最为常见也是影响最普遍的风险，因此互联网金融也不可避免地要面对市场风险的考验。可以肯定的是，互联网金融面对着比普通金融更大的市场风险。由于互联网金融大量地借助互联网平台进行交易，交易速度和交易量都呈几何倍增长，很难采取有效的手段去防范和跟进处理风险。同时互联网金融产品众多，且产品跨行业特征突出，部分产品同时具有多种行业属性，可能同时面临来自多个市场的风险，所承受风险也是成倍增长。

（2）流动性风险。在互联网金融公司经营过程中，会出现流动性短缺现象，从健康经营角度看即使其有充足的偿债能力，但短期内可能无法兑现资本回报，或因为无法及时获得现金流应对业务需要，会出现资金链断裂等现象，就会引发流动性风险。由于不具备银行等传统金融行业可以利用同业拆借市场、银行业债券市场等进行中短期资金拆借的便利性，可以说，互联网金融所面临的流动性风险也是较传统金融行业更大的。虽然中国人民银行2018年出台《关于支付机构客户备付金全部集中交存有关事宜的通知》，进一步加强互联网金融机构备付金管理，但由于很难得到央行的流动性支持，也无法参与短期资金拆借，即便大如余额宝这样的互联网金融公司，一旦面临多数用户同时赎回资金，也极易因短时兑付资金不足而引发流动性风险。

（3）信用风险。信用风险同样是一种传统的金融风险，简单讲就是由于违约而产生的风险，危害性较大，同时也较为常见。从个人角度看，由于当前信用体系尚在建设之中，互联网金融机构难以接入征信中心平台，导致其对互联网金融参与者资信情况无法全面完备掌握，无法对投资者做出真实准确的评判，交易双方往往缺乏直接全面的了解，加大风险发生的可能性。从机构角度看，由于网络信息的不对称性，投资者无法了解互联网金融机构的真实信用情况，这就给互联网金融机构可乘之机，利用虚假信息与债权骗取投资人的资金，使投资者面临较大的信用风险。最典型的案例就是P2P网络信贷，据网贷天眼网站统计，截至2019年3底，我国P2P网贷平台数量累计达6591家，其中问题平台5341家。新增问题平台数量巨大，主要原因是平台失联、平台清盘、提现困难、平台展期等均涉及信用风险。

（4）操作风险。操作风险主要包括两方面：一方面是因互联网金融机构内控内管不严、员工行为不当等造成的风险，另一方面是因投资者或互联网服务平台行为不当造成的风险。操作风险作为互联网行业最具特点的风险因素，也是互联网金融所特有的风险。由于技术安全对高度依赖数据信息的互联网金融影响非常大，而技术安全很大程度上又是操作所决定的，因此互联网金融内控机制及监管健全程度、从业人员专业知识情况以及互联网交易系统完备与否，都直接关系到互联网金融操作风险程度的高低。同时，外部操作风险同样不可避免，个人金融用户独立操作难免出现失误，也包括投资者电脑病毒的入侵或木马的植入、盗用客户个人资料等被动风险，以及被欺诈的风险。

（5）法律风险。互联网金融法律风险主要是由于外部法律法规环境和政策环境发生变化，或因机构和投资者违反现有的法律和制度，产生的对互联网金融机构或参与者造成相关法律后果的风险。当前，由于互联网金融行业仍属于新兴业态，各方面监管、法律条文都未跟进，仍存在空白、漏洞和盲区，互联网金融在扩张过程中，极易触碰监管红线和边界，引发法律风险。同时，由于政策的不确定性，现行的法律法规的约束主要针对传统金融服务，不少互联网金融业态尚未纳入现有法律法规中，包括新政策的出台都可能对互联网金融机构造成很大影响，甚至有关闭的风险。

（6）信息安全风险。信息安全问题是所有与互联网有关行业都要面临的风险，这一点在互联网金融上体现得尤为突出。一般情况下，信息安全风险的产生可以划分为外部原因和内部原因。外部原因主要指自然灾害、意外、网络安全公共事件等对网络产生的风险，或因计算机基础设备如软硬件、网络基件、灾备系统等出现故障所引发的风险隐患。此类风险通常具有突发性和不可预测性。内部原因主要指信息系统使用者、管理人员对互联网信息系统的改变而造成的风险，这种改变包括信息系统破坏、信息参数改变、信息泄露等。造成这种情况的原因是上述人员可能存在的违规操作、操作失误、主观故意等。一般情况下，信息安全风险是时刻存在的。互联网金融机构的相关数据信息，如客户信息、平台信息、资金来往信息、信用信息都存在于计算机网络中，一旦数据信息出现问题，会严重影响金融交易准确性和公平性，极易产生交易双方的纠纷和矛盾，产生资金风险等严重后果。

21.2.5.2　互联网金融风险主要特点

互联网金融行业除了具有传统金融行业风险外，其风险还兼具互联网行业某些特点，如风险传播速度较快、风险规模大、风险传染性强等特点，值得进行深入研究。

（1）风险规模极易扩张。风险的扩张性是判断风险危害程度的重要依据。由于互联网金融兼具了互联网行业开放、迅捷的特点，为金融行业带来了数字和技术上的便捷。但是，在便捷的背后，隐藏着极大的风险隐患，即开放、便捷、自由传播的互联网属性同样能够被风险所利用。如果发生了风险，就会在最短的时间内，通过互联网进行大面积、大规模的扩张，风险的影响范围比传统金融风险更大、危害程度更深，甚至产生跨行业、跨国界的系统性风险。

（2）风险的防控难度更大。传统的金融行业经过长期发展，其风险控制能力和手段已日趋完善，对一般性金融风险的防控日趋成熟，发生风险后可以通过有效的措施在风险苗头阶段进行干预，控制风险的进一步扩大，降低风险系数。如果发生更大规模的风险，监管机构一般也有能力和完备应急处置程序消除风险隐患。但是，互联网金融作为新兴事务，无论是监管者还是从业者，都尚未建立起完备的风险防控体系，加上新行业风险在传播中的不可预知性，给风险防控工作带来了更大的挑战。同时，互联网金融的特点也决定了其风险防控难度，主要是互联网金融信息传播速度快，且信息传播渠道是多向的，为风险传播提供了"便利"，使得风险防控难度大大增加。

（3）风险更易形成交叉性传播。从本质上看，互联网金融虽属于金融范畴，但其产生的背景是互联网行业与金融行业交叉的产物，这种打破单一行业独立性发展模式的新业态，会产生一定的风险负面效应，任一行业里发生风险，都有可能迅速交叉传染到另外行业中去。传统金融业如银行、保险、证券等风险虽然也会交叉性传播，但传播速度和传播范围远不如互联网金融，互联网技术的迅捷使行业之间的风险壁垒被打破，风险隔离措施也被弱化，一旦某个环境发生风险，不仅会对该从事该环节业务的机构产生影响，而且会将风险直接传染给其他环节的其他机构，甚至传播至整个互联网金融行业。

（4）风险的危害性更强。互联网金融风险规模易扩大、防控难度大、易交叉传染三个特点可以看出，互联网的特性造就了互联网金融信息传播快、交易数字化、业务种类复杂繁多等特质，这使得互联网金融风险源发问题更多、传播更隐蔽，传染性更强，互联网金融风险早期不容易被防控和治理，加上风险的传染性较快，风险一旦被发现，可能其波及面、影响程度已难以控制，因此互联网金融风险的危害性较一般金融风险更强，需要有针对性地开展防控和治理。

21.2.6 互联网金融风险治理的建议

针对互联网金融行为，政府规制是在防范风险的前提下因势利导，推动互联网金融产品的创新和规模的壮大，丰富我国金融体系层次，促进经济的发展，但与此同时必须采取有效的规制措施来应对我国互联网金融领域内的各类风险。我们从以下五个方面提出互联网金融风险治理的政策建议。

21.2.6.1 完善互联网金融风险治理政府规章制度框架

（1）加强总体设计。政府规制最主要的特征是具有前置性，而前置性的最重要表现形式就是要加强法律法规制度框架的总体设计，确保互联网金融能够在政府规制框架内合法有序发展，同时对其风险的规制做到有法可依、违法必究。建议由负责系统性金融风险防范工作的中国人民银行作为牵头单位，联合其他金融监管部门分行业对互联网金融基本情况、风险情况、风险规制措施、实施效果等进行系统翔实的调查，及时整合梳理现有的风险规制措施，结合当前互联网金融发展存在的问题、发展目标、发展方向等，及时出台一部以互联网金融行业规范为基础、以防范互联网金融风险为要求、以促进互联网金融行业发展为目的法律，法律条文涉及的政府规制内容应包括互联网金融机构准入、业务形态的定义、业务开展的基本规则、金融消费者权益保护、监督管理职责、风险防范要求以及相应法律责任等方面内容，从而有效地防范风险，推动互联网金融行业健康有序发展。

（2）加快立法进程。在建立我国互联网金融行业基本法的同时，也必须推进其他配套法律法规订立的速度，完善互联网金融风险治理的法律体系，确保互联网金融风险治理效果。主要分为三种途径：第一种途径是在原有金融行业规范性法律法规基础上进行修补，增加有关互联网金融风险规制的内容，如对《人民银行法》《商业银行法》等现有的法律法规进行修订和完善，增加互联网金融风险治理有关要求，确保现阶段适应互联网金融发展要求，这种途径立法成本小，但是并未对互联网金融风险规制的法律体系产生根本性的改变，只是在原来基础上加以完善。第二种途径是以全面建立互联网金融风险治理的法律体系为目标，通过分阶段、分对象地完善包括金融消费者权益保护、社会信用体系、信息网络安全等一系列法律法规，一步一个脚印构建互联网金融风险治理框架的"支柱"。第三种途径是以牺牲互联网金融创新性为代价，通过不断完善法律法规，建立更严苛的风险规制政策，消除互联网金融机构法无禁止即可为的思想，防止出现钻法律空子、"打擦边球"等现象。

21.2.6.2 建立全方位的互联网金融风险治理责任体系

（1）进一步明晰互联网金融风险治理职责。互联网金融涉及行业范围相对较广，管理存在单一分业特征，相对应地，风险治理也处于分割状态，实施情况和效果无从确定。我们必须首先确立互联网金融各业态风险治理主体，并结合实际进行具体分工的细化与明确，实现风险防控全覆盖。具体做法如下：

一是防范金融业务网络化过程中带来的风险，在原有金融行业规制分工的基础上，搭建新的符合互联网金融发展要求的风险治理框架，同时对风险类别进行划分实行分类防控，实现外延式的金融风险治理。

二是国家金融稳定发展委员会的成立，增加了中国人民银行宏观审慎管理和系统性金融风险防范职责。同时，中国人民银行是我国支付体系的规划者、管理者和行业标准制定者，而第三方支付又是互联网金融最重要的服务内容之一。因此，中国人民银行应进一步明确互联网金融风险治理主体和牵头责任，健全风险监测预警和早期干预机制，在坚持金融管理中央事权的前提下，按照中央统一规则，不断赋予地方更多的风险治理工作职责，各部门治理好分管行业金融风险，才能构建上下一体、左右互补的互联网金融风险治理体系。

三是对未划分和确立管理归属权的互联网金融业务的风险治理。互联网的金融混业经营的模式下，政府规制部门对互联网金融风险治理上存在很多困难。对规制部门而言，需要改变规制模式适应金融风险治理的需要，如综合协调模式、系统性金融风险防范协调机制也是当前互联网金融风险的治理趋势。我们认为，各金融行业监管部门应当尽快明确工作职责与风险治理主体，未来最好能将互联网金融监管职责划出，强化行为监管并成立统一的金融监管局，负责统筹互联网金融监管和风险治理工作的开展，实现互联网金融风险治理无死角。

（2）强化互联网金融风险治理规制部门间协调。就一般情况而言，互联网金融基本上都是横跨不止一个行业进行经营的，因此，要治理互联网金融行业的风险，首先需要解决的问题，就是加强规制部门间的联系，增加沟通协作，联手实施风险治理，共同搭建相融共生、互相协助的互联网金融风险治理体系。同时，在实施风险治理的过程中，还需要建设风险治理协调机制，不仅要承担原有的责任，也要对涉及交叉性的行业风险进行负责，在明确一个总体牵头部门的基础上，各个职能单位都要对自身职责进行明确，结合现有的互联网金融风险防范治理体系和合法合规中有关规制和管控的业务进行延伸，对属于本单位负责管理的风险都要有足够的重视，并通过长期规制积累风险治理经验，在治理过程中不断完善治理体系的建设，培养有关单位风险治理能力和专业水平，实现有序规制发现风险隐患，提升整个互联网金融风险治理工作的效率，让互联网金融市场安全性和稳定性得到进一步提升。

21.2.6.3　深入开展金融科技和风控科技前沿技术与应用研究

日趋严格的互联网金融规制要求在保证金融市场稳定性的同时，也不可避免地限制了互联网金融新业态的发展。互联网金融创新既需要新技术的应用支撑，也需要有效的风险防控，创新发展与风险防控必须并重。监管科技（RegTech）和金融科技（FinTech）的应用对于维护互联网金融体系的安全与稳定，保护公众的利益和治理金融风险具有十分重要的作用：一是提升规制能力，实时对数据收集、处理和共享，提前防范和感知金融风险，有效监测金融违规操作和潜在风险。二是持续规制创新，监管科技应用场景和解决方案更加丰富，能够有力推动规制规则、风险防控、风险查询的不断创新。三是增进部门合作，增强风险防治部门之间的有效合作，实现从机构规制向功能规制的过渡。四是降低成本，实现互联网金融风险治理流程的自动化和智能化，减少繁重工作带来的成本和人力的投入，金融机构减少合规成本。

为此，要统筹规划风控科技和金融科技应用体系，优先推进行业标准建设：统筹规划互联网金融风险治理体系框架、技术标准、保障措施等顶层设计；完善数据信息使用、数据安全、信息披露等方面的法律法规；建立新型信息化监管体系。同时，要开发新型监测工具和手段，积极探索新技术与风险场景的结合，加快治理工具和风控手段的研究；加强规制部门、金融机构和科技企业的合作，快速有效地推进新技术在政府规制领域的应用；有序开展风控科技的试点，进行持续创新。

21.2.6.4 积极引入"穿透式"理念治理风险

近年来，互联网金融越来越多地涉及一些交易环节复杂、信息不透明、交易节点多的跨市场金融业务。这些新业务表面上没有违反法律规定且总体上风险可控，但是在资产质量、信息公开程度上都难以符合管理标准，导致金融市场交易风险不断凸显。因此，在目前分行业管理格局不变的大背景下，可以通过引入穿透式的理念打破政府规制的多重标准，消除互联网金融经营过程中的层层壁垒，填补规制空白，防范系统性金融风险的发生。

（1）健全"穿透式"互联网金融风险治理法律制度。要构建穿透监管的法律制度体系，首先应当加强法律顶层设计，通过进一步完善配套法律制度，明确跨市场行业的监管主体，制定对应的监管规则，落实金融监管部门的监管责任，建立健全问责机制，让监管真正"长牙齿"。其次，参考美国功能监管理论的内涵，穿透金融产品和金融业务的表象，制定相对统一的监管标准，最大限度地消除监管套利。

（2）强化全流程风险防控机制。顾名思义，穿透式的规制理念其核心关键在于打破传统金融行业间的层层阻隔，穿透金融服务的表象和金融服务实质，将资金来源、中间环节与最终投向穿透并连接起来，以更好地从总体对风险情况进行把握，有助于明确对于跨市场金融产品和服务的监管规则。因此，需要利用穿透视角强化对金融机构的业务和行为上的全流程监管，填补监管"短板"，防止监管套利，实现金融风险防控治理的全覆盖。

（3）完善常态化的金融风险监测机制。当前，我国开展的互联网金融风险治理行动多是通过专题会议或文件安排布置的，带有"专项性"和"一次性"的特点，即在互联网金融风险多发期会开展此类整治予以重点打击和治理，针对过去突出问题进行的存量治理。随后很快就会偃旗息鼓，直到新一轮的风险爆发。这种风险规制方式虽然可以做到有针对性地治理风险，但是常常因被动的治理而错失风险抑制在苗头阶段的最佳时机。因此，必须要构建互联网金融风险常态化监测机制，用互联网技术抑制互联网金融风险，即在原始信息资料数据收集整理的基础上，综合运用大数据、云计算等建立的风险统计分析和事前预警机制，在风险发生前及时掌握可能风险点、涉及范围、损失预期等内容，就能及时有效地采取措施进行风险防范。目前，我国正在积极研究建立全国互联网金融风险监测预警平台，如果平台建成，能够提高互联网金融常态化监测和风险识别水平，这也是构建金融风险长效治理机制的重要一环。平台可利用云监控实施对互联网金融机构的全天候监测分析，及时掌握其运营状况和财务情况，出现风险时能够及时预警。同时，平台数据可用于丰富互联网金融数据资源，为进一步科学分析研判互联网金融风险积累数据资料。

21.2.6.5 丰富互联网金融风险规制手段

（1）充分发挥行业自律机制作用。一直以来，行业自律机制都是政府规制管理中不可或缺的重要一环，在我国传统金融行业，银行业协会、保险业协会、证券业协会等行业自律组织充分发挥协调、保障、自律、自控的作用，在一定程度上填补了因互联网金融风险治理责任不到位而导致的管理空白，为全行业的健康、稳定发展发挥了不可磨灭的巨大作用。当前，我国已经成立了互联网金融行业自律组织——中国互联网金融协会，并已经在互联网金融风险治理、互联网风险监测分析等方面发挥了巨大作用。未来，行业自律组织在当前风险治理体系尚不健全、风险治理手段尚不丰富的情况下，能够在互联网金融风险治理与防控方面发挥出关键作用。同时，较之于通过强制性手段进行风险管控的行为，行业自律完全出自行业自身发展的诉求，是站在行业自身角度提出并获得全行业广泛认同的一种共识，整合行业内部自愿，强化信息互通，达成互帮互助协同发展的作用，因此，天然具有推动发展的内生动力和约束力。互联网金融自律机制可以在一定程度上起到推动行业安全稳健发展的作用，鼓励互联网金融机构树立合法经营的风气，为互联网金融企业传递良性竞争、维护行业秩序、消除风险的行业正能量，和监管部门良性互动，引导行业内部生态健康。

（2）加强社会信用体系建设。互联网金融的金融属性决定了其业务发展一定是以个人信用为基础的。信用是金融行业的核心，而互联网金融行业因其复杂性，某种程度上对信用体系的要求更高，依赖度更大，需要比以往更加全面、可靠、真实、及时的信用信息对互联网金融业务进行支持。而这种信用信息的需求是双向的，无论是互联网金融机构还是普通金融消费者，都需要准确把握对方信用信息，才能够有效规避互联网金融风险。因此，必须把重点放在互联网金融信用体系建设上去，大量投入人力物力建设信息系统，充分预防信用风险，并使其他互联网金融风险发生的概率降到最低。目前，中国人民银行征信系统是金融行业最为主要的信用信息系统，其中记录了个人征信信息8亿人次。但是，即使是央行建立的官方性质的征信系统，其信用信息数据收集面仍然只占全国总人口数的60%。而当前随着信息技术的发展，互联网金融的服务覆盖面已远远超过原有传统金融机构的服务对象，现有服务对象往往是那些没有被征信体系所涵盖的人群，而这部分恰恰没有和传统金融机构有业务关系，其个人信用信息也没有被纳入现行的征信体系。这些都给互联网金融交易主体带来了困扰，也不利于金融风险的防范，甚至会催生出很多金融风险。因此，构建互联网金融独有的信用信息体系是十分必要和紧迫的，这种体系的建立在先期可以依托原有的征信体系为基础，逐渐将符合规范性要求的互联网金融机构接入征信管理系统，实时提取和更新数据。同时，政府需要加大对互联网金融征信系统建设的投入，切实推进政务信息公开与共享，构建守信联合激励和失信联合惩戒制度，确保我国的互联网金融征信体系的健全高效。

（3）完善金融消费者权益保护机制。金融体系很大程度上是服务于金融消费者的，因此，能否有效保障金融消费权益，是规制和治理互联网金融风险的重要环节。目前，我国已经初步建立了金融消费者权益保护机制，中国人民银行、银保监会先后成立了金融消费权益保护专门机构，并出台了一系列的保护制度。这些制度文件中虽然有涉及互联网金融业务的一些内容，但总体上都是针对传统金融行业的，对互联网金融消费者的一些特殊性没有明确，也没有进行专门的保护。在这点上，我们可以借鉴发达国家金融消费者权益保护制度，通过立法的形式，以保护金融消费者隐私安全为基础，保障互联网金融消费者的合法权益。当前，政府必须明确互联网金融交易主体的权利和责任，在责任明晰的情况下强化责任落实。同时，政府还应当继续加大金融知识的普及力度，推动金融知识纳入国民教育体系，提升低净值人群的金融消费素养，提高农村地区人口、老年人、青少年等风险认知水平。

21.3 税务电子化

电子计算机的产生和发展，给我们传统的生产管理和生活方式带来了根本性的变化。特别是近年来微电脑和通信网络技术及多媒体技术的迅速发展和广泛运用，计算机技术已渗透到人们生产与生活的各个方面，并逐渐成为世界各国、各行业管理现代化的重要手段和标志。作为担负国家重要经济管理职能的税务部门，面对千千万万的纳税人和大量纳税资料的管理，广泛运用现代先进计算机技术，加强电子化建设，提高税务管理水平，将具有重大的意义。

21.3.1 电子税务的含义

21.3.1.1 相关概念的界定

电子税务是指税务机构借助信息技术、特别是互联网技术，构建并完成传统税务机关的各项管理职能与服务职能，从而为纳税人提供更加方便、快捷、安全的服务。电子税务的核心特征是对传统税务的扬弃，一方面，传统税务的主体业务要向网上转移；另一方面，电子税务又将不断创造出新的适合互联网特点和纳税人多元化需求的个性服务。通过计算机信息技术构建成的电子税务平台，能够提高政府行政效率，改善政府效能，扩大民主参与，有效推动政府职能转变，提高公众对政府的满意度，建设服务型政府等。

21.3.1.2 电子税务的特点

相对于实体税务而言，电子税务以实体税务为依据，又不是实体税务简单机械的电子化与网络化：一方面，电子税务优化了实体税务，即电子税务比实体税务有不可比拟的优势，更有效能；另一方面，电子税务也不可能将所有税务机关行政事务都电子化与网络化，即电子税务永远也不可能完全取代实体税务。

电子税务的特点乃至优势源于通信技术的特性，具体而言，电子税务有如下特点：

一是科学先进性。网络具有超越部门界限、时空距离和资源投入制约的先天优势。网络的智能化，使政务组织的行为起点与目标之间的路径更为直接、清晰和明确。二是公平规范性。网络运行依据既定程序和规范进行。因此，电子税务运行的标准化使施政主体超越各种主观因素对施政过程的影响，一视同仁地对待所有的作用对象，由此保证政务组织基于统一行为的施政过程的客观和公平。三是开放透明性。电子税务实现了税务系统的网上信息公开和网上办事公开。四是自主性和回应性。电子税务在很大程度上实现了从人人对话到人机对话的转换。五是机械性与刚性。电子税务是人工智能，其规范依据程序实现，程序根据规律制定，程序一经制定就固定了，而且电子税务的运行模式是丰富可选的，同时也是有限的。无论在逻辑上，还是在现实中，电子税务的选择方案永远不可能穷尽现实可能性，电子税务不可能取代实体税务。从其功能定位上看，相对于实体税务，电子税永远具有工具属性。

21.3.2　电子税务网上申报系统总体结构

电子税务网上申报系统主要是为了方便纳税人进行电子税务申报而构建的。因此，要以满足现代化的税收征管需要，为纳税人提供方便，降低纳税成本。并与实际情况相结合，保证系统具有完整的、健全的税务申报流程，使其能满足纳税业务的不断发展，易于维护更新。除此之外，该系统的安全性能要好，保证数据信息的安全存储以及信息交流过程中的安全传输。

21.3.2.1　系统主要功能

（1）电子税务申报功能。电子税务申报系统能够实现所有税种的申报工作，不同税种的申报要使用不同的申报表单，然后由纳税人在线填写信息以使申报系统获得纳税人数据，以便进行后续的信息处理。

根据相关规范，电子税务申报系统和纳税人在大厅申报纳税相同，具有相同的法律效力。同样，电子申报表单的主表也应该按照税务部门的规定进行填写，填写方式与在大厅填写方式相同，并且不得空缺。各类附表也要按照规定，并结合实际情况有选择地填写。纳税人完成表单的填写以后，系统会根据税务稽查原则对各个表单进行核对，以确保信息的正确性，只有核对通过的信息方能进行申报。

电子申报表单的填写项目需进行必要的说明，例如必填项要详细，这样才能保证信息的完整性。表单的部分填写规范如下：

1）申报期。根据规定，所有税的申报和征收都要在规定时间内完成。纳税人应该严格遵守期限的规定，在限定期限完成申报业务，否则需要缴纳一定的滞纳金。

2）申报范围。电子纳税申报只能受理已完成登记的税费项目，未登记项目或其他特殊业务（如税费减免等）不能在线完成。

3）信息修改。纳税人提交前的信息可以修改。但是修改后要进行检查，再次提交后不允许再进行修改。

4）重复申报。在同一征收期限内，系统不受理重复申报，即同一征收期只能申报一次。

纳税人在任意一台计算机上进行电子申报时，税务申报系统使用身份认证作为系统登录凭证。因此，纳税人只要输入个人的用户名和密码，就可以登录系统，并且完成申报操作后的数据加密、解密和验签等操作都基于身份认证进行。

税务申报子模块主要包含如下几个功能部分：

1）申报接收用于接收纳税人填写的申报信息，同时生成相应的申报文件。

2）报表填写主要为纳税人提供报表的输入、核算、检查等功能。

3）信息查询主要包括对报表信息的查询、纳税人资料的查询等功能。

4）报表申报主要为纳税人提供报表审核、信息加密、报表发送和结果反馈等基本功能。

5）税款划拨系统在用户完成申报后，会自动完成税款划拨操作。

（2）纳税人识别功能。纳税申报系统会涉及很多纳税人的私人信息。只有识别通过的用户才能登录系统并浏览权限内的数据信息。

（3）自动划拨税款功能。纳税人完成电子税务申报后，申报系统就可以根据实际情况对相关税款进行实时划扣。这个过程中申报系统会与银行等金融机构间进行一系列的数据操作。

为了能够保证税款的正常划扣，纳税人应该与银行签订相关协定，只有这样才能保证税务部门有权划拨税款。纳税人可以在电子税务申报系统中对税款的划拨进行实时查询。

税款划拨主要包括税银库和税库银两种模式，前者需要和银行签订协议，然后由系统向银行发起扣款请求，税款划扣至指定账户后再由银行转入国库，过程相对复杂；而后者则是系统向国库发起划拨请求，然后由国库与银行直接进行税款划拨。如图 21 - 2 所示。

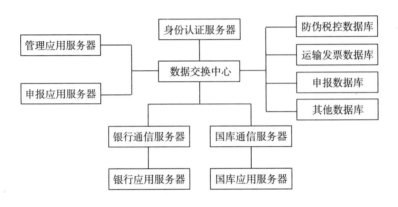

图 21 - 2　自动税务划拨功能

（4）纳税信息查询功能。电子税务申报平台不仅能够满足纳税人的申报工作需求和税务部门划拨税款的需求，还替纳税人提供了一个与税务相关信息的查询平台。在国家相关法律法规的范围内，纳税人应该能够查询个人的所有涉税信息和相关政策法规。

（5）系统管理维护功能。电子税务申报系统应该具有完善的系统维护功能，包括信息管理、纳税业务管理、纳税人注册、系统参数维护、申报周期设定、系统账户管理等模块。

（6）管理员功能。管理员功能主要是为管理人员服务的，包括对纳税人申报情况的查询、统计等功能，以便税务部门及时了解到纳税人的详细申报情况。该模块主要包括如下几个内容：

1）用户认定。主要指针对某些特殊行业的纳税人，可以放宽政策审核要求，对数据进行特殊处理。

2）查询功能。税务部门可以根据关键字对纳税人的登记信息、申报信息、审核信息及其他涉税信息进行查询。

3）统计汇总。纳税部门对纳税人信息的统计汇总查询。

4）数据维护。包括数据日志的维护、系统数据的维护等。

5）系统维护。主要包括系统字典维护、用户权限维护和通知信息维护等。

21.3.2.2　系统性能需求

除了基本的功能需求，系统在设计时还要保证具有良好的性能需求。

（1）实用性。电子税务申报系统的研发目的主要是满足人们对系统功能的要求。所以，系统在研发前，要充分考虑系统的可用性能，即系统要有必要的系统功能，满足税务部门工作的业务需求，并使用户在应用系统时感到舒适和方便。这需要在系统需求调研阶段对系统的基本功能、用户的使用习惯、部门业务的基本流程有充分的认识。除此之外，系统的开发要有必要的注释和提示功能，以满足不同人群的使用要求。

（2）可靠性。一个计算机系统的正常运行需要具有良好的可靠性。可靠性是一个系统研发和使用的前提。如果某个系统面对的用户群特别庞大，可靠性在系统的使用过程中就显得更加重要。这对于税务申报系统十分适用。随着我国经济的快速发展，纳税企业和纳税自然人快速增加，因此将来的电子税务申报系统将面对非常大的用户量。

所谓可靠性，主要是指系统面对海量访问、海量数据分析处理和长时间的系统操作时，电子税务申报系统仍能够正常完成所有的系统功能。为了实现这一要求，我们提出了如下几点：

1）为了实现系统对海量用户的访问需求，需要提高系统的网络连接数，对于已经结束的用户访问行为要及时断开。

2）对于非法的访问行为要有一定的抵御能力，尤其是非授权的系统操作等。

3）系统在运行过程中的带宽要求要满足系统的设置，这样才能保证用户得到快速的响应。

4）对系统问题和操作的反应能力要快，并快速完成相关要求同时提供一定的页面提示。

（3）安全性。保证系统的安全可靠是一个计算机系统的前提条件。由于系统中保存了大量的用户个人信息，如密码、银行卡号等，根据相关法律法规的要求，这些数据必须得到一定的保护。很显然，这是税务部门应该保证的工作。但是，网络系统具有很强的开放性，很多违法人员会使用更高的科技手段实现对个人资料数据的盗窃，从而达到破坏资料或获取利益的违法目的。另外，税务数据对纳税人的日常生活也会存在一定的影响，所以要尽可能地避免出现信息泄露的可能，所以，在进行系统开发前，就要充分考虑系统的安全性能，在系统的设计过程中，要完善系统的安全性能，防止任何形式下的恶意攻击行为。

除此之外，因为电子税务申报系统是通过计算机操作完成的，因此，如果没有用户的确认，系统通常不会泄露用户的信息，所以，系统要具备日志查询功能，这样才能保证时时记录用户的操作信息，以防出现用户的抵赖行为。

（4）兼容性。因为纳税人个性化的要求很多，所以系统的兼容性要强，这样才能满足各式各样的系统平台环境。尤其是用户的操作软件更是多种多样。因此，系统在研发过程要充分考虑用户的操作习惯和个人喜好，满足不同的系统平台和浏览器。这就需要系统的兼容性要好，这样才能实现用户的个性化需求。

（5）可维护。为了实现系统的高效运行，系统的维护必须方便、快捷，这样才能提高管理人员的系统维护速度。如果系统维护的过程相对复杂，就会非常容易引发系统错误，甚至对系统安全造成严重的影响。

（6）可扩展。由于税务部门的业务内容在不断地改革发展中，税务系统也需要在使用过程中进行一定的功能更新和完善，以适应快速发展的现实要求。因此，系统要具有良好的可扩展性，只有系统在系统功能扩展时性能良好，才能达到税务部门的基本业务要求。

21.3.2.3　系统总体设计

（1）技术框架设计。完善的技术框架设计能够保证系统具有良好的安全性和稳定性。在设计过程中要为各层确定具体的实现技术、完成工作和各层间的通讯规则。这里我们为电子税务申报系统构建一个总体技术框架，如图 21－3 所示。

图 21－3　系统技术框架

在此基础上设计应用层框架，如图 21－4 所示。

图 21－4　系统应用层框架

（2）业务框架设计。电子税务申报系统的开发目的是为了方便，那么系统就应该对整个纳税流程较为熟悉。基于这一业务需求，系统主要包括如下三个功能模块：

1）纳税人模块。该模块主要保存纳税人基本资料、操作日志、注册信息等，并管理与纳税人相关的税务信息。

2）税务员工模块。该模块用于保存税务部门工作人员的信息，如账户工作权限等。

3）管理员模块。该模块用来对系统资源进行合理调配，以满足纳税人和工作人员的需要。

以上述三个模块为基础，在不同的设计流程中，会对模块的功能进行独立的设计。具体功能如图 21－5 所示。

21.3.2.4　系统安全性设计

计算机网络具有显著的匿名性和开发性特点。因此，在系统开发过程当中，对网络上纳税人真实身份的识别、对网络传输过程中数据的安全性和完整性要求、对保证电子税务申报的不可抵赖性等问题，要首先进行深入的分析和考虑。只有解决好了这些问题，才是一套完善、高效、实用的软件系统。

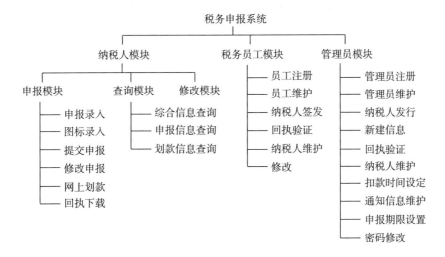

图 21 - 5 详细功能设计

（1）物理隔离技术分析。所谓物理隔离技术，是指通过固态读写开关对两个主机的信息设备进行连接，固态读写开关具备多个控制功能。因为该技术设备直接与主机系统相连，因此与逻辑连接、传输协议、命令传输、物理连接等网络通信协议无关，只是数据的直接传输。因此，物理隔离是从物理层面上对可能存在的潜在恶意攻击进行隔离，使系统不会受到破坏和入侵，从而保证系统数据的安全。

经过对业务的分析，系统最终使用 Router 作为物理隔离技术的网闸。Router 具有先进的文件交换技术，能够实现数据在多个网络间的安全传递，在数据传输过程中，数据以 XML 格式进行传递。另外，系统还是用端口与地址映射，从而保证消息传递和网络层连接的透明性。

（2）系统安全模型分析。系统使用了 CA 技术，这种技术在传输的过程中，不仅能够作为数字签名使用，还能对数据进行加密，进而保证数据安全和用户身份的安全，并确保申报行为不会出现抵赖的情况。在系统实际运行时，纳税人向网络服务机构申请 CA 证书，该证书代表了该纳税人在网上的身份，这样，电子税务申报系统就能够通过 CA 证书验证用户的身份。另外，申报资料也经过了加密处理，加密后的数据只有真正的纳税申报系统能够解密并读取这些数据，其他的任何机构或个人都无法获取申报数据。最后，由于数字签名的使用，也约束了纳税人的行为，使得纳税人与自己的网络行为相关联，避免出现抵赖的情况，维护了电子税务申报系统的严肃性。

具体的实现流程为：系统网站、税务部门和纳税人都会得到证书，并对其签名，收方得到数据以后，要用发出方密钥解密，检验数据。

基于 PKI 安全体系构建的电子税务申报系统，对保障纳税人信息、申报数据和申报系统的安全性具有重要的意义。

（3）基于 XML 的安全技术分析。为了构建一套安全的 XML 电子税务申报信息交换模式，引入了 Web 安全协议。

1）Web 服务安全协议。作为标准的 SOAP 扩展，Web 服务安全协议能够以数据完整性和机密性为前提对消息的认证提供保护，从而构建一个安全的网络服务，该协议能够对

SOAP 消息的传递起到增强的作用。上述技术机制能够用来为数据传输提供先进的加密技术和高效的安全模型。该语言本身包含与安全性令牌相关的通用机制，因此，在使用的过程中不需要指定相关令牌。在功能设计上，Java 语言的可扩展性很强，并对二进制下安全令牌的编码方式进行了描述。

2）安全传输模块。在电子税务申报系统运行时，纳税人会先将通过 CA 加密的数据发送给受理平台，同时获得相应的反馈信息。受理平台收到纳税人的加密数据后将其传送到处理系统平台。经过初步的审核后，系统会将反馈返回到交税的人。为了不对税务系统的网络造成安全威胁，系统处理平台在接收数据时与税务局内网进行物理隔离。

数据转发系统完成了网络隔离期间的信息交换。数据的传递过程如图 21 - 6 所示。

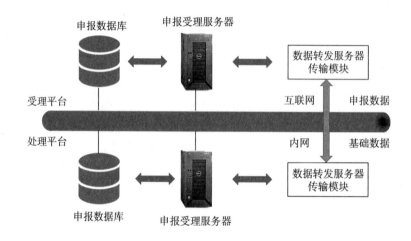

图 21 - 6　数据传输过程

该传递过程主要包含以下两个重要的环节：①数据转入。数据转入指的是申报数据从税务受理平台传递到税务部门内网。申报数据首先通过 Web 网站进行接收，然后经过相关部门的审核，最后将其传递到服务器，以便进行更深入的处理。②数据转出。数据转出指的是基础信息的流向。通常情况下，税务部门受理申报数据后需要对数据进行审核，这是就需要调取基础数据库中的纳税人信息进行比对。基础信息通过 JMS 程序把消息发送到转发服务器，并提交到受理系统平台。

为了满足业务发展变化的问题，我们在进行系统设计的过程中将数据的传输与业务信息的传输相分离，传输数据不用考虑具体的表结构。数据表信息的传输和业务的传输要求都被写入 XML 配置文件中，而不需要体现到代码中。

21.3.3　有效促进电子税务发展的途径

21.3.3.1　以立法立规为保障

加速"互联网＋税务"相关的法律法规制度建设，从国家层面实行统一的电子税务立法标准，尤其是国地税机构合并后，国家税务总局应迅速制定合并后的征管规范及信息化建设的规范要求，使电子税务的发展有法可依、有规可循。一是要立法统一信息化建设标准，为税务机关的服务从前台向后台的转移提供统一的技术和平台规划。二是要立法保障信息数据安全，承认电子数据与纸质数据具有同样的法律权威性，明确利用互联网技术手段恶意盗取个人信息等行为的法律惩处。三是要立法完善个人隐私、知识产权、电子商务等相关规范，堵塞电子税务发展中的法律漏洞。四是要立法明确电子税务模式的权威，这样既能保障在电子税务模式下纳税人的基本权利，又是税务机关利用电子信息化手段履行税务职责、行使税收管理权力的制度保障。

21.3.3.2　以纳税人需求为导向

创建"以人为本"的电子税务服务理念，更多视角地分析纳税人的行业特征、业务范围和服务重点，以需求为导向拓宽电子税务涵盖的业务范围，逐步形成业务全覆盖、一站式的电子税务服务方式。注重电子税务的用户体验，流程清晰、操作简洁、易学易会、亲民化的设计更容易让公众接受电子税务这种服务方式。全程跟踪纳税人的使用反馈，及时优化基层体验与顶层设计不符的业务环节。设立电子化的企业专员，做到企业一户一档，向纳税人提供个性化、定制化的专属电子办税服务。电子税务的发展应始于需求，终于满意，充分满足纳税人不断更新发展的信息化需求，才是电子税务发展的根本导向。

21.3.3.3　以跨部门协作为途径

打破部门间数据交流的壁垒，加强跨部门间的横向交流与协作，以建立大数据电子服务平台为视角，通过扩宽跨部门间信息共享的大数据库，确保部门间信息传递的真实性和及时性，利用大数据分析来综合分析纳税人的涉税需求和进行纳税人风险评估。以契税业务为例，受国家契税税收优惠政策的影响，纳税人家庭拥有住房套数、房屋卖出方拥有住房的年限等决定了契税征收的税率标准，因此在电子税务流程中加入房产局关于纳税人实有房屋套数信息和房产办理年限信息、民政局关于纳税人婚姻状况信息等可确保税款征收的准确性，其他税收流程也将同样受益于大数据的及时监控能力。利用跨部门协作为途径，加大税收监控的力度，确保管理决策的公正性，同时提高税收风险防控能力，减少逃税、避税、骗税的现象发生。

21.3.3.4　以流程再造为手段

梳理税务系统内部不同部门间的业务流程，整合跨机构部门间的业务屏障，重塑电子税务各项业务的流程规划，充分发挥"融合"与"创新"的基本特征要求，以流程最优为手段，优化配置各项流程的人力、物力和信息资源，剔除涉税业务中的不必要环节，精简涉税资料和表证单书，降低征纳成本和管理成本，扩大涉税服务的影响范围，确保电子税务的各项环节高效有序且透明可监控，为纳税人提供"一站式、全流程"的优质电子税务体验。

21.3.3.5　以信息技术为支撑

电子税务从兴起到成熟将不断承受着信息技术日新月异和安全性挑战不断加强的发展压力，确保信息技术不断升级，是维系电子税务持续发展的技术支撑。首先应建立标准统一的信息化平台，强调基础设施和软、硬件设备处于最优服务状态；其次加大信息科技的自主研发能力，充分吸收国际领先的信息科技优势，力争用自主的科技知识产权获取更高的技术突破和安全保障；最后，探索多渠道电子服务模式，利用互联网时代飞速前进的技术手段，扩充电子税务的适用平台，向纳税人不断推出如掌上 APP、涉税资料"云"获取、电子税务学堂、远程涉税指导、移动端申报缴税等全方位、不间断的电子税收服务。

21.3.3.6 以人才培养为后盾

发展电子税务在注重引进新技术、新方法的同时还要注重人才的储备和培养。人才战略不仅能增强我国自主知识产权的研发能力，更是今后为全面开展电子政务打下了牢固的人才基础。电子税务的发展不仅需要人才在互联网技术、硬件开发技术、信息处理技术、数据分析技术等方面有扎实的基础，还需要设计者同时具备公共管理学、统计学、数学、经济学乃至心理学等方面的素质。因此，必须长期注重复合型人才队伍的培养建设，为电子税务不断优化升级提供坚实的后盾。

21.4 财税体制历史变迁及未来展望

21.4.1 财税体制的历史变迁

改革开放 40 余年来，我国财税改革顺应时代大潮，围绕国家整体改革的目标，服务于整体改革的需求，逐步向与社会主义市场经济体制和国家治理体系、治理能力现代化相匹配的财税体制演进，始终履行着先导者和保障者的双重角色，是创造中国经济奇迹的"幕后英雄"，在我国财税史上写下了辉煌篇章。

21.4.1.1 1978～1993 年：奠基性改革

改革开放之初，我国经济体制改革是从分配领域入手的，财税改革以"放权让利"为主调，由下放财权和财力入手，改变"财权集中过度，分配统收统支，税种过于单一"的传统体制格局，便有了如下的若干改革举措：在国家与企业之间的分配关系上，实行"减税让利"；在中央与地方之间的财政分配关系上，实行"分灶吃饭"；在税收制度建设上，实行"复税制"；在与其他领域改革的配合上，给予"财力保障"。

上述的这些改革举措，对于换取各项改革举措的顺利出台和整体改革的平稳推进所发挥的作用，可以说是奠基性的。然而，无论放权还是让利，事实上都是以财政上的减收、增支为代价的。主要由财税担纲的以"放权让利"为主调的改革，却使财政收支运行自身陷入了不平衡的困难境地，导致不仅财政赤字逐年加大，债务规模日益膨胀，而且中央财政已经达到了难以担负宏观调控之责的空前水平。

21.4.1.2 1994～1998 年：由格局调整转向制度创新

邓小平"南方谈话"后，改革开放翻开了新的篇章。党的十四大正式确立社会主义市场经济体制的改革目标，以建立适应社会主义市场经济的财税体制为着眼点，从 1994 年起，财税改革踏上了制度创新之路，由侧重于利益格局的调整转向新型体制的建立。

（1）按照"统一税法、公平税负、简化税制和合理分权"的原则，通过建立以增值税为主体，消费税和营业税为补充的流转税制、统一内资企业所得税、建立统一的个人所得税制、扩大资源税的征收范围、开征土地增值税以及确立适应社会主义市场经济体制需要的税收基本规范等一系列的行动，全面改革税收制度，搭建了一个新型的税收制度体系。

（2）在根据中央和地方事权合理确定各级财政支出范围的基础上，按照税种统一划分中央税、地方税和中央地方共享税，建立中央税收和地方税收体系，分设中央税务机构和地方税务机构，实行中央对地方税收返还和转移支付制度，初步建立了分税制财政管理体制基本框架。

（3）根据建立现代企业制度的基本要求，在降低国有企业所得税税率、取消能源交通重点建设基金和预算调节基金的同时，实行国有企业统一按国家规定的33%税率依法纳税，全面改革国有企业利润分配制度。

（4）彻底取消向中央银行的透支或借款，财政上的赤字全部以举借国债方式弥补，从制度上斩断财政赤字与通货膨胀之间的必然联系。

21.4.1.3　1999～2013年：构建并完善公共财政体制

1994年的财税体制改革，固然使中国财税体制走上了制度创新之路，但并没有解决问题的全部。无论是财政支出一翼的调整，还是以"税费改革"为代表的财政收入一翼的变动，所涉及的，终归只是财税体制及其运行机制的局部而非全局。当分别发生在财政收支两翼的改革局限性逐渐凸显出来后，人们终于达成了如下共识：零敲碎打型的局部调整固然重要，但若没有作为一个整体的财税体制及其运行机制的重新构造，并将局部的调整纳入整体财税体制及其运行机制的框架中，就不可能真正构建起适应社会主义市场经济的财税体制及其运行机制。于是，将包括收入、支出、管理以及体制在内的所有财税改革事项融入一个整体的框架之中，并且作为一个系统工程加以推进，便被提上了议事日程。

时隔5年之后的2003年10月，中共十六届三中全会通过了《关于完善社会主义市场经济体制若干问题的决定》。在这份历史性文献中，根据公共财政体制框架已经初步建立的判断，做出了进一步健全和完善公共财政体制的战略部署。认识到完善的公共财政体制是完善的社会主义市场经济体制的一个重要组成部分，将完善公共财政体制放入完善社会主义市场经济体制的棋盘，从而在两者的密切联系中谋划进一步推进公共财政建设的方案，也就成了题中应有之义。以此为契机，又开始了旨在进一步完善公共财政体制的一系列操作。

21.4.1.4　2013年至今：新一轮财税改革

以党的十八大为节点，改革开放进入攻坚期和深水区。2013年11月，十八届中央委员会三次全体会议通过了《中共中央关于全面深化改革若干重大问题的决定》，财政被定位为"国家治理的基础和重要支柱"，新一轮财税体制改革开始。2014年6月，中央政治局通过了《全面深化财税改革总体方案》，确立了新一轮财税体制改革的目标：建立现代财政制度，新一轮财税体制改革由此展开。

（1）就预算管理制度改革而言，有别于以往围绕一般公共预算（亦称财政预算）而定改革方案的做法，新一轮预算管理制度改革的视野扩展到包括一般公共预算、政府性基金预算、国有资本预算和社会保险基金预算在内的全部政府收支。其目标就是在覆盖全部政府收支的前提下，建立"全面规范、公开透明"的现代预算管理制度。

（2）就税收制度改革而言，有别于以往围绕税收总量增减而定改革方案的做法，新一轮税制改革设定的前提是"稳定税负"。其目标就是在"稳定税负"的前提下，通过"逐步增加直接税比重"优化税收收入结构，建立现代税收制度。

（3）就中央和地方财政关系改革而言，有别于以往围绕中央或地方财力增减而定改革方案的做法，新一轮中央和地方财政关系改革的目标，被锁定于"发挥中央和地方两个积极性"，构建现代中央和地方财政关系新格局。

21.4.2 改革的未来走向——加快建立现代财政制度

加快建立现代财政制度是实现党中央关于深化财税体制改革重大部署的必然要求。近年来，财税领域改革多点突破，不断向纵深推进。现代预算制度主体框架基本确立。新预算法颁布施行。在推进预算公开、实行中期财政规划管理、完善转移支付制度、加强地方政府性债务管理等方面，一系列重大改革举措密集推出、落地实施。税收制度改革取得重大进展。实现增值税对货物和服务全覆盖，开征 66 年的营业税告别历史舞台。资源税从价计征改革全面推进。环境保护税法制定出台。房地产税立法、个人所得税改革、健全地方税体系改革工作稳步推进。财政体制进一步完善。出台推进中央与地方财政事权和支出责任划分改革的指导意见，重点领域财政事权和支出责任划分改革积极推进。全面推开营改增试点后调整中央与地方增值税收入划分过渡方案出台实施。站在新的更高起点上，进一步落实好党中央确立的深化财税体制改革重大部署，必须坚持一张蓝图绘到底，巩固和拓展已取得的改革成果，再接再厉，久久为功。

加快建立现代财政制度是完善和发展中国特色社会主义制度、推进国家治理体系和治理能力现代化的必要手段。党的十九大报告深刻洞察世情、国情、党情变化，科学作出"中国特色社会主义进入了新时代"的重大政治判断。要在迅速变化的时代中赢得主动，在新的伟大斗争中赢得胜利，必须进一步完善和发展中国特色社会主义制度，为党和国家事业发展、人民幸福安康、社会和谐稳定、国家长治久安提供一整套更完备、更稳定、更管用的制度体系。财政制度体现政府与市场、政府与社会、中央与地方关系，涉及经济、政治、文化、社会和生态文明建设各个方面，是国家治理体系的重要组成部分。加快建立现代财政制度，是更好发挥财政在国家治理中的基础和重要支柱作用的客观需要，有利于加快国家治理体系和治理能力现代化进程。

21.4.2.1 建立权责清晰、财力协调、区域均衡的中央和地方财政关系

科学规范的中央和地方财政关系必须具有清晰的财政事权和支出责任划分、合理的财力配置和明确的目标导向，事关区域均衡发展和国家长治久安。当前和今后一个时期中央和地方财政关系的构建，权责清晰是前提，财力协调是保障，区域均衡是方向。要科学界定各级财政事权和支出责任，形成中央与地方合理的财力格局，在充分考虑地区间支出成本因素的基础上将常住人口人均财政支出差异控制在合理区间，加快推进基本公共服务均等化。

权责清晰，就是要形成中央领导、合理授权、依法规范、运转高效的财政事权和支出责任划分模式。在处理好政府和市场关系的基础上，按照体现基本公共服务受益范围、兼顾政府职能和行政效率、实现权责利相统一、激励地方政府主动作为等原则，加强与相关领域改革的协同，合理划分各领域中央与地方财政事权和支出责任，成熟一个、出台一个，逐步到位。及时总结改革成果和经验，适时制定修订相关法律、行政法规。同时，合理划分省以下各级政府财政事权和支出责任，适合哪一级政府处理的事务就交由哪一级政府办理并承担相应的支出责任，省级政府要加强统筹。

财力协调，就是要形成中央与地方合理的财力格局，为各级政府履行财政事权和支出

责任提供有力保障。结合财政事权和支出责任划分、税收制度改革和税收政策调整，考虑税种属性，在保持中央和地方财力格局总体稳定的前提下，科学确定共享税中央和地方分享方式及比例，适当增加地方税种，形成以共享税为主、专享税为辅，共享税分享合理、专享税划分科学的具有中国特色的中央和地方收入划分体系。因地制宜、合理规范划分省以下政府间收入。同时，继续优化转移支付制度，扩大一般性转移支付规模，建立健全专项转移支付定期评估和退出机制，研究构建综合支持平台，加强转移支付对中央重大决策部署的保障。

区域均衡，就是要着力增强财政困难地区兜底能力，稳步提升区域间基本公共服务均等化水平。从人民群众最关心、最直接、最现实的主要基本公共服务事项入手，兼顾需要和可能，合理制定基本公共服务保障基础标准，并适时调整完善。根据东中西部地区财力差异状况、各项基本公共服务的属性，规范基本公共服务共同财政事权的支出责任分担方式。按照坚决兜住底线的要求，及时调整完善中央对地方一般性转移支付办法，提升转移支付促进基本公共服务均等化效果。省级政府要通过调整收入划分、加大转移支付力度，增强省以下政府基本公共服务保障能力。

21.4.2.2　建立全面规范透明、标准科学、约束有力的预算制度，全面实施绩效管理

内容完整、编制科学、执行规范、监督有力、讲求绩效和公开透明是现代预算制度的基本要素。要立足于已确立的预算制度主体框架，进一步提升预算的全面性、规范性和透明度，推进预算科学精准编制，增强预算执行刚性约束，提高财政资源配置效率。

全面规范透明。推进全口径政府预算管理，全面反映政府收支总量、结构和管理活动。强化政府性基金预算、国有资本经营预算、社会保险基金预算与一般公共预算的统筹衔接，严控政府性基金项目设立，加大国有资本经营预算调入一般公共预算力度，加快推进统一预算分配权。深入实施中期财政规划管理，提高中期财政规划的科学性，增强对年度预算编制的指导作用。进一步完善跨年度预算平衡机制，严格规范超收收入的使用管理。坚持以公开为常态、不公开为例外，不断拓展预算公开的内容和范围，完善预算公开的方式方法，加强预算决算公开情况检查，全面提高预算透明度，强化社会监督。

标准科学。遵循财政预算编制的基本规律，根据经济社会发展目标、国家宏观调控要求和行业发展需要等因素，明确重点支出预算安排的基本规范。扩大基本支出定员定额管理范围，建立健全定额标准动态调整机制。深入推进项目支出标准体系建设，发挥标准对预算编制的基础性作用。加强预算评审结果运用，及时总结不同项目的支出规律，探索建立同类项目的标准化管理模式。

约束有力。严格落实预算法，切实硬化预算约束。坚持先预算后支出，年度预算执行中，严格执行人民代表大会批准的预算，严控预算调整和调剂事项，强化预算单位的主体责任。严格依法依规征收财政收入。构建管理规范、风险可控的政府举债融资机制，明确各级政府对本级债务负责，增强财政可持续性。地方政府一律采取发行政府债券方式规范举债，强化地方政府债务预算管理和限额管理。层层落实各级地方政府主体责任，加大问责追责和查处力度，完善政绩考核体系，做到终身问责，倒查责任。

全面实施绩效管理。紧紧围绕提升财政资金使用效益，将绩效理念和方法深度融入预算编制、执行和监督的全过程，注重成本效益分析，关注支出结果和政策目标实现程度。绩效管理覆盖所有财政资金，体现权责对等，放权和问责相结合。强化绩效目标管理，建

立预算安排与绩效目标、资金使用效果挂钩的激励约束机制。加强绩效目标执行动态监控。推动绩效评价提质扩围，提升公共服务质量和水平，提高人民满意度。

21.4.2.3 深化税收制度改革，健全地方税体系

深化税收制度改革的目标是形成税法统一、税负公平、调节有度的税收制度体系，促进科学发展、社会公平和市场统一。要围绕优化税制结构，加强总体设计和配套实施，推进所得类和货物劳务类税收制度改革，逐步提高直接税比重，加快健全地方税体系，提升税收立法层次，完善税收法律制度框架。

着力完善直接税体系。建立综合与分类相结合的个人所得税制度，优化税率结构，完善税前扣除，规范和强化税基，加强税收征管，充分发挥个人所得税调节功能。实行代扣代缴和自行申报相结合的征管制度，加快完善个人所得税征管配套措施，建立健全个人收入和财产信息系统。密切关注国际税改动态，审慎评估和研判国际税制发展趋势，进一步完善企业所得税制度。适应经济全球化发展和"一带一路"建设的需要，加强国际税收协调，提升我国税制的国际竞争力。按照"立法先行、充分授权、分步推进"的原则，推进房地产税立法和实施。对工商业房地产和个人住房按照评估值征收房地产税，适当降低建设、交易环节税费负担，逐步建立完善的现代房地产税制度。

健全间接税体系。按照税收中性原则，深入推进增值税改革，进一步健全抵扣链条，优化税率结构，完善出口退税等政策措施，构建更加公平、简洁的税收制度。结合增值税改革进程，推进增值税立法，最终形成规范的现代增值税制度。结合实施中央和地方收入划分改革，研究调整部分消费税品目征收环节和收入归属。

积极稳妥推进健全地方税体系改革。调整税制结构，培育地方税源，加强地方税权，理顺税费关系，逐步建立稳定、可持续的地方税体系。一是完善地方税种。根据税基弱流动性、收入成长性、征管便利性等原则，合理确定地方税税种。在目前已实施的城镇土地使用税、房产税、车船税、耕地占用税、契税、烟叶税、土地增值税等为地方税的基础上，继续拓展地方税的范围，同时逐步扩大水资源费改税改革试点，改革完善城市维护建设税。二是扩大地方税权。在中央统一立法和税种开征权的前提下，根据税种特点，通过立法授权，适当扩大地方税收管理权限，地方税收管理权限主要集中在省级。三是统筹推进政府非税收入改革。加快非税收入立法进程。深化清理收费改革，继续推进费改税。在规范管理、严格监督的前提下，适当下放部分非税收入管理权限。

全面落实税收法定原则。按照党中央审议通过的《贯彻落实税收法定原则的实施意见》的要求，新开征税种，一律由法律进行规范；将现行由国务院行政法规规范的税种上升为由法律规范，同时废止有关税收条例。力争在2019年完成全部立法程序，2020年完成"落实税收法定原则"的改革任务。

参考文献

[1] 刘建徽，周志波．整体政府视阈下"互联网＋税务"发展研究——基于发达国家电子税务局建设的比较分析［J］．宏观经济研究，2015（11）．

[2] 王宏伟．"互联网＋"视角下的税收治理现代化［J］．税务研究，2017（386）．

[3] 曹艳芳．论大数据背景下电子政务跨部门协同发展战略［J］．黄冈职业技术学院学报，2017，19（3）．

[4] 吕春杨．大数据时代电子政务面临的机遇和挑战［J］．淮海工学院学报（人文社会科学版），2017，15（3）．

[5] 雷炳毅．"互联网＋税务"要解决的问题与推进思路［J］．税务研究，2016（376）．

[6] 朱玲．基于"互联网＋"思维理念的税收现代化建设［J］．财税金融，2016（16）．

[7] 李丽华．我国地方政府电子政务建设困境与对策［J］．石家庄铁道大学学报（社会科学版），2017，11（4）．

[8] 姚轩鸽．财税改革拒绝"伪结构性"［J］．新理财（政府理财），2016（8）．

[9] 周菲．财税改革的新视野——访中国社科院财经战略研究院研究员杨志勇［J］．财政监督，2013（21）．

[10] 王晓红．创新财税激励制度，推动新旧动能转换发展［J］．纳税，2018（2）．

[11] 张艳．关于税收征管中纳税激励机制构建与完善的思考［J］．商情，2014（32）．

[12] 蔡黎霞．论房地产企业土地增值税的纳税筹划措施［J］．商业经济，2014（14）．

[13] 徐锦霞．浅议土地增值税税收筹划［J］．铜业工程，2012（4）．

[14] 于琦．基于功能视角看互联网金融发展对我国传统银行业的挑战和机遇［J］．经济研究导刊，2016（4）．

[15] 严玉华．互联网金融发展下人才供需状况和高校的应对措施［J］．牡丹江教育学院学报，2015（9）．

[16] 崔满红，李照临．互联网金融概论［M］．大连：东北财经大学出版社，2017．

[17] 冯兴元．"三农"互联网金融创新、风险与监管［J］．社会科学战线，2018（1）．

[18] 胡滨，杨楷．监管沙盒的应用与启示［J］．中国金融，2017（2）．

［19］李爱君．互联网金融的本质与监管［J］．中国政法大学学报，2016（2）．

［20］刘桂荣．金融创新、金融科技与互联网金融征信［J］．征信，2018（2）．

［21］邓子基．财政学原理［M］．北京：经济科学出版社，1997.

［22］邓子基，林致远．财政学（第2版）［M］．北京：清华大学出版社，2008.

［23］周炳文，张国兴，李国和等．财政与金融［M］．北京：中国物价出版社，2002.

［24］大卫·N. 海曼．财政学理论在政策中的当代应用［M］．（第8版）张进昌译．北京：北京大学出版社，2006.

［25］阿耶·L. 希尔曼．公共财政与公共政策——政府的责任与局限［M］．王国华译．北京：中国社会科学出版社，2006.

［26］岳松，陈昌龙．财政与税收［M］．北京：清华大学出版社，2008.

［27］陈共．财政学（第6版）［M］．北京：中国人民大学出版社，2009.

［28］蒋洪．公共经济学（财政学）［M］．上海：上海财经大学出版社，2006.

［29］哈维·S. 罗森，特德·盖亚．财政学（第8版）［M］．郭庆旺，赵志耘译．北京：中国人民大学出版社，2009.

［30］孔淑红．财政学［M］．北京：对外经济贸易大学出版社，2009.

［31］杨志勇．比较财政学［M］．上海：复旦大学出版社，2005.

［32］詹红梅．非税收入管理中存在的问题及对策［J］．审计月刊，2009（5）．

［33］陈杏红．政府非税收入管理的现状及加强途径［J］．时代金融，2009（12）．

［34］Robert H. Frank，Ben S. Bermanke. 宏观经济学原理［M］（第3版）．李明志等译．北京：清华大学出版社，2007.

［35］刘邦驰，汪叔九．财政学［M］．成都：西南财财经大学出版社，1995.

［36］高培勇．财政与金融基础知识［M］．北京：中国财政经济出版社，1995.

［37］安体富，周升业．财政与金融［M］．武汉：武汉大学出版社，1996.

［38］黄达．金融学［M］．北京：中国人民大学出版社，2011.